Jürgen Streich

Vorbilder

Menschen und Projekte, die hoffen lassen
Der Alternative Nobelpreis

Vorwort:
Ricardo Díez-Hochleitner,
Ehrenpräsident
des Club of Rome

Den Trägern des
Alternativen Nobelpreises

Ken Saro-Wiwa (1994) und
Munir (2000),

die aufgrund ihres Kampfes
für eine bessere Welt
ermordet wurden,
gewidmet

Inhalt

Vorwort
von Ricardo Díez-Hochleitner,
Ehrenpräsident des Club of Rome   X

Furcht und Hoffnung   XII

**Briefmarken als Grundkapital
im Kampf für Problemlösungen**
Der Weg von Jakob von Uexküll
und der Beginn des
Alternativen Nobelpreises   XVII

Vom Vorschlag bis zur Verleihung   XXIV

**Vorbemerkung zu den Preisträger-Porträts,
Redeauszügen, Statements
und Chroniken**   XXX

**Vom Höhepunkt des Kalten Krieges
bis zur ersten Verleihung des
Alternativen Nobelpreises**   XXXII

1980   38

Stephen F. Gaskin & Plenty International
„Hippy" im Einsatz für Nächstliebe   1

Hassan Fathy
Wohnungsbau für Arme
auf Basis alten Wissens   2

1981   44

Mike Cooley
Produktion nach
menschlichen Maßstäben   3

Patrick van Rensburg
Bildungsmodelle für die Dritte Welt   4

Bill Mollison
Nachhaltige Anbausysteme   5

1982   52

Petra K. Kelly
Politik für Abrüstung, Umweltschutz
und Gerechtigkeit   6

Das Partizipatorische Institut für
Entwicklungsalternativen (PIDA)
Förderung lokaler Entwicklungs-
initiativen in Asien   7

Anwar Fazal
Verbraucherrechte weltweit
mit Consumer Interpol   8

Sir George Trevelyan &
The Wrekin Trust
Nicht-materialistische
Sicht der Wirklichkeit   9

Erik Dammann & Future in our Hands
Ein verantwortungsvollerer Lebensstil   10

1983   64

Das Volk von Palau &
High Chief Ibedul Gibbons
Kampf um Recht auf Freiheit
von Atomwaffen   11

Manfred Max-Neef
Stärkung kleiner und
mittlerer Gemeinschaften   12

Amory B. und Hunter L. Lovins
Pioniere der Nutzung sanfter Energien   13

Leopold Kohr
Rückbesinnung auf
das menschliche Maß   14

1984   74

Ela Bhatt & Self Employed Women's
Association (SEWA)
Organisation selbständig
arbeitender Frauen in Indien   15

Winefreda Estanero-Geonzon &
Free Legal Assistance Volunteers
Association (Free LAVA)
Rechtshilfe für Gefangene
auf den Philippinen   16

Wangari Maathai & Green Belt Movement
Aufforstung als Massenbewegung   17

Imane Khalifeh
Inspiration der Friedensbewegung
in Beirut   18

1985   84

Cary Fowler und Pat Mooney
Bewahrung genetischer Ressourcen
in der Dritten Welt   19

Janos Vargha & die ungarische
Umwelt-Organisation Duna Kör
Schutz eines der wertvollsten
Naturreservate in Ungarn   20

Lokayan
Vernetzung und Stärkung
lokaler Gruppen in Indien   21

Theo van Boven
Kompromißloses Aufdecken
von Menschenrechtsverletzungen   22

1986   94

Alice Stewart und Rosalie Bertell
Aufklärung über die Gefahren
von Niedrigstrahlung   23

Helena Norberg-Hodge & Ladakh

Ecological Development Group
Schutz traditioneller Kultur
vor Tourismus-Ansturm   24

Evaristo Nugkuag Ikanan & AIDESEP
Kampf um Indianerrechte
im Amazonasbecken   25

Robert Jungk
Unermüdlicher Kämpfer
für vernünftige Alternativen   26

1987   108

Johan Galtung
Nachhaltiger Beitrag zur
weltweiten Friedensbewegung   27

Mordechai Vanunu
Selbstaufopferung für Enthüllung
israelischer Atomrüstung   28

Hans-Peter Dürr
Fundierte Kritik an
Weltraumkriegsplänen   29

Frances Moore Lappé & Food First
Verdeutlichung der Ursachen
des Hungers auf der Welt   30

Die Chipko-Bewegung
Erhalt natürlicher Ressourcen Indiens   31

1988   120

José Lutzenberger
Einer der effektivsten
Umweltaktivisten Lateinamerikas   32

Sahabat Alam Malaysia-Sarawak
Kampf um Erhalt von
Regenwäldern in Malaysia   33

John F. Charlewood Turner
Einsatz für selbstbestimmte
Wohnraumplanung   34

**Inge Genefke & Rehabilitations-
und Forschungszentrum für Folteropfer
(RTC / IRTC)**
Pionierhafter Einsatz gegen die Folter   35

1989   130

Seikatsu Club Consumers' Cooperative
Fortschrittliches Modell
von Produktion und Konsum   36

Survival International
Ausdauernder Kampf für
die Rechte Eingeborener   37

Melaku Worede & Seeds of Survival
Bewahrung der Artenvielfalt
als Mittel gegen Hunger   38

**Aklilu Lemma und
Legesse Wolde-Yohannes**

Mit der Endod-Pflanze
gegen die Bilharziose   39

1990   142

**Asociacíon de Trabajadores
Campesinos del Carare (ATCC)**
Mut gegen sinnlose
Gewalt in Kolumbien   40

Felicia Langer
Einsatz für die Grundrechte
der Palästinenser   41

**Alice Tepper Marlin &
Council on Economic Priorities (CEP)**
Ein Weg zu humanistischer Wirtschaft   42

**Bernard Lédéa Ouedraogo &
NAAM-Bewegung**
Stärkung der Bauern-Selbsthilfe
in West-Afrika   43

1991   154

Edward Goldsmith
Engagierte und kompromißlose
Umweltpublizistik   44

**Movimento dos Trabalhadores
Rurais sem Terra (MST) und
Commissão Pastoral da Terra (CPT)**
Gerechtigkeit für kleine
und landlose Farmer   45

Narmada Bachao Andolan
Widerstand gegen
zerstörerischen Staudamm   46

**Marie-Thérèse und Bengt Danielsson /
Senator Jeton Anjain und das Volk
von Rongelap**
Gegen Nuklear-Kolonialismus –
für unverstrahlte Lebensräume   47

1992   168

John W. Gofman und Alla Yaroshinskaya
Darstellung der Wahrheit über
den Super-GAU von Tschernobyl   48

Helen Mack Chang
Kampagne für Gerechtigkeit
in Guatemala   49

Gonoshasthaya Kendra
Förderung von Gesundheit
und Entwicklung in Bangladesh   50

Finnish Village Action Movement
Gegen den Verfall ländlicher
Strukturen in Finnland   51

1993 182

Mary und Carrie Dann
Ausdauer im Kampf um das Recht
von Indianern auf ihr Land 52

Arna Mer-Khamis & Care and Learning
Schutz und Bildung für
palästinensische Kinder 53

Vandana Shiva
Stellung der Frau und Ökologie
im Diskurs um Entwicklung 54

**Organization of Rural Associations
for Progress (ORAP)**
Graswurzelbewegung für Fortschritt
ländlicher Gesellschaft 55

1994 192

**Ken Saro-Wiwa & Movement for the
Survival of the Ogoni People (MOSOP)**
Zivilcourage gegen
Lebensraum-Zerstörung 56

Service Volunteered for All (SERVOL)
Vermittlung von Werten,
Verantwortung und Fertigkeiten 57

**Hannumappa Reddy Sudarshan &
Vivekananda Girijana Kalyana Kendra
(VGKK)**
Stammeskultur für Fortschritt
indigener Völker 58

Astrid Lindgren
Mit der Feder für Phantasie,
Geist und Verantwortung 59

1995 202

Der Serbische Zivilrat
Engagement für menschliches
Bosnien-Herzegowina 60

**Hungarian Foundation
for Self-Reliance & András Biró**
Verteidigung der ungarischen
Roma-Minderheit 61

Sulak Sivaraksa
Einsatz für Demokratie und
kulturelle Integrität 62

Carmel Budiardjo & TAPOL
Verteidigung der universellen
Menschenrechte 63

1996 212

Komitee der Soldatenmütter Rußlands
Widerstand gegen
Militarismus und Gewalt 64

Herman Daly
Ökonomie der Ethik,
Lebensqualität und Ökologie 65

George Vithoulkas
Wiederbelebung der Homöopathie
auf höchstem Niveau 66

Kerala Sastra Sahithya Parishat
Mitbestimmung bei Entwicklung
und sozialer Gerechtigkeit 67

1997 222

Jinzaburo Takagi und Mycle Schneider
Darstellung der Gefahren
der Plutonium-Wirtschaft 68

Cindy Duehring
Gegen die chemische Verseuchung
des Lebensumfeldes 69

Michael Succow
Engagement zum Schutz
wichtiger Ökosysteme 70

Joseph Ki-Zerbo
Forschung für eine
bessere Zukunft Afrikas 71

1998 234

Samuel Epstein
Einsatz gegen umweltbedingte
Krebserkrankungen 72

International Baby Food Action Network
Kampagne für das natürliche Stillen 73

**Juan Pablo Orrego &
Grupo de Acción por el Biobío**
Kampf für nachhaltige
Entwicklung in Chile 74

Katarina Kruhonja und Vesna Terselic
Versöhnung, Toleranz und
Demokratie in Ex-Jugoslawien 75

1999 246

Juan E. Garcés
Nirgendwo Zuflucht für
Menschenrechtsverbrecher 76

Consolidation of the Amazon Region
Schutz des Regenwaldes
für bessere Lebensumstände 77

Grupo de Agricultura Organica
Organischer Landbau für
nachhaltige Ernährung und Ökologie 78

Hermann Scheer
Förderung der Sonnenenergienutzung 79

2000 258

Munir
Menschenrechte und
zivile Kontrolle des Militärs 80

Wes Jackson
Hochproduktive und
nachhaltige Nutzpflanzen 81

Tewolde Berhan Gebre Egziabher
Gemeinschaftsrechte
an genetischen Ressourcen 82

Birsel Lemke
Verhinderung umweltverseuchenden
Goldabbaus 83

2001 268

Uri und Rachel Avnery & Gush Shalom
Ende des Terrorismus nur durch
Gerechtigkeit und Aussöhnung 84

Trident Ploughshares
Aktionsgemeinschaft
zur nuklearen Abrüstung 85

Leonardo Boff
Spiritualität, Umweltschutz und
Engagement für die Armen 86

José Antonio Abreu
Musikalische und kulturelle
Renaissance in Venezuela 87

2002 280

Centre Jeunes Kamenge
Harmonisches Miteinander nach
mörderischem Bürgerkrieg 88

Kvinna till Kvinna
Frauen als Vorreiter auf
dem Weg der Aussöhnung 89

Martin Almada
Entlarvung und Anklage
von Folterern in Paraguay 90

Martin Green
Solarenergie – größte technische
Herausforderung unserer Zeit 91

2003 290

Walden Bello und Nicanor Perlas
Aufklärung über Globalisierung
und deren Alternativen 92

Citizens' Coalition For Economic Justice
Reformprogramm bis hin zur
Wiedervereinigung Koreas 93

Ibrahim Abouleish & SEKEM
Geschäftsmodell für
das 21. Jahrhundert 94

David Lange
Beharrlicher Kampf für
eine Welt ohne Atomwaffen 95

2004 304

Swami Agnivesh und Asghar Ali Engineer
Einsatz für friedliche Koexistenz
und Toleranz in Südasien 96

Organisation Memorial
Verständnis der Geschichte
für nachhaltige Lösungen 97

Bianca Jagger
Einsatz persönlicher Prominenz
für eine bessere Welt 98

Raúl Montenegro
Schutz der Umwelt in
Lateinamerika und anderswo 99

Die Dankesreden 318

**Aussichten – Versuch eines
vorläufigen Fazits** 442

Danksagung 447

Autorenvitae 449
Jürgen Streich
Ricardo Díez-Hochleitner

Personen- und Organisationsregister 450

Vorwort

Immer, wenn die neuen Träger des Alternativen Nobelpreises bekanntgegeben werden, fällt mir auf, welch herausragende Leistung die dahinterstehende, 1980 von Jakob von Uexküll ins Leben gerufene Right Livelihood Foundation seither selbst vollbracht hat. Sie hat diesem Preis von Beginn an weltweite Anerkennung verschafft und inzwischen über hundert Personen und Organisationen damit ausgezeichnet, was internationale Reputation und finanzielle Mittel für die weitere Arbeit dieser aktiven Menschen und Gruppen bedeutet.

Besonders wichtig finde ich, daß die Jury vornehmlich Menschen und Organisationen ehrt, die noch nicht einer größeren Öffentlichkeit bekannt sind, mitunter gar im Verborgenen wichtige und mutige Arbeit leisten, oft auf Gebieten, die viel zu wenig beachtet werden. Fast immer bedeutet der Alternative Nobelpreis einen enormen Schub für die Aktivitäten der Ausgezeichneten und die Themen, mit denen sie sich befassen.

Wenn ich höre, daß Erben von Alfred Nobel Kontakt zu Jakob von Uexküll aufgenommen haben, um ihm mitzuteilen, daß der Right Livelihood Award inhaltlich das sei, was Nobel angestrebt habe, dann möchte ich ihm und den Mitstreitern seiner Stiftung – nicht zuletzt aus Anlaß der 25. Verleihung des Preises im Dezember 2004 – dazu herzlich gratulieren. Der Preis ist eine nicht mehr wegzudenkende Institution im Kampf für eine bessere Welt!

Ich selbst empfinde mich als Weltbürger, habe mich mein gesamtes politisches Leben hindurch bemüht, als solcher zu wirken und tue das in zahlreichen Gremien, darunter in einer Kommission zur Reform der UNO, weiterhin. Aufgrund meiner Erfahrungen bin ich sicher, daß letztlich nur eine demokratisch organisierte Völkergemeinschaft, die die unterschiedlichen Kulturen der Gesellschaften respektiert und fördert, eine langfristige Perspektive hat. Die Right Livelihood Foundation wirkt genau in diese Richtung.

Es ist schwierig, die Geschichte des Alternativen Nobelpreises, die Biographien und Beweggründe all seiner Träger, deren Redebeiträge und Statements etc. pp. in der gebotenen Kürze zwischen zwei Buchdeckel zu bekommen. Doch Jürgen Streich hat sich an die Aufgabe herangewagt. Herausgekommen ist dabei ein Band, der – ganz im Sinne von „Projekten der Hoffnung" – Menschen ermutigt, dort anzupacken, wo sie etwas bewegen können.

Die Gesamtheit der Gewinner des Alternativen Nobelpreises ist ein Paradebeispiel dafür, daß das Ganze mehr ist als die Summe seiner Teile. Wir können die Welt positiv verändern. Dabei geht es nicht um hohe Auszeichnungen. Aber allein die Tatsache, daß es den Alternativen Nobelpreis gibt und wer damit geehrt worden ist, hat viele Menschen dazu motiviert, ähnliches wie die Preisträger zu tun – in ihrem persönlichen Umfeld, regional, national oder international. Der

Preis hat damit zu mehr Nachhaltigkeit
und Gerechtigkeit beigetragen. Und genau darum geht es. Für die Menschheit,
den Planeten und unsere Mitgeschöpfe.

Madrid, im Mai 2005

Ricardo Díez-Hochleitner
Ehrenpräsident des Club of Rome

Furcht und Hoffnung

„Hoffnung und Furcht sind untrennbar", schrieb einst der französische Schriftsteller Francois de La Rochefoucauld (1613 – 1680). Auch wenn sich trefflich darüber streiten läßt, ob Hoffnung und Furcht einander bedingen, so ist doch klar, daß jemand, der außergewöhnliche Wege beschreitet, zugleich beides hat: Furcht oder zumindest Bedenken, daß die bisher eingeschlagene Richtung nicht zum Ziel, sondern zu Stillstand, Schäden oder gar in die Katastrophe führt; Hoffnung, daß Probleme zu überwinden und Schreckensszenarien abzuwenden sind – ob im persönlichen oder gesellschaftlichen Bereich, in nationaler oder gar weltweiter Dimension.

Die Projekte der Hoffnung, um die es in diesem Buch geht, betreffen Probleme und Lösungen, die weit über das persönliche Umfeld einzelner Personen hinausgehen. Es sind Aktivitäten für Frieden und Gerechtigkeit zwischen Menschen, für Rettung und Gesundung der natürlichen Lebensgrundlagen. Kurz: Projekte für die Zukunft des Lebens.

Entstanden sind sie in der Tat aus Furcht und Hoffnung zugleich. Aus Furcht davor, daß die Zukunft so düster werden könnte, wie etwa im 1972 erschienenen Bericht an den Club of Rome *Die Grenzen des Wachstums* beschrieben. Und aus Hoffnung, daß kriegerische Zerstörung, Vernichtung der natürlichen Lebensgrundlagen, Ungerechtigkeit, Hunger und Seuchen zu verhindern oder zumindest einzudämmen sind, wenn es nur ernsthaft genug versucht wird.

Dabei übernehmen die Initiatoren und Aktivisten dieser Projekte der Hoffnung eine Verantwortung für die heute lebenden Menschen und künftigen Generationen, die eigentlich Politiker, Wirtschaftslenker und Religionsführer zu tragen hätten. Doch viel zu oft erkennen diese hierzu nicht die Notwendigkeit bzw. ignorieren diese – oftmals aus Eigeninteresse – bewußt. Mitunter sind sie auch schlicht unfähig oder völlig überfordert. Oder wie anders ist zu erklären, daß die US-Regierung unter Präsident George W. Bush bei Redaktionsschluß dieses Buches weiterhin ihre Unterschrift unter das Klimaschutz-Protokoll von Kyoto mit Verweis auf gegenteilige Interessen der US-Wirtschaft verweigert?

Sie löst damit marionettenhaft ein Wahlkampfversprechen gegenüber der US-Industrie, der sie ihre Macht verdankt, ein, die sich, indem sie weiterhin ungeniert das weltweite Klima wie kein anderer schädigt, noch fettere Gewinne verspricht. Aufgrund solch rücksichtsloser und kurzsichtiger Politik drohen weltweit Hunderttausende oder gar Millionen Menschen in Stürmen, Überschwemmungen und anderen Unwettern ums Leben zu kommen. Und es besteht die Gefahr, daß die Menschheit das Ruder nicht mehr rechtzeitig herumreißen kann, um eine Klimakatastrophe globalen Ausmaßes zu verhindern. Unter anderem mit dieser ungenierten Lobbypolitik versündigt die Bush-Administration sich an den Lebensgrundlagen heute junger oder noch gar nicht geborener Menschen.

Schließlich steht außer Frage, daß gegenseitige Rücksichtnahme, Fürsorge und Fairneß unter den Menschen und Gesellschaften – und zwar eben auch gegenüber künftigen Generationen! – unverzichtbar sind für eine akzeptable oder gar positive Entwicklung der Zivilisation. So sind die in diesem Buch vorgestellten und mit dem Alternativen Nobelpreis ausgezeichneten Projekte Beispiele für richtige Lebensweise, für Right Livelihood, wie der Preis ja offiziell heißt. Sie bilden ein positives Gegengewicht gegen die zumeist nur auf politische und wirtschaftliche Macht sowie deren Erhalt ausgerichtete offizielle Politik.

Und sie sind oft Beispiele für unbeschreiblichen Mut. Manchen dieser Kämpfer für eine bessere Welt wurde ihr Engagement zum Verhängnis. So wurde der nigerianische Umweltschützer Ken Saro-Wiwa, der sich gegen die großräumige Verseuchung des Lebensraumes der einheimischen Bevölkerung durch den Mineralölkonzern Shell engagierte, trotz weltweiter Proteste 1995 hingerichtet. Und der indonesische Menschenrechtsanwalt Munir starb im September 2004 während eines Fluges an einer hohen Giftdosis.

Mordechai Vanunu, der das israelische Atomwaffenprogramm enthüllt hatte, wurde vom Geheimdienst Mossad aus England nach Italien gelockt, dort entführt und 1986 wegen Hochverrats zu 18 Jahren Gefängnis, die er zu einem großen Teil in Einzelhaft verbrachte, verurteilt. Bei Redaktionsschluß war er zwar aus der Haft entlassen, aber längst noch nicht frei. Die israelischen Behörden schikanierten ihn weiter mit massiver Einschränkung seiner Bewegungsfreiheit, untersagten ihm Auslandskontakte, arretierten ihn mehrfach erneut und beschlagnahmten seinen Computer und seine Datenträger.

Solange so etwas möglich ist, sind deutliche Zeichen, die in eine andere Richtung weisen, unabdingbar. Die Right Livelihood Foundation hat es sich zur Aufgabe gemacht, solche Zeichen zu setzen. Mit der alljährlichen Auszeichnung von Personen und Organisationen, die sich konsequent und wirksam für eine nachhaltige Verbesserung der Zustände einsetzen, wirkt die Stiftung gegen Ignoranz, schafft Aufmerksamkeit für Lösungsmöglichkeiten und -wege und unterstützt diese durch die mit dem Preis verbundene Geldsumme. Diese steigerte sich von umgerechnet circa 50.000 Dollar im Jahr 1980 auf 223.000 Euro anno 2004. Lediglich der Ehrenpreis ist undotiert und wird an Personen oder Organisationen vergeben, die auf zusätzliche finanzielle Mittel nicht angewiesen sind, deren Leistungen aber hervorgehoben werden sollen.

Anläßlich der 25. Verleihung des Alternativen Nobelpreises am 9. Dezember 2004 in Stockholm sagte der Gründer und Vorsitzende der Stiftung, Jakob von Uexküll: „Die Right Livelihood Awards haben bedrohte Leben geschützt und Gefängnistüren geöffnet" – wie gesagt, nicht immer –, „ebenso wie sie Türen zu Ministerbüros öffneten. Sie geben Ressourcen, Zutrittsmöglichkeiten, Hoffnung und Vertrauen. Dieser Preis ist ein Bote aus der Zukunft, wie der Friedensnobelpreis an Wangari Maathai beweist."

Dieses Bild bringt es auf den Punkt: Ende der siebziger Jahre versuchte von Uexküll, das Nobelpreiskomitee von der Notwendigkeit eines Umweltnobelpreises zu überzeugen und bot an, bei dessen Finanzierung auch sein Privatvermögen einzusetzen. Doch die Verantwortlichen der Nobelpreise winkten ab. Nach der Einrichtung eines Wirtschaftsnobelpreises werde es keine neuen Kategorien mehr geben, argumentierten sie – woraufhin Jakob von Uexküll den Right Livelihood Award, der bald schon als Alternativer Nobelpreis bekannt wurde, ins Leben rief.

Bereits vier Jahre nach dessen erster Verleihung im Jahr 1980 erhielt die kenianische Umweltschützerin Wangari Maathai die Auszeichnung. Sie hatte 1977 das Greenbelt Movement ins Leben gerufen, ein vornehmlich von Frauen getragenes Wiederaufforstungsprogramm, in dessen Rahmen bis jetzt ca. 30 Millionen Bäume gepflanzt und zahlreiche Arbeitsplätze – in Baumschulen, für Försterinnen etc. – geschaffen worden sind. Zwanzig Jahre nach dem Alternativen Nobelpreis erhielt die inzwischen zur stellvertretenden Umweltministerin Kenias berufene Wangari Maathai den Friedensnobelpreis, und zwar mit der Begründung der Jury, daß es ohne intakte Umwelt keinen wirklichen Frieden geben könne.

So hatte Jakob von Uexküll nach einem Vierteljahrhundert auch vom Nobelpreiskomitee für seine Argumentation hinsichtlich eines Umweltnobelpreises recht bekommen. Von Uexküll wörtlich: „Es ist ermutigend zu sehen, daß das norwegische Nobelpreiskomitee sein Friedenskonzept um Aspekte des Umweltschutzes

und der Demokratie erweitert hat. Dies ist wirklich im Geist von Alfred Nobel. Ich bin erfreut, daß das Nobelpreiskomitee sich entschieden hat, eine Empfängerin des Right Livelihood Award 20 Jahre, nachdem sie unseren Preis erhalten hat, zu ehren. Falls das Komitee dies weiter so handhabt, sind 20 Jahre Verspätung für mich in Ordnung."

Letztlich ist rückblickend zu sagen, daß die Umstände, die seinerzeit zwar nicht zum Auftakt eines Umweltnobelpreises, dafür aber zur Gründung des Right Livelihood Award führten, eine ausgesprochen positive Fügung waren.

Die Nobelpreise werden fast immer für ein Lebenswerk – und dann oftmals auch noch mit immenser Zeitverzögerung – vergeben. Und wenn der Friedensnobelpreis einmal vergleichsweise zeitnah zu den entsprechenden Leistungen vergeben wurde, dann mitunter dafür, daß Vertreter von Kriegsparteien, die sich zuvor erbittert bekämpft hatten, das Massentöten eingestellt hatten. Der Alternative Nobelpreis wird jedoch dann an Personen oder Organisationen vergeben, wenn diese Auszeichnung am wichtigsten für deren Unterstützung und die Anerkennung ihrer Arbeit ist – wenn sie, ausgestattet mit dem Preis, noch mehr bewegen können. Und niemals dafür, daß sie etwas Schlechtes, das sie vorher betrieben haben, einfach nur beendet haben.

Es zeichnet sich immer deutlicher ab, daß solche Initiativen zur Rettung der natürlichen Lebensgrundlagen, der Friedenssicherung, Produktion von Lebensmitteln, Sicherstellung medizinischer Versorgung sowie der Erlangung von Gerechtigkeit überall auf der Welt in immer stärkerem Maße von privaten Nichtregierungsorganisationen ausgehen müssen. Denn, so drückte es der deutsche Textilunternehmer Klaus Steilmann während der Jahreskonferenz des Club of Rome 1996 in Puerto Rico aus: „Die Regierungen weltweit sind hilf- und hoffnungslos."

Das zeigte sich in den neunziger Jahren ebenfalls in den USA. Mit Al Gore als Vizepräsident gehörte von 1993 bis 2001 ein ehemals engagierter Umweltpolitiker zu den wichtigsten Washingtoner Politikern. Gore, der die Wahl zum US-Präsidenten im Herbst 2000 gegen George W. Bush nur per kurioser Gerichtsentscheidung verlor, hatte in seinem 1992 erschienenen Buch *Wege zum Gleichgewicht – Ein Marshallplan für die Erde* noch geschrieben: „Jedesmal, wenn ich innehalte, um darüber nachzudenken, ob ich mich zu weit aus dem Fenster gelehnt habe, betrachte ich die neuen Fakten, die aus der ganzen Welt auf mich eindringen, und komme zu dem Schluß, daß ich nicht annähernd weit genug gegangen bin. Die Unversehrtheit ist nicht einfach nur ein Thema für politische Spielchen um Popularität, Wählerstimmen oder Aufmerksamkeit. Und die Zeit ist schon lange reif, mehr politisches Risiko auf sich zu nehmen – und viel mehr politische Kritik auszuhalten – durch härtere und wirksamere Lösungsvorschläge und einen entschlossenen Kampf für ihre Durchführung." Doch während seiner Vizepräsidentschaft gelang es ihm gemeinsam mit Präsident Bill Clinton nicht, wirksame Umweltschutzpolitik zu betreiben. Die Lobby der US-Industrie war und ist derart einflußreich, daß den teils multinationalen Konzernen selbst zu Zeiten vermeintlich umweltfreundlicher Regierungen ökologische Hindernisse beim Scheffeln von Milliarden und Abermilliarden aus dem Weg geräumt oder gar nicht erst zugelassen werden.

Daß das Diktat der Wirtschaft aber kein unüberwindbares Naturgesetz ist, beweisen die Aktivitäten zahlreicher Gewinner des Alternativen Nobelpreises. Diese Personen und Organisationen stehen für „mehr politische Kritik", „härtere und wirksamere Lösungsvorschläge" sowie „entschlossenen Kampf für ihre Durchführung". Und das stimmt auch angesichts furchterregend hilf- und hoffnungsloser Regierungen hoffnungsvoll.

Letzteres ist angesichts von Projekten wie den mit dem Alternativen Nobelpreis ausgezeichneten jemand, der als einer von nur 27 Menschen den Blick aufs Ganze hatte: Edgar Mitchell war US-Militärpilot und kämpfte im Koreakrieg, doch sein Flug mit Apollo 14 zum Mond – die Tatsache, daß er mit eigenen Augen die Erde als ganze Kugel sehen konnte – veränderte ihn völlig. Er schrieb: „Auf dem Weg zur Bestimmung dieses Planeten hat der Mensch sozusagen auf dem Fahrersitz Platz genommen und rast durch das ‚globale Dorf'. Die einzelnen Länder und Kontinente sind jedoch von ihren unterschiedlichen Entwicklungsstadien und kulturellen Werten geprägt, so daß es den einen Hebel zur Lösung der Umweltprobleme nicht geben kann. Dabei hat der Mensch die Macht über, nicht jedoch die Verantwortung für die Konsequenzen unseres Kollektivverhaltens übernommen. Und Macht und Verantwortung müssen, wie jeder Management-Student im ersten Jahr lernt, zusammengehen."

Solange aber von denjenigen, die – gleich in welcher Form – über Macht verfügen, die dazugehörige Verantwortung gar nicht oder nicht hinreichend beachtet wird, müssen andere diese übernehmen. Die in diesem Buch vorgestellten Projekte der Hoffnung stellen im wahrsten Sinne des Wortes ausgezeichnete Beispiele dafür dar.

„Mutige und entschlossene neue Initiativen" forderten die Autoren der von US-Präsident Jimmy Carter Ende der siebziger Jahre in Auftrag gegebenen Zukunftsprognose *Global 2000*, „wenn die zunehmende Armut, die Vermehrung menschlichen Leidens, wenn Umweltzerstörung und internationale Spannungen und Konflikte vermieden werden sollen". Ihre Warnungen wurden von der Politik ebenso mißachtet wie die von einigen der Autoren nachgelegten und in dem Buch *Time to act* publizierten Handlungsempfehlungen. Dabei hatten sie frühzeitig darauf hingewiesen, daß „neue und phantasievolle Ideen und die Bereitschaft, sie in die Tat umzusetzen, heute wichtiger als alles andere" sind.

Beinahe zeitgleich mit der weltweit vielbeachteten Veröffentlichung von *Global 2000* begann die Right Livelihood Foundation, solche Ideen und deren praktische Umsetzung mit dem Alternativen Nobelpreis auszuzeichnen.

In diesem Buch finden Sie Beschreibungen sämtlicher bisher prämierten Projekte der Hoffnung. Doch zunächst zur Entstehungsgeschichte des Alternativen Nobelpreises, die eng mit der Biographie seines Stifters, Jakob von Uexküll, verbunden ist.

Wangari Maathai, *Alternativer Nobelpreis 1984, Friedensnobelpreis 2004:*

Als ich 1984 mit dem Right Livelihood Award ausgezeichnet wurde, war dies ein sehr wichtiges Ereignis in meinem Leben als Umweltaktivistin. Hatte ich zunächst gegen starke Widerstände zu kämpfen, so wurde das von mir gegründete Greenbelt Movement nun einer internationalen Öffentlichkeit bekannt – und damit auch die über den Umweltschutz hinausgehenden positiven Nebenwirkungen, die dieses Projekt von Beginn an hatte: die Schaffung von Arbeitsplätzen speziell für Frauen, dadurch größere Unabhängigkeit für sie, bessere Lebensbedingungen für ihre Familien, bewußterer Umgang mit Ressourcen etc. pp.

Dies alles trug und trägt in seiner Gesamtheit sehr zu mehr Gerechtigkeit und mithin zum Frieden bei. Der Right Livelihood Award, bei dessen Vergabe die Jury immer sehr stark das übergeordnete Ganze im Blick hat, war insofern sehr wichtig, als daß unsere Bewegung – wie viele andere mit dem Preis ausgezeichnete Modelle und Aktivitäten auch – dadurch Vorbildcharakter erhielt. So entstand in den 25 Jahren, in denen der Preis nun vergeben wird, ein sehr vielfältiges, letztlich weltweites Netzwerk für die Zukunft der Erde.

Daß ich den Friedensnobelpreis 2004 mit der Begründung erhielt, daß es ohne intakte Umwelt keinen wirklichen Frieden geben könne, bestätigt die Denkrichtung, die die Right Livelihood Foundation schon seit einem Vierteljahrhundert verfolgt. Die Foundation hat schon in ihrer Frühzeit sehr richtungsweisende Zeichen gesetzt. Sie hat damit wichtige Dinge bewirkt, und ich hoffe sehr, daß sie diesen Weg erfolgreich weitergeht.

Briefmarken als Grundkapital im Kampf für Problemlösungen

Der Weg von Jakob von Uexküll und der Beginn des Alternativen Nobelpreises

Jakob von Uexküll wurde in Uppsala, Schweden, geboren. (Geburtsdaten betrachtet er als Privatsache und möchte seines daher nicht veröffentlicht sehen.) Eine Zeitlang lebte er mit seinen Eltern in Stockholm, die meiste Zeit seiner frühen Kindheit aber hat er südlich von Norköping, „sehr naturverbunden auf dem Land, sehr weit weg von der nächsten Stadt" verbracht. Das habe ihm sehr gefallen, berichtet er. So sei er sehr geschockt gewesen, als er die Gegend später wieder besuchte. Fische, die er noch als Jugendlicher dort gefangen hatte, waren selten geworden bzw. wegen chemischer Rückstände nur noch sehr beschränkt eßbar. Zwischenzeitlich war dort auch ein Atomkraftwerk mit Schwerwasserreaktor gebaut worden. Zwar ist diese Reaktorlinie in Schweden frühzeitig aufgegeben und die Anlage in ein Kohlekraftwerk umgebaut worden, doch mit der „wilden Natur" aus Jakob von Uexkülls Kindertagen, die er bis zu seinem zehnten Lebensjahr dort verbrachte, hatte die Umgebung nichts mehr gemein.

Er sei, erzählt er weiter, in einem Zuhause aufgewachsen, in dem nicht nur Fragen gestellt, sondern immer auch nach Antworten gesucht worden sei. Dafür dürfte sein Großvater väterlicherseits die Wei-chen gestellt haben. Der 1864 in Estland geborene Jakob Johann von Uexküll hatte in Hamburg das Institut für Umweltforschung gegründet und gilt laut Brockhaus-Enzyklopädie als „Schöpfer der Umweltforschung und Begründer der vergleichenden Physiologie". 1909 erschien sein Buch *Umwelt und Innenwelt der Tiere*, das zu einem Standardwerk wurde. Dabei hatte „mein Großvater dafür, daß er Fragen stellte und zu Antworten kam, die damals in den Naturwissenschaften nicht akzeptiert waren, große Schwierigkeiten", berichtet Jakob von Uexküll. Zwar habe er seinen Großvater nicht persönlich kennenlernen können, weil dieser 1944 starb. Und während der Schul- und Studienzeit habe er sich nicht besonders für Naturwissenschaften, sondern vielmehr für Sprachen und andere Fächer interessiert. Doch nach der Gründung des Alternativen Nobelpreises habe er die Bücher seines Großvaters gelesen und sei durch dessen Gedanken, bei denen er zahlreiche Parallelen zu seiner eigenen Haltung fand, regelrecht „inspiriert" gewesen. Der Biologe Jakob Johann von Uexküll hatte in seinen Schriften den mechanistischen Darwinismus als grobe, unbewiesene Vereinfachung in Frage gestellt. Sein Enkel erkannte, daß dieser „Irrglaube heute einen menschlichen Charakterfehler, nämlich individuelle Habgier, als natürlich und universell legitimiert", was Ursache für viele unserer Probleme sei. Denn wenn wir tatsächlich so beschaffen wären, so seine Schlußfolgerung, wären wir nicht hier, weil unsere Vorfahren die Erde längst unbewohnbar gemacht hätten.

Doch auch Jakob von Uexkülls Vater Gösta hatte starken Einfluß auf die Entwicklung des Jungen. Er hatte vor dem Krieg für die amerikanische Presseagentur United Press in Berlin gearbeitet und einigen jüdischen Angestellten bei der Flucht geholfen. Aufgrund der Warnung, daß seine Verhaftung bevorstehe, hatte er sich von der Agentur nach Kopenhagen versetzen lassen und war von dort nach Schweden geflohen. Dort arbeitete Gösta von Uexküll weiter für UP und lernte seine spätere Frau, die Mutter von Jakob, kennen. Sie, Ewa Lewerentz, arbeitete bei der schwedischen Gegenspionage. Ihre Arbeit war laut Jakob von Uexküll „so geheim, daß nicht einmal ihre Eltern wissen durften, was sie wirklich machte". Und daß sie nun, so der Sohn weiter, „einen Deutschen, auch wenn er ein politischer Flüchtling war, heiratete, war natürlich heikel". Wie kaum anders zu erwarten war, bürgerten die Nazis Gösta von Uexküll aus. Im *Völkischen Beobachter* wurde das damit begründet, daß er Judensympathisant sei. Gösta von Uexküll arbeitete fortan als freier Journalist in Schweden.

1955 kehrte er, nun mit Familie, nach Hamburg zurück. Er hatte dort eine interessante journalistische Stelle bei der *Zeit* angeboten bekommen und arbeitete mit Marion Gräfin Dönhoff zusammen. Später ging er zur damals liberalen *Welt*, verließ diese aber wieder, als Axel Cäsar Springer dort eine scharfe Rechtswende

vollzog. Gösta von Uexküll arbeitete dann u.a. für das ARD-Fernsehmagazin *Panorama*. Als dort allen leitenden Redakteuren nach und nach aus politischen Gründen gekündigt wurde, zog er die Konsequenz und versuchte sich gemeinsam mit einigen Kollegen an einem eigenen Print-Magazin namens *Deutsches Panorama*, das sich aber nicht etablierte, so daß er wieder freiberuflich als Journalist und Autor arbeitete. Jakob von Uexkülls Mutter studierte in Deutschland und Schweden und arbeitete als freiberufliche Übersetzerin.

Ihr Sohn Jakob fühlte sich zunächst in der fremden großen Stadt nicht sehr wohl, weil er die Natur vermißte und ihm die Schule nicht gefiel. Er hatte einen guten Klassenlehrer, aber wenig Freunde. Seine Eltern fanden dann für ihn die Internationale Schule in Hamburg, wo er sich besser aufgehoben fühlte.

Noch vor der Übersiedlung nach Deutschland war es zu einer scheinbar kleinen Begebenheit zwischen Vater und Sohn gekommen, die letztlich große Folgen haben sollte. Jakob spielte gern mit Spielzeugpistolen, was dem pazifistischen Vater mißfiel. Doch er nahm ihm diese nicht einfach weg, sondern tauschte sie ein – gegen eine Briefmarkensammlung. Er weckte so die Leidenschaft seines Sohnes für die Philatelie, die Grundlage für die Finanzierung des Alternativen Nobelpreises werden sollte. Später fand Jakob von Uexküll auf dem Dachboden seiner Großmutter mütterlicherseits interessante Briefmarken, die deren Vater, also Jakobs Urgroßvater, in den zwanziger Jahren bei der Post gekauft hatte. Die Großmutter schenkte Jakob diese und legte damit die Basis für die später sehr wertvolle Sammlung.

Die Familie war in das Deutschland Adenauers gekommen, wo sie sich politisch so fremd fühlte wie sich einst der Großvater in seinem wissenschaftlichen Umfeld. Das betraf besonders den Vater. Jakob von Uexküll: „Er war kein dogmatischer Linker, aber betrachtete die damalige Politik der Bundesrepublik, besonders das Vertrauen in die Atombombe, als sehr gefährlich und falsch."

Sein Vater nahm ihn zu Veranstaltungen der Anti-Atom- und der Friedensbewegung mit. So wurde Jakob von Uexküll in Jugendjahren politisiert. „Es war für mich absolut ungeheuerlich, daß wir bereit waren und akzeptieren sollten, die ganze Welt radioaktiv zu verseuchen, falls die Rote Armee einmarschieren würde", erinnert er sich. „Und natürlich war die Gefahr groß, daß ein Atomkrieg aus Versehen ausbrechen konnte. Ich war der Meinung, daß wir nicht das Recht hatten, über den Rest der Menschheit zu entscheiden, denn die Menschen der beiden Blöcke waren ja nur eine Minderheit der Weltbevölkerung. Und vor allem hatten wir nicht das Recht gegenüber künftigen Generationen, eine Bombe einzusetzen, deren Wirkungen so langfristig waren." Schon bald gehörte er zu den Organisatoren von Ostermärschen und betreute deren ausländische Gäste.

Sein politisches Vorbild war damals Dag Hammarskjöld, der schwedische UN-Generalsekretär (1953 bis zu seinem Tod bei einem nie aufgeklärten Flugzeugabsturz 1961 in Sambia). Weiterhin verehrte er den Philosophen Bertrand Russell, „der wagte, sowohl den Osten wie den Westen für ihre wahnsinnige Politik zu kritisieren". Jakob von Uexküll, der die schwedische und die deutsche Staatsangehörigkeit besitzt, dachte damals daran, später einmal bei den Vereinten Nationen zu arbeiten. Doch es kam anders.

Er gewann ein Stipendium für die Universität Oxford, studierte dort zunächst Sprachen, schwenkte aber bald auf Politik, Philosophie und Wirtschaftswissenschaften um und schloß diese Fächer als Magister ab. Anschließend arbeitete er als freier Journalist und Übersetzer, spezialisiert auf Politik und Umwelt. Die Philatelie betrieb er inzwischen ebenfalls professionell. Schon zu Schulzeiten hatte er seine Sammlung erweitert, getauscht und mit Briefmarken gehandelt. Am College hatte er sich in diesem Zusammenhang einmal den Vorwurf anhören müssen, daß er mehr Post bekomme als das gesamte Kollegium.

Vor dem Wehrdienst bewahrte ihn damals die schwedische Staatsangehörigkeit. Den Dienst mit der Waffe zu verweigern war in den sechziger Jahren, wie der Schriftsteller Günter Wallraff es selbst erlebte und formulierte, noch mit „staatlichen Willensbrechungsmaßnahmen" verbunden, wenngleich die Behörden damit bei Wallraff scheiterten.

Zunächst sei es ihm, Jakob von Uexküll, nach dem Studium einmal darum gegangen, finanziell unabhängig zu sein. Er hatte sich längst mit bestimmten Briefmarken-Besonderheiten einen umfassenden

Kundenkreis aufgebaut und reiste in diesem Zusammenhang viel. Dennoch, so sagt er, „war der Briefmarkenhandel nur Mittel zum Zweck, aber ich kannte den Zweck noch nicht". In dieser Zeit habe während einer Auktion in Wiesbaden einmal „einer, der gerade von der Schule gekommen war und halb so alt wie ich war", neben ihm gesessen, auf der anderen Seite jemand, „der schon lange dabei und doppelt so alt war". Da habe er sich entschlossen, etwas anderes zu machen. Die Vorstellung, „irgendwann ein alter, reicher Briefmarkenhändler zu sein", sei ihm zuwider gewesen.

Schon zuvor war er zu vielen internationalen Konferenzen, zu denen es fast immer auch Alternativveranstaltungen gab, gereist und hatte dort seine Dienste als Journalist und Dolmetscher angeboten. Aufgrund seiner Erziehung, dessen, was er bei den Konferenzen hörte und unter anderem in den Berichten an den Club of Rome las, stellte er sich die Frage, wieso es mit der Menschheit und der Welt insgesamt immer weiter bergab ging, „obwohl die Lösungsmöglichkeiten doch vorhanden waren".

Der Philatelist errechnete, daß er mit dem Verkauf seiner Briefmarken etwas über eine Million Dollar erzielen würde und war sicher, daß er seinen Lebensunterhalt auch ohne dieses Vermögen bestreiten könne. Er entschloß sich daher, dem Nobelpreiskomitee einen Preis für Umweltschutz und Entwicklung vorzuschlagen und dem Komitee zur Gründung dieses Preises sein Geld anzubieten. „Natürlich war das zu wenig", sagt er rückblickend, „aber ich habe gleichzeitig

angeboten, bei der Beschaffung weiterer Mittel zu helfen." – Dennoch nahm das Nobelpreiskomitee dieses Angebot nicht an. Von Uexküll ist sicher, daß es keinen Präzedenzfall schaffen wollte. Der einzig neue – nicht von Nobel selbst geschaffene – Nobelpreis ist der für Wirtschaft. Es sollte offenkundig keine weiteren mehr geben, etwa für Landwirtschaft oder Architektur.

Wenn von Uexküll sagt, ihn habe „nie nur das Opponieren, das bloße Nein-Sagen interessiert, sondern immer auch die Frage, ob es Lösungen gibt, die funktionieren", begründet er das noch mit weiteren Vorbildern, ebenfalls aus seiner Verwandtschaft. Sein 2004 verstorbener Onkel Thure von Uexküll, zuletzt Professor in Freiburg, war der Begründer der psychosomatischen Medizin in Deutschland. Auch er habe „herkömmliche Wahrheiten in Frage gestellt und keine Angst, anzuecken". Auch sein Großvater mütterlicherseits, der schwedische Architekt Sigurd Lewerentz, habe Dogmen nicht gelten lassen und sei auf seinem Gebiet ein Revolutionär gewesen.

Diese Philosophie – daß Widerstand gegen Fehlentwicklungen wichtig ist, ebenso aber das Suchen nach sowie das Finden und Durchsetzen von Lösungen – floß ebenfalls in den Alternativen Nobelpreis ein.

Nach der enttäuschenden Reaktion des Nobelpreiskomitees entschloß sich Jakob von Uexküll, die Sache selbst in die Hand zu nehmen. Um den Right Livelihood Award verleihen und die dahinterstehende Right Livelihood Award Foundation gründen zu können, verkaufte Jakob von Uexküll Ende der siebziger Jahre tatsächlich Stück für Stück seinen Briefmarkenbestand und brachte das von ihm zuvor eingeschätzte Gründungskapital von einer Million US-Dollar zusammen. Seither werden mit dem Right Livelihood Award, der schnell als Alternativer Nobelpreis bekannt wurde, Menschen geehrt, die an „praktischen und beispielhaften Lösungen für die drängendsten Herausforderungen, mit denen die Welt heutzutage konfrontiert ist, arbeiten". Jakob von Uexküll zufolge „zielt der Right Livelihood Award darauf ab, dem Norden dabei zu helfen, die Weisheit zu finden, sein Wissen besser anzuwenden, und dem Süden dabei, das Wissen zu finden, um seine althergebrachte Weisheit einzubringen". Er wird seither für Aktivitäten u.a. auf den Gebieten Frieden, Umweltschutz, Erhalt der Artenvielfalt, Menschenrechte, Entwicklung, Gesundheit, Erziehung, Wohnen und Technologie jährlich vergeben.

Viele der Preisträger sind keine Spezialisten, eher Generalisten, weshalb der Preis auch Right Livelihood Award heißt. Der Begriff der richtigen – hier sinngemäß übersetzt als ‚verantwortungsvolle' – Lebenshaltung stammt aus dem Buddhismus. Er, Jakob von Uexküll, sei kein Buddhist, habe aber großen Respekt vor dieser Religion, weil sie ganzheitlich angelegt sei. Das Wort Livelihood sei gar nicht so einfach korrekt in andere Sprachen zu übersetzen, betont er. Für ihn, Uexküll, sei wichtig, damit auszudrücken, daß es nicht nur um einzelne, durchaus nützliche Erfindungen in der Landwirtschaft, Architektur etc. geht, sondern um Beiträge zu einem größeren Ganzen. Und dieses

Größere sei Right Livelihood. „Es geht darum", so Jakob von Uexküll, „die Welt, Mitmenschen und Mitgeschöpfe als eine Familie und nicht in erster Linie als Verbraucher und Geschäftspartner zu betrachten." Der Netzwerkgedanke spielt deshalb beim Alternativen Nobelpreis eine zentrale Rolle. Der Preis solle Katalysator sein.

Natürlich machte Jakob von Uexküll sich Sorgen, daß das Geld bald ausgehen und die Preisverleihungen womöglich nicht fortgesetzt werden könnten. Doch er hegte die Hoffnung, daß es Unterstützer geben werde. Er behielt damit recht. Durch Spenden konnte die Preissumme mehrmals erhöht werden. Die Unterstützung reichte soweit, daß sich sogar Nachfahren von Alfred Nobel bei Jakob von Uexküll meldeten und ihm ihre Ansicht mitteilten, daß sein Preis viel treffender für das sei, was Alfred Nobel mit seiner Stiftung einst gemeint habe, als das, was das Nobelpreiskomitee inzwischen daraus gemacht habe.

Das Aufsehen, das Jakob von Uexküll seit 1980 mit dem Alternativen Nobelpreis erregte, war einigen Zeitgenossen suspekt. Während einer Redaktionskonferenz einer großen schwedischen Zeitung wurde beispielsweise ernsthaft diskutiert, ob der Right Livelihood Award ein CIA- oder KGB-Komplott sei, mit dem die Nobelpreise diskreditiert werden sollen. „Im zweiten Jahr hatten sie dann kapiert, daß ich kein Agent war", erinnert sich der Preisstifter. „Da hielten die mich dann eben für einen komischen Kauz, einen unrealistischen Idealisten, der pittoreske Projekte unterstützt." Im dritten Jahr sei die Stimmung dann positiv umgeschlagen. Zwar sei der damalige Direktor der Nobelpreis-Stiftung, Stig Ramel, nicht glücklich darüber gewesen, daß die Medien den Right Livelihood Award als Alternativen Nobelpreis bezeichneten, und habe auch von Uexkülls Bewertung der modernen Wissenschaft nicht geteilt. Aber er habe eingestanden, „daß der Preis für wichtige Zwecke verliehen wird, und daß die Preisträger von sehr hoher Kompetenz" seien.

Auch Vertreter aus Wirtschaft und Politik wurden auf Jakob von Uexküll aufmerksam. So nahmen die deutschen Grünen ihn 1984 auf ihre Liste für das Europaparlament, in das er 1987 nachrückte. So war er im in vielerlei Hinsicht historischen Jahr 1989 Mitglied der Delegation, die für die EU-Beziehungen zum Obersten Sowjet zuständig war. „Da sah ich in Moskau", so Jakob von Uexküll, „wie es läuft, wenn eine Elite nicht mehr an sich selbst glaubt. Ich sehe viele Parallelen zu den westlichen Wachstumsfetischisten, die immer verkünden, wie erfolgreich ihr Modell ist, aber selbst nicht daran glauben und sich privat ganz anders äußern".

Der in Ansehen und Arbeitsaufwand wachsende Alternative Nobelpreis führte in Kombination mit dem Europaparlaments-Mandat, das seinerseits viele Reisen nach Brüssel, Straßburg und in etliche weitere europäische Städte und Regionen mit sich brachte, zu persönlichen Veränderungen bei Jakob von Uexküll. Immer hätten ihn Inseln angezogen, er habe aber auch in Europa leben wollen. So sei er mitsamt der Right Livelihood Foundation auf der britischen Isle of Man

gelandet. Natürlich erkannte er bald, daß diese nicht gerade verkehrsgünstig liegt. Das Angebot eines Inders, für die Stiftung und seine Parlamentsarbeit ein Büro in London zu nutzen, habe er daher dankend angenommen. Dann lernte Jakob von Uexküll seine Frau Sue kennen – eine Engländerin, die meinte, daß London die einzige Stadt der Welt sei, in der sie leben könne. Von Uexküll: „Da war die Frage des Lebensmittelpunktes ja erstmal klar."

Sue und Jakob von Uexküll heirateten und haben drei Kinder. Nikolas kam 1989 auf die Welt, die Zwillinge Natascha und Joshua folgten 1995.

In der zweiten Hälfte der achtziger Jahre lernte Jakob von Uexküll noch eine weitere Frau kennen, die – in diesem Fall für sein Engagement und den Alternativen Nobelpreis – wichtig werden sollte: die Mitbegründerin von Greenpeace Deutschland, Monika Griefahn. Sie war damals Mitglied des internationalen Vorstandes der Umweltschutzorganisation. Von Uexküll und die Öko-Managerin waren während einer Konferenz in Amsterdam zusammengetroffen. Aus dieser Verbindung ergab sich bald eine Kooperation auf zwei Ebenen: Jakob von Uexküll wurde Mitglied des Vorstandes von Greenpeace Deutschland, Monika Griefahn trat der Jury des Alternativen Nobelpreises bei und wurde Mitglied des Vorstandes der Right Livelihood Foundation. Griefahn übernahm nach ihrer Greenpeace-Tätigkeit das Amt der niedersächsischen Umweltministerin, seit 2000 ist die Sozialdemokratin Vorsitzende des Kulturausschusses des Deutschen Bundestages.

Jakob von Uexküll wurde in bewegten Zeiten Greenpeace-Vorstandsmitglied. Die Organisation war nach dem mörderischen Anschlag des französischen Geheimdienstes auf das Aktionsschiff „Rainbow Warrior" 1985 im Hafen des neuseeländischen Auckland vor dem Hintergrund weltweiter Solidarität immens gewachsen; möglicherweise ein wenig zu schnell, so daß personelle und andere Strukturen nicht natürlich mitwachsen konnten, sondern so schnell wie möglich geschaffen werden mußten. Das führte nach dem Wachstumsprozeß zu in- und externer Kritik, zu Reibungsverlusten und zeitweiligen Identitätsproblemen. Von Uexküll über seine Zeit im deutschen Greenpeace-Vorstand: „Das war spannend und schwierig zugleich."

So sehr er Greenpeace bis heute für eine ausgesprochen wichtige Organisation hält, so frustrierend war zeitweise der Vorstandsposten für ihn. Er habe die ganze Zeit über das Gefühl gehabt, daß sich einige Gründungsmitglieder als eine Art „Küchenkabinett, geheimer Vorstand" empfunden hätten. Zudem habe er nicht für richtig gehalten, daß der Vorstand, nach der Einstellung eines Wirtschaftsmanagers als Geschäftsführer, viele seiner Kompetenzen auf diesen übertrug. Seine, von Uexkülls, skeptischen Äußerungen hierzu hätten dazu geführt, daß einige „hinter den Kulissen" seine Abwahl aus dem Vorstand bereits nach einem Jahr betrieben. Das Nachrichtenmagazin *Der Spiegel* habe ihm dann angeboten, eine ganze Seite über die Krise bei Greenpeace zu schreiben. Doch das habe er mit der Begründung abgelehnt, daß Greenpeace trotz der Kritik, die man an Interna haben könne, eine der wenigen Organisationen sei, „die noch das Vertrauen der Jugend hat, die noch Hoffnung verbreitet." Es sei „das Schlimmste, was man tun kann", der Jugend die Hoffnung zu rauben.

Jakob von Uexküll selbst hat mit seiner Arbeit, obwohl sie von einer skeptischen Grundhaltung gegenüber dem Bestehenden motiviert ist, nie einem Fatalismus das Wort geredet, sondern – ganz im Gegenteil – Projekte der Hoffnung gefördert. Das wird er weiter tun, ob als Mitgründer des Anderen Wirtschaftsgipfels oder Treuhänder der Neuen Ökonomie-Stiftung mit Sitz in London, und selbstverständlich mit dem Right Livelihood Award, dem Alternativen Nobelpreis.

Vom Vorschlag
bis zur Verleihung

„Eine beeindruckende Zeremonie" in Stockholm sei es gewesen, als er 1980 gemeinsam mit Hassan Fathy den ersten Right Livelihood Award erhalten habe, erinnert sich der Gründer und Koordinator von Plenty International, Stephen Gaskin. Dabei habe er zunächst gar nicht daran geglaubt, daß so etwas wie ein Alternativer Nobelpreis entstehen werde. Gaskin und Fathy erhielten damals jeweils 25.000 Dollar.

Die Geldsumme, die inzwischen auf die Preisträger verteilt wird – neben dem Empfänger des Ehrenpreises meist drei weitere (mitunter werden Preise auch zwischen zwei Gewinnern geteilt) –, hat sich durch finanzielle Beiträge von Privatpersonen inzwischen ungefähr vervierfacht. Jahrelang wurde die Right Livelihood Foundation beispielsweise von einer deutschen Frau und ihren Töchtern aus dem Verkaufserlös eines Familienbetriebes unterstützt. In einem anderen Fall hatte ein Mann eine Million schwedische Kronen im Lotto gewonnen, benötigte diese aber nicht, weil es ihm wirtschaftlich gut ging. Er spendete das Geld an die Right Livelihood Foundation. In einem anderen Fall arbeitete eine alleinstehende Lehrerin gemeinsam mit ihrer Tochter zwei Monate im Büro der Foundation mit, um zu sehen, was dort vor sich ging. Als beide genug Einblick hatten, offenbarte sie Jakob von Uexküll, daß sie ein großes Aktienpaket geerbt habe, die Stif-

tung dieses aber viel besser verwenden könne als sie selbst. Einmal ist die Right Livelihood Foundation auch als Alleinerbin in ein Testament eingesetzt worden.

Hatte Jakob von Uexküll die Preisträger des ersten Jahres, Stephen Gaskin und Hassan Fathy, während seiner Reisen auf der Basis eingegangener Vorschläge noch selbst ausgesucht, so baute er anschließend eine internationale Jury auf. Seither ist das Schema, nach dem die Menschen oder Organisationen ausgewählt werden, die den Alternativen Nobelpreis erhalten, weil sie an „praktischen und beispielhaften Lösungen für die drängendsten Herausforderungen arbeiten", dasselbe geblieben.

Jeder kann Vorschläge einreichen. An diese werden nur geringe formale Anforderungen gestellt. Grundsätzlich kann jede Person schriftlich – und zwar traditionell auf Papier, nicht per E-Mail – einen Vorschlag unterbreiten. Dieser muß für das entsprechende Jahr bis zum 10. April vorliegen. Später eingehende Nominierungen werden als solche für das Folgejahr betrachtet. Der Name des Vorschlagenden, des sogenannten Nominators, wird von der Right Livelihood Foundation bewußt vertraulich behandelt.

Selbstvorschläge oder Nominierungen aus den Reihen des Personals der vorgeschlagenen Organisation – auch beispielsweise von ehrenamtlichen Beiratsmitgliedern etc. – werden nicht akzeptiert. Der Nominator sollte die Person bzw. die Organisation, die er zur Auszeichnung vorschlägt, ebensogut wie deren Arbeit kennen und sich für deren Vertrauenswürdigkeit verbürgen können. Jeder Nominator darf pro Jahr nur einen Kandidaten vorschlagen.

Aufgrund des sehr offenen Vorschlagsverfahrens sagt die Nominierung nichts über die Eignung eines Kandidaten oder die Wahrscheinlichkeit der Auszeichnung mit dem Alternativen Nobelpreis aus. Vorschläge sollen daher nicht veröffentlicht werden. Der Verstoß gegen diese Regel kann zur Disqualifikation eines Kandidaten führen.

Folgende Informationen / Unterlagen sind bei einer Nominierung erforderlich:

- vollständige Adresse und Erreichbarkeit sowohl des Nominators als auch des Kandidaten;
- Art und Dauer der Beziehung zwischen Nominator und Kandidat, Erwähnung beruflicher, wirtschaftlicher, politischer oder anderer Verbindungen untereinander;
- ein Hinweis darauf, ob der Kandidat sich mehr für den Ehren- oder einen der mit einer Geldsumme versehenen Preise eignet;
- ein Statement, aus dem hervorgeht, warum der Kandidat den Right Livelihood Award erhalten sollte;
- eine Versicherung, daß die Arbeit des Kandidaten wirklich hinlänglich reif für die hohe Auszeichnung ist. Diese wür-

de Erkundigungen und Nachfragen nach Besuchsmöglichkeiten von Menschen, die von dem Projekt lernen wollen, wahrscheinlich machen. Die Right Livelihood Foundation wartet nicht, daß die Kandidaten hierzu selbst Verbindungen einbringen, geht aber von der Bereitschaft aus;

- Referenzen des Nominators im Zusammenhang mit seinem Vorschlag, aus denen seine Beschäftigung mit dem entsprechenden Thema hervorgeht, und Unterlagen zur Unterstützung des Vorschlages durch Personen oder Organisationen, die sich ebenfalls mit dem Arbeitsinhalt des Vorgeschlagenen verwandten Themen befassen. Möglichst sollte der Vorschlag durch mindestens zwei Personen von unterschiedlichen Organisationen unterstützt werden.

Vom Kandidaten sind folgende Informationen erforderlich:

- eine Biographie oder Kurzdarstellung der Geschichte der Organisation;
- biographische Angaben der vorgeschlagenen Person oder des Gründers der Organisation und von deren gegenwärtigen Leitern;
- wesentliches schriftliches Material, das die Person oder Organisation produziert hat;
- Informationen über die Dauer der im Zusammenhang mit der Nominierung zum Alternativen Nobelpreis relevanten Aktivitäten, über die Zahl von Mitarbeitern und freiwilligen Helfern sowie das aktuelle Budget. Auch die jeweils jüngste Jahresbilanz ist erforderlich;

- Namen und Adressen von Spendern, die in den jeweils zurückliegenden drei Jahren zum Etat beigetragen haben sowie
- detaillierte Angaben über jegliche finanzielle Verbindungen – auch von Mitarbeitern – zu Regierungen oder politischen Parteien.

Wenn diese Unterlagen und Informationen vollständig vorliegen, wird der Vorschlag einem Prüfungsverfahren unterzogen. Jahrelang oblag diese Arbeit dem renommierten britischen Journalisten Robin Sharp, inzwischen hat Ole von Uexküll, ein Neffe des Preisstifters, der in Lund sein Studium der Umweltwissenschaften und in Berlin eines der Europäischen Studien abschloß, diese Schlüsselfunktion übernommen.

Jährlich hat die Jury sich mit ungefähr 100 Vorschlägen zu befassen. Zu circa 40 bis 50 Nominierungen, die aus dem Vorjahr übernommen werden, kommt noch einmal gut dieselbe Anzahl hinzu.

Die Vorschläge werden – zunächst am Schreibtisch – detailliert überprüft. Über die Kandidaten werden Erkundigungen eingezogen, wobei es nicht selten vorkommt, daß der Rechercheur der Right Livelihood Foundation die jeweiligen Personen oder Organisationen besucht. Da weder Zeit noch Budget ausreichen, sämtliche Kandidaten aufzusuchen, werden zu deren Beurteilung mitunter Jurymitglieder oder Preisträger, die mit der Arbeit des Vorgeschlagenen vertraut sind und selbst über ein entsprechendes Renommee verfügen, herangezogen.

Der damalige Rechercheur Robin Sharp, der auch die oben genannten Richtlinien für Nominierungen erarbeitet hat, Anfang des Jahres 2001 über einen wichtigen Aspekt seiner Arbeit: „Wir müssen natürlich sehr vorsichtig sein, zu einem Thema nicht den ersten, der uns vorgeschlagen wird, auszuwählen. Es ist verständlich, wenn ein Mensch, den ein Arzt von einer schweren Krankheit geheilt hat, diesen für den besten Mediziner der Welt hält. Möglicherweise arbeiten aber viele andere ebenso erfolgreich mit derselben Methode." Schließlich gehe es beim Alternativen Nobelpreis darum, daß herausragende Leistungen mit Vorbildcharakter ausgezeichnet werden.

Sharp berichtete von einem Beispiel seiner Recherchen. So besuchte er einen Kandidaten in Bolivien, der sich für die Verbesserung der Lebensumstände indigener Menschen einsetzte. Sharp hielt ihn für einen sehr guten Kandidaten. Doch die Nominierungsrichtlinien beinhalten die Frage nach Sponsoren in den vergangenen drei Jahren. Zurück in Europa, setzte der Rechercheur sich mit diesen in Verbindung und stellte fest, daß ein niederländischer Geldgeber überhaupt nicht mit der Arbeit des Kandidaten einverstanden war. Dieser habe die Verwendung einer Spendensumme von 20.000 Dollar nicht belegen können. Der Sponsor hatte Bedenken, der Empfänger habe das Geld für sich selbst verwendet. Sharp bat den Kandidaten um Aufklärung. „Es wurde ein Mysterium", so der Rechercheur. Der Kandidat habe geantwortet, daß er eine Zahlung zu leisten hatte, über die er nichts mitteilen könne. Es sei der Eindruck entstanden, so Sharp, daß das

Geld an Drogenbarone geflossen sei, damit er überhaupt in dieser Gegend habe arbeiten können. Da der Sachverhalt aber auch auf konkrete Nachfragen hin nicht aufzuklären gewesen sei, sei eine Preisverleihung an diesen Kandidaten nicht mehr in Frage gekommen.

In einem anderen Fall habe er bei einem Projekt in Ägypten, das zunächst einen guten Eindruck gemacht habe, vor Ort gesehen, daß Anspruch und Wirklichkeit weit auseinander lagen. Insofern sei es ein Risiko, ein Projekt nicht zu besuchen, und daher um so wichtiger, Informationen von vertrauenswürdigen Sachkennern, mit denen die Right Livelihood Foundation zusammenarbeitet, zu erhalten. Die Jury habe seiner Ansicht nach auch noch keinen Fehler gemacht – im Gegensatz zur Friedensnobelpreis-Jury. „Diese", so Robin Sharp, „hat einige desaströse Entscheidungen getroffen."

Dem Autoren des vorliegenden Buches ist auch eine Begebenheit bekannt, bei der die Überprüfung von Vorwürfen gegen einen Kandidaten zu einem positiven Ende führte. In diesem Fall wurde ein Vorjahres-Preisträger von Dritten mit Informationen beliefert, denen zufolge eine vorgeschlagene Person sich mit ihrem Wirtschaftsunternehmen in finanziellen Schwierigkeiten befände und die Preissumme voraussichtlich zur Tilgung privater Schulden verwenden würde. Die Nachforschungen ergaben, daß diese Gefahr nicht bestand und die betreffende Person sehr wohl preiswürdig war. Sie hat den Right Livelihood Award auch erhalten. Eine Maßgabe besteht nämlich darin, daß das Preisgeld zur Weiterarbeit und niemals für persönliche Zwecke eingesetzt wird.

Der heutige Right-Livelihood-Rechercheur Ole von Uexküll betont ebenfalls die Wichtigkeit der Informationen seitens unabhängiger Dritter, aber darüber hinaus das Netzwerk der inzwischen über 100 Preisträger, auf deren Verbindungen er sich ebenfalls gut stützen könne. Das gelte natürlich auch für Kontakte der Jurymitglieder. Ole von Uexküll hält es für besonders wichtig, die Projekte persönlich zu besuchen, die reine Basisarbeit leisten. Von Uexküll: „Jemanden wie Leonardo Boff, dessen Lebenswerk ausgezeichnet wird, kann man weitgehend anhand dessen, was über ihn bekannt ist und anhand seiner Schriften beurteilen. Doch Entwicklungsprojekte, die an der Basis wirken, kann man nur durch Inaugenscheinnahme richtig verstehen. Denn Papier ist geduldig." Will heißen: Manches, was sich gut liest, ist in Wahrheit keine so große Innovation, wie beschrieben, anderes, das zurückhaltend dargestellt wird, birgt immense – durchaus auszeichnungswürdige – Verbesserungen in sich.

Die Recherchen vor Ort dauern mindestens zwei bis drei Tage. Eine Kriterienliste, die überprüft wird, gibt es in dem Sinne nicht, wohl aber einige Leitfragen. Grundlegende Voraussetzung für eine positive Darstellung gegenüber der Jury ist, daß praktische Arbeitsergebnisse vorliegen müssen. Bloße Ideen, deren Realisierung durch die Preissumme finanziert werden soll, werden grundsätzlich nicht prämiert.

Weiter sei ihm bei seinen Vor-Ort-Recherchen wichtig, so Ole von Uexküll, daß die Projekte nicht von einzelnen Personen oder Gönnern abhängig seien, daß sie also unabhängig auf eigenen Füßen stehen. Andernfalls sei die Gefahr groß, daß, sobald eine dominierende Person oder ein wesentlicher Sponsor abspringt, die gesamte Organisation zusammenbricht.

Jeweils mindestens fünf Interviews führen Ole von Uexküll und die anderen Rechercheure bei ihren Projektbesuchen. Neben der obligatorischen Frage nach vergleichbaren Aktivitäten insistieren sie auch nachdrücklich hinsichtlich möglicher Unregelmäßigkeiten oder gar Skandale. Dazu gehen von Uexküll und seine Kollegen wie investigative Journalisten vor und befragen auch mitunter erbitterte Gegner der Kandidaten.

Nach all diesen Recherchen werden die Informationen auf einigen Seiten pro Kandidat zusammengefaßt, wobei, so Ole von Uexküll, „ein Band von circa 300 Seiten" herauskommt, der den Jurymitgliedern im Spätsommer zugestellt wird. Ende September kommt das Gremium – von Ausnahmen in Hamburg, London, New York, Südfrankreich und Indien abgesehen in Stockholm – zu einer Wochenendkonferenz zusammen. Dort wird zunächst vorsortiert, wobei meist immer noch ungefähr 30 Vorschläge in die engere Wahl kommen. Aus diesen werden Gruppen vergleichbarer Kandidaten zusammengestellt, damit die Jurymitglieder, so Jakob von Uexküll, „ein Gefühl für Aspekte wie Aktualität, Dringlichkeit, geographische und thematische Balance" bekommen. Auf dieser Basis wird auch

entschieden, ob die Jury sich im entsprechenden Jahr auf ein Schwerpunktthema konzentriert oder eine breite Themenstreuung anstrebt.

„Was die Jury selbst angeht, so versuchen wir, Vertreter aller Teile der Welt und auch jeweils eine Person, die in einer Organisation der Vereinten Nationen an wichtiger Position arbeitet, dabei zu haben", so von Uexküll. Es ist auch möglich, daß einzelne Jurymitglieder, die an einer Sitzung nicht teilnehmen können, ihr Votum im Vorfeld abgeben. Von Uexküll: „Wir wählen ja zwischen sehr Guten und sehr Guten. Daher versuchen wir, möglichst zu einstimmigen Ergebnissen zu kommen." Natürlich, betont der Preisstifter, kann man eine möglichst breit gestreute Jury nicht so zusammenstellen, daß alle immer einer Meinung sind.

Ein Jurymitglied ist gewissermaßen stellvertretend für eine nicht mit dem Alternativen Nobelpreis ausgezeichnete Organisation in das Gremium berufen worden: Monika Griefahn. Mitte der achtziger Jahre war Greenpeace mehrfach für den Right Livelihood Award vorgeschlagen worden, doch konnte sich die Jury nicht zur Verleihung durchringen, da Greenpeace die Preissumme, die meist unter schwierigen finanziellen Bedingungen arbeitenden Personen oder Organisationen helfen sollte, nicht benötigte. Den Regenbogenkämpfern den nicht dotierten Ehrenpreis zuzuerkennen, fand die Jury indessen auch nicht stimmig. So hatte Jakob von Uexküll die Idee, daß die weltweit anerkannte Umweltschutzorganisation künftig in dem Entscheidungsgremium vertreten sein sollte.

Jakob von Uexküll trug Griefahn die Mitgliedschaft in der Jury mit der Begründung, daß sie dann im Namen von Greenpeace etwas für Umweltprojekte, die auf der ganzen Welt durchgeführt werden, tun könne, an. Dazu Monika Griefahn: „Da Greenpeace eine internationale Organisation ist und viele der kleineren Projekte als Netzwerk von unten wichtig sind, habe ich das Angebot angenommen." Die Jurysitzungen seien jedes Jahr „ein richtiges Hocherlebnis", betont die Politikerin. „Man sieht dann, welche Projekte es auf der ganzen Welt gibt, die wirklich etwas bewegen."

Vom Ablauf der Konferenzen berichtet sie: „Es wird in der Jury immer sehr intensiv diskutiert, um zu einvernehmlichen Entscheidungen zu kommen. Man muß sich da oft richtig durchringen. Auch gruppendynamisch ist das jedes Mal ein sehr interessantes Wochenende", berichtet die Soziologin Griefahn. „Sich mit diesen Projekten zu beschäftigen, ist sehr inspirierend. Mir gibt die Arbeit für den Right Livelihood Award daher viel Energie."

Die Jury besteht aus zwölf Personen, der Vorstand des Right Livelihood Award ist darin komplett vertreten. Es wird aber versucht, daß jedes Jahr neue Personen mit am Tisch sitzen, damit die Dynamik erhalten bleibt. Als Monika Griefahn Greenpeace verließ, ist niemand aus der Organisation in die Jury nachgerückt. Jakob von Uexküll bat Griefahn statt dessen, auch einen Vorstandsposten der Stiftung zu übernehmen, damit deren Kontinuität nicht nur an seiner Person hängt.

Die Preisträger, für die die Jury sich entscheidet, werden zu einer beeindruckenden Verleihungszeremonie eingeladen. Diese fand in den ersten beiden Jahren im Stockholmer Kulturhaus statt, seit 1985 im historischen Saal des schwedischen Parlamentes.

Vorbemerkung zu den Preisträger-Porträts, Redeauszügen, Statements und Chroniken

Bei über 100 Gewinnern des Alternativen Nobelpreises in 25 Jahren stellte sich die Frage, in welcher Reihenfolge die jeweiligen Kapitel am sinnvollsten zu präsentieren sind. 1990 war bereits ein Buch über die mit dem Right Livelihood Award ausgezeichneten Personen und Organisationen erschienen, herausgegeben von Jakob von Uexküll und Bernd Dost. Die beiden hatten die Kurzporträts und Reden – damals sicherlich sinnvoll – nach Themenkreisen geordnet.

Nun, da der Preis bereits seit einem Vierteljahrhundert vergeben wird, schien es geboten, die Begründungen für die jeweiligen Preisverleihungen und speziell auch die Auszüge aus den Dankesreden der Gewinner in einen Zusammenhang zum Zeitgeschehen zu bringen. Daher sind die Kapitel über die Preisträger chronologisch nach den Jahren der jeweiligen Verleihung geordnet.

Da die Probleme, für deren Lösung sich die Preisträger einsetzen, in den meisten Fällen zwar eine lange Vorgeschichte haben, insbesondere aber in der Nachkriegszeit eskaliert sind, habe ich als Einleitung einen Abriß der Zeit nach 1945 bis zur ersten Verleihung des Right Livelihood Award im Jahre 1980, und von da an jedem Preisträger-Jahrgang eine Chronik des entsprechenden Jahres vorangestellt.

Leider war es unmöglich, sämtliche Dankesreden in voller Länge abzudrucken, das hätte den Umfang dieses Buches gesprengt. Dabei bedeuten unterschiedliche Längen auch der Porträts keinerlei Gewichtung meinerseits. Manche Lebensgeschichten sind einfach mit weniger Worten darzustellen als andere. Das gilt ebenso für Projektbeschreibungen.

In Fällen, in denen Preise auf zwei Gewinner aufgeteilt worden sind, habe ich diese dann in einem gemeinsamen Kapitel vorgestellt, wenn es sich aufgrund der Ähnlichkeit ihres Beschäftigungsfeldes und ihrer Arbeit anbot. In anderen Fällen erschienen mir einzelne Porträts sinnvoller.

Die Preisträger finden Sie im Anschluß, die Redeauszüge und Statements ab Seite 318.

Organisationsnamen habe ich nur dann übersetzt, wenn die deutsche Formulierung auch verständlich blieb. Um komplizierte Wortgebilde zu vermeiden, war es oftmals angebrachter, den Originalnamen im Text zu belassen.

In diesem Buch geht es um außergewöhnliche Menschen, die Außergewöhnliches zu sagen haben. Daher war es bei den Redeauszügen unmöglich, jede sprachliche Nuance ins Deutsche zu übertragen; kein Übersetzer kommt um die Notwendigkeit möglichst treffender Umschreibungen oder mitunter auch Interpretationen umhin. Ich hoffe, daß wir – d.h. diejenigen, die mich bei den Übersetzungen unterstützt haben und ich selbst – dem Sinn der Originalformulierungen jeweils so nahe wie möglich gekommen sind. Sicherlich wird es in einzelnen Fällen alternative oder gar bessere Formulierungen geben.

Da ein wesentlicher Sinn des Alternativen Nobelpreises im Vorbildcharakter der ausgezeichneten Personen und Projekte besteht, erschien es mir sinnvoll, den Leserinnen und Lesern möglichst die jeweilige Erreichbarkeit der Preisträger zu nennen. Bei inzwischen über 100 mit dem Preis geehrten Personen oder Organisationen gibt es dabei natürlich ständig Veränderungen. Auch unter dem Aspekt, daß manche Adresse, Telefon- oder Faxnummer bzw. E-Mail-Adresse bald nicht mehr aktuell sein könnte, hätte ich es als ein Versäumnis betrachtet, deshalb sämtliche Kontaktdaten wegzulassen. Die Right Livelihood Award Foundation versteht sich als Netzwerk auf der Basis ihrer Preisträger. Diesen Gedanken möchte ich auf diesem Wege unterstützen.

Im Falle ernstgemeinter Kontaktversuche wird die

Right Livelihood Award Foundation
(PO Box 15072, 10465 Stockholm, Sweden
Tel.: 0046-8-7020340
Fax: 0046-8-7020338
E-Mail: info@rightlivelihood.org
www.rightlivelihood.org)

oder mein Journalistenbüro

(Aussichten, Fax: 02234-271859
E-Mail:
j.streich@aussichten-online.de
www.aussichten-online.de)

behilflich sein.

Im folgenden Porträtteil befinden sich unten folgende Angaben: links das Jahr, indem der jeweilige Preisträger ausgezeichnet worden ist, daneben eine fortlaufende Nummer, mit der die Person oder Organisation auch im Redeteil versehen ist, sowie ganz rechts die Zahl der Seite, auf der die entsprechende Dankesrede im hinteren Buchteil zu finden ist.

Vom Höhepunkt des Kalten Krieges bis zur ersten Verleihung des Alternativen Nobelpreises

Der Träger des Ehrenpreises des Alternativen Nobelpreises von 1999, Hermann Scheer, argumentiert, mit der Atomrüstung sei der Geist Hitlers, nämlich die Bereitschaft zur Massenvernichtung, in die Nachkriegszeit übertragen worden. Sollte die Menschheit also nichts aus der größten Katastrophe der bisherigen Geschichte, dem Zweiten Weltkrieg, gelernt haben? Zeitweise schien es so.

Bereits drei Jahre nach Kriegsende war die Sowjetunion bereit, Westberlin auszuhungern. 1950 kam es in Korea zu einem Krieg, der offiziell erst drei Jahre später beendet wurde und nahezu 1,5 Millionen Soldaten das Leben kostete. Und 1956 spielten Ost und West im Suez-Konflikt mit dem nuklearen Feuer.

Waren die Westmächte und die Sowjetunion bei der Niederschlagung des Nazi-Terrorregimes noch Verbündete gewesen, so nahm die Auseinandersetzung um die gegensätzlichen Ideologien hysterische Züge an. Dabei hatte es ab Ende 1958 sogar eine knapp dreijährige freiwillige Unterbrechung der Atomwaffentests, die zuvor fast im Wochenrhythmus stattgefunden hatten, gegeben – und damit Hoffnung auf friedliche Koexistenz von Ost

und West. Doch dann verursachte der Berliner Mauerbau im August 1961 einen weltpolitischen Wettersturz. Mit einer Explosion, die ca. 4.500mal so stark wie die von Hiroshima war, beendete die Sowjetunion gut zwei Monate später die nukleare Atempause. Ein Jahr später geriet die Welt während der Kuba-Krise an den Rand eines Atomkrieges.

Inzwischen galt – im Sinne von Abschreckung – das Prinzip „Mutual Assured Destruction", die „Gegenseitig gesicherte Zerstörung". (Die englische Abkürzung MAD bedeutet bezeichnenderweise: verrückt, irre.) Schon Jahre zuvor hatte Albert Einstein appelliert: „Besinnt Euch auf Eure Menschlichkeit und vergeßt den Rest." Dabei hatten die USA, bevor die Sowjetunion mit dem Start des Sputnik spektakulär bewiesen hatte, daß sie mittels Raketen auch amerikanisches Gebiet angreifen konnte, noch gedroht, einen Angriff auf den Westen mit der nuklearen Zerstörung der UdSSR zu beantworten.

Tatsächlich mußte es den Führern der Supermächte in die Glieder gefahren sein, daß sie im Herbst 1962 die Erde beinahe in eine nukleare Wüste verwandelt hätten. Bereits gut ein halbes Jahr später beendeten zunächst die USA, einen Monat später auch die UdSSR die oberirdischen Nukleartests. Im August 1963 unterzeichneten sie den „Begrenzten Atomteststoppvertrag", der Kernexplosionen in der Atmosphäre verbot. Großbritannien schloß sich dem Abkommen an, Frankreich erst mehr als ein Jahrzehnt später.

Inzwischen hatte sich eine weitere Gefährdung des Lebens offenbart: die Verseuchung und Zerstörung der Umwelt durch menschliche Eingriffe. Die amerikanische Autorin Rachel Carson hatte 1963 in ihrem vielbeachteten Buch *Der stumme Frühling* treffend darauf hingewiesen. Im Vietnam-Krieg, der noch bis 1973 tobte, wurde Umweltzerstörung sogar militärisch eingesetzt, als die Amerikaner den Wald ganzer Landstriche entlaubten, indem sie aus der Luft das Pflanzenvernichtungsgift Agent Orange versprühten.

Keineswegs stumm verlief der Prager Frühling. Diese Liberalisierungs- und Demokratisierungsphase in der CSSR beendeten die Warschauer-Pakt-Staaten 1968 durch ihren Einmarsch. Die Jahreszahl '68 wurde zum Begriff für eine internationale Bewegung, die gegen Krieg, Einschränkung von Bürgerrechten und Ungerechtigkeit protestierte. Immer stärker entfernte sich die Jugend von der Konsumgesellschaft. Es gab neue Formen des Zusammenlebens, einen anderen Kleidungsstil und teils rebellische Musik. Und es wurden immer mehr psychogene Drogen konsumiert, was zu weit verbreiteten Suchtproblemen führte.

Die Auswirkungen der jahrzehntelangen Ausbeutung der Länder der sogenannten Dritten Welt zeigten sich in immer brutalerer Form. Es kam zu furchtbaren Hungerkatastrophen, für die die Namen Biafra und Sahel als Synonyme stehen. Zudem führte die bittere Armut der Menschen in den unterentwickelten Ländern zu Bevölkerungswachstum. Einzig viele Kinder stellen für die Armen im übertragenen Sinne einen gewissen Reichtum dar – sie sollen die Versorgung der Familien sichern.

Während der Weltkonferenz für Handel und Entwicklung (UNCTAD) 1972 in Santiago de Chile gerieten die Industrienationen folglich auf die Anklagebank. Die Mehrheit der 2.000 Delegierten aus 140 Ländern forderte nachdrücklich ein neues Weltwirtschaftssystem.

Dabei gab es Hoffnung, daß die Menschheit mit Hilfe fortschreitender Technik ihre Probleme in den Griff bekommen könne. Neil Armstrong, der am 21. Juli 1969 als erster Mensch den Mond betrat, sagte später: „Das wichtigste, das wir auf unserer Reise zum Mond entdeckt haben, war die Erde." Der Astronaut hatte die Vision, daß durch diese technische Meisterleistung auch politisch ein neues Zeitalter anbrechen und Kriege sowie Raubbau an der Natur ausschließlich der Vergangenheit angehören würden. Da sich die Dinge aber anders entwickelten, zog er sich enttäuscht aus der Öffentlichkeit zurück. Bilder von der Mondlandung waren ebenso in die Wohnzimmer übertragen worden, wie solche von Napalm-Angriffen auf Nordvietnam. Das Fernsehen war längst zu einem wichtigen Massenmedium geworden.

Die Probleme nahmen indessen weiter zu. Während des Jom-Kippur-Krieges im Oktober 1973 geriet die Welt sogar erneut an den Rand eines Atomkrieges, da Ost und West auf verschiedenen Seiten der Nahost-Konfliktparteien standen und Israel inzwischen selbst nukleare Waffen einsatzbereit hielt. Hoffnungsvolle Entwicklungen wurden zumeist durch gegenläufige konterkariert. So machten die Rüstungsbegrenzungsabkommen Salt 1 und 2 sowie die im Sommer 1975 unterzeichnete Schlußakte der Konferenz für Sicherheit und Zusammenarbeit in Europa den Frieden nicht sicherer, weil die Stationierung sowjetischer Mittelstreckenraketen in Mitteleuropa die NATO zur „Nachrüstung" mit entsprechenden Waffen veranlaßte.

Der Kalte Krieg wurde besonders frostig und drohte innerhalb von Minutenschnelle in einen heißen umzuschlagen.

Einerseits wurde Willy Brandts ausgleichende und um friedliche Koexistenz bemühte Politik 1971 mit dem Friedensnobelpreis ausgezeichnet, andererseits wies die Sowjetunion drei Jahre später den systemkritischen Literaturnobelpreisträger Alexander Solschenizyn (u.a. *Archipel GULAG*) aus. Andrej Sacharow, der in den fünfziger Jahren noch an der Entwicklung der sowjetischen Wasserstoffbombe beteiligt gewesen war, sich seit den sechziger Jahren aber für Menschenrechte, Demokratie und Rechtsstaatlichkeit in der UdSSR einsetzte, ließ diese nicht zur Entgegennahme des Friedensnobelpreises, der Andrej Sacharow 1975 verliehen worden war, ausreisen. Später geriet der Systemkritiker gar in jahrelan-

ge Verbannung. Ungeachtet dessen setzte während der siebziger Jahre eine blockübergreifende Diplomatie auf höchster Ebene ein – US-Präsident Richard Nixon besuchte Moskau und Peking –, doch gleichzeitig flammten überall auf der Welt blutige Konflikte auf. Zwischen Indien und Pakistan kam es zu einem erneuten Krieg um die Provinz Kaschmir, in Chile putschte das Militär.

1973 gab es einen Eklat um den Friedensnobelpreis, den das Komitee US-Außenminister Henry Kissinger und dem nordvietnamesischen Verhandlungsführer Le Duc Tho zuerkannt hatte. Doch Le Duc Tho nahm diesen aus Protest gegen Kissinger, der, wie sich später herausstellte, tatsächlich für brutale Kriegsführung auch gegen die Zivilbevölkerung verantwortlich war, nicht an. 1976 wurde gar kein Friedensnobelpreis vergeben. Diesen erhielten erst später die nordirischen „Mütter für den Frieden", die sich gegen das fortgesetzte Töten im nordirischen Konfessionskonflikt engagierten.

Überhaupt griff in dieser Zeit der Terrorismus verstärkt um sich. So nahmen während der Olympischen Spiele 1972 in München Mitglieder der arabischen Terrororganisation „Schwarzer September" elf israelische Sportler gefangen. Beim Befreiungsversuch auf dem Flughafen Fürstenfeldbruck starben alle neun Geiseln, ein Polizist und fünf der Freischärler. 31 Menschen kamen 1976 bei einer Geiselbefreiungsaktion des israelischen Militärs im ugandischen Entebbe ums Leben. Ugandas Präsident Idi Amin, auf dessen Konto brutale Morde im Staatsauftrag gingen, hatte mit den Terroristen, die 53 Gesinnungsgenossen freipressen wollten, kooperiert. In Deutschland hatte sich währenddessen aus der Baader-Meinhof-Gruppe die Rote Armee Fraktion (RAF) entwickelt. Ihre Aktionen gipfelten im „heißen Herbst" 1977, als sie unter anderem den Arbeitgeberpräsidenten Hanns-Martin Schleyer ermordete. Wenige Tage zuvor waren drei Terroristen erschossen worden, als eine deutsche Spezialeinheit auf dem Flughafen von Mogadischu ein mit 86 Passagieren besetztes Flugzeug stürmte. Dessen Piloten hatten die Entführer bereits zuvor umgebracht. Und in Spanien bombte die ETA (Euzkadi Ta Azkatasuna, baskisch: Das Baskenland und seine Freiheit), um die Unabhängigkeit des Landes zu erreichen, obwohl das Land 1977 – der Diktator Francisco Franco war Ende 1975 gestorben – seine ersten freien Wahlen erlebte.

In Deutschland kehrte nach einer Phase, die unter dem Motto „Mehr Demokratie wagen" gestanden hatte, wieder ein technokratischerer Politikstil ein. Willy Brandt war 1974 als Bundeskanzler zurückgetreten, weil der DDR-Spion Günter Guillaume sich jahrelang unbehelligt im engsten Umfeld des Kanzlers bewegt hatte. Brandts Nachfolger Helmut Schmidt wurde zu einem vehementen Verfechter des NATO-Doppelbeschlusses, der Europa zunächst einmal noch mehr Atomraketen bescherte.

Immerhin setzte die UNO in dieser Zeit in einem anderen Zusammenhang ein deutliches Signal: Sie erklärte, um zum Abbau der andauernden Ungerechtigkeit zwischen den Geschlechtern beizutragen, 1975 zum Jahr der Frau.

Im selben Monat – Dezember – des Jahres 1977, in dem die Menschenrechtsorganisation Amnesty International den Friedensnobelpreis erhielt, wurde mit Jean Bedel Bokassa ein größenwahnsinniger Staatsterrorist zum Kaiser der Zentralafrikanischen Republik gekrönt. Allein das Inthronisierungsspektakel kostete umgerechnet 25 Millionen Euro, ein Drittel des Staatshaushaltes.

Nachdem die *Washington Post* drei Jahre zuvor ein Lehrstück für die Rolle und Verantwortung der Medien abgeliefert hatte – US-Präsident Nixon mußte, weil das Blatt seine Verstrickung in die Watergate-Wahlkampfaffäre und vieles mehr enthüllte, zurücktreten –, präsentierte der Kölner Journalist und Schriftsteller Günter Wallraff schockierende Erkenntnisse über die Macht der Medien: Er hatte sich unter falscher Identität als Redakteur bei der *Bild*-Zeitung eingeschlichen und veröffentlichte in seinem Buch *Der Aufmacher* Praktiken des Umgangs mit der Wahrheit des größten deutschen Massenblattes. Er setzte gerichtlich durch, daß dieses künftig als „professionelle Fälscherwerkstatt" und „Fehlentwicklung des deutschen Pressewesens" bezeichnet werden durfte.

Die siebziger Jahre sind auch ein Jahrzehnt, in dem sich einerseits zahlreiche Umweltkatastrophen ereigneten, andererseits aber auch ökologische Aspekte ins Bewußtsein größerer Bevölkerungsgruppen vordrangen. Dazu trugen zunächst insbesondere zwei Organisationen bei: Zum einen handelte es sich um die Umweltschutzorganisation Greenpeace, die sich 1971 in Kanada gegründet hatte, um gegen Atomwaffentests im Gestein der erdbebengefährdeten Aleuten (Alaska) zu protestieren. Zwar gelang zunächst noch nicht die Besetzung des Testgebietes, aber die öffentliche Wirkung der Aktionen war immens. Später erreichte Greenpeace durch spektakuläre Aktionen die Beendigung der oberirdischen französischen Nukleartests im Südpazifik und wurde zur effizientesten Umweltschutzorganisation der Welt.

Zum anderen gelang dem internationalen Denkerzirkel Club of Rome mit der Veröffentlichung des ersten Computer-Weltmodells, das 1972 unter dem Titel „Die Grenzen des Wachstums" erschien, ein publizistischer Paukenschlag: Wenn die Menschheit so weitermache, wie in den Jahren vor und um 1970, hieß es darin, werde ihr Fortbestand Mitte des 21. Jahrhunderts in größte Gefahr geraten. Die streng wissenschaftlichen Methoden, mit denen die Prognosen erstellt worden waren, und das Renommee der Mitglieder des Club of Rome, die sich zunächst vornehmlich aus Wissenschaft und Wirtschaft rekrutierten, verliehen der Warnung Seriosität. Fortan handelte es sich auch in den Augen der für die Zustände verantwortlichen Politiker bei Umweltschützern nicht mehr ausschließlich um langhaarige Exoten.

Zwar stand nicht der Umweltschutzgedanke dahinter, als im Herbst 1973 in den Niederlanden und Deutschland mehrere „autofreie Sonntage" verordnet wurden, sondern vielmehr die Tatsache, daß die arabischen Öllieferländer ihre Ausfuhr an israelfreundliche Länder gedros-

selt hatten. Während der Lebensstandard an diesen Tagen vermeintlich niedriger war, wurde die Lebensqualität tatsächlich von vielen Menschen als besonders hoch empfunden.

Ökologische Hiobsbotschaften häuften sich ebenso wie Umweltkatastrophen. So bewiesen US-Forscher die Schädlichkeit von Spray-Treibgasen für die Ozonschicht der Erde und erreichten, daß eine Arbeitsgruppe der Regierung eingesetzt wurde. In der Muttermilch wurde DDT entdeckt. 1976 entwich aus einer Chemiefabrik bei Mailand eine giftige Wolke und verseuchte die Gemeinde Seveso mit Dioxin. Stellvertretend für die Tankerunfälle dieser Zeit sei hier nur das der unter liberianischer Flagge gelaufenen „Amoco Cadiz" genannt, in dessen Folge 1978 eine Ölpest von 200 Kilometern Länge die Strände der Bretagne verseuchte.

1979 kam es im Kernkraftwerk von Harrisburg im US-Staat Pennsylvania zu einem sogenannten GAU (= größter anzunehmender Unfall). Radioaktivität drang in die Atmosphäre und einen Fluß, tagelang bestand die Gefahr der Explosion des Reaktorgebäudes, 200.000 Menschen wurden evakuiert. Unter anderem, um sich vom Öl unabhängiger zu machen, war der Ausbau der Atomenergie in den Industrieländern forciert worden. Dabei wurden die damit verbundenen Möglichkeiten der Weiterverbreitung von Kernwaffen von den dafür Verantwortlichen ebenso verdrängt, wie die von dieser Energieerzeugungsform ausgehenden Gefahren. Die Proteste dagegen fielen entsprechend massiv aus.

Noch ein weiterer wissenschaftlich-technischer Durchbruch führte zu gespaltenen Reaktionen: Mit Louise Brown wurde 1978 das erste Retortenbaby – ein im Reagenzglas gezeugtes Kind – geboren.

Und weiter ging es Ende der siebziger Jahre im Wechselbad der Weltpolitik: Der ägyptische Präsident Anwar as-Saddat und Israels Ministerpräsident Menachem Begin unterzeichneten 1978 auf Vermittlung von US-Präsident Jimmy Carter in Camp David zwei Abkommen, in denen ein künftig friedlicherer Umgang der bisher verfeindeten Länder miteinander festgelegt wurde. Dafür erhielten as-Saddat und Begin im selben Jahr den Friedensnobelpreis, an dessen Verleihungszeremonie as-Saddat nicht teilnahm. Wenige Monate später, Anfang 1979, verließ der Schah von Persien, Reza Pahlewi, den Iran. Der fundamentalistische Schiitenführer Ajatollah Khomeini übernahm die Macht und führte fortan ein brutales Regime. Den Friedensnobelpreis '79 erhielt Mutter Theresa.

Die Länder des „Alten Kontinents" wählten zum ersten Mal ein Europaparlament. An Weihnachten 1979 marschierten sowjetische Truppen in Afghanistan ein.

1980

Gleich zu Jahresbeginn konstituiert sich in Deutschland die Partei der Grünen, zwei Monate später legt die von Willy Brandt geleitete Nord-Süd-Kommission den vielbeachteten Bericht *Die Zukunft sichern* vor.

385 Kilometer vor der norwegischen Küste kentert die Ölbohrinsel „Alexander Kielland", 160 Menschen kommen dabei ums Leben.

Der Versuch, die im Iran festgehaltenen Mitarbeiter der US-Botschaft gewaltsam zu befreien, scheitert am 25. April. Wenige Tage später, am 4. Mai, stirbt mit Josip Tito die Integrationsfigur des Vielvölkerstaates Jugoslawien im Alter von 87 Jahren.

Die Olympischen Sommerspiele – eigentlich als friedlicher Wettstreit zwischen den Völkern gedacht – finden in Moskau statt und werden von 50 zumeist westlich orientierten Staaten boykottiert, die damit gegen den Einmarsch sowjetischer Streitkräfte in Afghanistan protestieren.

Global 2000 – Der Bericht an den Präsidenten schockiert die Öffentlichkeit. US-Präsident Jimmy Carter hatte die Studie darüber, wie die Welt in 20 Jahren aussehen könnte, wenn die Politik der siebziger Jahre fortgesetzt würde, in Auftrag gegeben.

Am 2. August kommt es im Hauptbahnhof der italienischen Stadt Bologna zum bis dahin größten terroristischen Massaker der Nachkriegszeit. 83 Menschen sterben bei dem Sprengstoffanschlag, für den eine rechtsradikale Organisation die Verantwortung übernimmt. Knapp zwei Monate später tötet die ebenfalls rechtsextreme „Wehrsportgruppe Hoffmann" auf dem Münchener Oktoberfest 13 Menschen.

Mitte September bricht zwischen Iran und Irak ein Krieg aus, in dem die USA den Irak in der Hoffnung unterstützen, ein Bollwerk gegen den fundamentalistischen Iran zu schaffen.

Im Herbst entsteht in Polen die Gewerkschaft „Solidarnosz" und stellt damit das Monopol der Kommunistischen Partei in Frage. Kurz darauf, am 4. November, wird Ronald Reagan zum US-Präsidenten gewählt. Er will den Warschauer Pakt durch Rüstung in die Knie zwingen.

Am 8. Dezember wird der Ex-Beatle John Lennon („Give Peace a Chance") in New York von einem geistig Verwirrten erschossen. Der Journalist Jürgen Stark nennt die achtziger Jahre später in einem Buchtitel *Renaissance der Spießer*.

Stephen F. Gaskin

(geb. am 16. Februar 1935 in Denver,
US-Bundesstaat Colorado)

und Plenty International

erhielten den Alternativen Nobelpreis „für ihren Einsatz und ihre Sorge für Bedürftige in den USA, anderen Ländern und die gemeinsame Arbeit mit ihnen".

Er umschreibt seine politische Gesinnung mit „Beatnik" und seine Religion mit „Hippy". Nach seinem Kriegseinsatz 1953/54 in Korea arbeitete er bis 1966 als Lehrer für Semantik und kreatives Schreiben. Anschließend engagierte er sich bis 1970 bei der „Monday Night Class", einer wöchentlichen Zusammenkunft von bis zu 1.500 Menschen, die offen über Politik, Religion, Drogen, Liebe, Sex etc. diskutierten.

In diese Zeit fällt auch die Organisation der „Karawane", einer Tour von zeitweise 400 Hippies mit 50 Schulbussen und fast ebenso vielen anderen Fahrzeugen durch 42 US-Staaten, wo jeweils Happenings veranstaltet und politische Forderungen erhoben wurden. Die „Karawane" war die größte Hippie-Kommune in den USA, bevor sie am 12. September 1970 in Tennessee stoppte. Dort entstand Summertown, die größte und bedeutendste Hippie-Kommune der Welt. Stephen Gaskin war ihr erster Koordinator.

Dort rief er 1974 die internationale Hilfs- und Entwicklungsorganisation Plenty International ins Leben. Deren Philosophie war, daß die Menschheit eine große Familie darstellt und für alle genug Ressourcen für ein menschenwürdiges Leben vorhanden sind – vorausgesetzt, diese werden sinnvoll genutzt und gerecht verteilt.

Stephen Gaskin
Rocinante • 4l The Farm • Summertown • Tennessee 38483, USA
Tel. work: (1 931) 964 2519
Stephen7@usit.net • www.plenty.org

Schon zwei Jahre später arbeiteten über hundert ehrenamtliche Plenty-Mitarbeiter in Guatemala. Ihr jahrelanger Einsatz für die dort lebenden Maya hatte die Verbesserung der Trinkwasser- und medizinischen Versorgung, den Anbau von Sojabohnen sowie deren Weiterverarbeitung und den Einsatz von dort zuvor nicht vorhandener Kommunikationstechnologie zur Folge. Hierfür war u.a. die Errichtung einer 27 Kilometer langen Wasserpipeline nötig. Zudem entstanden durch die Hilfe von Plenty International 1.200 Häuser. Weiterhin richtete die Organisation einen Ambulanzdienst in der New Yorker Bronx ein, wofür sie den Jefferson-Award erhielt, und eine für Flüchtlinge aus Mittelamerika kostenlos nutzbare Klinik in Washington D.C. Zudem realisierte sie ein Entwicklungsprogramm für ländliche Ansiedlungen in Lesotho. Plenty International kümmerte sich ebenso um die amerikanischen Ureinwohner im Pine Ridge Reservat in Süd-Dakota wie um die indianische Bevölkerung auf den karibischen Inseln. Die Organisation gründete die „One World"-Handelsgesellschaft, die von Maya hergestellte Textilien in den USA vertreibt, das Plenty's Naturals Rights Center engagiert sich im Umweltschutz und leistet Widerstand gegen die Gefahren der Atomenergie.

1974 verschlug es Stephen Gaskin ins Staatsgefängnis von Tennessee; er war wegen eines Marihuana-Deliktes zu ein bis drei Jahren (je nach Führung) Freiheitsentzug verurteilt worden. Doch es gelang seinem Anwalt in einem Musterprozeß vor dem Bundesgericht, Gaskins Staatsbürgerrechte und damit sein Wahlrecht zurückzuerkämpfen.

Stephen Gaskin im Februar 2002: „Ich arbeite weiterhin für die Bewahrung der Welt, denn ich möchte den Frühling der Welt noch während meiner Lebenszeit ein bißchen gesünder verlaufen sehen." Dafür betätigt er sich nach wie vor als „Hippie-Priester", engagiert sich für geistige Erneuerung sowie die Legalisierung von Cannabis, als Baumschützer, kultureller Motor und Initiator von Kommunen. Er beschäftigt sich zudem mit Science-fiction, Computern, Telepathie, und restauriert Auto-Oldtimer. Besonders wichtig ist ihm die Erziehung von Kindern – eigener und solcher, die er zeitweise in Pflege nimmt.

Stephen Gaskin betätigt sich zudem als Autor. Sein jüngstes Buch trägt den Titel *An Outlaw In My Heart* (dt.: *Im Herzen ein Gesetzloser*). Es hat Gaskins Herausforderung des Rechtsanwaltes Ralph Nader um die Nominierung zum Präsidentschaftskandidaten der Grünen Partei im Jahr 2000 zum Inhalt.

Hassan Fathy

(geb. 1900 in Ägypten, gest. 1989)

erhielt den Alternativen Nobelpreis „für die Bewahrung und Weiterentwicklung überlieferter Erkenntnisse und Methoden im Hausbau – für die Armen und mit ihnen".

Der Architekt, Erfinder, Musiker und Autor Hassan Fathy spezialisierte sich darauf, alte Kenntnisse und Fähigkeiten im Hausbau mit traditionellen einheimischen Materialien zu bewahren, zu nutzen und weiterzuentwickeln. Er erkannte früher als andere die Gefahr, die damit verbunden ist, wenn das Grundbedürfnis nach Obdach den Regeln und Launen der modernen Marktwirtschaft unterworfen wird.

1969 erhielt Fathy, damals Vorsitzender des Fachbereichs Architektur an der Fakultät der Bildenden Künste in Kairo, den Landespreis für Kunst und Literatur der ägyptischen Regierung. Internationale Anerkennung wurde ihm für sein 1973 erschienenes Buch *Architecture for the Poor* zuteil. Fathy beschreibt darin detailliert seinen Plan zum Aufbau des Dorfes New Gourna, dessen Häuser auf der

Grundlage alter Überlieferungen ausschließlich aus Lehm und Ziegelsteinen errichtet wurden. Dabei arbeitete der Architekt eng mit den künftigen Bewohnern zusammen, so daß er seine Pläne genau deren Bedürfnissen anpassen konnte. Darüber hinaus lehrte er sie den Umgang mit natürlichen Materialien und leitete die Bauarbeiten, wobei er größten Wert auf die alten Handwerkstechniken legte.

Der Architekt forderte ein System „weg vom Architekten- und Baumeistersystem", in dem „jeder sein Haus selbst entwirft und auch baut." Fathy: „Ein Mann allein kann kein Haus bauen, aber zehn Männer können sehr leicht zehn oder sogar hundert Häuser bauen. Wir brauchen ein System, in dem die traditionelle Methode der gegenseitigen Hilfe in unserer Gesellschaft wieder möglich ist. Wir müssen Wissenschaft und Technik den wirtschaftlichen Gegebenheiten der Armen und Mittellosen unterordnen."

1980 erhielt Hassan Fathy den Aga Khan-Preis für Architektur. Ein Jahr später gründete er in Kairo das Institut für bedarfsgerechte Technologien, das fortan seine Ideen weiterentwickelte und in die Praxis umsetzte. 1984 wurde er mit der Goldmedaille der Internationalen Architektenunion ausgezeichnet.

1981

Zu Jahresbeginn kommen nach 444 Tagen durch die Vermittlung Algeriens die 52 US-Geiseln, die in der US-Botschaft in Teheran festgehalten worden sind, frei. Die Witwe Mao Tse-tungs, Tschiang Tsching, wird, weil sie als Mitglied der ultralinken „Viererbande" gegen Maos Lehren verstoßen habe, zum Tode verurteilt; die Vollstreckung wird ausgesetzt.

Im Februar putschen in Spanien Angehörige der paramilitärischen Polizeiorganisation Guardia Civil, ergeben sich aber bald, weil große Teile des Militärs sie nicht unterstützen. Spanien wird Ende des Jahres der NATO beitreten.

Die Atomarsenale wachsen weiter. Am 5. Juni beschließt die US-Regierung den Bau der Neutronenbombe, die Lebewesen tötet, Gebäude etc. aber weitgehend verschont. Zwei Tage später zerstören israelische Kampfflugzeuge den im Bau befindlichen Kernreaktor Osirak bei Bagdad, um eine irakische Atomrüstung zu verhindern.

Im Spätsommer vernichtet die Europäische Gemeinschaft eine Million Tonnen Obst und Gemüse aus Gründen der Preispolitik. Kurz darauf berichtet die Weltbank, daß weltweit 750 Millionen Menschen in bitterster Armut leben.

Drei spektakuläre Attentate geschehen in diesem Jahr: Am 30. März verletzt ein 25jähriger Einzeltäter US-Präsident Ronald Reagan sowie den Pressesprecher des Weißen Hauses, Jim Brady, vor einem Washingtoner Hotel durch Revolverschüsse schwer. Knapp zwei Wochen später wird Papst Johannes Paul II. auf dem Weg zu einer Audienz in Rom, wo 20.000 Menschen ihn erwarten, von drei Kugeln getroffen. Der 23jährige Täter wird der rechtsextremen türkischen Terrorszene zugerechnet. Tödlich getroffen werden der ägyptische Staatspräsident Anwar as-Sadat und drei weitere Ehrengäste am 6. Oktober während einer Militärparade in Kairo von Schützen der „Organisation zur Befreiung Ägyptens".

Zwischenzeitlich kommt es in Frankreich zum Machtwechsel. Am 10. Mai wird mit Francois Mitterand der Kandidat der Sozialistischen Partei zum Präsidenten gewählt.

In der Raumfahrt bricht eine neue Ära an: Die NASA startet am 12. April „Columbia", die erste wiederverwendbare Raumfähre. Gut vier Monate später stürzt der 200. „Starfighter" der Bundes-Luftwaffe ab.

1981 ist auch ein Jahr großer Demonstrationen in Deutschland. Im Februar protestieren bei Brokdorf 80.000 Menschen gegen den Bau eines Atomkraftwerkes. Ende September kommt in Berlin bei Auseinandersetzungen zwischen Demonstranten und Polizei nach der Räumung von acht besetzten Häusern der 18jährige Klaus-Jürgen Rattay ums Leben. Wenige Tage später demonstrieren in Bonn 300.000 Menschen für den Frieden. Mitte November leisten 100.000 Protestler am Frankfurter Flughafen Widerstand gegen den Bau der Startbahn West.

Am 13. Dezember wird in Polen das Kriegsrecht ausgerufen. Die USA machen die UdSSR dafür verantwortlich und verhängen Wirtschaftssanktionen.

Mike Cooley
(geb. 1934 in Irland)

wurde ausgezeichnet „für die Entwicklung und Förderung von Theorie und Praxis einer an menschlichen Bedürfnissen orientierten, sozial sinnvollen Produktion".

Cooley arbeitete viele Jahre als leitender Ingenieur bei der britischen Firma Lucas Aero-Space an militärischer Hochtechnologie. Das Unternehmen war zur damaligen Zeit Teil eines multinationalen Konzerns mit etwa 75.000 Beschäftigten innerhalb und weiteren 35.000 außerhalb Großbritanniens. Aus eigener Anschauung erlebte Cooley, mit wieviel Kreativität etwa Marschflugkörper entwickelt wurden, die bis auf Millimeter genau ins Ziel gesteuert werden können, oder Frühwarnsysteme, die feindliche Flugkörper identifizieren, auch wenn diese noch Tausende von Meilen entfernt sind. Gleichzeitig sah er als aufmerksamer Beobachter der Gesellschaft, daß auch im reichen Europa alte Menschen in ihren Wohnungen an Unterkühlung starben, weil noch kein Ingenieur ein einfaches, effektives Heizsystem erfunden hatte. Und daß die Lösung so existenzieller Probleme eines großen Teils der Menschheit wie Krankheit und mangelnde Hygiene mit nicht annähernd soviel Elan wie die Entwicklung von Waffen angegangen wurde.

Als in einer Krisensituation bei Lucas Aero-Space viele Arbeiter um ihre Jobs fürchteten, schien die rechte Zeit für eine außergewöhnliche Initiative gekommen zu sein: Toptechniker und normale Arbeiter, Menschen von der Basis des Unternehmens, gründeten miteinander das Lucas Aero-Space Combine Shop Stewards Committee. Gemeinsam erstellten sie einen Plan, der Lucas Aero-Space

Thatcham House • 95 Sussex Place • Slough • Berkshire SL1 1NN, UK
Tel.: (44 1753) 208 66 • Fax: (44 1753) 757 70
m.cooley@btconnect.com

durch die Entwicklung von etwa 150 sinnvollen Produkten wie Herzschrittmachern, Dialysegeräten für Nierenkranke, Rollstühlen für Kinder, Wärmepumpen, sinnvollen Antriebssystemen für Autos, Omnibusse und Züge, Straßen-Schienen-Mischfahrzeugen und Luftschiffen weniger abhängig von Rüstungsaufträgen machen und gleichzeitig zur Befriedigung elementarer menschlicher Bedürfnisse beitragen konnte. Während das 1976 veröffentlichte Konzept vom Lucas-Management abgelehnt wurde, hatte es große Wirkung auf die Arbeiterbewegung und andere Vereinigungen in- und außerhalb Großbritanniens. So entstand unter anderem das Centre for Alternative Industrial and Technological Systems (CAITS).

1980 entließ Lucas Aero-Space Mike Cooley mit der Begründung, er verbringe zuviel Zeit mit Gewerkschaftsangelegenheiten und Dingen, die nicht den Konzern betrafen. So wurde er Direktor der Technologie-Abteilung des zur Bekämpfung der Arbeitslosigkeit in London gegründeten Greater London Enterprise Board (GLEB) und organisierte weitere Technologie-Netzwerke in der Stadt. Dieses verband lokale Gruppen, Universitäten und Fachhochschulen bei der Entwicklung einer breiten Palette ökologisch sinnvoller Produkte und Systeme. Darüber hinaus kreierte Cooley den London Innovation Trust, der speziell Prototypen behindertengerechter Gegenstände des täglichen Lebens entwarf. Auch die Gründung der europaweit aktiven Technologie-Börse, einer Datenbank für im gesellschaftlichen Sinne hilfreiche Erfindungen, geht auf ihn zurück, ebenso wie Twin Trading, eine Organisation, die fairen und für beide Seiten sinnvollen Handel zwischen Industriestaaten und Entwicklungsländern fördert.

Darüber hinaus engagierte Cooley sich im von der Europäischen Gemeinschaft geförderten Projekt ESPRIT 1217, das die Entwicklung von Produktionssystemen auch im Computerbereich, bei denen der Mensch nicht zum reinen Produktionsfaktor bzw. zur lebendigen Maschine degradiert wird, zum Inhalt hatte.

Mike Cooley ist Präsident des International Institute for Advanced Research into Human Centred Systems. Dieses unterstützte eine Reihe von Büchern und Berichten, in denen sowohl der Mißbrauch neuer Technologien als auch konstruktive Alternativen dazu dargestellt wurden.

Cooley hält die Arbeitslosigkeit für eines der ernstesten Probleme der Welt, weshalb er sich bei einer großen Zahl von Projekten, die dieser entgegenwirken, engagiert. Allein mit dem von ihm gegründeten London Business Village konnte er 1.500 neue Jobs schaffen. Und er half bei der Etablierung der nicht-gewinnorientierten Product Bank, die tausende sinnvolle Produkte und Dienstleistungen zur Lizensierung bereithält. Die Product Bank wurde zur größten Technologietransfer-Organisation der Welt, die monatlich circa 500 Verträge in über 70 Ländern managt.

Mike Cooley war und ist Gastprofessor an Universitäten in zahlreichen Ländern. Seine Fernseh-, Radio- und Print-Publikationen wurden in mehr als 20 Sprachen übersetzt.

Patrick van Rensburg

(geb. am 3. Dezember 1931 in Durban, Südafrika)

erhielt den Alternativen Nobelpreis „für die Entwicklung vorbildlicher Bildungsmodelle für die Mehrheit der Menschen in der Dritten Welt".

Das „Ausbildung durch Produktion" genannte Bildungsmodell Rensburgs entstand aus der Idee heraus, daß „Wissen am besten vermittelt wird, wenn die Leute es praktisch erarbeiten und die Theorie aus dem Unterricht in die Praxis umsetzen". Es soll die Schülerinnen und Schüler befähigen, unmittelbar an der Entwicklung der Gesellschaft, in der sie leben, mitzuarbeiten. Neben Elementen des klassischen Schulsystems gehören deswegen praktische Kurse, beispielsweise in Landwirtschaft, Bauwesen, Schreinerei, Metallarbeit und technischem Zeichnen zum Unterricht an den Schulen, die nach van Rensburgs Modell arbeiten. In Brigaden organisiert, erwirtschaften die Lernenden durch Produktion und Dienstleistungen die Mittel, die für sie, die Lehrer und die Schulen insgesamt notwendig sind. So werden auch Arbeitsplätze für Ausbilderinnen und Ausbilder, Lehrerinnen und Lehrer geschaffen, das Gut Bildung kommt mehr Menschen in Afrika zugute.

Als Vize-Konsul (1956-1957) des damals vom Apartheidsregime geprägten Südafrika in Belgisch Kongo hätte sich Patrick van Rensburg Mitte der fünfziger Jahre problemlos dafür entscheiden können, sein Leben als mächtiger Repräsentant eines rassistischen Systems weiterzuführen. Geboren und aufgewachsen in jenem System, begriff er die Trennung von Menschen unterschiedlicher Hautfarbe und die Benachteiligung, die ein großer

PO Box 53565 • Troyville, 2139 • Johannesburg, South Africa
Tel.: (27 11) 618 2132 • Fax: (27 11) 618 1297

PO Box 20906 • Gabarone • Botswana
Fax: (267) 314 311

Teil der Bevölkerung Südafrikas zu erdulden hatte, lange als Normalität. Nach seiner Schulzeit trat er deshalb in den Staatsdienst ein, studierte abends und arbeitete an seiner Karriere, ohne den politischen Status quo im damaligen Südafrika ernsthaft in Frage zu stellen. Es war ein langsamer und schmerzhafter Weg für ihn, die Unmenschlichkeit der Apartheid zu erkennen, sich von ihr zu lösen, um sich schließlich – durch das von ihm entwickelte Bildungsmodell – dem Kampf gegen jene Benachteiligung vieler Afrikaner schwarzer Hautfarbe zu widmen.

Der endgültige Bruch mit seinem bisherigen Leben kam Mitte 1957. Aus Protest gegen das Regime beendete Rensburg seine Arbeit als Vize-Konsul, kehrte nach Südafrika zurück und trat in die Liberale Partei ein, die gleiches Wahlrecht für alle anstrebte. Er schrieb zahlreiche Artikel für zwei Zeitungen, um dieses Ziel zu unterstützen. Während einer Reise nach England beteiligte er sich an einer Boykottkampagne gegen südafrikanische Güter. Nachdem er in den Jahren 1959 und 1960 die Anti-Apartheid-Bewegung mitbegründet und den zweiten All-African Peoples Congress in Tunis besucht hatte, wurde bei seiner Rückkehr sein Paß eingezogen. Als dann in Sharpeville eine Demonstration von der Polizei blutig aufgelöst wurde, floh van Rensburg über Swaziland und Ghana zunächst nach England. Dort verfaßte er drei Bücher über die politische Situation in Afrika, bevor er 1962 nach Betschuanaland, dem heutigen Botswana, ging.

Dort hatten damals nur etwa 15 Prozent aller Grundschüler die Möglichkeit, auf eine höhere Schule zu gelangen. Van Rensburg, der nie zuvor im Bereich Erziehung gearbeitet hatte, begann in Botswana sein Lebenswerk. Zunächst gründete er die Swaneng Hill Schule und, als sich sein Bildungsmodell bewährte, in Zusammenarbeit mit der Regierung von Botswana zwei weitere Schulen. Die Regierung Botswanas holte Patrick van Rensburg, der auch seine publizistische Tätigkeit fortsetzte, in zwei Beratungsgremien. Bei Kongressen zur Bildungssituation in Afrika arbeitete er u.a. eng mit der Dag Hammarskjöld-Stiftung und UN-Organisationen zusammen.

1980 gründete van Rensburg die Stiftung für Bildung durch Produktion, deren erster Direktor er wurde, um das Prinzip weiter zu verbreiten. Seither plante und veranstaltete die Stiftung Workshops, organisierte Konferenzen mit Bildungsministerien, Freiheitsbewegungen, Non-Government-Organisationen und Lehrerverbänden. Ein Schwerpunkt ihrer Arbeit liegt in der Suche nach passenden, möglichst auch praktisch verwertbaren Inhalten für die in den Schulen angebotenen Fächer wie Entwicklungsstudien, Umwelt- und Sozialwissenschaften, Sprachen und angewandte Mathematik. Darüber hinaus bildet die Stiftung für Bildung durch Erziehung auch Lehrer in ihrer Methode aus.

Seit der Überwindung der Apartheid kann Patrick van Rensburg auch wieder in Südafrika arbeiten. Die Ausbildung nach dem Modell Bildung durch Produktion findet mittlerweile auch dort Anhänger, ebenso in Lesotho und Zimbabwe.

Bill Mollison

(geb. 1928 in Australien)

erhielt den Alternativen Nobelpreis als Erfinder und Befürworter der Permakultur, eines nachhaltigen organischen Anbausystems.

Permakultur fordert Kreativität und gleichzeitig die Gabe, die Natur geduldig zu beobachten und von ihr zu lernen. In ihr sind Menschen Teile eines ökologischen Systems, in dem die einzelnen Komponenten aufeinander abgestimmt sind, Vielfalt statt Monokultur herrscht, natürliche Ressourcen sinnvoll genutzt werden und Energie sparsam eingesetzt wird. Sich selbst, ihre Häuser, Dörfer und Äcker integrieren sie als natürliche Teile in dieses System, aber auch Finanz- und Wirtschaftsmanagement und die Organisation der Gesellschaft sind Aspekte der Permakultur. Bill Mollison: „Permakultur ist das Schaffen von kleinen Paradiesen auf der Erde."

Geboren wurde Mollison in dem kleinen Fischerdorf Stanley auf der südaustralischen Insel Tasmanien. Mit 15 Jahren verließ er die Schule, um zunächst in der Bäckerei seiner Familie zu helfen. Später schlug er sich als Seemann bei der Marine, Haifischer, Holzfäller, Trapper, Traktorfahrer und Glasbläser durch. Von Mitte der fünfziger Jahre an arbeitete er knapp zehn Jahre in der für die Erforschung von Fauna und Flora zuständigen Abteilung der Commonwealth Scientific and Industrial Research Organization unter anderem an Populationsstudien über Beuteltiere und Kaninchen und forschte nach ökologischen Möglichkeiten, deren Zahl zu kontrollieren. Anschließend war er für die australische Fischereikommission tätig.

Permaculture Institute • PO Box 1, Tyalgum • New South Wales 2484, Australia
Tel.: (61 66) 793 442 • Fax: (61 66) 793 567
tagariadmin@southcom.com.au • www.permaculture.org.au

Er studierte Biogeographie und Psychologie an der University of Tasmania, wo er 1968 Tutor und bald darauf Dozent für Umwelt-Psychologie wurde. Das Spektrum seiner veröffentlichten Arbeiten reichte von der Abstammung und Geschichte der tasmanischen Aborigines bis hin zu niederen Wirbeltieren.

Seit sich Mollison um 1970 für zwei Jahre zurückzog, um nachzudenken, reifte in ihm die Idee der Permakultur als einer neuen Art des Lebens und Wirtschaftens. Mollison: „Ich wollte in die Gesellschaft zurückkehren, aber nur mit etwas sehr Positivem. Ich wollte keinesfalls wieder gegen alles mögliche angehen und meine Zeit verschwenden."

1978 verließ er die Universität und gründete gemeinsam mit Erwachsenen und Kindern in Stanley die Tagari Community. Diese setzt die Prinzipien der Permakultur auf ihrem Areal seither praktisch um. Sein erstes Buch veröffentlichte Mollison 1978 gemeinsam mit David Holmgren, ein Jahr später den zweiten Teil. Die Bände wurden in acht Sprachen übersetzt und über 100.000mal verkauft.

Sowohl bei seiner kontinuierlichen publizistischen als auch der praktischen und der Arbeit am von ihm gegründeten Permakultur-Institut rückt Bill Mollison Erziehung in den Mittelpunkt. Von den mittlerweile über 2.000 Absolventen der Kurse praktiziert oder lehrt der größte Teil Permakultur in vielen Teilen der Welt. Unterstützt wird diese Entwicklung durch in zweijährigem Abstand stattfindende internationale Konferenzen und das *International Permaculture Journal*.

Bill Mollison und seine Mitstreiter beraten lokale Initiativen, aber auch Regierungsstellen in zahlreichen Ländern, darunter in den USA, Brasilien, Bahrain, auf den Fiji-Inseln und den Seychellen. Darüber hinaus richtete er einen Fonds ein, aus dessen Mitteln neue Permakultur-Projekte unterstützt werden, bis diese sich selbst tragen.

Zu den Aktivitäten des Permakultur-Institutes gehört die Gründung der Earthbank Society, die Seminare über alternatives Wirtschaften und entsprechende Finanzstrategien veranstaltet, ebenso wie die Initiative zu permanenter Aufforstung, aus der Gruppen in Indien, Nepal, Chile, Spanien und Teilen Australiens hervorgingen. Seitdem 1994 auch die Permakultur-Akademie etabliert wurde, gibt es in der überwiegenden Zahl der Länder dieser Welt Initiativen und Organisationen, die Permakultur als Ethik nachhaltiger Landnutzung praktizieren und verbreiten.

1982

Seit Februar werden in Kirchen in der DDR Unterschriften unter den „Berliner Appell – Frieden schaffen ohne Waffen" gesammelt. Darin wird u.a. ein atomwaffenfreies Europa gefordert. Zum Motto der DDR-Friedensbewegung wird „Schwerter zu Pflugscharen".

Doch die Welt ist nicht friedlich. Am 2. April besetzen argentinische Streitkräfte die 1833 von Großbritannien in Besitz genommenen Falklandinseln (1.800 Einwohner), woraufhin das Königreich 36 Kriegsschiffe in den Südatlantik schickt. Die deutsche Schlagersängerin Nicole Hohloch gewinnt mit dem Lied „Ein bißchen Frieden" den Grand Prix de la Chanson, unterstützt die Friedensbewegung aber in keiner Weise.

USA und UdSSR nehmen Ende Juni in Genf Verhandlungen über die Reduzierung strategischer Waffen (START) auf. Anläßlich eines Besuches von US-Präsident Ronald Reagan in Bonn protestieren 400.000 Menschen gegen den NATO-Doppelbeschluß, kurz darauf in New York 500.000. Seit Mitte Juni toben auf den und um die Falklandinseln heftige Kämpfe. Bei der Rückeroberung der Inseln sterben 255 britische und 712 argentinische Soldaten.

Im Juli vereinbaren die Bundesrepublik und die UdSSR das sogenannte Erdgas-Röhrengeschäft über vier Milliarden DM. Es beinhaltet die Kreditierung der zum Bau der Pipeline erforderlichen Röhren im Gegenzug für die Lieferung von Erdgas aus Sibirien. Im selben Monat kehrt das Schiff „Cap Anamur" des Deutschen Notärzte-Komitees mit 285 geretteten Vietnamesen an Bord aus dem Chinesischen Meer zurück.

Kurz darauf verhindert Greenpeace die Versenkung radioaktiven Mülls aus britischen Atomkraftwerken vor der spanischen Küste. Währenddessen wird im Libanon um die Hauptstadt Beirut gekämpft. Israel gewinnt diesen Krieg zwar militärisch, verliert ihn in den Augen der Weltöffentlichkeit aber moralisch, weil kaum Rücksicht auf die Zivilbevölkerung genommen wird. Dieser Eindruck verstärkt sich bald darauf massiv, als die israelische Armee tatenlos dabei zuschaut, wie circa 1.000 palästinensische Flüchtlinge von christlichen Milizen – offenkundig als Rache für ein Mordattentat auf ihren Führer Beschir Gemayel – umgebracht werden. Am 25. September fordern 400.000 Demonstranten in Israel den Rücktritt ihres Ministerpräsidenten Menachem Begin.

In Bonn zerbricht die sozialliberale Koalition. Am 1. Oktober wird Helmut Kohl (CDU) zum neuen Bundeskanzler gewählt.

Im selben Monat wird in Polen die Gewerkschaft Solidarnosz gesetzlich verboten, ihr Anführer Lech Walesa gleichwohl aus der Haft entlassen. In Spanien gewinnt der Kandidat der Arbeiterpartei, Felipe Gonzáles, die Wahl und wird Ministerpräsident.

Am 10. November stirbt der Staats- und Parteichef der UdSSR, Leonid Breschnew; zwei Tage später wählt das Zentralkomitee der KPdSU Jurij Andropow, den langjährigen Chef des Geheimdienstes KGB, zu seinem Nachfolger.

Mit Christian Klar wird der meistgesuchte RAF-Terrorist festgenommen. Anfang Dezember überschreitet die Zahl der Arbeitslosen in Deutschland zwei Millionen. Die Fernseh-Soap *Dallas* um eine amerikanische Öl-Dynastie erreicht immense Zuschauerquoten, der Kinofilm *E.T.* von Steven Spielberg, in dem ein Junge Freundschaft mit einem Außerirdischen schließt, bricht alle bisherigen Besucherrekorde.

Petra K. Kelly

(geb. 1947 im bayrischen Günzburg,
gest. 1992 in Bonn)

**erhielt den Alternativen Nobelpreis
„für ihre Bemühungen, eine neue
Vision, die Sorgen um die Umwelt
mit Abrüstung und sozialer Gerechtigkeit vereint, zu schmieden und zu
verwirklichen, indem die sterilen
Konzepte des politischen Rechts-
Links-Spektrums überwunden
werden". Mit außergewöhnlichen**
**Bemühungen und Engagement ar-
beitete sie daran, die enorm anwachs-
sende Bürgerrechtsbewegung zur
Rettung des Planeten und zum Auftakt eines Abrüstungswettlaufs zu
stärken und zu inspirieren.**

Petra Kelly ging im Alter von zwölf Jahren mit ihrer Mutter, ihrem amerikanischen Stiefvater, der Offizier der US-Ar-
mee war, und ihrer Schwester Grace
Patricia in die Vereinigten Staaten. Von
1966 an studierte sie in Washington Politologie und wurde 1967 als beste ausländische Studentin der American University
ausgezeichnet. Sie erreichte für ihre an
Krebs erkrankte Schwester eine Audienz
beim Papst. 1970 starb Grace Patricia. Im
Frühjahr des folgenden Jahres nahm Petra Kelly ein tibetanisches Flüchtlings-
mädchen als Pflegetochter auf und schloß
in Amsterdam ihr Studium ab.

Sie begann ihre berufliche Tätigkeit bei
der Europakommission und gründete
1973 die Grace-P.-Kelly-Stiftung zur Unterstützung krebskranker Kinder und ihrer Familien. 1977 wurde Petra Kelly in
den Vorstand des Bundesverbandes Bür-
gerinitiativen Umweltschutz (BBU) gewählt. Im Februar 1979 begründete sie
ihren Austritt aus der SPD in einem offenen Brief an Bundeskanzler Helmut
Schmidt, einen Monat später übernahm
sie die Spitzenkandidatur der Grünen bei

Petra-Kelly-Stiftung • Reichenbachstraße 3a • 80469 München
Tel.: (089) 242 267 0 • Fax: (089) 242 267-47
info@petra-kelly-stiftung.de • www.petra-kelly-stiftung.de

der Wahl für das Europaparlament. Die neue Partei erreichte 3,2 Prozent.

Nach der Gründung der Grünen in Deutschland im Januar 1980 wurde Petra Kelly eine von drei Vorstandssprechern. Ihren Austritt aus der katholischen Kirche begründete Petra Kelly in einem Brief an den Papst. Im November 1980 traf sie bei einer Podiumsdiskussion General Gert Bastian, der die Atomrüstung scharf kritisierte.

Im März 1983 eroberten die Grünen bei der Bundestagswahl 27 Sitze im Parlament, dem Petra Kelly nun angehörte. Frauen- und Friedensorganisationen in den USA wählten sie zur Frau des Jahres. Ein Jahr später verließ Gert Bastian, inzwischen ihr Lebensgefährte, die Bundestagsfraktion der Grünen, Petra Kelly widersetzte sich dem „Rotationsbeschluß", demzufolge die Fraktionsmitglieder zur Hälfte der Legislaturperiode zugunsten von Nachrückern ihre Mandate niederzulegen hatten. 1986 schaffte die Partei dieses Verfahren ab.

Petra Kelly nahm an Besetzungen – z.B. der deutschen Botschaft im südafrikanischen Pretoria – ebenso teil wie an Blokkaden von Atomwaffenstützpunkten. Sie traf den sowjetischen Dissidenten Andreij Sacharow und den Generalsekretär der KPdSU, Michail Gorbatschow. In den Jahren 1989/90 begleitete sie den Dalai Lama während Reisen in Europa.

Bei der ersten Bundestagswahl nach der Wiedervereinigung Deutschlands, 1990, mißlang den West-Grünen mit 4,9 Prozent der Stimmen der Wiedereinzug ins Parlament denkbar knapp; vier Monate später scheiterte Petra Kelly bei der Wahl zur Bundesvorstandssprecherin der Grünen.

Anfang 1992 übernahm sie die Moderation des Umweltmagazins *Fünf vor zwölf* beim Fernsehsender *SAT 1*. Seit 1978 hatte Petra Kelly publizistisch gearbeitet – als Co- oder Alleinautorin zahlreicher Bücher gegen Atomkraft, für Umweltschutz, für Menschenrechte, sowie über die Situation schwerkranker Kinder. Wer sie persönlich kannte, weiß, daß einer ihrer Buchtitel ihre Geisteshaltung und ihr unermüdliches Engagement besonders treffend beschreibt: *Mit dem Herzen denken* (München 1990).

Petra Kelly und Gert Bastian wurden im Oktober 1992 tot in ihrer Bonner Wohnung aufgefunden. Den offiziellen Ermittlungen zufolge hat Bastian zunächst Petra Kelly und dann sich selbst erschossen. Zweifel an dieser Version konnten aber nie völlig ausgeräumt werden.

Sirisena Tilakaratna

Das Partizipatorische Institut für Entwicklungsalternativen (PIDA)

(gegründet im August 1980
auf Sri Lanka)

erhielt den Alternativen Nobelpreis „für die Förderung lokaler Entwicklungsinitiativen in armen Regionen Asiens, gegründet auf Selbstvertrauen und Eigeninitiative".

PIDA entstand im Rahmen eines Programmes für Entwicklungsalternativen, die vom Asiatischen Entwicklungsinstitut der Vereinten Nationen in Bangkok ausgingen. Vorausgegangen waren Untersuchungen asiatischer Forscher, die sich Mitte der siebziger Jahre mit der Armut in Asien und den Fehlschlägen früherer Entwicklungsbemühungen befaßt hatten.

PIDA verfolgt das Ziel, das kreative Potential der Bevölkerung für eine Verbesserung der Lebensumstände in den ländlichen Regionen Asiens zu nutzen. Das Institut hilft seither durch Aktionsforscher, die vor Ort leben, Kleinbauern und Handwerker aus Abhängigkeiten von Geldverleihern, Grundbesitzern und Zwischenhändlern zu lösen. Hierzu ist es nötig, ein Bewußtsein für die vorhandenen politischen, wirtschaftlichen und sozialen Strukturen zu schaffen und dafür, wie diese durch kollektive Selbsthilfe und veränderte Organisation verbessert werden können.

Alle Schritte, wie etwa die Bildung kleiner Rücklagenfonds zur Erweiterung der finanziellen Spielräume der Beteiligten, werden gemeinsam analysiert, und mit jedem kleinen Erfolg wachsen Zuversicht und Selbstvertrauen der Menschen. Sie entwickeln Ideen hinsichtlich effizienterer Herstellung und Vermarktung ihrer Produkte, die oft zu erheblichen Einkommensverbesserungen der Mitglieder führen. Durch ein Netzwerk der Gruppen

PIDA • 32 Gotami Lane • Colombo 8, Sri Lanka
Tel.: (94 1) 687 270, (94 1) 811 680 • Fax: (94 1) 589 739
karuna12@slt.lk

verschiedener Dörfer lernen diese weiter. Die Aktionsforscher treffen sich ihrerseits monatlich für drei, vier Tage, um Erfahrungen auszutauschen.

Ein PIDA-Prinzip ist die flache Hierarchie. Alle Entscheidungen werden von der jeweiligen Gruppe insgesamt getroffen, organisatorische Aufgaben werden nach dem Rotationsprinzip von allen Beteiligten geleistet. So ist PIDA nicht nur ein Beispiel für erfolgreiche Entwicklungsarbeit, die die Ideen der Lokalen Agenda 21 vorausnahm, sondern auch für direkte Demokratie.

PIDA erzielte seit seiner Gründung einen Schneeballeffekt; erstens durch die Weitergabe der Idee durch die Gruppen selbst, zweitens durch die Ausbildung von Mitarbeitern anderer auf lokaler Ebene arbeitender Entwicklungsorganisationen, und nicht zuletzt durch Beratung staatlicher Stellen in dem Sinne, daß Entwicklungsarbeit die Kommunen vor Ort stärkt, statt sie zu gefährden.

Anwar Fazal

(geb. 1941)

erhielt den Alternativen Nobelpreis „für den Kampf um mehr Rechte für Konsumenten und seinen Einsatz dafür, Verbraucher in aller Welt dazu zu ermuntern, diese Rechte auch einzufordern", sowie für die Gründung der Organisation Consumer Interpol.

Anwar Fazal hat frühzeitig erkannt, daß Verbraucher, wenn sie in Organisationen, die ihren Bedürfnissen und Forderungen Ausdruck verleihen, vernetzt sind, als letztes und entscheidendes Glied langer Handelsketten die Macht besitzen, wirtschaftliche Strukturen weltweit zu ihren Gunsten zu beeinflussen.

Er wurde 1978 als erste Person aus einem Land der sogenannten Dritten Welt Präsident der International Organization of Consumers' Unions (IOCU), heute Consumers International genannt. Zuvor hatte er in Verbraucherangelegenheiten für die Regierung von Mauritius, den Hong Kong Consumer Council und die Nahrungs- und Landwirtschaftsorganisation der Vereinten Nationen (FAO) gearbeitet. IOCU vernetzt Verbraucherinitiativen aus vielen Teilen der Welt und organisiert globale Kampagnen zum Schutz von Verbrauchern sowie Tests von Waren und Dienstleistungen. Deutsche Mitglieder sind der Bundesverband Deutscher Verbraucherzentralen e.V. und die Stiftung Warentest.

Nach 1978 entstand aus dem IOCU heraus die Organisation Consumer Interpol, die sich vor allem für den Schutz der besonders gefährdeten Entwicklungsländer vor gefährlichen Produkten, Müllexporten oder Produktionsverfahren einsetzt. Darüber hinaus gingen aus der Bewegung folgende Organisationen hervor:

People's Trans-Actions • PO Box 1117 • 10840 Penang, Malaysia
Tel.: (604) 658 4816 • Fax: (604) 657 2655
secr@waba.po.my • anwar.fazal@undp.org

- das International Baby Food Action Network (IBFAN), das die Qualität von Säuglingsnahrung kontrolliert;

- Health Action International (HAI), eine Organisation, die sich speziell um Verbraucherbelange hinsichtlich pharmazeutischer Produkte kümmert, sowie

- das Pesticides Action Network (PAN), ein internationaler Zusammenschluß von Gruppen, die sich mit Chemikalien, die in der Landwirtschaft eingesetzt werden, befassen.

Anwar Fazal engagiert sich in zahlreichen teils international aktiven Organisationen auf unterschiedlichen Ebenen, die sich für Selbsthilfe, regionale Verwaltungsstrukturen, Arbeiterrechte, Frieden, Umweltschutz und gegen Korruption einsetzen. Darüber hinaus etablierte er einen Fonds zur Entwicklung und Unterstützung kreativer Bürgerrechtsinitiativen.

Sir George Trevelyan

(geb. 1906 in England, gest. 1996)

erhielt den Alternativen Nobelpreis „für die Hinwendung zu einer umfassenderen, nicht-materialistischen Sicht der Wirklichkeit und der menschlichen Natur" sowie die Tatsache, daß er vielen Menschen Zugang zu dieser Anschauung verschafft hat.

Sir George Trevelyan ist einer der Gründungsväter der Ende der sechziger Jahre aufgekommenen New Age Bewegung. Den Kosmos verstand er als „ein unermeßliches Kontinuum schöpferischen Bewußtseins", nicht als einen leblosen Mechanismus, sondern als „etwas Geistiges, eine Wesenheit".

Zunächst war Sir George Trevelyan überzeugter Agnostiker. 1942 aber hörte er einen Vortrag über Rudolf Steiner und wendete sich der Anthroposophie zu, die seine eigene Philosophie fortan stark beeinflußte. Nach dem Zweiten Weltkrieg wurde er Schuldirektor von Attingham Park im englischen Shropshire, einer Einrichtung zur Erwachsenenbildung. Dort bereicherte er die Ideen des dänischen Theologen Grundtvig, eines Gründungsvaters der Volkshochschulbewegung, um seine „Doktrin von der lebendigen Idee", die sich von der abstrakten Ebene löst und tief in das Leben des Lernenden einwirkt, ihn teilhaben läßt am großen Ganzen des kosmischen Bewußtseins. Dabei gehört es zu den Grundsätzen, den Einzelnen darin zu unterstützen, Bereiche zu entdecken, die ihm am meisten dazu verhelfen, seinen eigenen Weg zum kollektiven Bewußtsein zu finden. Seminare wie

Wrekin Trust • The Courtyard Studio
43a Lesbourne Road • Reigate, Surrey RH2 7JZ, UK
Tel.: (44 1737) 225 832
info@wrekintrust.org • www.sirgeorgetrevelyan.org.uk

„Die Erweiterung des Bewußtseins", „Grenzen der Wirklichkeit" oder „Geistiges Erwachen" fanden immer mehr begeisterte Zuhörer. Trevelyan leitete sie entweder selbst oder engagierte kompetente Referenten.

Als er 1971 in den Ruhestand trat, gründete er, um diese Arbeit fortzusetzen, den Wrekin Trust, benannt nach einem heiligen Berg in Shropshire. In dieser für die Teilnehmer kostenlos nutzbaren Einrichtung finden seither zahlreiche Workshops, Vorträge und Tagungen, etwa die alljährliche Konferenz zum geistigen Heilen, statt. Da der Trust von Beginn an keine Doktrin vertrat, gelang es schon bald, Vertreter gegensätzlicher Weltanschauungen wie Naturwissenschaftler und Mystiker, Ärzte und Heilpraktiker zusammenzubringen, um aus ihren Ideen Neues entstehen zu lassen. Dem Denken sollten neue Räume geöffnet werden, um so einen „evolutionären Sprung des menschlichen Bewußtseins" zu erreichen. Dabei geht die Grundidee auf das mittelalterliche Ideal einer Universität zurück, deren Erkenntnisse ausschließlich zu dem Einen führen, in des lateinischen Wortes wahrster Bedeutung: Universus – dem Einen zugewandt.

Bedeutende Wissenschaftler wie Fritjof Capra oder der Nobelpreisträger Sir John Eccles gehörten zu Teilnehmern der Veranstaltungen des Wrekin Trusts, aus denen zahlreiche Gruppen und Zentren u.a. für Heilmethoden oder Meditation hervorgingen. Bis heute nehmen jährlich bis zu 10.000 Menschen die Bildungsangebote des Wrekin Trusts in Anspruch.

Die letzten 15 Jahre von Sir George Trevelyans Lebens waren von intensiver Vortrags- und Beratungstätigkeit geprägt. In dieser Zeit schrieb er vier Bücher und etablierte ein Netzwerk gleichgesinnter Organisationen.

Erik Dammann

(geb. am 9. Mai 1931 in Norwegen)

und die von ihm gegründete Bewegung „Future in our Hands"

wurden mit dem 1982 erstmals verliehenen und nicht dotierten Ehrenpreis ausgezeichnet, „weil sie die Werte und den Lebensstil des Westens in Frage gestellt und ihnen eine verantwortungsvollere

Einstellung gegenüber der Umwelt und anderen Teilen der Welt entgegengesetzt" haben.

Der mit hohem Konsum verbundene aufwendige Lebensstil in industrialisierten Ländern ist ein wesentlicher Grund dafür, daß viele Länder der Welt als Zulieferer für den reichen Westen fast ausschließlich für den Export produzieren, ohne daß die Menschen vor Ort wirklich davon profitieren. Erik Dammann gelangte durch seine Erfahrungen in einem anderen Kulturkreis zu dieser Erkenntnis. Zuvor arbeitete er in den Bereichen Public Relations, Design und Werbung, täglich konfrontiert mit dem Streben nach Konsum und Konkurrenzdenken, das er beruflich auch noch propagieren sollte. Desillusioniert hiervon ging er mit seiner Familie für ein Jahr nach Polynesien, wo er mit Menschen zusammenlebte, deren Umgang miteinander unvergleichlich stärker als in seiner Heimat auf Gemeinschaft und Kooperation beruhte. Mit großem Respekt vor dieser Lebensweise kehrte er nach Norwegen zurück. Nun spürte Dammann eine große Diskrepanz zwischen den angeblichen Werten westlicher Kultur wie Gerechtigkeit, Solidarität und Verantwortung und der gesellschaftlichen Realität, die die Zerstörung fremder Kulturen forcierte. Gleichzeitig war ihm durch seinen Aufenthalt in Polynesien klargeworden, daß das Streben nach persönlichem Vorteil nicht grundsätzlich in der Natur des Menschen liegt, sondern

Future in our Hands • Torggata 35 • 0183 Oslo 1, Norway
Tel.: 0047-66-916116
information@fiohnetwork.org • www.fiohnetwork.org

durch die in den reichen Ländern vorherrschenden Strukturen bedingt ist. Erik Dammann veröffentlichte seine Erfahrungen und Ansichten hierzu 1979 in seinem Buch *The Future in our Hands*, das zu einem Öko-Klassiker avancierte.

Es gab zahlreiche Anfragen begeisterter Leserinnen und Leser nach Initiativen, die die elementaren Aussagen des Buches in die Tat umsetzen würden. Ausgelöst durch dieses Interesse fand 1972 ein Treffen in Oslo mit über 2.000 Teilnehmern statt. Aus diesem ging die Bewegung „The Future in our Hands" (FIOH) hervor, die noch in den siebziger Jahren auf 25.000 Mitglieder anwuchs und beträchtlichen politischen Einfluß gewann. Sie definiert ihre Ziele heute so: Kooperation und gegenseitige Achtung, gleiche Rechte für alle und gemeinsame Verantwortung aller Menschen für die Umwelt. In 13 teils industrialisierten, teils unterentwickelten Ländern entstanden Gruppen, die seither mit unterschiedlichen Schwerpunkten dazu beitragen, die gemeinsamen, globalen Ziele der Bewegung zu erreichen. Ein wesentliches Mittel dazu besteht in den industrialisierten Ländern in der Einschränkung des Konsums. Die Koordination des zwischen den Gruppen gesponnenen Netzwerkes hat die britische Sektion übernommen.

Inzwischen gehört „The Future in our Hands" zu den größten Bewegungen für sozialen Wandel in Norwegen und sucht mit einem eigens eingerichteten Forschungszentrum nach geeigneten Lösungen für Umwelt- und Armutsprobleme, die u.a. in dem von ihr herausgegebenen Magazin *Common Sense* propagiert werden. Mit dem NorWatch-Projekt entstand zudem ein geeignetes Kontrollwerkzeug in bezug auf Umweltschutz und Menschenrechte für die Aktivitäten norwegischer Firmen in Entwicklungsländern. Ein 1978 von FIOH gegründeter Fonds unterstützt Projekte in 20 Entwicklungsländern mit einem Budget von jährlich drei Millionen US-Dollar, ein weiterer zukunftsträchtige Initiativen in Norwegen.

Dammann selbst arbeitet zudem als freier Autor und Berater. Er verfaßte bisher 14 Bücher. In *Money or Life* beispielsweise argumentiert er, daß die Auswirkungen von freiem Handel und Wettbewerb ein Hindernis für weltweite Gerechtigkeit und Verantwortung für die Umwelt darstellen.

1983

Das Jahr ist derart von Krieg und Bemühungen um Frieden, von Abrüstungsverhandlungen und Aufrüstung geprägt, daß andere Aspekte in den Hintergrund treten.

Einerseits ist die Weltöffentlichkeit erleichtert, als im Juli das Kriegsrecht in Polen aufgehoben wird, andererseits weiß sie kaum etwas vom brutalen Machtkampf, der im Tschad tobt. Im März noch hatte die Konferenz von 101 blockfreien Staaten in Neu Delhi die Atommächte und Industriestaaten zu wirksamer Friedenssicherung und Schritten in Richtung einer gerechten Weltwirtschaftsordnung aufgefordert. Doch als sowjetische Abfangjäger am 1. September über Sachalin einen südkoreanischen Jumbo-Jet mit 269 Menschen an Bord abschießen – angeblich aufgrund der Verwechslung mit einem US-Aufklärungsflugzeug –, wird besonders deutlich, wie leicht diese Phase des Kalten Krieges in einen heißen Konflikt umschlagen kann.

Vor diesem Hintergrund kommt es in mehreren europäischen Ländern zu Massendemonstrationen gegen die geplante Aufstellung neuer Atomraketen; allein in Deutschland protestieren am 22. Oktober 1,3 Millionen Menschen gegen den Rüstungswahn.

Ungeachtet dessen nehmen US-Truppen drei Tage später die Karibik-Insel Grenada, auf der es zuvor einen Umsturz gegeben hatte, ein. Die UNO-Vollversammlung verurteilt diese Invasion einhellig. Einen Monat später eskaliert nach Angriffen auf das israelische Hauptquartier sowie das der amerikanischen und französischen Friedenstruppen in Beirut die Lage im Libanon. Ebenfalls im November billigen die Bundesrepublik, Großbritannien, Italien, die Niederlande und Belgien die Stationierung amerikanischer Mittelstreckenraketen. Die UdSSR bricht jegliche Verhandlungen ab. Wenige Tage später treffen die ersten Teile amerikanischer Raketen in Europa ein. Zwischenzeitlich hatte Danuta Walesa in Oslo den Friedensnobelpreis für ihren Mann Lech entgegengenommen.

Inzwischen ist das Waldsterben aufgrund der Luftverschmutzung nicht mehr zu leugnen. Die Bundesregierung beschließt daher die sogenannte Großfeuerungsanlagenverordnung, die der Opposition nicht weit genug geht. Zu dieser gehören nun auch die Grünen, die im März mit 5,6 Prozent der Stimmen in den Bundestag gewählt worden sind.

Im Mai werden die seit September 1982 verschwundenen 41 Fässer mit dem Ultragift Dioxin aus der italienischen Stadt Seveso in der französischen Ortschaft Anguilcourt-le-Sart bei Saint Quentin gefunden. Ein Vierteljahr später verhindert Greenpeace die Entsorgung sogenannter Dünnsäure des Chemiekonzerns Kronos Titan in die Nordsee.

Die Menschenrechtssituation ist erschütternd: Nach Angaben der Volksmudschaheddin sind in Teheran allein am 28. Februar hundert politische Gefangene hingerichtet worden. Ebenfalls an einem einzigen Tag werden bei Protesten gegen die chilenische Militärregierung 24 Menschen erschossen. In Berlin stürzt sich der 23jährige türkische Asylbewerber Cemal Altun aus Furcht vor der Abschiebung aus dem 6. Stock des Verwaltungsgerichtes in den Tod.

Im Frühjahr stoppt das Bundesverfassungsgericht die Volkszählung. Am 25. April präsentiert das Magazin *Stern* während einer Pressekonferenz die vermeintlichen Hitler-Tagebücher und beginnt drei Tage später mit deren Abdruck. Sie erweisen sich schon bald als plumpe Fälschung. Der Heimcomputer tritt seinen Siegeszug an.

Ibedul Gibbons

Das Volk von Palau und High Chief Ibedul Gibbons

erhielten den Alternativen Nobelpreis für ihren über Jahre hinweg geführten „Kampf um das in der demokratischen Verfassung von Palau verankerte Recht auf Freiheit von Atomwaffen".

„Die Luft ist immer rein und das Meer immer klar. Tagsüber ist der Himmel stets tiefblau, und nachts erstrahlt er im Sternenglanz." So beschrieb High Chief Ibedul Gibbons von Palau in seiner Dankesrede für den Alternativen Nobelpreis die von 15.000 Menschen bewohnten Inseln im westpazifischen Mikronesien. Überall wuchere üppiges Grün, mache die Natur dort zu einem „wahren Paradies".

Nach dem Zweiten Weltkrieg übernahmen die USA die Treuhänderschaft über das Archipel mit dem Ziel, die Entwicklung des Volkes von Palau in politischer, sozialer und wirtschaftlicher Hinsicht zu seinem Besten voranzutreiben und Palau schnell wieder zu seiner rechtmäßigen Souveränität zu verhelfen. In diesem Prozeß gaben sich die Bewohner von Palau 1979 mit einer Mehrheit von 92 Prozent der Beteiligten eine Verfassung, in der Besitz, Gebrauch, Tests und Lagerung von nuklearen, chemischen und biologischen Waffen, der Betrieb von Atomkraftwerken und die Entsorgung radioaktiver Stoffe verboten wurden. Atomgetriebenen oder mit Kernwaffen bestückten Schiffen und Flugzeugen wurde demnach der Zugang zu den Inseln verwehrt.

High Chief Ibedul Gibbons • Belau Pacific Center • PO Box 1405
Coalition of Women´s Organisations to Keep Palau Nuclear-Free • PO Box 212
alle: Koror, Rep. of Palau 96940

Diese Beschlüsse widersprachen den Interessen der US-Regierung, so daß diese sich weigerte, einen politischen Status von Palau anzuerkennen, der das Verbot von Massenvernichtungswaffen einschloß. Einen 1983 angebotenen Assoziationsvertrag, der den Vereinigten Staaten ermöglicht hätte, dieses aufzuheben, lehnten die Bürger Palaus unter mutiger Führung ihres traditionellen Oberhauptes, des High Chief Ibedul Gibbons, ab. Es kam zu neun weiteren Volksabstimmungen über den politischen Status des Inselreiches, bei dem weder die Befürworter der Verfassung noch die des Vertrages mit den USA die erforderliche Dreiviertel-Mehrheit erzielen konnten.

Gewalt, Einschüchterung und Korruption bestimmten die politischen Prozesse auf dem Weg zu Palaus Unabhängigkeit; zwei Präsidenten wurden erschossen. Unter diesem Eindruck entschied der Oberste Gerichtshof von Palau, daß die Dreiviertel- durch eine einfache Mehrheit ersetzt werden könne. So wurde der Vertrag mit den Vereinigten Staaten im Oktober 1994 genehmigt. Die USA garantierten der nun unabhängigen Republik Palau Entwicklungshilfe im Wert von mehreren hundert Millionen Dollar. Der Preis dafür war die faktische Unterwanderung des Atomverbots: Die USA dürfen die Infrastruktur der Inseln seither auch mit ihren nuklear bewaffneten Flugzeugen und Schiffen nutzen.

High Chief Ibedul Gibbons geriet in einen Gewissenskonflikt zwischen seiner Rolle als Staatsoberhaupt, das die Gesellschaft einen soll, und der Treue zur einst beschlossenen Verfassung. Unter starkem Druck zogen auch das Palau Pacific Center und die Coalition of Women's Organisations to Keep Palau Nuclear-Free, die den Widerstand fortan weitergetragen hatte, ihre Einsprüche beim Obersten Gerichtshof zurück, behielten sich aber vor, ihre Kampagnen in dem Fall wieder aufleben zu lassen, daß die USA ihre „Atomrechte" tatsächlich nutzen sollten.

Manfred Max-Neef

(geb. am 26. Oktober 1932
in Valparaiso, Chile)

erhielt den Alternativen Nobelpreis
„für die Wiederbelebung kleiner und
mittlerer Gemeinschaften, die
Stärkung ihres Selbstvertrauens
und Unterstützung bei der Rückkehr
zu ihren Wurzeln".

Sein 1982 erschienenes Buch *Einblicke eines Außenseiters: Erlebnisse eines Barfuß-ökonoms* machte ihn international bekannt. Seither gilt Manfred Max-Neef, Mitglied des Club of Rome, als der Begründer der sogenannten Barfuß-Ökonomie, die sich stark an menschlichen Grundbedürfnissen orientiert. Nach einem Studium der Wirtschaftswissenschaften arbeitete der Sohn deutscher Einwanderer – der Vater war einer der Mitbegründer der chilenischen Nationalökonomie – ab 1953 in führender Position beim Shell-Konzern, gab diese Karriere aber nach vier Jahren auf und widmete sich verstärkt Entwicklungsfragen.

Von 1961 an lehrte Max-Neef im kalifornischen Berkeley (wo er die Anti-Vietnamkriegs-Bewegung unterstützte), als Gastprofessor an zahlreichen anderen Universitäten, betreute Projekte der UN-Food and Agriculture Organization sowie der Pan-Amerikanischen Organisation. Inzwischen stellte er die Rolle des Wirtschaftswissenschaftlers immer stärker in Frage. Er empfand ein „wachsendes Unbehagen" dabei, „die Armut zu diagnostizieren, sie zu messen und Indikatoren zu ersinnen für eine prozentuale und begriffliche Abgrenzung" und forderte die „Rückkehr zum menschlichen Maß".

Universidad Austral de Chile • Casilla 567 • Valdivia, Chile
Fax: 0056-63-212589
ecoson@uach.cl

Gerade, 1973, hatte er die Berufung an die Universidad de Chile angenommen, als das Militär gegen Salvador Allendes Regierung putschte, so daß Max-Neef zunächst ins argentinische Exil ging.

Doch 1981 gründete er in Chile das Zentrum für Entwicklungsalternativen (CEPAUR), das mittlerweile nicht mehr existiert. Mit diesem verfolgte er das für ihn elementare Ziel, praktische Erfahrungen auch theoretisch zu untermauern und die Ergebnisse zu verbreiten. So entstand in den neunziger Jahren seine These vom „Kipp-Punkt", ab dem die Lebensqualität der Menschen in Gesellschaften mit zunehmender Industrialisierung und steigendem Wirtschaftswachstum sinkt.

1993 mischte Max-Neef sich direkt in die Politik ein. Als unabhängiger Präsidentschaftskandidat erreichte er gegen Diktator Pinochet ein achtbares Ergebnis. Anschließend wurde er Rektor der Universidad Austral im südchilenischen Valdivia; inzwischen ist er emeritiert.

Amory B. und
Hunter L. Lovins

(geb. 1947 in Washington, USA,
und 1950 in Vermont, USA)

**erhielten den Alternativen Nobel-
preis als „Pioniere der Nutzung
sanfter Energie zugunsten globaler
Sicherheit und dafür, daß sie aufgezeigt haben, daß Energieeinsparung,
die Nutzung erneuerbarer Energie-
ressourcen sowie deren dezentrale
Nutzung nicht nur ökologisch anstre-
benswert, sondern auch ökonomisch
sinnvoll sind".**

Amory und Hunter Lovins arbeiteten zusammen in ca. 50
Ländern als Forscher, Dozenten und Berater in Fragen von
Energieeinsparung, Ressour-
censchonung und Sicherheitspolitik. Ihre prophetischen
Analysen veranlaßten die Zeitschrift *Newsweek*, sie zu den
einflußreichsten Energieex-
perten der westlichen Welt zu
zählen. Das *Wall Street Journal*
rechnete Amory zudem zu den
39 Menschen auf der Welt, die
am glaubwürdigsten zu einem
veränderten Kurs der Wirtschaft in den neunziger Jahren
beitragen könnten. Während der Pressekonferenz nach einer Tagung des Club of
Rome über den Bericht *Faktor Vier*, den
Ernst Ulrich von Weizsäcker gemeinsam
mit Amory und Hunter Lovins verfaßt
hatte, betonte von Weizsäcker, daß
Amory Lovins „einer der klügsten Köpfe
seit Galileo Galilei" sei.

Der Experimentalphysiker Amory Lovins
studierte in Harvard und Oxford, wo er
bereits im Alter von 21 Jahren zu einem
der Würdenträger der Universität ernannt wurde, hatte zahlreiche Professu-
ren in Europa, den USA und Kanada
inne und wurde mit acht Ehrendoktortiteln ausgezeichnet. Er war, oftmals gemeinsam mit Hunter, Berater von Regierungen rund um den Globus, des US-
Energie- und des Verteidigungsministeriums, des US-Kongresses, von Global-

Rocky Mountains Institute • 1739 Snowmass Creek Road • Snowmass, CO 81654-9199, USA
Tel.: +1-970-927 3851 • ablovins@rmi.org • www.rmi.org
Vom RMI initiiert: www.esource.com • www.hypercar.com

Player-Konzernen verschiedener Branchen und internationalen Organisationen. Amory Lovins verfaßte fast 30 Bücher – neun davon gemeinsam mit Hunter – und mehrere hundert Fachbeiträge.

Hunter Lovins studierte Jura, Politologie und Soziologie und besitzt zwei Ehrendoktortitel. Sie arbeitete sechs Jahre in führender Position bei einem kalifornischen Naturschutzprojekt. Seit 2002 ist sie Präsidentin der Natural Capitalism Inc., einem Unternehmen, das sich für die Etablierung nachhaltiger Wirtschaftsprinzipien engagiert. Der Firmenname geht auf ein gemeinsam mit Amory Lovins und Paul Hawken verfaßtes Buch zurück, das auf deutsch unter dem Titel *Öko-Kapitalismus – Die industrielle Revolution des 21. Jahrhunderts* erschienen ist.

1982 gründeten Amory und Hunter Lovins im Westen von Colorado das Rocky Mountains Institute (RMI). Dort arbeiten inzwischen ca. 50 Personen an der Realisierung effizienter, schonender und sicherer Nutzung von Energie und anderen Ressourcen. Das Budget von jährlich über sechs Millionen Dollar wird durch Einnahmen aus Beratungstätigkeiten und durch Zuwendungen von Unterstützern sichergestellt.

Am RMI in 2.200 Metern Höhe über dem Meeresspiegel kann es bis weit unter minus 40 Grad Celsius kalt werden, nur durchschnittlich 52 Tage im Jahr sind frostfrei. Doch mitten im Winter reifen in dem Institut – während draußen mitunter Schneestürme toben – in einem Mini-Dschungel Bananen und andere tropische Früchte, lassen Leguane und Warmwasserfische es sich gutgehen. Dabei hat der Bau kein konventionelles Heizsystem; er ist ein Passivhaus, in dem Energie und andere Ressourcen so optimal wie irgend möglich genutzt werden. Die monatliche Stromrechnung beträgt weniger als zehn Dollar, was durch die Einnahmen aus der Einspeisung der solar erzeugten Elektrizität mehr als ausgeglichen wird.

So lassen die „Superfenster" drei Viertel des sichtbaren Lichts und die Hälfte der Sonnenwärme herein, aber so gut wie keine Energie entweichen – ebenso wie die Dämmungen in den Steinwänden. Dabei mangelt es im RMI nicht an Frischluft. 75 Prozent der in der Abluft enthaltenen Wärmeenergie werden durch Austauschanlagen auf die Frischluft übertragen. Die Kosten für diese Installationen liegen unter denen für die herkömmliche Technik. Im Gegenteil wird gar soviel eingespart, daß die Geräte zur Halbierung des Wasserverbrauchs, der Verminderung des Energiebedarfs für Warmwasser zu 99 und des Haushaltsstromverbrauchs zu 90 Prozent daraus finanziert werden können. Selbstverständlich werden im RMI nur supereffiziente Lampen eingesetzt, die sich dem einfallenden Tageslicht entsprechend selbst herunterdimmen bzw. ganz ausschalten, wenn niemand im Raum ist. Kühlschrank und -truhe werden durch Kälte von draußen unterstützt.

Leopold Kohr

(geb. am 5. Oktober 1909 in Oberdorf,
Österreich, gest. am 26. Februar 1994)

**erhielt „für seinen frühen Anstoß zur
Rückbesinnung auf das menschliche
Maß" den Ehrenpreis.**

Das Bestreben von Leopold Kohr war es,
in einer Welt der Gigantomanie und des
ständigen Strebens nach Wachstum die
Stärke der kleinen Gemeinschaft in den
Mittelpunkt der Aufmerksamkeit zu rük-
ken. Seine Philosophie der Dezentralisie-
rung, die er bereits in den vierziger Jahren in seinen Publikationen propagierte,
beeinflußte später auch die Ökologie-
bewegung.

Der berühmt gewordene Slogan „Small is
beautiful", der Kohr zugeschrieben wird
und Titel eines Buches seines Schülers
und Freundes Fritz Schumacher ist,
bringt Kohrs Philosophie auf den Punkt:
Die Organisation menschlicher Gesellschaft in kleinen Gemeinschaften, eine
Rückführung menschlichen Zusammenlebens auf ein überschaubares „menschliches Maß", galt ihm als Lösung für global
existierende Probleme der Menschheit.
So war er einer der ersten, die im Zusammenhang mit intensiver Entwicklungshilfe für arme Länder die Gefahr sahen, deren lebenswichtige Identität und Organisation vor Ort zu zerstören sowie Eigeninitiative und Mitbeteiligung zu ersticken.
Er empfahl statt dessen die Bildung lokaler Strukturen, die geeignet sind, Probleme auf einer überschaubaren Ebene unter Einsatz eigener geistiger und materiel-
ler Ressourcen zu lösen.

Leopold.kohr.akademie@salzburg.at
www.tauriska.at

Als praktische Konsequenz aus seiner Lehre der Vorteile kleiner Staaten engagierte Leopold Kohr sich ab 1958 für die Unabhängigkeit Wales gegenüber der Londoner Zentralregierung und in den sechziger Jahren für die Souveränität der kleinen Karibikinsel Anguilla, die diese erst 1981 erlangte. Kohr veröffentlichte vielbeachtete Bücher, darunter *The Breakdown of Nations* (1957), *Development without Aid* (1973) und *The Overdeveloped Nations* (1977).

Kohr, der mit Ernest Hemingway und George Orwell befreundet war, war Kosmopolit und verehrte gleichwohl seine Heimat Salzburg. Er studierte in Innsbruck, Wien, Paris und London und promovierte 1933 und 1937 in den Fächern Rechts- und Staatswissenschaften. Anschließend arbeitete er während des Spanischen Bürgerkriegs als Korrespondent für österreichische und schweizerische Zeitungen sowie für eine französische Nachrichtenagentur. 1938 emigrierte er aufgrund der Machtübernahme der Nationalsozialisten in Österreich nach Nordamerika. Zunächst verdingte er sich in einem kanadischen Goldbergwerk, wo er einen schweren Hörsturz erlitt. Von 1943 an lehrte er an Universitäten in den USA und von 1955 bis 1973 in Puerto Rico Nationalökonomie und Politische Philosophie. Nach seiner Pensionierung in San Juan siedelte er in die walisische Universitätsstadt Aberystwyth über und unterrichtete dort bis 1977.

Erst 1980 entstanden auch berufliche Kontakte in seine österreichische Heimat, die er immer wieder privat besucht hatte. In dem Jahr, in dem er den Alternativen Nobelpreis erhielt, wurden in Neukirchen die Leopold-Kohr-Akademie und der Kulturverein „Tauriska" gegründet, um Kohrs Theorien der regionalen Eigenständigkeit im Salzburger Land in die Praxis umzusetzen. Vor diesem Hintergrund kehrte Kohr, der zwischenzeitlich in der Industriestadt Gloucester gelebt hatte, an seinen Geburtsort Oberndorf zurück. In England wurde derweil sein Archiv von Einbrechern zerstört. Wenige Wochen später, im Februar 1994, starb er an den Folgen einer Herzkrankheit. Die Leopold-Kohr-Akademie, die seinen Nachlaß verwaltet, betreut mittlerweile die aktuellen Preisträger des Alternativen Nobelpreises.

1984

Zu Jahresbeginn startet Radio Luxemburg die Ausstrahlung eines TV-Programms via Satellit nach Deutschland und läutet mit dem Beginn des privaten Fernsehens eine neue Medienära ein.

Am 9. Februar stirbt der sowjetische Staats- und Parteichef Jurij Andropow nach nur 14 Monaten Amtszeit, sein Nachfolger wird der Falke Konstantin Tschernenko. Ein halbes Jahr später scherzt US-Präsident Ronald Reagan bei einer Mikrofonprobe: „Ich freue mich, Ihnen mitteilen zu können, daß ich gerade ein Gesetz unterzeichnet habe, das Rußland für immer für vogelfrei erklärt. Die Bombardierung beginnt in fünf Minuten." Reagan wird im November mit 59 Prozent der abgegebenen Stimmen für eine zweite Amtszeit wiedergewählt.

Während einer Golfkriegs-Offensive im Februar setzt der Iran zwölfjährige Kinder als Soldaten, der Irak Giftgas ein. Im Mai gibt der Internationale Gerichtshof in Den Haag einer Dringlichkeitsklage Nicaraguas statt, die es den USA untersagt, Häfen des mittelamerikanischen Staates zu verminen. Die US-Regierung erkennt diese Entscheidung nicht an. Während einer Gedenkfeier in Verdun, wo Hunderttausende Soldaten starben, halten Bundeskanzler Kohl und der französische Staatspräsident Francois Mitterrand sich minutenlang die Hände.

Am 31. Oktober wird die indische Ministerpräsidentin Indira Gandhi von zwei Mitgliedern ihrer Leibwache erschossen, ihr Sohn Rajiv Gandhi wenige Stunden später als ihr Nachfolger vereidigt.

Anfang April beschließt der bayrische Landtag mit den Stimmen von CSU und SPD, dem Umweltschutz Verfassungsrang einzuräumen. Eine Woche später wird am Frankfurter Flughafen die umstrittene Startbahn West in Betrieb genommen. Ende Juli tritt der Bundestag zu einer Sondersitzung zusammen und billigt die Inbetriebnahme des neuen Kohlekraftwerkes Buschhaus ohne Entschwefelungsanlage, indem es zur Altanlage er-

klärt wird. Bei einer Volksabstimmung in
der Schweiz spricht sich eine Mehrheit
für den Ausbau der Nutzung nuklearer
Energie aus. Bald darauf zerbricht in
Hessen die erste rot-grüne Koalition aufgrund von Streitigkeiten zur Atompolitik.
Die Chemikalie Formaldehyd gerät in
den Verdacht, Krebs zu erzeugen. Im
Dezember sterben im indischen Bhopal
2.000 Menschen an dem Gas, das aus einer Fabrik des US-Konzerns Union Car-
bide ausströmt.

▬▬

Der Chirurg Julius Hackethal löst mit seinem öffentlichen Bekenntnis, einer
krebskranken Frau mit Zyankali den
Selbstmord ermöglicht zu haben, eine
heftige Diskussion um das Recht auf hu-
manes Sterben aus. Das Bundeskabinett
beschließt im November eine Verschärfung der Auflagen für Tierversuche.

▬▬

Die Olympischen Sommerspiele in Los
Angeles werden von den meisten soziali-
stischen Ländern boykottiert. Finanziert
werden sie erstmals durch Firmen, die im
Gegenzug für ihr Sponsoring mit dem
Olympiaemblem werben dürfen.

Ela Bhatt
(geb. 1933 in Indien)

und die indische Self-Employed Women's Association (SEWA)

erhielten den Alternativen Nobelpreis „für die Ermutigung von selbständig arbeitenden Frauen, sich für ihr Wohlergehen und Selbstbewußtsein gewerkschaftlich zu organisieren".

Die Rechtsanwältin und Gewerkschafterin Ela Bhatt rief SEWA 1972 als Reaktion auf die wirtschaftlich schlechte und fast rechtlose Situation selbständig arbeitender Frauen in Indien ins Leben: Es gab Händlerinnen, die sich, um ihr Gewerbe zu erhalten, täglich Geld borgten, das sie abends mit hohen Zinsen zurückzahlen mußten; andere, die durch hohe Mieten oder andere rüde Methoden von ihren angestammten Verkaufsplätzen vertrieben wurden, und Papier- und Holzsammlerinnen, die völlig von denen abhängig waren, die ihnen ihre Fundstücke abkauften. Als ehemaliger Sozialarbeiterin waren Ela Bhatt die elenden Umstände, unter denen Frauen, die fast alle in Slums lebten, zumeist Analphabetinnen waren und ihre Kinder mit zur Arbeit nehmen mußten, vertraut.

SEWA hatte schnell Erfolg. Drei Jahre nach ihrer Gründung gehörten der Organisation 7.000 Frauen an, war die große Hürde der Anerkennung durch die Regierung als offizielle Gewerkschaft bereits überwunden. SEWA sieht ihre Hauptaufgabe darin, ihren Mitgliedern ein Einkommen zu sichern, das für Nahrungsversorgung, sozialen Schutz wie etwa ärztliche Betreuung oder Hilfe bei der Versorgung kleiner Kinder ausreicht. Dazu bietet SEWA unter anderem Rechtsbeistand und Fortbildungen an und hilft auch beim Aufbau von Produktionsgenossenschaften. Durch eine 1974 gegründete Bank, die mittlerweile über

SEWA Reception Centre • Opp. Victoria Gardens • Bhadra, Ahmedabad 380 001, India
Tel.: 0091-79-550 644-4 • Fax: 0091-79-550 644-6
mail@sewa.org • www.sewa.org

70.000 Konten führt, bietet SEWA ihnen Kredite für den Aufbau von Existenzen, bewahrt sie vor Kredithaien und Verpfändungen. Außerdem können sie dort Erspartes vor dem Zugriff von Ehemännern, Söhnen und anderen Personen oder Institutionen schützen, um sich so eine gewisse wirtschaftliche Selbständigkeit zu erhalten. Ela Bhatt war 1980 Gründungs- und Vorstandsmitglied der Women's World Banking-Organisation.

Mit über einer viertel Million Mitgliedern Mitte der neunziger Jahre wurde SEWA die größte indische Einzelgewerkschaft. Inzwischen ist aus ihr ein Netzwerk der Hilfe für und von arbeitenden Frauen entstanden. Diesem gehören über 70 Gruppen und Einrichtungen an, die sich in ähnlicher Weise engagieren, außerhalb von Indien auch in Südafrika, dem Yemen und der Türkei.

Ela Bhatt, die von 1986 bis 1989 dem indischen Parlament und anschließend zwei Jahre lang der indischen Planungskommission angehörte, setzte sich auch auf internationaler Ebene für selbständig arbeitende Frauen ein. So wurde SEWA Mitglied der Internationalen Gewerkschaft der Nahrungs- und Tabakarbeiter sowie der Internationalen Gewerkschaft der Plantagen- und Landwirtschaftsarbeiter. Darüber hinaus bemüht sich die Organisation um Schutz und Anerkennung von Heimarbeiterinnen.

Winefreda Estanero-Geonzon und Jakob von Uexküll

Winefreda Estanero-Geonzon
(gest. 1990)

und die Free Legal Assistance Volunteers Association (Free LAVA)

erhielten den Alternativen Nobelpreis „für Rechtshilfe für Gefangene und deren Unterstützung bei ihrer Rehabilitation".

Rechtsstaatlichkeit ist Amnesty International zufolge auf den Philippinen bis heute keine Selbstverständlichkeit. Deshalb ist die Aufgabe von Free LAVA auch nach der Ära des Diktators Ferdinand Marcos nicht unbedingt leichter geworden.

Als die Rechtsanwältin Winefreda Estanero-Geonzon 1978 Leiterin der Abteilung Rechtshilfe in Cebu City, der nach Manila zweitgrößten Stadt der Philippinen, wurde, erlebte sie die Ungerechtigkeiten des damaligen „Rechtssystems" hautnah: Sie traf Gefangene, die jahre-

---

Free LAVA • Room 207 • Mingson Building
Zamora Street • Cebu City 6000, Philippines
Tel. & Fax: 0063-32-254 7739

Winefreda Geonzon Foundation Inc • Villalon Drive • East Capitol Hills
Cebu City 6000, Philippines

lang ohne Anklage einsaßen, andere, deren Aufenthalt im Gefängnis den Gerichten gar nicht bekannt war, die zweimal wegen einer Tat verurteilt worden waren oder nach Verbüßung ihrer Strafe nicht freigelassen wurden. Auch Mißhandlungen von Gefangenen, darunter Kinder und Jugendliche, waren keine Seltenheit. Bei ihrer engagierten Arbeit gegen diese Zustände bekam Winefreda Estanero-Geonzon Hilfe von verschiedenen Seiten, u.a. von den Kirchen, von engagierten Privatpersonen und ihren Anwaltskolleginnen und -kollegen. Außerdem wurden eigens zur Hilfe der von diesem Unrecht betroffenen Menschen eine Reihe von Vereinen gegründet. So kümmerte sich eine Initiative um die Grundbedürfnisse der Gefangenen, die teilweise dürftig bekleidet auf nacktem Zement in völlig überfüllten Zellen (1987 war das Hauptgefängnis von Cebu City dreifach überbelegt) ohne hinreichende sanitäre Anlagen leben mußten; weiterhin entstanden Nachforschungs-, Rechtshilfe- und Dokumentationsgruppen.

All diese Aktivitäten mündeten schließlich, damals noch unter der Schirmherrschaft der philippinischen Anwaltskammer, in der Organisation Free LAVA, die 23 verschiedene Vereine unter ihrem Dach zusammenführte. Durch Besuche in den Gefängnissen machten die Free-LAVA-Mitglieder sich selbst ein Bild von den Lebensumständen der von ihnen betreuten Gefangenen. Neben kostenlosem juristischem Beistand bietet Free LAVA inzwischen auch Hilfe bei der Rehabilitation Gefangener, organisiert Lese- und Schreibunterricht, Kurse in Landbau und Schweinezucht oder im Kunsthandwerk.

Durch ihre lange Verbundenheit mit der Pfadfinderbewegung von deren Qualität und Wert überzeugt, etablierte Winefreda Estanero-Geonzon solche Bildungsveranstaltungen auch in den Gefängnissen und übertrug die Betreuung jugendlicher Gefangener teilweise erwachsenen Mithäftlingen, die zu Pfadfinderführern ausgebildet worden waren.

Free LAVA konnte einige Reformen durchsetzen, half den Gefangenen dabei, sich zu organisieren und gab ihnen damit die Möglichkeit, ihre Forderungen besser zu artikulieren. Auch die Prävention von Straftaten gehört heute zu den Aufgaben der Organisation. So entwickelte Free LAVA Bildungsangebote für Kinder ohne Möglichkeit zum Schulbesuch und half gleichzeitig, die wirtschaftliche Situation der Eltern zu verbessern. Winefreda Estanero-Geonzon starb 1990 an Krebs. Doch Free LAVA wirkt im Sinne der Gründerin fort.

Wangari Maathai

(geb. am 1. April 1940 in Nyeri, Kenia)

und die Grüngürtelbewegung in Kenia

erhielten den Alternativen Nobelpreis „dafür, daß sie aus der ökologischen Debatte in Kenia eine Massenbewegung formten".

Welchen Wert die Anpflanzung und Versorgung von Bäumen für die Menschen eines Landes haben kann, beweist die Grüngürtelbewegung, ein Selbsthilfeprojekt kenianischer Frauen, eindrucksvoll. Durch die von der Bewegung geförderte Wiederaufforstung werden nicht nur die Gefahr von Bodenerosionen gemindert und wichtige Ressourcen wie etwa Brennholz erneuert, es ergeben sich darüber hinaus viele weitere positive Effekte. So werden Grüngürtel-Försterinnen und Baumschulhelferinnen ausgebildet, wodurch Arbeitsplätze entstehen und die gesellschaftliche Anerkennung der Frauen steigt. Gleichzeitig ermöglicht das Engagement den Frauen, Zusammenhänge zwischen Umweltschäden und den Problemen ihrer Familien wie beispielsweise Hunger und Krankheiten der Kinder zu erkennen und diesen aktiv zu begegnen.

Initialzündung der inzwischen mit zahlreichen internationalen Preisen ausgezeichneten Bewegung war eine Initiative der ersten afrikanischen Professorin, Wangari Maathai. Die Biologin – sie hatte in Atchinson, Kansas, Pittsburgh und Deutschland studiert – hatte am Welt-Umwelttag des Jahres 1977, dem 5. Juni, im Rahmen einer Wiederaufforstungskampagne symbolisch den ersten Baum gepflanzt. Die Initiative wuchs sehr schnell. Bald schon mußten aufgrund der immensen Nachfrage nach Setzlingen Hunderte von Baumschulen gegründet

The Greenbelt Movement • P.O. Box 67545 • Nairobi, Kenya
Tel.: 00254-20-57-3057/-1523 • Fax: 00254-504-264
gbm@wananchi.com • www.greenbeltmovement.org

werden. Der Name Grüngürtelbewegung war treffend, da die Bäume auch von zigtausenden Bauern und einer halben Million Schulkindern oft in Reihen um Farmen sowie Schul- und Kirchengrundstücke gepflanzt wurden und sich wie grüne Gürtel im ganzen Land verbreiteten.

Ursprünglich nur auf einen Teil der Stadt Nairobi beschränkt, gründete die Grüngürtelbewegung 1986 ein pan-afrikanisches Netzwerk, die Idee breitete sich u.a. auf Tansania, Zimbabwe, Uganda, Malawi, Lesotho und Äthiopien aus. Über 30 Millionen Bäume sind mittlerweile gepflanzt worden. Neben den Pflanzungen widmet sich die Bewegung erfolgreich auch anderen Aufgaben: Sie organisiert Kurse und vermittelt Wissen, mit dem Quantität und Qualität von Agrarprodukten verbessert werden können. Weiterhin bietet sie im Rahmen des Ökotourismus sogenannte „Green Belt Safaris" an, um zusätzliche Einnahmequellen zu nutzen. Außerdem trainiert die Grüngürtelbewegung ausgesuchte Interessentinnen darin, Umweltschutzprojekte in ihrer Heimat zu initiieren und zu betreuen.

Wangari Maathai, die von 1981 bis 1987 auch Vorsitzende des Nationalen Rates der Frauen war, ist heute weit über die Grenzen ihrer Heimat hinaus als einflußreiche Umweltaktivistin bekannt und wurde in die Unabhängige Arbeitsgemeinschaft zur Zukunft der Vereinten Nationen berufen. 1997 kandidierte Maathai bei der kenianischen Präsidentschaftswahl. Trotz ihrer Prominenz war sie zuvor mehrfach ins Gefängnis gesteckt und bei Angriffen verletzt worden. Ihr

Mann, der in den siebziger Jahren im Parlament gesessen hatte (die beiden hatten drei Kinder miteinander), hatte sie bereits einige Jahre zuvor verlassen, weil sie „zu gebildet, zu stark, zu erfolgreich, zu starrsinnig und zu schwer zu kontrollieren" gewesen sei.

Im Januar 2002 nahm Wangari Maathai, inzwischen Trägerin mehrerer Ehrendoktortitel und vom Umweltprogramm der Vereinten Nationen in die „Global 500 Hall of Fame" aufgenommen, eine Gastprofessur am Institut für globale, nachhaltige Forstwirtschaft an der Yale-Universität an. Ende desselben Jahres wurde sie, nachdem die Diktatur von Daniel Arap Moi nach 24 Jahren beendet war, ins kenianische Parlament gewählt. Mois Nachfolger, Mwai Kibabi, ernannte sie zur stellvertretenden Ministerin für Umwelt und Naturschutz.

2004 erhielt Wangari Maathai den Friedensnobelpreis; und zwar mit der Begründung des Nobelpreiskomitees, daß mit dieser Verleihung der Friedensbegriff bewußt erweitert werde, weil es ohne intakte Umwelt keinen wirklichen Frieden gebe.

Imane Khalifeh
(geb. 1955 in Beirut, gest. 1995)

erhielt den Ehrenpreis zum Alternativen Nobelpreis, „weil sie die Beiruter Friedensbewegung inspirierte und mitorganisierte".

Ein Friedensmarsch sollte es werden, am 6. Mai 1984, neun Jahre nach Beginn des Bürgerkriegs in Beirut. Initiiert wurde er von Imane Khalifeh, die Kinderpsychologie studiert hatte und damals als wissenschaftliche Mitarbeiterin an einer Krankenschwesternschule am University College in Beirut arbeitete, wo sie u.a. Lehrer ausbildete. Dort erlebte sie die Qualen, die Erwachsene und Kinder im Krieg durchzustehen hatten. Anfang 1984 hatte sie die Idee zu dem Marsch und rief mit einem von ihr geschriebenen und in zahlreichen Beiruter Zeitungen abgedruckten Gedicht die schweigende Mehrheit der Friedliebenden im Libanon zur Teilnahme daran auf. Sie sollten so eine Möglichkeit bekommen, ihre Abneigung gegen einen Krieg, der ihr Leben bedrohte, öffentlich auszudrücken. Imane Khalifeh war selbst überwältigt von den Reaktionen auf diesen Aufruf, die so stark und so vielfältig waren, daß, so sagte sie bei ihrer Dankesrede für den Alternativen Nobelpreis, „der Krieg selbst vor diesem lauten Schrei erschrak".

Einen Tag vor dem geplanten Marsch brachen nämlich neue blutige Kämpfe zwischen den verfeindeten Milizen aus, die den Friedensmarsch unmöglich machten. An diesem Tag hätte er sein Ziel, das Morden zu beenden, verfehlt, wahrscheinlich weitere Menschen das Leben gekostet. Doch das Streben vieler Menschen nach Frieden blieb. Eine Petition, die an die Gründe für die Absage des Marsches erinnerte und weiteres Blutvergießen zu vermeiden versuchte, wurde innerhalb kurzer Zeit von 70.000 Personen unterschrieben.

Dennoch zog sich der Bürgerkrieg im Libanon bis ins Jahr 1990 hin. Imane Khalifeh blieb bis 1989 dort und engagierte sich für den Frieden. Dann emigrierte sie enttäuscht nach Paris. „Der Krieg hat aufgehört in meinem Land", sagte sie, „aber die Menschen haben niemals den Frieden gefunden, von dem sie träumten. Vielleicht findet dieser Traum ja neue Nahrung."

1985

Am 11. Januar gerät beim Ausladen aus einem Container in der drei Kilometer von der Heilbronner Innenstadt entfernten Waldheide eine Pershing-II-Rakete in Brand, während sich in 250 Metern Entfernung mit Atomsprengköpfen bestückte Raketen befinden. Dabei sterben drei US-Soldaten.

Zwei Monate später wird, einen Tag nach dem Tod von Konstantin Tschernenko, Michail Gorbatschow zum neuen Staats- und Parteichef der Sowjetunion gewählt. „Glasnost" (Offenheit) und „Perestroika" (Umgestaltung) werden zum Inbegriff für eine historische Wende. Erstmals seit über sechs Jahren kommt es am 19. und 20. November in Genf zu einem Treffen eines sowjetischen Staats- und Parteichefs mit einem US-Präsidenten. Michail Gorbatschow und Ronald Reagan sprechen sich für eine fünfzigprozentige Verminderung der Atomarsenale und eine Zwischenlösung bei den Mittelstreckenraketen aus und betonen, daß ein „Atomkrieg nicht gewinnbar" sei, mithin also niemals ausgefochten werden dürfe.

Knapp ein halbes Jahr zuvor, am 10. Juli, hatte der französische Geheimdienst das Greenpeace-Aktionsschiff „Rainbow Warrior", das sich auf einer Protestfahrt gegen Kernwaffenversuche befand, im neuseeländischen Hafen von Auckland versenkt, wobei der Fotograf Fernando Perreira ums Leben kam. Am 6. August, dem 40. Jahrestag der nuklearen Einäscherung von Hiroshima, trat ein einseitiges Atomtestmoratorium der Sowjetunion in Kraft.

Am 1. Mai nimmt US-Präsident Ronald Reagan aus Anlaß des Kriegsendes vor vierzig Jahren an einer Zeremonie auf dem Soldatenfriedhof Bitburg, auf dem auch 49 Angehörige der Waffen-SS begraben sind, teil.

In der ersten Märzhälfte gehen in zwei südamerikanischen Staaten Militärherrschaften zu Ende, es werden – in Uruguay direkt, in Brasilien durch Wahlmänner – zivile Staatspräsidenten gewählt.

Im Juni treten Spanien und Portugal der Europäischen Gemeinschaft bei.

Zwei Tage, nachdem am 16. Januar auf einigen deutschen Autobahnstrecken ein Großversuch über die Auswirkungen eines Tempolimits von 100 km/h anläuft, wird im östlichen Ruhrgebiet Smogalarm der Stufe III mit der Folge von Fahrverbot und der Drosselung bzw. Stillegung von Produktionsanlagen ausgelöst.

Mitte des Jahres wird in österreichischen und deutschen Weinen Frostschutzmittel gefunden. In der zweiten Oktoberhälfte einigen sich SPD und Grüne in Hessen auf die erste rot-grüne Landesregierung, Joschka Fischer wird deren Umweltminister. Im Dezember werden im bayrischen Wackersdorf unter starkem Polizeischutz und gegen den Widerstand von zigtausend Demonstranten die Rodungsarbeiten für die geplante Wiederaufarbeitungsanlage begonnen.

Das Bekenntnis des amerikanischen Schauspielers Rock Hudson zu seiner Homosexualität und die Information, daß er an AIDS leidet – er stirbt am 2. Oktober –, führt in den USA zu einem Stimmungswandel gegenüber mit dem HIV-Virus infizierten Personen.

Am 1. Februar wird in Gauting bei München Ernst Zimmermann, Vorsitzender der Motoren- und Turbinen-Union, die Triebwerke für zivile und militärische Flugzeuge herstellt, von RAF-Terroristen erschossen. Beim Protest gegen eine NPD-Veranstaltung Ende September in Frankfurt wird der Demonstrant Günter Sare von einem Wasserwerfer überfahren und stirbt.

Im August setzt sich der beim Bundesverfassungsschutz für Spionageabwehr zuständige Hansjoachim Tiedge in die DDR ab. Zwei Monate später erscheint das Buch *Ganz unten*, in dem der Enthüllungsjournalist Günter Wallraff seine Erfahrungen als türkischer Leiharbeiter, als der er sich verkleidet hatte, dokumentiert.

Am 29. Mai kommen bei schweren Ausschreitungen vor dem Fußball-Europacup-Endspiel der Landesmeister zwischen dem FC Liverpool und Juventus Turin 38 Menschen ums Leben.

Cary Fowler, Sven Hamrell (Dag Hammarskjöld-Stiftung), Pat Mooney

Cary Fowler und Pat Mooney

(geb. 1950 und 1947 in Kanada)

wurden „für ihren Einsatz zur Bewahrung genetischer Ressourcen in der Landwirtschaft der Dritten Welt" mit dem Alternativen Nobelpreis ausgezeichnet.

Cary Fowler studierte im kanadischen Vancouver und schwedischen Uppsala, wo er promovierte, Soziologie. Er ist Verfasser und Herausgeber zahlreicher Publikationen über die schwierige Ernährungssituation in weiten Teilen der Welt und den Schwund genetischer Ressourcen auf der Welt. Hierzu hält er als Gastprofessor Vorlesungen an zahlreichen Universitäten.

Pat Mooney lebte in der kanadischen Prärie, bevor er Entwicklungshelfer in Asien, Afrika und Lateinamerika wurde. Seit Mitte der siebziger Jahre sorgte er sich um die fortschreitende genetische Verar-

Cary Fowler • Hellinga 8A • 1430 As, Norway
Tel.: 0047-649-434 54 • cary.fowler@noragric.nlh.no

Pat Mooney • ETC Group • 478 River • Avenue, Suite 200
Winnipeg MB E3L 0C8, Canada
mooney@etcgrouporg • www.etcgroup.org

mung der Landwirtschaft und veröffentlichte den Report *Seeds of the Earth*, der als erste international wahrgenommene Warnung vor dem Problem gilt. Dem folgte 1983 die ebenfalls vielbeachtete Studie *The Law of the Seed: Another Development and Plant Genetic Resources.*

Seit 1977 engagieren Fowler und Mooney, der über keine akademische Ausbildung verfügt, sich gemeinsam für den Erhalt genetischer Ressourcen. Sie organisierten hierzu Bildungsprogramme auf der ganzen Welt und weitreichende Schutzprogramme wie etwa eine internationale Samenbank, ein Projekt, das die Vereinten Nationen 1983 übernahmen.

1984 gründeten Fowler und Mooney gemeinsam mit Hope Shand den Rural Advancement Fund International (RAFI), eine kleine, ehrenamtliche Organisation, die die sozio-ökonomischen Einflüsse neuer Technologien auf ländliche Gemeinschaften erforscht. Mooney wurde später Geschäftsführer der Vereinigung, die sich in ETC Group (Action Group on Erosion, Technology and Concentration) umbenannte. Auf diesem Wege spielten Fowler und Mooney eine entscheidende Rolle bei der Formulierung der Ziele der auf Initiative von RAFI hin gegründeten Kommission der UN-Ernährungs- und Landwirtschaftsorganisation (FAO) und des International Fund for Plant Genetic Resources. Die ETC Group betreibt Büros in Kanada, den USA, Mexiko und Großbritannien und arbeitet mit Partnern in vielen anderen Ländern zusammen.

In den achtziger Jahren war Fowler Mitglied des Expertenrates des US-Land-wirtschaftsministeriums; 1993 engagierte ihn die FAO, um ein globales Aktionsprogramm zum Schutz und nachhaltiger Nutzung genetischer Ressourcen zu formulieren. Fowler setzte seine Arbeit bei der UN-Organisation noch drei Jahre fort, um die Annahme des Programmes während einer Konferenz in Leipzig im Jahr 1996 durchzusetzen. Später wurde er auf Vorschlag der norwegischen Regierung Mitglied im Rat der Konvention zur biologischen Vielfalt.

Parallel zu Fowlers und Mooneys Aktivitäten organisierte RAFI zahlreiche Veranstaltungen in Asien, Afrika und Lateinamerika, während derer den Landwirten die Notwendigkeit, mittels ihrer Ernten die biologische Vielfalt ihres künftigen Anbaus sicherzustellen, verdeutlicht wurde. So leitete Mooney 1988 beispielsweise ein Forschungsteam, dem Fowler und andere Experten angehörten, das die Studie *The Laws of Life: Another Development and the New Biotechnologies* erstellte. Diese erschien als Sonderausgabe der Reihe *Development Dialogue* der Dag Hammarskjöld-Stiftung und veranlaßte RAFI zu Recherchen bei internationalen Forschungsorganisationen und privaten Unternehmen, die Patente auf Lebensformen inklusive menschlicher Zell-Linien anstrebten. Ein wichtiger Erfolg der Kampagne gegen Tendenzen zur Kommerzialisierung von Lebewesen war die Ablehnung der Patentierung menschlicher Gene durch das Europäische Parlament im Jahr 1995, die inzwischen allerdings wieder aufgeweicht wird.

Janos Vargha
(geb. 1944)

und die ungarische Umwelt-Organisation Duna Kör

wurden „für ihren Einsatz zur Erhaltung eines der wertvollsten Reservate in Ungarn unter ungewöhnlich schwierigen Umständen" mit dem Alternativen Nobelpreis ausgezeichnet.

1977 begannen die Tschechoslowakei und Ungarn mit Planungen für ein über drei Milliarden Dollar teures und von Österreich unterstütztes Staudammprojekt: Auf eine Flußlänge von 200 Kilometern sollten durch jeweils einen Damm in der Tschechoslowakei und Ungarn 50 Inseln sowie 120 Quadratkilometer Waldland und Felder geflutet werden. Ein betongedeckter, 30 Kilometer langer Kanal sollte teilweise 18 Meter über dem Erdboden verlaufen. Es drohte der Verlust wertvollen Lebensraums von Tieren und Pflanzen, zudem ein unkalkulierbarer Einfluß auf das Grundwasser und damit auf die Versorgung von ca. drei Millionen Menschen mit Trinkwasser. Ebenso drohte der Landwirtschaft und der natürlichen Vegetation das Wasser knapp zu werden.

Die Pläne stießen auf Widerstand von Umweltschutzorganisationen. In Ungarn engagierte sich die 1984 von dem Biologen Janos Vargha gegründete Organisation Duna Kör (Donau-Kreis) gegen das Regierungsvorhaben. Vargha hatte für die ungarische Akademie der Wissenschaften gearbeitet und war nun Redakteur der ungarischen Ausgabe von *Scientific American*.

Die Bedingungen für solche politische Arbeit im damaligen streng sozialistischen System Ungarns waren denkbar schlecht. So blieb Duna Kör zunächst die Anerkennung als offizielle Organisation verwehrt, zusätzlich galt eine Zeit lang das Verbot, Informationen zum Stau-

Duna Kör • Vadász utca 29 • Budapest H-1054, Ungarn
Tel.: 0036-1-132-3321 • Fax: 0036-1-135-8366
vargha@gwj.hu

dammprojekt zu veröffentlichen. Deshalb schuf Duna Kör ein informelles Netzwerk aus Oppositionsgruppen und so die Grundlage für wachsenden Protest, dem sich neben immer mehr Wissenschaftlern u.a. auch Schriftsteller anschlossen. Als die Polizei 1986 gewaltsam gegen ungarische und österreichische Demonstranten vorging, interessierte sich auch die internationale Presse für Duna Kör. 1988 organisierte Duna Kör gemeinsam mit dem World Wildlife Fund (heute Worldwide Fund for Nature) eine internationale Konferenz zum Staudammbau. Im Oktober dieses Jahres hatten bereits 150.000 Menschen eine Petition unterschrieben, in der eine Volksabstimmung über die Fortsetzung des Projekts gefordert wurde.

1989 – Duna Kör war inzwischen offiziell anerkannt – zeigte der Einsatz Wirkung: Unter dem Druck des Protestes stellte die ungarische Regierung die Arbeiten am Nagymaros-Damm ein. Doch auf tschechoslowakischer Seite war der Gabcikovo-Damm bereits fertig, als dort das kommunistische Regime fiel. Die tschechoslowakische Nachfolgeregierung hielt ebenso an dessen Einsatz fest wie die später aus der CSSR hervorgegangene Slowakei, deren Grenze zu Ungarn die Donau auf über 30 Kilometern Länge bildet. Verursacht durch den Damm floß nur noch ein kleiner Teil der ursprünglichen Wassermenge nach Ungarn, was ökologische Schäden zur Folge hatte. Eine Klage Ungarns gegen die Slowakei beim Internationalen Gerichtshof in Den Haag beantwortete letztere mit einer Gegenklage, da sich Ungarn aus ihrer Sicht nicht an vertragliche Vereinbarungen gehalten hatte.

Ohne den Damm auf ungarischer Seite funktionierte der slowakische nämlich nicht wie geplant.

Duna Kör setzte seine Bemühungen zum Schutz der Donau fort und erarbeitete Vorschläge zur ökologischen Wiederherstellung von Flußauen, Inseln und Feuchtgebieten zwischen Bratislawa und Budapest. Im September 1997 entschied der Internationale Gerichtshof, daß die beiden Regierungen in ihrem Streit binnen sechs Monaten zu einer ökologisch akzeptablen Lösung kommen sollten und betonte, daß der Nagymaros-Damm dazu nicht nötig sei. Doch ungeachtet dessen nahmen die nun wieder in Ungarn regierenden Kommunisten die Pläne zu dessen Bau erneut auf. Demnach sollte der Damm acht Kilometer vom ursprünglichen Standort entfernt bei Pilismarot fertiggestellt werden. Janos Vargha, der 1995 mit dem Europäischen Umweltpreis ausgezeichnet worden war, wurde im Juli 1998 zum Chefberater der ungarischen Regierung in Umweltfragen berufen.

In einer Pressemitteilung des ungarischen Außenministeriums vom 13. Januar 2004 heißt es: „Die derzeitige Regierung hat unmißverständlich klargemacht, daß sie den Streit mit der slowakischen Seite mit einem Kompromiß beizulegen wünscht, der keinen weiteren Staudamm beinhaltet."

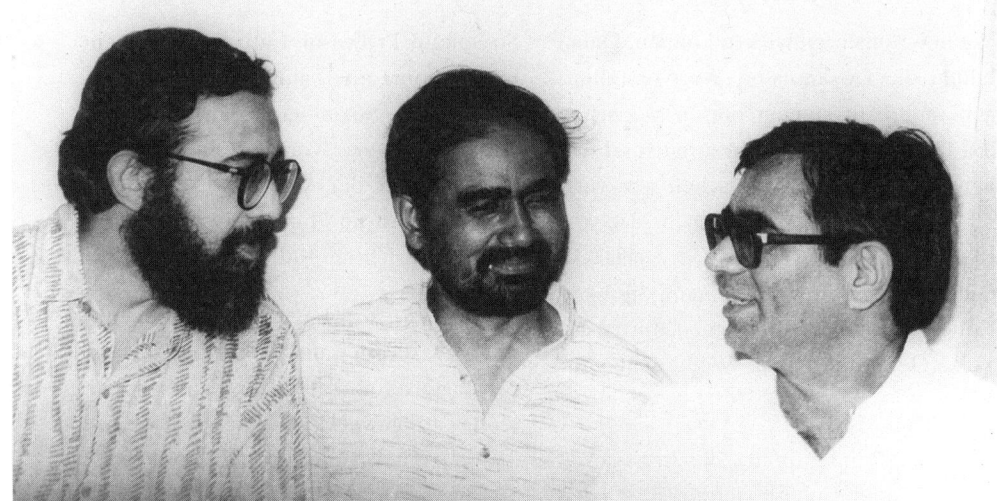

Smitu Kothari, Rajendra Ravi und Vijay Pratap

Die indische Gruppe Lokayan

erhielt den Alternativen Nobelpreis „für die Vernetzung und Stärkung lokaler Gruppen, die sich für den Schutz der bürgerlichen Freiheiten, die Gleichberechtigung von Frauen und für die Umwelt einsetzen".

Lokayan, auf Deutsch „Dialog der Menschen", ist eine Forschungs- und Dokumentationsinitiative, die seit 1980 auf der Basis von Gesprächsrunden, Workshops und Vorträgen parteiunabhängiger Aktivisten, Intellektueller und Meinungsführer systematische Kritik an den eingefahrenen Wegen staatlicher Entwicklungshilfe übte und Konzepte zur Befriedigung der wahren Bedürfnisse der Menschen entwickelte. Hierbei wurden durchaus auch Debatten mit Vertretern der etablierten Parteien geführt. Doch in erster Linie – ausgehend von den Erfahrungen mit der Lebenswirklichkeit auch von Randgruppen und unter Respektierung sozialer und kultureller Vielfalt – entwarf Lokayan auf übergeordneter Ebene Strategien für eine dezentrale demokratische Ordnung, innerhalb derer auch vermeintlich Außenstehende an

Lokayan • 13 Alipur Road • Delhi 110054, India
Tel.: 0091-11-582-413 • Fax: 0091-11-294-0154
csds@de12.vsnl.net.in

Veränderungen mitwirken können. Dabei bilden die Denkmuster, Wertvorstellungen und Erfahrungen dieser Menschen die Grundlage für ein alternatives Denken in kulturellen, politischen und wirtschaftlichen Zusammenhängen. Zielvorstellungen sind u.a. mehr Gerechtigkeit, Gleichberechtigung für Frauen, die Kontrolle natürlicher Ressourcen durch das Volk, Gesundheit und Wohlergehen für alle.

Professor Rajni Kothari, der Lokayan in der Gründungsphase leitete und den Preis entgegennahm: „Basisdemokratische, nicht parteigebundene Bewegungen sind tiefe Bewußtseinsregungen und resultieren aus einer Sensibilität für Krisen, die neue Möglichkeiten eröffnet. (...) Wir müssen mit Alternativen an die Öffentlichkeit treten, um die alten Muster und Manager der Welt abzulösen."

So spielte Professor Imtiaz Ahmed, ein international anerkannter Gelehrter der islamischen Soziologie und Mitte der neunziger Jahre Vorstandsmitglied von Lokayan, bei der Vermittlung zwischen muslimischen und hinduistischen Fanatikern eine wichtige Rolle.

Inzwischen ist in Indien die Zahl der Initiativen, die sich um die Belange unterprivilegierter und ausgebeuteter Gruppen kümmern, gewachsen. Doch diese wären kaum miteinander vernetzt, würde Lokayan dafür nicht das Forum bieten. Die Organisation ist so zum Herzen der Bewegung geworden. Lokayan veröffentlicht in einer zweimonatlich erscheinenden Zeitschrift Bulletins, Streitschriften, Buchrezensionen und Dokumente.

Theo van Boven

(geb. 1934 in den Niederlanden)

erhielt den Ehrenpreis des Right Livelihood Award „für das furchtlose, kompromißlose Aufdecken von Menschenrechtsverletzungen in der internationalen Gemeinschaft".

Theo van Boven studierte an der Universität von Leiden und der Southern Methodist University in Dallas, Texas, Rechtswissenschaften. Seit 1960 arbeitete er für das niederländische Außenministerium. Von 1967 bis 1975 vertrat er die Niederlande in der UNO-Kommission für Menschenrechte. In dieser Zeit erregte er als Dozent an der Universität Amsterdam mit außergewöhnlichen Vorlesungen zum Menschenrechtsthema Aufsehen. 1977 wurde er zum Direktor der Menschenrechtsabteilung der Vereinten Nationen in Genf berufen. In dieser Funktion war er für die Einrichtung und Überwachung des UN-Menschenrechtsprogrammes verantwortlich.

Theo van Boven trieb vor allem die ungeheure Diskrepanz zwischen dem Einsatz finanzieller und geistiger Ressourcen für den Bau teurer Waffensysteme und dem daneben bescheiden anmutenden Engagement zur Sicherung der Grundbedürfnisse der Menschen an. Er zeigte sich kompromißlos, wenn es um die Verfolgung von Folter, Unterdrückung, willkürliche Hinrichtungen und andere Grausamkeiten wie das Verschwindenlassen von Menschen oder die Diskriminierung von Eingeborenen ging. So setzte er sich innerhalb des UN-Apparates nachdrücklich dafür ein, daß Menschenrechte nicht lediglich als Randthema behandelt werden dürften, sondern vielmehr zum zentralen Punkt jeglicher Verhandlungen werden müßten. Van Boven deckte Men-

Prof. Theo van Boven • Kantoorweg 5 • 6218 NB Maastricht, Niederlande
Fax: 0031-43-325 78 16
th.vanboven@ir.unimaas.nl

schenrechtsverletzungen kompromißlos auf und hatte so ein Druckmittel in der Hand – und zwar sowohl gegenüber denjenigen, die für die Verbrechen verantwortlich waren, als auch gegenüber denen, die Hilfe für die Opfer realisieren mußten. Als häufigste Ursachen für Menschenrechtsverletzungen prangerte er wirtschaftliche Ungerechtigkeit, politische Bevormundung, Militärherrschaft und Rassismus an. Hierbei arbeitet er bis heute eng mit Nichtregierungsorganisationen und Oppositionellen zusammen.

Letzteres führte zu einem Zerwürfnis mit dem damaligen UN-Generalsekretär Perez de Cuellar; im Mai 1982 wurde sein Vertrag aufgelöst. Theo van Boven schlug daraufhin eine akademische Laufbahn ein und unterrichtete Rechtswissenschaften an der Universität Maastricht, als Gastprofessor auch in Harvard und New York. Sein Einsatz für die Menschenrechte blieb auch außerhalb der Universitäten ungebrochen. Bereits 1986 nahmen auch die Vereinten Nationen seine Dienste wieder in Anspruch: Bis Ende der neunziger Jahre war er als Sonderberichterstatter und in anderen Funktionen im Zusammenhang mit Menschenrechtsfragen für die Weltorganisation aktiv. So leitete er 1998 die niederländische Abordnung, als in Rom Delegierte aus 160 Ländern die Einrichtung eines Internationalen Strafgerichtshofes beschlossen.

Theo van Boven ist Vizepräsident des Internationalen Menschenrechts-Institutes in Straßburg, Vizepräsident der Internationalen Juristen-Kommission in Genf und in zahlreichen weiteren Funktionen für die Durchsetzung von Menschenrechten aktiv. 2001 wurde er erneut Sonderberichterstatter der Vereinten Nationen, dieses Mal zur Folter-Problematik. Van Boven, der auch zahlreiche Bücher und Artikel veröffentlichte, wurde mit drei Ehrendoktortiteln und vielen anderen international anerkannten Auszeichnungen geehrt.

1986

Gleich zu Jahresbeginn wird die Menschheit auf die Begrenztheit ihrer technischen Möglichkeiten hingewiesen: Am 28. Januar kommen sieben Astronauten (darunter zwei Frauen) ums Leben, als die US-Raumfähre „Challenger" 73 Sekunden nach dem Start in 17 Kilometern Höhe explodiert.

Ebenfalls im Januar schlägt der sowjetische Staats- und Parteichef Michail Gorbatschow einen Dreistufen-Plan zum Abbau aller Atomwaffen bis zum Jahr 2000 vor. Am 28. Februar wird der schwedische Ministerpräsident Olof Palme, dessen Name eng mit dem schwedischen Wohlfahrtsstaat sowie Bemühungen um Abrüstung zwischen Ost und West und der Überwindung des Nord-Süd-Gefälles verbunden ist, in Stockholm erschossen.

Ende Februar wird der philippinische Staatspräsident Ferdinand Marcos, der die Philippinen 21 Jahre lang diktatorisch regierte und finanziell ausbeutete (sein Vermögen wird auf zehn Milliarden US-Dollar geschätzt), nach einem unblutigen Putsch von Corazon Aquino abgelöst. Im März zieht in Frankreich die rechtsextreme Nationale Front mit 35 Abgeordneten erstmals ins Parlament ein.

Nachdem am 5. April bei einem Anschlag auf die vornehmlich von US-Soldaten besuchte Diskothek „La Belle" in Berlin ein Armee-Angehöriger und eine weitere Person ums Leben gekommen waren, greifen 33 amerikanische Bomber Ziele in den libyschen Städten Tripolis und Bengasi an, wobei ca. einhundert Menschen – die meisten Zivilisten – ums Leben kommen und Hunderte verletzt werden.

Am 26. April kommt es im ukrainischen Atomkraftwerk Tschernobyl als Folge eines gescheiterten Sicherheitsexperiments zum Super-GAU. Die radioaktive Wolke belastet weite Teile Ost- und Mitteleuropas und Asiens sowie Gebiete in Grönland und Kanada. Das als Reaktion hierauf eingerichtete Bundesministerium für Umwelt, Naturschutz und Reaktorsicherheit besetzt Bundeskanzler Helmut Kohl am 6. Juni mit dem Kernenergie-Befürworter Walter Wallmann. In den Folgetagen demonstrieren an verschiedenen bundesdeutschen Atomstandorten über 100.000 Menschen friedlich gegen die Nutzung der Kernenergie. Als sich am 8. Juni auf dem Hamburger Heiligengeistfeld ca. 800 Menschen spontan zum Protest gegen den Polizeieinsatz am Vortag in Brokdorf versammeln, werden diese von Polizisten umzingelt und im „Hamburger Kessel" bis zu 13 Stunden lang festgehalten. Als weltweit erstes neues Atomkraftwerk nach der Reaktorkatastrophe von Tschernobyl geht am 7. Juli das AKW Brokdorf ans Netz, gut zwei Wochen später folgt das französische Kernkraftwerk Cattenom.

In Österreich wird am 8. Mai der parteilose, von der konservativen ÖVP aufgestellte ehemalige UN-Generalsekretär

Kurt Waldheim mit 53,9 Prozent zum Bundespräsidenten gewählt. Seit März hatte der Jüdische Weltkongreß Vorwürfe, er sei Nationalsozialist gewesen, habe von Kriegsverbrechen auf dem Balkan gewußt und sei an einem selbst beteiligt gewesen, erhoben.

Zwei Autobomben töten Ende Juli in Beirut 57 Menschen. Zwei Wochen später schließen die USA Neuseeland aus dem Pazifischen Sicherheitspakt ANZUS (Abk. f. Australia, New Zealand, United States) aus, weil der Inselstaat keine atomar bewaffneten Schiffe in seinen Häfen mehr duldet. Mitte Oktober beginnt die Sowjetunion mit einem Teilabzug ihrer Streitkräfte aus Afghanistan.

Die Welt reagiert schockiert auf das Scheitern des Gipfeltreffens zwischen Ronald Reagan und Michail Gorbatschow am 12. Oktober. Trotz weitgehender Verständigung über Abrüstung im Bereich der Lang- und Mittelstreckenraketen lassen die USA sich nicht auf eine Begrenzung der Weltraumabwehr-Pläne (SDI) auf Laborversuche ein. Auf Einladung des Papstes kommen zwei Wochen später in Assisi Vertreter aller Weltreligionen zu einem Friedensgebet zusammen.

Anfang November wird der Rhein durch mit gefährlichen Chemikalien belastetes Löschwasser, das infolge eines Brandes beim Baseler Chemiekonzern Sandoz in den Fluß gelangt, schwer geschädigt; die Bevölkerung zahlreicher Kommunen muß zeitweise aufwendig aus anderen Quellen mit Trinkwasser versorgt werden.

Während eines Telefonates am 19. Dezember teilt Michail Gorbatschow dem in die für Ausländer geschlossene Stadt Gorki verbannten Regimekritiker Andreij Sacharow die Rehabilitierung, die auch für dessen Frau Elena Bonner gilt, mit.

Auch die RAF schlägt 1986 wieder zu: Am 9. Juli werden bei München der Atomphysiker und Siemens-Manager Karl-Heinz Beckurts und sein Fahrer von einem Sprengsatz getötet; drei Monate später wird der Diplomat Gerold von Braunmühl, der im Auswärtigen Amt für die politischen Bereiche der NATO, der EG sowie die Beziehungen zum Warschauer Pakt und zur UNO zuständig war, vor seinem Haus bei Bonn erschossen.

Zwischenzeitlich, im September, haben Saarlouis und Eisenhüttenstadt die erste Städtepartnerschaft zwischen einer BRD- und einer DDR-Kommune besiegelt.

1986 ist in Deutschland das Jahr des Aufstiegs des Zeitgeist-Journalismus. Im Januar erscheint erstmals das Monatsmagazin *Tempo*, im Mai folgt mit dem *Wiener* eine Konkurrenzzeitschrift. Die Magazine rücken – im Gegensatz zum Bekenntnis zu bestimmten Positionen – die Selbstinszenierung von Individuen anhand verschiedener Stilrichtungen in den Vordergrund.

Alice Stewart

Rosalie Bertell

Alice Stewart
(geb. 1906 in England, gest. 2002)

und Rosalie Bertell
(geb. 1929 in Kanada)

wurden „für die Aufdeckung der tatsächlichen Gefahren – entgegen den offiziellen Behauptungen – geringer Strahlendosen" und „für die Aufklärung der Öffentlichkeit über die Zerstörung der Biosphäre und der menschlichen Gene durch niedrige Strahlendosen" mit dem Alternativen Nobelpreis ausgezeichnet.

Alice Stewart

Die britische Epidemiologin Alice Stewart bewies, daß Strahlenexposition und Krebs in direktem Zusammenhang stehen. Stewart, deren Eltern bekannte Kinderärzte waren, die sich sehr für die Verbesserung der Lebensverhältnisse in den Arbeitersiedlungen einsetzten, wurde 1946 als bis dahin jüngste Frau ins Royal College of Physicans aufgenommen. Im selben Jahr war sie Mitbegründerin der Zeitschrift *British Journal of Industrial Medicine*. In dieser Zeit nahm sie auch eine Stellung als Assistentin in der neu

International Institute of Concern for Public Health
710-264 Queens Quay West • Toronto, Ontario • Canada M5J 1B5
Tel.: 001-416-260-0575 • Fax: 001-416-260-3404
drrbertell@home.com • www.iicph.org

gegründeten Abteilung für Sozialmedizin an der Universität Oxford an. Deren Leiter, John Ryle, bemühte sich, die Arbeit der Medizinbranche besser auf die Lebens- und Arbeitswirklichkeit der Menschen abzustimmen. Als Ryle 1950 unerwartet starb, übernahm Alice Stewart die Leitung der Abteilung, die aber – u.a. aufgrund ihrer damals noch nicht anerkannten Interdisziplinarität – völlig unterfinanziert war und bald geschlossen wurde.

Doch mit einem Forschungsstipendium von nur 1.000 Pfund begann Alice Stewart ihre berühmten Untersuchungen zur Gefahr, die das Röntgen schwangerer Frauen für das ungeborene Leben bedeutet. Mit ihren Forschungsergebnissen aus den Jahren 1956 bis 1958 wies sie nach, daß es bei Kindern, deren Mütter während der Schwangerschaft geröntgt worden waren, eine signifikant erhöhte Anzahl von Leukämie- und Krebserkrankungen gab. Hierzu erschien das Buch *The Woman Who Knew Too Much – Alice Stewart and the Secrets of Radiation.*

Das geschah in einer Zeit, in der, so Alice Stewart, „Röntgenstrahlen das bevorzugte Spielzeug der medizinischen Berufe" waren, diese mitunter selbst zum Anpassen von Schuhen benutzt wurden. Gleichzeitig investierte auch Großbritannien immense Summen in die atomare Rüstung. Die alarmierenden Erkenntnisse der Ärztin kamen ungelegen. In England dauerte es noch bis in die sechziger Jahre, bis einflußreiche medizinische Vereinigungen empfahlen, schwangere Frauen nicht mehr zu röntgen.

Die in über 30 Jahren von Alice Stewart und ihrem Statistiker George Kneale auf der Basis der Gesundheitsdaten von Hunderttausenden von Kindern zusammengetragene Datensammlung „Oxford Childhood Cancer Survey" beinhaltet Belege für Zusammenhänge zwischen Krankheiten – von Krebs, erhöhter Infektanfälligkeit und dem Ausbruch von Allergien im Kindheitsalter bis hin zur erst nach dem 20. Lebensjahr erneut ansteigenden Wahrscheinlichkeit von Krebs – mit der Röntgenbelastung ihrer Mütter während der Schwangerschaft.

1974, als Alice Stewart bereits pensioniert war, erhielt sie einen Anruf aus den USA: Thomas Mancuso, der im Auftrag der Regierung die Gesundheitssituation der Arbeiter der Nuklearfabrik Hanford, in der seit Ende des Zweiten Weltkrieges Plutonium für amerikanische Atomwaffen erzeugt wurde, bereits seit zehn Jahren erforschte, bat seine Kollegin, die von ihm erhobenen Daten und daraus gezogenen Schlüsse zu beurteilen. Stewart und Keale fanden ein zwanzigfach erhöhtes Krebsrisiko der Hanford-Mitarbeiter heraus. Mancuso wurde daraufhin vom US-Energieministerium entlassen, aber Stewart und Keale retteten die Daten, die man Mancuso hatte abnehmen wollen. So führten seine Forschungen trotz aller Störmanöver durch die US-Regierung 1978 zu Anhörungen und Nachforschungen im US-Kongreß.

Nach den Reaktorunfällen im amerikanischen Three Mile Island 1979 und in Tschernobyl 1986 wurde Alice Stewart, so der frühere Präsident der Deutschen Gesellschaft für Strahlenschutz (GfS), Wolfgang Köhnlein, „eine Heldin im Kampf gegen das Nuklearestablishment." In vielen Verfahren sagte sie auf Seiten von Nukleartestveteranen und Menschen aus, die im Bereich der Abwindfahnen von Reaktoren und Testorten gelebt hatten.

Köhnlein: „In den Jahren, als Stewart Dutzende Auftritte vor Gerichten und in der Öffentlichkeit zur Unterstützung der Kernkraftgegner hatte, legte sie besonderen Wert darauf, daß sie keine Aktivistin, sondern eine Wissenschaftlerin sei und daß sie kein politisches Programm habe, sondern nur der wissenschaftlichen Wahrheit verpflichtet sei."

1986 erhielt sie ein Forschungsstipendium in Höhe von 1,4 Millionen Dollar zur Untersuchung der Wirkung geringer Strahlendosen aus dem Three Mile Island Fonds. Auf dem Wege über den Freedom of Information Act – einer im US-Recht verankerten Möglichkeit, geheime Informationen freizuklagen – gelang es Alice Stewart 1992, zumindest an ein Drittel der für diese Studie notwendigen Gesundheitsdaten der Nukleararbeiter zu gelangen. Die *New York Times* nannte das auf ihrer Titelseite einen „Triumph für die wissenschaftliche Freiheit".

Köhnlein weiter: „Selbst als Neunzigjährige publizierte Stewart ihre Ergebnisse oder trug sie auf Kongressen mit bewunderungswürdiger Klarheit vor. Sie war eine charismatische Rednerin und eine Person, die Wärme und Großmütigkeit ausstrahlte. Sie hatte keine leichte Zeit in ihrem wissenschaftlichen Leben als einsame Frau in einem von Männern dominierten Feld. Sie litt sehr unter dem Verlust finanzieller Unterstützung und unter der Isolierung als Folge ihrer unpopulä-

ren Stellungnahmen, aber sie beharrte darauf, daß Unbedeutendheit auch ihre Vorteile hat, da es ihr so erlaubt gewesen sei, Risiken einzugehen, die andere Wissenschaftler nicht auf sich zu nehmen bereit seien."

„Wahrheit ist eine Tochter der Zeit", betonte sie. Und: „Es hilft, in diesem Forschungsfeld langlebig zu sein." Dazu der frühere Präsident der GfS: „Sie lebte lange genug, um zu sehen, wie sich die Wissenschaft von der Strahlenwirkung mit jeder offiziellen Risikoabschätzung, die größer war als vorhergehende Abschätzungen, immer mehr in ihre Richtung bewegte."

Köhnlein weiter: „Sie erlebte auch, wie ihre Anstrengungen dazu beitrugen, die Macht des (US-amerikanischen; Anm. JS) Energieministeriums über die Strahlenforschung zu brechen. Sie konnte mit Genugtuung miterleben, wie die Energieministerin Hazel O'Leary 1993 die geheimen Aufzeichnungen über das Regierungsmanagement der nuklearen Operationen während des Kalten Krieges veröffentlichte; einschließlich der Aufzeichnungen über Strahlenversuche an Menschen. Sie erlebte auch, wie ein anderer Energieminister im Jahr 2000 Entschädigungszahlungen an Nukleararbeiter empfahl, die an Krebs erkrankt waren, den sie sich möglicherweise während ihrer Tätigkeit zugezogen hatten."

Noch kurz vor ihrem neunzigsten Geburtstag im Jahr 1996 wurde Alice Stewart Ehrenprofessorin der Universität von Birmingham, an der sie seit 1974 geforscht und gelehrt hatte. Sie war bis kurz vor ihrem Tod im Jahr 2002 im Sinne ihrer Lebensaufgabe aktiv.

Rosalie Bertell

Rosalie Bertell gründete das International Institute of Concern for Public Health im kanadischen Toronto und war bis 1996 dessen Vorsitzende. Die promovierte Biologin und Angehörige des Ordens der Grauen Nonnen des heiligsten Herzens, die auch Gründungsmitglied der International Medical Commission mit Sitz in Genf ist, beschäftigt sich seit 1970 mit umweltbedingten Krankheiten. Ihr Hauptziel ist die Verankerung des Rechts auf Gesundheit als Menschenrecht. Bertell war Chefredakteurin der Zeitschrift *International Perspectives in Public Health* und schrieb das Buch *No Immediate Danger: Prognosis for a Radioactive Earth*, das 1985 erschien.

Sie befaßt sich intensiv mit der Erforschung der Umweltfaktoren, die sie für die Hauptursache der zunehmenden Zahl von Leukämieerkrankungen hält. Bei der Beschäftigung mit den Auswirkungen offiziell „normal" arbeitender Atomkraftwerke im US-Staat Wisconsin kam sie zu dem Ergebnis, daß die radioaktiven Gasemissionen „ein Ansteigen der Sterblichkeit untergewichtiger Neugeborener verursachten". Sie entdeckte angeborene Mißbildungen bei Navajo-Kindern, deren Eltern den Folgen von Atomwaffentests und des Uranbergbaus ausgesetzt waren.

Darüber hinaus hat sie eine Krebsrisiko-Abschätzung für die Nachkommen von Angestellten aus der japanischen Atomindustrie sowie eine vom Deutschen Bundestag in Auftrag gegebene Risikoanalyse für neun Unfallszenarien des in den achtziger Jahren geplanten Schnellen Brüters in Kalkar erstellt. Neben ihrer Beratungstätigkeit für US-amerikanische und kanadische Regierungsbehörden beschäftigte sie sich mit umweltbedingten Krankheiten in Malaysia und auf den Marshall-Inseln. Rosalie Bertell war Vorsitzende des internationalen medizinischen Ausschusses, der sich mit den Folgen der Chemiekatastrophe im indischen Bhopal befaßte. Weiterhin organisierte sie eine Kommission, deren Arbeit zehn Jahre nach dem Super-GAU von Tschernobyl dessen medizinische Folgen zum Inhalt hatte. Im selben Jahr unterstützte Bertell die Menschen der Philippinen, die den Auswirkungen von der US-Marine und -Luftwaffe zurückgelassener giftiger Abfälle ausgesetzt waren. Für diese fühlte die US-Regierung sich nicht verantwortlich, weil die Gifte in den vierziger Jahren nicht in den Verträgen berücksichtigt worden waren.

Zu ihren Arbeitsschwerpunkten gehören auch das Golfkriegssyndrom, unter dem zahlreiche US-Veteranen leiden, und die Auswirkungen der von der NATO im Krieg gegen Serbien sowie von den USA im dritten Golfkrieg eingesetzten Uran-Munition.

Rosalie Bertell erhielt außer zahlreichen Preisen auch fünf Ehrendoktortitel.

Ladakh, auch „Klein-Tibet" genannt, liegt im Nordwesten Indiens auf 3.000 bis 4.000 Metern Höhe. Die 120.000 Einwohner der Dörfer dieser Region, so beschrieb es die in Schweden geborene Sprachforscherin Helena Norberg-Hodge, leben auf der Basis lokaler Demokratie. Praktisch jeder sei trotz der harten Witterungsbedingungen gesund und gut genährt. Helena Norberg-Hodge lebte einige Jahre in Ladakh und lernte eine traditionelle Gesellschaft kennen, in der es fast keine Spezialisierungen und nur wenig gesellschaftliche Unterschiede zwischen arm und reich, jung und alt sowie Frau und Mann gab.

Sie sah allerdings auch, daß der Einbruch westlicher Zivilisation insbesondere durch den Tourismus seit Mitte der siebziger Jahre diese über 1.000 Jahre gewachsene selbstbewußte und stolze Gesellschaft bedrohte: Die Idealisierung westlichen Lebensstils führte zu Minderwertigkeitsgefühl, Unzufriedenheit und zunehmender Abhängigkeit von außen. Gleichzeitig griffen Arbeitslosigkeit, Hunger, zuvor unbekannte Krankheiten, Alkoholsucht, Verbrechen, Umweltverschmutzung und rapide Verstädterung um sich. Hinzu kam der Zerfall der einst solidarischen Gesellschaft. Deshalb gründete Norberg-Hodge 1978 das „Ladakh Projekt", das der unreflektierten Übernahme westlicher Werte ein eigenes Konzept gegenüberstellte: Dieses basierte auf der Beibehaltung der

Helena Norberg-Hodge und die „Ladakh Ecological Development Group"

wurden „für die Bewahrung traditioneller Kultur und Werte von Ladakh, die unter dem Ansturm des Tourismus und den Folgen des Fortschritts zu zerfallen drohen", mit dem Alternativen Nobelpreis ausgezeichnet.

ISEC UK • Foxhole • Dartington • Devon, TQ9 6EB, Great Britain
Tel.: 0044-1803-86865-0 • Fax: 0044-1803-86865-1
info@isec.org.uk • www.isec.org.uk

ISEC Deutschland e.V. • Christian & Renate Storm
Postfach 11 13 16 • 64228 Darmstadt • isec.de@gmx.de

eigenen Werte der traditionellen Gesellschaft Ladakhs und ihrer am Menschen orientierten Ökonomie.

Mit Unterstützung des „Ladakh Projekts" entstand 1983 die „Ladakh Ecological Development Group", die ihren Einfluß bald nach Norden und Westen ausdehnte und für ein Ladakh eintrat, das seine Zukunft selbst gestaltet und dabei nachhaltige Technologie nutzt, beispielsweise die Solarenergie. 1988 übernahm der Prinz von Ladakh persönlich die Leitung der Gruppe.

Heute heißt die in mehreren Staaten vertretene Organisation „International Society for Ecology and Culture" (ISEC) und befaßt sich u.a. mit Fragen von Ernährung, Gesundheit und Landwirtschaft, wobei Kleinbauern, ländliche Gemeinschaften, kulturelle und biologische Vielfalt im Vordergrund stehen. ISEC weist so auf die Gefahren hin, die von der wirtschaftlichen Globalisierung für Kommunen, Demokratie und die Umwelt ausgehen und engagiert sich außer für Graswurzelbewegungen auch für internationale Kampagnen, die dezentrale Wirtschaftsmodelle unterstützen. Auf diese Weise sollen nichtwestliche Beispiele für zukünftige Ökonomie propagiert werden. Ein 1993 erschienenes und in über 25 Sprachen übersetztes Buch von Helena Norberg-Hodge heißt folgerichtig *Lernen von Ladakh*.

Seit der europäischen Invasion in Südamerika im 16. Jahrhundert werden die
Rechte indigener Völker des Amazonas-
gebietes auf Selbstbestimmung von sogenannten „zivilisierten" Mächten mißachtet. Ihre Lebensräume werden seither
zerstört, Ressourcen wie etwa Kautschuk,
Tropenhölzer, Gold und Öl ausgebeutet,
Kultur, Religion und Menschenrechte
ignoriert, es kam zu Morden und Massakern. Eingeschleppte Krankheiten dezi-
mierten die Indianerstämme dramatisch.

Der Peruaner Evaristo Nugkuag Ikanan
vom Stamm der Aguarunan-Indianer organisiert dagegen seit vielen Jahren auf
lokaler, nationaler und internationaler
Ebene Widerstand. 1977 war er Mitbegründer des Aguaruna and Huambisa
Council (CAH): Es repräsentiert 45.000
Einwohner aus 140 Gemeinschaften im
Amazonasgebiet, setzte sich für alternative Formen des Landschutzes, des Ge-
sundheitswesens, der Bildung und der
menschlichen Entwicklung ein und wurde
zu einer der einflußreichsten Organisationen der indigenen Völker Südamerikas.

Evaristo Nugkuag Ikanan
(geb. in Peru)

und die Gruppe AIDESEP

**erhielten den Alternativen
Nobelpreis „für die Organisation
des Schutzes der Rechte der
Indianer im Amazonasbecken".**

Vier Jahre später entstand auf nationaler Ebene die Association for the Development of the Peruvian Rainforest
(AIDESEP), und wiederum war Nugkuag
als deren Gründungspräsident maßgeblich daran beteiligt. In AIDESEP schlossen sich 13 Urwald-Gruppen zusammen

Asociatión Interétnica de Desarrollo des la Selva Peruana (AIDESEP)
Avenida San Engenico No. 981 • Santa Catarina • La Victoria, Lima, Peru
Tel.: 0051-14-717 118 • Fax: 0051-14-724 605
www.aidesep.org • www.amazonalliance.org

Consejo Aguaruna y Huambisa (CAH)
Jr. Los Mogaburos 245 • Dpto. 204 • Lima 11, Peru • Fax: 0051-14-235 947

und repräsentierten damit mehr als die Hälfte der 220.000 im peruanischen Regenwald lebenden Indianer. Ihre Ziele sind seither die Verteidigung von Indianerland und dessen Bodenschätzen, allgemeine Hilfs- und Beratungsleistungen sowie die Realisierung von Veröffentlichungen. Auf nationaler Ebene war AIDESEP noch wirkungsvoller als CAH.

Ein von AIDESEP mitorganisierter Kongreß von Vertretern indigener Völker aus Peru, Brasilien, Bolivien, Kolumbien und Ecuador führte 1984 zur Gründung der Coordinating Group of Indigenious Organisations of the Amazon Basin (COICA), einem Dachverband der indigenen Völker Südamerikas. COICA ist Partner von fast 1.000 europäischen Städten, Gemeinden und Landkreisen in einem Bündnis zum Schutz des globalen Klimas und tritt für das Recht indigener Völker ein, „in ihrer natürlichen Umwelt nach eigenen Entwicklungsvorstellungen leben und wirtschaften zu können." Von 1992 bis 1995 war Evaristo Nugkuag

Ikanan Vorsitzender dieses Klimabündnisses. Mit Vertretern inzwischen auch aus Venezuela, Guayana, Französisch Guayana und Surinam repräsentiert COICA mittlerweile die meisten indigenen Völker der neun Amazonasstaaten. COICA hat bewiesen, daß sich durch den Zusammenschluß der Indianervölker der Einfluß auf die Durchsetzung ihrer Rechte und alternativer Entwicklungsstrategien spürbar stärken läßt.

Nach langen Jahren der Aktivität auf internationaler Ebene hat er sich inzwischen wieder verstärkt dem CAH zugewandt, um Lebensperspektiven für die Völker vor Ort zu finden. Seine Ziele: den Regenwald nutzbar zu machen, ohne ihn zu roden, das natürliche und ursprüngliche Wissen der indigenen Völker dieser Region in Bereiche wie moderne Medizin, Ackerbau und Industrie auch auf internationaler Ebene einzubringen.

Robert Jungk

(geb. am 11. Mai 1913 in Berlin,
gest. am 14. Juli 1994 in Salzburg,
Österreich)

**In der Begründung für die Verlei-
hung des Ehrenpreises zum Right
Livelihood Award für Robert Jungk
heißt es: „Die Jury ehrt mit Robert
Jungk einen unermüdlichen Kämpfer für vernünftige Alternativen und
ökologisches Bewußtsein, dessen
Botschaft heute zeitgemäßer und
dringender denn je ist".**

Robert Baum, dessen Mutter Elli Branden (eigentl.: Sara Bravo) am Vorabend
seiner Geburt noch auf einer Bühne
stand, nahm den Künstlernachnamen seines Vaters, des Dramaturgen, Regisseurs
und Schauspielers Max Jungk an. Die
Tatsache, daß der berühmte Journalist
Egon Erwin Kisch zeitweise Untermieter
bei der Familie Baum war und den kleinen Robert oft mit auf seine Recher-
chetouren nahm, mag dessen späteren
Berufsweg vorgezeichnet haben. Doch
zunächst nahm Robert schon als Zehnjähriger an Veranstaltungen der deutsch-
jüdischen Jugendbewegung teil, arbeitete
1929 im Sozialistischen Schülerbund so-

Internationale Bibliothek für Zukunftsfragen • Robert-Jungk-Stiftung
Robert-Jungk-Platz 1 • 5020 Salzburg / Österreich
Tel.: 0043-662-87320-6 • Fax: 0043-662-87320-14
jungk-bibliothek@salzburg.at • www.jungk-bibliothek.at

wie bei der Internationalen Arbeiterhilfe mit und wurde 1930 Vorsitzender der Schulgemeinde, wie die Schülerselbstverwaltung der Schule damals hieß. Nach dem Abitur im Jahr 1932 assistierte er einem Filmregisseur und begann ein Philosophiestudium.

Aufgrund seiner Aktivitäten und Kontakte zu Gegnern des Nationalsozialismus wurde er 1933 am Tag nach dem Reichstagsbrand verhaftet, aufgrund guter Kontakte allerdings bald wieder freigelassen. Dennoch floh Robert Jungk mit Hilfe des Kollektivpasses einer Skigruppe zunächst nach Tirol und von dort aus nach Paris, wo er an der Sorbonne Psychologie und Soziologie studierte sowie seine Mitarbeit an Dokumentarfilmen und bei einer Presseagentur begann. 1934 wurde er von Nazi-Deutschland ausgebürgert.

1936 reiste Jungk heimlich nach Deutschland zurück, arbeitete dort mit einer illegalen Artikelagentur zusammen und übernahm verbotene Kurierdienste. In diese Zeit fallen Kontakte zur Widerstandsgruppe "Neu beginnen". Als der Artikeldienst aufflog, floh Robert Jungk über die "grüne Grenze" in die Tschechoslowakei, wo er von 1937 an beim kritischen, in deutscher Sprache erscheinenden Pressedienst *heute aktuell* arbeitete. Nachdem es im Sommer 1938 Drohungen von sudetendeutscher Seite gegeben hatte, wurde die Redaktion nach Paris verlegt; Jungk gab in Prag fortan die antifaschistische Zeitung *Mondial Press* heraus. Nach dem Einmarsch deutscher Truppen in die Tschechoslowakei floh er in die Schweiz, wo er nun Geschichte studierte und, weil die Fremdenpolizei dies nicht

erlaubte, unter Pseudonymen für mehrere Zeitungen arbeitete. Dabei fanden die mit den Initialen F.L. gekennzeichneten Artikel gegen das Dritte Reich, die in der Züricher *Weltwoche* erschienen, besondere Beachtung.

Von 1944 an arbeitete er als Korrespondent des Londoner *Observer* in Bern und veröffentlichte deutsche Sendungen in der *Stimme Amerikas*. Jungk arbeitete zu dieser Zeit auch an Nachkriegsplänen und schloß in Zürich sein Studium als Dr. phil. ab.

Nach dem Krieg berichtete er für mehrere Zeitungen, darunter weiterhin der *Observer*, über die Nürnberger Prozesse. Mit einer kurzen Unterbrechung arbeitete er von September 1946 an als Korrespondent für Schweizer, später auch deutsche, französische und niederländische Publikationen in Washington und bei den Vereinten Nationen in New York. 1948 heiratete er Ruth Suschitzky und zog nach Los Angeles.

Vier Jahre später erschien mit *Die Zukunft hat schon begonnen* sein erstes Buch. Im selben Jahr wurde sein Sohn geboren. 1956 folgte das Buch *Heller als tausend Sonnen* über den Bau der ersten Atombomben, mit dem Jungk internationale Berühmtheit erlangte. Er reiste erstmals nach Hiroshima und ließ sich 1957 in Wien nieder. Im Folgejahr erschien das Buch *Strahlen aus der Asche* über die Auswirkungen der Atomangriffe auf Hiroshima und Nagasaki. Robert Jungk engagierte sich in der Bewegung "Kampf dem Atomtod" sowie der Ostermarsch-Bewegung für Demokratie und Abrüstung und wurde 1960 Vorsitzender der österreichischen Anti-Atom-Bewegung. In dieser Zeit entstand die Freundschaft zu dem Philosophen und Publizisten Günther Anders (u.a. *Die Antiquiertheit der Menschheit* und *Off Limits für das Gewissen*). 1964 gründete er in Wien das erste Zukunftsforschungsinstitut der Welt. Seine Hauptargumentationslinie war, daß aufgrund der Natur der Nuklearindustrie Unfälle unvermeidlich sind und die in einem Atomstaat erforderliche Sicherheit mit Demokratie unvereinbar ist.

Nach der Gründung der Organisation "Mankind 2000" in London organisierte Robert Jungk gemeinsam mit Johan Galtung die erste Weltkonferenz für Zukunftsforschung, die 1967 in Oslo stattfand, und gab von da an die Buchreihe *Modelle für eine neue Welt* mit heraus.

1968 zog Jungk nach Salzburg und hielt Gastvorlesungen über Zukunftsforschung an der Technischen Universität Berlin, wo er dieses Fach zwei Jahre später als Honorarprofessor übernahm.

1973 erschien das Buch *Der Jahrtausendmensch*, 1977 *Der Atomstaat*. Von 1978 an war Robert Jungk Mitherausgeber der *Enzyklopädie der Zukunft*, 1980 veröffentlichte er gemeinsam mit Norbert R. Müllert das Buch *Zukunftswerkstätten*. Diese Werkstätten waren längst zum Inbegriff dafür geworden, daß auch "ganz gewöhnliche" Menschen keineswegs nur machtlose Opfer der von anderen bestimmten Zukunftsszenarien sein müssen, sondern an Problemlösungen mitwirken und künftige Entwicklungen mitgestalten können.

Während der Debatte um die von der NATO geplante Nachrüstung mit Mittelstreckenraketen in Europa erschien Robert Jungks Buch *Menschenbeben*, am 10. Oktober 1982 hielt er auf der Massenkundgebung der Friedensbewegung im Bonner Hofgarten eine Rede. Als die neuen Atomgeschosse bereits stationiert waren, gehörte er 1985 zu den Blockierern des Raketenstützpunktes im baden-württembergischen Mutlangen.

Im Oktober 1986 eröffnete Jungk auf der Basis seiner privaten Büchersammlung die Internationale Bibliothek für Zukunftsfragen in Salzburg, die bald eine in Fachkreisen anerkannte Datenbank sowie ein zentraler Knotenpunkt interdisziplinärer Vernetzung wurde.

Im Folgejahr wurde er nach 14jähriger Mitarbeit aufgrund unliebsamer öffentlicher Äußerungen gegen die Plutoniumfabrik Hanau als Kolumnist bei der Zeitschrift *Bild der Wissenschaft* hinausgeworfen. 1988 erschien das Buch *Projekt Ermutigung*, ein Jahr später wurde Robert Jungk achter Ehrenbürger Salzburgs.

1990 gab er den *Katalog der Hoffnung – 51 Modelle für die Zukunft* heraus und veröffentlichte das Buch *Zukunft zwischen Angst und Hoffnung*. Im Dezember 1991 kandidierte Jungk, nominiert von den Grünen, für das Amt des österreichischen Bundespräsidenten. Anfang 1993 erhielt er – nach zahlreichen Preisen – von der Universität Osnabrück die Ehrendoktorwürde. Bald darauf kam seine Autobiographie *Trotzdem. Mein Leben für die Zukunft* heraus. Im selben Jahr wurde er aus

Anlaß seines 80. Geburtstages mit dem Österreichischen Ehrenkreuz für Wissenschaft und Kunst ausgezeichnet.

Im Juni 1993 erlitt Robert Jungk einen Schlaganfall. Der Publizist und Vielleser, der zeitweise täglich ein Buch verschlang, konnte u.a. nicht mehr lesen und schreiben. Am 14. Juli 1994 starb er in Salzburg. Dort wurde er auf dem Jüdischen Friedhof in einem Ehrengrab bestattet, der Platz vor der Internationalen Bibliothek für Zukunftsfragen später in "Robert-Jungk-Platz" umbenannt.

Robert Jungk und Jakob von Uexküll

1987

„Wir brauchen die Demokratie wie die Luft zum Atmen" – unter diesem Motto steht die Rede, mit der der sowjetische Staats- und Parteichef Michail Gorbatschow während des Plenums des Zentralkomitees der KPdSU Ende Januar weitreichende Schritte zur Demokratisierung der UdSSR ankündigt. Wenige Tage später distanziert der DDR-Staatsratsvorsitzende Erich Honecker sich vorsichtig von diesem Kurs.

Die Sowjetunion beendet im Februar ihr 19monatiges Atomwaffentest-Moratorium, weil die USA in dieser Zeit Versuchsexplosionen durchgeführt und weitere angekündigt haben. Ungeachtet dessen unterzeichnen Generalsekretär Michail Gorbatschow und US-Präsident Ronald Reagan am 8. Dezember einen Vertrag über den Abbau sämtlicher Raketen und Marschflugkörper mit einer Reichweite von 500 bis 5.000 Kilometern.

Im Mai kommen bei einem irakischen Raketenangriff auf das amerikanische Kriegsschiff „Stark" 37 Menschen ums Leben. Die UdSSR wird von dem 19jährigen Sportpiloten Matthias Rust, der mit einem einmotorigen Flugzeug die gesamte Luftabwehr der damaligen Supermacht überwindet und auf dem Roten Platz in Moskau landet, gedemütigt.

Ende Juli droht der iranisch-irakische Golfkrieg zu eskalieren. Kuwaitische Tan-ker fahren unter US-Flagge und Geleitschutz amerikanischer Kriegsschiffe durch die Straße von Hormus. Als am 31. Juli in der saudi-arabischen Stadt Mekka, in der sich mit der Kaaba das wichtigste islamische Heiligtum befindet, 402 Menschen, darunter 271 iranische Pilger, bei Auseinandersetzungen mit der Polizei getötet werden, droht das Regime in Teheran Rache an.

In Berlin wird Anfang Februar erstmals die Smog-Alarmstufe 1, die ein Fahrverbot beinhaltet, ausgerufen. In Hessen zerbricht in der Folgewoche die bundesweit erste rot-grüne Koalition aufgrund von Auseinandersetzungen über die Plutoniumfabrik Alkem in Hanau. Drei Monate später wird Klaus Töpfer Bundesminister für Umwelt, Naturschutz und Reaktorsicherheit. Ende August wird im Kaiser-Wilhelm-Koog in Dithmarschen der erste Windenergiepark der Bundesrepublik in Betrieb genommen. Im Dezember bestand im Atomkraftwerk Biblis zeitweise die Gefahr einer Kernschmelze.

Der ehemalige Ministerpräsident Schleswig-Holsteins, Uwe Barschel (CDU), wird am 11. Oktober von einem Reporter des Magazins *Stern* im Genfer Hotel Beau Rivage tot aufgefunden. Der *Spiegel* hatte Barschel kriminelle Machenschaften im Landtagswahlkampf vorgeworfen, die der Ministerpräsident mit seinem „Ehrenwort" zurückgewiesen hatte. Dennoch trat er wenige Tage später zurück, die Recherchen des *Spiegel* erwiesen sich als richtig.

Die bundesdeutschen Einwohnermeldeämter beginnen am 1. April mit der Ausgabe des maschinenlesbaren Personalausweises. Ende Mai beginnt die Volkszählung, gegen die es starken Widerstand gibt, weil sie von weiten Teilen der bundesrepublikanischen Bevölkerung als Schritt in Richtung eines Überwachungsstaates betrachtet wird.

Der seit 1982 schwelende Konflikt um die in der Hamburger Hafenstraße besetzten Häuser entspannt sich im November, als der Senat unter dem Regierenden Bürgermeister Klaus von Dohnanyi den Bewohnern einen Pachtvertrag im Gegenzug für den Abbau der gegen die Staatsmacht errichteten Barrikaden anbietet. Gut zwei Wochen zuvor waren bei einer Demonstration gegen die Frankfurter Startbahn West zwei Polizisten erschossen worden.

Am 3. April verbietet die Weltgesundheitsorganisation (WHO) das Rauchen in ihrem Hauptsitz in Genf, weil weltweit jährlich ca. eine Million Menschen an den Folgen des Tabakkonsums sterben und sich auch das Passivrauchen als gefährlich herausgestellt hat.

Wenige Tage später löst ein schweres Tanklasterunglück in der hessischen Stadt Herborn, bei dem vier Menschen ums Leben kommen und zwölf Wohnhäuser in Brand geraten, eine Diskussion über die Sicherheit von Gefahrguttransporten aus.

Ein französisches Schwurgericht spricht am 4. April das Urteil gegen den ehemaligen Gestapo-Chef von Lyon, Klaus Barbie („Schlächter von Lyon"): lebenslange Haft wegen Verbrechen gegen die Menschlichkeit. Hitlers ehemaliger Stellvertreter Rudolf Heß begeht am 17. August im Kriegsverbrechergefängnis Berlin-Spandau 93jährig Selbstmord.

Mitte April schafft der DDR-Staatsrat die Todesstrafe ab. Im selben Monat werden im ersten Moskauer Tschernobyl-Prozeß drei Angeklagte zu zehn, jeweils einer zu fünf, zu drei und zu zwei Jahren Arbeitslager verurteilt.

Mit einiger statistischer Wahrscheinlichkeit ist die Menschheit am 11. Juli auf fünf Milliarden gewachsen.

Das Fernsehmagazin *Monitor* berichtet über Rundwürmer (Nematoden) in Fischprodukten, die, wenn sie lebend in den menschlichen Körper gelangen, Magen- und Darmgeschwüre auslösen können. Die Fischwirtschaft erleidet nach der Sendung Umsatzeinbußen von bis zu 80 Prozent.

Johan Galtung

(geb. 1930 in Norwegen)

Seit Ende der fünfziger Jahre ist Johan Galtung, der zunächst Mathematik studierte und sich später den Sozialwissenschaften zuwandte, als Friedensforscher tätig und wurde auf diesem Gebiet einer der bekanntesten und einflußreichsten Wissenschaftler. Er hatte über 30 Gastprofessuren inne, beispielsweise für Internationale Ökonomie in Sechuan, China, Weltpolitik und Frieden an der Princeton-Universität, USA, und Friedensstudien an der Chuo-Universität in Japan. Weiterhin bekleidete er mehr als ein Dutzend Führungspositionen, hat zahlreiche Organisationen und Programme der Vereinten Nationen beraten und circa 70 Bücher sowie über tausend Artikel veröffentlicht. Galtung prägte den Begriff der indirekten „strukturellen Gewalt", der der Diskussion um Ursachen von Gewalt eine neue Perspektive gab. Strukturelle Gewalt entsteht ihm zufolge durch gesellschaftliche oder ökonomische Zwänge, die die soziale, materielle oder ideelle Entwicklung von Menschen beeinträchtigen.

erhielt den Ehrenpreis zum Alternativen Nobelpreis „für seine systematischen und interdisziplinären Studien zu den Einflüssen auf das Wettrüsten und den Bedingungen, die zu Frieden führen können". Die Jury ehrte Galtung weiterhin „für seinen nachhaltigen Beitrag zur weltweiten Friedensbewegung und mithin der Möglichkeit zu nuklearer Abrüstung."

1959 gründete Johan Galtung in Oslo das Internationale Friedensforschungsinstitut als erstes dieser Art und leitete es zehn Jahre lang. Es ist eine unabhängige und international ausgerichtete Einrichtung, denn Mitarbeiter sich vornehmlich mit den Bedingungen für Krieg und Frieden, Ethik, Normen und Identitäten, Außen- und Sicherheitspolitik sowie Konfliktlösung und Friedensschaffung beschäftigen. 1967 erschien Galtungs richtungsweisendes Buch *Theory and Methods of Social Research*.

Prof. Johan Galtung • 51 Bois Chatton • F-01210 Versonnex, France
Tel.: 0033-450-427-306 • Fax: 0033-450-427-506
galtung@transcend.org • www.transcend.org

1969 gründete er an der Universität in Oslo das *Journal of Peace Research* und unterstützte in der Folgezeit den Aufbau des Inter University Center im jugoslawischen Dubrownik als Begegnungsort für Menschen aus Ost und West. Vier Jahre lang war er dessen Direktor.

Als Professor für Friedensforschung an den Universitäten Hawaii, Witten-Herdecke und Tromsö und inzwischen Direktor des von ihm mitgegründeten Konflikt-Mediations-Netzwerkes Transcend beschäftigt Galtung sich schwerpunktmäßig mit vergleichender Zivilisationstheorie, mit neuen Wegen der Wirtschaft, in einer globalisierten Welt Verantwortung zu übernehmen, und mit einer Theorie menschlicher Entwicklung, die ökologische, gesundheitspolitische und Friedensaspekte einschließt.

Transcend war unter anderem in die Suche nach Konfliktlösungen in Kolumbien, zwischen China und Taiwan und im ehemaligen Jugoslawien involviert. Für Galtung und Transcend beruht eine effiziente Suche nach erfolgreicher Lösung von Konflikten auf folgenden Schlüsselkompetenzen: Empathie (von spätgriech.: empátheia, Bereitschaft und Fähigkeit, sich in die Einstellung anderer Menschen einzufühlen), Leidenschaft, Kreativität und Gewaltfreiheit.

Johan Galtung engagiert sich als Konflikt-Moderator zwischen Nord- und Süd-Korea, Israel und Palästina, in der Golf-Region und den Ländern des früheren Jugoslawiens. Er erhielt zahlreiche Preise und Auszeichnungen, darunter im Jahr 1993 den Gandhi-Preis. Er ist Beiratsmitglied des Komitees für eine demokratische UNO.

Mordechai Vanunu

(geb. am 13. Oktober 1954 in Marokko)

erhielt „für seinen Mut und seine Selbstaufopferung bei der Aufdeckung des israelischen Atomwaffenprogrammes mit der er der Menschlichkeit den Vorrang gab", den Alternativen Nobelpreis.

Vanunu kam 1963 mit seinen Eltern und Geschwistern als jüdischer Marokkaner nach Israel. Nach einer dreijährigen Dienstzeit in der Armee absolvierte er von 1976 an eine Technikerausbildung im Atomkraftwerk Dimona. Von 1979 bis 1985 studierte er an der Ben-Gurion-Universität in Be'er-Sheva Philosophie und Geographie. In dieser Zeit engagierte er sich für die Gleichstellung der Palästinenser in Israel, trat für Religionsfreiheit sowie die Trennung von Staat und Religion ein und kritisierte Israels Invasion des Libanon 1982. Während seines Studiums beschäftigte Mordechai Vanunu sich u.a. mit den Folgen sauren Regens und moralischen Aspekten des Atomzeitalters.

Ein Jahr nachdem Vanunu, der nun wieder in Dimona arbeitete, sich an einem Streik beteiligt hatte, gab er der Londoner *Sunday Times* ein Interview, in dem er Details über die israelische Atomrüstung enthüllte: Das Land verfüge über bis zu 200 Atomwaffen und sei in der Lage, auch Wasserstoff- und Neutronensprengköpfe herzustellen. Dabei arbeite Israel eng mit dem rassistischen Südafrika zusammen. Fotos und andere Dokumente, die Vanunu vorlegte, wurden u.a. von CIA-Spezialisten für echt gehalten. Kurz nach der Veröffentlichung wurde Vanunu mit Hilfe einer amerikanischen Agentin nach Rom gelockt und dort vom israelischen Geheimdienst Mossad nach Israel entführt, wo er im März 1988 wegen Spionage und Landesverrats zu 18 Jahren Gefängnis verurteilt wurde.

Campaign to Free Vanunu • 89 Borough High Street • London SE1 1NL, UK
Tel./Fax: 0044-171-378 9324

Mordechai Vanunu • c/o Church of St. George
20 Nablus Road • PO Box 19112 • Jerusalem, Israel
freevanunu@mindspring.com • www.nonviolence.org/vanunu

Die zwölfjährige Hochsicherheits-Einzelhaft von Mordechai Vanunu in einer zwei mal drei Meter großen Zelle entbehrte jahrelang der Einhaltung auch nur der grundlegendsten Menschenrechte. Phasenweise war er täglich 24stündiger Beleuchtung und Videoüberwachung ausgesetzt und von religiöser Seelsorge (Vanunu konvertierte zum Christentum, weshalb seine orthodox-jüdischen Eltern sich von ihm distanzierten und er von dem amerikanischen Ehepaar Mary und Nick Eoloff adoptiert wurde) abgeschnitten. Erst nach einem 33tägigen Hungerstreik wurde es Vanunu gestattet, seine nächsten Angehörigen wenigstens alle 14 Tage für eine halbe Stunde zu empfangen.

Vanunus Aussagen in dem *Sunday-Times*-Artikel wurden sämtlich durch die Recherchen des Pulitzer-Preisträgers Seymour M. Hersh für sein 1991 erschienenes Buch *Atommacht Israel – Das geheime Vernichtungspotential im Nahen Osten* bestätigt. Erst auf massives Drängen auf Freilassung Vanunus hin – der weltweiten Free-Vanunu-Kampagne schlossen sich der ehemalige US-Präsident Jimmy Carter, der gesamte australische Senat sowie 58 Träger des Right Livelihood Award an – wurde zumindest dessen Isolationshaft beendet. Es wurde eine Delegation mit dem Right-Livelihood-Preisträger Mycle Schneider nach Israel entsandt, im Oktober 1996 fand in Tel Aviv eine internationale Konferenz unter der Leitung des Friedensnobelpreisträgers Joseph Rotblat statt. An ihr nahmen renommierte Wissenschaftler, Publizisten, Juristen und Menschenrechtler teil.

Im Frühjahr 2004 wurde Mordechai Vanunu nach der vollen Verbüßung seiner Haftstrafe aus dem Gefängnis von Ashkelon entlassen und erhielt dennoch strenge Auflagen: Er darf Israel nicht verlassen, seine Bewegungsfreiheit ist auf Jerusalem beschränkt, Kontakt mit Ausländern und der Besuch von Konsulaten ist ihm komplett untersagt. Aufgrund geringer Verstöße hiergegen wurde er mehrfach verhaftet und sein Computer beschlagnahmt

Der Gewinner des Alternativen Nobelpreises im Jahr 2001, Uri Avnery, über Vanunu: „Jeder weiß, daß er keine weiteren Geheimnisse hat. Was kann ein Techniker nach 18 Jahren im Gefängnis, während derer die Technologie mit Riesenschritten vorankam, wissen?" Avnery zufolge ist Vanunu vielmehr der Schutzmacht Israels, den USA, ein besonderer Dorn im Auge. Während die Vereinigten Staaten offiziell eine nukleare Nichtweiterverbreitungspolitik verfolgen, haben sie bei der Entwicklung des israelischen Atomwaffenarsenals konsequent weggeschaut. Dieses Sonderrecht, das Israel sich herausnimmt, dürfte auch der Grund sein, warum dessen Regierung immer noch konsequent abstreitet, Atomwaffen zu besitzen und dabei – auch in Person des Friedensnobelpreisträgers und Außenministers Shimon Peres – fortgesetzt lügt.

Am 19. April 2005 reiste der Stifter des Right Livelihood Award, Jakob von Uexküll, nach Israel, um Mordechai Vanunu persönlich die Urkunde des Alternativen Nobelpreises zu übergeben. Er erhielt Gelegenheit, vor dem Justizausschuß der Knesset zu reden. Doch die Auflagen für Vanunu wurden um ein Jahr verlängert.

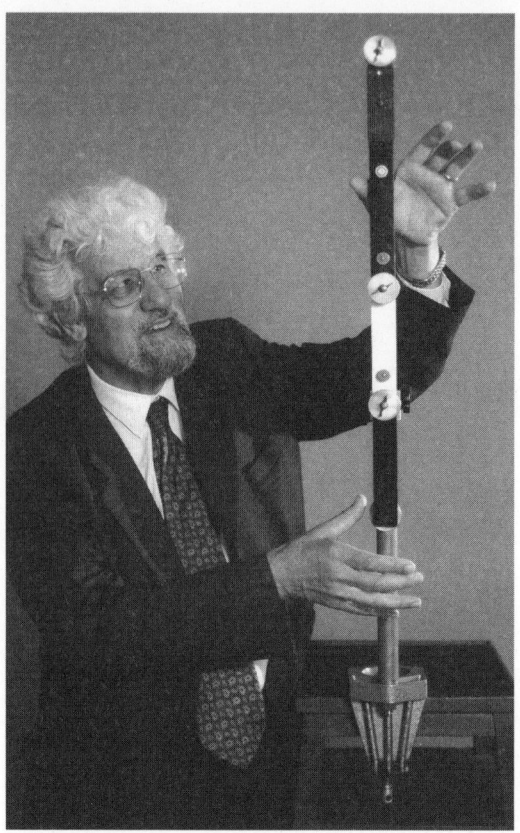

machen". Die Jury ehrte mit Dürr zudem „ein aktives Mitglied der westlichen Friedensbewegung, deren Aktivitäten und Druck das erste nukleare Abrüstungsabkommen ermöglicht haben".

Dürr ist emeritierter Professor für Physik. Er studierte in Stuttgart, promovierte 1956 an der University of California in Berkeley bei Edward Teller und habilitierte sich 1962. Von 1958 bis 1976 – in diese Zeit fallen auch Gastprofessuren in Berkeley und Madras, Indien – war Dürr wissenschaftlicher Mitarbeiter von Werner Heisenberg. 1978 wurde er geschäftsführender Direktor des Max-Planck-Instituts für Physik und Astrophysik und des Werner-Heisenberg-Instituts für Physik. Dürrs Hauptarbeitsgebiete sind die Kern- und Elementarteilchenphysik, Erkenntnistheorie, Verantwortung des Wissenschaftlers, Abrüstung und Friedenssicherung, Energie, Ökologie und Ökonomie sowie Entwicklung und Gerechtigkeit. Hierüber hat er zahlreiche Bücher und andere Publikationen verfaßt sowie Vorträge gehalten.

Hans-Peter Dürr

(geb. am 8. Oktober 1929 in Stuttgart)

erhielt den Alternativen Nobelpreis in Anerkennung "seiner fundierten Kritik der Strategischen Verteidigungsinitiative (SDI) und seiner Arbeit, hochentwickelte Technologien für friedliche Zwecke nutzbar zu

Global Challenges Network • Frohschammerstr. 14 • 80807 München
Tel.: (089)359 824 6 • Fax: (089)359 045 6
info@gcn.de • www.gcn.de

Hans-Peter Dürr war bzw. ist Mitglied in zahlreichen Organisationen, teils in deren Vorständen, die sich mit den drängendsten Menschheitsproblemen befassen, darunter der Club of Rome, die Pugwash Conference on Science and World Affairs (Friedensnobelpreis 1995), Greenpeace Deutschland und die Gorbatschow-Stiftung. Darüber hinaus gehörte er einem Beraterstab des UN-Generalsekretärs in Umweltfragen an.

Als Hans-Peter Dürr 2004 für seine Leistungen mit dem Großen Bundesverdienstkreuz ausgezeichnet wurde, kommentierte er das so: „Ich bin nur ein Stellvertreter für die große Menge zivilcouragierter Bürgerinnen und Bürger, die als ‚Dritte Kraft' im Staat, neben der Politik und der Wirtschaft, auf vielfältige Weise Verantwortung übernommen haben. Diese Kräfte sind nicht mehr wegzudenken aus unserer Weltgesellschaft. Mehr noch – sie sind die eigentlichen Garanten für die Entstehung gewaltfreier, gerechter und im Einklang mit der Natur operierender Zukunftsoptionen, weil diese das Leben zukünftiger Generationen vor Augen haben und nicht nur Gewinnmaximierung und kurzzeitige Wahlerfolge."

Um eine solche Entwicklung einzuleiten und zu unterstützen, gründete Dürr 1987 gemeinsam mit Wissenschaftlerkollegen das Global Challenges Network (GCN), dessen Vorstand er noch heute angehört.

„Keine Gesellschaft hat ihre demokratischen Versprechen erfüllt, wenn Menschen hungern", betont Frances Moore Lappé, denn für sie sind die Fragen von Demokratie und der Lösung des Hungerproblems nicht zu trennen. 1971 veröffentlichte sie ihr in mehrere Sprachen übersetztes Buch *Diet for a small planet* (Titel der deutschen Ausgabe: *Vom Mythos des Hungers*), das weltweit über dreimillionenmal verkauft wurde. Darin propagiert sie eine Ausrichtung der Landwirtschaft in allen Teilen der Welt auf Selbstversorgung, denn dadurch würden die immensen Überschüsse in den reichen Ländern abgebaut und die ärmeren könnten sich auf die Ernährung ihrer eigenen Bevölkerung statt auf den Export konzentrieren.

Frances Moore Lappé
(geb. 1944)

und das Institute for Food and Development Policy

erhielten den Alternativen Nobelpreis „für die Aufdeckung der politischen und wirtschaftlichen Ursachen des Hungers in der Welt" und die Entwicklung von Methoden, „wie man sie bekämpft".

1975 gründete Frances Moore Lappé mit Joseph Collins in San Francisco das Institute for Food and Development Policy, kurz Food First genannt. Es will Armen helfen, ihre Lebensumstände durch größere demokratische Kontrolle zu verbessern, und arbeitet unter anderem in Kuba, Nicaragua, Mexiko, Mozambique, Tansania, Indien und Bangladesh. Moore Lappé und Collins publizierten 1977 gemeinsam das Buch *Food First: Beyond the Myth of Scarcity*. 1986 folgte *World Hunger: Twelve Myths*.

Frances Moore Lappé • Center for Living Democracy
RR1, Black Fox Road • Brattleboro VT 05301, USA
Tel.: 001-802-254-1234 • Fax: 001-802-254-1227
www.livingdemocracy.org • www.americannews.com

Food First / Institute for Food and Development Policy
398 60th Street • Oakland CA 94618, USA
Fax: 001-510-654 4551 • foodfirst@foodfirst.org • www.foodfirst.org

Food First sieht die Gründe für den Hunger auf der Welt weniger in Lebensmittelknappheit und Überbevölkerung als vielmehr in politischen und wirtschaftlichen Hintergründen, an deren Änderung sich jeder Bürger beteiligen kann. So zeigt das Institut in seinen in den 90er Jahren herausgegebenen Veröffentlichungen den zerstörerischen Einfluß des Welthandels und der Politik internationaler Kreditinstitutionen auf die Entwicklung insbesondere im Süden auf. *Chile´s Free Market Miracle: A Second Look* von Joseph Collins und John Lear, *Dark Victory: The United States, Structural Adjustment and Global Poverty* von Walden Bello und *Breakfast of Biodiversity: The Truth About Rainforest Destruction* von John Vandeneer und Ivette Perfecto sind Beispiele hierfür.

Initiativ-Gruppen sowohl in Industrie- als auch Entwicklungsländern arbeiten auf der Grundlage der in den Büchern und Berichten von Lappé und Food First enthaltenen Informationen. Unter dem Titel *Exploding the Hunger Myths* hat die Organisation zudem Lehrpläne für Grund- und höhere Schulen sowie Filme, Diavorträge, Videos und Comics entwickelt. Die Food-First-Publikationen beinhalten sowohl Positiv- als auch Negativbeispiele, die Verständnis dafür erzeugen, wie arme Bevölkerungen mit Hilfe von Strategien von Graswurzelbewegungen und Nichtregierungsorganisationen ihre Lebenswirklichkeit unter stärkere demokratische Kontrolle bekommen können.

Überzeugt davon, daß gesellschaftliche Probleme nur in lebendigen Demokratien gelöst werden können, schufen Frances Moore Lappé und ihr Ehemann Paul Martin Du Bois das Center for Living Democracy in Brattleboro im US-Staat Vermont. 2001 veröffentlichte sie gemeinsam mit ihrer Tochter Anna einen Folgeband ihres Buches *Vom Mythos des Hungers* mit dem deutschen Titel *Hoffnungsträger*. Die beiden Autorinnen reisten dafür zu sozialen und ökologischen Brennpunkten auf verschiedenen Kontinenten und trafen auf kreative Menschen unterschiedlicher sozialer Position und Bildung, die sich ihrerseits auf der Suche nach innovativen Ansätzen befanden, mit denen Probleme abseits von Technikfixierung und einseitigem Profitdenken gelöst werden können.

Sunderlal Bahuguna (Mitte)

Die Chipko-Bewegung

erhielt den Alternativen Nobelpreis für ihren Einsatz für „Erhalt, Erholung und ökologisch sinnvolle Nutzung der natürlichen Ressourcen Indiens".

Die Wälder Indiens, insbesondere in den Hügel- und Berglandschaften, haben für die ländliche Bevölkerung eine besondere Bedeutung, weil sie ihr Nahrung, Tierfutter und Brennstoff liefern sowie Boden und Wasser schützen. Als die Bäume zunehmend der kommerziellen Nutzung zum Opfer fielen, löste das gewaltfreie Aktionen der betroffenen Bevölkerung zum Schutz ihrer Lebensbedingungen aus. Diese an Mahatma Ghandis gewaltlosem Widerstand orientierten Aktivitäten wurden bald als Chipko-Bewegung bekannt. Sie hatten ihren Ursprung 1973 in einer spontanen Aktion und verbreiteten sich zunächst in Distrikten des Bundesstaates Uttar Pradesh im Himalaya und von dort aus nach Himachal Pradesh im Norden, Karnataka im Süden, Rajasthan

Chipko Information Centre • P.O. Silyara via Ghansali • Tehri-Garhwal • 249155 India
Fax: 0091-11-436-4914 / 0091-11-436-0784

Save Himalaya Movement • Ganga Himalaya Kutti • Tehri • 249001 India
Fax: 0091-1376-84566

im Westen, Bihar im Osten und Vindhyans in Zentralindien. So entstand immenser Druck auf Regierung und Behörden, eine naturschonende Politik, die Umweltaspekte und die Interessen der Bevölkerung berücksichtigt, zu betreiben.

Zunächst protestierten vor allem die Landfrauen. Sie bewahrten Bäume vor der Abholzung, indem sie sie umarmten (Chipko bedeutet Umarmung) und die Holzfäller so an der Arbeit hinderten. 1980 konnte die Bewegung einen großen Erfolg verbuchen: Die damalige Premierministerin Indira Gandhi verbot für 15 Jahre das Fällen gesunder Bäume in Uttar Pradesh.

Im den Folgejahren entstanden im Rahmen der Chipko-Bewegung in vielen Teilen Indiens solche Initiativen und waren ähnlich erfolgreich. Inzwischen beteiligten sich auch Männer daran. Einer der bekanntesten war der Philosoph Sunderlal Bahuguna, dessen 5.000-Kilometer-Marsch in den Jahren 1981 bis 1983 durch das Himalaya-Gebirge wesentlich dazu beitrug, die Chipko-Bewegung in Indien zu verbreiten. Dabei prägte er das Motto der Bewegung: „Ökologie ist fortwährende Ökologie" – eine frühe Beschreibung des in der Zukunftsplanung so wichtigen Prinzips der Nachhaltigkeit. In der Religionsphilosophin Indu Tikear fand er eine engagierte Mitstreiterin. Sie stellte in ihren Predigten immer wieder die Ganzheitlichkeit und Einzigartigkeit des Lebens sowie die Leistungen der Chipko-Bewegung zu dessen Schutz in den Mittelpunkt.

In den späten achtziger Jahren richtete sich Bahugunas Widerstand auch gegen ein Staudammprojekt nahe seiner Geburtsstadt Tehri. Der Staudamm ist Teil eines großen Wasserbauvorhabens, mit dem der Fluß Narmada aufgrund von Plänen aus den sechziger Jahren an mehreren Stellen gestaut werden soll. 1995 beendete Sunderlal Bahuguna einen 45tägigen Hungerstreik, nachdem die indische Regierung versprochen hatte, den Staudammbau bei Tehri abzubrechen. Doch sie hielt ihr Versprechen nicht, woraufhin Bahuguna erneut in Hungerstreik trat. Er brach diesen nach 74 Tagen erst ab, als der Premierminister persönlich eine gründliche Überprüfung des Projektes – weitgehend zu Bahugunas Bedingungen – zugesagt hatte. Die Argumente von Bahuguna und der Chipko-Bewegung: Der Tehri-Damm wurde in einer Erdbebenregion geplant, in einer Umweltverträglichkeitsstudie für die indische Regierung warnten Experten unter anderem vor Erdrutschen und Erosion. Und viele durch Dammbauprojekte heimatlos gewordene Menschen endeten als Tagelöhner oder Bettler. Gleichwohl wird der Damm mit Hilfe einer Hermesbürgschaft weitergebaut.

Aufgrund des Widerstandes gegen den Staudamm entstand aus der Chipko-Bewegung die Rettet-Himalaja-Bewegung. Sunderlal Bahuguna wies den Premierminister deutlich darauf hin, daß die Himalaya-Gletscher in alarmierendem Ausmaß zurückgehen. Sollte diese Entwicklung nicht eingedämmt werden, würde die Wasserspeisung des Ganges durch die Gletscher in 100 Jahren zu Ende gehen.

1988

Ende Februar beginnt die Sowjetunion – noch vor der Ratifizierung des Vertrages über den vollständigen Abbau der Mittelstreckenraketen – mit dem Abzug der entsprechenden Waffensysteme aus der DDR und der CSSR und schließt diesen bis April ab.

Ebenfalls im April wird in Genf von Vertretern Afghanistans, Pakistans sowie der UdSSR und den USA ein Vertrag über den geordneten Abzug der auf über 100.000 Soldaten geschätzten sowjetischen Streitkräfte aus Afghanistan unterzeichnet.

Alle 290 Insassen eines iranischen Passagierflugzeuges kommen am 3. Juli ums Leben, als dieses – angeblich aufgrund der Verwechslung mit einem Jagdbomber – vom US-Kriegsschiff „Vincennes" aus mit zwei Raketen abgeschossen wird. Knapp zwei Monate später kommt es zu einem unter der Vermittlung der UNO von Nachbarstaaten ausgehandelten Waffenstillstand im nunmehr acht Jahre andauernden Krieg zwischen Irak und Iran, in dem nach vorsichtigen Schätzungen 500.000 Menschen umgekommen sind.

Am 7. Dezember kündigt der sowjetische Staats- und Parteichef Michail Gorbatschow während einer Rede vor der Generalversammlung der Vereinten Nationen einen einseitigen Truppenabbau um 500.000 Soldaten an.

Bundesumweltminister Klaus Töpfer veranlaßt am 14. Januar die hessische Landesregierung, die Betriebsgenehmigung für die Brennelemente-Firma Nukem in Hanau auszusetzen, weil „erhebliche Zweifel" an der atomrechtlich gebotenen Zuverlässigkeit bestünden. Am 30. März stürzt ein französisches Kampfflugzeug in lediglich anderthalb Kilometern Entfernung von den Atomreaktoren Isar I und II ab.

Im Mai verbreiten sich an den Nordseeküsten Schwedens, Norwegens, Dänemarks und Deutschlands giftige Algenteppiche, die aufgrund der Einträge von Phosphaten und Nitraten in das Meer bei Sonneneinstrahlung entstehen. Gleichzeitig kommt es zu einem Massensterben von Robben, deren Immunsystem durch die Wasserverschmutzung geschädigt ist.

Auf dem rheinland-pfälzischen US-Luftwaffenstützpunkt Ramstein, auf dem zu diesem Zeitpunkt 350.000 Menschen anwesend sind und zahlreiche Atomwaffen gelagert werden, stürzt während einer Kunstflugvorführung einer italienischen Staffel am 28. August eine von drei Düsenmaschinen, die miteinander kollidiert waren, in die Menschenmenge. Es sterben 70 Personen, Hunderte werden verletzt.

Zwei weitere schwere Flugkatastrophen geschehen Ende des Jahres: Am 8. Dezember stürzt ein US-Kampfflugzeug vom Typ Thunderbolt A 10 in ein Remscheider Wohngebiet und verursacht eine Schneise der Zerstörung. Sechs Mensch kommen ums Leben, 50 werden teils schwer verletzt, in der Folgezeit kommt es zu einer Häufung chemikalienbedingter Erkrankungen im Stadtteil Vieringhausen. Die Proteste gegen Tiefflugübungen nehmen in ganz Deutschland zu.

Drei Tage vor Weihnachten stürzt ein US-amerikanischer Jumbo-Jet in die schottische Ortschaft Lockerbie. Alle 259 Insassen und elf Dorfbewohner kommen bei diesem Absturz, der durch einen Sprengstoffanschlag ausgelöst wurde, ums Leben.

Bei dem schwersten Erdbeben im Kaukasus seit 1902 sterben Anfang Dezember ca. 50.000 Menschen, eine halbe Million wird obdachlos. Die Sowjetunion nimmt die internationale Hilfe dankbar an und ermöglicht den Rettungskräften unbürokratisch Zugang zum Katastrophengebiet.

Die US-Patentbehörde vergibt am 12. April als erste ein Patent für ein gentechnisch verändertes Lebewesen, eine „transgene" Maus. Anfang August wird in Nordrhein-Westfalen der bisher größte Hormonskandal bei der Kälber-Aufzucht bekannt. Tausende Jungtiere werden „sichergestellt" und notgeschlachtet.

Im Mai wird Björn Engholm Ministerpräsident von Schleswig-Holstein. Die SPD beschließt auf ihrem Bundesparteitag in Münster am 30. August eine 40-Prozent-Frauenquote.

Während der Gedenkrede von Bundestagspräsident Philipp Jenninger anläßlich des 50. Jahrestages der Novemberpogrome vom 10. November 1938 kommt es zu einem Eklat. Die Rede wird dem CDU-Politiker von zahlreichen Abgeordneten, Mitgliedern des Zentralrates der Juden, Medienvertretern und Bürgern so ausgelegt, als habe er Verständnis für das Nazitum äußern wollen. Jenninger tritt daraufhin zurück. Seine Nachfolgerin als Parlamentspräsidentin wird Rita Süßmuth.

Am 11. Mai findet im Londoner Wembley-Stadion ein über zehnstündiges Pop-Konzert zu Ehren des inhaftierten südafrikanischen Widerstandskämpfers Nelson Mandela statt.

Das Gladbecker Geiseldrama löst im August heftige Diskussionen über das Verhalten von Polizei und Medien aus. Drei Menschen bringen die Gangster auf ihrer Flucht durch Deutschland um; bevor sie auf der Autobahn überwältigt werden, können sie in der Kölner Innenstadt quasi eine „Pressekonferenz" geben.

Im März beginnt in Nordrhein-Westfalen ein Versuch mit der Ersatzdroge Methadon für Heroinabhängige. Ende des Jahres wird der konservative Berliner Kardinal Joachim Meißner Erzbischof von Köln.

José Lutzenberger

(geb. 1926 in Porto Alegre, gest. 2002)

erhielt den Alternativen Nobelpreis
als „einer der effektivsten und viel-
seitigsten Umweltaktivisten Lateinamerikas". Weiter hieß es in der
Begründung der Jury: „Er verbreitet
durch eine Vielzahl von Projekten
u.a. die Hoffnung, daß giftfreie
Landwirtschaft nicht nur möglich,
sondern auch wirtschaftlich zu betreiben ist. Weiterhin beweist er, daß

eine Beendigung der Verschwendung
von Ressourcen sowie Wiederverwer-
tung ebenso in armen wie reichen
Ländern realisiert werden kann".

Lutzenberger, Sohn deutscher Einwanderer, studierte in Brasilien und den USA,
bevor er als Agrarchemiker 13 Jahre in
dem deutschen Chemiekonzern BASF
arbeitete. Er verließ diesen, um eine
Kampagne gegen den Einsatz von Pestiziden und für biologische Landwirtschaft
zu starten. Diese hatte zur Folge, daß viele
Landwirte – kleine wie große – in Brasili-
en zu biologischen Anbaumethoden über-
gingen und immer weniger Chemikalien
einsetzten. Lutzenbergers Aktivitäten auf

Fundação Gaia • Lara Lutzenberger • Rua Jacintho Gomes 39
90090430 Porto Alegre, Brazil
net@gaia.org.br • www.gaia.org.br

diesem Gebiet machten ihn zu einem weltweit anerkannten Fachmann für biologischen Landbau und Pflanzengesundheit. Doch er beließ es nicht bei diesen Bereichen, sondern wurde zum Vater der brasilianischen Umweltbewegung schlechthin.

Lutzenberger erkannte, daß in der Landwirtschaft einerseits zwar massenhaft Gifte eingesetzt, andererseits aber nützliche und wiederverwertbare Stoffe vernichtet wurden. So entwickelte er simple, aber effiziente Wiederverwertungsmethoden, die sowohl bei der Viehfutter- als auch Düngerproduktion zum Einsatz kamen. 1987 gründete er die Stiftung Gaia zur Verbreitung ökologischen Bewußtseins auf dem amerikanischen Subkontinent.

Von 1990 bis 1992 war er für Umweltfragen zuständiger Staatssekretär des brasilianischen Präsidenten, faktisch Umweltminister. In dieser Funktion konnte er, neben politischen Entscheidungen, auch solche zum Schutz des tropischen Regenwaldes und indianischer Lebensräume durchsetzen. Als Lutzenberger, nachdem er die nationale Umweltbehörde als „hundertprozentige Tochter des Holzhandels" bezeichnet hatte, aus dem Amt geworfen wurde, kommentierte er das folgendermaßen: „Meine einzigen Chefs sind dieser wunderbare Planet und seine künftigen Generationen."

Lutzenberger vertrat nachdrücklich eine ganzheitliche Denkrichtung in Wissenschaft und Technologie: „Die Universitäten sind schon lange keine Universitäten mehr. Sie sind nur noch Fachhochschulen, die Fachidioten produzieren." Der Ehrendoktor der Universität Wien (1995) weiter: „Die Wissenschaft (...) will die Natur verstehen. Die Technologie möchte beherrschen, und dies führt zu Aggression." So warnte er vor riskanten Technologien wie Atomenergie und Gentechnik: „Nach alter Legende ist es eine Sache, zu wissen, wie man die Flasche öffnet, in der der Geist gefangen ist, und eine andere, klug genug zu sein, es nicht zu tun." Der Marktwirtschaft warf er vor, „nur die Nachfrage, aber nicht die Bedürfnisse" zu erkennen und dabei die Interessen künftiger Generationen völlig zu übersehen.

José Lutzenberger starb im Sommer 2002. Die von ihm gegründete Stiftung Gaia wird von seinen Töchtern Lilly und Lara, beide Biologinnen, weitergeführt. Auf dem 30 Hektar großen Gelände eines ehemaligen Steinbruchs, der in einen Garten mit Seen und Naturhäusern verwandelt worden ist, lernen Jugendliche Umweltzusammenhänge kennen und Kleinbauern den produktiven Umgang mit Boden, Pflanzen und Tieren, getreu José Lutzenbergers Vision: „Wenn wir zu einer Ethik der Ehrfurcht nicht nur vor dem Leben, sondern überhaupt vor dem Kosmos kommen, dann können wir eine phantastische Zivilisation entwickeln."

Mohammed Idris

Die Organisation Sahabat Alam Malaysia-Sarawak

wurde „für ihren beispielhaften Kampf um den Erhalt der Regenwälder von Sarawak" mit dem Alternativen Nobelpreis ausgezeichnet.

Die Penang, die Kelabit und die Kayan sind drei Volksstämme in Malaysias größtem Staat Sarawak, dessen Fläche zu zwei Dritteln mit Regenwald bedeckt ist. Die Bedrohung dieses Waldes bedeutet große Gefahr für Lebensgrundlagen und Kultur dieser Völker. Deshalb kämpft die malaysische Sektion der Organisation Freunde der Erde, Sahabat Alam Malaysia (SAM), seit 1986 gemeinsam mit den Einwohnern Sarawaks gegen den Holzschlag in der Provinz. SAM wurde 1978 von Mohammed Idris, einem Geschäftsmann aus Penang, gegründet. Idris, der die Organisation als Präsident mit seinem Stellvertreter Martin Khor Kok Peng leitete, initiierte auch die Gründung der einflußreichen Consumers Association von Penang, des Asia-Pacific Peoples Environment Network (APPEN) und der Nachrichtenagentur Third World Network.

39 Prozent der exportierten Tropenhölzer Malaysias kamen 1983 aus Sarawak. Bis zu 75 Morgen Regenwald wurden in Sarawak stündlich vernichtet.

Das SAM Sarawak Büro warb zunächst mit Briefen und Petitionen bei der Regierung um Verständnis für die Situation der Regenwaldbewohner, um so den Baumbestand zu retten. Doch als diese Appelle erfolglos verhallten, begannen die Penang 1987 Holzfällercamps und Straßen zu blockieren, was die Rodungen zeitweise völlig zum Stillstand brachte. Im Juni desselben Jahres brach eine Delega-

---

SAM Sarawak • CDT No. 1, Post Office • Marudi, 98058 Baram • Sarawak, Malaysia
hnlco@yahoo.com

SAM • 27 Lorongo Maktab • 10250 • Penang, Malaysia
Fax: 0060-4-227 5705

tion nach Kuala Lumpur auf, um mit der Regierung über den Konflikt zu diskutieren. Obwohl diese Gespräche kein direktes Ergebnis brachten, machten sie den Protest weiter bekannt. Bis heute gehören Blockaden zu den Methoden, mit denen sich die Einwohner der Regenwälder Sarawaks gegen die Zerstörung ihrer natürlichen Umwelt wehren. Nicht selten sind sie dabei Übergriffen durch die Polizei ausgesetzt. So wurden im Oktober 1987 Dutzende von Aktivisten verhaftet, darunter auch Harrison Ngau, der Leiter des SAM-Büros in Sarawak. Er kam erst nach 60 Tagen unter Auflagen wieder frei. Blockaden wurden von der Polizei gewaltsam beendet.

Doch schon wenige Monate später startete SAM Sarawak neue Widerstandsaktionen, die sich dieses Mal gezielt gegen die Limbang-Handelsgesellschaft, die dem malaysischen Minister für Umwelt und Tourismus, James Wong, gehörte, richteten. Ngau ließ seine SAM-Arbeit von 1990 an, als er für die Region Baram in Sarawak ins Parlament gewählt wurde, für fünf Jahre ruhen, doch kehrte anschließend zu der Organisation zurück.

Im Juni 2002 verabschiedeten Vertreter von 30 Gemeinden der Penang eine Deklaration, in der sie von der Regierung geschützte Waldgebiete für ihre Kommunen und Entschädigungen für bereits zerstörte Teile der Wälder forderten. Darüber hinaus verlangten sie angemessenen Wohnraum und eine allgemeine Verbesserung ihrer Lebensumstände, so der medizinischen Versorgung und der Bildungsmöglichkeiten.

Viele der einst als Nomaden umherziehenden Penang leben heute seßhaft und verdienen sich kargen Unterhalt als Tagelöhner. Bei ihren Protesten können die Einwohner Sarawaks noch immer auf die Unterstützung von Sahabat Alam Malaysia bauen. SAM ist ihr Sprachrohr und sieht für sich heute drei Hauptaufgaben: die Öffentlichkeit von einer notwendigen ökologisch orientierten Entwicklung zu überzeugen; Gemeinschaften zu unterstützen, die von den negativen Auswirkungen einer sogenannten modernen Entwicklung betroffen sind; Unterstützung für ein Entwicklungsmodell zu bieten, das sozial gerecht ist, die Bedürfnisse möglichst vieler Menschen befriedigt und auf dem ökologischen Prinzip der Nachhaltigkeit aufbaut. Hierzu betreibt SAM intensive Öffentlichkeitsarbeit und startete 1983 die Reihe *State of the Malaysian Environment*, ein regelmäßig erscheinender Zustandsbericht der malaysischen Umweltsituation.

John F.
Charlewood Turner
(geb. 1927 in London)

wurde „für die Verteidigung des Rechts der Menschen, ihre Gemeinschaften zu organisieren sowie ihre eigenen Wohnräume zu planen, zu bauen und zu erhalten" , mit dem Alternativen Nobelpreis ausgezeichnet.

Die Architektur John F. C. Turners ist richtungweisend, da sie nicht allein am Reißbrett entsteht, sondern die Bedürfnisse der Menschen berücksichtigt. Turners Bauten entstehen oft auf Eigeninitiative und in Selbsthilfe der späteren Bewohner, weshalb deren Selbstverwaltung, Nachbarschaftshilfe und Mitbestimmung fester Bestandteil bei der Planung sind. Auf diese Weise beeinflußt der Architekt schon lange Theorie und Praxis des Prinzips der Realisierung von Gebäudekomplexen, die ihren Bewohnern Selbstorganisation erlauben. Bücher wie das 1966 erschienene *Uncontrolled Urban Settlement: Problems and Policies* und andere aus Turners Feder erregten weltweit Aufsehen und verbreiteten seine Idee einer Architektur, die durch Planungsbeteiligung der Menschen, die in den Gebäuden leben werden, die Lebensqualität aller steigert.

Nach Abschluß seines Architekturstudiums in London 1954 arbeitete John F. C. Turner acht Jahre in Peru, später in den USA und in Großbritannien. Von 1965 bis 1967 forschte er am Gemeinsamen Zentrum für Städteforschung des Massachusetts Institute of Technology (MIT) und der Harvard University und lehrte anschließend bis 1973 am MIT. Nach Dozententätigkeiten in London koordinierte er von 1983 bis 1986 die Habitat International Coalition (HIC),

John F. Charlewood Turner • 51 St Mary´s Terrace • West Hill • Hastings
East Sussex • TN34 3LR • United Kingdom
jturner@charlewood.demon.co.uk

deren Aktivitäten auf „die Anerkennung, Verteidigung und vollständige Durchsetzung des Rechts aller Menschen in aller Welt auf einen gesicherten Ort, an dem sie in Würde leben können", abzielte. Anlaß war das von den Vereinten Nationen ausgerufene Jahr der Wohnungsbeschaffung für Obdachlose – 1987. Die HIC setzte sich dabei außer für Obdachlose auch für andere sozial schwache Menschen ein, die in unakzeptablem Wohnraum leben mußten. Im Rahmen dieser Arbeit entstand die Dokumentation beispielhafter Initiativen *Building Community: A Third World Case Book*, herausgegeben von Turners Frau Bertha.

Seit seinem Umzug von London nach Hastings im Jahr 1989 arbeitete John F. C. Turner in Zusammenarbeit mit der Hastings-Stiftung an einer nachhaltigen Entwicklung seiner neuen Heimatstadt und wandte sich dabei gegen die sozialen und ökonomischen Folgen eines um sich greifenden städtischen Industrialismus.

Die lokale Gemeinschaft besitzt aus seiner Sicht eine zentrale Bedeutung für eine lebenswerte Zukunft der Menschheit. Nur diese relativ kleinen Einheiten des Zusammenlebens ermöglichen demnach konkrete Schritte auf dem Weg zu einer an Nachhaltigkeit orientierten Gesellschaft selbstbestimmter Bürger, deren Mündigkeit nicht bei der Frage nach dem für sie und ihre Bedürfnisse geeigneten Wohnraum endet, sondern dessen Umfeld mit einbezieht.

gen medizinischer Berufe in Folter-
praktiken ans Licht zu bringen und
der Gerechtigkeit zuzuführen.

Inge Genefke gründete 1973 die erste
Ärztegruppe von Amnesty International
in Dänemark. Zu dieser Zeit war nicht
viel über Foltermethoden und deren medizinische wie psychologische Folgen bekannt, so daß die Arbeit quasi bei Null
begann. Inge Genefkes beispielhafte Untersuchungen über Folter und deren Folgen für die Opfer führten zur Gründung
weiterer Medizinergruppen; 1982 waren
es 29 Gruppen mit insgesamt 4.000 Mitgliedern, verteilt über die ganze Welt. Als
im selben Jahr in Kopenhagen das Internationale Rehabilitations- und Forschungszentrum für Folteropfer (RCT)
gegründet wurde, übernahm Inge Genefke
dessen medizinische Leitung.

Inge Genefke
(geb. in Dänemark)

und das Rehabilitations- und Forschungszentrum für Folteropfer (RCT / IRCT)

Das dort durchgeführte Forschungs-
programm hat wesentlich zu einer ziel-
gerichteteren Behandlung von Folteropfern und der – sehr wesentlichen – Betreuung von deren Angehörigen geführt.
Diese basiert auf einer ganzheitlichen
Betrachtung des Problems; der Schwerpunkt liegt auf Psychotherapie.

**erhielten den Ehrenpreis „für ihren
Einsatz, die Gesundheit und Persön-
lichkeit jener Menschen wiederherzustellen, deren Leben durch Folter
zerstört wurde" sowie ihre Aktivitäten, die Verstrickung von Angehöri-**

1986 entstand die internationale Organisation IRCT. Seither kümmern sich über
100 Zentren in 75 Ländern um die Belange
von jährlich Tausenden von Folteropfern.
Ebenfalls 1986 erhielt Inge Genefke den

International Rehabilitation Council for Torture Victims (IRCT)
Borgergade 13 • P.O. Box 9049 • DK-1022 Copenhagen K, Denmark
Tel.: 0045-33-76 0-6 00 • Fax: 0045-33-76 0-5 00
irct@irct.org • www.irct.org

Rosenkjaer-Preis des Staatlichen Rundfunksenders Dänemarks. Es folgten Sendungen über ihre Arbeit, die bald schon wiederholt wurden und große Aufmerksamkeit erlangten. Überhaupt setzten Inge Genefke und das RTC stark auf die Medien. So wurden seit Mitte der achtziger Jahre mit Hilfe von Büchern, Pressemitteilungen, Hintergrundmaterial, eigenen Berichten und Video-Beweisen sämtliche Aspekte von Folter und deren Konsequenzen einer breiten Öffentlichkeit zugänglich gemacht, woraus ein internationales Netzwerk zur Folter-Dokumentation entstand.

Mitte der achtziger Jahre hatte das RTC 30 medizinische und administrative Mitarbeiter. Allein 1985 konnten dort 105 Überlebende von Folterungen behandelt werden. Um die Behandlungskapazitäten auszuweiten, wurde ein weltweites Netzwerk aufgebaut, durch das in vom RTC beratenen Einrichtungen weitere Folteropfer betreut werden. Ebenfalls Mitte der achtziger Jahre spielte das RTC eine wesentliche Rolle beim Aufbau eines Rehabilitationszentrums in Stockholm sowie der Einrichtung einer Unterstützungsorganisation, der schon bald Vertreter aus Ostasien, Lateinamerika, Afrika und Europa angehörten. Das IRCT veranstaltete Seminare für medizinisches Personal zur Erkennung von Folter und der Behandlung von deren Folgen rund um den Globus.

Als Folge der RTC-Seminare in Dänemark gründeten uruguayische Ärzte eine medizinisch-ethische Kommission, der Mediziner und Rechtsanwälte angehörten, um Darstellungen nachzugehen, daß über 60 Ärzte in Lagern und Gefängnissen in Uruguay aktiv an Folterungen beteiligt waren. Es gelang ihnen, die Bestrafung dieser Ärzte durchzusetzen.

Inge Genefke verwendete viel Mühe auf das Problem der Verwicklung von Ärzten in Folterungen. 1986 organisierte das RTC daher gemeinsam mit dem Dänischen Ärzteverband das erste internationale Tribunal seit den Nürnberger Kriegsverbrecherprozessen. Weitere RTC-Foltertribunale fanden außerhalb Dänemarks, u.a. auf den Philippinen und in Kenia, statt.

Ebenfalls 1986 veranstaltete das RTC gemeinsam mit der Weltgesundheitsorganisation (WHO) eine Konferenz, deren Ergebnis war, daß die WHO sich nachdrücklich für die Aufnahme von Art und Auswirkungen der Folter in die medizinischen Lehrpläne einsetzen würde – so, wie es an der Universität von Kopenhagen bereits Praxis war.

Inzwischen gibt es 100 vom RTC / IRCT unterstützte Zentren und Programme in 75 Ländern zur Hilfe und Behandlung von Tausenden jährlich hinzukommenden Folteropfern weltweit – in Albanien, Griechenland, der Türkei, in Estland, Lettland, Litauen, Argentinien, Chile, Uruguay, Bangladesh, Nepal, Pakistan, Kuwait, Sri Lanka, Neuguinea, auf den Philippinen, in Rußland, der Ukraine, in Südafrika, Kenia und Uganda. Weiterhin bat die Europäische Union das IRCT um Hilfe bei der Betreuung von Vergewaltigungsopfern des Jugoslawienkrieges.

1989

Am ersten Tag des Jahres enthüllt die Tageszeitung *New York Times*, daß die bundesdeutsche Firma Imhausen-Chemie am Bau der libyschen Giftgasfabrik Rabta beteiligt ist.

Oberbefehlshaber Boris Gromow verläßt als letzter sowjetischer Soldat Afghanistan, der Bürgerkrieg, dem bisher zwischen einer und 1,5 Millionen Afghanen zum Opfer gefallen sind, geht weiter.

Infolge eines Brandes sinkt am 7. April vor der Küste Norwegens ein sowjetisches Atom-U-Boot, 42 der 67 Besatzungsmitglieder kommen ums Leben.

Anfang März kommt es in Tibet zu Demonstrationen gegen die chinesische Besatzungsregierung, woraufhin Peking das Kriegsrecht über die Region verhängt.

Die Massendemonstration von mehr als 100.000 Menschen, vornehmlich Studenten, auf dem Platz des Himmlischen Friedens in Peking für Demokratie und Liberalisierung wird am 4. Juni vom Militär gewaltsam beendet, wobei nach inoffiziellen Angaben 3.600 Menschen sterben.

Auf Druck Serbiens werden die Autonomierechte der jugoslawischen Teilrepublik Kosovo, die zu 87,4 Prozent von Albanern bewohnt wird, Ende März drastisch eingeschränkt. Es kommt zu blutigen Unruhen.

Ein deutscher Arzt, der 1984 während einer Podiumsdiskussion gesagt hatte, „Jeder Soldat ist ein potentieller Mörder", wird am 20. Oktober letztinstanzlich vom Vorwurf der Beleidigung freigesprochen.

Am 6. Februar erschießen DDR-Grenzsoldaten an der Berliner Mauer einen 22jährigen Mann. Als Ungarn am 2. Mai beginnt, die Befestigungen seiner Grenze zu Österreich abzubauen, ist der Eiserne Vorhang zwischen Ost und West durchgerostet. Bis zu 500 DDR-Bürger pro Tag nutzen diese Lücke zur Flucht. Im August werden die Ständige Vertretung der Bundesrepublik in der DDR, die Botschaft in Budapest sowie die in Prag wegen Überfüllung mit DDR-Republikflüchtlingen geschlossen. Am 30. September einigen die beiden deutschen Staaten sich auf die Ausreise der über 4.000 DDR-Bürger, die sich in den bundesdeutschen Botschaften in Prag und Warschau befinden. Die Montagsdemonstrationen in Leipzig unter dem Motto „Wir sind das Volk" entwickeln sich ebenso wie Kundgebungen in anderen DDR-Städten zu Massenveranstaltungen mit Hunderttausenden von Teilnehmern. Am 18. Oktober tritt Erich Honecker als Staats- und Parteichef der

DDR zurück, sein Nachfolger wird der Hardliner Egon Krenz. Nur wenige Tage später verabschiedet Ungarn sich vom Kommunismus als Staatsphilosophie und gibt sich eine demokratische Verfassung.

SED-Politbüromitglied Günter Schabowski verkündet am frühen Abend des 9. November die Öffnung der DDR-Grenzen, tausende Ostberliner besuchen den Westteil der Stadt und werden jubelnd begrüßt. Von den vier Millionen DDR-Bürgern, die allein in den ersten vier Tagen in die Bundesrepublik oder nach West-Berlin kommen, kehren 20.000 nicht mehr zurück, sondern wollen dauerhaft übersiedeln. Nachdem die gesamte DDR-Regierung zurückgetreten ist, wird am 13. November Hans Modrow zum Ministerpräsidenten gewählt. Am 1. Dezember wird das Machtmonopol der SED aus der Verfassung gestrichen. Eine Woche später treten die Führung der SED, die sich noch im Dezember in Partei des Demokratischen Sozialismus (PDS) umbenennt, sowie das Politbüro und Zentralkomitee zurück. Erich Honecker, der frühere Ministerpräsident Willi Stoph und der Minister für Staatssicherheit, Erich Mielke, werden am 1. Dezember aus der Partei ausgeschlossen.

Noch im November werden in Bulgarien Schritte in Richtung Demokratisierung vollzogen, in der Tschechoslowakei wird am 29. Dezember der Schriftsteller und Bürgerrechtler Václav Havel zum Staatspräsidenten gewählt. In Rumänien verläuft der Umbruch blutig: Nachdem die Bevölkerung der Stadt Temesvar die Verhaftung eines regimekritischen Pfarrers verhindert hatte, soll die Armee dort Augenzeugen zufolge ein Massaker angerichtet haben. Am 21. Dezember schlägt in Bukarest eine von der Kommunistischen Partei geplante Jubelveranstaltung in eine Protestkundgebung um. Soldaten und Angehörige der berüchtigten Geheimpolizei Securitate laufen zur protestierenden Bevölkerung über, der Staats- und Parteichef Nicolae Ceausescu wird am 22. Dezember gestürzt und drei Tage später gemeinsam mit seiner Frau Elena hingerichtet. Ein Militärgericht hatte sie für den Tod von 60.000 Menschen und den Ruin der Wirtschaft verantwortlich gemacht.

Abgesehen von diesem historischen Umbruch gab es noch andere wichtige Schlagzeilen: Am 24. März läuft der Tanker „Exxon Valdez" im Prinz Williams-Sund auf ein Riff, 44.000 Tonnen Öl verseuchen 1.100 Kilometer der Südküste Alaskas. Die 79 Teilnehmerstaaten einer Ozonkonferenz einigen sich Anfang Mai in Helsinki auf eine Begrenzung des Ausstoßes von Fluorchlorkohlenwasserstoffen (FCKW). Wenige Tage später beschließen die Umweltminister der Europäischen Gemeinschaft die Katalysatorpflicht für alle Personenwagen, die ab 1992 gebaut werden.

Der deutsche Energiekonzern VEBA erklärt am 12. April seinen Ausstieg aus der Wiederaufbereitungsanlage im bayrischen Wackersdorf, womit diese zur über zwei Milliarden Mark teuren Bauruine wird. Vier Monate später beschließt die nordrhein-westfälische Landesregierung, den Hochtemperaturreaktor in Hamm-Uentrop nicht erneut ans Netz gehen zu lassen.

Bei den Landtagswahlen in Österreich am 12. März wird – mit Unterstützung der konservativen ÖVP – der Parteiobmann der rechtsgerichteten FPÖ, Jörg Haider, zum Landeshauptmann Kärntens gewählt. Zwei Wochen später treten bei den Wahlen zum Kongreß der Volksdeputierten der UdSSR erstmals mehrere Kandidaten pro Wahlkreis an. Der Urnengang wird zu einem Triumph der reformorientierten Kräfte, am 25. Mai wird Michail Gorbatschow vom Kongreß der Volksdeputierten zum Staatspräsidenten gewählt. Das Warschauer Bezirksgericht läßt am 17. April die sieben Jahre lang verbotene Gewerkschaft Solidarnosc wieder zu. Bei den DDR-Kommunalwahlen am 7. Mai stimmen angeblich 98,85 Prozent der Wähler für die Nationale Front, in der SED und die sogenannten Blockparteien vereinigt sind. Das Ergebnis wird angezweifelt. Um so überzeugender fallen die ersten freien Wahlen in Polen aus: Am 4. Juni erzielt das Bürgerkomitee Solidarität einen deutlichen Sieg zu Lasten der Kommunistischen Partei, der Zusammenschluß von Bürgerkomitee, Bauern- und Demokratischer Partei führt zur Wahl des ersten nichtkommunistischen Regierungschefs, Tadeusz Mazowiecki. Bei der Wahl zum Europaparlament am 18. Juni erzielen die rechtsradikalen Republikaner unter Franz Schönhuber in Deutschland 7,1 Prozent der Stimmen. Die ersten freien Präsidentschaftswahlen in Chile seit dem Militärputsch unter Augusto Pinochet Ugarte gewinnt dessen christdemokratischer Favorit Patricio Aylwin, nachdem sich die Bevölkerung im Oktober 1988 in einem Referendum gegen eine dritte Amtszeit Pinochets ausgesprochen hatte.

Der iranische Revolutionsführer Ayatollah Khomeini ruft am 14. Februar die Moslems in aller Welt zur Ermordung des britisch-indischen Schriftstellers Salman Rushdie auf, weil dessen Roman *Die Satanischen Verse* den Islam beleidige. Der Autor taucht unter, sein Buch erscheint in zahlreichen Sprachen. Der Ayatollah stirbt am 3. Juni im Alter von vermutlich 89 Jahren.

In den USA wird am 12. Februar mit der dunkelhäutigen Barbara Harris erstmals eine Frau Bischöfin, am 7. Oktober mit dem Demokraten Douglas Wilder in Virginia der erste Schwarze Gouverneur eines Bundesstaates.

Am 21. April beschließt eine Bundestags-
mehrheit von CDU/CSU- und FDP-Ab-
geordneten das Vermummungsverbot bei
Demonstrationen sowie die Kronzeugen-
regelung, die für terroristische Straftäter,
die gegen ihre Mittäter aussagen, Strafmilderung vorsieht.

Der Vorstandssprecher der Deutschen
Bank, Alfred Herrhausen, kommt am 30.
November bei einem Attentat mittels einer durch eine Lichtschranke gezündeten
Bombe ums Leben. In der Nähe des Tat-
ortes wird ein Selbstbezichtigungs-
schreiben mit Symbolen der RAF gefunden.

Die traditionsreiche SPD-Wochenzeitung
Vorwärts erscheint nach 113 Jahren am
15. April zum letzten Mal (mit dem auf
der Titelseite angekündigten Zweitauf-
macher *Getarnte Produktion: Waffen-
schmieden rüsten auf* aus der Feder des
Autors des vorliegenden Buches). Am 3.
November tritt der Bundestagsabgeordnete der Grünen, Otto Schily, zur SPD
über, legt sein Mandat aber nieder.

Treffen von Seikatsu-Mitgliedern

Die Seikatsu Club Consumers' Cooperative

wurde „für das erfolgreichste Modell von Produktion und Konsum in der industrialisierten Welt, das zum Ziel hat, die Gesellschaft durch das Vorbild einer selbstorganisierten und weniger anspruchsvollen Lebensweise zu ändern", mit dem Ehrenpreis ausgezeichnet.

Die japanische Seikatsu Club Consumers' Cooperative (SCCC) vereint wirtschaftliche Kenntnisse mit sozialen und ökologischen Vorgaben und der Vision einer am Menschen und an der Gemeinschaft orientierten Ökonomie, die eine echte Alternative zu kapitalistischer und sozialistischer Wirtschaftsweise bietet. Die Geschichte der SCCC begann 1965, als eine Hausfrau aus Tokio 200 andere Frauen dazu brachte, insgesamt 300 Flaschen Milch auf einmal zu kaufen, um den Preis zu drücken. Seitdem ist die Organisation auf mittlerweile ungefähr 230.000 Mitgliedshaushalte, die in Nachbarschafts- oder örtlichen Gruppen von jeweils fünf

Seikatsu Club Consumers' Cooperative
Welship Higashi Shinjuku • 6-24-20 Shinjuku • Shinju Ku • Tokyo • Japan 160-0022
Tel.: 0081-3-5285-18-83 • Fax: 0081-3-5285-18-39
seikatsu@jca.apc.org • http://www.seikatsuclub.coop/english

bis zwölf Mitgliedern organisiert sind, gewachsen. Die Gliederungen entsenden Delegierte, die einen fast nur aus Frauen bestehenden gemeinsamen Vorstand wählen.

Zahlreiche Produkte werden in großen Mengen gekauft. Die SCCC animiert ihre Mitglieder, gesunde und ökologisch verantwortlich produzierte Waren zu kaufen und veranlaßt die Lieferanten so, diese auch zu produzieren. Sie benutzt dabei ein computergestütztes Bestellsystem, um vorausplanen und die Frische der gelieferten Produkte gewährleisten zu können. Besonderen Wert legt die SCCC auf direkten Kontakt zwischen Konsumenten und Produzenten, beispielsweise zwischen Farmern und den Käufern der Erzeugnisse, um die Produktionsmethoden zu überprüfen oder selbst mit Hand anzulegen.

Finden sich keine Produkte auf dem Markt, die den Anforderungen der Organisation entsprechen, so produziert die Organisation selbst, über 60 verschiedene Produkte – beispielsweise Reis, Milch, Eier, Geflügel, Fisch und Gemüse – sind inzwischen SCCC-Markenartikel. Auf diese Weise gab die Verbraucherinitiative den Anstoß für die Gründung von über 200 Unternehmen. In von ihr eröffneten Restaurants, Bäckereien, Produktions- und Dienstleistungsunternehmen arbeiten rund 7.000 Menschen. Zudem gründete SCCC Frauenarbeitsgemeinschaften, die sich z.B. mit Kinder- und Altenbetreuung oder Recycling beschäftigen.

Der Club hat zudem eine eigene, gemeinnützige Versicherungsgesellschaft. Nach der Reaktorkatastrophe von Tschernobyl baute die SCCC ein Alarmnetzwerk für Strahlenkatastrophen auf.

Während einer Kampagne gegen Wasserverschmutzung durch synthetische Waschmittel wurde einigen SCCC-Mitgliedern bewußt, wie wichtig politischer Einfluß für ihre Ziele ist. Deshalb schufen sie unabhängige Netzwerke, die sich bei Kommunalwahlen erfolgreich einmischten. So wurde 1979 das erste Clubmitglied ins Stadtparlament von Tokyo gewählt, mittlerweile arbeiten über hundert SCCC-Angehörige als Ratsvertreter in ihren Städten und Gemeinden.

Für das 21. Jahrhundert hat die SCCC vier Prinzipien für ihre zukünftige Arbeit aufgestellt: einen neuen Lebensstil zu propagieren, der Umwelt und Gesundheit der Menschen schützt, fairen Handel zu unterstützen, staatlichen Eingriffen gegen die Interessen der Menschen entgegenzutreten und Frauen zu helfen, mehr Unabhängigkeit zu erlangen.

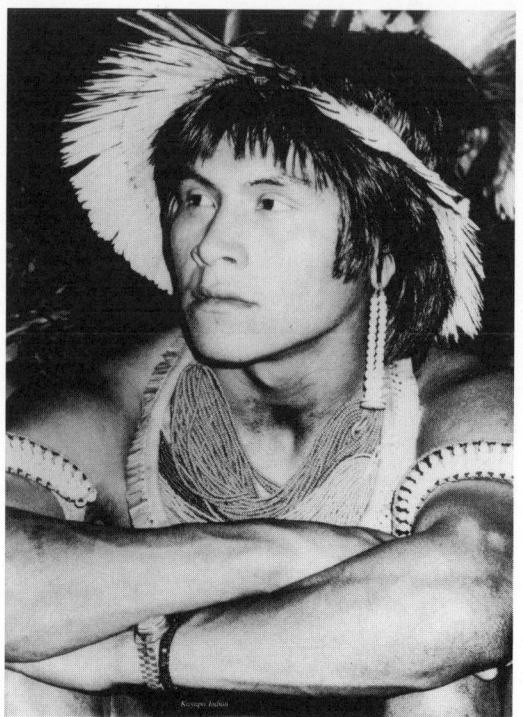

Davi Yanonami

Survival International, Großbritannien

erhielt den Alternativen Nobelpreis „für den längsten, umfassendsten und wirksamsten Kampf für die Rechte, die Lebensweise und die Selbstbestimmung von Eingeborenen unter Berücksichtigung ihrer Rolle als ökologisches Überlebensmodell".

Survival International (SI) wurde 1969 nach einem Artikel in der *Sunday Times* über Repressalien, denen indigene Völker im brasilianischen Amazonasgebiet ausgesetzt waren, gegründet.

Zu den Zielen der Organisation gehört insbesondere, die Beteiligung von Ureinwohnern an allen Entscheidungen, die ihre Zukunft betreffen, sicherzustellen, ebenso wie den Besitz des Landes, auf dem sie leben. In einer SI-Publikation heißt es: „Eingeborene sind weder rückständig noch unwissend. Ihre scheinbar einfache Technologie ermöglicht ihnen ein gutes Leben in anscheinend unwirtlichen Gegenden, wo unsere eigene, hochentwickelte Technologie nutzlos wäre. Durch ihr intimes Verhältnis zur Umwelt, ihre Abhängigkeit und gleichzeitig Identifikation sind sie tatsächlich die besten Hüter der Natur. Aber wir verwandeln ihre Heimat in Wüsten und nennen das Entwicklung." Zu oft würden die 200 Millionen Ureinwohner, die etwas mehr als drei Prozent der Weltbevölkerung ausmachen, als Entwicklungshindernisse, Studien- und Anschauungsobjekte u.a. für Touristen oder Potential zur Übernahme durch andere als ihrer eigenen Religionen mißbraucht.

Survival International • 6 Charterhouse Buildings
London EC1M 7ET • Great Britain
Tel.: 0044-207-687 870-0 • Fax: 0044-207-687 870-1
info@survival-international.org • www.survival-international.org

SI hat circa 12.000 Unterstützer in 75 Ländern. Das internationale Koordinierungsbüro befindet sich in London, nationale Büros gibt es in Frankreich, Spanien und Italien. SI, zu deren prominenten Unterstützern u.a. der Schauspieler Richard Gere gehört, arbeitet auf drei Ebenen:

Es werden weltweite Aktionen, beispielsweise „Urgent-Action"-Brief- und Mailkampagnen, organisiert, intensive Lobbyarbeit betrieben und Mahnwachen vor Botschaften veranstaltet, um auf die Lebenssituation bedrohter Völker hinzuweisen. Dies geschieht in engem Kontakt und in Zusammenarbeit mit Hunderten von Stammesgemeinschaften.

Zweitens arbeitet die Organisation publizistisch. Sie veröffentlicht Bücher, Videofilme, organisiert Konferenzen, Fotoausstellungen, und informiert an Schulen. Sie hat es sich zur Aufgabe gemacht, Respekt vor der Kultur von Naturvölkern zu vermitteln und dem Vorurteil entgegenzuwirken, diese seien lediglich Relikte vergangener Zeiten und zum Aussterben verurteilt.

Und drittens sorgt SI für Finanzhilfen. So wurden beispielsweise der Yanomami Medical Fund, mit dessen Hilfe die Malaria in einigen indianischen Gebieten zurückgedrängt werden konnte, und die Rückkehr von australischen Aborigines in ihr angestammtes Land unterstützt.

Auch der Stopp eines Straßenbauprojektes in der Republik Zentralafrika, wodurch der Lebensraum von 20.000 Ureinwohnern gerettet wurde, gehört zu den Erfolgen von SI. Dieser wurde durch intensive Lobbyarbeit gegenüber den Finanziers des Projektes erreicht.

Weiterhin bietet die Organisation Naturvölkern Zugang zu für sie überlebenswichtigen Informationen und unterstützt deren Austausch untereinander.

SI hat Beraterstatus bei der Europäischen Union und den Vereinten Nationen. Allein 1988/89 hat SI 52 Verstöße gegen die Rechte der Ureinwohner angeprangert. Zu den Aktivitäten in dieser Zeit gehörte auch eine Aufklärungskampage und Unterschriftensammlung gegen die Regenwaldvernichtung im malaysischen Sarawak. Die Organisation Sahabat Alam Malaysia-Sarawak erhielt den Alternativen Nobelpreis 1988. Ihre eigenes Preisgeld teilte SI mit Davi Yanomami, einem Anführer der brasilianischen Yanonami-Indianer.

Die Arbeit von Survival International ist von der Überzeugung getragen, daß die öffentliche Meinung die stärkste Kraft der Veränderung darstellt und ihr Einfluß verhindern kann, daß Naturvölker ausgebeutet werden. Im Jahr 2001 baute Survival International sein Bildungsprogramm aus und half Naturvölkern in Rußland, Indien und Brasilien beim Kampf um ihre Rechte.

Die Vielfalt der Pflanzenarten auf der Erde wird durch Monokulturen stark bedroht. Dabei ist sie wichtig, um eine möglichst gute Anpassung an veränderte Umweltbedingungen zu sichern und damit Probleme wie die zukünftige Ernährung der Menschheit zu lösen. Gebiete mit großer Artenvielfalt werden nach dem russischen Pflanzenforscher Nikolai Ivanovitsch Vavilov Vavilov-Zentren genannt. Eines der acht Vavilov-Zentren weltweit ist Äthiopien. Um die durch Dürre und moderne Anbaumethoden bedrohte genetische Vielfalt Äthiopiens zu sichern, entstand in Addis Abeba das Plant Genetic Resources Centre.

Maßgeblich an dessen Gründung beteiligt war Melaku Worede, der an der Universität von Nebraska (USA) Genetik und Züchtungswissenschaft studiert und promoviert hatte. Von 1979 bis zu seiner Pensionierung im Jahr 1993 war er Direktor des Zentrums. In wenigen Jahren hat er eine Saatbank mit zehntausenden, teils auch traditionell genutzten Pflanzenarten aufgebaut. Bauern können auf diese Ressourcen zurückgreifen, um durch die Aussaat geeigneter Arten auch in Dürreperioden ihre Ernte zu sichern. Mit dieser Genbank schuf Worede nicht allein eine herausragende Einrichtung in Afrika, sondern auch eines der weltweit besten Systeme zum Erhalt genetischer Ressourcen, die einem mit hohem Forschungs-

Melaku Worede
(geb. 1936 in Äthiopien)

und Seeds of Survival

wurden „für ein richtungweisendes Projekt zur dauerhaften Bekämpfung des Hungers durch den Aufbau eines der besten Zentren der Welt zur Bewahrung von Saatgut und ihren Einsatz zum Erhalt der Artenvielfalt und der Weisheit der afrikanischen Bauern zum Nutzen der gesamten Menschheit" mit dem Alternativen Nobelpreis ausgezeichnet.

Seeds of Survival / Ethiopia • PO Box 5750 • Addis Abeba, Ethiopia
Fax: 00251-1-654 976

aufwand entwickelten und aus reichen Ländern importierten Saatgut oftmals überlegen sind. Melaku Woredes Mitarbeiter bei diesem Projekts stammten ausschließlich aus Äthiopien; mit ihrer Hilfe bildete er eine neue Generation von Genetikern und Pflanzenzüchtern, die mit ihrem Wissen seither Landwirte unterstützen, aus.

Von 1993 an konzentrierte sich Melaku Worede auf das von ihm mit Unterstützung mehrerer kanadischer Nichtregierungsorganisationen mitgegründete „Seeds of Survival"-Programm. Es verbindet das überlieferte Wissen von Bauern um geeignete Formen des Ackerbaus mit westlicher Wissenschaft und Technologie. Zumeist werden die Projekte auf der Ebene kleiner Farmen durchgeführt, daneben werden Austauschprogramme für Saatgut initiiert, Netzwerke und Trainingsprogramme für Landwirte organisiert und Genbanken aufgebaut.

Melaku Worede war erster Präsident des afrikanischen Komitees für Pflanzen- und Genressourcen und spielte eine wesentliche Rolle beim Aufbau des Afrikanischen Netzwerkes für Artenvielfalt. Er leitete die Kommission für Pflanzen-Genressourcen der Weltorganisation für Ernährung und Landwirtschaft FAO und ist u.a. Vorstandsmitglied der Internationalen Stiftung für ländliche Entwicklung (Rural Advancement Foundation International, RAFI). Inzwischen ist Worede in vielen Ländern Afrikas und Asiens für „Seeds of Survival" tätig und bildet Genbankspezialisten und Wissenschaftler aus. Zahlreiche Organisationen, die sich für die Artenvielfalt in Afrika einsetzen, orientieren sich am äthiopischen Modell auf der Basis von Melaku Woredes bahnbrechender Arbeit.

Aklilu Lemma
(geb. in Äthiopien, gest. 1997)

und
Legesse Wolde-Yohannes
(geb. in Äthiopien)

erhielten den Alternativen Nobelpreis „für ihre profunde Erforschung der Eigenschaften der Endod-Pflanze als preiswertes Vorbeugungsmittel gegen Bilharziose sowie für ihren Kampf zur Überwindung der Voreingenommenheit der westlichen Medizin gegenüber der Forschung der Dritten Welt".

Bilharziose ist eine durch Süßwasserschnecken und tropische Saugwürmer übertragene Krankheit. Menschen können sich beispielsweise durch Baden in verschmutztem Wasser infizieren. Die Erreger verursachen u.a. schwere Störungen der Nierenfunktion, bösartige Polypen und Leberzirrhose und können somit zum Tode führen. Mehr als 200 Millionen Menschen in 74 Staaten Afrikas, Asiens und Lateinamerikas sind infiziert, eine weitere halbe Milliarde Menschen gilt als gefährdet.

1964 entdeckte der äthiopische Pathobiologe Aklilu Lemma, daß ein Extrakt der Früchte der afrikanischen Endod-Pflanze, auch Seifenbeere genannt, im Kampf gegen die Krankheit helfen könnte: Es bot die Chance auf ein bezahlbares Mittel zur Vorbeugung gegen Bilharziose.

Prof. Dr. Legesse Wolde-Yohannes • Institue of Pathobiology
Addis Ababa University • Addis Ababa, Ethiopia
Fax: 00251-1-754 066

Seit Jahrhunderten bereits verwendeten Frauen den Saft der Endod-Pflanze als Waschmittel. Bisher eingesetzte Therapien gegen die Bilharziose waren indes zu teuer, ebenso wie die bisherigen Mittel, die die Schnecken töteten – einmal davon abgesehen, daß diese ökologisch problematisch waren. Daher gründete Aklilu Lemma 1966 das Institute of Pathobiology an der Universität von Addis Abeba, um seine Forschungen fortzusetzen, und leitete dies zehn Jahre lang.

Von 1974 an beteiligte sich der Agrarwissenschaftler Legesse Wolde-Yohannes an der Forschung. Zwar bestätigte sich in den folgenden Jahren die Möglichkeit, mit Hilfe von Endod die nach Malaria am zweitweitesten verbreitete Krankheit in der Dritten Welt auszurotten, doch gestaltete es sich u.a. aufgrund von Versäumnissen und Ignoranz internationaler Gesundheitsorganisationen schwierig, die Ergebnisse für die Kranken nutzbar zu machen. Durch die ausdauernde Arbeit der äthiopischen Forscher und die Unterstützung einflußreicher Wissenschaftler und potenter Spender im Westen eröffneten sich schließlich doch Möglichkeiten für notwendige Labor- und Felduntersuchungen. Zusätzlich wurde ein Endod-Forschungs- und Nutzungsnetzwerk zwischen fünf afrikanischen Staaten aufgebaut. Gleichwohl ist das Mittel bis heute nicht auf dem Markt. Die Gründe hierfür dürften darin liegen, daß Forschungsergebnisse aus der Dritten Welt in den reichen Ländern immer noch nicht ernstgenommen werden und Endod eine derart einfache und preiswerte Lösung darstellt, daß sie für gewinnorientierte Unternehmen uninteressant ist.

Aklilu Lemma arbeitete neben seiner Forschungstätigkeit seit 1976 als stellvertretender Direktor für das International Child Development Centre von UNICEF mit Sitz im italienischen Florenz und später als Gastprofessor für internationale Gesundheitsfragen an der Johns Hopkins Universität in Baltimore, USA, wo er auch promoviert hatte. In Äthiopien hatte er zahlreiche leitende akademische Positionen inne und war als Berater tätig. Gemeinsam mit dem Finnen Pentti Malaska veröffentlichte er 1989 den Bericht an den Club of Rome *Africa Beyond Famine*. Kurz vor seinem Tod gründete er gemeinsam mit anderen Wissenschaftlern die Endod-Stiftung, die als Dachorganisation für alle das Endod-Projekt betreffenden Aktivitäten diente.

Legesse Wolde-Yohannes promovierte an der Technischen Universität Hannover im Fachbereich Gartenbau und koordiniert die Endod-Forschung in Addis Abeba seit 1980. Er entwickelte Methoden zur Extraktion des Wirkstoffes sowie dessen Anwendung und führte vielbeachtete agrarbiologische Studien durch. Derzeit arbeitet er als Professor an der Universität Addis Abeba und ist Direktor der Nationalen Endod-Stiftung.

Die USA entdeckten Endod als Lösung für eines ihrer eigenen Probleme: Die Zebramuschel hatte US-amerikanische Seen erobert, verstopfte Rohre beispielsweise von Wasserwerken und bedeutete damit eine Gefahr für die Trinkwasserversorgung. Mit der Anwendung von Endod verband sich die Hoffnung auf gewinnbringende Exporte.

1990

Um den ehemaligen Machthaber Panamas, General Manuel Noriega, zu verhaften und wegen Drogenschmuggels vor Gericht zu stellen, waren kurz vor Weihnachten 1989 20.000 US-Soldaten in den mittelamerikanischen Staat einmarschiert. Bei Kämpfen und US-Bombardements kommen circa 1.500 Menschen ums Leben, ein Teil von Panama-Stadt wird völlig zerstört, bevor Noriega sich am 3. Januar stellt.

Am 25. Februar endet in Nicaragua die Herrschaft der linksgerichteten Sandinisten unter Präsident Daniel Ortega. Die Sandinisten hatten 1979 den Diktator Anastasio Somoza gestürzt und übergeben nun nach einer deutlichen Wahlniederlage gegen ein konservatives Wahlbündnis unter Violeta Chamorro die Macht demokratisch geordnet.

Südafrika entläßt Namibia am 21. März als letztes afrikanisches Land in die Unabhängigkeit.

Im Unruheherd Kaukasus eskaliert die Gewalt. Nach blutigen antiarmenischen Ausschreitungen Anfang Januar verhängt das Präsidium des Obersten Sowjets in Moskau am 15. Januar den Ausnahmezustand über Teile der Republik Aserbaidschan, fünf Tage später auch über deren Hauptstadt Baku.

Der sowjetische Staatschef Michail Gorbatschow und US-Präsident George Bush unterzeichnen am 31. Mai in Washington Verträge, die eine spürbare Verringerung strategischer Waffen sowie die Vernichtung sämtlicher Chemiewaffen bis zum Jahr 2002 vorsehen. Zum Abschluß der KSZE-Gipfelkonferenz paraphieren die Staats- und Regierungschefs von 34 Nationen am 21. November in Paris die „Charta für ein neues Europa", mit der sie das „Zeitalter der Konfrontation" für beendet erklären. Zuvor hatten sich NATO und Warschauer Pakt auf umfassende konventionelle Abrüstungsschritte geeinigt und „einander die Hände zur Freundschaft" gereicht.

Am 2. August überrennen irakische Truppen Kuwait. Rund 11.000 Ausländer, die sich im Irak befinden, werden als „menschliche Schutzschilde" gegen einen Angriff an strategisch wichtige Orte gebracht. Der UN-Sicherheitsrat beschließt Sanktionen, 21 Staaten verlegen Militäreinheiten in die Krisenregion, allein die USA 230.000 Soldaten. Der Sicherheitsrat ermächtigt diese Koalition zu „den spezifischen Umständen entsprechenden Maßnahmen". Ende November stellt der Sicherheitsrat dem Irak ein Ultimatum und droht militärische Schritte an, falls Kuwait nicht bis zum 15. Januar freigegeben werde. Zuvor hatte Altbundeskanzler Willy Brandt zwei Gespräche mit Iraks Diktator Saddam Hussein geführt und 193 deutsche Geiseln mit zurückgebracht. Hussein läßt bis Ende Dezember sämtliche ausländischen Geiseln frei, lenkt in der Kuwait-Frage aber nicht ein.

Nach dem Zerfall des kommunistischen DDR-Regimes beherrschen die Schritte hin zur Wiedervereinigung der beiden deutschen Staaten die Schlagzeilen. So stürmen am 15. Januar 2.000 Menschen das Ministerium für Staatssicherheit. Zwei Wochen später wird der ehemalige DDR-Staats- und Parteichef Erich Honecker nach seiner Entlassung aus dem Krankenhaus festgenommen, tags darauf allerdings wegen Haftunfähigkeit wieder freigelassen. Am 10. Februar sagt der Generalsekretär der KPdSU, Michail Gorbatschow, Bundeskanzler Helmut Kohl und Außenminister Hans-Dietrich Genscher in Moskau zu, den Wunsch der Deutschen, in einem Staat leben zu wollen, zu respektieren. Im Sommer erklärt Gorbatschow sich auch mit der Zugehörigkeit eines geeinten Deutschlands zur NATO einverstanden. Der Austritt der DDR aus dem Warschauer Pakt wird am 24. September in Ostberlin von DDR-Verteidigungsminister Rainer Eppelmann und dem Oberkommandierenden der WP-Truppen, Pjotr Luschew, besiegelt.

Zur Privatisierung der circa 8.000 staatseigenen DDR-Betriebe wird am 1. März die Treuhandgesellschaft gegründet und gerät in der Folgezeit vielfach in die Kritik. Bei der ersten freien Wahl in der DDR am 18. März erhält das konservative Bündnis „Allianz für Deutschland", das aus der DDR-CDU, der Deutschen Sozialen Union und dem Demokrati-

schen Aufbruch besteht, eine deutliche Mehrheit; am 12. April wird Lothar de Maizière zum Ministerpräsidenten gewählt. Zehn Tage zuvor war der Partei- und Fraktionsvorsitzende der DDR-SPD, Ibrahim Böhme, aufgrund von Vorwürfen, mit der Stasi zusammengearbeitet zu haben, zurückgetreten. Mitte des Jahres werden mehrere ehemalige RAF-Terroristen, die offenbar unter dem Schutz der Stasi in der DDR lebten, festgenommen.

Am 1. Juli tritt die Wirtschafts-, Währungs- und Sozialunion zwischen Bundesrepublik und DDR in Kraft, womit die westliche D-Mark auch im Osten offizielles Zahlungsmittel wird. Am 23. August beschließt die DDR-Volkskammer den Beitritt zur Bundesrepublik. Parteien, Gewerkschaften, Wirtschafts-, Kultur- und Sportverbände etc. schließen sich zu gesamtdeutschen Organisationen zusammen. Als Abschluß der sogenannten Zwei-plus-Vier-Verhandlungen, an denen die Außenminister der beiden deutschen Staaten und die der Siegermächte des Zweiten Weltkrieges, USA, UdSSR, Großbritannien und Frankreich teilnehmen, wird am 12. September in Moskau ein Dokument unterzeichnet, das einem Friedensvertrag gleichkommt. Es legt die Grenzen Deutschlands endgültig fest und begrenzt dessen Streitkräfte auf 370.000 Soldaten. Nach Unterzeichnung eines Dokumentes in New York am 1. Oktober erhält Deutschland zum 3. Oktober die volle Souveränität zurück. Es ist von diesem Tag an wiedervereint.

Am 16. Oktober treffen erstmals seit der Teilung Koreas im Jahr 1945 die Regierungschefs des Nord- und Südteils zusammen.

Der Kongreß der Volksdeputierten der Sowjetunion schafft am 13. März das Machtmonopol der KPdSU ab und führt ein Präsidialsystem ein. Nachdem Michail Gorbatschow zwei Tage später als Präsident vereidigt wurde, kündigt er einen neuen Unionsvertrag für die UdSSR an, der auch die Möglichkeit für Teilrepubliken beinhaltet, die Union zu verlassen. Wenige Tage zuvor hatte sich Litauen für unabhängig erklärt, was die Moskauer Zentralregierung aber nicht anerkennt. Obwohl sowjetische Soldaten Ende März das Gebäude des Zentralkomitees der litauischen Kommunisten und ein Krankenhaus besetzen, nimmt der neugewählte Oberste Sowjet Lettlands am 4. Mai eine Unabhängigkeitserklärung an, vier Tage später ruft das estnische Parlament in Tallinn die Republik Estland aus. Am 29. Mai wird der Radikalreformer Boris Jelzin zum Präsidenten Rußlands gewählt, am 10. Juli verläßt er die KP.

Im August gibt der Staatschef der UdSSR, Michail Gorbatschow, den Schriftstellern Alexander Solschenizyn und Lew Kopelew, dem Schachgroßmeister Viktor Kortschnoi sowie 20 weiteren ausgebürgerten Dissidenten per Dekret die sowjetische Staatsangehörigkeit zurück.

Gorbatschow selbst wird mit dem Friedensnobelpreis ausgezeichnet. Er nimmt an der Verleihungszeremonie am 10. Dezember in Oslo allerdings nicht teil, weil die problematische Situation in der UdSSR seine Anwesenheit zu jeder Zeit erfordere.

Trotz einer Rekorderne gerät die Sowjetunion gegen Jahresende in eine ernste Versorgungskrise. Die Hilfsbereitschaft von Bürgern und Organisationen westlicher Länder ist beeindruckend.

Am 8. Oktober werden 22 Palästinenser getötet und 150 weitere verletzt, als die israelische Polizei am Jerusalemer Tempelberg während Auseinandersetzungen zwischen Juden und Palästinensern in die Menge feuert. Der Verurteilung dieser Gewalt gegen Zivilisten durch den UN-Sicherheitsrat stimmen nach einigen Tagen auch die USA zu.

Anfang Februar hebt der südafrikanische Premierminister Frederik de Klerk das Verbot des African National Congress auf, am 11. Februar wird dessen stellvertretender Vorsitzender und die Symbolfigur des Widerstandes gegen die Rassentrennung, Nelson Mandela, nach fast 28 Jahren aus der Haft entlassen. Mandela fordert ein Ende der Gewalt.

Pakistans Staatspräsident Ghulam Ishak Khan entläßt am 6. August die seit 20 Monaten regierende Ministerpräsidentin Benazir Bhutto. Ihr wird Machtmißbrauch und Korruption vorgeworfen, zudem sei sie während blutiger Unruhen im Streit mit Indien um Kaschmir untätig geblieben.

Am 22. November kündigt die „Eiserne Lady" Margaret Thatcher ihren Rücktritt vom Amt der britischen Ministerpräsidentin und dem Vorsitz der konservativen Partei an. Fünf Tage später wird der bisherige Finanzminister John Major ihr Nachfolger. In Irland wird am 3. Dezember mit der linksliberalen Rechtsanwältin Mary Robinson erstmals eine Frau als Staatsoberhaupt vereidigt. Der Vorsitzende der Gewerkschaft Solidarität, Lech Walesa, wird am 9. Dezember zum Präsidenten Polens gewählt, am 20. Dezember tritt der Außenminister der UdSSR und „Architekt der außenpolitischen Perestroika", Eduard Schewardnadse, überraschend zurück.

Am 26. Februar richtet ein Orkan in West- und Mitteleuropa schwere Verwüstungen an, allein in der Bundesrepublik und der DDR kommen 18 Menschen ums Leben.

Während einer Wahlkampfveranstaltung am 25. April in Köln verletzt eine geistesgestörte Frau den SPD-Kanzlerkandidaten Oskar Lafontaine mit einem Messer lebensgefährlich. Am 12. Oktober erleidet Bundesinnenminister Wolfgang Schäuble ein ähnliches Schicksal: Ein offenbar ebenfalls geistesgestörter Mann feuert während einer Wahlkampfveranstaltung im baden-württembergischen Oppenau drei Schüsse auf ihn ab. Schäuble schwebt zunächst in Lebensgefahr und bleibt an den Rollstuhl gefesselt.

Das Bundesverfassungsgericht erklärt das kommunale Wahlrecht für Ausländer am 31. Oktober für grundgesetzwidrig. Bei den Nationalratswahlen in Österreich kann die rechtslastige FPÖ um sieben Prozent auf 16,6 Prozent der Stimmen zulegen. Die erste gesamtdeutsche Bundestagswahl gewinnt die Koalition aus CDU/CSU (43,8 Prozent) und FDP (11 Prozent).

Mit circa 400.000 Besuchern ist „The Wall" eines größten Rockkonzerte der Welt. Es findet am 21. Juli symbolträchtig auf den Resten der Berliner Mauer statt.

Orlando Gaitán und Excelino Ariza

Die Asociacíon de Trabajadores Campesinos del Carare (ATCC)

erhielt den Alternativen Nobelpreis „für ihr außergewöhnlich couragiertes Engagement für Frieden, Gesellschaft und Familien, als Bauern und Arbeiter geradezu umzingelt und bedroht von sinnloser Gewalt waren". Die Jury ehrte damit auch die Leistung von Miguel Barajas, Josue Mateus und weiteren führenden ATCC-Aktivisten, die im Februar 1990 ermordet worden waren.

1965 erschienen erstmals kommunistische Guerillas in der kolumbianischen Region Carare. Als acht Jahre später die Armee eingriff, mischten sich bewaffnete oppositionelle, später zudem paramilitärische Gruppen ein, die die einheimischen Bauern mit brutaler Gewalt überzogen. Bis 1987 kamen über 500 Bauern zwischen den Fronten um, und im Mai des Jahres wurde der Bauernführer während eines Treffens mit den kommandierenden Militärs vor folgende Alternativen gestellt: sich auf die Seite des Militärs oder der Guerillas zu stellen, die Gegend zu verlassen oder zu sterben. Die Bauern, die sich aus dem Kampf heraushalten wollten, wählten eine weitere Möglichkeit: Sie setzten sich gewaltlos für Frieden und Entwicklung ein. So entstand die ATCC, die ihre Aktivitäten unter das Motto „Für

Asociacíon de Trabajadores Campesinos del Carare
Apartado Postal 146 • La India • Dep. Cimitarra • Santender, Colombia
Tel.: 0057-972-260-113 • Fax: 0057-972-260-017

ein Recht zu leben, Frieden und Arbeit" stellte.

Die ATCC-Taktik, konsequent gewaltlos mit allen Konfliktparteien – Militär, Paramilitär, Guerillas und Regierung – zu verhandeln, war sehr erfolgreich. In der Zeit zwischen Mai 1987 und Februar 1990, einer Phase der schlimmsten Gewalt in Kolumbien, kamen in Carare „nur" fünf Menschen durch Kriegshandlungen ums Leben.

Im August 1987 schlossen sich zwei Drittel der 12.000 Bauern von Carare, der Gouverneur von Santender, der Militärkommandant und der Berater des Präsidenten einem von der ATCC organisierten Friedensmarsch an. Dem Aufruf zur „Operation Return", mit der geflohene Bauern ermutigt wurden, in ihre Heimat zurückzukehren, folgten 40 Familien.

Im Folgejahr präsentierte die ATCC der Regierung den von Bauern entworfenen Plan zum nationalen Wiederaufbau. Er enthielt Aspekte wie Schulbildung, den Aufbau der Infrastruktur, die Etablierung von Bauern- und Gemeindeversammlungen sowie die Erhaltung natürlicher Ressourcen. Die Entwicklungskommission der Regierung stellte der Organisation daraufhin Kredite für zwei Boote und ein Lebensmittelgeschäft zur Verfügung. Letzteres stellte fortan die einzige Einnahmequelle der ATCC dar, da sie sich nie um Spenden bemüht hatte. Die ATCC veranlaßte die Regierung zudem, beträchtliche Summen in Projekte wie Straßenbau, Wasserversorgung, Krankenhäuser und Plantagen in der Region Carare zu investieren.

Die Organisation bemüht sich gemeinsam mit internationalen Wissenschaftlern um die Wiederaufforstung der Region mit einheimischen Bäumen, die den Bauern Erträge bringen. Mit der Neuen Schule von Colombia hat die ATCC Ende der achtziger Jahre eine Zusammenarbeit auf dem Gebiet der Umweltschutzausbildung begonnen, mit der Anden-Universität ein Wirtschaftsforschungsprojekt zur Förderung von Selbsthilfe.

Als im Herbst 1989 die Guerillaaktivitäten abermals aufflammten, verlegte die ATCC den Schwerpunkt ihrer Aktivitäten erneut auf die Friedensarbeit. So lud sie im Januar 1990 Vertreter aller Betroffenen des Konflikts zu einem Friedensforum ein.

Am 26. Februar 1990 kam es jedoch zu einer Tragödie: Vier führende ATCC-Aktivisten, darunter der Sprecher der Organisation, Miguel Barajas, wurden in einem Restaurant in der Stadt Cimitarra erschossen. Die Organisation entschloß sich während einer Generalversammlung dennoch zum weiteren Dialog mit den bewaffneten Gruppen.

Die Unerschrockenheit der ATCC-Mitglieder beeindruckte auch die kolumbianische Regierung, die die Organisation bald als wichtigste Friedensinitiative im Lande anerkannte. Dies wiederum führte zu Aufmerksamkeit in den Medien, so daß die ATCC zu einem Hoffnungsträger für die Durchsetzung des Friedensprozesses im ganzen Lande wurde.

Felicia Langer

(geb. 1930 in Polen)

erhielt den Alternativen Nobelpreis „für ihren vorbildlich couragierten Kampf für die Grundrechte der Palästinenser".

Felicia Langer, die mit ihren Eltern vor den Nazis in die Sowjetunion geflohen war, kam 1950 nach Israel, wo sie, seit 1953 Mutter eines Sohnes, von 1959 an Jura studierte und 1965 als Anwältin zugelassen wurde. Sie eröffnete eine Kanzlei in Jerusalem. Nach dem Sechstagekrieg 1967 war sie entsetzt über das Verhalten der israelischen Regierung in den besetzten Gebieten: Zu den Methoden des israelischen Militärs gehörte systematische und weitverbreitete Folterung – nicht selten mit Todesfolge –, die Zerstörung von Häusern angeblich verdächtigter Personen, was ganze Familien in die Obdachlosigkeit trieb, Enteignung und Deportation. Diese Gesetzlosigkeit wurde in erster Linie durch Militärgerichte vertreten.

Felicia Langer begann, als Anwältin für die Rechte der Palästinenser einzutreten. Sie forderte ein Ende der Besetzung und einen unabhängigen palästinensischen Staat auf der Westbank. Aufgrund ihres Engagements litt sie selbst unter Repressalien. Sobald sie das Haus verließ, wurde sie beleidigt oder gar körperlich angegriffen. Ein mit ihr befreundeter Jurist sagte einmal, es sei selten, daß Juristen die harten Bedingungen an den israelischen Militärgerichten länger als drei Jahre aushalten.

Felicia Langer • Hausserstr. 140 • 72076 Tübingen, Germany
Fax: 07071-66219
mail@felicia-langer.de • www.felicia-langer.de

Felicia Langer schaffte dies über 20 Jahre lang, bis 1990. Dann siedelte sie mit ihrem Mann nach Deutschland über, weil sie, so sagte sie der *Washington Post*, dem israelischen Rechtssystem „nicht länger als Feigenblatt dienen" wolle. Dieses sei zur Farce verkommen. Felicia Langer: „Mein Aufgeben ist Demonstration und Ausdruck meiner Verzweiflung und meines Widerwillens gegen das System, weil wir für die Palästinenser unglücklicherweise keine Gerechtigkeit erlangen können." Langer lehrte anschließend an den Universitäten Bremen und Kassel.

In einer Reihe von Büchern, die in vielen Sprachen erschienen sind, beschäftigt sie sich mit der Situation der Palästinenser. 1975 erschien ihr Buch *Mit meinen eigenen Augen*, 1979 *Dies sind meine Brüder*, 1980 *From my Diary,* 1981 *The Story Written by the People* und 1988 *Die Zeit der Steine*. Auch in Deutschland ist Langer als Autorin tätig, veröffentlichte ihre Autobiographie *Zorn und Hoffnung*, über ihren Wechsel nach Deutschland *Brücke der Träume,* anschließend *Wo Haß keine Grenzen kennt* und *Laßt uns wie Menschen leben.* Die Jugend ihres Mannes, der die Gefangenschaft in fünf Konzentrationslagern überlebte, durch den Naziterror aber seine gesamte Familie verlor, beschreibt Felicia Langer in *Miecius später Bericht.* Es folgten *Quo Vadis Israel? Die neue Intifada der Palästinenser* und *Brandherd Nahost oder: Die geduldete Heuchelei.*

Felicia Langer unternahm zahlreiche Vortragsreisen durch Europa und die USA, während derer sie Unterstützung für den israelisch-palästinensischen Friedensprozeß organisierte. Sie ist weiter friedenspolitisch aktiv. Für ihr Engagement wurde sie 1990 zur Ehrenbürgerin der Stadt Nazareth ernannt, 1991 von der Bruno-Kreisky-Stiftung für Verdienste um die Menschenrechte geehrt und 1998 anläßlich des 50jährigen Bestehens des Staates Israel von der israelischen Zeitschrift *You* zu einer der 50 bedeutendsten Frauen der israelischen Gesellschaft gewählt.

Alice Tepper Marlin
(geb. 1945 in den USA)

und das Council on Economic Priorities (CEP)

erhielten den Ehrenpreis der Right Livelihood Stiftung dafür, „dem westlichen Wirtschaftssystem einen Weg der Entwicklung zu funktionierendem Humanismus gezeigt zu haben".

Im Jahr 1968 beauftragte ein Rentenfonds in Boston die junge, als Wertpapieranalystin arbeitende Wirtschaftswissenschaftlerin Alice Tepper Marlin mit der Zusammenstellung einer Dokumentation, in der diejenigen Unternehmen aufgeführt wurden, die an der Kriegswirtschaft der USA während des Vietnamkrieges am wenigsten beteiligt waren und damit dem Frieden dienten. Tepper Marlin stellte fest, daß solche Informationen nicht einfach zu erhalten waren, sogar von den Firmen selbst nicht. Als das Ergebnis vorlag, stieß es auf große Beachtung und wurde u.a. von über 600 kirchlichen und anderen Gruppen über die USA hinaus angefordert. Die Arbeit an dieser Publikation motivierte Alice Tepper Marlin dazu, ein halbes Jahr später mit dem Council on Economic Priorities (CEP) eine unabhängige Organisation zu gründen, die Unternehmen weniger nach ihrem wirtschaftlichen Erfolg, sondern nach sozialen, ethischen und ökologischen Kriterien bewertet.

Das CEP analysierte zu diesem Zweck die Firmenpolitik unterschiedlichster Unternehmen unter drei Hauptgesichtspunkten: militärische Aspekte, solche von Energie und Umwelt sowie soziale Verantwortung. Es berücksichtigte bei seinen Beurteilungen Faktoren wie die Förderung von Frauen und Minderheiten, menschenwürdige Arbeitsbedingungen, die Berücksichtigung von Verbraucherinter-

Social Accountability International
220 East 23rd Street • Suite 605 • New York • NY 10010, USA
Tel.: 001-212-684 1414 • alice@sa-intl.org

essen und von Vorschlägen politischer Aktionsgruppen, die Frage, ob bei Investitionen ethische Gesichtspunkte berücksichtigt werden und ob und in welchem Maße Pharma- und Kosmetikfirmen Tierversuche durchführen. Der CEP-Einkaufsführer *Shopping for a Better World* verkaufte sich über eine Million mal, wurde in über tausend Zeitungen und Zeitschriften vorgestellt, erschien zwischenzeitlich jährlich und erleichterte sehr vielen Konsumenten die Auswahl von Produkten, die unter sozial und ökologisch vertretbaren Bedingungen produziert wurden. Auch die CEP-Studie *Rating America's Corporate Conscience* erzielte große Aufmerksamkeit.

Auch die vom CEP etablierten *Letters to the Editor* dienten dazu, die Bevölkerung für soziale Standards in Wirtschaftsunternehmen zu sensibilisieren und ihr Entscheidungshilfen beim Konsum zu geben. Mit dem Projekt wurden Teilnehmer auf lokaler Ebene aufgefordert, sich mit Briefen an die Macher der lokalen Presse zu wenden und sich für eine Öffentlichkeitsarbeit im Sinne der Organisationsziele einzusetzen. Alice Tepper Marlin selbst veröffentlichte zudem zahlreiche Bücher über den Einfluß, den Verbraucher über ihr Einkaufsverhalten auf Politik und Wirtschaft ausüben können.

CEP baute eine Umweltdatenbank auf und vergab jährlich den Corporate Conscience Award, mit dem die Organisation solche Firmen bekannter machte, die gemeinsamer gesellschaftlicher Verantwortung nachkamen; gleichzeitig wurden Unternehmen am anderen Ende der Liste, die solche Aspekte ignorierten, angeprangert.

Ein bedeutender Schritt auf anderer Ebene ist das vom CEP mit anderen Nichtregierungsorganisationen und Wirtschaftspartnern entwickelte Zertifikat SA8000, mit dem Unternehmen von externen Prüfern nach einheitlichen Regeln die Einhaltung sozialer Standards bescheinigt wird; diese Standards beinhalten beispielsweise das Verbot von Kinderarbeit, von Diskriminierung und von allen Formen der Gewaltanwendung sowie detaillierte Gesundheits- und Sicherheitsvorschriften.

1997 entstand aus dem Engagement des CEP heraus eine andere, ähnliche Ziele verfolgende Organisation: Social Accountability International. Diese widmet sich der Verbesserung von Arbeitsplätzen, der Bekämpfung von ausbeuterischen Unternehmen und der Weiterentwicklung und -verbreitung des Zertifikates SA8000. Alice Tepper Marlin ist Präsidentin dieser Organisation, in die das CEP 2001 überging.

Alice Tepper Marlin, die mit zahlreichen Preisen ausgezeichnet und in einflußreichen Zeitungen, Radio- und Fernsehprogrammen porträtiert wurde, gibt ihr Wissen auch als Professorin für Markt, Ethik und Recht an der angesehenen New Yorker Stern-Wirtschaftsschule weiter.

Bernard Lédéa Ouedraogo

(geb. 1930 in Burkina Faso)

wurde als einer der erfolgreichsten Bauernorganisatoren Afrikas „für die Förderung der Naam-Bewegung in seinem Land und die Gründung des Six-S-Verbandes zur Stärkung der Bauernselbsthilfe-Bewegung in ganz Westafrika" mit dem Alternativen Nobelpreis ausgezeichnet.

Bernard Lédéa Ouedraogo schloß eine höhere Schulbildung in Ober-Volta (jetzt Burkina Faso) ab und wurde bereits im Alter von 20 Jahren Schuldirektor. Er wandte sich aber bald der Landwirtschaft zu und erwarb hierzu einige Diplome. Er gelangte auf einen hohen Beamtenposten, doch stellte fest, daß er nicht in der Lage war, die Bauern und Dorfgemeinschaften, denen er helfen wollte, zu unterstützen. Um herauszufinden, weshalb das so war, gab er seinen Job auf, ging zum Studium nach Frankreich und promovierte 1977 an der Sorbonne.

Bernard Lédéa Ouedraogo zur Problematik, die er lösen wollte: „Die Landwirtschaftsbeamten kamen in einem Dorf an, und das einzige Interesse der Bauern lag darin, sich der Esel, Ochsen, Karren, Hakken und anderer Dinge zu bedienen, die wir ihnen zur Verfügung stellten. In dieser Art von Unterstützung war überhaupt nichts enthalten – keine Weitsicht, kein Prinzip, keine Philosophie. Es waren keine Bemühungen unternommen worden, das allgemeine Bewußtsein zu schärfen. Daher war es ganz natürlich, daß die Bauern in dieser Situation nur das Interesse hatten, die staatliche Quelle leerzupumpen und die Entwicklungsmitarbeiter auszunehmen."

Bei der Analyse der dörflichen Strukturen und der Mentalität der Menschen kamen Bernard Lédéa Ouedraogo und seine Kollegen zu dem Ergebnis, daß dort die sogenannten Naam-Gruppen – traditionelle Versammlungen junger Leute, die innerhalb der Dörfer bestimmte Funktionen in-

Fédération Naam • B.P. 100 • Ouahigouya • Burkina Faso
Fax: 00226-55 01 62 • fugn@fasonet.bf

nehatten – am besten entwickelt zu sein schienen, um mit ihnen weiterzuarbeiten.

1978 gab es in der Yatenga-Region von Burkina Faso über 2.500 Naam-Gruppen mit über 160.000 Mitgliedern, zwanzig Jahre später war deren Zahl auf 300.000 Mitglieder in fast 6.500 Gruppen – circa die Hälfte von ihnen reine Frauengruppen – in ganz Burkina Faso angewachsen.

In der Pressemitteilung zur Verleihung des Alternativen Nobelpreises an Ouedraogo heißt es, daß die Überführung dieser traditionellen Gruppen in moderne Strukturen „ein Meisterstück angewandter Soziologie" gewesen sei. Er selbst nennt vier Gründe für diesen Erfolg: Erhaltung traditioneller Werte und dennoch dynamische Führung und entsprechende Aktivitäten vor Ort, Verbot jeglicher Art sozialer, ethnischer, politischer oder religiöser Diskriminierung. Der vierte Punkt – Ausbildung und Motivation – entsteht aus den Gruppen selbst heraus und basiert auf dem Prinzip: Handle auf der Basis von dem, was die Menschen sind, was sie wissen, wie sie leben, was sie tun, was sie tun können und was sie wollen.

Das Spektrum der Naam-Aktivitäten umfaßt nahezu alle Bereiche menschlichen Lebens, die Mitglieder der Gruppen züchten Tiere, bauen Häuser, produzieren Waren und handeln damit. Im Weltbankbericht von 1983 waren allein folgende Bauaktivitäten aufgelistet: zehn Warenlager, neun Saatbanken, sieben andere Arbeitsgebäude, drei Dämme und 40 Brunnen. Die Gruppen etablierten 17 Kreditbanken und bauten in Yatenga sechs Speicher für Tausende von Tonnen Kartoffeln. Die Finanzierung dieser Projekte stellten die Naam-Mitglieder mit Hilfe französischer, niederländischer, schweizerischer und deutscher Partner sowie mit selbst erwirtschafteten Mitteln sicher.

1976 hatte Ouedraogo gemeinsam mit dem französischen Entwicklungsexperten Bernard Lecomte den Six-S-Verband (Se Servir de la Saison Seche en Savanne et au Sahel) gegründet und wurde zwei Jahre später deren geschäftsführender Direktor. Six-S bemühte sich seither um die Verbesserung technischen Know-hows, Maßnahmen, mit denen der beispiellosen Dürre begegnet werden konnte, um Vermittlung zwischen den Bauern und Regierungsbeamten sowie Entwicklungsorganisationen, Projektfinanzierungen und die Verringerung der Unterbeschäftigung in Trockenzeiten. Bald schon gehörten Six-S Bauernorganisationen außer aus Burkina Faso auch aus dem Senegal, Benin, Mali, Togo, Niger, Mauretanien, Guinea-Bissau und Gambia an.

1987 gehörten 245.000 Bauern in mehreren tausend Dorfgruppen, davon mehr als die Hälfte Naam-Gruppen, Six-S an. Schätzungen zufolge hatten sie schon bis dahin circa zwei Millionen Menschen bei der Verbesserung ihrer Lebenssituation geholfen.

Aufgrund seiner umfassenden und effektiven Aktivitäten wurde Bernard Ledea Ouedraogo 1987 in die globale UN-Ehrenliste der Umweltkämpfer aufgenommen, 1989 erhielt er gemeinsam mit dem Präsidenten von Botswana den Africa Leadership Preis. Ouedraogo gab die Preissumme in Höhe von 50.000 Dollar an Six-S weiter. Der Verband finanziert daraus seither den Ledea-Preis für Landfrauen-Initiativen.

1991

Das Jahr beginnt kriegerisch. Sowjetische Fallschirmjäger besetzen am 11. Januar das litauische Verteidigungsministerium in Wilna, tags darauf weitere Ministerien sowie das Radio- und Fernsehzentrum. Dabei werden 15 Menschen getötet. Eine Woche später beschießen Polizeitruppen des Moskauer Innenministeriums ein Regierungsgebäude im lettischen Riga, dieses Mal sind zehn Tote zu beklagen. Der sowjetische Präsident Michail Gorbatschow erklärt, für den Sturm auf das Radio- und Fernsehzentrum nicht verantwortlich zu sein, und wirft damit die Frage auf, über wieviel Macht er noch verfügt. Als sich Litauen in einer Volksabstimmung am 9. Februar mit überwältigender Mehrheit für die Unabhängigkeit von der UdSSR ausspricht, erklärt Gorbatschow diese für verfassungswidrig. Acht Monate später wird die Sowjetunion Estland, Lettland und Litauen, die zuvor Mitglieder der Vereinten Nationen geworden sind, diplomatisch anerkennen.

Schon Anfang des Jahres geraten Glasnost und Perestroika ins Stocken, die Nationalitätenkonflikte in manchen Sowjetrepubliken haben bürgerkriegsähnlichen Charakter angenommen. Die Wirtschaftslage verschlechtert sich drastisch, eine großangelegte Hilfsaktion des Auslandes trägt im Winter 1990/91 zu deren Linderung bei. Gorbatschow wird zwischen Fundamental-Kommunisten und Radikal-Reformern zerrieben, Boris Jelzin am 12. Juni mit 57,3 Prozent der abgegebenen Stimmen zum Präsidenten der russischen Föderation gewählt. Gorbatschow nimmt Mitte Juli in London als erster sowjetischer Staatschef am Weltwirtschaftsgipfel teil.

Am 17. Januar beginnt der von den Vereinten Nationen befürwortete Krieg einer internationalen Koalition unter Führung der USA gegen den Irak. Bereits am nächsten Tag läßt Saddam Hussein Scud-Raketen auf Israel, das sich auf Druck seiner Verbündeten aus dem Krieg heraushält, abfeuern. Es stellt sich heraus, daß deutsche Firmen an der Aufrüstung des Irak beteiligt waren.

Irakische Truppen setzen Umweltkatastrophen kriegerisch ein: Zunächst setzen sie fast 800 kuwaitische Ölquellen und Förderanlagen in Brand, um das Emirat wirtschaftlich zu schädigen, dann leiten sie Öl, das saudi-arabische Meerwasserentsalzungsanlagen und damit die dortige Trinkwasserversorgung bedroht, in den Persischen Golf. Unter dem Motto „Kein Blut für Öl" kommt es in Städten der westlichen Welt zu Friedensdemonstrationen.

Am 24. Februar beginnt die Bodenoffensive, zwei Tage darauf befiehlt Hussein den Rückzug seiner Truppen aus Kuwait und erkennt einen Tag später sämtliche UNO-Resolutionen an. Der Krieg endet am 28. Februar. Offiziellen Angaben zufolge starben auf Seiten der Alliierten etwa 125 Menschen, über

100.000 irakische Soldaten und eine unbekannte Zahl Zivilisten. In der Folgezeit kommt es zu Aufständen irakischer Oppositionsgruppen gegen den Diktator, die aber trotz der Aufforderung hierzu durch US-Präsident George Bush senior nicht von außen unterstützt werden. Bei den anschließenden Racheakten regierungstreuer Truppen werden tausende Rebellen, deren Unterstützer und Familienangehörige umgebracht.

Zwei Tage nach den Unabhängigkeitserklärungen der jugoslawischen Teilrepubliken Slowenien und Kroatien kommt es am 27. Juni, als Einheiten der von Serbien dominierten Bundesarmee die nördlichen Republiken zum Verbleib in dem Vielvölkerstaat zwingen wollen, zum offenen Bürgerkrieg. Weitere Teilrepubliken erklären sich für unabhängig, im Krieg zwischen der Bundesarmee und kroatischen Streitkräften sterben Tausende.

Im Mai erklären die USA ihren Verzicht auf chemische Waffen und kündigen die Vernichtung ihrer entsprechenden Vorräte innerhalb von zehn Jahren an. Mitte Juni beschließt der Ministerrat der Konferenz für Sicherheit und Zusammenarbeit in Europa umfassende Krisenmanagement-Strukturen.

Am 31. Juli unterzeichnen George Bush und Michail Gorbatschow in Moskau den START-Vertrag, der die Zahl der Atomwaffen mit einer Reichweite von über 5.500 Kilometern verringert. Anschließend kommt es erstmals auch zu einseitigen Abrüstungsschritten. Beide Seiten geben die ständige Alarmbereitschaft ihrer strategischen Bomber und Nuklearraketen auf.

Vor dem Hintergrund dieser hoffnungsvollen Vereinbarungen erschrickt die Welt, als Michail Gorbatschow am 19. August an seinem Urlaubsort auf der Krim festgesetzt wird und ein aus kommunistischen Ministern und Amtsträgern bestehendes Notstandskomitee die Macht in Moskau an sich reißt. Presse und Rundfunk werden der Zensur unterstellt, strategisch wichtige Orte besetzt. Doch bald schon formiert sich um den russischen Präsidenten Boris Jelzin Widerstand gegen den Putsch. Jelzin erklärt in einem dramatischen Appell – auf einem Panzer stehend – alle Verfügungen des Notstandskomitees für nichtig und ruft zu einem landesweiten Generalstreik auf. Er verlangt die Wiedereinsetzung von Gorbatschow in seine Funktionen und fordert vom Militär, sich den neuen Machthabern zu widersetzen. Der Sitz des russischen Parlamentes, das „Weiße Haus", wird zum Symbol des Widerstandes, die Bevölkerung errichtet Barrikaden und setzt Panzer mit Molotow-Cocktails in Brand. Um 1.30 Uhr des 21. August sterben drei Demonstranten, als sie überrollt werden. Inzwischen laufen Panzerbesatzungen zu den Verteidigern des „Weißen Hauses" über. Das Notstandskomitee ist verunsichert und uneinig, Gorbatschow wird befreit und kehrt abends nach Moskau zurück.

Jelzin verbietet die KPdSU in Rußland, Gorbatschow tritt am 24. August als deren Generalsekretär zurück und empfiehlt die Auflösung der Partei. Am 20. November beruft er Eduard Schewardnadse erneut zum Außenminister der UdSSR. Doch als Rußland, Weißrußland und die Ukraine am 8. Dezember in Brest die Gemeinschaft Unabhängiger Staaten, der innerhalb von zwei Wochen weitere acht Republiken beitreten, gründen, ist das Ende der Sowjetunion besiegelt. Führende Macht in dem neuen Staatenbund wird Rußland, dessen Regierung auch das Kommando über sämtliche Atomwaffen übernimmt.

Ein Wirbelsturm mit Windgeschwindigkeiten von bis zu 235 Stundenkilometern und eine dadurch ausgelöste sechs Meter hohe Flutwelle verwüsten am 29. April den Süden von Bangladesch. Die Angaben der Todesopfer-Zahl schwanken zwischen 100.000 und 300.000, fast zehn Millionen Menschen werden obdachlos. Die Weltöffentlichkeit, die dem Schicksal der aus dem Irak fliehenden Kurden kurz zuvor noch mit großer Hilfsbereitschaft gegenübergestanden hatte, erweist sich nun als „spendenmüde".

Der südafrikanische Präsident Frederik de Klerk kündigt während einer Regierungserklärung am 1. Februar die Aufhebung sämtlicher Apardheitsgesetze an. Winnie Mandela wird am 13. Mai in Johannesburg der Entführung vier schwar-

zer Jugendlicher schuldig gesprochen und zu sechs Jahren Haft verurteilt.

Während einer Konferenz am 30. April in Madrid beschließen die Teilnehmerstaaten ein auf 50 Jahre hinaus wirksames Bergbauverbot in der Antarktis.

Der indische Premierminister Rajiv Gandhi kommt – mit 16 weiteren Personen und der Attentäterin – am 21. Mai bei einem Bombenanschlag ums Leben. Im selben Monat wird in Nepal Birenda Bir Bikram Schah aufgrund des Ergebnisses der ersten freien Wahl seit 1959 zum Verzicht auf das Gottkönigtum gezwungen.

Am 1. April wird der Vorsitzende der Treuhand-Anstalt, Detlev Karsten Rohwedder, durch ein Fenster seines Düsseldorfer Hauses erschossen. Angeblich bekennt sich die Rote-Armee-Fraktion zu diesem Anschlag. Die frühere CDU-Politikern Birgit Breuel wird Rohwedders Nachfolgerin.

Der baden-württembergische Ministerpräsident Lothar Späth soll Urlaubsreisen auf Kosten von Industrieunternehmen und Dienstflüge mit Firmenmaschinen unternommen haben und tritt aufgrund dieser „Traumschiff-Affäre" am 13. Januar zurück. Die Sprecherin des fundamentalistischen Flügels der Grünen in Deutschland, Jutta Ditfurth, verläßt die Partei am 12. Mai.

Angeblich wegen einer schweren Erkrankung wird der frühere SED-Chef Erich Honecker am 13. März von den Sowjets nach Moskau gebracht und so der deutschen Justiz entzogen. DDR-Ex-Spionagechef Markus Wolf stellt sich am 24. September an einem österreichisch-deutschen Grenzübergang den deutschen Behörden. Am 14. November wird mit den Stimmen von CDU/CSU, FDP und SPD das Stasi-Unterlagengesetz beschlossen, das es künftig jedem Bürger ermöglicht, Einblick in möglicherweise über ihn von der Staatssicherheit der DDR angelegte Akten zu nehmen.

Die Wasserschutzpolizei beschlagnahmt am 28. Oktober im Hamburger Hafen Panzer und andere Militärfahrzeuge aus Beständen der ehemaligen Nationalen Volksarmee der DDR, die der Bundesnachrichtendienst dem israelischen Geheimdienst Mossad zukommen lassen wollte und als „landwirtschaftliche Geräte" deklariert hatte.

Am 8. April entfällt für polnische Staatsbürger die Visapflicht in Frankreich, Italien, Deutschland und den Benelux-Staaten. Nach nur acht Monaten wird der erste demokratisch gewählte Präsident Haitis, Jean Bertrand Aristide, durch einen Militärputsch gestürzt.

Ab Mitte September beginnt, ausgehend von Rechtsradikalen in der ostdeutschen Stadt Hoyerswerda, eine menschenverachtende Ausländerhatz.

Mit einem Urteil vom 26. Juni gestattet der Bundesgerichtshof Ärzten, die Ersatzdroge Methadon bei Heroinabhängigen einzusetzen.

Der Bundestag beschließt am 20. Juni mit 338 zu 320 Stimmen, den Parlaments- und Regierungssitz von Bonn nach Berlin zu verlegen.

Am 22. Mai gelingt 50 Meter unter dem Grund des Ärmelkanals der Durchbruch für die erste der beiden Eisenbahnröhren des Tunnels. Wenige Tage später nehmen in Deutschland ICE-Hochgeschwindigkeitszüge den Linienverkehr auf.

Bisweilen werden Zeitschriften und Bücher durch die Arbeit mutiger Herausgeber und Autoren zu einflußreichen Instrumenten – so, wie das Magazin *The Ecologist*, das Edward „Teddy" Goldsmith seit 1969 herausgab und als Sprachrohr nutzte, um die Welt vor den Folgen fortschreitender Zerstörung der Umwelt zu warnen und gleichzeitig konstruktive Lösungen für ökologische Probleme vorzustellen. Ein großes Publikum – es gab außer der englischen bald auch Ausgaben des Magazins in Frankreich, Spanien, Brasilien, Indien und Neuseeland – verfolgte dies aufmerksam; spätestens seit 1972, als Goldsmith und Robert Allen den Text *A Blueprint for Survival* im *Ecologist* und später in Buchform veröffentlichten. Sie sprachen sich darin konsequent für Nullwachstum, eine stabile Zahl von Menschen auf der Erde und ein System kleiner, selbstorganisierter Gemeinden als Grundlage menschlichen Überlebens aus. Das Buch wurde über eine halbe Million Mal verkauft und in 17 Sprachen übersetzt. Es war mitentscheidend für die Gründung der weltweit ersten Grünen-Partei in England.

Edward Goldsmith

(geb. am 8. November 1928 in Paris)

gründete mit dem Magazin *The Ecologist* die erste ökologisch orientierte Zeitschrift und wurde so zu einem Pionier der Ökologie-Bewegung. „Für seine kompromißlose Kritik am Industrialismus und für die Propagierung umweltfreundlicher und sozial gerechter Alternativen" auf publizistischem Wege wurde er von der Right Livelihood Stiftung mit dem Ehrenpreis ausgezeichnet.

Edward Goldsmith, der die französische und britische Staatsangehörigkeit besitzt, griff viele ökologische Themen auf, lange bevor sie in breiter Öffentlichkeit diskutiert und von Nichtregierungsorganisationen wie Greenpeace übernommen wurden. Nicht immer schuf er sich nur Freunde damit. 1985 etwa klagte er die Weltbank an, eine falsche und destruktive

Climate Initiatives Fund • 46 The Vineyard • Richmond • Surry • TW10 6QW, England
Fax: 0044-181-9486787 • www.edwardgoldsmith.com

Finanzierungspolitik zu praktizieren. In dieser Zeit arbeitete Goldsmith als Co-Autor an einer dreibändigen Studie über negative Auswirkungen großer Staudammprojekte, die bis dahin als ökologisch eher positiv eingestuft wurden, mit. Ein Aktionsplan zum Schutz der Regenwälder wurde mit Hilfe des *Ecologist* von drei Millionen Menschen unterschrieben und dem Generalsekretär der Vereinten Nationen vorgelegt. 1991 kritisierte er die UN-Ernährungs- und Landwirtschafts-Organisation FAO, sie finanziere Hungersnöte.

Edward Goldsmith hatte Philosophie, Politologie und Wirtschaftswissenschaften in Oxford studiert und war dann durch die ganze Welt gereist, entweder allein oder mit seinem Freund Jack Aspinall. Beide hatten dabei ihre Liebe zu einfachen, naturnah lebenden Völkern entdeckt, eine Verbundenheit, die Goldsmith schließlich zur Herausgabe des *Ecologist* animierte.

Mit dem in fünf Sprachen übersetzten 550-Seiten Buch *The Way: An Ecological World-view* veröffentlichte Goldsmith im Jahr 1992 einen umfassenden Report mit Blick auf die Welt aus ökologischer Perspektive und Lösungsansätzen für globale Umweltproblematik. Edward Goldsmith bezeichnete dieses Buch als sein Lebenswerk.

Der Ritter der französischen Ehrenlegion (1991) unterrichte Ökologie und damit verbundene Themen an den Universitäten von Michigan und Illinois und kreierte 1990 in Zusammenarbeit mit der Bostoner Universität einen Kurs über Globale Ökologie, der noch immer fortgesetzt wird.

Der *Ecologist* wird inzwischen von Goldsmiths Neffen Zac herausgegeben, während er selbst sich vornehmlich Spezialpublikationen widmet. So gab er 1997 gemeinsam mit Jerry Mander *The Case Against the Global Economy and for a Return Towards the Local*, das von der amerikanischen Politikwissenschaftler-Vereinigung zum Buch des Jahres erkoren wurde, heraus. Hierzu trugen zumeist Mitglieder des in San Francisco ansässigen Internationalen Globalisierungsforums, dessen Vorstand Edward Goldsmith angehört, Texte bei. Der Publizist ist Präsident des Climate Initiatives Fund mit Sitz im englischen Richmond. Inzwischen beschäftigt er sich vornehmlich mit der Klimaveränderung, in der er das ernsteste Problem sieht, mit dem die Welt konfrontiert ist.

Fatima Ribeiro, Pedro Cristofoli, Jorge Marskell

Die brasilianischen Landreform-Organisationen Movimento dos Trabalhadores Rurais sem Terra (MST) und Commissão Pastoral da Terra (CPT)

erhielten den Alternativen Nobelpreis, weil MST „Land für landlose Familien organisiert und ihnen dabei geholfen hat, dieses nachhaltig zu bewirtschaften", CPT wurde „für ihre hingebungsvolle Kampagne für soziale Gerechtigkeit und die Menschenrechte kleiner Farmer und Landloser" ausgezeichnet.

Land ist in Brasilien so ungleich wie nirgendwo sonst auf der Welt verteilt. Zwei Prozent der Landbesitzer nennen 60 Prozent des Ackerlands ihr eigen. Etwa zwei Drittel der Bevölkerung sind landlose Bauern oder Slumbewohner mit sehr harten Lebensbedingungen. Es herrscht hohe Säuglingssterblichkeit, Millionen notleidender Kinder leben auf den Straßen der Städte, und auf dem Lande herrschen Zustände wie in der Sklaverei: Die Arbeiter werden von bewaffneten Angestellten der Großgrundbesitzer bewacht. Diejenigen, die diese Verhältnisse anprangern, leben gefährlich und sind von Folter und Mord bedroht. Obwohl jedes Jahr zahlreiche Bauern, Priester, Sozialarbeiter und Ureinwohner umgebracht werden, kommen nur wenige der Verbrecher vor Gericht.

Von 1979 an begannen sich lokale Gruppen gegen diese Mißstände zu formieren und gründeten 1985 die Movimento dos

---

MST • Almaeda Barao de Limeira, 1232 • 01.202.002 Sao Paulo, SP, Brazil
sri@mst.org.br

CPT • Caixa Postal 749 CEP 74.000 • 224-4436 Goiania, Goias, Brazil
Fax: 0055-62-225 4967 • cptnac@bbs.cultura.com.br

Trabalhadores Rurais Sem Terra (MST), die Bewegung der Landlosen. Diese wurde zu einer Massenbewegung innerhalb der Gewerkschaften und organisiert seither die Besetzung von bisher ungenutztem Land durch Landlose und verhandelt auf dieser Basis mit dem Staat um Eigentumsrechte. Der Aufbau der Organisation wurde von der CPT gefördert. MST unterstützt die neuen Landbesitzer durch die Gründung von Landbau-Kooperativen, damit sie gegen die Konkurrenz der Großgrundbesitzer bestehen können. Die Bewegung ist in 23 brasilianischen Bundesstaaten organisiert, jedoch nicht in Amazonien, weil sie gegen die Vereinnahmung des Regenwaldes eintritt. MST vertritt inzwischen ungefähr vier Millionen Familien.

Die politischen Forderungen lauten:

- Legitimation der Besetzung von ungenutztem Land und die Ausweisung von Indianerland,
- maximal erlaubte Farmgröße von 500 Hektar,
- Enteignung von Land, das multinationalen Konzernen gehört und von Land, das illegal erworben wurde,
- Politik für Kleinbauern,
- ein Ende der Kolonialisationspolitik,
- Schutz und Wiederherstellung natürlicher Umwelt sowie
- Bestrafung der Mörder von Landarbeitern, die in Gebietskonflikten starben.

Auch die 1975 gegründete kirchliche Kommission für Boden, CPT, kämpft gegen ungerechte Landverteilung und Gewalt in Brasilien. Die CPT ist eine römisch-katholische Institution mit ökumenischer Basis, orientiert sich an der Befreiungstheologie und arbeitet eng mit der Nationalen Konferenz brasilianischer Bischöfe sowie der evangelischen Kirche zusammen.

CPT bietet Beratung, Vernetzung und Unterstützung für all diejenigen, die sich dafür einsetzen, Landlose in ihrem Kampf für Ackerland, Freiheit und Gerechtigkeit zu organisieren. Daran arbeiten 70 Festangestellte mit circa 40.000 ehrenamtlichen Helfern, darunter 1.000 Priester und Kirchenmitarbeiter. Seit ihrer Gründung hat die CPT beim Aufbau von über 350 ländlichen Gewerkschaften mitgewirkt und mehr als 500 Rechtsanwälte, die sich in Tausenden Gerichtsverfahren für die Rechte der Bauern einsetzen, beraten.

Weitere CPT-Aktivitäten waren u.a.

- der Aufbau einer Dokumentation von Menschenrechtsverletzungen in Brasilien, die mit Fragen des Landbesitzes zu tun haben,
- zwei Alternative Tribunale zur Beleuchtung von Verbrechen von Großgrundbesitzern sowie
- Unterstützung bei der Besetzung und Besiedlung unproduktiven Landes durch landlose Bauern.

Die Erfahrungen zeigten, daß nur die Mobilisierung der armen Landbevölkerung Aussicht auf Erfolg in der Auseinandersetzung mit der sich verschanzenden Elite der Landbesitzer hat.

Medha Patkar

Die Organisation Narmada Bachao Andolan, geleitet von Medha Patkar
(geb. 1956 in Indien)

und Baba Amte
(geb. 1914 in Indien)

bekamen den Alternativen Nobelpreis für „ihren engagierten Widerstand gegen das Narmadatal-Projekt und ihren Einsatz für Alternativen in der Wasser- und Energieversorgung, die den Armen der Region und der natürlichen Umwelt nützen".

Das Narmada-Staudammprojekt in Indien ist heftig umstritten (siehe auch Chipko Movement, RLA 1987). Der Narmada ist Indiens längster westwärts fließender Fluß und von großer religiöser und kultureller Bedeutung für die Menschen, die an seinen Ufern leben. Doch dreißig große und Hunderte von kleinen Dämmen, die den Narmada stauen sollen, bringen angeblich enorme Vorteile für die Energie- und Trinkwasserversorgung sowie für Bewässerungsprojekte Indiens, was aufgrund der Erfahrungen mit anderen Staudammprojekten ernsthaft bezweifelt wird. Zwei Großdämme sind mittlerweile geflutet, mit dem Sardar Sarovar und dem Narmada Sagar befinden sich zwei weitere in Bau. Die Dammbauten werden von der Weltbank mit hunderten Millionen von Dollars gefördert.

Die Nachteile der Projekte sind offensichtlich: Allein durch den Bau des Sardar Sarovar werden etwa 300.000 Menschen, zumeist Bauern und Ureinwohner, aus ihren Gebieten vertrieben. Gleichzeitig richten die Dammbauten durch die Überflutung von Wäldern, in denen seltene Tier- und Pflanzenarten leben, immensen ökologischen Schaden an.

Die Narmada Bachao Andolan-Bewegung (NBA) gegen die Staudammprojekte organisierte sich von Mitte der achtziger Jahre an. Sie hat großen Anteil

---

Narmada Bachao Andolan • 58, Gandhi Marg • Badwani Dist Khargone • M.P. 451 551
www.narmada.org

daran, daß es zu Debatten um das Für und Wider dieser Art von Projekten in ganz Indien kam. Es prallten dabei zwei Ansichten über die künftige Entwicklung aufeinander: Die eine Seite vertrat die Industrialisierung in großem Ausmaß auch auf Kosten von Bevölkerung und Umwelt, die andere die Unterstützung von überschaubaren Projekten, die sowohl mit den Lebensbedingungen der Menschen vor Ort als auch der Umwelt vereinbar sind.

Eine der herausragenden Wortführerinnen der NBA-Bewegung ist die Sozialwissenschaftlerin Medha Patkar, die Mitte der achtziger Jahre zu den indigenen Völkern des Narmadatals reiste und sich dort niederließ. Sie sensibilisierte die dort lebenden Menschen für die Gefahren, die ihnen durch die Dammbauten drohten. 1991 riskierte sie während einer heftigen Auseinandersetzung zwischen NBA-Unterstützern und Befürwortern des Dammes, nachdem sie schon von Polizisten verprügelt worden war, mit einem dreiwöchigen Hungerstreik ihr Leben.

Baba Amte, ebenfalls von großer Bedeutung für die Bewegung, ist eine Moralinstanz in Indien und widmete einen großen Teil seines Lebens der Pflege und Rehabilitation von Leprakranken. Das von ihm gegründete Lepradorf Anandwan erlangte Vorbildcharakter, auch hinsichtlich des Abbaus der Vorurteile gegenüber Lepra-Überlebenden. 1990 zog Baba Amte an den Narmadafluß, um den Kampf gegen die Dämme zu unterstützen. Als er Anandwan verließ, sagte er: „Narmada wird als Synonym für alle Kämpfe gegen Ungerechtigkeit auf den Lippen der Nationen haften bleiben."

Die NBA-Aktivitäten trugen zu einem Baustopp im Jahr 1995 bei, u.a., weil die vertriebenen Bauern entgegen anderslautenden Zusagen der Regierung kein Land erhalten hatten und verarmten. Doch seit Anfang 1999 wurde der Damm weitergebaut – zunächst auf eine Höhe von 88 Metern, wodurch weitere 60 Dörfer von der Vernichtung bedroht waren. Dabei hatte NBA ein Konzept vorgelegt, das die Dämme überflüssig gemacht hätte.

Die Narmada-Dammprojekte sind ein Paradebeispiel für zu kurz gedachte Entwicklungsprojekte. Würden sie eingestellt, wäre das ein bedeutender Gewinn für das Prinzip nachhaltigen Wirtschaftens und eine Gnade für Hunderttausende von Menschen, die andernfalls zu obdachlosen Flüchtlingen würden.

Marie-Thérèse
(geb. 1923 in Frankreich, gest. 2003)

und Bengt Danielsson
(geb. 1921 in Schweden, gest. 1997)

Senator Jeton Anjain
(gest. 1993)

und das Volk von Rongelap

wurden „für die Aufdeckung der Auswirkungen und die Forderung nach einem Ende des französischen Nuklear-Kolonialismus" mit dem Alternativen Nobelpreis ausgezeichnet.

erhielten den Right Livelihood Award „für ihren standhaften Kampf gegen die Nuklear-Politik der USA und für ihr Recht, auf einer unverseuchten Insel Rongelap zu leben".

Rongelap Community • C/o James Matayoshi
PO Box 1006 • Majuro 96960 • Marshall Islands

Marie-Thérèse und
Bengt Danielsson

Obwohl Polynesien seit 1862 zu Frankreich gehört, hatte die Regierung in Paris lange Zeit kein besonderes Interesse an den Inseln, wodurch es deren Bewohnern besser ging als allen anderen kolonialisierten Völkern. Doch nachdem Algerien 1962 die Unabhängigkeit erlangt hatte und keine Atomtests auf seinem Gebiet mehr zuließ, beschloß der damalige französische Präsident Charles de Gaulle, die Inseln als Atombombentestgebiet zu nutzen. Infolgedessen kamen sehr schnell französische Truppen, Bürokraten und andere Immigranten auf die Inseln. Allein das militärische Personal bestand aus 20.000 Menschen. Marie-Thérèse und Bengt Danielsson nannten dies einen „Tsunami", der Tahiti und seine Bevölkerung unwiderruflich verändert habe.

Von 1966 an führte die Fünfte Republik 44 oberirdische Atombombentests durch. Nach internationalen Protesten, durch die u.a. die Umweltschutzorganisation Greenpeace weltweit bekannt wurde, wurden 131 weitere Kernsprengsätze in den porösen Sockeln der Atolle Moruroa und Fangataufa gezündet.

Marie-Thérèse und Bengt Danielsson waren maßgeblich am Protest gegen die Versuchsexplosionen beteiligt. Der promovierte Anthropologe Bengt Danielsson war Direktor des schwedischen Nationalmuseums für Ethnologie und beteiligt an Thor Heyerdahls Kon-Tiki-Expedition. 1948 heiratete er Marie Thérèse und lebte mit ihr in Tahiti, wo sie sich in der lokalen Politik, in Frauen-Umweltorganisationen und für die Unabhängigkeitsbewegung engagierte. Die beiden veröffentlichten zahlreiche Studien über Geschichte und Gegenwart Polynesiens.

Die Anklage des Ehepaares gegen den französischen Nuklear-Kolonialismus wurde erstmals 1974 unter dem Titel *Poisoned Reign: French Nuclear Colonialism in the Pacific* veröffentlicht, 1986 in einer überarbeiteten Version. Ebenfalls 1974 hatten die Danielssons auch das Buch *Moruroa Mon Amour* veröffentlicht. Es fand weite Verbreitung.

Die Auswirkungen der Pariser Politik waren verheerend: Funktionierende soziale Strukturen wurden zerstört, was Slums, Hunger und Verkehrsprobleme verursachte. Als direkte Folge der Kernwaffenversuche selbst kam es immer wieder zu Flutwellen und Erdbeben. Darüber hinaus entstand bei jedem unterirdischen Atomtest ein nukleares Endlager. Sowohl Moruroa als auch das Nachbaratoll Fangataufa wurden mit solchen strahlenden Hinterlassenschaften durchlöchert. Die Radioaktivität gelangt bis heute durch Risse ins Meerwasser. Frankreich blockte sämtliche Versuche, unabhängige Studien über radioaktive Verseuchung und deren gesundheitliche Auswirkungen zu realisieren ab, so daß das wahre Ausmaß der Schäden nicht bekannt ist.

Erst 1996 beendete Frankreich die Atomtests im Südpazifik. Ein Jahr später starb Bengt Danielsson. Danach setzte seine Frau Marie-Thérèse die Arbeit für ein unabhängiges, lebensfähiges Französisch Polynesien und für eine umfassende Aufklärung über die Folgen der Kernexplo-

Senator Jeton Anjain

Senator Jeton Anjain und das Volk von Rongelap

Auch die etwa 250 Bewohner der zu den von den USA verwalteten Marschall-Inseln gehörenden Insel Rongelap wurden durch eine Atomwaffe geschädigt. 1954 zündeten US-Militärs über dem Bikini-Atoll – 100 Meilen von Rongelap entfernt – eine Wasserstoffbombe, die circa tausendmal so stark wie die Bombe von Hiroshima war. Als der radioaktive Fallout der Explosion die Insel erreichte, spielten nichtsahnende Kinder mit dem weißen Staub. Erst zwei Tage später wurden die Insulaner evakuiert, viele mit Symptomen von Verstrahlung. Die Dosis, der sie ausgesetzt waren, war mehr als zweitausendmal so hoch, wie die heute zulässige Dosis für ein ganzes Jahr.

Bereits zwei Jahre später ließen die US-Behörden die Insulaner wieder zurückkehren, obwohl Rongelap immer noch verseucht war. 1973 zeigte sich im Urin der Rongelapesen sogar eine zehnmal höhere Konzentration des strahlenden Ultragifts Plutonium als bei Bewohnern des Bikini-Atolls. Diese Untersuchungen wurden 14 Jahre lang geheimgehalten.

Doch Senator Jeton Anjain, Abgeordneter der Insel Rongelap im Parlament der Marschall-Inseln, erreichte 1985 eine erneute Evakuierung, dieses Mal auf ein 120 Meilen entferntes, allerdings nur bedingt zum Leben geeignetes Atoll. Während das Bikini-Atoll und Enewetak von den USA zig Millionen Dollar Entschädigung bekamen, blieb für die Bewohner Rongelaps zunächst kaum etwas. So unterstützte Greenpeace den Umzug der

sionen alleine fort. Sie war u.a. Mitglied der Nuklear-Veteranenvereinigung und der lokalen Sektion der Internationalen Frauenliga für Freiheit und Frieden. Marie-Thérèse Danielsson starb im Februar 2003.

Das Haus der Danielssons an der Küste Tahitis, heißt es in einem Nachruf der Greenpeace-Atom-Koordinatorin Stephanie Mills, sei immer offen für Besucher gewesen. Die Bibliothek habe alles über Polynesien – von der Geschichte über die Kultur bis hin zu Büchern über traditionelle Speisen – enthalten. Es sei „ein Hafen für Greenpeace-Campaigner, Pazifik-Aktivisten, französische Wissenschaftler und Politiker" und weitere Menschen gewesen.

Rongelapesen auf die Nachbarinsel mit seinem Schiff Rainbow Warrior.

Anjain kämpfte für unabhängige Untersuchungen auf Rongelap und hatte 1991 Erfolg. Die USA stimmten zu, wahrscheinlich als beschämte Reaktion auf eine Enthüllung aus dem Vorjahr, derzufolge sie sich bisher die Option auf weitere Atomwaffentests im Gebiet um Rongelap für den Fall, daß die Sowjetunion den Teststoppvertrag brechen würde, offengelassen hatten.

Senator Jeton Anjain starb 1993 an Krebs. Das *Marshall Islands Journal* schrieb über ihn: „Anjain hat den Menschen von Rongelap die Bühne bereitet, ihre Würde wiederzuerlangen. Diese war ihnen seit den Atomtests, die Teil ihrer Geschichte wurden und einen fast 40 Jahre währenden Alptraum entfesselten, verlorengegangen. Anjain hat Amerika eine Möglichkeit angeboten, seinen überfälligen Verpflichtungen gegenüber einer Gesellschaft, die es im Namen des Kalten Krieges verstrahlt hat, nachzukommen. Diejenigen, die das Vakuum, das durch seinen zu frühen Tod entstanden ist, füllen werden, werden große Schuhe zu tragen, aber einem klaren Weg zu folgen haben."

Es fanden sich Menschen, die dies taten. Im August 2002 wurde Rongelap wiederbesiedelt.

1992

Der Präsident der Ukraine, Leonid Krawtschuk, unterstellt am 3. Januar die in seinem Land stationierten Streitkräfte der ehemaligen UdSSR seinem Kommando. Zehn Tage später unterzeichnen die Premierminister von Nord- und Südkorea ein Abkommen, in dem, neben anderen Vereinbarungen, die Halbinsel für atomwaffenfrei erklärt wird. Mitte des Monats endet in El Salvador der zwölfjährige Bürgerkrieg ohne Sieger und Besiegte.

Am 15. Januar erkennt die Europäische Gemeinschaft Kroatien und Slowenien, am 6. April auch Bosnien-Herzegowina, wohin sich der Krieg inzwischen verlagert hat, als unabhängige Staaten an. Im Krieg um die Teilrepublik kesseln serbische Streitkräfte Sarajevo ein. Ein Granatenangriff auf den Marktplatz, bei dem 22 Zivilisten ums Leben kommen, erregt weltweite Empörung. Zur Versorgung der Stadt wird eine internationale Luftbrücke eingerichtet. Kroatien, Slowenien und Bosnien-Herzegowina werden Ende Mai in die UNO aufgenommen, die nun noch aus Serbien und Montenegro bestehende „Bundesrepublik Jugoslawien" wird während einer Vollversammlung der Vereinten Nationen am 22. September aus den Vereinten Nationen ausgeschlossen.

Die CSSR ratifiziert am 18. März als erstes Land des ehemaligen Ostblocks die europäische Menschenrechtskonvention. Gleichzeitig bringt die Umstellung von der Zentralverwaltungs- auf die Marktwirtschaft in den Staaten der ehemaligen Sowjetunion immense Härten für die Bevölkerung mit sich. Zudem werden Nationalitätenkonflikte blutig ausgetragen, militärische Fragen wie etwa die Aufteilung der Schwarzmeerflotte zwischen Rußland und der Ukraine sind nur kompliziert zu klären. Ungeachtet dessen vereinbaren Staats- und Regierungschefs aus 29 Ländern auf dem Gipfeltreffen der Konferenz für Sicherheit und Zusammenarbeit in Europa (KSZE) am 10. Juli in Helsinki die Begrenzung der personellen Stärke ihrer Land- und Luftstreitkräfte.

Der ehemalige Staats- und Parteichef der DDR, Erich Honecker, trifft am 29. Juli nach 232tägigem Aufenthalt in der chilenischen Botschaft in Moskau in Berlin ein, wird verhaftet und anschließend der Tötung von Menschen an der innerdeutschen Grenze angeklagt.

Am 22. August brechen in Rostock-Lichtenhagen zeitweise bürgerkriegsähnliche Zustände aus. Rechtsradikale zünden ein Asylbewerberheim an und erhalten dafür Beifall aus der Bevölkerung, während die Polizei völlig überfordert ist und zeitweise untätig bleibt. Eine Woche später gehen circa 13.000 Menschen unter dem Motto „Stoppt die Pogrome" auf die Straßen der Hansestadt. Zwei Monate später sterben zwei türkische Frauen und ein zehnjähriges Mädchen bei einem ausländerfeindlichen Brandanschlag im schleswig-holsteinischen Mölln.

▬▬▬

Ende April brechen in Los Angeles schwere Rassenunruhen, in deren Verlauf 58 Menschen ums Leben kommen und circa 2.300 verletzt werden, aus. Auslöser ist das Urteil eines Geschworenengerichtes im 60 Kilometer von Los Angeles entfernten Simi Valley, demzufolge vier weiße Polizisten unbestraft bleiben sollen, obwohl ein Amateurvideo beweist, daß sie den schwarzen Autofahrer Rodney King schwer mißhandelt haben. Die Unruhen greifen auf die Städte San Francisco, Seattle, Houston und Miami über, werden durch den massiven Einsatz von Polizeikräften aber eingedämmt. Zwischenzeitlich wird über Los Angeles der Ausnahmezustand verhängt, manche Stadtteile werden zu Katastrophengebieten erklärt. Der Bürgerrechtler Jesse Jackson betont, „daß das Recht in diesem Land nicht für die Schwarzen gilt."

▬▬▬

Der bis dahin erfolgreichste italienische Mafia-Jäger, der Ermittlungsrichter Giovanni Falcone, wird während einer Autofahrt am 23. Mai durch einen ferngezündeten Sprengsatz mitsamt sechs weiteren Menschen getötet. Am 19. Juli wird sein Kollege Paolo Borsselino durch

eine Autobombe zerfetzt, fünf seiner Leibwächter kommen ebenfalls ums Leben. Als nächster steht der Oberbürgermeister von Palermo, Leoluca Orlando, auf der Todesliste. Doch er läßt sich nicht entmutigen, wird von der Bevölkerung geschützt und erringt beachtliche Erfolge gegen die sizilianische Mafia.

▬▬▬

Am 20. Mai wird in den USA Roger Keith Coleman hingerichtet, obwohl es stichhaltige Einwände gibt, denen zufolge er den Mord, der ihm vorgeworfen wird, nicht begangen haben kann. Doch aufgrund formalrechtlicher Grundsätze läßt das Oberste Bundesgericht seine Tötung zu. Es gibt zahlreiche vergleichbare Fälle, dieser ist nur besonders plastisch.

▬▬▬

Vom 3. Juni an beraten circa 100 Staatschefs, 3.000 Diplomaten und zahlreiche Nichtregierungsorganisationen in Rio die drängendsten Umweltprobleme der Menschheit. Wenngleich Ansätze zu gemeinsamen Lösungen wie etwa die Agenda 21 beschlossen werden, bleiben die Ergebnisse doch hinter den Erwartungen zurück.

▬▬▬

Am 3. November gewinnt der Demokrat Bill Clinton die Wahl zum US-Präsidenten gegen den Amtsinhaber George Bush senior.

Ende Oktober beginnt die Slowakei im Zusammenhang mit dem Bau eines Wasserkraftwerkes mit der Umleitung der Donau über 25 Kilometer in einem bis zu 730 Meter breiten Kanal. Dies löst ernsthafte Probleme im Verhältnis zu Ungarn, zu dem die Donau streckenweise die Grenze bildet, aus. Die Regierungen in Prag und Budapest einigen sich darauf, den Fall dem Internationalen Gerichtshof vorzulegen. Einen Monat später stellt die Tschechoslowakei die Bauarbeiten zunächst ein.

Mit Beginn des Monats April tritt in Deutschland die Verpackungsverordnung in Kraft. In Geschäften müssen nun Behälter aufgestellt werden, in die Kunden Verpackungen entsorgen können. Der ausgesprochen heiße Sommer heizt auch die Debatten darüber, ob die Klimaveränderungen von der menschlichen Zivilisation verursacht sein könnten, weiter an. Am 27. September wird das letzte Teilstück des Rhein-Main-Donau-Kanals eingeweiht. Dieses ermöglicht zwar – wirtschaftlich fragwürdigen – Binnenschiffverkehr zwischen Nordsee und Schwarzem Meer, ist aber Ursache für manche Naturzerstörung, speziell im Altmühltal. Frankreich verbietet am 1. November das Rauchen in der Öffentlichkeit.

Ein Jumbo-Jet der staatlichen israelischen Frachtfluggesellschaft Cargo Airlines, einem Subunternehmen der El Al, stürzt am 4. Oktober in den dichtbesiedelten Amsterdamer Vorort Bijlmermeer. Über 70 Menschen kommen sofort ums Leben, zahlreiche weitere erkranken in der Folgezeit an Vergiftungen. Es gibt starke Indizien, daß die Maschine Material des israelischen Geheimdienstes Mossad transportierte.

Vier Tage später versucht Greenpeace das Auslaufen eines japanischen Frachters, der 1,7 Tonnen Plutonium geladen hat, aus dem französischen Hafen Cherbourg zu verhindern. Nur mit Hilfe der Marine gelingt es dem Schiff, seine giftigstrahlende Fracht in internationale Gewässer zu bringen und dann nach Japan zu transportieren.

Am 10. Oktober findet die Polizei in einem Schließfach des Frankfurter Hauptbahnhofs Behälter mit hochradioaktivem Material. Es wird ein Atomschmuggel vermutet, doch letztlich handelt es sich um eine Geheimdienstaktion, die ungeahndet bleibt.

Nach 18 Dienstjahren tritt am 18. Mai Hans-Dietrich Genscher als deutscher Außenminister zurück. Sein Nachfolger wird Klaus Kinkel.

Am 8. August wird mit Maria Jepsen erstmals eine Frau evangelisch-lutherische Bischöfin.

Der Ex-Bundeskanzler, Ex-Präsident der sozialistischen Internationalen, SPD-Ehrenvorsitzende und Friedensnobelpreisträger Willy Brandt stirbt am 8. Oktober in seinem Wohnort Unkel am Rhein. Am 19. Oktober wird Petra Kelly, Gründungsmitglied sowie ehemalige Bundestagsabgeordnete der Grünen und Trägerin des Alternativen Nobelpreises, gemeinsam mit ihrem Lebensgefährten, dem früheren General und Bundestagsabgeordneten Gert Bastian, tot in der gemeinsamen Bonner Wohnung aufgefunden. Die Ermittlungen deuten in die Richtung, daß Bastian zunächst Kelly und dann sich selbst erschossen hat, detailliert aufgeklärt wird der Tathergang aber nicht.

John W. Gofman
(geb. 1918 in den USA)

und Alla Yaroshinskaya
(geb. 1953 in Zitomir, Ukraine)

wurden „für ihre Bemühungen, die Wahrheit über die Auswirkungen der Katastrophe von Tschernobyl ungeachtet massiver Vertuschungen durch offizielle Stellen und weitgestreuter Desinformation durch internationale wissenschaftliche Einrichtungen darzustellen", mit dem Alternativen Nobelpreis ausgezeichnet.

Committee for Nuclear Responsibility • PO BOX 421993 • San Francisco CA 94142 • USA
gofman123@webtv.net • www.ratical.org/radiation/CNR/

Alla Yaroshinskaya
Rubliovskoe Shosse 34 • Building 2, Apt. 437 • Moscow, Russia 121609
Fax: 007-095-415 5379 • ayaro@mail.domonet.ru

John W. Gofman

ist emeritierter Professor für Molekular-
und Zellbiologie der Universität Berkeley,
Kalifornien. 1942 gelang es Gofman und
seinen Mitarbeitern im Rahmen des
Manhattan-Projekts zum Bau der ersten
Atombomben, die erste brauchbare Menge Plutonium zu isolieren. Nach dem
Krieg konnte der zweifach promovierte
Wissenschaftler (Physik und Medizin) die
Existenz bestimmter Fettproteine nachweisen. Seine Pionierarbeit im Zusammenhang mit Herzkrankheiten brachte
ihm verschiedene Medizinpreise ein.

1963 ging Gofman zum Lawrence Livermore Laboratorium, wo er die biomedizi-
nische Forschungsabteilung gründete und
leitete. Seine Erkenntnisse über die gesundheitlichen Auswirkungen radioaktiver Niedrigstrahlung verursachten immer
stärkere Besorgnis bei ihm. Gemeinsam
mit seinem Kollegen Arthur Tamplin veröffentlichte er das Buch *Poisoned Power:
the Case Against Nuclear Power Plants* und
forderte ein fünfjähriges Moratorium für
die Neuzulassung von Kernkraftwerken.
Gofman und Tamplin verließen das
Lawrence Livermore Laboratorium 1974.
Ihr Buch wurde zu einem Meilenstein der
frühen Anti-Atomkraft-Bewegung.

Schon 1971 hatte Gofman das Komitee
für nukleare Verantwortung, dessen
Vorstand drei Nobelpreisträger angehörten und dessen Vorsitzender er immer
noch ist, gegründet. Seine weiteren Veröffentlichungen über den Zusammenhang von Niedrigstrahlung und Krebs
fanden internationale Beachtung. 1990
erkannte die US-Regierung in offiziellen
Studien die Richtigkeit der von John W.
Gofman bereits 1970 veröffentlichten
Entdeckungen an.

Alla Yaroshinskaya

schloß ihr Studium des Journalismus in
Kiew ab und arbeitete 13 Jahre als Zei-
tungskorrespondentin. Schon an der Universität war sie politische Dissidentin. Als
Journalistin deckte sie Korruptionsfälle
in der kommunistischen Partei auf und
wurde dafür von den Behörden schikaniert. Ende 1986 war sie sehr besorgt aufgrund der Evakuierungen, die seit der
Reaktorhavarie in Tschernobyl im April
des Jahres durchgeführt worden waren
und begann Nachforschungen.

Sie fand heraus, daß Menschen aus hoch-
kontaminierten Dörfern in kaum weniger
verstrahlte Ortschaften in der Nähe gebracht worden waren; daß die Gesund-
heitsprobleme sehr ernster Natur waren,
aber von offizieller Seite bestritten oder
ignoriert wurden; daß die neuen Unter-
künfte sehr schlecht waren und die Menschen sich nicht ernähren konnten, ohne
stark belastete Lebensmittel aus den kontaminierten Gebieten zu essen.

Doch die Zeitung, bei der Alla Yaroshinskaya arbeitete, verweigerte nicht nur die Veröffentlichung ihrer Rechercheergebnisse, sondern ließ zudem einen anderen Journalisten einen verharmlosenden Artikel schreiben. Yaroshinskayas Text jedoch wurde auch von der *Prawda* (russ.: Wahrheit), der *Iswestia* und anderen landesweit erscheinenden Blättern zurückgewiesen. Doch aufgrund des Einflusses von Glasnost, der „neuen Offenheit", veröffentlichte die *Iswestia* einen Artikel über die Unterdrückung von Yaroshinskayas Arbeit. In lokalen Medien verbreitete die Journalistin verschiedene Beiträge über ihre Erkenntnisse. Sie geriet unter starken Druck, erhielt aber auch viel Unterstützung aus der Öffentlichkeit. 1989 kandidierte sie für den Obersten Sowjet und erhielt in ihrem Wahlkreis 90 Prozent der Stimmen.

Im Umweltausschuß des Obersten Sowjets nutzte Alla Yaroshinskaya ihre Position, um ihre Kampagne zur Offenlegung sämtlicher Fakten über die Folgen der Reaktorkatastrophe fortzuführen. 1990 wurde sie Mitglied einer Untersuchungskommission und präsentierte die Ergebnisse dem Europaparlament. In der UdSSR jedoch wurde die Arbeit der Kommission von Bürokraten bei jeder Gelegenheit behindert, und nach dem gescheiterten Putsch im Jahr 1991 wurde ihr nicht einmal erlaubt, relevante Dokumente zu kopieren.

Doch im April 1992 gelang es Yaroshinskaya, heimlich Kopien von streng geheimen Unterlagen aus dem Politbüro der Kommunistischen Partei zu machen. Ihr daraus resultierender Artikel *Vierzig geheime Protokolle der weisen Männer im Kreml* wurde von der *Iswestia* veröffentlicht und von westlichen Zeitungen übernommen.

Alla Yaroshinskaya ist Autorin oder Co-Autorin von einem Dutzend Büchern und über 700 Artikeln in Wissenschaftsmagazinen und Massenmedien, ihr Buch *Chernobyl: The Forbidden Truth* erschien in fünf Sprachen. Sie ist zudem Gründerin, Chefredakteurin und Mitautorin der *Nuclear Encyclopaedia*, der ersten Publikation dieser Art. Diese dokumentiert die wahre Natur atomarer Probleme.

Aufgrund der Auseinandersetzungen mit den kommunistischen Autoritäten in ihrer ukrainischen Heimat blieb Yaroshinskaya nach dem Zusammenbruch der Sowjetunion in Rußland. Nach einer Zeit als stellvertretender Ministerin für Presse und Information wurde sie Beraterin von Präsident Boris Jelzin. Sie gehörte 1995 bei den Verhandlungen zur Verlängerung des Kernwaffensperrvertrages und der UN-Weltfrauenkonferenz den russischen Delegationen an.

Alla Yaroshinskaya setzt sich in zahlreichen Funktionen für Menschenrechte, Pressefreiheit und gegen nukleare Gefahren ein. So ist sie Präsidentin des Ecological Charity Fund, Co-Vorsitzende des Russischen Ökologischen Kongresses und Leiterin des Föderativen Rates der russischen sozialdemokratischen Bewegung. 1998 wurde sie als eine der „Heldinnen des 20. Jahrhunderts" ausgezeichnet.

Helen Mack Chang

(geb. 1952 in Guatemala)

erhielt den Alternativen Nobelpreis „für ihre Courage und ihre Kampagne zur Suche nach Gerechtigkeit und gegen Straffreiheit politisch motivierter Mörder in Guatemala."

Im September 1990 wurde die Schwester von Helen Mack Chang, Myrna Mack, von einem Militärkommando ermordet. Die Anthropologin hatte sich mit Problemen der durch den Bürgerkrieg vertriebenen Menschen befaßt. Für Helen Mack Chang, die bisher für soziale Bildungs- und Obdachprojekte gearbeitet hatte, begann damit ein langer Kampf um eine gerechte Strafe für die Mörder ihrer Schwester. In Guatemala war dies kein leichtes Unterfangen: Ein dreißig Jahre andauernder Bürgerkrieg destabilisierte das Land von 1966 bis 1996, Lynchmorde und Übergriffe durch paramilitärische Gruppen, das Militär und zivile Selbstverteidigungspatrouillen waren beinahe an der Tagesordnung. Dabei gingen die Täter oft straffrei aus.

Dennoch brachte Helen Mack Chang die Mörder ihrer Schwester vor Gericht. Insgesamt wurde der Mord vor zwölf zum Teil eingeschüchterten oder korrupten Gerichten verhandelt. Doch schließlich wurde der für die Tat direkt verantwortliche Soldat zu 30 Jahren Gefängnis verurteilt. Während des Verfahrens wurde der Polizei-Ermittler, der die wesentlichen Belastungsbeweise beigebracht hatte, ermordet. Helen Mack Chang war ständiger Verfolgung ausgesetzt und erhielt zahlreiche Todesdrohungen, doch sie hatte sich geschworen, auch die Auftraggeber des Mordes an ihrer Schwester vor

Fundación Myrna Mack
6A CALLE 1-36, ZONA 10 • C.P. 01010 • Guatemala City, Guatemala
fmmack@intelente.net.gt

Gericht zu bringen. So standen 1999 erstmals in der jüngeren Geschichte Guatemalas drei hochrangige Militärs – ein General und zwei Obristen – als Drahtzieher
vor Gericht.

Helen Mack Changs Engagement machte
sie im ganzen Land populär; sie ermutigte Tausende Bürger Guatemalas, sich für
Gerechtigkeit einzusetzen. Kerry Kennedy Cuomo, Exekutiv-Direktor des Robert
F. Kennedy Memorial Centers für Menschenrechte in New York, drückte es so
aus: „Viele Guatemalteken haben nun
Vertrauen in den Kampf gegen die Straffreiheit der Täter politischer Verbrechen
und bewundern Helen für ihre mutigen
und beharrlichen Bemühungen um Gerechtigkeit und Menschenrechte. Sie ist
zu einem Symbol für den Kampf gegen
Straffreiheit geworden."

Nach dem Erhalt des Alternativen Nobelpreises gründete sie die Myrna Mack Stiftung, die gegen Straffreiheit für Täter bei
Übergriffen und Morden und für die Einhaltung der Menschenrechte kämpft. Die
Stiftung, deren Leitung sie auch übernahm, erstellt Analysen, nimmt Untersuchungen auf und führt Trainingsprogramme für Richter, Anwälte, Akademiker und Lokalpolitiker durch.

Während die menschenrechtliche Situation in Guatemala immer noch problematisch ist, engagiert Helen Mack Chang
sich inzwischen für die Umgestaltung des
Justizsystems und unterstützt zukunftsträchtige Projekte wie „Guatemalan Vision" und „Visualising a Guatemala of the
21st century".

Zafrullah Chowdhury

Gonoshasthaya Kendra, Bangladesh,

wurde „für ein außergewöhnliches Engagement zur Förderung von Gesundheit und menschlicher Entwicklung" mit dem Alternativen Nobelpreis geehrt.

Der Name Gonoshasthaya Kendra (GK) ist bengalisch und bedeutet Volksgesundheitszentrum. Das GK wurde 1972 von Dr. Zafrullah Chowdhury und anderen Medizinern in Bangladesh gegründet und engagiert sich für eine insbesondere für Arme bezahlbare medizinische Versorgung. Zu diesem Zweck bildet es medizinische Hilfskräfte aus, oftmals Frauen. Es unterrichtet vorbeugende Maßnahmen gegen Krankheiten und einfache medizinische Behandlungsformen.

Dank dieser Arbeit ist die Kindersterblichkeit im Einzugsgebiet des Volksgesundheitszentrums mittlerweile nur noch halb so groß wie im übrigen Land. Inzwischen gibt es neben dem Hauptsitz zehn weitere solcher Gesundheitszentren in Bangladesh. Die Sanitäterinnen und Sanitäter versorgen dort 180.000 Menschen.

GK wird von einer gemeinnützigen Stiftung, zu deren vier Treuhändern Zafrullah Chowdhury gehört, geleitet. Diese beschäftigt 1.500 Menschen in Vollzeit, weitere 1.000 in Teilzeit.

1981 gründete GK die Pharmafirma Gono Pharmaceuticals (GP), die hochwertige Medizin zu geringen Preisen anbietet. Gono Pharmaceuticals hat mittlerweile einen Marktanteil von fünf Prozent, in manchen Medikamentengruppen sogar bis zu 60 Prozent. Da die Preise um mehr

---

Gonoshasthaya Kendra • House 14 E, Road 6 • Dhanmodi Dhaka 1205, Bangladesh
Fax: 00880-2-863 567 • gk@citechco.net

als der Hälfte unter denen der multinationalen Anbieter liegen, mußten diese ihre Preise ebenfalls spürbar senken. Gono Pharmaceuticals beschäftigt ungefähr 400 Mitarbeiter. Eine Hälfte der Gewinne wird investiert, die andere kommt den GK-Sozialprojekten zugute.

Zafrullah Chowdhury war 1982 wichtiger Berater der Regierung von Bangladesh, indem er eine Liste von 1.700 nutzlosen oder gar gefährlichen Medikamenten ausarbeitete – eine Initiative, die viele Nachahmer in anderen Ländern fand. Darüber hinaus liegen inzwischen Pläne für ein Institut vor, an dem Ärzte speziell für die medizinischen Bedürfnisse in Bangladesh ausgebildet werden sollen. Doch GK geht auch den Weg über Erziehung und Erwachsenenbildung, indem es Literatur für alle Altersgruppen bereithält, mit der Kenntnisse zur Verbesserung der gesundheitlichen und sozialen Lage verbreitet werden.

In einem Interview aus dem Jahr 2002 sagte Zafrullah Chowdhury: „Wenn es den Armen besser geht, geht es dem Land besser." An diesen Leitsatz aus den Anfängen des Gonoshasthaya Kendra habe man sich immer gehalten. Deshalb geht das Engagement von GK auch weit über den medizinischen Bereich hinaus und erstreckt sich auf Bereiche wie Bildung, Ernährung und Landwirtschaft, Schaffung von Arbeitsplätzen sowie Frauenemanzipation.

Gonoshasthaya Kendra ist Mitglied der Volksgesundheitsbewegung, eines weltweiten Zusammenschlusses von Graswurzelorganisationen, die die bestehenden Gesundheitssysteme ändern wollen, um für alle Bevölkerungsschichten, auch die Armen, medizinische Versorgung sicherzustellen.

Leena Kotilainen, Hilkka Vanhapiha, Tapio Mattlar, Antti Jokinen, Lauri Hautamäki

Das Finnish Village Action Movement

wurde „dafür, eine dynamische und das Leben vieler Menschen verbessernde Alternative zu den Charakteristika moderner ökonomischer Entwicklung – dem Verfall ländlicher Strukturen, Zentralisierung und Entmündigung der Öffentlichkeit – aufgezeigt zu haben", mit dem Ehrenpreis ausgezeichnet.

Während der sechziger und frühen siebziger Jahre wanderten viele Menschen aus den ländlichen Gebieten Finnlands in die Städte ab. Ab 1974 bahnte sich jedoch eine leichte Trendwende an, die die Aufmerksamkeit von Lauri Hautamäki, inzwischen Professor am Institut für Regionale Studien der Universität Tampere, erregte. Er begann ein Forschungsprojekt, um das Potential für eine Revitalisierung ländlicher Gebiete in Finnland zu untersuchen. Die Ergebnisse beflügelten die Phantasie vieler Menschen. So entstanden von 1977 bis 1985 in finnischen Gemeinden 2.000 sogenannte Dorfkomitees. Ende der neunziger Jahre stabilisierte sich deren Zahl bei 3.000, zu-

Tapio Mattlar • Finnish Village Action Movement
Vuorenkyläntie 2249 C/O Suomen • Kylätoiminta Ry.
19850 Putkijärvi • Annankatu 25 A • FI-00100 Helsinki, Finland
mattlar@vuorenk.pp.fi • kylat@village-action.fi • www.village-action.fi

dem waren außer der nationalen Vereinigung zwölf regionale Verbindungen entstanden. Das Finnish Village Action Movement deckt über zwei Drittel der finnischen Dörfer ab. 30.000 Menschen arbeiten mit und beeinflussen so das Leben von circa einer halben Million ihrer Mitbürger positiv.

Die Dorfkomitees sorgen mit einer Vielzahl von Aktivitäten für die Belebung dörflicher Gemeinschaft, getragen von der Liebe zu Heimat und Landleben, zu dessen Kultur und Traditionen und der natürlichen Umgebung. Entsprechend den Gegebenheiten vor Ort umfassen sie u.a. Künste, modernes und traditionelles Handwerk, Kommunikation, Freizeit, Wirtschaftsförderung und Wohnungsbauprogramme. Hierbei wird oftmals das ganze Dorf mit einbezogen. Die Komitees kombinieren Vitalität und Kreativität mit flexibler Arbeitsweise und einer effektiven Organisation. Sie stellen das Gemeinschaftsleben auf kleiner Ebene über den Individualismus.

Seit dem Beitritt Finnlands zur Europäischen Union 1995 spielen sie eine immer wichtigere Rolle in der regionalen Politik. So bedeuten Initiativen der EU wie die Programme zur Entwicklung des ländlichen Raums bis 2006 auch eine Stärkung der ländlichen Regionen Finnlands und damit neue Chancen für die Dorfkomitees.

1993

Der russische Präsident Boris Jelzin und US-Präsident George Bush senior unterzeichnen am 3. Januar in Moskau das START-II-Abkommen, das eine drastische Reduzierung der strategischen Atomwaffen vorsieht.

Mit der Eroberung des Berges Igman gelingt den bosnischen Serben am 3. August die völlige Einkesselung der Stadt Sarajewo.

Der israelische Ministerpräsident Yitzhak Rabin und der Vorsitzende der Palästinensischen Befreiungsorganisation PLO, Yassir Arafat, unterzeichnen am 13. September in Washington das Gaza-Jericho-Abkommen über palästinensische Teilautonomie in von Israel besetzten Gebieten und schrittweise Übergabe der Verwaltungskompetenz.

Unter der Führung von Parlamentspräsident Ruslan Chasbulatow und Vizepräsident Alexander Rutzkoj besetzen Reformgegner am 21. September das russische Parlamentsgebäude. Zwei Wochen später ergeben sie sich nach blutigen Kämpfen regierungstreuen Truppen.

Als am 23. Oktober bei einem Bombenattentat der katholischen Untergrundorganisation Irisch-Republikanische Armee (IRA) in einem protestantischen Stadtteil von Belfast zehn Menschen ums Leben kommen und 59 weitere verletzt werden, scheinen die Hoffnungen in einen aufkeimenden Friedensprozeß zerstört zu sein.

Mitte März geht in Sachsen der weltweit erste Kühlschrank, der ohne Fluorchlorkohlenwasserstoffe (FCKW) funktioniert, in Serienproduktion. Gleichzeitig gibt die russische Regierung bekannt, daß die Sowjetunion in den Jahren 1964 bis 1991 circa 4.900 Container mit strahlendem Material und 16 Atom-U-Boote im Nordmeer versenkt hat. Die letzten Waggons mit Giftmüll aus DDR-Produktion, der zwischen Herbst 1991 und Frühjahr 1992 nach Rumänien geschmuggelt worden war, treffen, nachdem Bundesumweltminister Klaus Töpfer die Rücknahme zugesagt hatte, in Bitterfeld ein.

Vom ersten Tag des Jahres an sind Tschechien und die Slowakai getrennte Staaten. Zehn Monate später tritt nach Ratifizierung durch alle EG-Mitgliedsstaaten der Maastrichter Vertrag über die Bildung einer Europäischen Union in Kraft.

Die ersten freien Wahlen im Niger seit über 20 Jahren gewinnt am 15. Februar das oppositionelle Bündnis Kräfte des Wandels. Am 1. Mai wird der Staatspräsident von Sri Lanka, Ranasinghe Premadasa, von tamilischen Rebellen, die für einen unabhängigen Staat kämpfen, umgebracht. Die ehemalige äthiopische Provinz Eritrea wird am 24. Mai zur unabhängigen Republik ausgerufen. Am 18.

November einigen sich während einer Konferenz in Kapstadt Vertreter von 21 Gruppierungen auf eine Verfassung, die allen Bürgern Südafrikas – ungeachtet ihrer Hautfarbe – gleiche Rechte zusichert. Der Führer des African National Congress (ANC) Nelson Mandela und der südafrikanische Präsident Willem de Klerk erhalten für die friedliche Beendigung des Apartheidregimes und die Schaffung der Grundlagen für ein demokratisches Südafrika am 10. Dezember in Oslo den Friedensnobelpreis.

Nach seiner Entlassung aus dem Gefängnis reist der frühere DDR-Staats- und Parteichef Erich Honecker nach Chile aus, wo seine Frau und Tochter leben. Acht Monate später wird auch das Verfahren gegen den ehemaligen Ministerpräsidenten der DDR, Willi Stoph, aus Gesundheitsgründen eingestellt. Der ehemalige Minister für Staatssicherheit der DDR, Erich Mielke, wird am 26. Oktober wegen eines bereits 1931 begangenen Doppelmordes zu sechs Jahren Haft verurteilt. Zur selben Strafe wird sechs Wochen später wegen Landesverrats und Bestechung der frühere DDR-Spionagechef Markus Wolf verurteilt, bleibt aber auf freiem Fuß.

Bei einem Sprengstoffanschlag auf einen Gefängnisneubau im südhessischen Weiterstadt entsteht am 27. März ein Sachschaden von 100 Millionen DM; angeblich haben Mitglieder der Rote Armee Fraktion (RAF) ihn verübt. Ein Beamter der Spezialeinheit GSG 9 und das mutmaßliche RAF-Mitglied Wolfgang Grams werden bei einer von Pannen begleiteten Verhaftungsaktion am 27. Juli auf dem Bahnhof von Bad Kleinen erschossen. Indizien, Grams sei – schwer verletzt – quasi hingerichtet worden, lassen sich nicht beweisen, führen aber zu einer politischen Krise, in deren Folge Bundesinnenminister Rudolf Seiters zurücktritt und Generalbundesanwalt Alexander von Stahl entlassen wird.

Am 26. Mai beschließt der Deutsche Bundestag eine Änderung des Asylrechts, nach der künftig alle Asylbewerber, die aus EG- oder sogenannten „sicheren Drittländern" einreisen, zurückgewiesen werden können. Fünf Tage zuvor waren bei einem von Rechtsradikalen verübten Brandanschlag auf ein von Türken bewohntes Haus in Solingen fünf Menschen im Alter zwischen vier und 27 Jahren verbrannt. Im Herbst kommt es in Österreich zu einer Serie von Briefbombenanschlägen gegen Personen, die sich für Minderheiten und Ausländer einsetzen. Der Bürgermeister Wiens, Helmut Zilk, wird dabei verstümmelt.

Anfang Februar erklärt die Gesellschaft für deutsche Sprache die Formulierung „ethnische Säuberungen", mit der die bosnischen Serben die brutale Vertreibung Angehöriger anderer Volksgruppen umschreiben, zum Unwort des Jahres.

Mary und Carrie Dann

(geb. in Nevada, Western Shoshone
Nation, Mary gest. 2005)

wurden „für ihre beispielhafte
Courage und Ausdauer beim
Einfordern des Rechts indigener
Völker auf ihr Land" mit dem
Alternativen Nobelpreis
ausgezeichnet.

Mitunter zählen Verträge in den Vereinigten Staaten von Amerika wenig. So
wurde 1863 im Vertrag von Ruby Valley
zwischen dem Stamm der Shoshonen und
der US-Regierung vereinbart, daß zwei
Drittel des Staates Nevada sowie Teile
von Kalifornien, Idaho und Utah zum
Gebiet der Western Shoshone gehören.
Diese Vereinbarung wurde von der Regierung immer weiter unterwandert.
Durch immer neue Rechtsakte gelangten
90 Prozent des Western-Shoshone-Lan-
des unter die Verwaltung des US-Innen-
ministeriums.

Im Kalten Krieg wurde ein Teil des Landes durch Atomwaffentests auf Jahrtausende hinaus verseucht. Von 1951 an wurden dort von den USA und Großbritanni-
en über 100 nukleare Sprengsätze – mehr
als irgendwo sonst auf der Welt – in der

Mary & Carrie Dann • BOX 56 • Beowawe • Nevada 89821, USA

Atmosphäre gezündet. Circa 850 Kernexplosionen fanden im Untergrund statt, der letzte im April 1990. Noch heute befinden sich riesige militärische Anlagen in Nevada, darunter die berüchtigte Area 51. Darüber hinaus machen Goldvorkommen die Gebiete wirtschaftlich reizvoll für große Unternehmen.

1979 wurden den Shoshonen deshalb 26 Millionen Dollar für die Übernahme ihres Landes geboten, aber sie ließen sich ihren Besitz nicht so billig abkaufen, 80 Prozent der Shoshonen stimmten gegen den Verkauf. Das Innenministerium, nach US-Recht Vormund aller Indianer, nahm daraufhin für sich in Anspruch, die Summe und den Verkauf im Namen der Shoshonen zu akzeptieren, und bekam im Dezember 1991 hierzu auch die richterliche Erlaubnis. Doch energischer Widerstand verhinderte diese dreiste Art der Übernahme.

Die Schwestern Mary und Carrie Dann gehören in diesem Konflikt zu den wichtigsten Personen auf Seiten der Indianer. Seit 1972 setzen sie sich in Gerichtsverfahren und mittels zivilen Ungehorsams mit der US-Regierung auseinander. Mary und Carrie Dann sind selbst Angehörige des Stammes der Shoshonen und besitzen eine Farm mit Viehzucht im Crescent Valley. Auch ihr Land ist durch wirtschaftliche Interessen bedroht: Für die Nutzung ihres Landes sollen sie Abgaben an das Bureau of Land Management (BLM) zahlen, sie aber weigern sich trotz ihres fortgeschrittenen Alters seit Jahren standhaft und beantworten Klagen mit Gegenklagen.

Im Verlauf der Auseinandersetzung wurden Teile ihres Viehbestandes beschlagnahmt, was ihre Lebensgrundlage schmälerte, ohne ihren Widerstand zu brechen. Die Vertretung der Shoshonen, das Western Shoshone National Council, unterstützt Mary und Carry Dann ebenso wie das Western Shoshone Defense Projekt, das seinen Sitz auf der Dann-Ranch hat.

Im Jahr 2002 wandten sich die Aktivisten dieses Projektes an die Organisation für Sicherheit und Zusammenarbeit in Europa und beantragten eine Untersuchung von Menschenrechtsverletzungen der Vereinigten Staaten von Amerika im Umgang mit den Shoshonen. Der Kampf ging so in eine weitere Runde.

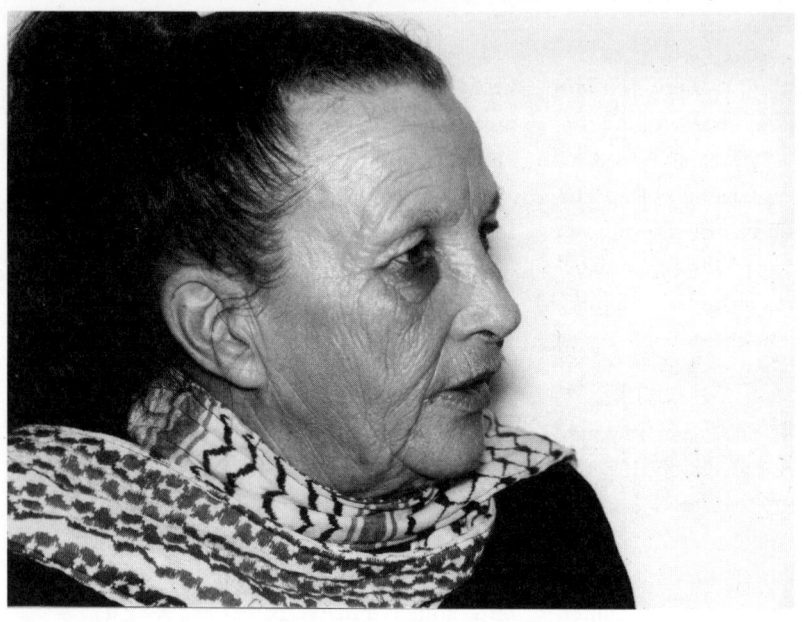

Arna Mer-Khamis

(geb. 1929 in Palästina, gest. 1995)

und Care and Learning

wurden „für ihr leidenschaftliches Eintreten für den Schutz und die Bildung der Kinder Palästinas" mit dem Alternativen Nobelpreis ausgezeichnet.

Arna Mer wurde im damaligen Gebiet Palästinas geboren, setzte sich seit der Staatsgründung Israels im Jahr 1948 für Frieden, Gerechtigkeit und Menschenrechte ein und forderte oft kompromißlos die Rechte des palästinensischen Volkes ein. Sie heiratete einen Palästinenser, der Sekretär der kommunistischen Partei Israels war. Nach dem arabisch-israelischen Sechstagekrieg 1967 war Arna Mer-Khamis mehrfach inhaftiert, weil sie gegen die Besetzung der Westbank durch israelische Truppen protestiert hatte.

Während der Intifada konzentrierte Mer-Khamis ihre Aktivitäten auf palästinensische Kinder. Viele von ihnen leiden nicht allein körperlich und emotional an der instabilen Situation in ihrer Heimat, sie werden auch um ihr Recht auf Bildung betrogen. So schloß Israel beispielsweise zwischen 1988 und 1990 alle Schulen in

Care and Learning • PO Box 44984 • IL-31449 Haifa, Israel

den besetzten Gebieten. In diese Zeit fällt die Gründung der Organisation Care and Learning durch die Lehrerin für Kunsttherapie und Sonderpädagogik. Ihre Philosophie: Kinder, die mit Besetzung, Revolte und militärischer Gewalt konfrontiert werden, müssen emotional und intellektuell gestärkt werden, um so Angst und Aggression zu überwinden.

Zunächst galt der Einsatz von Care and Learning besonders den Kindern in Gefängnissen. Sie mobilisierte israelische Anwälte und Freiwillige, die die Haftanstalten besuchten und die Eltern im Kampf gegen die Zustände in den überfüllten Gefängnissen unterstützten. Aber auch im Bildungsbereich engagierte sie sich. Um auch nach den Schulschließungen Unterricht für Kinder in Palästina zu gewährleisten, unterstützte Care and Learning Selbsthilfeprojekte palästinensischer Frauen, indem die Organisation Freiwillige in die Gegend um Jenin im Westjordanland schickte. Die Helfer kamen regelmäßig an den Wochenenden und unterrichteten auf den Straßen oftmals 200 bis 300 Kinder und gaben ihnen die Möglichkeit, sich mitzuteilen. Arna Mer-Khamis entwickelte zu diesem Zweck eine Reihe von Broschüren, um kreatives Lernen zu fördern, und brachte anderen Frauen bei, diese Hefte für innovativen Unterricht einzusetzen.

Nach der Wiedereröffnung der Schulen waren viele Kinder Analphabeten, 47 Prozent hatten Gewalt am eigenen Leib erfahren. Daher blieb für Care and Learning weiterhin viel zu tun: So eröffnete die Organisation vier Kinderhäuser in Jenin und der näheren Umgebung, um Kindern nach der Schule einen Ort der Ruhe, des Lernens und der Kreativität zu bieten. Sie finden dort Ansprechpartner für ihre Fragen und Ängste, können Bücher leihen, spielen, Musik machen und so einen Teil ihrer Selbstsicherheit wiedererlangen. Jenin und das dort liegende Flüchtlingslager sind Orte der Gewalt; Kinder werden nach wie vor – so Unicef – vom Schulbesuch abgehalten.

Bis 1993 hatte Care and Learning 1.500 Kinder betreut und verfügte über 15 festangestelle und 25 ehrenamtliche Mitarbeiter. Befragt nach der Frau, die die Kinderhäuser initiiert hatte und so oft wie möglich dort war, antwortete ein 15jähriger Junge: „Sie ist wie eine Mutter. Sie hilft uns. Sie bewahrt uns vor der Straße." Arna Mer-Khamis starb 1995.

Vandana Shiva
(geb. am 5. November 1952 in Indien)

erhielt den Alternativen Nobelpreis dafür, „daß sie die Themen gesellschaftliche Stellung der Frau und Ökologie in den Diskurs um moderne Entwicklungspolitik eingebracht" hat und vertritt.

Vandana Shiva ist Quantenphysikerin und Wissenschaftsphilosophin sowie eine der renommiertesten Aktivistinnen moderner Entwicklungspolitik. Sie vertritt eine feministische Sicht der Ökologie und hält das oftmals sehr lineare und zweckgerichtete Denken zahlreicher Männer für ungeeignet, um nachhaltig und ökologisch zu handeln.

Nachdem sie 1978 promoviert und bis 1982 am Indischen Management-Institut in Bangalore gearbeitet hatte, ging sie zurück in ihre Heimatstadt Dehra-Dun am Fuße des Himalaya. Dort gründete sie die Research Foundation for Science, Technology and Natural Resource Policy als informelles Netzwerk von Forschern zur Unterstützung lokaler Bewegungen. Dessen Mitglieder bemühen sich u.a. um wissenschaftliche Beweise der Vorteile des Einsatzes tradierten Wissens aus Entwicklungsstaaten. Die Stiftung arbeitet in den Bereichen Biodiversität, Globalisierung und feministische Ökologie.

Vandana Shiva koordinierte und unterstützte verschiedene Graswurzelbewegungen in ganz Indien. Bereits in den siebziger Jahren kämpfte sie mit den Frauen der Chipko-Bewegung (Alternativer Nobelpreis 1987) für biologische Vielfalt und gegen die Ausbeutung und Zerstörung von Waldgebieten. Vandana Shiva engagierte sich auf lokaler Ebene, wo und wann immer es ihr sinnvoll er-

---

Research Foundation for Science, Technology and Ecology
A-60 Hauz Khas • New Delhi 110 016, India
Tel.: 0091-11-26-968 077 / 0091-11-26-853 772
Fax: 0091-11-26-856 795 / 0091-11-26-562 093
vandana@twn.unv.ernet.in • www.vshiva.net

schien: unter anderem gegen die Verseuchung von Flüssen, ein undichtes Atomkraftwerk und den Bau eines Großdammes. Gleichzeitig wurde sie zu einer der wichtigsten Vertreterinnen dieser Bewegungen, in deren Mittelpunkt der Mensch steht, auf internationalen Foren. Sie etablierte sich mit zahlreichen Büchern und Artikeln als bedeutende Theoretikerin in Entwicklungsfragen. Mit ihrem Buchs *Staying Alive: Women, Ecology and Survival* erzielte sie 1989 international Schockwirkung.

Sie war 1991 Co-Vorsitzende des Weltkongresses Frauen und Umwelt und leitete den Dialog Frauen, Ökologie und Gesundheit mit der Dag Hammarsköld-Stiftung, der zu einer von Shiva herausgegebenen Dokumentation führte.

Sie wurde zu einer der Wortführerinnen, als es galt, Druck auf die Weltbank auszuüben, der die Bank dann auch in vierlerlei Hinsicht umdenken ließ. In Indien initierte sie wirkungsvolle Kampagnen in bezug auf die Politik der Welthandelsorganisation, wobei es speziell um Fragen geistigen Eigentums und gerechter Verteilung ging. Vandana Shiva ist Gründungsvorstandsmitglied des Internationalen Globalisierungs-Forums, einer Bürgerbewegung, die negative Folgen der Globalisierung verdeutlicht und diese zu lindern versucht.

Vandana Shiva engagiert sich zudem gegen genmanipulierte Lebensmittel. So gründete sie 1997 Navdanya, das erste Schulungszentrum für ökologischen Anbau in Indien, das unter anderem den Verkauf der Produkte indischer Farmer organisiert und versucht, die Abhängigkeit indischer Bauern von großen Agrarkonzernen zu verringern. Darüber hinaus engagiert sie sich auf internationaler Ebene gegen die sogenannte Biopiraterie, bei der zumeist multinationale Konzerne sich Wissen und Züchtungen von Bauern in der Dritten Welt patentieren lassen und wirtschaftlich ausbeuten. Hierzu schrieb Vandana Shiva das Buch *Biopiracy*.

Vor diesem Hintergrund leitet sie eine weltweite Kampagne zur Sicherung von Lebensmittelrechten, die sowohl Informationen über als auch die Sicherheit von Nahrungsmitteln betreffen. Ihre jüngste Initiative ist eine globale Bewegung unter dem Namen Vielfältige Frauen für Vielfalt, die sich den Schutz biologischer und kultureller Vielfalt zur Aufgabe gemacht hat.

Anläßlich des Welt-Umweltgipfels Ende August/Anfang September 2002 in Johannesburg ernannte das mit einer wöchentlichen Auflage von vier Millionen Exemplaren größte politische Magazin der Welt, *Time*, Vandana Shiva (gemeinsam mit Hermann Scheer, der den Alternativen Nobelpreis 1999 erhielt) zu einem von fünf Heroes of the Green Century.

Peter Baka Nyoni, Themba Ndiweni, Sithembiso Nyoni

Die Organisation of Rural Association for Progress (ORAP), Zimbabwe

erhielt den Alternativen Nobelpreis „für den Aufbau einer bemerkenswerten Graswurzelbewegung und die Motivation ihrer einer Million Mitglieder, ihrem eigenen Weg menschlicher Entwicklung zu folgen".

ORAP (Organisation ländlicher Gemeinschaften für Fortschritt) wurde im Mai 1981 auf Initiative von Sithembiso Nyoni aus dem Koordinationsrat für ländliche Entwicklung von einer kleinen Gruppe von Leuten gegründet, um Entwicklungsmöglichkeiten nach dem 1980 zu Ende gegangenen Unabhängigkeitskrieg zu diskutieren.

Das Wort Entwicklung bedeutet in der Sindebele-Sprache, Kontrolle über die Dinge zu übernehmen, die zum Arbeiten gebraucht werden. Die ORAP-Aktivitäten basieren daher auf der Grundannahme, daß die ländliche Bevölkerung unterentwickelt ist, weil sie ihre Kultur, ihr traditionelles Wissen, ihre Sprache, ihre Art zu leben und ihre Stimme verloren hat. Bei den Bemühungen, diese Be-

---

ORAP • BOX 877 • Bulawayo, Zimbabwe • Fax: 00263-9-31088

dingungen zu verbessern, legt ORAP großen Wert auf demokratische und partizipatorische Strukturen sowie autonome Kontrolle etwa bei der Verwendung von Geldern, die von außenstehenden Spendern stammen.

ORAP wuchs schnell. Im Februar 1991 betrug die Zahl der Mitglieder über eine Million Menschen in mehr als 800 dörflichen Gruppen und dürfte damit die größte Bewegung ihrer Art im südlichen Afrika geworden sein. Das Jahresbudget von circa 1,5 Millionen US-Dollar stammt von einer großen Anzahl von Spenden anderer Nichtregierungsorganisationen.

Basiseinheit ist eine Gruppe von fünf bis zehn Familien. Programme auf der Ebene der Familieneinheit, die sowohl Männer als auch Frauen einbeziehen, beinhalten alle Haus- und Handwerksaktivitäten, einige zur Eigenversorgung, andere um Geld zu verdienen. Auf Dorfebene unterhält die Organisation kleine Gemeinschaftsprojekte wie den Bau von Dämmen und Deichen, Brunnen und Mühlen sowie die Erstellung von Bewässerungsplänen, Erhaltung und Vermehrung einheimischen Saatguts, Pflege von Bäumen. Auch der Betrieb von Dorfschulen und Läden, Schweinezucht, Rindermast, die Bestellung der Felder und Pflege der Gemüsegärten, das Knüpfen von Teppichen und Schmiedearbeiten gehören zu den Aktivitäten. Acht solcher Gemeinschaften verfügen inzwischen über Entwicklungszentren, an denen auch Kenntnisse und Fertigkeiten in den Bereichen Industrie, Ackerbau und Handwerk vermittelt werden.

Die Grundlage der dörflichen Kooperation ist eine Tradition gemeinsamen Arbeitens, „amalima" genannt, bei der alle Gruppenmitglieder abwechselnd für die Felder jeder Familie sorgen. Die meisten Aufgaben werden gemeinsam bewältigt: Feuerholz sammeln, Wasser holen, sogar Hausrenovierungen gehören dazu.

Ein weiterer Kernaspekt der ORAP-Methodik ist Motivation durch kulturelle Aktivitäten wie gemeinsames Singen, Theateraufführungen und Diskussionsveranstaltungen.

Die bekannteste ORAP-Aktivistin ist die Mitgründerin der Organisation, Sithembiso Nyoni. Sie bemüht sich, die ORAP-Erfahrungen international zu verbreiten und wurde Vorsitzende des internationalen Netzwerks IRED, das eine auf den Menschen konzentrierte Entwicklung zu unterstützen versucht. Sie wurde später Ministerin für wirtschaftliche Entwicklung Zimbabwes.

1994

Auf dem NATO-Gipfel am 10. und 11. Januar in Brüssel wird das Programm Partnerschaft für den Frieden, das den in das Bündnis drängenden Reformstaaten Mittel- und Osteuropas militärische und sicherheitspolitische Zusammenarbeit sowie die langfristige Perspektive eines Beitritts anbietet, verabschiedet.

Am 9. Februar droht die NATO den bosnischen Serben mit Luftangriffen für den Fall, daß sie nicht innerhalb von zwölf Tagen ihre schweren Geschütze im Umkreis von 20 Kilometern um die Stadt Sarajewo abziehen oder sie den UNO-Blauhelmtruppen übergeben. Zwei Tage später beginnt der Rückzug, der den Menschen in der belagerten Stadt erstmals seit 22 Monaten eine Ruhepause in dem Bürgerkrieg verschafft. Die Befehlshaber der bosnischen und kroatischen Truppen in Bosnien-Herzegowina unterzeichnen in Zagreb (Kroatien) einen Vertrag über einen am 25. Februar in Kraft tretenden Waffenstillstand. Drei Tage darauf kommt es zum ersten Kampfeinsatz der NATO seit ihrer Gründung im Jahr 1949, als zwei Abfangjäger vier in die Flugverbotszone über Bosnien eingedrungene serbische Maschinen abschießen. Am 1. März ermächtigt der UN-Sicherheitsrat die Truppen der Vereinten Nationen in Bosnien-Herzegowina, zur Wiederherstellung des öffentlichen Lebens Waffengewalt einzusetzen.

Im zentralafrikanischen Ruanda tobt ein brutaler Krieg. Mitte Juli erklären die oppositionellen Tutsi-Rebellen den Krieg gegen die Hutu-Regierungstruppen für siegreich beendet. Nach Schätzungen internationaler Hilfsorganisationen sind in den Gefechten, blutigen Massakern an Zivilisten und aufgrund anderer Kriegswirkungen 500.000 Menschen ums Leben gekommen.

Als am 25. Februar ein israelischer Siedler in einer Moschee in Hebron im von Israel besetzten Westjordanland 29 Palästinenser erschießt, erklärt das israelische Kabinett alle besetzten Gebiete zu geschlossenen Militärzonen. Am 4. Mai unterzeichnen der israelische Ministerpräsident Yitzak Rabin und PLO-Chef Yassir Arafat in Kairo ein Abkommen, demzufolge Israel sich aus dem Gazastreifen und aus Jericho zurückziehen und die Verwaltung einer palästinensischen Autonomiebehörde überlassen wird. Yassir Arafat, Yitzak Rabin und sein Außenminister Shimon Peres erhalten am 10. Dezember den Friedensnobelpreis. Einen Tag später rücken russische Truppen in die nach Unabhängigkeit strebende nordkaukasische Republik Tschetschenien ein.

Am 19. September beginnt auf Haiti die Landung von circa 21.000 US-Soldaten, die die Wiedereinsetzung des 1991 gestürzten Präsidenten Jean Bertrand Aristide und die Rückkehr des Landes zur Demokratie überwachen sollen.

Ab dem 20. Januar werden am Strand des niederländischen Ortes Ijmuiden die er-

sten von 500.000 Beuteln mit einem hochgiftigen Schädlingsbekämpfungsmittel an-
geschwemmt, die der französische Frach-
ter Sherbo Anfang Dezember 1993 vor der
Normandie verloren hatte. Eine Woche
später beschließen die Verkehrsminister
aus den Nordseeanrainerstaaten Deutschland, Frankreich, Großbritannien, Belgien
und den Niederlanden strenge Auflagen
und Kontrollen für Gifttransporte.

Mit 300 Gramm hochreinen Plutoniums
239 wird am 10. August auf dem Flughafen München II die bisher größte Menge atomwaffentauglichen Materials in
Deutschland sichergestellt. Später stellt
sich heraus, daß dies eine Geheimdienstaktion war, für die eine zivile Linienma-
schine mißbraucht und die Bevölkerung
bewußt gefährdet worden ist. Am 15. November tritt in Deutschland eine Grundgesetzänderung, die Umweltschutz als
Staatsziel, die Durchsetzung von Gleichberechtigung von Mann und Frau sowie
das Verbot von Benachteiligung Behin-
derter festschreibt, in Kraft.

Vom 5. bis 13. September findet in Kairo
die Weltbevölkerungskonferenz der Vereinten Nationen statt, auf der unter den
183 Teilnehmerstaaten kontrovers über
Geburtenkontrolle, Abtreibung und die
Rolle der Frau diskutiert wird.

Bei den Parlamentswahlen Ende März in
Italien erhält das von dem Medienmogul
Silvio Berlusconi angeführte Rechts-
bündnis die absolute Mehrheit. Nachdem

der African National Congress (ANC) bei
den ersten freien Wahlen in Südafrika
Ende April 62,7 Prozent der Stimmen erreicht hat, wird am 9. Mai ANC-Chef
Nelson Mandela zum ersten schwarzen
Präsidenten des Landes gewählt, womit
die 342 Jahre andauernde Herrschaft der
weißen Minderheit endet. Im stalinistisch
regierten Nordkorea wird am 20. Juli Kim
Jong-Il Nachfolger seines verstorbenen
Vaters Kim Il-Sung als Staatspräsident.

Anfang August kommt es in Havanna zu
den schwersten regierungsfeindlichen
Unruhen seit der Machtübernahme durch
Fidel Castro im Jahr 1959. Castro hebt
daraufhin die Küstenüberwachung auf
und löst damit die bis dahin größte
Massenflucht aus Kuba aus.

Am 15. April stimmen 104 an den GATT-
Verhandlungen beteiligte Staaten der
Schaffung der Welthandelsorganisation
WTO, die vom 1. Januar 1995 an den frei-
en Welthandel überwachen und Handels-
konflikte schlichten soll, zu.

Der Eurotunnel unter dem Ärmelkanal,
der Frankreich und England verbindet,
wird am 6. Mai eröffnet. Bei schwerem
Unwetter sinkt am 28. September die estnische Fähre Estonia vor der finnischen
Küste; vermutlich 918 Menschen kommen dabei ums Leben.

Ken Saro-Wiwa

(geb. 1941 in Nigeria, 1995 hingerichtet)

und das Movement for the Survival of the Ogoni People (MOSOP)

erhielten den Alternativen Nobelpreis „für ihr beispielhaft couragiertes, gewaltfreies Streben nach zivilen, wirtschaftlichen und ökologischen Rechten für ihr Volk".

Ken Saro-Wiwas Hinrichtung war sogar nach Ansicht des damaligen britischen Premierministers John Major ein Justizmord. Als Mitglied der Volksgruppe der Ogoni aus dem Südosten Nigerias prangerte Ken Saro-Wiwa die verheerenden Auswirkungen der Ölförderung im mit 500.000 Menschen dichtbesiedelten Ogoni-Land an: Aus beschädigten Pipelines ausgelaufenes Öl mischte sich mit dem Grundwasser, bildete Seen, verseuchte Mangrovenwälder, abfackelndes Gas verrußte angrenzende Dörfer.

Die nigerianische Regierung allerdings profitierte von den Ölförderungen als Teil eines Joint Venture, bei dem mit 30 Prozent Beteiligung der britische Shell-Konzern der größte private Partner war und ist. Der prominente Ken Saro-Wiwa wurde durch seinen Protest zum Staatsfeind.

1965 hatte er an der Universität Ibadan sein Studium der englischen Literatur abgeschlossen und danach zunächst an seiner ehemaligen Schule in Umuahia gearbeitet, bevor er u.a. als Verkehrsminister Karriere machte. Von 1973 an begann Ken Saro-Wiwa, Bücher und Artikel zu schreiben sowie TV-Programme zu produzieren. 1994 erhielt der erfolgreiche Autor – er veröffentlichte 27 Bücher – den Fonlon-Nichols-Award für vorzügliches kreatives Schreiben.

MOSOP • Port Harcourt, Nigeria
Tel.: 00234-84-230 250 • mosop@phca.linkserve.com

London
Tel.: 0044-181-563-861-4 • Fax: 0044-181-563-861-5 • mosop@gn.apc.org

Die Bewegung MOSOP entstand 1990 als Dachverband für mehrere Organisationen, die sich dem Schutz der Rechte der Ogoni widmeten. Ken Saro-Wiwa wurde ihr Sprecher. Ein Jahr nach der Gründung forderte MOSOP in der Ogoni Bill of Rights einen gerechten Anteil an den Einnahmen durch die Ölförderungen, kulturelle und politische Autonomie und größere Teilhabe an der Macht in Nigeria. Von Shell forderte Ken Saro-Wiwa, die Regierung zu umgehen, sich umgehend mit den zerstörerischen Folgen der Ölproduktion in der Vergangenheit zu befassen und die Förder- und Transportanlagen auf technischen Höchststand zu bringen, um die Umweltzerstörung in Zukunft zu vermeiden.

Daraufhin stellte Shell 1994 die Ölförderung im Land der Ogoni ein. Ein Jahr zuvor, im Januar 1993, hatten etwa 300.000 Mitglieder der Volksgruppe friedlich für ihre Forderungen demonstriert. Anschließend wurde das Ogoni-Land vom Militär besetzt. Während der vier Jahre andauernden Repressalien kamen mehr als tausend Menschen ums Leben, viele wurden heimatlos, vertrieben oder ohne Verfahren ins Gefängnis geworfen.

Ken Saro-Wiwa wurde 1993, nachdem er MOSOP-Präsident geworden war, mehrfach inhaftiert und von Amnesty International „adoptiert". Im Mai 1994 wurde er unter dem Vorwand, er hätte Jugendliche zum Mord an vier Ogoni-Politikern aufgehetzt, erneut verhaftet. Nach einem Prozeß, den internationale Beobachter als unrechtmäßig verurteilten, wurden Ken Saro-Wiwa und acht seiner Mitstreiter am 10. November 1995 trotz internationaler Proteste – auch von zahlreichen Trägern des Alternativen Nobelpreises – hingerichtet.

Seit dem Machtwechsel in Nigeria im Jahr 1998 können MOSOP-Mitglieder sich offen treffen und sowohl die Regierung als auch die Ölfirmen erkennen an, daß es ein Entwicklungsdefizit im Niger-Delta gibt. Eher unwillig wurden allerdings die Umweltschäden betrachtet. So ist zwischen den Ogoni, der nigerianischen Regierung und Shell noch immer keine Vereinbarung dazu zustande gekommen, wie die Auswirkungen der Ölförderung beseitigt werden.

Father Gerry Pantin (Mitte)

SERVOL (Service Volunteered for All), Trinidad

„hat die Wichtigkeit von spirituellen Werten, Kooperation und familiärer Verantwortung, zusätzlich zu praktischen Fähigkeiten und Vereinbarungen beim Aufbau zivilisierter Gesellschaften aufgezeigt", und dafür den Alternativen Nobelpreis erhalten.

„Es ist falsch, nur zu vermuten, welche Hilfe Menschen benötigen. Man muß sie danach fragen!" Das ist, kurz zusammengefaßt, die Philosophie von SERVOL, einer 1970 vom damals 41jährigen katholischen Pater Gerard Pantin gegründeten Organisation. „Wie können wir Ihnen helfen?" ist deshalb eine ihrer häufigsten Fragen bei der Arbeit mit den ortsansässigen Kommunen.

Von Mitte der 70er Jahre an entstand durch die Initiative von SERVOL eine Reihe sogenannter Lebenszentren, die unter anderem die Betreuung von Babies und Kleinkindern, medizinische und zahnärztliche Versorgung sowie Ausbildungsprogramme für Jugendliche bieten. Eines der Hauptziele von SERVOL: Kindern und Heranwachsenden auch durch Unterstützung der Erwachsenen ein

SERVOL Ltd. • 91 Frederick Street • Port of Spain, Trinidad
servol@wow.net • http://community.wow.net/servol

selbstbestimmtes Leben zu ermöglichen. Dazu besuchen ausgebildete Beraterinnen und Berater beispielsweise die Eltern kleiner Kinder und Säuglinge, oftmals auch alleinerziehende Mütter. Sie helfen ihnen bei den alltäglichen Erziehungsproblemen, ohne dabei belehrend einzugreifen. Oft unterstützen sie sie beim Aufbau kleiner Gruppen für gegenseitigen Austausch und Zusammenarbeit. Mitunter bringen sie ihnen auch handwerkliche Fähigkeiten bei, mit deren Hilfe sie zu Hause Geld verdienen können, ohne die Erziehung ihrer Kinder zu vernachlässigen.

Das Adolescent Development Programme von SERVOL hat eine andere Zielgruppe: Es richtet sich an Jugendliche, gibt ihnen Selbstvertrauen, lehrt sie soziale Verantwortung und ermöglicht ihnen, mit Hilfe einer Ausbildung eine Grundlage für ihr zukünftiges Leben zu schaffen. Eine 1974 gegründete Sonderschule wiederum kümmert sich um lernbehinderte, autistische und geistig behinderte Kinder und Jugendliche im Alter zwischen sechs und siebzehn Jahren, während die Junior-Life-Zentren Kindern, die keine Chance auf den Besuch oder einen erfolgreichen Abschluß der Sekundarstufe offizieller Schulen haben, neue Möglichkeiten der Bildung geben.

SERVOL arbeitet seit 1986 mit der Regierung von Trinidad zusammen. Allein in den folgenden sieben Jahren wurden 5.000 Kinder im Alter von drei bis fünf Jahren in 149 Vorschulen unterrichtet, während in 45 Life-Zentren 3.750 Jugendliche ausgebildet wurden. Die Organisation beschäftigt 100 Personen fest, über 3.000 Menschen sind in das Management „ihrer" Zentren vor Ort einbezogen. Zusammen mit den Eltern der betreuten Kinder und Jugendlichen sind zu jeder Zeit etwa 50.000 Menschen in die Programme involviert. Das Jahresbudget beträgt über sieben Millionen US-Dollar, von denen mehr als 60 Prozent durch die lokalen Aktivitäten eingenommen werden. Eines der SERVOL-Motti ist: „Nichts im Leben ist frei, für alles ist ein Preis zu zahlen." So hat, obwohl vieles subventioniert ist, jeder für das, was er erhält, etwas zu geben.

Inzwischen kooperieren 15 Regierungen der Karibik eng mit SERVOL. Die Lehrer-Ausbildungsprogramme der Organisation haben seit 1990 die Anerkennung der Universität von Oxford.

Pater Gerard Pantin wurde 1992 als SERVOL-Direktor pensioniert. Mit Ruth Montrichard folgte ihm eine katholische Ordensschwester, die schon seit 1974 SERVOL-Mitarbeiterin ist. Pantin selbst übernahm den Vorsitz der Organisation.

Gerard Pantin   Ruth Montrichard

Hannumappa Reddy Sudarshan in einem Soliga-Dorf

Hannumappa Reddy Sudarshan

(geb. 1950 in Indien)

und die Bewegung Vivekananda Girijana Kalyana Kendra (VGKK)

„haben aufgezeigt, wie Stammeskultur zu einem Fortschritt beitragen kann, der die Grundrechte und die Lebensnotwendigkeiten indigener Völker sichert und ihre Umwelt bewahrt", und dafür den Alternativen Nobelpreis erhalten.

Die Soliga sind Halbnomaden und leben seit Jahrhunderten im Staat Karnataka im Süden Indiens im Einklang mit der Natur. Seit den fünfziger Jahren wurden ihre Wälder jedoch für Industrie und moderne Landwirtschaft abgeholzt, die Soliga enteignet und ausgebeutet. Es kam zu extremer Verarmung der Stammesmitglieder.

Der Arzt Hannumappa Reddy Sudarshan arbeitet seit 1979 in den Biligiri Rangana-Hügeln von Karnataka für die Soliga. Er erkannte bald, daß neben seiner Arbeit als Arzt weitere Initiativen notwendig waren. Er gründete 1981 deshalb das Vivekananda Girijana Kalyana Kendra (VGKK), das Projekt für integrierte Stammesentwicklung. Es unterstützt die Soliga dabei, aus ihren eigenen Wurzeln

VGKK • B R Hills (PO) 571 441 • Chamarajanagar District • Karnataka, India
Fax: 0091-822 684 018 • vgkk@vsnl.com

heraus eine, auch in der Auseinandersetzung mit moderner Gesellschaft selbständige, lebensfähige und vitale Gemeinschaft zu bilden.

Allein die VGKK-Gesundheitsaktivitäten waren bei den betreuten Personen so erfolgreich, daß Sudarshan fand, Gesundheitsversorgung für alle in den Biligiri Rangana-Hügeln lebenden Menschen bis zum Jahr 2000 sei „nicht lediglich eitler Optimismus."

Zu den Institutionen des Projekts gehören ein Gesundheits-, ein Bildungs-, ein Biodiversitäts- sowie ein Trainingszentrum, in dem junge Menschen der Gemeinschaft lernen, den Wald produktiv zu nutzen, ohne dem Ökosystem zu schaden. Der Unterrichtsplan für 450 Schüler umfaßt neben den in Indien üblichen Fächern auch spezifische Inhalte wie Umweltworkshops, Kräutergärtnerei und Erziehung mit Schwerpunkt auf Werten des Stammes und der Stärkung der eigenen Kultur.

Mehr als 88 Prozent der Kinder bekommen heute eine Grundbildung. Einige ehemalige Schüler besuchten bereits Universitäten und kehrten nicht nur mit Diplomen, sondern auch mit neuem Wissen zurück, um für ihre Gemeinschaften zu arbeiten.

Die Soliga sind nun gestärkt: Der größte Teil ihres Stammlandes befindet sich inzwischen in ihrem Besitz, es gibt eine eigene Gebietsregierung und in allen Dör-

fern Gemeinderäte. Bereits zwei Frauen wurden zu Bürgermeisterinnen gewählt. Mitglieder des Stammes sind auch überregional politisch aktiv, waren bei Wahlen erfolgreich und erhielten so Einfluß, den sie für das Überleben der Soliga nutzen. Sudarshan beschreibt seine Philosophie so: „Um Krankheiten zu eliminieren, mußt Du die Armut beseitigen. Ich habe realisiert, daß der einzige Weg, dies zu tun, es ist, die Menschen für die Erlangung ihrer Rechte zu organisieren."

Über 60 Prozent von ihnen haben nun an 300 Tagen im Jahr Beschäftigungen bei der Forstverwaltung, bei Stammesorganisationen und anderen Arbeitgebern. Allein bei vom VGKK ins Leben gerufenen Kooperativen arbeiten 1.200 Soliga.

Sudarshan selbst ist neben seinen lokalen Aktivitäten seit 1998 Mitglied der Unabhängigen Gesundheitskommission Indiens und bereits seit 1988 des Senats der Universität von Bangalore. Zudem ist er Präsident zweier weiterer Nichtregierungsorganisationen.

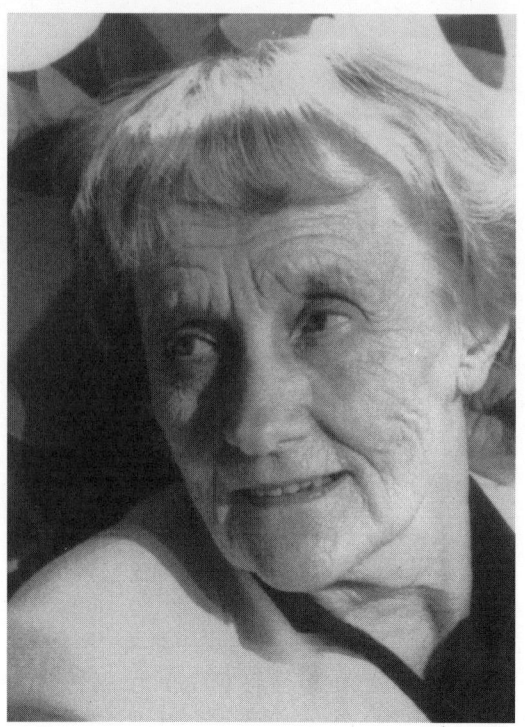

Einsatz für das Recht der Kinder, mit Liebe und Respekt vor ihrer Individualität erzogen zu werden. Mit dem Preis wird ihr Einsatz für Gerechtigkeit, Gewaltlosigkeit, das Verständnis von Minderheiten und ihre Liebe für und Sorge um die Natur gewürdigt."

Astrid Lindgren

(geb. am 14. November 1907
in Schweden, gest. 2002)

erhielt den Ehrenpreis mit folgender Begründung: „Die Bücher von Astrid Lindgren haben die Phantasie und den Geist ganzer Generationen von Kindern und Erwachsenen beflügelt. Ihre in den achtziger Jahren geführte Kampagne gegen den Mißbrauch von Tieren führte zu einem der weltweit fortschrittlichsten Gesetze zum Schutz von Nutztieren. Die Jury ehrt ihren lebenslangen

Die bekannte Autorin wuchs auf einem Bauernhof in der Provinz Småland im Süden Schwedens auf, verbrachte aber ihr Erwachsenenleben in Stockholm – eine Tatsache, die wesentlichen Einfluß auf ihre schriftstellerische Arbeit hatte. Das Leben auf dem Lande stellte in ihren Erinnerungen insbesondere für Kinder eine Idylle dar. Sie selbst war aus dieser scheinbar heilen Welt im Alter von 18 Jahren in die Anonymität der Großstadt geflohen, weil sie ein uneheliches Kind erwartete, was seinerzeit noch als Makel angesehen wurde. Sie heiratete erst sechs Jahre später, 1931. Für ihre 1934 geborene Tochter Karin erfand sie Pippi Langstrumpf, das starke Mädchen mit den abstehenden Zöpfen, das sich allen Konventionen widersetzt.

Astrid Lindgren erzählte ihren zwei Töchtern viele weitere von ihr erfundene Geschichten, die fast immer auf dem Lande spielten. Als sie dann einmal auf Glatteis ausrutschte und sich den Fuß verletzte, begann sie in den Tagen, in denen sie das Haus nicht verlassen konnte, diese Geschichten aufzuschreiben. Dies führte zu einer beispiellosen Schriftstellerkarriere – Astrid Lindgren wurde zum Inbegriff der Kinderbuchautorin.

Ihre Bücher wurden in über 60 Sprachen übersetzt und erreichten eine Auflage von mehr als 130 Millionen. Viele Geschichten wurden verfilmt, *Pippi Langstrumpf* erlangte Kultstatus. Auch in den anderen Büchern von Astrid Lindgren geht es um Lebensfreude und Phantasie, wobei Mut, Zusammenhalt, Fairneß und Zivilcourage, aber auch Freiheit und Liebe zu Tieren und Natur wesentlich sind.

Große Erfolgsstories aus der Feder von Astrid Lindgren sind auch *Der Detektiv Kalle Blomquist* (1946), *Die Kinder aus Bullerbü* (1947), *Karlsson vom Dach* (1949), *Mio, mein Mio* (1954), *Die Brüder Löwenherz* (1973), *Michel aus Lönneberga* (1973) oder *Ronja Räubertochter* (1981). Mit diesen Geschichten, in denen die Autorin auch unangenehme Aspekte wie Trauer und Tod thematisierte, schrieb sie sich in die Herzen von Kindern und deren Eltern rund um den Globus.

Für ihr Werk hat Astrid Lindgren zahlreiche Auszeichnungen erhalten, darunter die Nils-Holgersson-Plakette (1950), den Hans-Christian-Andersen-Preis (1958), die Goldmedaille der Schwedischen Akademie (1971) und den Friedenspreis des deutschen Buchhandels (1978).

Ihren Einfluß als hochgeschätzte schwedische Bürgerin setzte sie nur selten, dann aber gezielt ein. 1976 trug sie mit ihrer Kritik an der Steuerpolitik ihres Landes, die ihrer Ansicht nach zu Ausbeutung und zunehmender Verarmung der Bevölkerung führte, und ihrem Austritt aus der Sozialdemokratischen Partei dazu bei, daß die schwedische Regierung ihre Haltung bald änderte. Später engagierte sie sich ebenso wirksam für den Tierschutz.

Astrid Lindgrens menschliche Wärme, ihr Idealismus und aufrechter Humanismus waren laut denjenigen, die sie kannten, ebenso Wesensmerkmale der Schriftstellerin wie ihr Sinn für Humor. In einer offiziellen Stellungnahme des Schwedischen Institutes heißt es: „Wir sollten glücklich sein, daß es Astrid Lindgren ist, die für den Rest der Welt den schwedischen Geist verkörpert. Sie vertritt die Seite des Lebens gegen Gewalt und Stillstand."

Astrid Lindgren starb am 28. Januar 2002. Sie habe diese Welt, merkte der deutsche Bundespräsident Johannes Rau an, „reicher und bunter gemacht".

1995

Russische Truppen nehmen am 19. Januar den Präsidentenpalast in der tschetschenischen Hauptstadt Grosny ein. Aufgrund der Brutalität der russischen Einheiten mißbilligt die internationale Staatengemeinschaft das Vorgehen. Am 22. Juni vereinbaren Rußland und Tschetschenien eine Feuerpause und unterzeichnen vier Tage darauf ein Militärabkommen, das ein Ende der Kämpfe, den Rückzug der russischen Truppen und die Entwaffnung der tschetschenischen Milizen vorsieht, die Unabhängigkeitsbestrebungen der Kaukasus-Republik aber unberücksichtigt läßt.

Die UN-Blauhelm-Soldaten verlassen Somalia, in dem der Bürgerkrieg weitergeht, am 3. März. Bei einem Massaker ruandischer Regierungstruppen an Flüchtlingen im Lager Kibeho werden am 22. April Schätzungen zufolge 2.000 Menschen getötet.

Nach Ablauf eines viermonatigen Waffenstillstandes flammen die Kämpfe in Bosnien-Herzegowina wieder auf. Die Lage eskaliert am 25. Mai, als bosnische Serben sich weigern, von UN-Blauhelmsoldaten erbeutete Waffen zurückzugeben. Nachdem NATO-Flugzeuge daraufhin ein Munitionslager der bosnischen Serben bombardieren, feuern diese Granaten in UN-Schutzzonen, nehmen UN-Soldaten als Geiseln und ketten sie als lebende Schutzschilder an Militärobjekte. Mitte Juli erobern die bosnischen Serben die UN-Schutzzone Screbrenica und vertreiben 40.000 muslimische Zivilisten. Augenzeugen berichten von massenhaften Hinrichtungen und Vergewaltigungen. Nachdem Frankreich, Großbritannien und die USA sich nicht auf ein gemeinsames Vorgehen einigen konnten, nehmen die bosnischen Serben mit der Moslem-Enklave Zepa eine weitere UN-Schutzzone ein. Am 25. Juli klagt das UN-Kriegsverbrechertribunal in Den Haag den bosnischen Serbenführer Radovan Karadzic und dessen Militärchef Ratko Mladic an. Als die kroatische Armee Anfang August die mehrheitlich von Serben bewohnte Krajina wieder unter ihre Kontrolle bringt, kommt es zu einer großen Flüchtlingswelle. 120.000 Krajina-Serben werden auf ihrem Weg nach Ostbosnien und Serbien beschossen und ausgeplündert. Zur Vergeltung verjagen die bosnischen Serben am 14. August die noch verbliebenen 45.000 Muslime und 15.000 Kroaten aus der nordbosnischen Stadt Banja Luka. US-Präsident Bill Clinton und sein russischer Amtskollege Boris Jelzin einigen sich am 23. Oktober auf eine Beteiligung russischer Soldaten an einer Bosnien-Friedenstruppe.

Während einer Friedenskundgebung in Tel Aviv am 4. November ermordet ein rechtsradikaler Israeli den israelischen Ministerpräsidenten Yitzak Rabin.

Die Überprüfungskonferenz des Atomwaffensperrvertrages, an der alle 178 Unterzeichnerstaaten teilnehmen, verlängert das Abkommen, das – seit 1970 in Kraft – zunächst auf 25 Jahre begrenzt war, am 11.

Mai unbefristet. Am 11. August gibt Präsident Bill Clinton die Beendigung der US-amerikanischen Atomwaffentests bekannt. Zwei Tage, nachdem Greenpeace-Aktivisten auf dem Platz des Himmlischen Friedens in Peking gegen chinesische Kernwaffentests protestiert haben, zündet das Reich der Mitte am 18. August einen weiteren nuklearen Sprengsatz. Am 1. September entern französische Marine-Soldaten das Greenpeace-Schiff Rainbow Warrior II. Auch das Schiff MS Greenpeace schleppen sie ab, nachdem die Umweltaktivisten wiederholt versucht hatten, mit Booten in die Sperrzone um das Moruroa-Atoll einzudringen. Trotz massiver internationaler Proteste zündet das französische Militär am 5. September in dessen Untergrund einen Atomsprengsatz.

Den Friedensnobelpreis erhalten am 10. Dezember in Oslo der britische Atomphysiker Joseph Rotblat und die von ihm gegründete Pugwash-Konferenz, die sich für den Abbau von Atomwaffen einsetzt.

Ende März tagt in Berlin die UN-Klimakonferenz, an der 160 Nationen teilnehmen. Die USA sperren sich gegen Vereinbarungen zur Reduktion klimarelevanter Gase.

Am 25. April gehen die Sicherheitskräfte beim ersten Transport eines Castor-Atommüllbehälters gewaltsam gegen Demonstranten vor.

Vier Tage darauf besetzen Greenpeace-Mitglieder die ausgediente Ölplattform Brent Spar des britischen Konzerns Shell, die mitsamt Ölschlamm, Schwermetallen und anderen giftigen Chemikalien im Atlantik versenkt werden soll. Shell-Tankstellen werden boykottiert. Am 20. Juni beugt der Konzern sich dem Druck und gibt bekannt, daß Brent Spar an Land entsorgt werden soll.

10.000 Delegierte aus 185 Staaten und 20.000 Vertreter von Nichtregierungsorganisationen nehmen ab dem 4. September an der Weltfrauenkonferenz in Peking teil.

Bei Giftgasanschlägen der Aum-Sekte auf die U-Bahn von Tokio kommen am 20. März zwölf Menschen ums Leben, über 5.000 müssen ärztlich behandelt werden. Einen Monat später sterben bei einem Autobombenanschlag in Oklahoma City in den USA 168 Menschen.

Am 26. März tritt das Schengener Abkommen in Kraft, wonach an den Grenzen zwischen den EU-Staaten Deutschland, Frankreich und den Benelux-Staaten sowie Spanien und Portugal die Personenkontrollen wegfallen.

Mirko Pejanovic

Der Serbische Zivilrat

erhielt den Alternativen Nobelpreis
„für sein ausdauerndes Engagement
für ein menschliches, multi-
ethnisches, demokratisches Bosnien-
Herzegowina."

Bosnien-Herzegowina wurde als Teil des ehemaligen Jugoslawiens unmittelbar nach dem Auseinanderbrechen des Vielvölkerstaates Schauplatz eines brutalen Krieges. Als Ergebnis des Daytoner Friedensabkommens von 1995 besteht es nun aus einer kroatisch-muslimischen und einer serbischen Teilrepublik. Die Spannungen zwischen Serben, Kroaten und Bosniern hielten jedoch auch nach dem Abkommen an.

Es waren angesehene in Bosnien lebende Serben, die ein Jahr zuvor, im März 1994, das Serb Civic Council (Serbischer Bürgerrat, SCC) in Loyalität zur multi-ethnischen demokratischen Regierung Bosniens und gegen das damals in Pale residierende Regime Radovan Karadzics gründeten. SCC-Präsident wurde Mirko Pejanovic, 1946 im Bezirk Tuzla geboren, Mitglied des Stabes des bosnischen Präsidenten und früherer Professor der Universität von Sarajevo. Seine Stellvertreter wurden Ljubo Berberovic, Professor für Pflanzengenetik und Mitglied der Akademie der Wissenschaften, Rajko Zivkovic, Journalist der in Sarajevo erscheinenden Tageszeitung *Oslobodjenje* und Geschäftsführer der Nachrichtenagentur *Onasa* sowie Zarko Bulic, Rechtsanwalt und Präsident der bosnisch-herzegowinischen Gerichtsvereinigung.

Serb Civic Council • Presidency of Bosnia-Herzegovina
Omladinska 2 • Sajarevo, Bosnia-Herzegovina
Fax: 00387-33-214 915 • sgvprbih@bih.net.ba

Karadzics Truppen hielten zeitweise etwa 65 Prozent des bosnischen Staatsgebietes besetzt, ihr Führer propagierte einen Anschluß der bosnischen Serben an ein großserbisches Reich und wird immer noch per internationalem Haftbefehl als Kriegsverbrecher gesucht.

Das SCC unterhielt bald schon in 20 Städten Büros und brachte es schnell auf etwa 50.000 Mitglieder, ungefähr ein Drittel der in Bosnien lebenden Serben. Es begann damit, den Friedensprozeß in Bosnien-Herzegowina aktiv zu unterstützen und setzte sich für parlamentarische Demokratie und die Einhaltung der Menschenrechte ein. Das SCC suchte dazu Verbindungen mit Exilbosniern und mit demokratischen Parteien und Oppositionellen, die sich gegen die Politik des damaligen serbischen Präsidenten Slobodan Milosevics oder die des serbischen Nationalisten Radovan Karadzics engagierten. – Ein gefährliches Unterfangen: Viele der Aktivisten inner- und außerhalb des SCC wurden Ziel von Heckenschützen.

Die Mitglieder des SCC eint die Vision eines Staates Bosnien-Herzegowina, in dem alle Menschen gleiche bürgerliche Rechte haben und die Einhaltung der Menschenrechte auch nach höchstem internationalen Standard gewährleistet ist. Sie setzten sich für eine strafrechtliche Verfolgung aller Kriegsverbrecher und für das Recht aller Vertriebenen auf Rückkehr in ihre Heimat ein – ein hochgestecktes Ziel vor dem Hintergrund immenser wirtschaftlicher Probleme und großem Mißtrauen zwischen den Volksgruppen.

Die Hungarian Foundation for Self-Reliance und András Biró

(geb. 1925 in Bulgarien)

wurden „für ihre entschlossene Verteidigung der ungarischen Roma-Minderheit und effektive Unterstützung zur Hilfe bei deren Selbsthilfe" mit dem Alternativen Nobelpreis ausgezeichnet.

Das Jahr 1990 bedeutete einen Wendepunkt in Ungarns Geschichte: Die ersten freien Wahlen markierten einen wichtigen Schritt auf dem Weg vom kommunistischen zum demokratischen System. Um diesen Prozeß zu unterstützen, gründete András Biró im selben Jahr die Hungarian Foundation for Self-Reliance (HFSR), die sich seither nachhaltiger Entwicklung, Rechten von Minderheiten und dem Kampf gegen Verarmung – insbesondere auf die ungarischen Roma bezogen – widmet.

András Biró wurde als Kind ungarisch-serbischer Eltern in Bulgarien geboren und wuchs in Budapest auf. Nach dem Aufstand im Jahr 1956 ging er nach Paris, wo er zunächst als Wirtschaftsjournalist arbeitete. 1967 wurde er Gründungs-Chefredakteur des Magazins der UN-Nahrungs- und Landwirtschaftsorganisation FAO, *Ceres*, und blieb dies bis 1975. Anschließend, von 1975 an, leitete er als Gründungsherausgeber das Umweltmagazin *Mazingira*. 1978 ging er nach Mexiko, wo er als Berater der Vereinten Nationen und von Nichtregierungsorganisationen arbeitete, bis er 1985 wieder in die ungarische Hauptstadt zurückkehrte. 1996 legte András Biró die Leitung der HFSR nieder, jedoch ohne sich zur Ruhe zu setzen.

András Biró • Hungarian Foundation for Self-Reliance
Pozsonyi út 14. II/9. • H-1137 Budapest, Hungary
Tel.: 0036-1-237 602-0 • Fax: 0036-1-237 602-1
autonomie@autonomia.hu • www.autonomia.hu/english

Die HFSR hat zur Entstehung zweier weiterer Organisationen beigetragen: Das Partnerschaftsprogramm, das mittlerweile einen großen Teil der HFSR-Arbeit im Bereich Umwelt betreibt, hat sich ein breites Fundament finanzieller Unterstützung durch Stiftungen in den USA, in europäischen Staaten und zunehmend auch in Ungarn geschaffen und baut dies weiter aus. Das Büro zur Verteidigung der Rechte von nationalen und ethnischen Minderheiten, dessen Präsident ebenfalls Biró wurde, bietet Roma Rechtsschutz in Fällen von Diskriminierung, gewalttätigen Attacken etc. Bereits im ersten Jahr seiner Existenz war es mit über 100 Fällen befaßt.

Im Kampf für die Rechte der Roma im östlichen Europa hat die HFSR mittlerweile eine herausragende Stellung. So managt die Organisation im Namen der Europäischen Union das Euroma genannte Programm. Dieses unterstützt Roma-Initiativen aus vier osteuropäischen Staaten durch Rechtsbeistand, Ausbildungsmaßnahmen und den Aufbau von Kommunikationsmedien wie etwa Radiostationen.

Über 200 Roma-Initiativen haben mittlerweile von der HFSR finanzielle Hilfe bekommen. Dabei investiert die Stiftung weniger als andere Organisationen in Kulturprogramme, sondern bietet den Roma vielmehr Hilfe, Existenzgrundlagen für ganze Gemeinschaften zu schaffen. So haben 100 Roma-Führer an einem Trainingsprojekt teilgenommen, bei dem sie Managementkenntnisse für ehrenamtliche und privatwirtschaftliche Unternehmungen erwarben. Weiterhin setzt die

HSFR sich dafür ein, daß die Roma die Möglichkeit der Kultivierung ihres eigenen Landes erhalten.

Seit 1992 verleiht die HFSR auch den von ihr gestifteten Toleranzpreis an Journalisten, deren Veröffentlichungen zur Harmonie zwischen den ethnischen Gruppen beitragen und Verständnis für Minderheiten schaffen.

Darüber hinaus förderte die HFSR 200 Graswurzel-Initiativen. In ihrer Arbeit für eine nachhaltige Entwicklung setzte die Stiftung in ihrer Anfangszeit einen Schwerpunkt auf den Aufbau des Green Spider Network, das verschiedene Umweltorganisationen miteinander vernetzte. Ein neueres Projekt konzentriert sich auf nachhaltige Entwicklung in den ärmeren Regionen Ungarns und verbindet Engagement für die Umwelt mit der Schaffung von Arbeitsplätzen für die dort lebenden Menschen. Außerdem unterstützt es andere Nichtregierungsorganisationen bei der Geldbeschaffung und Professionalisierung ihrer Arbeit.

Sulak Sivaraksa
(geb. 1933 in Thailand)

wurde „für seine Vision, seine Aktivität und seinen spirituellen Einsatz im Streben nach einem Weg der Entwicklung, der auf Demokratie, Gerechtigkeit und kultureller Integrität basiert", mit dem Alternativen Nobelpreis ausgezeichnet.

„Hinterfrage alles, dich selbst eingeschlossen, schau intensiv und handele dann aus deinem Inneren heraus." So beschreibt die 1968 von Sulak Sivaraksa gegründete Sathirakoses-Nagapradeepa Foundation die Philosophie ihres Gründers. Sulak Sivaraksa hat großen Anteil an der Entwicklung der Zivilgesellschaft in Thailand, indem er eine Reihe von Wohlfahrts- und Entwicklungsorganisationen etablierte. Getragen von tiefem buddhistischen Glauben, betont er die spirituelle und religiöse Dimension menschlichen Lebens, abseits von reiner Konsumorientierung, die weite Teile der westlichen Wertewelt prägt.

Nach seiner Ausbildung in England kehrte er 1961 nach Thailand zurück und arbeitete dort als Dozent an den Universitäten Thammasat und Chulalongkorn. Zwei Jahre später brachte er erstmals die *Social Science Review* heraus, die bald schon einflußreichste Zeitschrift Thailands, die entscheidend dazu beitrug, Studentinnen und Studenten für den Kampf gegen das Militärregime zu mobilisieren und dieses 1973 zu überwinden.

Der Einsatz für Demokratie, Menschenrechte und eine verantwortungsvolle Regierung sowie das Streben, Menschen in anderen Ländern in diesem Sinne zu inspirieren – diese Aktivitäten stellen den Hauptstrang in Sivaraksas Leben dar. Ein Beispiel hierfür ist die berühmte Dschungel-Universität, die weitgehend auf seine Initiative zurückgeht und Ziel aus Burma fliehender Studenten war.

Santi Pracha Dhamma Institute
117, Fuangnakhon Road • Bankok 10200, Thailand • sop@ffc.or.th

Immer wieder warfen die Behörden ihm Knüppel zwischen die Beine oder trachteten ihm gar nach dem Leben. 1984 wurde er für Aussagen in seinem Buch *Unmasking Thais Society* des in Thailand sehr schwer eingestuften Verbrechens der Majestätsbeleidigung angeklagt. Ihm drohten viele Jahre Gefängnis. Aufgrund einer Intervention des Königs wurde das Verfahren nach vier Monaten beendet, aber 1991 ließ die Militärjunta es aufgrund einer Rede Sulak Sivaraksas an einer Universität wieder aufleben, so daß er über die deutsche Botschaft in Bangkok ins Ausland floh. Erst 1995 wurde er endgültig freigesprochen.

Die Sathirakoses-Nagapradeepa Foundation hat seither die Gründung mehrerer anderer Organisationen unterstützt. Auch die Philosophie der Stiftung orientiert sich am Buddhismus: Gesellschaftliche Entwicklungen gehen Hand in Hand mit dem persönlichen Werdegang, der Stärkung von Mitgefühl und Weisheit. Auch ökologische Entwicklung und das Streben nach einer gerechten Gesellschaft sind demnach untrennbar miteinander verbunden: Nur mit einem intensiven Blick in die ihn umgebende Natur erkennt der Mensch sich selbst, und nur derjenige, der sich selbst zu erkennen versucht, wird seine Beziehung zur Natur wirklich verstehen können.

Diese Philosophie bringen die Mitarbeiter der Stiftung in Projekte beispielsweise für Alternativen zur Konsumwelt, zur medizinischen Versorgung der Armen, zur Bildung oder für Gegenentwürfe zur vorherrschenden Politik ein. Hierzu dient das ebenfalls von Sivaraksa gegründete Puey Inter-Cultural Forum, ein für jedermann offener Ort, an dem frei über Nachdenkenswertes und innovative Ideen diskutiert werden kann. Das Forum ist Teil von Sulak Sivaraksas Vision, ein Zentrum für spirituelles, kulturelles und bildungsförderndes Leben zu unterstützen und so eine Alternative zu modernen Konsumtempeln wie Einkaufszentren zu bilden.

Sivaraksas in Reden und Schriften sowohl in Thailand als auch im Ausland propagiertes Entwicklungskonzept, das er konsequent durch Taten in die Praxis umsetzt, gilt weltweit als vorbildlich.

Carmel Budiardjo
(geb. in London)

und TAPOL

erhielten den Alternativen Nobelpreis „dafür, daß sie die indonesische Regierung für ihre Taten verantwortlich gemacht und die universale Gültigkeit der Menschenrechte verteidigt haben".

Der Begriff TAPOL verbindet, abgekürzt, die indonesischen Wörter für ‚politischer Gefangener'. Es ist der Name der indonesischen Menschenrechtsorganisation, die 1973 in London von Aktivisten um die Wirtschaftswissenschaftlerin Carmel Budiardjo gegründet wurde. Ihr wichtigstes Ziel ist die Freilassung politischer Häftlinge in Indonesien.

Carmel Budiardjo war 1951 nach ihrer Heirat mit einem Mitarbeiter der indonesischen Regierung nach Indonesien übergesiedelt und erlebte die Willkür der Justiz dort mit: In den sechziger Jahren, nach der Machtübernahme durch General Suharto, wurde ihr Mann wegen politischer Vergehen gefangengenommen und verbrachte, in einer Zeit, in der mehr als eine Million Menschen getötet wurden, ohne Gerichtsverfahren zwölf Jahre in Haft. Sie selbst wurde drei Jahre arretiert, ebenfalls ohne Anklage oder Verhandlung. 1971 mußte sie Indonesien verlassen.

TAPOL kümmerte sich zunächst um Gefangene, die 1965 wegen des Verdachts auf kommunistische Umtriebe bei einer Razzia inhaftiert worden waren, später auch verstärkt um in den Jahren 1974 bis 1978 gefangengenommene Studentinnen und Studenten. Darüber hinaus setzte sich TAPOL unter der Leitung von Carmel Budiardjo für einen Stopp der Waffenlieferungen nach Indonesien und gegen eine Zensur der Presse ein.

TAPOL • 111 Northwood Road • Thornton Heath • Surrey CR7 8HW, United Kingdom
tapol@gn.apc.org

Im August 1975 warnte die Organisation vor den blutigen Folgen einer Annektierung Ost-Timors, bereits vier Monate später gehörte Ost-Timor aus Sicht der indonesischen Regierung zum Staatsgebiet. Nach Jahren erbitterten Widerstandes konnten die Menschen in Ost-Timor erst 1999 in einem Referendum ihre Forderung nach Unabhängigkeit durchsetzen.

TAPOL nutzt bis heute sein Informationsmedium, das seit der Gründung zweimonatlich erscheinende *TAPOL Bulletin*, und andere Publikationen, um auf die Brennpunkte Indonesiens (Unabhängigkeitsbestrebungen auch in Aceh und Papua) aufmerksam zu machen und Widerstandskämpfern ein Sprachrohr für ihre Argumente zu bieten. „Einem indonesischen Kollegen zufolge", so Carmel Budiardjo, „ist das *TAPOL Bulletin* zu einem Teil der alternativen Presse in Indonesien geworden, das die Fackel der Meinungsfreiheit aufrechterhält."

Zudem veröffentlichte TAPOL Bücher: *Indonesia's Invasion of East Timor* (1979), *West Papua: The Obliteration of a People* (1983) und *Indonesia: Muslims on Trial* (1984).

Seit Suhartos erzwungenem Rücktritt im Jahr 1998 ist Indonesien ein wesentlich demokratischeres Land, dem riesige Probleme geblieben sind. Ost-Timor wurde nach dem Referendum in die Unabhängigkeit entlassen, die Regionen Aceh und Papua besitzen Sonderautonomie, wenngleich es dort weiterhin zu Menschenrechtsverletzungen kommt. In Maluku wurden von militärischen Elementen religiöse Konflikte provoziert, bei denen Tausende von Menschen zu Tode kamen.

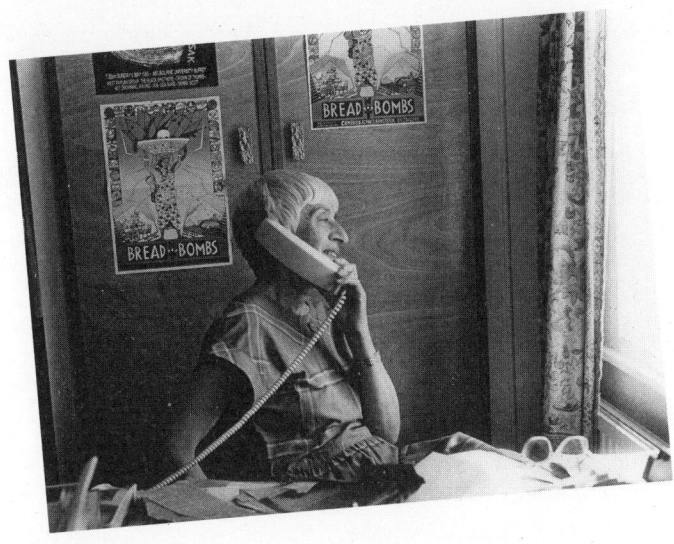

1996

Zwei Tage nach der sechsten Atomexplosion im Rahmen einer 1995 begonnenen Testserie im Untergrund des Moruroa-Atolls gibt Staatspräsident Jacques Chirac am 29. Januar Frankreichs Verzicht auf weitere Kernwaffentests bekannt. Am 29. Juli zündet China seinen 45. nuklearen Sprengsatz und stellt seine Atomversuche anschließend ebenfalls ein.

Als türkische Soldaten während schwerer Unruhen am 14. August an der Demarkationslinie zwischen dem griechischen und dem türkischen Teil Zyperns einen Griechen erschießen, droht ein militärischer Konflikt zwischen den beiden NATO-Mitgliedern.

Am 31. August unterzeichnen der russische Tschetschenienbeauftragte Alexander Lebed und der Generalstabschef der tschetschenischen Unabhängigkeitskämpfer, Aslan Maschadow, ein Friedensabkommen. Darin wird der Krieg für beendet erklärt, die Entscheidung über den Status der Kaukasusrepublik aber bis Ende 2001 hinausgeschoben.

Radikal-islamische Taliban-Milizen, die sich als Vorhut eines islamischen Gottesstaates verstehen und bereits zwei Drittel von Afghanistan unter ihre Kontrolle gebracht haben, erobern am 29. September die Hauptstadt Kabul. Unter ihrer Herrschaft werden insbesondere Frauen unterdrückt, Mädchen dürfen keine Schulen besuchen.

An der Grenze zwischen Zaire und Ruanda toben Anfang November wieder heftige Kämpfe. Über eine Million Menschen, die 1994 in Ostzaire Zuflucht gefunden hatten, fliehen nun von einem Flüchtlingslager zum nächsten.

Auf dem ersten Atomgipfel am 20. April in Moskau sagt der ukrainische Präsident Leonid Kutschma die Stillegung des Kernkraftwerkes Tschernobyl bis zum Jahr 2000 zu.

Der Welternährungsgipfel endet am 17. November in Rom mit einem Appell an die Staatengemeinschaft zu „noch ehrgeizigeren Anstrengungen im Kampf gegen den Hunger"; Verpflichtungen zum Handeln werden nicht festgelegt.

Am 13. August präsentiert Greenpeace mit einem umgebauten Renault Twingo ein Auto, das nur 3,21 Liter Kraftstoff auf 100 km verbraucht.

In Lübeck sterben am 18. Januar bei einem Brandanschlag auf ein Asylbewerberheim zehn Menschen. Die Hintergründe der Tat bleiben ungeklärt.

Wissenschaftler des Roslin-Institutes im schottischen Edinburgh geben am 7. März bekannt, daß sie zwei walisische Schafe geklont haben. Zwei Wochen später räumt die britische Regierung ein, daß die als Rinderwahnsinn bekannte Krankheit BSE bei Menschen das Creutzfeldt-Jakob-Sydrom auslösen kann. Deutschland verhängt daraufhin einen Importstopp, die EU-Kommission untersagt am 27. März jegliche Exporte britischen Rindfleisches.

Der russische Präsident Boris Jelzin verfügt am 16. Mai die Abschaffung der Todesstrafe. Als letztes Land der EU folgt Belgien diesem Schritt am 13. Juni.

Der Belgier Marc Dutroux gesteht am 16. August, gemeinsam mit Komplizen Kinder entführt, zum sexuellen Mißbrauch angeboten und auch selbst vergewaltigt zu haben. Zwei Tage darauf führt er die Polizei zu den Leichen zweier Mädchen im Keller seines Hauses, zwei weitere Mädchen können befreit werden. Es kommt zu Massenprotesten gegen Korruption in Politik, Polizei und Justiz sowie die sexuelle Ausbeutung von Kindern.

Den gesamten Dezember über protestiert die serbische Opposition friedlich gegen die Machthaber in Belgrad. Erst als die regierenden Sozialisten an Heiligabend 100.000 ihrer Anhänger in Bussen in die Hauptstadt bringen lassen, eskaliert die Gewalt.

Die UNO-Vollversammlung wählt am 17. Dezember den Ghanaer Kofi Annan zum neuen Generalsekretär. Die Wiederwahl seines Vorgängers, des Ägypters Boutros Boutros-Ghali war am Veto der USA, die ihm mangelnden Reformwillen vorwarfen, gescheitert.

In Konstanz am Bodensee wird am 7. Juli mit Horst Frank zum ersten Mal ein Politiker der Grünen Oberbürgermeister einer deutschen Stadt.

Am 10. September werden – vom Landgericht Berlin – erstmals sechs Kommandeure der DDR-Grenztruppen wegen Todesschüssen auf Flüchtlinge an der ehemaligen innerdeutschen Grenze verurteilt.

Nachdem am 14. November ein weißer Polizist, der drei Wochen zuvor einen Schwarzen erschossen hatte, freigesprochen wird, kommt es im US-Bundesstaat Florida zu Rassenkrawallen.

Das Landgericht Oldenburg verurteilt den ehemaligen Eiergroßproduzenten Anton Pohlmann am 11. Juni u.a. wegen Tierquälerei zu zwei Jahren Haft auf Bewährung und 3,1 Millionen DM Geldstrafe.

Ida Kuklina, Valentina Vonti, Tadjana Znatchkova, Slera Salikhovsaya, Lubov Kuznetsova

Das Komitee der Soldatenmütter Rußlands (KSMR)

wurde „für seinen Mut bei der Verteidigung der gemeinsamen Menschenwürde von Russen und Tschetschenen im Tschetschenienkrieg" mit dem Right Livelihood Award ausgezeichnet.

Auf Initiative von fünf Frauen schlossen sich im Jahr 1989 300 Mütter russischer Soldaten zum Komitee russischer Soldatenmütter zusammen. Zunächst einte sie das Ziel, ihre Söhne möglichst schnell aus dem Militärdienst zurückzuholen, damit ihre Ausbildungen nicht zu lange unterbrochen wurden. Durch ihre Arbeit wurden die Frauen mit den unhaltbaren Zuständen in den russischen Streitkräften konfrontiert: Schläge, Erniedrigung und Beschimpfungen für junge Soldaten, oftmals durch altgediente Soldaten, dazu Mangel an Nahrung und anderen lebensnotwendigen Dingen.

Konfrontiert mit dieser Situation forderten sie eine grundlegende, demokratische

Committee of Soldiers' Mothers of Russia
4 Luchnikow Str., Door 3, Room 32 • 103982 Moscow, Russia
Tel.: 0097-095-43 10 411 / 0097-095-92 82 506 • Fax: 0097-095-20 68 958
georg67@hotmail.com

Strukturreform des russischen Militärs, ein Verbot der Zwangsarbeit in den sogenannten Konstruktions-Bataillonen, Entmilitarisierung des Justizsystems, zivile Kontrolle militärischer Institutionen und das Recht auf Zivildienst. Doch obwohl der damalige Präsident Michail Gorbatschow einige dieser Forderungen akzeptierte, änderte sich die Situation nicht wesentlich. Noch im Jahr 2002, so das Komitee der Soldatenmütter, hätten etwa 40.000 russische Soldaten wegen der Zustände in den Kasernen Fahnenflucht begangen.

Entmutigen lassen sich die Frauen davon nicht. Mit dem Beginn des ersten Tschetschenienkriegs im Jahr 1994 begann für sie eine neue Phase: Sie fuhren in die Krisengebiete, um ihre Söhne heimzuholen, tauschten Informationen mit tschetschenischen Müttern, organisierten die Flucht für Deserteure. In der Zeit von Dezember 1994 bis zum Mai 1995 bekam das Komitee 50 bis 200 Briefe pro Tag; fast 10.000 Menschen wandten sich mit Klagen an sie, mehr als 6.000 Briefe von Soldaten und ihren Müttern waren zu beantworten.

International bekannt wurde das Komitee spätestens mit dem 1995 in Moskau gestarteten Marsch von Hunderten von Müttern „für Leben und Mitgefühl". Zwar wurden die Frauen etwa 30 Kilometer vor Grosny gestoppt, doch die Aktion wurde zu einem Symbol des Widerstands gegen den Krieg. Es gelang ihnen sogar, in Verhandlungen mit tschetschenischen

Armeeführern Kriegsgefangene freizubekommen.

Die Soldatenmütter organisierten weitere Kampagnen, brachten zahlreiche Petitionen ins russische Parlament ein und suchten Unterstützung bei anderen Friedensorganisationen. Darüber hinaus gründeten sie das erste Rehabilitationszentrum für Soldaten, die das Militär aus Gesundheitsgründen verlassen hatten. Seit Beginn des zweiten Tschetschenienkriegs im Herbst 1999 fordern sie den Aufbau einer Berufsarmee und kämpfen darum, den jungen Männern die schwer erträgliche Wehrpflicht in der russischen Armee zu ersparen.

Das KSMR ist mittlerweile zu einer Dachorganisation von etwa 70 regionalen Gruppen geworden. Inzwischen gibt es zumindest das Recht auf Kriegsdienstverweigerung, wenngleich dessen konkrete Umsetzung noch auf sich warten läßt. Ebenso, wie das von den Soldatenmüttern geforderte Tschetschenien-Tribunal.

1995 erhielt das KSMR den Sean McBride Preis des Internationalen Friedensbüros und den Preis des norwegischen Komitees für Menschenrechte.

Herman Daly promovierte 1967 an der Vanderbilt University in Wirtschaftswissenschaften und wurde schon im Jahr darauf Gastprofessor an der Louisiana State University (LSU), wo er ab 1973 einen Lehrstuhl übernahm. 1976 erhielt er den Distinguished Research Master Award der Universität. Während seiner Zeit an der LSU war Daly Gastdozent an Universitäten in den USA, Brasilien und Australien. Von 1988 bis 1994 arbeitete er als Chefökonom der Umweltabteilung der Weltbank, anschließend an der School of Public Affairs der Universität von Maryland.

1989 war Herman Daly eine der Schlüsselfiguren bei der Gründung der Internationalen Gesellschaft für ökologische Ökonomie (ISEE) und wurde Mitherausgeber von deren Magazin *Ecological Economics*. Die ISEE ist ein wesentliches Instrument zur Vernetzung von Ökologen und Ökonomen sowie Akademikern und Umweltaktivisten. *Ecological Economics* spielte eine wesentliche Rolle dabei, den wirtschaftlichen Umgang mit der Ressource Umwelt zu einer eigenen Disziplin zu machen.

Ökologie, Ethik und Wirtschaft stehen für Daly in enger Beziehung zueinander. Daly definiert Wachstumsgrenzen für die Volkswirtschaft und fordert die Senkung des Material- und Energieverbrauchs der Gesellschaften auf ein Niveau, das die Natur nicht überfordert. Nachhaltigkeit, der Schlüssel für Langlebigkeit von Systemen, sagte Daly im Jahr 2002, „benötigt

Herman Daly
(geb. 1938 in den USA)

wurde „dafür, einen Weg ökologischer Ökonomie, die die Schlüsselelemente Ethik, Lebensqualität, Umwelt und Gemeinschaft integriert, aufgezeigt zu haben", mit dem Ehrenpreis ausgezeichnet.

School of Public Affairs • University of Maryland • College Park
MD 20742-1821, USA • Fax: 001-301-403 4675

eine stärkere Ausrichtung auf erneuerbare Ressourcen und den erklärten Willen, nicht-erneuerbare mit zukünftigen Generationen zu teilen".

Er wendet sich gegen die Theorie, derzufolge Wachstum in einem freien Markt eine Gesellschaft als Ganzes reicher macht und auch die ärmeren Schichten eines Landes erreicht; eine Theorie, die immer noch die Entwicklungspolitik beeinflußt. Das makroökonomische System sieht er als Teil des noch größeren Ökosystems: ungebremstes Wachstum des einen erdrückt das andere, Kosten für Verschmutzung von Luft und Wasser etwa werden in der Bilanz nicht erfaßt, sind aber von der Gesellschaft zu tragen.

Herman Daly unterscheidet zwischen Wachstum in reicheren Ländern, das er für unökonomisch hält, weil die Kosten den Nutzen übersteigen, und einer durchaus nützlichen Politik des Wachstums in ärmeren Regionen; dann allerdings ökologisch vernünftig und im Sinne von Versorgung aller mit lebensnotwendigen Gütern wie Nahrung, Kleidung und Unterkunft. Er propagiert zudem eine Entwicklungspolitik des geteilten Wissens, die mehr und mehr die der interessengesteuerten Vergabe von Krediten ablösen soll.

Daly zählt zu den Gegnern uneingeschränkter Globalisierung. Seiner Ansicht nach sollte nationale und internationale Politik, die „das Wachstum der Weltwirtschaft in Beziehung zum Ökosystem limitiert und die für öffentliche, die Gesamtgesellschaft betreffende Zwecke Gewinn erzeugt", vor dem kostenaufwendigen, den gesellschaftlichen Standard senkenden Wettbewerb geschützt werden. Dies dürfe aber nicht bedeuten, ineffiziente nationale Industrie zu subventionieren.

Herman Daly vertrat in einer Reihe von Büchern die ökologische Ökonomie und bezog darin Gegenpositionen zu Lehrmeinungen: *Toward a Steady State Economy* (1973), *Economics, Ecology, Ethics* (1980), *For the Common Good: Redirecting the Economy Toward Community* (gemeinsam mit John Cobb, 1989), *Population, Technology and Lifestyle* (gem. mit Robert Goodland und Salah E. Serafy, 1992), *Valuing the Earth: Economics, Ecology, Ethics* (gem. mit Kenneth N. Townsend, 1993) und *Beyond Growth: The Economics of Sustainable Development* (1996). Darüber hinaus schrieb er zahlreiche Artikel zu diesen Themen.

Im selben Jahr, in dem er den Alternativen Nobelpreis erhielt, wurde Herman Daly von der Königlichen niederländischen Akademie der Künste und Wissenschaften auch mit dem Heineken-Preis für Umweltforschung geehrt.

George Vithoulkas

(geb. 1932 in Athen)

wurde „für seinen außergewöhnlichen Beitrag, homöopathisches Wissen wiederzubeleben und Homöopathen auf höchstem Niveau auszubilden", mit dem Alternativen Nobelpreis ausgezeichnet.

Homöopathie ergänzt heute in vielen westlichen Ländern klassische Medizin und wird zunehmend als erfolgreiche alternative Behandlungsform anerkannt. Großen Anteil daran hat George Vithoulkas, der von 1960 an Homöopathie in Südafrika und Indien studierte, bevor er 1967 zurück in seine griechische Heimat ging. Dort vermittelte er anderen Medizinern sein Wissen, was bald Wirkung zeigte: 1970 entstand die Athener Schule für Homöopathie, in der ausgebildete Schulmediziner bei Vithoulkas studieren und gleichzeitig unter seiner Anleitung praktizieren.

1971 gründete er mit der Hellenic Homeopathic Medical Society die erste Gesellschaft für Homöopathie, ein Jahr später mit dem von ihm herausgegebenen Magazin *Homeopathic Medicine* die erste Zeitschrift für Homöopathie in Griechenland. Seine Aktivitäten reichen längst weit über sein Heimatland hinaus. So organisierte er 1976 erstmalig internationale Seminare, die seither jährlich stattfinden und zuletzt Mediziner aus etwa 20 Staaten zusammenbrachten. 1994 eröffnete George Vithoulkas auf der griechischen Insel Alonissos die Internationale Akademie für klassische Homöopathie, wo seither ebenfalls Mediziner aus der ganzen Welt aus- und weitergebildet werden.

Center of Homeopathic Medicine
1 Pericleous Street • Maroussi • Athens 151 22, Greece
homandgv@hol.gr • www.gvs.net

Seither initiiert George Vithoulkas Gründungen von Schulen und Akademien in ganz Europa und in den Vereinigten Staaten, in Deutschland gibt es die George Vithoulkas Stiftung. Für seine Lehre und als Hilfe für angehende Homöopathen bedient er sich erfolgreich verschiedener Medien: Neben Büchern und Videofilmen nutzt er CDs, mit seinem hochentwickelten computergestützten Expertennetzwerk hilft er Homöopathen bei Aus- und Weiterbildung sowie Fallanalysen und Therapieplänen.

1991 erschien der erste Band seines Werkes *Materia Medica Viva*, das in 16 Bänden alles verfügbare Wissen über Homöopathie, das sich durch 150.000 Behandlungen in Athen angesammelt hat und von George Vithoulkas mit eigenen Erfahrungen angereichert wird, dokumentieren wird. Vithoulkas hat zahlreiche weitere Bücher, die in 20 Sprachen übersetzt worden sind, veröffentlicht, u.a. *The Science of Homeopathy* (1980) und *A New Model for Health and Disease* (1991). Seine Veröffentlichungen hatten weltweit großen Einfluß auf die Entwicklung, Akzeptanz und Anwendung der Homöopathie.

E.K. Narayanan und P.K. Ravindran

Kerala Sastra Sahithya Parishat (KSSP), Indien

wurde „für ihren großen Beitrag zu einem Entwicklungsmodell, das auf sozialer Gerechtigkeit und Mitbestimmung der Bevölkerung basiert", mit dem Alternativen Nobelpreis ausgezeichnet.

Wissenschaft kann zu einem Motor positiver gesamtgesellschaftlicher Entwicklung werden, wenn ihre Ergebnisse viele Menschen erreichen. Deshalb ist eines der wesentlichen Ziele der 1962 entstandenen Stiftung Kerala Sastra Sahithya Parishat (KSSP), deren Name übersetzt Keralisches Wissenschafts-Literaturforum bedeutet, die möglichst massenhafte Verbreitung wissenschaftlicher Erkenntnisse in der von den im südindischen Bundesstaat Kerala lebenden Menschen gesprochenen Sprache Malayalee. KSSP ist nicht lediglich eine Bildungsorganisation, sondern vielmehr der erfolgreiche Versuch, Wissenschaft für eine konkrete Verbesserung des Lebensstandards möglichst vieler Menschen zu nutzen.

Die Organisation entwickelte sich aus einem 1957 von Schriftstellern und Aktivisten gegründeten wissenschaftlichen Literaturforum. Initiiert durch das Engagement von KSSP wurden fortan viele wissenschaftliche Bücher in der Sprache Malayalee geschrieben bzw. in sie übersetzt. KSSP-Vertreter gingen von Haus zu Haus, um die Bände zu verkaufen. Sie verbreiteten auf diese Art Wissen und schufen der Organisation gleichzeitig eine finanzielle Grundlage. Zudem gab es

Kerala Sastra Sahithya Parishat
AKG Road, PO Edapally • Kochi 682 024, India
sasthra@md3.vsnl.net.in

Kampagnen, mit denen der wissenschaftliche Unterricht in dieser Sprache forciert wurde.

Innerhalb von nur zehn Jahren wuchs KSSP zu einer bedeutenden Organisation in Kerala, 1976 hatte die Stiftung bereits 2.600 Mitglieder. Von 1977 an veranstaltete sie Workshops für Wissenschaftler aus ganz Indien, zehn Jahre später entstand während eines dieser Seminare das All India Peoples Science Network, das sich mit sehr unterschiedlichen wissenschaftlichen Themen wie Raumfahrt, Kampf gegen Aberglauben und Fundamentalismus sowie Alphabetisierung auseinandersetzt. Das Netzwerk spannt sich seither über ganz Indien und hat nunmehr circa 60.000 Mitglieder in ungefähr 2.000 Gruppen.

Mit Hunderten veröffentlichter Bücher, zu denen jährlich 30 bis 40 neue Titel hinzukommen, ist KSSP inzwischen der größte Herausgeber Indiens. Mitte der 90er Jahre nahm die Organisation auf diesem Wege circa 90 Prozent ihres Budgets ein. KSSP betrieb ausgedehnte Lesungskampagnen und erreichte mit dem Theaterprojekt *Kala Jatha*, der *Kunst-Karavane*, über 60 Millionen Menschen, die so mit Literatur in Berührung gebracht wurden. KSSP war die wesentliche Kraft des Programmes, das dazu führte, daß in Kerala ab 1991 die wichtigste Literatur in der Sprache Malayalee zur Verfügung stand.

Im Bildungsbereich bemühen sich 10.000 Lehrer aus der KSSP-Mitgliederschaft, das Engagement der Pädagogen sowie die Qualität der Lehrpläne und der ein-

gesetzten Unterrichtsmaterialien zu verbessern und gleichzeitig den Erfolg und die Freude am Lernen bei den Schülern zu steigern.

Über die Verbreitung wissenschaftlicher Erkenntnisse hinaus engagiert KSSP sich praktisch u.a. im Energiebereich und setzt dort auf nachhaltige Technologie, beispielsweise auf hocheffiziente Holzöfen, die mittlerweile in einer halben Million von Haushalten eingesetzt werden und zur Einsparung von deutlich über 500.000 Tonnen Brennholz jährlich beitragen. Darüber hinaus betreibt KSSP ein Programm zum Austausch von zig Millionen herkömmlicher Glühbirnen gegen Energiesparlampen.

KSSP gründete mehrere weitere Organisationen, um ihre Effizienz zu steigern, darunter das Integrated Rural Technology Centre als Forschungsinstitut für Entwicklungsfragen, das Educational Research Unit zur Forschung in Bildungsfragen und das Environment Centre für Umweltschutzaktivitäten.

Dem Exekutivkomitee gehören 65 Mitglieder an, während circa 10.000 KSSP-Funktionsträger vor Ort aktiv sind. Die Organisation wurde für ihre Erfolge u.a. mit Preisen des UN-Entwicklungsprogrammes und der UNESCO ausgezeichnet.

1997

Der seit 1965 diktatorisch regierende Präsident von Zaire, Sese Seko Mobutu, tritt am 16. Mai zurück. Zuvor waren Rebellentruppen unter Führung von Laurent Kabila auf die Hauptstadt Kinshasa vorgerückt und hatten diese beinahe kampflos eingenommen. Kabila wird am 29. Mai als Präsident vereidigt.

Am selben Tag tritt die 1993 unterzeichnete UNO-Konvention zur weltweiten Ächtung von Chemiewaffen in Kraft. Sie verbietet Entwicklung, Produktion, Besitz und Einsatz chemischer Waffen und schreibt die Beseitigung vorhandener Arsenale bis 2007 vor.

Vertreter von 121 Staaten signieren am 3. Dezember im kanadischen Ottawa das Verbot von Herstellung, Lagerung, Ausfuhr und Anwendung von Landminen. Die USA, China und Rußland verweigern sich dem Abkommen. Die Internationale Kampagne gegen Landminen erhält eine Woche später den Friedensnobelpreis.

Der Vorsitzende der Demokratischen Partei Serbiens, Zoran Djindjic, wird am 21. Februar zum Oberbürgermeister Belgrads gewählt. Am 1. Mai gewinnt die Labour-Partei die Wahlen zum britischen Unterhaus, neuer Premierminister wird Tony Blair.

Bei einem vermutlich von Islamisten verübten Massaker in der Nähe der algerischen Hauptstadt Algier werden am 22. September über 200 Menschen ermordet. Am 17. November töten muslimische Extremisten vor dem Hatschepsut-Tempel im ägyptischen Luxor 58 Touristen und vier Einheimische.

Gentechniker des Roslin-Institutes im schottischen Edinburgh teilen am 23. Februar mit, daß sie erstmals ein erwachsenes Säugetier, ein Schaf, geklont haben, und nennen die erzeugte „Kopie" Dolly.

Die 10. Artenschutzkonferenz Mitte Juni im äthiopischen Harare beschließt, kontrollierten Handel mit Elfenbein wieder zuzulassen. Die UNO-Umwelt-Gipfelkonferenz in New York geht am 27. Juni ohne Einigung auf einen Zeitplan zur Bekämpfung des Treibhauseffektes zuende. Am 11. Dezember einigen sich die Teilnehmer der UNO-Klimaschutzkonferenz im japanischen Kyoto auf eine Reduzierung klimaverändernder Gase.

Ab September entstehen aufgrund von Waldbränden, die durch Brandrodungen ausgelöst und durch das Ausbleiben des Monsunregens begünstigt wurden, dichte Rauchwolken, die sich auch über Singapur, Brunei, Malaysia, Thailand und die Philippinen ausbreiten.

Ende Juli kommt es nach tagelangen Regenfällen zur „Oderflut", die Dammbrüche und weiträumige Überschwemmungen in Polen und Deutschland zur Folge hat.

Die Gesundheitsminister der EU beschließen am 4. Dezember gegen den Widerstand von Deutschland und Österreich ein Verbot für Tabakwerbung.

Die britische Kronkolonie Hongkong wird am 1. Juli nach 156 Jahren als Sonderverwaltungszone in die Hoheit der Volksrepublik China übergeben. Am 17. Juli vereinbaren die Regierungschefs von Deutschland, Österreich und Italien die Abschaffung der Grenzkontrollen zwischen ihren Ländern.

Mit seiner Laudatio auf den Gewinner des Friedenspreises des Deutschen Buchhandels, den türkischen Schriftsteller Yasar Kemal, löst Günter Grass heftige Diskussionen aus. Er greift sowohl die türkische als auch die deutsche Regierung für ihre Kurdenpolitik scharf an und betont, er schäme sich für sein „zum bloßen Wirtschaftsstandort verkommenes" Land, das der Regierung in Ankara Waffen liefere, mit denen diese Kurden bekämpfe und diesen zugleich Asyl verweigere.

Über 52 Jahre nach Ende des Zweiten Weltkrieges, am 30. September, entschuldigt sich die Katholische Kirche Frankreichs für ihr Schweigen zur Judenvernichtung während der Nazizeit.

Am 25. August verurteilt das Landgericht Berlin den letzten Staats- und Parteichef der DDR, Egon Krenz, wegen der Todesschüsse an der innerdeutschen Grenze zu sechseinhalb Jahren Haft, die Mitangeklagten Günter Schabowski und Günther Kleiber zu je drei Jahren Haft.

Vermutlich auf der Flucht vor Boulevard-Journalisten verliert der unter Alkohol- und Medikamenteneinfluß stehende Fahrer der britischen Prinzessin Diana bei überhöhter Geschwindigkeit die Kontrolle über das Fahrzeug. Der Chauffeur und Dianas Begleiter, der Millionärssohn Emad „Dodi" el Fayed, sterben sofort, Diana erliegt später im Krankenhaus ihren Verletzungen.

Ende des Jahres wird die Zahl der mit dem HIV-Virus infizierten Menschen weltweit auf 22,6 Millionen geschätzt, allein im Afrika südlich der Sahara sterben jährlich circa 300.000 Menschen an der Immunschwäche.

„Künstliche Tiere" für die Hosentasche, sogenannte Tamagotchis, die ihren kindlichen und jugendlichen Besitzern über Displays Schutz-, Pflege- und Liebesbedürfnis vorgaukeln, sind der Verkaufsschlager der Spielzeugbranche.

Jinzaburo Takagi
(geb. 1938 in Japan, gest. 2000)

und Mycle Schneider
(geb. 1959 in Köln)

erhielten den Alternativen Nobelpreis „für die wissenschaftliche Ex-
aktheit ihrer Forschungen und die
Effektivität der Verbreitung von deren Ergebnissen. Diese haben geholfen, die Welt über die unvergleichba-
ren Gefahren, die die Auswirkungen
von Plutonium auf das menschliche

Citizens' Nuclear Information Centre (CNIC) • 1-58-14-302 Higashi-Nakano
Nakano-Ku • Tokyo 164-0003 , Japan
Tel.: 0081-3-5330 95-20 • Fax: 0081-3-5330 95-30 • www.jca.ax.apc.org/cnic

Takagi Fund for Citizen Science
Tel. & Fax: 0081-3-3435-9513 • info@takagifund.org

Takagi School for Alternative Scientists • c/o CNIC
Tel.: 0081-3-533-23277 • Fax: 0081-3-533-09530 • www.jca-apc.org/takasas

Mycle Schneider
Tel.: 0033-1-69 83 23 79 • Fax: 0033-1-45 80 48 58
mycle@wanadoo.fr • Skype: mycleschneider

**Leben haben, aufzuklären und er-
mutigten viele Menschen, den Desinformationen und der Geheimhaltung zu widerstehen, mit denen die
Plutonium-Industrie die Gefahren
gegenüber der Öffentlichkeit zu ver-
tuschen versucht."**

Jinzaburo Takagi

vom Citizens' Nuclear Information Center begann seinen Weg des Anti-Atom-
Aktivisten aus der Position eines Profes-
sors für Nuklearchemie an der Tokyoter
Metropolitan Universität (TMU) heraus.
Nach Abschluß seines Studiums 1961 in
Tokio arbeitete er viereinhalb Jahre für
die Nuklearindustrie und weitere vier
Jahre am Nuklearinstitut der TMU. 1967
gewann er den Asahi-Wissenschafts-
förderungspreis. In den Jahren 1972/73
war er Gastwissenschaftler am Max-
Planck-Institut für Nuklearphysik in Hei-
delberg. Mit seinem Weggang von der
TMU im Jahre 1975 verzichtete er auf einen Topstatus innerhalb der offiziellen
Nuklear-Elite Japans. Jinzaburo Takagi
hatte sich für einen anderen Weg entschieden. Dreizehn Jahre zuvor hatte er
das 1958 erschienene Buch *The Transura-
nium Elements* von Glenn Seaborg gekauft.
Seaborg ist einer der Wissenschaftler, denen es 1941 gelungen war, das in der Natur
nicht vorkommende Plutonium herzustellen, das erste von Menschen gemachte Element, das erste sogenannte Transuran.

Jinzaburo Takagi gründete 1975 die Non-
Profit-Organisation Citizens' Nuclear In-

formation Center (CNIC) und leitete diese bis 1999. Mit Publikationen wie der japanischen *CNIC Monthly* und der zweimonatlich erscheinenden englischen *Nuke
Info Tokyo* sowie vielen Büchern und Zeitungsartikeln zu Fragen von Kernkraft,
Umweltschutz und Frieden setzte Takagi
sich mit besonderer Energie gegen die
atomare Bedrohung und für die damit
verbundenen Rechte der Menschen ein.

Jinzaburo Takagi und das CNIC konzen-
trierten sich seit 1988 auf das japanische
Plutonium-Programm. Die vielfältigen
Aktivitäten umfaßten neben vielen anderen die Organisation einer internationalen Plutonium-Konferenz (1991), des
Asiatisch-Pazifischen Forums über japanische Plutonium-Seetransporte (1992)
und des Internationalen Symposiums
über japanische Plutonium-Politik (1994).
Aus Takagis Feder stammte der Vorschlag für ein Moratorium des Umgangs
mit Plutonium in Japan.

Als die Internationale Atomenergie-Organisation 1991 behauptete, daß die
„durch den Unfall von Tschernobyl frei-
gesetzte Strahlung keine Auswirkungen
auf die lokale Bevölkerung" habe, setzte
Jinzaburo Takagi eine Publikation dagegen, in der er von bis zu 200.000 zusätzlichen Krebsfällen allein auf dem Gebiet
der damaligen Sowjetunion ausging.

1991 lud Jinzaburo Takagi seinen Kollegen Mycle Schneider aus Paris zu einer
internationalen Plutonium-Konferenz nach
Japan ein. Die Zusammenarbeit von
Takagi und Schneider, speziell, was die
Analyse der Plutoniumindustrie in ihren
beiden Ländern anging, führte zu einer
dauerhaften Zusammenarbeit, die in der

gemeinsamen Auszeichnung mit dem Alternativen Nobelpreis auch öffentlich Ausdruck fand.

Als es beim Prototyp des japanischen Schnellen Brüters 1995 einen schweren Unfall gab und die Behörden versuchten, diesen geheimzuhalten, wurden Takagi und seine CNIC-Kollegen in den Medien als vertrauenswürdige Wissenschaftler zitiert.

Auch, als Japan und Frankreich Plutonium weiterhin industriell nutzen wollten – außerhalb von Schnellen Brütern auch in Form von Mischoxid-Brennelementen (MOX) –, arbeitete Jinzaburo Takagi intensiv mit Mycle Schneider zusammen. Gemeinsam legten sie eine Studie zur Umwelt- und Sozialverträglichkeit von Plutoniumbrennstoff (sogenanntes MOX) für Leichtwasserreaktoren vor.

1992 erhielt Takagi den Yoko-Tada-Preis für Menschenrechte, zwei Jahre später den Ihatobe-Preis für seine wissenschaftliche Arbeit für die Bevölkerung. Jinzaburo Takagi war darüber hinaus als Kinderbuchautor erfolgreich und erhielt dafür 1997 den Sankei Kinderbuchpreis. Seine insgesamt 58 Bücher – neben zahlreichen wissenschaftlichen Werken und Kinderbüchern auch Romane und Biographien – erschienen 2004 in einer zwölfbändigen Sammlung.

Frankreich schaltete seinen Schnellen Brüter Superphénix 1997 ab. Zwei Jahre später geschah im japanischen Atomzentrum von Tokaimura, in dem, 120 Kilometer nordöstlich von Tokio, u.a. Brennelemente für Schnelle Brüter hergestellt wurden, ein schwerer Kritika-litätsunfall. Zwei Arbeiter starben, Hunderte Anwohner wurden Strahlung ausgesetzt. Das Vertrauen der japanischen Öffentlichkeit in die Atomindustrie sank auf einen historischen Tiefpunkt.

Jinzaburo Takagi starb im Oktober 2000 an Krebs. Sein Freund und Kollege Mycle Schneider: „Er hinterließ in der humanistischen Industrie- und Politikkritik eine große Lücke, die auch nach fünf Jahren nicht geschlossen werden konnte."

Mycle Schneider

betrachtete es aufgrund seines Interesses an Fragen der zivilen und zunächst vor allem der militärischen Nutzung der Atomenergie Anfang der achtziger Jahre mit Sorge, wie wenig Informationen hierzu in Frankreich verfügbar waren. Deshalb gründete er 1983 in Paris eine Niederlassung des World Information Service on Energy (WISE) International, um über sämtliche Formen der Nutzung von Energie Informationen zu Sicherheit und Gesundheit derzeitiger und künftiger Generationen zu sammeln, selbst zu recherchieren und zu verbreiten. WISE-Paris entwickelte sich schnell zu einer der besten Datenbanken zu Energiefragen, die Umweltorganisationen, Journalisten, Politiker etc. intensiv nutzten. Die gezielte Professionalisierung von WISE-Paris, von anderen WISE-Leuten, so Schneider, „mit Argwohn begleitet", führte Anfang der 90er Jahre zur Trennung. Seither hat WISE-Paris nur noch den Namen gemeinsam mit anderen WISE-Initiativen. Schneider leitete WISE-Paris bis April 2003. Gleichzeitig war er Chefredakteur des Online-Dienstes *Plutonium Investiga-*

tion (www.pu-investigation.org). Seitdem arbeitet er als unabhängiger Berater in Energiefragen und als Wissenschaftsautor.

Mycle Schneider trat als Experte bei parlamentarischen Anhörungen in Australien, Belgien, Frankreich, Deutschland, Japan, Südkorea, der Schweiz, Großbritannien und im Europaparlament auf. So beriet er 1988 beispielsweise die Regenbogen-Fraktion im Europaparlament bei ihrer Arbeit im Untersuchungsausschuß zum Umgang mit und dem Transport von radioaktiven Stoffen. Von 1998 bis 2003 war Schneider Berater des französischen Umweltministeriums sowie des belgischen Staatssekretärs für Energie und nachhaltige Entwicklung. Seit 2000 arbeitet er als Gutachter in Fragen der Atomenergie auch für das deutsche Umweltministerium.

Schneider beriet bzw. berät zahlreiche Institutionen, darunter die Internationale Atomenergie-Organisation (IAEO), Greenpeace International, die 1985 mit dem Friedensnobelpreis ausgezeichneten Internationalen Ärzte zur Verhinderung eines Atomkrieges (IPPNW), die UNESCO, den Worldwide Fund for Nature (WWF), die EU-Kommission und das Französische Institut für Strahlenschutz und nukleare Sicherheit.

Darüber hinaus hält er seit 1999 Lesungen an Universitäten, darunter die Freie Universität Berlin, und Ingenieurschulen in mehreren Ländern. Seit 2004 ist er Dozent an der Ecole des Mines im französischen Nantes für den Master of Science for Project Management in Environmental and Energy Engineering.

Mycle Schneider versorgte Vertreter wichtiger Medien mit Informationen, beriet sie oder berichtete selbst. Ergebnisse seiner Arbeit oder eigene Beiträge erschienen u.a. auf *ARD*, *ZDF* und *Arte*, französischen und japanischen Fernsehkanälen, im *BBC World Service*, deutschen Radio-Sendern, in den britischen Zeitungen *Guardian* und *Observer*, im *New Scientist*, in den französischen Blättern *Libération*, *Le Monde*, *Le Figaro*, und *L´Express*, den deutschen Printmedien *Zeit*, *Spiegel*, *Frankfurter Rundschau* und *taz* sowie in japanischen Zeitungen und Zeitschriften.

In seinen Veröffentlichungen durchleuchtete Schneider Plutonium-Kooperationen zwischen Frankreich, Japan, Deutschland, Belgien und den Niederlanden ebenso wie Uran-Lieferungen von Kanada an Frankreich für dessen Atom-Streitmacht Force de frappe. Mycle Schneider, der seit Beginn seiner Arbeit auch vor den Gefahren der Weiterverbreitung nuklearer Waffen warnt, bezeichnet die Plutonium-Wirtschaft als „die für Menschheit und Umwelt mit Abstand bedrohlichste industrielle Aktivität".

Bereits 1992 initiierte Schneider den von ihm mitverfaßten und vom Worldwatch Institut, von Greenpeace International und WISE-Paris herausgegebenen *World Nuclear Industry Status Report*.

Mycle Schneider gehört dem Vorstand des Takagi-Fonds für Bürgerwissenschaft mit Sitz in Tokyo an.

Cindy Duehring

(geb. 1962 in North Dakota, USA,
gest. 1999)

**erhielt den Alternativen Nobelpreis
dafür, „daß sie ihre persönliche
Tragödie in den Dienst der
Menschlichkeit stellte, indem
sie anderen half, die Risiken, die
von giftigen chemischen Stoffen
ausgehen, zu verstehen und diese
zu bekämpfen."**

Cindy Duehring litt seit 1985 an der Umweltkrankheit MCS (Multiple Chemical
Sensitivity Syndrome), einer sich immer
weiter ausbreitenden Überempfindlichkeit gegenüber jeder Art von Chemikalien, zumeist durch Ausdünstungen – teils
auch natürlichen Gerüchen –, die gesunde
Menschen meist gar nicht wahrnehmen.

Geringste Konzentrationen bestimmter
Stoffe, die aus Haushalts- und anderen
Geräten, Baumaterialien, Anstrichen,
Hygieneartikeln ausgasen, können bei
MCS-Kranken, deren Allgemeinzustand
ohnedies immer weiter verfällt, zu lebensbedrohlichen Situationen führen. Zigarettenqualm, Autoabgase und Parfums
lassen die Betroffenen oftmals in Ohnmacht fallen. Aber auch beispielsweise
der von Druckerschwärze ausgehende
Geruch einer aufgeschlagenen Zeitung
oder eines Buches kann einen schweren
Krankheitsschub auslösen. So ist für MCS-
Patienten ein normales Leben kaum möglich. Doch immer noch wird die Existenz
der Krankheit von der chemischen und
der pharmazeutischen Industrie, die ja oft
miteinander verbunden sind, sowie von
Ärzten, Krankenkassen etc. oftmals in
Abrede gestellt, werden die Betroffenen
als Simulanten und Psychopathen abgetan.

In Deutschland gelangte deren Leid insbesondere aufgrund einer Welle Zigtausender in den siebziger und frühen achtziger
Jahren durch die Holzschutzmittel Xyladecor und Xylamon schwer vergifteter
Menschen an die Öffentlichkeit. Aber

Environmental Access Research Network
P.O. Box 301 • White Sulphur Springs • MT 59645, USA
Tel.: 001-406-5472-255 • Fax: 001-406-5472-455

trotz der akribischen Ermittlungsarbeit des ermittelnden und anklagenden Staatsanwaltes Erich Schöndorf (siehe auch dessen Buch *Von Menschen und Ratten – Über das Scheitern der Justiz im Holzschutzmittelskandal*) über 13 Jahre hinweg gelang es nicht, die verantwortlichen Manager der Hersteller zu verurteilen. Die Krankheit MCS scheint "politisch nicht gewünscht", weil andernfalls riesige Schadenersatzforderungen auf die chemische Industrie zukämen.

Die Amerikanerin Cindy Duehring erkrankte, nachdem sie als 23jährige Medizinstudentin in ihrem Appartement ein Insektenspray falsch eingesetzt und u.a. ihre Kleidung damit kontaminiert hatte. Sie handelte sich einen Autoimmundefekt ein, was bedeutet, daß das Aberwehrsystem körpereigenes Gewebe angreift. Duehring bekam zunächst Atembeschwerden, erlitt einen Schlaganfall; Schädigungen ihres Nervensystems, der Nieren und Stoffwechselstörungen schritten immer weiter fort. Schließlich konnte sie das Haus nicht mehr verlassen, das eigens in einer abgelegenen Gegend im Grasland North Dakotas aus ungiftigen Materialien gebaut worden und mit Filteranlagen versehen worden war. Besucher mußten in einem komplizierten Verfahren von jeglichen Gerüchen und Rückständen chemischer Stoffe befreit werden, um keine Stoffe in die Räume zu tragen, die Cindy Duehring hätten töten können. Später kamen überhöhte Licht- und Lärmempfindlichkeit hinzu, so daß sie nicht einmal mehr fernsehen konnte, ohne neue Krankheitsschübe zu riskieren. Dennoch gründete und leitete sie das Chemical Injury Information Network (CIIN).

Bereits ein Jahr nach Beginn ihrer Erkrankung hatte sie das Environmental Access Research Network (EARN), das später zur Forschungsabteilung des CIIN wurde, ins Leben gerufen. EARN hat sich zur größten Privatbibliothek für Gesundheitsfragen im Zusammenhang mit Chemikalien entwickelt. CIIN steht Gesundheitsexperten, Gerichtssachverständigen, Anwälten, aber auch Laien zur Verfügung.

CIIN/EARN hat sich weltweit zu einer der führenden Organisationen auf diesem Gebiet entwickelt. Monatlich erhält sie circa 500 Anfragen zu toxikologischen Themen. Sie arbeitet mit Universitäten in mehreren Ländern zusammen, berät Regierungen und internationale Organisationen einschließlich des Umweltprogramms der Vereinten Nationen sowie die Europäische Union. CIIN hat mittlerweile über 5.000 Mitglieder in 32 Ländern.

CIIN/EARN initiierte 1994 einen Fonds zur Finanzierung der Erforschung physiologischer Zusammenhänge von MCS. Dabei ist CIIN/ERAN selbst eine nicht auf Gewinn ausgerichtete Organisation, die keinerlei öffentliche Gelder erhält und sich vornehmlich aus privaten Spenden finanziert.

1994 wurde Cindy Duehring mit dem Resourceful Woman Leadership Award ausgezeichnet. Als sie drei Jahre später den Alternativen Nobelpreis erhielt, mußte sie sich bei der Verleihung von ihrem Mann Jim vertreten lassen. Sie starb am 29. Juni 1999 an den Folgen ihrer Vergiftung. Jim Duehring führt ihre Arbeit seither weiter.

Michael Succow

(geb. am 21. April 1941 im
brandenburgischen Lüdersdorf)

erhielt „für sein beispielhaftes
Engagement zum Schutz wichtiger
Ökosysteme und Areale von
außergewöhnlichem ökologischem
Wert für künftige Generationen"
den Alternativen Nobelpreis.

Succow ist Professor für Geobotanik und Landschaftsökologie an der Universität Greifswald. Als Sohn eines Landwirts hütete er als Kind nach der Schule eine Schafherde und beschäftigte sich mit der heimischen Vogelwelt. Während seines Biologiestudiums an der Universität Greifswald leitete er einen wissenschaftlichen Studentenzirkel, der sich Naturschutzaufgaben widmete. Succow promovierte 1970 mit einer Arbeit über die Vegetation der mecklenburgischen Flußtalmoore, seine Habilitationsschrift hatte zehn Jahre später die Landschaftsökologie der Moore der DDR zum Inhalt.

Zunächst aber war ihm eine Laufbahn in Forschung und Lehre verschlossen geblieben, denn 1968 hatte er sich geweigert, einen Unterstützungsbrief der Greifswalder Wissenschaftler zum Einmarsch der Truppen des Warschauer Paktes in die Tschechoslowakei zu unterzeichnen. Bezeichnenderweise war Michael Succow 1972 maßgeblich an der Organisation einer internationalen Konferenz zum Erhalt der Pflanzenwelt, die im tschechoslowakischen Pardubice stattfand, beteiligt. Dennoch blieb ihm vorläufig nur eine Tätigkeit in der Produktion. So arbeitete er in Programmen mit, die der Umstellung bäuerlicher Landwirtschaft auf industriemäßige Produktion dienten. Succows Anträge, an eine Universität zurückzukehren, wurden weiterhin abgelehnt. Im Auftrag der Akademie der Landwirtschaftswissenschaften, die Succow 1987 zum Professor ernannte und

Michael Succow • Botanisches Institut der Universität Greifswald
Grimmer Str. 88 • 17487 Greifswald
succow@rz.uni-greifswald.de • www.succow-stiftung.de

dennoch weiter als wissenschaftlichen Mitarbeiter beschäftigte, arbeitete er häufig als Spezialist für Bodenkunde in Äthiopien.

Von 1987 an gehörte er der Volkskammer der DDR an. Seit der „Wendezeit", dem Zerfall der DDR, setzte Succow sich für die Ökologisierung der Landnutzung und die Ausweisung von Nationalparks in nun überflüssig gewordenen Grenzsicherungsräumen und sogenannten Staatsjagdgebieten ein. Auf Drängen der Bürgerbewegung übernahm er im Januar 1990 das Amt des Stellvertretenden Umweltministers der DDR.

Gemeinsam mit von ihm ins Ministerium berufenen Gleichgesinnten gelang es ihm, die zuvor unbedeutende Zahl von im staatlichen Naturschutz tätigen Mitarbeitern auf Kreis- und Bezirksebene zu vervierfachen. Gleichzeitig schafften Succow und seine Mitstreiter es, kurzfristig die Massentierhaltungsanlagen der DDR zu schließen, den ökologischen Landbau zu fördern und 14 Prozent der Landesfläche vorläufig zu schützen.

Zwar schied Michael Succow bereits im Mai 1990 nach einem Eklat mit dem damaligen DDR-Umweltminister aus dem Ministerium aus, doch das Nationalparkprogramm wurde insbesondere durch die Unterstützung des damaligen Bundesumweltministers Klaus Töpfer weiter vorangetrieben. Als im September 1990 der Einigungsvertrag unterzeichnet wurde, beinhaltete dieser, daß circa fünf Prozent der Fläche der ehemaligen DDR – darunter die Vorpommersche Boddenküste, die Kreideküste Rügens, das Ostufer der

Müritz, das Elbsandsteingebirge sowie der Hochharz – als Nationalparks und Biosphärenreservate ausgewiesen wurden.

Nachdem Michael Succow Ende 1990 die Vizepräsidentschaft des Naturschutzbundes Deutschland (NABU) übernommen hatte, erhielt er zunächst eine Gastprofessur an der Technischen Universität Berlin, dann, 1992, den Lehrstuhl in Greifswald.

Dort gelang es Succow, einen neuen Studiengang „Landschaftsökologie und Naturschutz" aufzubauen und mittels vier Stiftungsprofessuren neue Lehrinhalte zu etablieren: Landschaftsökonomie, Umweltethik, Internationaler Naturschutz und Artenvielfalt. Darüber hinaus unterstützt er Regierungen der Transformationsländer des Ostens beim Aufbau von Weltnaturerbegebieten der Menschheit, Nationalparks und Biosphärenreservaten der UNESCO. Auch die Ausweisung des deutsch-polnischen Nationalparks Unteres Odertal ist ein Verdienst Succows.

Joseph Ki-Zerbo

(geb. 1922 in Burkina Faso)

wurde „für sein lebenslanges Forschen und seine Aktivitäten, die die Schlüsselprinzipien und Prozesse deutlich machten, mit denen sich Afrika eine bessere Zukunft erschaffen könnte", mit dem Right Livelihood Award geehrt.

Joseph Ki-Zerbo ist Historiker, Forscher, politischer Aktivist und Verfechter einer von innen heraus kommenden Entwicklungspolitik für Afrika in einer Person. Ausgebildet in seiner Heimat und an der Sorbonne in Paris, ging er als Historiker zunächst nach Guinea und dann zurück nach Burkina Faso, wo er 1958 seine politische Arbeit begann. Diese führte ihn bis ins Parlament, wo er Fraktionschef der Oppositionspartei PDP wurde.

Mit dem Buch *L'Histoire de l'Afrique Noire* veröffentlichte er 1972 ein Standardwerk zur Geschichte Afrikas, das seitdem in mehreren aktualisierten Ausgaben erschienen ist. Von 1972 bis 1978 war er Mitglied des UNESCO-Exekutivrats und Professor an der Université d'Ouagadougou, außerdem arbeitete er im Wissenschaftskomitee an einer achtbändigen, von der UNESCO herausgegebenen Buchedition zur Geschichte Afrikas mit.

Auf der Basis seiner profunden Kenntnisse der Historie des schwarzen Kontinents tritt Joseph Ki-Zerbo vehement für eine an der Geschichte Afrikas orientierte Entwicklungspolitik ein. Diesem Ziel dient auch das 1980 von ihm in Ouagadougou gegründete Studienzentrum für afrikanische Entwicklung CEDA. Ki-Zerbo beschreibt es so: „CEDA betreibt eine in unserem Land wurzelnde Forschung, um eine oder mehre grundlegende Thesen aufzustellen, die sich dazu eignen, Aktivitäten der Menschen Afrikas zu initiieren und den Schutz des Ökosy-

Joseph Ki-Zerbo • P.O. Box 606 • Ouagadougou • Burkina Faso

stems, soziale Praxis und kulturelle Identität zu integrieren; Schlüsselfaktoren, die in Entwicklungsprojekten ausnahmslos als zweitrangig gelten."

1983 wurde Joseph Ki-Zerbo vom Militärregime gezwungen, Burkina Faso zu verlassen. Er ging nach Dakar im Senegal, wo er seine Forschungsarbeit fortsetzte und zu diesem Zweck das Centre de Recherche pour le Développement Endogène (CREDE) gründete. Unter dessen Schirmherrschaft organisierte er 1989 das Interafrikanische und Interdisziplinäre Meeting in Bamako (Mali). Dessen Ergebnisse wurden 1992 unter dem Titel *La natte des autres: Pour un développement endogène en Afrique* veröffentlicht. Der Band gewann ein Jahr später den Buchpreis der Europäischen Union.

1992 kehrte Joseph Ki-Zerbo nach Burkina Faso zurück und entschloß sich, sein Forschungszentrum CEDA wieder aufzubauen, obwohl all sein Arbeitsmaterial und die 11.000 Bücher entweder verteilt oder vernichtet worden waren. Die Ziele des neuen Forschungszentrums beschrieb Ki-Zerbo so: „Wir müssen die Identität wiederbeleben, von der die Völker Afrikas durch die Wechselfälle der Geschichte und den Verlust ihrer eigenen Erinnerung entfremdet wurden." CEDA dient Joseph Ki-Zerbo bis heute als Basis für seinen Kampf um Entwicklung mit afrikanischen Methoden.

1998

In der ersten Maihälfte testet Indien trotz internationaler Proteste mehrere Atomsprengköpfe, Pakistan zieht Ende des Monats mit eigenen Nuklearexplosionen nach. Die Bevölkerungen der beiden Länder, zwischen denen die Spannungen um die von beiden Seiten beanspruchte Provinz Kaschmir steigen, bejubeln jeweils die Kernversuche.

Als am 3. Februar ein US-Militärflugzeug im Tiefflug die Kabel einer Seilbahn im norditalienischen Cavalese durchtrennt, kommen 20 Menschen ums Leben.

Das Bundesverwaltungsgericht in Berlin entscheidet am 14. Januar, daß das bereits vor neun Jahren abgeschaltete Atomkraftwerk Mülheim-Kärlich nicht wieder ans Netz gehen darf, da sein Standort im Rheintal bei Koblenz nicht hinreichend erdbebensicher sei. Nachdem sich herausgestellt hatte, daß Castor-Behälter wiederholt verstrahlt auf die Reise gegangen sind, untersagt das Bundesumweltministerium am 20. Mai sämtliche Atomtransporte.

Fünf Millionen Tonnen hochgiftigen Schlamms ergießen sich über 4.000 Hektar des Nationalparks Donana im spanischen Andalusien, als am 25. April der Damm eines Auffangbeckens des Bergwerkes Aznalcóllar bricht. Auf die Unsicherheit der Anlage war von Naturschützern seit Jahren hingewiesen worden.

Ende März verpflichtet die US-amerikanische Zigarettenindustrie sich, an 46 Bundesstaaten insgesamt 206 Milliarden Dollar zu zahlen. Im Gegenzug werden Zivilklagen wegen der Behandlungskosten erkrankter Raucher zurückgezogen.

Während einer Meeresschutzkonferenz in Portugal einigen sich 15 europäische Länder am 23. Juli auf eine deutlich verminderte Einleitung radioaktiver Substanzen und ein Verbot der Versenkung ausgedienter Ölplattformen im Nordatlantik und in der Nordsee. Die vierte UNO-Klimakonferenz beschließt am 14. November in der argentinischen Hauptstadt Buenos Aires einen Aktionsplan zur Verringerung des Ausstoßes von Treibhausgasen.

Anfang August kommt es durch ein Hochwasser des Jangtse zu einer Katastrophe: Laut chinesischer Regierung sterben 3.656 Menschen, Millionen weitere werden obdachlos. Der heftigste Wirbelsturm des 20. Jahrhunderts, „Mitch", hinterläßt Ende Oktober in Mittelamerika eine Spur der Verwüstung und kostet mindestens 11.000 Menschen das Leben.

Wegen zu hoher Ozonwerte verhängen am 12. August vier deutsche Bundesländer gleichzeitig ein 24stündiges Fahrverbot, doch die Maßnahme bleibt aufgrund der zahlreichen Ausnahmegenehmigungen nahezu wirkungslos. Am 30. Oktober läuft vor der Nordseeinsel Amrum der Öltanker Pallas, der zuvor fünf Tage lang brennend und führerlos auf See trieb, auf Grund. Dutzende Tonnen Schweröl laufen ins Wattenmeer.

Der indonesische, seit 32 Jahren diktatorisch herrschende Präsident Suharto übergibt die Macht am 21. Mai nach wochenlangen schweren Unruhen an seinen Stellvertreter Habibie. Suhartos Regime war Korruption und Günstlingswirtschaft vorgeworfen worden. Als zudem die asiatische Wirtschaftskrise Indonesien erfaßte, verlor Suharto den letzten Rückhalt.

Während einer Staatenkonferenz in Rom wird am 18. Juli die Einrichtung eines Internationalen Strafgerichtshofes, der bei Verdacht auf Völkermord, Verbrechen gegen die Menschlichkeit und Kriegsverbrechen tätig werden soll, beschlossen. Die USA unterwerfen sich dieser neuen Gerichtsbarkeit nicht.

Am 17. Oktober wird der chilenische Ex-Diktator Augusto Pinochet während eines Aufenthaltes in einem Londoner Hospital in Arrest genommen. Die britische Regierung vollstreckt damit einen spanischen Haftbefehl wegen Mordverdachtes und Verbrechen gegen die Menschlichkeit. Die aus fünf Lordrichtern bestehende oberste britische Instanz urteilt am 25. November, daß kein ehemaliges Staatsoberhaupt für Folter, Verschleppung und Mord Straffreiheit beanspruchen kann.

Bei nahezu zeitgleichen Bombenanschlägen auf die US-Botschaften in Nairobi/Kenia und Dodoma/Tansania kommen am 7. August 224 Menschen ums Leben, über 5.500 werden verletzt. Als Drahtzieher wird der islamische Extremist Osama Bin Laden verdächtigt. Einen Tag später nehmen radikal-islamische Taliban-Krieger die nordafghanische Stadt Mar-i-Scharif ein. Die Menschenrechtsorganisation Human Rights Watch spricht von einer dreitägigen „Mordorgie", während deren Verlauf circa 2.000 Mitglieder der ethnischen und religiösen Minderheit Hazara umgebracht worden sein sollen.

Trotz aller Friedensbemühungen kommen am 15. August beim bisher schwersten Terroranschlag in Nordirland in der Kleinstadt Omagh 29 Menschen durch eine Autobombe ums Leben. Die Tat wird einer Splittergruppe der Irisch-Republikanischen Armee, der sogenannten „Real IRA" zugeschrieben. Die nordirischen Politiker John Hume, katholisch, und David Trimble, protestantisch, erhalten für ihren Einsatz zur Beilegung des Konfliktes am 10. Dezember den Friedensnobelpreis.

Der wegen Mordes und Terrorismus gesuchte Chef der Kurdischen Arbeiterpartei PKK Abdullah Öcalan wird am 13. November in Rom verhaftet.

Am 24. März erschießen in Jonesboro/ Arkansas ein elf- und ein 13jähriger Junge mit Schnellfeuergewehren und Handfeuerwaffen vier Mitschülerinnen und eine Lehrerin, was eine Diskussion über das US-Waffengesetz auslöst. Hauptthema der öffentlichen Diskussion in den USA ist das ganze Jahr über aber dennoch die Affäre von Präsident Clinton mit einer Praktikantin.

Die Rote Armee Fraktion RAF erklärt am 20. April, 28 Jahre nach ihrer Gründung, in einem Schreiben an die Nachrichtenagentur Reuters ihre Auflösung.

Um die akustische Überwachung von Wohnräumen, den sogenannten Großen Lauschangriff, zu ermöglichen, beschließt der Bundestag am 16. Januar eine entsprechende Grundgesetzänderung. Doch am 5. März setzen die Fraktionen von SPD, Grünen, PDS und einige FDP-Abgeordnete durch, daß Angehörige der Berufsgruppen, denen die Strafprozeßordnung ein Zeugnisverweigerungsrecht einräumt (Rechtsanwälte, Geistliche, Journalisten), nicht belauscht werden dürfen.

Gerhard Schröder (SPD) wird am 27. Oktober neuer Kanzler der Bundesrepublik Deutschland und löst nach 16 Jahren Helmut Kohl als Regierungschef ab. Die SPD hatte einen Monat zuvor bei der Bundestagswahl 40,9 Prozent und Bündnis 90/Die Grünen 6,7 Prozent der Stimmen erhalten, so daß die rot-grüne Koalition über eine absolute Mehrheit der Mandate verfügt.

27 Jahre nach Einführung des Frauenwahlrechts wird am 9. Dezember in der Schweiz mit der Sozialdemokratin Ruth Dreifuss erstmals eine Frau zur Bundespräsidentin gewählt.

Als die Automobilkonzerne Daimler-Benz und Chrysler am 7. Mai fusionieren, ist dies der größte Industriezusammenschluß der Welt. Doch zum Jahresende wird dieser vom Zusammengehen der Mineralölkonzerne BP und Amoco bereits übertroffen.

Ein von russischen Technikern gebautes und von den USA finanziertes Modul wird am 20. November als „Grundstein" der internationalen Raumstation ISS in eine Erdumlaufbahn geschossen.

Nachdem die Deutsche Volksunion bei den Landtagswahlen in Sachsen-Anhalt am 26. April 12,9 Prozent der Stimmen erhält, ziehen erstmals Rechtsradikale in ein ostdeutsches Parlament ein.

Am 31. Oktober schließen die SPD und die SED-Nachfolgepartei PDS in Mecklenburg-Vorpommern das erste und bisher einzige rot-rote Regierungsbündnis auf Bundesländerebene.

Die Dankesrede des Schriftstellers Martin Walser für den Erhalt des Friedenspreises des deutschen Buchhandels am 11. Oktober in der Frankfurter Paulskirche erregt heftigen Widerspruch. Walser hatte mit Blick auf Gedenken an die Judenverfolgung durch die Nazis u.a. die „Dauerpräsentation unserer Schande" in den Medien kritisiert.

Die deutschen katholischen Bischöfe entsprechen am 27. Januar dem Wunsch von Papst Johannes Paul II. und untersagen den kirchlichen Beratungsstellen, die für straffreie Abtreibungen nötigen Beratungsscheine auszustellen.

Samuel Epstein
(geb. 1926 in England)

wurde „für sein beispielhaftes wissenschaftliches Arbeiten und sein Engagement zur Vermeidung durch Umweltverschmutzung ausgelöster Krebserkrankungen" mit dem Ehrenpreis ausgezeichnet.

Samuel Epstein ist einer der weltweit bedeutendsten Fachleute für Krebsprävention. Er hat intensive grundlegende und weiterführende Studien in experimenteller Pathologie durchgeführt, um die krebserregende, vergiftende und erbgutschädigende Wirkung von Stoffen in Umwelt und Wirtschaft nachzuweisen. Zeitweise konzentrierte er sich dabei auf die Auswirkungen der Aktivitäten der petrochemischen Industrie. Bestimmte Lebensumstände und Stoffe in Nahrungsmitteln und Kosmetika, betont Epstein, erhöhen das Krebsrisiko und sollten daher gemieden beziehungsweise verbannt werden.

Epstein ging nach Tätigkeiten u.a. an der Londoner Universitätsklinik 1960 in die USA und arbeitete dort zunächst an der Harvard University und bei der Stiftung zur Erforschung von Krebs bei Kindern. 1976 nutzte er seine Funktion als Professor für Umwelt- und Arbeitsmedizin an der Universität von Illinois in Chicago und gründete das erste Labor für Toxikologie und Krebsforschung in den Vereinigten Staaten.

Samuel Epstein, der seine Ziele weiterhin in zahlreichen Radio- und Fernsehprogrammen und auf anderen Foren vertritt, erhielt eine Reihe von Auszeichnungen von Wissenschafts- und Umweltschutzorganisationen und beriet mehrere Ausschüsse des US-Kongresses. Er schrieb zehn Bücher und über 250 Artikel als Autor oder Co-Autor. Besondere Beach-

Prof. Samuel Epstein • University of Illinois • at Chicago School of Public Health
(M/C 922) 2121 W. Taylor Street • Chicago IL 60612-7260, USA
Fax: 001-312-413 9898 • epstein@uic.edu • www.preventcancer.com

tung fand sein 1978 erschienenes und mehrfach ausgezeichnetes Buch *The Politics of Cancer*, von dem 1998 eine aktualisierte Neuausgabe erschien.

Im Jahr 1992 veröffentlichten 65 bedeutende Mediziner und Wissenschaftler, koordiniert von Samuel Epstein, eine Erklärung mit dem Titel *Den Krieg gegen Krebs nach 20 Jahren verlieren*. Gemeint war diese als Stellungnahme zum zwanzigsten Jahrestag der Kampfansage des damaligen US-Präsidenten Richard Nixon an Krebskrankheiten. Das Resümee war ernüchternd: Seit 1950, so die Autoren, war die Zahl der Krebserkrankungen um durchschnittlich 44 Prozent gestiegen, bei einigen Arten der Krankheit war sogar ein weit höherer Anstieg festzustellen.

Als Folge der Erklärung entstand die Cancer Prevention Coalition (CPC). Sie propagiert die Prävention als Hauptziel der US-Gesundheitspolitik gegen den Krebs, etabliert Programme auf lokaler und nationaler Ebene und strebt an, die Zahl der Krebserkrankungen langfristig auf den Stand von vor 1940 zu bringen. Die von Samuel Epstein mitverfaßte CPC-Publikation *The Safe Shopper's Bible* hilft Konsumenten beim Kauf von Waren, die keine krebserregenden Stoffe enthalten. Sie bewertet circa 3.500 verschiedene Produkte und übt auf diese Weise Druck auf Produzenten aus, auf gesundheitsgefährdende Inhaltsstoffe zu verzichten.

Pauline Kisanga (Swaziland), Ira Puspadewi (Indonesien), Elisabeth Sterken (Kanada),
Ruth Elena de Arango (Guatemala) und Alison Linnecar (Schweiz)

Das International Baby Food Action Network (IBFAN)

erhielt den Alternativen Nobelpreis „für seine engagierte und effektive Kampagne zur Förderung des natürlichen Stillens".

1979 formierte sich nach einem von der Weltgesundheitsorganisation (WHO) und UNICEF organisierten Treffen zum Thema Babyernährung eine kleine Gruppe von Aktivisten und Organisationen. Es war die Geburtsstunde des International Baby Food Action Network, das zunächst nur aus Vertretern von sechs Nichtregierungsorganisationen bestand. Zehn Jahre später existierten IBFAN-Gruppen in etwa 70 Ländern, allein von 1989 bis 1998 verdoppelte sich deren Zahl noch einmal.

Alison Linnecar • Coordinator IBFAN-GIFA, • C.P. 157
1211 Geneva 19 , Switzerland
Tel.: 0041-22-798-91 64 • Fax: 0041-22-798-44 43
info@gifa.org • www.ibfan.org

Ziel von IBFAN ist es, die weltweite Abhängigkeit vieler Familien mit Kleinstkindern von industriell gefertigten Milchprodukten zu verringern, das Stillen mit Muttermilch zu fördern und den Familien durch ungefilterte Information eine freie Wahl bei der Ernährung der Säuglinge zu ermöglichen. Muttermilch ist eine universell verfügbare Ressource, wurde aber durch kommerzielle Interessen jahrzehntelang verdrängt.

Nach Schätzungen von UNICEF sterben jährlich 1,5 Millionen Kinder, weil sie nicht gestillt werden. Im April 2002 erklärte die US-amerikanische Food and Drug Administration (FDA), daß 14 Prozent getesteter Dosen mit Anfangsnahrung bakteriell belastet waren.

Zur Durchsetzung seiner Ziele überwacht IBFAN die Umsetzung des 1979 auf dem WHO/UNICEF-Treffen beschlossenen und 1981 von der Welt-Gesundheitskonferenz angenommenen Internationalen Kodex für die Vermarktung von Muttermilchersatzprodukten. Dieser verbietet fördernde und werbende Maßnahmen für Flaschenfütterung und setzt Maßstäbe für die Information und Etikettierung von Kleinkindernahrung. IBFAN und befreundete Gruppen in 94 Ländern arbeiten mittlerweile auch an verwandten Themen wie Stillen und Ökologie, Stillen und Ökonomie, Gesundheit von Frauen, Rechte und Schutz von Kindern und Mutterschaftsrecht. Die wahrscheinlich bekannteste IBFAN-Kampagne war der internationale Boykott der Firma Nestlé, weil diese den WHO/UNICEF-Kodex nicht einhielt.

Die IBFAN-Gruppen sind in fünf Regionen organisiert: Nordamerika, Lateinamerika/Karibik, Afrika, Europa und Asien/Pazifik. In den *Breastfeeding Briefs* veröffentlicht IBFAN zweimal jährlich Informationen der WHO und anderer UN-Agenturen und Artikel über neueste Forschungsergebnisse in vier Sprachen. IBFAN wird maßgeblich von den Regierungen Kanadas, Schwedens und Hollands, verschiedenen UNICEF-Regionalbüros sowie schwedischen und niederländischen Organisationen unterstützt.

Annelies Allain (Malaysia)

Der Fluß Biobío ist etwa 380 km lang, entspringt in den Anden und fließt durch den Süden Chiles in den Pazifischen Ozean. Durch insgesamt sechs Dämme soll er gestaut und zur Energieversorgung genutzt werden, was die Vertreibung indigener Gemeinschaften wie der zum Volk der Mapuche zählenden 10.000 Pehuenche und die Zerstörung bedeutender natürlicher Ressourcen bedeuten würde. Seit 1991 kämpft die von dem Umwelttechniker, Sänger und Komponisten Juan Pablo Orrego mitbegründete Grupo de Acción por el Biobío (GABB) gegen die durch die Regierung und das Energieunternehmen ENDESA vorangetriebenen Pläne.

Der Konflikt um das Staudammprojekt dreht sich nicht allein um den Erhalt bedeutender ökologischer Ressourcen in einem Gebiet großer seismologischer Aktivität und den Überlebenskampf der Pehuenche: Indirekt wirft er auch die Frage nach der Stärke des demokratischen Systems in Chile auf, in dem sich ENDESA in enger Zusammenarbeit mit der Regierung eine politisch und wirtschaftlich herausragende Stellung aufgebaut hat.

Juan Pablo Orrego
(geb. 1949 in Chile)

und die Grupo de Acción por el Biobío

wurden „für ihren couragierten, aufopfernden und ausdauernden Kampf für nachhaltige Entwicklung in Chile" mit dem Alternativen Nobelpreis ausgezeichnet.

Juan Pablo Orrego • c/o GABB
Ernesto Pinto Lagarrigue 112 • Recoleta, Santiago, Chile
www.irn.org/programs/biobio

ENDESA wurde in den letzten Tagen des Pinochet-Regimes privatisiert und ist der bei weitem größte Energieanbieter in Chile, nahezu ein Monopolist. Von den Gewinnen profitieren in erster Linie ehemalige Geldgeber Pinochets. Das Unternehmen rechtfertigt die Staudammpläne mit steigendem Energieverbrauch im Land und hält deren Realisierung für notwendig, um Chiles Energieautonomie sicherzustellen.

Daß die Frage nach dem Sinn der Staudämme seit längerem öffentlich diskutiert wird, ist nicht zuletzt der Organisation GABB zu verdanken: In relativ kurzer Zeit machte sie die einst geheimen Pläne zur Stauung des Biobío zu einem in bezug auf Umweltschutz, Menschenrechte und Entwicklungsmodelle heiß umstrittenen Thema inner- und außerhalb Chiles. Der Widerstand gegen die Dammprojekte wurde zum Symbol der chilenischen Umweltbewegung. Gleichzeitig arbeitet die Organisation an alternativen Entwicklungsmodellen, die es den Pehuenche erlauben, sich auf der Basis ihrer eigenen Kultur in die Gesellschaft Chiles zu integrieren. Doch im Frühjahr 1997 wurde mit dem Pangue ein erster Damm eingeweiht. Für die umgesiedelten Pehuenche erreichte GABB zumindest bessere Vertragsbedingungen. Aber als Anfang 2003 eine Führungsfigur des Widerstandes der Umsiedlung zugestimmt hatte, stand bereits ein weiterer großer Damm kurz vor der Vollendung.

Ein Erfolg von Orregos Kampagne war es gleichwohl, daß die Weltbank aufgrund einer Beschwerde von GABB und 400 weiteren Chilenen ihren Umgang mit solchen Projekten grundlegend änderte. Darüber hinaus bewirkten neuere chilenische Gesetze wesentlich rigidere Genehmigungsverfahren für ENDESA. Dies wiederum bedeutet mehr und bessere Ansatzpunkte für die Auseinandersetzung von GABB mit nationalen Behörden und ausländischen Geldgebern des Dammprojektes. Zur selben Zeit trat ein Gesetz aus dem Jahr 1993 in Kraft, demzufolge den Pehuenche die Rechte an dem Land, das sie bewohnen, bedingungslos zuerkannt wurden.

Katarina Kruhonja
und Vesna Terselic

(geb. 1949 und 1962 in Kroatien)

erhielten den Alternativen Nobelpreis „für ihren Einsatz für einen langfristig angelegten Friedensprozeß und Versöhnung im Sinne einer demokratischen und toleranten Gesellschaft".

Katarina Kruhonja und Vesna Terselic sind beide maßgeblich am Erfolg der 1991 von Vesna Terselic mitgegründeten und einige Jahre geleiteten Kroatischen Antikriegs-Kampagne (ARK) beteiligt. Diese ist ein Netzwerk aus 15 lokalen und spezialisierten Organisationen und spielt eine wichtige Rolle beim Aufbau einer kroatischen Zivilgesellschaft. Es kümmert sich u.a. um Flüchtlinge, Obdach- und Arbeitslose und durch den Krieg Traumatisierte, lehrt gewaltfreie Konfliktlösungsstrategien und engagiert sich zum

---

Vesna Terselic • Anti War Campaign of Croatia
Gajeva 55 • 10000 Zagreb, Croatia

Dr. Katarina Kruhonja • Centre for Peace, Nonviolence & Human Rights
Kersovanijeva 4 • 31000 Osijek, Croatia
centar-za-mir@centar-za-mir.hr • www.centar-za-mir.hr

Schutz der Menschenrechte. Mittlerweile existieren über ein Dutzend ARK-Zentren, die sich auf verschiedene dieser Einsatzgebiete konzentrieren.

Vesna Terselic spielte nach ihrem Studium an der Universität Zagreb Straßentheater und beschäftigte sich intensiv mit Umweltfragen. Von 1991 bis 1998 arbeitete sie als Koordinatorin des ARK-Netzwerks sowie als Dozentin für Frauenfragen und Friedensforschung. Aus dem ARK heraus entstand 1992 in Osijek das Zentrum für Frieden, Gewaltfreiheit und Menschenrechte, dessen Direktorin die Nuklearmedizinerin Katarina Kruhonja ist.

Drei Programme bilden den Schwerpunkt des Zentrums: Friedenserziehung und psychologische Entwicklung, Unterstützung und Schutz der Menschenrechte sowie Friedensschaffung und Entwicklung der Gesellschaft. Bis zum Jahr 2000 nahmen über 500 Lehrer an den Seminaren und Workshops für Friedenserziehung teil; über 100 von ihnen wirken seither als Multiplikatoren und haben weit über 5.000 Schüler und Studenten erreicht.

Eine wichtige Zukunftsaufgabe besteht darin, Vertrauen zwischen den verschiedenen ethnischen Gruppen Kroatiens zu schaffen und so u.a. eine friedliche Rückkehr serbischer Flüchtlinge und deren Integration in die kroatische Gesellschaft zu gewährleisten. Bereits 1996 ermöglichte die Arbeit von Vesna Terselic und Katarina Kruhonja drei serbischen und acht kroatischen Organisationen die Bildung der Koordination von Friedensorganisationen in Ost-Slavonien, Baranja und West-Sirmium, die sich ebenfalls für Verständigung zwischen den verschiedenen Volksgruppen einsetzt und Gewaltprävention betreibt, denn noch immer müssen die während des Krieges verübten zahlreichen Verbrechen aufgearbeitet, muß Haß abgebaut werden.

1999

Ein Massaker an 45 Kosovo-Albanern ruft weltweit Empörung hervor, die NATO beruft eine Sondersitzung ein. Während die Kriegsparteien im März gemeinsam mit der Balkan-Kontaktgruppe in Rambouillet bei Paris erfolglos um Lösungen des Konfliktes ringen, beginnt Serbien eine großangelegte Offensive gegen die kosovo-albanische Untergrundarmee UCK. Am 24. März startet die NATO Luftangriffe gegen Serbien, bald schon befinden sich nahezu eine Million Kosovo-Albaner auf der Flucht.

Auf einem Sonderparteitag von Bündis 90 / Die Grünen am 13. Mai in Bielefeld fordert eine große Mehrheit eine Unterbrechung der Luftangriffe. Außenminister Joschka Fischer ist dagegen und wird durch einen Farbbeutel am Ohr verletzt. Noch während der Kämpfe, am 27. Mai, erhebt das Internationale Kriegsverbrechertribunal in Den Haag Anklage gegen den serbischen Präsidenten Slobodan Milosevic. Nachdem in dem Luftkrieg mehr als 10.000 Bomben und Raketen eingesetzt wurden, akzeptiert Milosevic am 9. Juni die Kapitulationsbedingungen der NATO und beginnt den Rückzug der rest-jugoslawischen Streitkräfte aus dem Kosovo.

In einem Bericht an den Sicherheitsrat stellt UN-Generalsekretär Kofi Annan am 18. Januar fest: „Der angolanische Friedensprozeß ist zusammengebrochen; das Land befindet sich jetzt im Kriegszustand." Damit sind die Bemühungen der Vereinten Nationen zur Erhaltung des Friedens in dem südwestafrikanischen Land gescheitert.

Ende Mai spitzt sich der Konflikt zwischen Indien und Pakistan um das geteilte Kaschmir zu; die indische Luftwaffe fliegt Angriffe im Grenzgebiet. Am 10. und 11. August kommt es zu Luftkämpfen.

Bei der Explosion einer Bombe auf dem Zentralmarkt der nordossetischen Hauptstadt Wladikawkas kommen am 19. März über 60 Menschen ums Leben. Der russische Präsident Boris Jelzin kündigt „gnadenlose Rache" an. In der ersten Septemberhälfte sterben bei – vermutlich von kaukasischen Rebellen verübten – Anschlägen in Moskau über 100 Menschen.

Am 12. März werden Polen, Ungarn und Tschechien in die NATO aufgenommen.

Nachdem sich bei einer Volksabstimmung in Ost-Timor am 1. September eine Mehrheit für die Unabhängigkeit des Landes von Indonesien entschieden hat, richten pro-indonesische Milizionäre ein Massaker an Tausenden ihrer Mitbürger an. Es kommt zu einer Massenflucht nach West-Timor. Eine Woche später wird das Kriegsrecht verhängt, Soldaten erschießen wahllos Zivilisten und zerstören Kraftwerke, Kommunikationseinrichtungen und andere Teile der Infrastruktur. Weitere sieben Tage später beschließt der UN-Weltsicherheitsrat die Entsendung einer internationalen Friedenstruppe unter Führung Australiens nach Ost-Timor.

Am 2. Dezember, nach 27 Jahren britischer Herrschaft, verleiht die Regierung in London Nordirland die Autonomie. An Weihnachten beginnt die russische Armee eine Offensive zur Eroberung der tschetschenischen Hauptstadt Grosny.

Über 50 Menschen werden am 23. Februar im österreichischen Paznautal von Lawinen begraben, auch in anderen Teilen der Alpen kommt es im Spätwinter zu gewaltigen Lawinenabgängen. Anfang Mai wüten im mittleren Westen der USA mindestens 76 Tornados, die allein in Oklahoma 47 Menschen töten und katastrophale Verwüstungen anrichten.

Im selben Monat wird in Eiern sowie Geflügel-, Rind- und Schweinefleisch aus Belgien Dioxin gefunden, das die Tiere durch verseuchte Futtermittel aufgenommen haben. Die belgischen Minister für Gesundheit und Landwirtschaft treten am 1. Juni zurück, tags darauf verhängt die EU ein Verkaufsverbot für Eier und Geflügel aus Belgien. Das seit März 1996 gültige Exportverbot für britisches Rindfleisch wird am 14. Juli aufgehoben.

Am 30. September kommt es in einer Wiederaufbereitungsanlage zum bisher schwersten Atomunfall in Japan, drei Arbeiter werden verstrahlt. Angeblich handelte es sich um die Verkettung menschlicher Fehlleistungen.

Der Bevölkerungsfonds der Vereinten Nationen verkündet am 12. Oktober, daß nunmehr sechs Milliarden Menschen auf der Erde leben.

In einer Schule im US-amerikanischen Littleton erschießen zwei schwerbewaffnete Jugendliche zwölf Schüler, einen Lehrer und anschließend sich selbst, 28 Schüler werden verletzt. Eine Verschärfung des Waffengesetzes bleibt weiterhin aus.

Zum Schluß eines zweimonatigen Amtsenthebungsverfahrens spricht der US-Senat Präsident Bill Clinton am 12. Februar vom Vorwurf des Meineides und der Behinderung der Justiz frei. Clinton entschuldigt sich in einer Fernsehansprache für sein Verhalten in der Lewinsky-Affäre.

Der Chef der verbotenen Arbeiterpartei Kurdistans (PKK), Abdullah Öcalan, wird am 15. Februar in der kenianischen Hauptstadt Nairobi festgenommen und in die Türkei gebracht. Da PKK-Anhänger eine Beteiligung Israels an dieser Aktion vermuten, versuchen einige von ihnen zwei Tage später, die israelische Botschaft in Berlin zu besetzen; drei Protestler kommen bei einem Schußwechsel ums Leben. Zu Beginn seines Prozesses am 31. Mai ruft Öcalan seine Anhänger auf, die Waffen niederzulegen und bittet um eine Amnestie für sich und seine Mitstreiter. Gleichwohl wird er am 29. Juni wegen Hochverrats und zahlreicher Morde zum Tode verurteilt.

■■■■■■

Am 8. Oktober läßt ein britisches Gericht die Auslieferung des früheren chilenischen Diktators Augusto Pinochet nach Spanien, wo ihm ein Verfahren wegen Verbrechen gegen die Menschlichkeit droht, zu.

■■■■■■

Nachdem unabhängige Prüfer der EU-Kommission unter Jacques Santer Korruption und Mißwirtschaft vorgeworfen hatten, tritt diese am 16. März geschlossen zurück. Während ihrer Gipfelkonferenz am 24. März in Berlin einigen sich die EU-Staats- und Regierungschefs darauf, den ehemaligen italienischen Ministerpräsidenten Romano Prodi zum neuen EU-Kommissionspräsidenten zu wählen. Auf dem Kölner EU-Gipfel ernennen sie am 4. Juni den NATO-Generalsekretär Javier Solana zum ersten Hohen Repräsentanten für die gemeinsame Außen- und Sicherheitspolitik der EU.

■■■■■■

Von Mitte Januar an betreibt die CDU eine Unterschriftenaktion gegen die doppelte Staatsbürgerschaft, die ihr im Landtagswahlkampf in Hessen Rückenwind verschafft. Am 7. Februar löst dort eine Koalition aus CDU und FDP die rot-grüne Regierung ab.

■■■■■■

Einen Monat später wird die rechtspopulistische Freiheitliche Partei Österreichs (FPÖ) mit einem Wahlsieg ihres Vorsitzenden Jörg Haider in Kärnten erstmals stärkste Partei in einem Bundesland.

■■■■■■

Der SPD-Parteivorsitzende, Bundesfinanzminister Oskar Lafontaine, tritt am 11. März ohne Angabe von Gründen von allen politischen Ämtern zurück.

■■■■■■

Bei der Direktwahl des israelischen Ministerpräsidenten am 17. Mai gewinnt der Vorsitzende der Arbeitspartei, Ehud Barak, gegen den Amtsinhaber Benjamin Netanjahu vom konservativen Likud-Block.

■■■■■■

Sechs Tage darauf wird Johannes Rau zum neuen Präsidenten der Bundesrepublik Deutschland gewählt.

Als sich am 5. November der mit Haftbefehl gesuchte frühere Bundesschatzmeister der CDU, Walther Leisler Kiep, der Justiz stellt und erklärt, eine ihm am 26. August 1991 in der Schweiz von dem Waffenhändler Karlheinz Schreiber in bar übergebene Summe von einer Million DM sei an die CDU gegangen, beginnt die Enthüllung einer Parteispendenaffäre, die die Christdemokraten in größte Schwierigkeiten bringt. Deren früherer Vorsitzender, Ex-Bundeskanzler Helmut Kohl, räumt in einer Fernsehsendung am 16. Dezember ein, bis zu zwei Millionen DM Spenden angenommen und nicht ordnungsgemäß verbucht zu haben. Die Namen der Geldgeber will er nicht nennen, weil diese dafür sein „Ehrenwort" hätten.

Der russische Präsident Boris Jelzin übergibt am letzten Tag des Jahres die Amtsgeschäfte an seinen Wunschnachfolger Wladimir Putin. Nachdem im Laufe des Jahres Vorwürfe wie Bestechlichkeit und persönliche Bereicherung gegen Jelzin laut geworden waren, wird dem Ex-Präsidenten durch einen Erlaß Straffreiheit auf Lebenszeit zugesichert.

Am 4. März wird der US-amerikanische Pilot, der mit seinem Flugzeug ein Jahr zuvor das Kabel einer Seilbahn in Norditalien durchtrennt und damit 20 Menschen getötet hatte, vom Vorwurf der fahrlässigen Tötung freigesprochen. Ein Schwurgericht in Perugia spricht den früheren italienischen Ministerpräsidenten Giulio Andreotti am 29. September von dem Vorwurf frei, für einen Mord an einem römischen Journalisten im März 1979 verantwortlich gewesen zu sein.

Vertreter der Bundes- und der US-Regierung sowie der deutschen Wirtschaft und von Zwangsarbeitern während der Nazizeit einigen sich im Dezember auf die Gründung einer Stiftung zur Entschädigung der Zwangsarbeiter. Je zur Hälfte sollen zehn Milliarden DM von der Bundesregierung und der Wirtschaft aufgebracht werden.

Das Bundesverfassungsgericht urteilt am 6. Juli, daß Legehennen weiter in Käfigen gehalten werden dürfen, sie aber mehr Platz erhalten müssen.

Am 10. Dezember erhält der Schriftsteller Günter Grass in Stockholm den Literaturnobelpreis. Der Friedensnobelpreis geht an die Organisation Ärzte ohne Grenzen.

Juan E. Garcés

(geb. 1944 in Spanien)

erhielt den Alternativen Nobelpreis „für seine langjährigen Bemühungen, die Straffreiheit des früheren chilenischen Diktators, General Pinochets, zu beenden". Weiter heißt es in der Begründung: „Die Jury ehrt Juan E. Garcés für die Vorbereitung der gesetzlichen Grundlage, aufgrund derer Pinochet 1998 in London verhaftet wurde, was die realistische Aussicht beinhaltet, daß es im neuen Jahrtausend keinen Zufluchtsort auf der Welt mehr für diejenigen geben wird, die Verbrechen gegen die Menschlichkeit begehen."

Juan E. Garcés schloß sein Jura-Studium der Justiz 1967 in Madrid ab und erlangte dort und an der Pariser Sorbonne Doktorgrade in Politikwissenschaften. Als Salvador Allende 1970 Präsident von Chile wurde, holte er Juan E. Garcés als Berater nach Südamerika. Garcés war bei Allende, als die Truppen den Präsidentenpalast bombardierten und überlebte als einziger politischer Berater Allendes den Putsch. Garcés flüchtete nach Spanien.

Später wurde er in Paris Berater des Generaldirektors der UNESCO. In dieser Zeit schrieb er einige Bücher und Artikel über die Zeit Allendes. Besonders bekannt wurde das 1976 publizierte Buch *Allende and the Chilean Experience*, das in fünf Sprachen erschien. Nach dem Ende des Franco-Regimes ging er erneut nach Spanien und gründete 1981 eine Kanzlei.

Garcés trug sich schon lange mit dem Gedanken, den chilenischen Putschisten-Führer Augusto Pinochet eines Tages vor Gericht zu bringen. Der Plan nahm 1985 konkrete Formen an, als in Spanien ein Gesetz beschlossen wurde, das es Opfern staatlicher Ungerechtigkeit erlaubte, vor spanischen Gerichten zu klagen, gleichgültig, welcher Nationalität sie waren und

Juan E. Garcés • Alfonso XII, 18 • E-28014 Madrid, Spain
jgarces@compuserve.com

ungeachtet dessen, wo das Verbrechen begangen worden war.

Gemeinsam mit der Vereinigung progressiver spanischer Ankläger feilte Juan E. Garcés an einer Strafanzeige wegen Verbrechen gegen die Menschlichkeit gegen Pinochet und dessen Juntaführer. Gleichzeitig wurde unter Leitung von Garcés eine Zivilklage der Familien der Opfer der Militärjunta vorbereitet. — Mit Erfolg, die spanischen Gerichte akzeptierten beide Klagen.

Als Pinochet im Oktober 1998 London besuchte, wurde er aufgrund eines spanischen Auslieferungsantrages verhaftet. Garcés Beharrlichkeit ist es zu verdanken, daß Präsident Bill Clinton am 28. Januar 1999 verfügte, die Geheimhaltung der Dokumente, die Pinochets Gewaltherrschaft betrafen, aufzuheben.

Juan E. Garcés hatte aufgrund dieser Aktivitäten immense Kosten zu tragen, denn er verlangte für die Vertretung der Opferfamilien kein Honorar. So investierte er circa 4.000 Stunden und 120.000 US-Dollar aus seinem Privatvermögen. Er erhielt Todesdrohungen, in sein Büro wurde eingebrochen.

Dies alles hatte Auswirkungen weit über die Anklage gegen einen alten Ex-Diktator hinaus und bedeutete letztlich einen Durchbruch im Kampf gegen Verantwortungslosigkeit und ungerechtfertigte Straffreiheit. Es demonstrierte, daß auch Staats- und Regierungschefs sich nicht länger hinter einem Schild der Immunität gegen Strafverfolgung würden schützen können. Zudem wurde die Notwendigkeit einer universellen Justiz deutlich, die im

Sinne des Internationalen Strafgerichtshofes auch grenzüberschreitende und weltweite Kriminalität verfolgt und bestraft.

Diese weitreichenden Auswirkungen von Juan E. Garcés Ermittlungen gegen die Anklage von Augusto Pinochet waren schon bald spürbar. In einem Artikel in der *International Herald Tribune*, der im August 1999 erschien, hieß es, daß das „Pinochet-Syndrom einige Herrscher dieser Welt erschreckt". Beispielsweise sei Izzat Ibrahim, Saddam Husseins Stellvertreter, aus einem Wiener Hospital geflohen, um einem Haftbefehl zu entgehen. Der indonesische Ex-Präsident Suharto habe gar nicht erst gewagt, zu einer medizinischen Behandlung nach Deutschland zu reisen, zahlreiche andere Ex-Diktatoren hätten sich ebenfalls aufgrund der Verhaftung Augusto Pinochets von Haft bedroht gefühlt.

In Chile selbst hatte dessen Festsetzung in London ebenfalls weitreichende Folgen: Zwar wurde der Ex-Militärherrscher von Großbritannien letztlich – angeblich aus medizinischen Gründen – an sein Heimatland ausgeliefert. Die Überprüfung in dem südamerikanischen Land ergab, daß der ehemalige General und Senator auf Lebenszeit einem Gerichtsverfahren gegen ihn weder geistig noch körperlich gewachsen sei. Dies war das endgültige politische Aus für den Ex-Diktator, auch sein Senatorenposten und die damit verbundene Immunität waren dahin. Einige seiner Mittäter aus Militär- und Geheimdienstkreisen wurden verhaftet.

Martin von Hildebrand (stehend) mit Pascual Letuama Tanimuca, Tomás Román Sanchez und Helga Dworschak

Die Consolidation of the Amazon Region (COAMA)

wurde „für das Aufzeigen von Wegen, auf denen indigene Völker ihre Lebensumstände verbessern, ihre Kultur stärken und den Regenwald bewahren können", mit dem Alternativen Nobelpreis ausgezeichnet.

Zwischen 1986 und 1990 erklärte die kolumbianische Regierung 20 Millionen Hektar Regenwald im Amazonasgebiet zu einem gemeinsamem Territorium der dort ansässigen indigenen Völker. Diese Erklärung war ein wichtiger Schritt zur Anerkennung der Rechte eingeborener Völker und ihrer Rolle beim Schutz tropischer Regenwälder.

COAMA • c/o Fundación Gaia-Amazonas
Cra. 4 No. 26B-31 • Santafé de Bogota, Colombia
Tel.: 0057-1-281 49-25 • Fax: 0057-1-281 49-45
coama@colnodo.apc.org • www.coama.org.co

Erreicht wurde sie durch den Druck indigener Gemeinschaften und die Unterstützung vieler Kolumbianer wie Martin von Hildebrand. Als die Europäische Union 1990 finanzielle Mittel zusagte, entstand daraufhin ein Netzwerk, das die indigenen Gemeinden bei der Forderung nach dem Recht unterstützte, in ihrem angestammten Lebensraum nach eigenen Vorstellungen und Regeln zu leben. Daraus wiederum entwickelte sich das COAMA-Programm, das seither von Martin von Hildebrand koordiniert wird und aus einer Reihe kolumbianischer Nichtregierungsorganisationen besteht.

Durch interkulturelle Analysen und Reflektionen erreichte das inzwischen auf circa 50 Personen angewachsene COAMA-Team gegenseitige Anerkennung und Kommunikation zwischen vielen indigenen Gemeinschaften. Dies ermöglichte den Völkern gemeinsame Schritte zu einer künftigen Entwicklung in ihrem Sinne. Viele Mikroprojekte in den Bereichen Gesundheit, Bildung, kulturelle und ökologische Organisation und Produktion ermöglichen es ihnen, die Kontrolle über ihre Lebensumstände Stück für Stück zurückzuerlangen.

COAMA unterstützt mit dieser Politik der Kooperation etwa 250 indigene Gemeinschaften aus 22 verschiedenen Kulturkreisen. Die auf gegenseitigem Vertrauen basierende Allianz zwischen diesen Bevölkerungsgruppen einerseits und abendländischen Fachleuten andererseits trägt dazu bei, die lange vorherrschende und auf Ausbeutung beruhende Bezie-hung durch eine kreative, gemeinsame Suche nach Möglichkeiten der Koexistenz unter heutigen Gegebenheiten zu ersetzen. Eine internationale Bewertung bescheinigte COAMA 1996 immensen Einfluß auf die indigenen Gemeinschaften, bedingt durch großes Vertrauen, das die Organisation bei den indigenen Völkern genießt.

Dialog ist das wichtigste Werkzeug von COAMA; ein Dialog, von dem auch die westlichen Staaten profitieren können. Martin von Hildebrand in einem Interview mit dem Umweltmagazin *Global News*: „Es gibt viele Völker, die zerstört wurden oder geringgeachtet werden, weil sie nicht unseren technologischen Standards genügen. Das ist ein schwerer Fehler, denn es handelt sich dabei um Kulturen mit ausgeprägten sozialen, philosophischen und religiösen Hintergründen, mit einem profunden Wissen um Naturzusammenhänge. Wir müssen diese Unterschiede zur westlichen Kultur akzeptieren und gemeinsam aus ihnen lernen."

Der frühere Präsident Kolumbiens, Alfonso Lopes, nannte COAMA einen „Lichtstrahl" und beschrieb die Organisation als „unseren Beitrag zur Schaffung einer Welt der Zusammenarbeit und Solidarität sowie zu unserem Kampf zum Schutz der Menschlichkeit gegen die Heimsuchungen der Zivilisation."

Fernando Funes und Maria del Carmen Pérez

Die Grupo de Agricultura Organica (GAO)

wurde mit dem Alternativen Nobelpreis ausgezeichnet, „weil sie aufgezeigt hat, daß organische Landwirtschaft ein Schlüssel sowohl zu ökologischer Nachhaltigkeit als auch gesicherter Ernährung der Bevölkerung ist".

Die GAO wurde 1993 in Kuba als Asociación Cubana de Agricultura Orgánica (ACAO) gegründet. Die Organisation besitzt seit 1999 die formelle Anerkennung durch den Staat, wurde in Grupo de Agricultura Organica (GAO) umbenannt und in die Cuban Association of Agricultural and Forest Technicians integriert.

Der Aufbau von GAO fällt in eine Zeit, in der Kuba mit schweren Problemen in bezug auf die Ernährung seiner Bevölkerung zu kämpfen hatte. Der Zusammenbruch der Sowjetunion und das damit verbundene Ende wirtschaftlicher Unterstützung durch den kommunistischen Bruderstaat führte zu einer drohenden Hungersnot, so daß die kubanische Regierung Wege suchen mußte, die eigene landwirtschaftliche Produktivität zu steigern. Da nun nur noch ein Bruchteil der bisher eingesetzten Düngemittel verfügbar war, bestand die Alternative zwangsläufig in biologischen oder semi-biologischen Anbaumethoden. Allerdings wurden diese offiziell nur als Überbrückung bis zu einer Zeit der Normalisierung gesehen, in der der Import von Pestiziden und Düngemitteln wieder das alte Niveau erreichen würde. Im Gegensatz dazu versuchte ACAO, Politiker, Wissenschaftler und Farmer davon zu überzeugen, daß der eingeschlagene Weg nicht wieder verlassen werden sollte, weil eine biologisch orientierte Landwirtschaft aus ihrer Sicht der kapital- und ressourcenintensiven Variante in allen relevanten Bereichen überlegen ist.

GAO • Tulipán 1011 e/Loma y 47 • Apdo, 6236C • Postal 10600, Nuevo Vedao
Ciuda de La Habana, Cuba
Tel. & Fax: 0053-7-845 387 • actaf@minag.gov.cu

Innerhalb von nur vier Jahren wuchs ACAO zu einer Organisation, der Mitglieder aller landwirtschaftlichen Fachrichtungen angehörten. Zusätzlich zu seiner Basis in Havanna besitzt ACAO inzwischen Stationen in vielen Provinzen Kubas; alle Beteiligten haben es sich zur Aufgabe gemacht, biologische Anbaumethoden zu unterrichten und diese zur Umgestaltung der Landwirtschaft in Kuba zu nutzen.

Als Teil des in das UN-Entwicklungsprogramm (UNDP) integrierten Agroecological-Lighthouse-Programms und mit Unterstützung der deutschen Nichtregierungsorganisation Brot für die Welt, von Oxfam Amerika und kubanischen Institutionen schuf ACAO eine Reihe beispielhafter Farmen, auf denen seither Bauern und politischen Entscheidungsträgern die Möglichkeiten ökologischen Landbaus demonstriert werden. Es entstanden enge Verbindungen zum Food First Institut der USA, die zu gegenseitigen Besuchen von Bauern aus beiden Ländern führten.

ACAO organisiert Dutzende von Workshops in ganz Kuba und verbreitet das Wissen über nachhaltige Nahrungsmittelproduktion u.a. mittels eines eigenen Magazins und in dem Buch *Transforming the Cuban Countryside: Advances in Sustainable Agriculture*. Darüber hinaus entwickelte die Organisation einen offiziell anerkannten Master-Studiengang an der Landwirtschaftlichen Universität in Havanna mit mehr als 500 eingeschriebenen Studenten und förderte den Aufbau eines Netzwerks aus zehn regionalen Dokumentationszentren. Drei internationale Konferenzen über ökologischen Landbau trugen zum Austausch mit Teilnehmern aus der ganzen Welt bei.

Hermann Scheer

(geb. 1944 in Wehrheim, Deutschland)

erhielt „für seine unermüdliche
Arbeit zur weltweiten Förderung der
Sonnenenergienutzung und die
Offenlegung der politischen und
anderen Hemmnisse, die – oft
gesteuert von der Nuklear- und
Fossilbrennstoff-Lobby – die weitere
Entwicklung und Verwendung der
Solarenergie behindern", den
Ehrenpreis.

Scheer beendete seine Laufbahn als Berufsoffizier 1967 aufgrund seiner ablehnenden Haltung gegenüber der Atomrüstung. Nach der Erlangung des Diploms in Politikwissenschaft und Öffentlichem Recht im Jahr 1972 war er zunächst wissenschaftlicher Assistent an der Universität Stuttgart, von 1976 an wissenschaftlicher Mitarbeiter des Kernforschungszentrums Karlsruhe. 1979 promovierte er zum Doktor der Wirtschafts- und Sozialwissenschaften. Hermann Scheer ist seit seiner Studentenzeit in der Sozialdemokratischen Partei Deutschlands (SPD) aktiv und wurde 1980 in den Deutschen Bundestag gewählt. Dort engagierte er sich in verschiedenen Gremien – u.a. von 1991 bis 1993 als Vorsitzender des dafür zuständigen Unterausschusses – für Abrüstung und Rüstungskontrolle.

Bereits 1988 hatte er die Europäische Sonnenenergievereinigung Eurosolar, deren Präsident er seither ist, gegründet. Seit 1993 ist er Mitglied des SPD-Bundesvorstandes. Von 1994 bis 1997 war Scheer Vorsitzender des Landwirtschaftsausschusses der Europaratsversammlung. In Deutschland setzte er das Erneuerbare Energiegesetz durch, das den Anteil erneuerbarer Energien an der Stromproduktion von circa 5,2 Prozent im Jahr 1998 auf ungefähr zehn Prozent anno 2005 erhöht hat. 2001 wurde Hermann Scheer Gründungsvorsitzender des Weltrates für erneuerbare Energien und hat dieses Amt bis heute inne.

Eurosolar e.V. • Kaiser-Friedrich-Str. 11 • 53113 Bonn
Tel.: 0228-36-2373 • Fax: 0228-36-1279
inter_office@eurosolar.org • www.eurosolar.org

In seinem Buch *Die Befreiung von der Bombe* (1986) argumentierte er, daß der großindustrielle Einsatz der Solar-Wasserstoff-Technik die im Rahmen der anzustrebenden weltweiten Abrüstung freiwerdenden Arbeitskräfte auffangen und gleichzeitig zur Lösung des Klimaproblems beitragen könne. Scheer ist Autor und Herausgeber zahlreicher Bücher über Fragen der Demokratie und erneuerbarer Energien. Hier nur seine jüngsten Buchveröffentlichungen: *Die Politiker* (2003), *Klimawechsel – Von der fossilen zur solaren Kultur* (gem. mit Carl Amery, 2001), *Solare Weltwirtschaft – Strategie für die ökologische Moderne* (2000). Hermann Scheer gibt zudem neben anderen Periodika die Zeitschrift *Solarzeitalter* heraus.

Die vom Alternativen Nobelpreis abgesehen wichtigste Ehrung erhielt Hermann Scheer vom mit vier Millionen Auflage größten politischen Wochenmagazin der Welt, dem amerikanischen *Time Magazine*. Es ernannte ihn aus Anlaß des Umweltgipfels, der Ende August / Anfang September 2002 im südafrikanischen Johannesburg stattfand, (gemeinsam mit Vandana Shiva, die den Right Livelihood Award 1993 erhalten hat) zu einem der fünf Heroes of the Green Century. *Time* über Scheer: „Im letzten Jahrzehnt hat dieser ernsthafte Ökonom, mehr als jeder andere einzelne Politiker, die europäische Energielandschaft verändert." Weiter heißt es in der Begründung, daß es vornehmlich Hermann Scheer zu verdanken sei, daß Deutschland inzwischen der größte Windenergienutzer der Welt sei. Durch das von ihm initiierte 100.000-Dächer-Programm sei Deutschland – hinter Japan – auf Platz zwei der Länder mit der stärksten Steigerungsrate der Solarstromnutzung vorgedrungen. „Erneuerbare Energien", zitiert das Magazin Scheer, „sind unverzichtbar für die Lebenssicherung auf der Erde. Es ist keine Zeit mehr zu verlieren."

Weitere Auszeichnungen Hermann Scheers sind u.a. der Weltsolarpreis 1998, der Weltpreis für Bioenergie 2000, der Weltpreis für Windenergie 2004 und der Global Renewable Energy Leadership Award 2004.

2000

Anfang Februar bringen russische Truppen weite Teile der tschetschenischen Hauptstadt Grosny unter ihre Kontrolle.

Am 14. April ratifiziert das russische Parlament das 1993 unterzeichnete Start-II-Abkommen, in dem die USA und Rußland die Halbierung der Zahl ihrer strategischen Atomwaffen vereinbart haben.

Das russische Atom-U-Boot Kursk sinkt am 12. August mit 118 Mann Besatzung, von denen keiner überlebt, in der Barentsee. Unglücksursache war wahrscheinlich eine Explosion beim Test eines neuen Torpedo-Typs. Das Unglück wird von der russischen Regierung erst mit zweitägiger Verspätung bekanntgegeben. Noch zögerlicher verhält sie sich bei der Annahme westlicher Hilfe bei Rettungsversuchen für die Seeleute.

Am 10. Dezember erhält der südkoreanische Präsident Kim Dae Jung für seinen Einsatz für Menschenrechte und Demokratie sowie seine Bemühungen um eine Aussöhnung zwischen Nord- und Südkorea den Friedensnobelpreis.

Nach einem Besuch des israelischen Oppositionsführers Ariel Scharon auf dem Jerusalemer Tempelberg am 30. September kommt es im Gazastreifen und im Westjordanland zu Straßenschlachten zwischen Palästinensern und israelischen Soldaten. In der Folgezeit eskaliert die Gewalt.

Ab dem 2. Oktober versucht die serbische Opposition, Präsident Milosevic mit einem Generalstreik zur Anerkennung der Kommunalwahlergebnisse vom 24. September und zu seinem Rücktritt zu zwingen. Drei Tage später annulliert das jugoslawische Verfassungsgericht die Präsidentschaftswahlen. Regimegegner stürmen daraufhin die Gebäude des Parlamentes und des Staatsfernsehens.

Die deutsche Bundesregierung und Vertreter der Energiewirtschaft kommen am 15. Juni überein, im Laufe von 32 Jahren aus der Atomenergie auszusteigen. Die Klimagipfelkonferenz der Vereinten Nationen geht am 25. November ohne die Vereinbarung konkreter Maßnahmen zur Reduzierung der Treibhausgase zu Ende und gilt als gescheitert.

Die Weltgesundheitsorganisation teilt auf dem Welt-AIDS-Tag am 1. Dezember mit, daß bereits 21,8 Millionen Menschen an der Immunschwächekrankheit gestorben sind.

Der CDU-Vorsitzende Wolfgang Schäuble gesteht am 10. Januar ein, von dem Waffenhändler Karlheinz Schreiber eine Parteispende von 100.000 DM in bar entgegengenommen zu haben. Schäuble hatte dies kurz zuvor im Deutschen Bundestag noch abgestritten. Acht Tage später spricht der CDU-Vorstand ihm das Vertrauen aus, fordert Altbundeskanzler Kohl aber auf, die Namen seiner Geldgeber zu nennen oder den Ehrenvorsitz der Partei ruhen zu lassen. Kohl gibt diesen daraufhin auf. Bundestagspräsident Wolfgang Thierse gibt drei Tage darauf bekannt, daß die CDU aufgrund eines fehlerhaften Rechenschaftsberichtes 41 Millionen DM Bundeszuschüsse zurückzuzahlen habe. Helmut Kohl akquiriert indessen bis Anfang März sechs Millionen DM Spenden für die CDU, um den durch seine illegalen Finanzpraktiken entstandenen Schaden für die Partei abzudecken. Nach dem Rücktritt von Wolfgang Schäuble wird Angela Merkel am 10. April zur neuen CDU-Vorsitzenden gewählt.

Am 11. Juni wird im sachsen-anhalt'schen Dessau ein Mosambikaner von Rechtsradikalen so schwer verletzt, daß er drei Tage später stirbt.

Trotz internationaler Proteste tritt am 4. Februar in Österreich ein Bündnis aus der konservativen ÖVP und der rechtspopulistischen FPÖ unter dem neuen Bundeskanzler Wolfgang Schüssel die Regierung an. In Finnland wird am 6. Februar mit Tarja Halonen erstmals eine Frau zur Präsidentin gewählt.

In den USA erklären die Fernsehsender am 7. November zunächst George W. Bush zum Sieger der Präsidentschaftswahl. Doch im entscheidenden Bundesstaat Florida ist das Ergebnis so knapp, daß nachgezählt werden muß. Am 27. November fechten die Demokraten das Ergebnis dieser Überprüfung an. Doch die Nachzählung wird in letzter Minute unter merkwürdigen Umständen abgebrochen, George W. Bush am 18. Dezember vom Wahlkollegium zum neuen Präsidenten der USA gewählt.

Da medizinische Gutachter ihn für prozeßunfähig halten, kehrt der 83jährige frühere chilenische Diktator Augusto Pinochet am 2. März nach 16 Monaten Arrest in seine Heimat zurück.

Am 11. Oktober tritt die ehemalige DDR-Bürgerrechtlerin und Grünen-Politikerin Marianne Birthler als Nachfolgerin von Joachim Gauck das Amt der Bundesbeauftragten für die Unterlagen des Staatssicherheitsdienstes der ehemaligen DDR an.

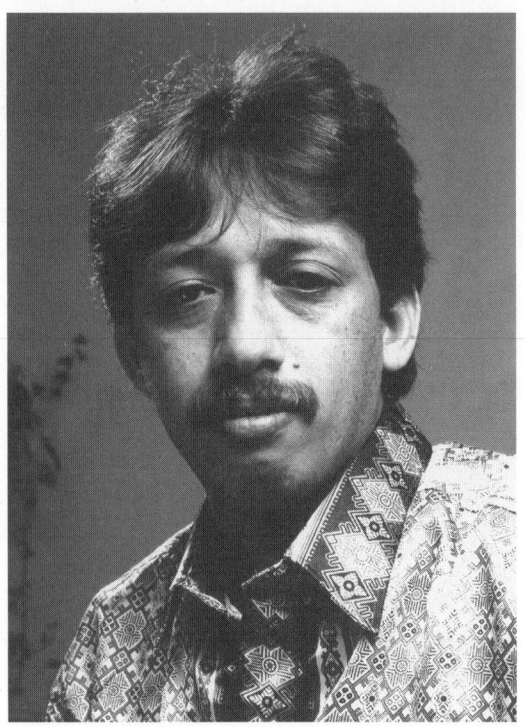

Munir (Said Thalib) engagierte sich bereits als Jurastudent für Menschenrechte. Die Zeitung *Asia Week* ernannte ihn im Jahr 2000 zu einer der jungen Leitfiguren Asiens für das nächste Jahrtausend, die muslimische Zeitschrift *UMMAT* erkor ihn zum Mann des Jahres.

Nach seinem Abschluß an der Brawijaya Universität arbeitete Munir seit 1996 für die Außenstelle der Indonesischen Legal Aid Foundation (YLBHI) in Ost-Jawa und beriet während der neunziger Jahre eine Reihe von Opfern staatlicher Gewalt und Repression. Größere öffentliche Aufmerksamkeit erlangte er erstmalig gegen Ende der Suharto-Ära durch seine Rolle während einer Kampagne, die nach der mysteriösen Entführung von 24 demokratischen Aktivisten entstand. Auf dem Höhepunkt dieser Kampagne gründete Munir 1998 mit der Unterstützung von 12 pro-demokratischen Nichtregierungsorganisationen wie der YLBHI die Menschenrechtsorganisation KONTRAS (Commission for Disappearances and Victims of Violence).

Munir
(geb. 1965 in Indonesien)

wurde „für seinen mutigen und hingebungsvollen Kampf für Menschenrechte und die zivile Kontrolle des Militärs in Indonesien" mit dem Alternativen Nobelpreis ausgezeichnet.

Bald schon übernahm er den Vorsitz des geschäftsführenden Vorstands. KONTRAS konzentriert sich auf den Kampf gegen politische Gewalt, sichert unter anderem die physische und psychologische Rekonvaleszenz der Opfer und setzt sich für Aussöhnung und Frieden ein. Die Organisation besitzt eine Reihe regionaler Projektbüros und veröffentlicht regelmäßig ein Magazin, in dem Gewaltakte angeklagt werden. Gemeinsam mit dem YLBHI produzierte sie darüber hinaus

---

KONTRAS • Jalan Diponegoro 74 • Central Jakarta 10320 • Indonesia

Radiosendungen, um die Öffentlichkeit für das Thema Menschenrechte zu sensibilisieren.

Im September 1999 wurde Munir in die Kommission zur Untersuchung von Menschenrechtsverletzungen in Ost-Timor berufen. Diese konnte beweisen, in welch hohem Maße das indonesische Militär die während des UN-Referendums zur Unabhängigkeit Ost-Timors agierende Miliz rekrutiert, finanziell und durch Trainingsmaßnahmen unterstützt und zu ihrem nationalistischen Zweck eingesetzt hatte. Der Bericht der Kommission führte Anfang des Jahres 2000 zu Ermittlungen gegen sechs Armeeoffiziere, darunter der ehemalige Chef des Führungsstabes, General Wiranto.

Munir veranstaltete später – u.a. für Polizeibeamte und Angehörige des Militärs – auch Seminare und Workshops zum Thema Menschenrechte. Zudem war er in ein Vorschlagskomitee für ein Gesetz zur Schaffung von Menschenrechts-Gerichten berufen worden. Doch trotz all dem, betonte er, stecke der indonesische Demokratisierungsprozeß seit dem Terroranschlag auf das World Trade Center in New York fest. Das Militär sei wieder einflußreicher, der internationale Druck für die Lösung von Menschenrechtsproblemen schwächer geworden.

Am 7. September 2004 starb Munir während eines Fluges von Jakarta nach Amsterdam, obwohl er unterwegs von einem Arzt behandelt wurde. In einer SMS an seine Frau schrieb er von einer Lebensmittelvergiftung. Eine Autopsie der niederländischen Gerichtsmedizin ergab,

daß er eine tödliche Dosis Arsen aufgenommen hatte und Opfer eines Mordanschlages geworden war. Die niederländischen Behörden leiteten zwar ihren Bericht nach Indonesien weiter, nicht aber die Protokolle der Vernehmungen von Mitreisenden und Besatzungsmitgliedern sowie forensisches Material. Die niederländischen Gesetze verbieten die Weitergabe von Beweismitteln in Länder, in denen diese zur Todesstrafe beitragen können. Munirs Frau Suciwati, ebenfalls eine bekannte Menschenrechtlerin, erhielt nach dem Tod ihres Mannes Morddrohungen.

Der stellvertretende Programmdirektor von Human Rights Watch, Joe Saunders, sagte in einer Pressemitteilung zum Tod des Menschenrechtlers: „Munir war eine Klasse für sich. Er besaß überaus hohe Intelligenz und ein lexikalisches Gedächtnis. Auf Konferenzen war er in der Lage, kaleidoskophaft detaillierte Fakten und scharfe analytische Einblicke zu präsentieren, um aufzuzeigen, was zu tun war."

Nach dem nigerianischen Ogoni-Führer Ken Saro Wiwa, der 1995 hingerichtet wurde, ist Munir damit der zweite Träger des Alternativen Nobelpreises, der aufgrund seiner Arbeit umgebracht wurde.

Wes Jackson

(geb. 1936 in den USA)

erhielt den Ehrenpreis „für sein
einzigartiges Engagement für eine
Landwirtschaft mit mehrjährigen
Nutzpflanzen, die gleichzeitig
hochproduktiv und ökologisch
nachhaltig sind".

Als der Genetiker und Diplomlandwirt
Wes Jackson 1976 in Kansas die private
und nichtkommerzielle Organisation Land-
Institut gründete, gab er dieser und sich
selbst eine Zeitspanne von 50 Jahren, um
den Beweis anzutreten, daß es eine ren-
table Alternative zum ökonomisch ver-
schwenderischen und ökologisch zerstörerischen konventionellen Ackerbau gibt.
Es scheint, als solle er sein Ziel erreichen.

Schon bald nach seiner Promotion an der
Staatlichen Universität von North Caro-
lina im Jahre 1967 wurde Wes Jackson
Biologieprofessor in Kansas und etablierte anschließend ein Programm für Um-
weltstudien an der Staatlichen Universität
von Kalifornien in Sacramento.

Jackson setzt den anfälligen Monokulturen den Anbau einer Mischung aus mehrjährigen konventionellen Nutzpflanzen
und kultivierten Wildpflanzen entgegen.
Bei dieser Anbaumethode wird auf um-
weltschädigende Agrarchemikalien ver-
zichtet, so daß sich das Pflügen erübrigt,
was Erosionsschäden mindert. Mischkulturen ermöglichen zudem den Anbau sich
ergänzender Pflanzen, so daß die optimale Versorgung mit Nährstoffen und die
Abwehr schädlicher Insekten auf natürliche Weise erfolgt.

Während der 80er Jahre trugen Langzeit-
forschung, Bildungsarbeit und Feld-
versuche im wahrsten Sinne des Wortes
Früchte: Mittels intensiver Kreuzungs-
versuche hatten die Forscher des Land-

Wes Jackson • The Land Institute
2440 East Water Well Road • Salina KS 67401, USA
theland@landinstitute.org • www.landinstitute.org

Instituts hochwertige mehrjährige Getreidesorten gezüchtet, deren Einsatz die damals oft vertretene Ansicht, Felder mit mehrjährigen Pflanzen brächten nur geringe Erträge, widerlegte. Zahlreiche Forschungsergebnisse des Land-Instituts wurden in angesehenen Wissenschaftsjournalen veröffentlicht.

Jackson betont stets, daß die Folgen seiner Arbeit nicht auf die Präriegebiete der USA beschränkt sind: „Durch das Aufzeigen grundlegender Prinzipien und nicht nur praktischer Einsatzmöglichkeiten zeigen wir, daß der Versuch, ein natürliches System zu schaffen, weltweit übertragen werden kann, solange angemessene Forschung sich darauf konzentriert, Arten und Mischungen von Arten passend zur jeweiligen speziellen Umgebung zu entwickeln."

Wes Jackson ist Autor von Zeitungsartikeln und Büchern, darunter *Rooted in the Land: Essays on Community and Place* (gemeinsam mit William Vitek, 1996) und *Becoming Native to this Place* (1994). In dem 1980 erschienenen Band *New Roots for Agriculture* skizziert Jackson die landwirtschaftliche Forschung des Land-Institutes.

Das *Life Magazine* hielt den mit anerkannten Preisen ausgezeichneten Wes Jackson für einen von 18 Amerikanern, die, weil sie im 20. Jahrhundert Bedeutendes geleistet haben, in die Geschichte eingehen würden. *Newsweek* bezeichnete das Land-Institut 1998 als „geistige Heimat für eine wachsende Gruppe von Farmern, Wissenschaftlern und Prärie-Visionären, die still die Bedeutung der Land-

wirtschaft neu definieren". Das Nachrichtenmagazin kommt zu dem Schluß: „Die erste Kultivierung von Getreide ebnete den Weg für 10.000 Jahre Zivilisation. Falls Jackson die Welt davon überzeugen kann, die Art und Weise, auf die wir Landwirtschaft betreiben, zu verändern, könnte er uns damit ein oder zwei weitere Jahrtausende erkaufen."

Tewolde Berhan
Gebre Egziabher

(geb. am 19. Februar 1940 in Äthiopien)

wurde „für seine beispielhafte Arbeit zum Schutz der Artenvielfalt und der traditionellen Rechte von Farmern und Gemeinschaften auf ihre genetischen Ressourcen" mit dem Alternativen Nobelpreis ausgezeichnet.

Tewolde Berhan wuchs, weil Mutter und Vater verwitwet waren und Kinder aus vorherigen Ehen hatten, mit zwölf Geschwistern auf. Von seinen Eltern lernte er lesen und schreiben. Eine Tante, die an der Queen-of-Sheba-Schule unterrichtete, nahm ihn im Alter von elf Jahren mit zur Schule. Von 1959 bis 1963 studierte Tewolde Berhan an der Universität von Addis Abeba Biologie und promovierte 1969 in Wales. Von 1974 bis 1978 arbeitete er an der Universität von Addis Abeba als Dekan der wissenschaftlichen Fakultät. Anschließend war er bis 1983 Leiter des Nationalen Herbariums (Sammlung getrockneter Pflanzen; Anm. JS), dann bis 1991 Präsident der Universität von Aswara und von 1991 bis 1994 Direktor des äthiopischen Conservation-Strategy-Sekretariates. Seither ist Tewolde Berhan Generalmanager der Umweltschutzbehörde Äthiopiens, die faktisch als Umweltministerium des Landes fungiert.

Sein Einsatz verlieh den afrikanischen Staaten in den neunziger Jahren in den weltweiten Verhandlungen über den Schutz der Artenvielfalt, u.a. mit der Nahrungs- und Landwirtschaftsorganisation der Vereinten Nationen (FAO), immense Bedeutung. Durch Tewolde Berhans Arbeit entstand eine Gruppe gut ausgebildeter afrikanischer Unterhändler, die in der G77/China-Gruppe der Entwicklungsländer gemeinsame, starke und sehr fortschrittliche Positionen vertreten. Dazu gehört beispielsweise das

Tewolde Berhan • Environmental Protection Authority
PO Box 30321 • Addis Ababa, Ethiopia
Tel.: 00251-1-18 61 97 • Fax: 00251-1-61 00 77 • esid@telecom.net.et

Verbot von Patenten auf Lebewesen und die Anerkennung von gemeinschaftlichen Rechten.

Von 1991 an war Tewolde Berhan in die Ausarbeitung der Agenda 21 involviert und vertrat Äthiopien auf der Umweltgipfelkonferenz 1992 in Rio. Dabei war die Entwicklung der Konvention zur biologischen Vielfalt sein Schwerpunkt.

Während der 1999 im kolumbianischen Cartagena geführten Verhandlungen zur Artenvielfalt trat Tewolde als Sprecher für die Mehrheit der G77-Länder (Chile, Uruguay und Argentinien bildeten die Minderheit) auf, die als Gruppe der „Gleichgesinnten Staaten" bekannt wurde. Nachdem die Verhandlungen zunächst ergebnislos blieben, kam es im Januar 2000 im kanadischen Montreal doch noch zu einer Vereinbarung, die den Schutz von Lebensräumen, Artenvielfalt und die Achtung traditioneller und gemeinschaftlicher Rechte in Entwicklungsländern sicherte. Tewolde Berhans Führung der „Gleichgesinnten Staaten" war es zu verdanken, daß diese Vereinbarung auch gegen starken Widerstand der USA und der Europäischen Union durchgesetzt werden konnte.

Im Sommer 2002 leitete Tewolde Berhan während der Weltgipfelkonferenz für Nachhaltigkeit im südafrikanischen Johannesburg die äthiopische Delegation. Dort stand u.a. die Harmonisierung von Handels- und Umweltgesetzen auf der Tagesordnung. Nach vier Tagen fruchtloser Lobbyarbeit hinter den Kulissen gelang es Tewolde Berhan in letzter Minute, die Solidarität der G77-Staaten und Chi-

nas wiederherzustellen und so eine Gleichrangigkeit von Handel und Ökologie in der internationalen Gesetzgebung zu erreichen. Er sagt, dies sei der Tag der größten positiven Überraschung in seinem Leben gewesen.

Tewolde Berhan kritisiert die globale Agrarpolitik, in der die hochsubventionierte Landwirtschaft der Industrieländer gewaltige Überschüsse produziert, die billig an Entwicklungsländer verkauft werden und landeseigene Produkte unattraktiv machen. Die mögliche Abhängigkeit der Entwicklungsländer von patentiertem Saatgut ist seiner Ansicht nach eine Methode der Life-Science-Industrie, sich den genetischen Reichtum der Entwicklungsländer gewinnbringend zu eigen zu machen.

Birsel Lemke

(geb. 1950 in der Türkei)

wurde „für ihren ausdauernden Kampf zum Schutz ihres Landes vor den katastrophalen Folgen des Goldabbaus mit Zyanid" mit dem Alternativen Nobelpreis ausgezeichnet.

Das bei der Auswaschung von Gold aus Sedimenten eingesetzte Zyanid ist für zahlreiche große Umwelt- und menschliche Katastrophen verantwortlich. Die bekannteste ereignete sich im Januar des Jahres 2000 in Rumänien, als sich circa zehn Millionen Kubikmeter mit Schwermetallen und Zyanid verseuchten Minenabfalls in einen Nebenfluß der Donau ergossen und praktisch alles Leben darin auf einer Strecke von über 400 Kilometern vernichteten.

Um den Goldbergbau mit Zyanid in der Türkei zu verhindern, gründete die Politikwissenschaftlerin Birsel Lemke 1990 die Bürgerinitiative Hayir (Nein) gegen Goldbergbau-Projekte. Der konkrete Anlaß für deren Gründung war der Antrag der Unternehmen Tuprag und Eurogold auf Genehmigung zweier Goldminen an der Bucht von Edremit und in Pergamon. Diese waren als Pilotprojekte geplant, um anschließend 72 Minen in der türkischen Ägäis und letztendlich 560 Goldförder-Projekte in der ganzen Türkei zu verwirklichen. Auch hier sollte Zyanid eingesetzt werden.

In einem Gutachten schildert der emeritierte Chemieprofessor der TU München, Friedhelm Korte, die Gefahren des Abbaus mit Zyanid: Beim Goldabbau werden durchschnittlich etwa drei Gramm des Edelmetalls pro Tonne Gestein gewonnen. Bei einer Menge von 250.000 Tonnen Gestein, die pro Mine und Jahr zerkleinert werden, bleibt eine Menge

birsel.lemke@pages-ev.com

von etwa 249.250 Tonnen mit Zyanid getränktem Abraum übrig, hinzu kommen 365.000 Kubikmeter verseuchtes Abwasser, die offen gelagert werden. Bis zu 60 Kilogramm Zyanid verdunsten dabei pro Tag und werden in Form der hochgiftigen Blausäure in die Umwelt abgegeben. Korte bezeichnete dieses Verfahren zur Goldgewinnung als „desaströs und unakzeptabel." Birsel Lemke setzt sich zum Ziel, den landwirtschaftlichen Reichtum und die Schönheit der Natur ihres Heimatlandes gegen diese Gefahren zu verteidigen.

Sie studierte in Ankara und in den USA, arbeitete von 1975 bis 1985 in Deutschland, bevor sie in die Türkei zurückging. Von 1987 bis 1990 war sie Vorstandsmitglied der türkischen Partei der Grünen. Während ihres Kampfes gegen den Goldbergbau begann sie, die in dem für das erste Minenprojekt vorgesehenen Gebiet ansässigen Bauern und die Bürgermeister der dortigen 13 Gemeinden von der Notwendigkeit des Widerstands zu überzeugen. Sie brachte diese nach Deutschland, um ihnen das Biosphären-Reservat des Rheins in Süddeutschland als Alternative für ihre Kommunen zu zeigen. Auch das Europäische Parlament gewann sie für sich.

Lemkes politische Lobbyarbeit war mitentscheidend dafür, daß die Dresdner Bank, zunächst Unterstützer des Goldabbaus in der Türkei, sich aus den Projekten zurückzog. So wurde der Goldabbau mit Zyanid zu einem zentralen Umweltthema in der Türkei.

1994 verklagte Hayir das türkische Umweltministerium und Eurogold und erwirkte drei Jahre später ein Verbot des Goldabbaus mit Zyanid vor dem Obersten Gerichtshof. Birsel Lemkes Haus war quasi das Hauptquartier der Bewegung gegen die geplante Umweltzerstörung, zudem investierte sie eine erhebliche Summe aus ihrem Privatvermögen in deren Kampf.

Eurogold akzeptierte das Urteil nicht und drängte statt dessen die türkische Regierung, eine neue Risikoabschätzung vorzunehmen und die Entscheidung einem internationalen Gericht zu übertragen. Gegner des Projektes befürchteten, daß dabei wirtschaftliche Interessen überwiegen und die ablehnende Haltung der Öffentlichkeit übergangen würden. Doch die türkische Regierung ignorierte das Urteil ihrerseits und genehmigte im Jahr 2002 den Goldabbau nicht allein – wie zuvor – als Test, sondern als regulären Betrieb. Im September des Jahres wurden sogar verschiedene deutsche Organisationen wie die SPD-nahe Friedrich-Ebert- und die Konrad-Adenauer-Stiftung der CDU der Zusammenarbeit mit dem Bundesnachrichtendienst und der Spionage verdächtigt, weil sie angeblich den Goldabbau in der Türkei verhindern wollten, unter anderem um Goldexporte aus Deutschland in die Türkei zu sichern. Auch Birsel Lemke sah sich Verdächtigungen ausgesetzt: Sie wurde beschuldigt, Gruppen zum Aufstand angestachelt zu haben.

2001

Nachdem eine Klägerin vor dem Europäischen Gerichtshof das Recht auf Teilnahme an Kampfeinsätzen erstritten hatte, dürfen Frauen seit Jahresbeginn in der Bundeswehr Dienst an der Waffe tun.

US-Verteidigungsminister Donald Rumsfeld bekräftigt am 3. Februar auf der Konferenz für Sicherheitspolitik den Willen seiner Regierung, eine nationale Raketenabwehr aufzubauen.

Um 8.45 Uhr Ortszeit des 11. September schlägt ein von Mitgliedern des islamistischen Terrornetzwerkes Al Kaida gekapertes Passagierflugzeug in einen der beiden Türme des World Trade Centers in New York ein, 18 Minuten später ein weiteres Flugzeug in den zweiten Turm. Die 411 Meter hohen Türme stürzen Stunden später ein. Zwischenzeitlich war eine dritte Maschine in das Gebäude des US-Verteidigungsministeriums, das Pentagon, eingeschlagen, ein viertes entführtes Flugzeug stürzt in offenem Gelände ab. Bei den Anschlägen kommen circa 3.000 Menschen ums Leben.

Die US-Regierung stoppt den zivilen Flugverkehr und versetzt die Streitkräfte in Alarmbereitschaft. Am Tag nach den Anschlägen stellt die NATO zum ersten Mal seit ihrem Bestehen den kollektiven Verteidigungsfall fest. US-Präsident George W. Bush ruft am 15. September den nationalen Notstand aus.

Gebilligt von einer breiten internationalen Koalition beginnen am 7. Oktober – mit britischer Unterstützung – US-Luftangriffe auf Afghanistan, in dem Al-Kaida-Chef Osama Bin Laden vermutet wird. Gleichzeitig werden Nahrungsmittelpakete für die notleidende Bevölkerung abgeworfen, doch die schon bald von der US-Luftwaffe eingesetzten Streubomben hinterlassen vermintes Gelände, in dem die Suche nach den Paketen zum tödlichen Risiko wird.

Bundeskanzler Gerhard Schröder verknüpft am 16. November die Bundestagsabstimmung über den Einsatz der Bundeswehr in Afghanistan mit der Vertrauensfrage und erreicht eine knappe Mehrheit von 336 der 666 Abgeordneten.

UN-Generalsekretär Kofi Annan und die Vereinten Nationen erhalten am 10. Dezember in Oslo den Friedensnobelpreis.

Am 1. April stößt ein US-Spionageflugzeug mit einem chinesischen Kampfflugzeug zusammen, dessen Pilot ums Leben kommt. Nach einer Notlandung auf dem chinesischen Militärflughafen Hainan wird die Besatzung der amerikanischen Maschine zwölf Tage später freigelassen.

Ein russisches Passagierflugzeug wird am 4. Oktober auf seinem Flug von Tel Aviv nach Nowosibirsk von einer ukrainischen Luftabwehrrakete, die während eines Manövers abgefeuert worden war, getroffen und reißt 78 Menschen in den Tod.

Mit fast zwei Dritteln der Wählerstimmen wird Ariel Sharon am 6. Februar zum neuen israelischen Ministerpräsidenten gewählt. Am 2. Dezember werden bei Sprengstoffanschlägen palästinensischer Selbstmordattentäter in Israel 25 Menschen getötet und über 200 schwer verletzt. Als die israelische Regierung am 13. Dezember alle Kontakte zu Jassir Arafat abbricht, faßt die palästinensische Autonomiebehörde dies als offizielle Kriegserklärung auf.

Ende September geben Kämpfer der albanischen UCK ihre Waffen an die NATO ab, die Nationale Befreiungsarmee erklärt ihre Selbstauflösung. Zehntausende Albaner, die in den Kosovo geflohen waren, kehren in ihre mazedonische Heimat zurück.

Am 9. Januar übernimmt Renate Künast das um die Zuständigkeit für Verbraucherschutz erweiterte Landwirtschaftsministerium.

Bei der Einfahrt in den Hafen des venezolanischen San Cristobal setzt der Tanker Jessica auf eine Sandbank auf, es laufen 770.000 Liter Diesel- und Schweröl aus und bedrohen mit den Galápagosinseln eines der letzten Öko-Paradiese der Erde.

Nach katastrophalen Unwettern kommt es Ende Juli / Anfang August zu weiträumigen Überschwemmungen in Polen. Am 27. Juli wird auf der Weltklimakonferenz das sogenannte Bonner Abkommen zur Verminderung der Treibhausgase unterzeichnet. Ende des Jahres bedrohen verheerende Buschbrände die australische Millionenstadt Sydney.

Bei einer Explosion in der südwestlich des französischen Toulouse gelegenen Chemiefabrik AZF kommen am 21. September 29 Menschen ums Leben, 2.000 werden verletzt. Durch den Druck der Detonation werden noch kilometerweit entfernte Gebäude und Fahrzeuge zerstört.

Ende Januar bricht – verursacht vermutlich durch aus Asien importiertes Fleisch – in England die Maul- und Klauenseuche aus. Drei Wochen später erreicht die Epidemie das europäische Festland. Hunderttausende Tiere werden notgeschlachtet.

Am 8. August nimmt der Bayer-Konzern Lipobay, ein Medikament zur Senkung des Blutfettgehaltes, vom Markt, weil es weltweit bereits 52 Todesfälle verursacht hat.

150.000 Menschen fallen am 26. Januar einem Erdbeben der Stärke 7,9 im indischen Bundesstaat Gujarat zum Opfer.

Beim G-8-Gipfeltreffen im italienischen Genua kommt es am 20. Juli zu schweren Straßenschlachten zwischen Globalisierungsgegnern und der Polizei. Ein 23jähriger Demonstrant wird erschossen, 430 weitere Menschen werden verletzt. Später stellt sich heraus, daß die Eskalation der Gewalt teilweise bewußt durch in die Reihen der Protestler eingeschleuste Provokateure der Sicherheitskräfte herbeigeführt worden war.

Am 17. Januar erschießt ein Leibwächter den kongolesischen Staatspräsidenten Laurent-Désiré Kabila. Nachfolger des Diktators wird dessen Sohn Joseph. Der ehemalige serbische Staatspräsident Slobodan Milosevic wird am 1. April in seiner Villa festgesetzt, anschließend ins Belgrader Zentralgefängnis gebracht und am 28. Juni an das Kriegsverbrechertribunal in Den Haag ausgeliefert.

Das Ermittlungsverfahren in der CDU-Parteispendenaffäre gegen Ex-Bundeskanzler Helmut Kohl wird am 2. März gegen Zahlung einer Geldbuße von 300.000 DM eingestellt.

In Italien gewinnt ein Mitte-Rechts-Bündnis unter Führung des Medien-Moguls Silvio Berlusconi am 13. Mai in beiden Kammern des Parlamentes die absolute Mehrheit. In dieser Zeit beendet die EU nach acht Monaten ihre wegen der Regierungsbeteiligung der rechtspopulistischen FPÖ in Kraft gesetzten Sanktionen gegen Österreich.

Die Partei des als „Richter Gnadenlos" bekannten Populisten Ronald Barnabas Schill, Rechtsstaatliche Offensive, erzielt bei den Hamburger Bürgerschaftswahlen 19,4 Prozent der Wählerstimmen. Die CDU geht gemeinsam mit dieser und der FDP eine Koalition ein und wählt Ole von Beust zum Regierenden Bürgermeister.

Die UN-Vollversammlung bestätigt am 29. Juni Kofi Annan für weitere fünf Jahre als Generalsekretär der Vereinten Nationen.

Der oberste Führer der islamistisch-fundamentalistischen Taliban, Mullah Mohammed Omar, befiehlt am 26. Februar die Sprengung der zum UNESCO-Weltkulturerbe gehörenden, 1.500 Jahre alten Buddha-Statuen im afghanischen Bamian-Tal. Am 4. August nimmt die afghanische Religionspolizei 24 Mitarbeiter der internationalen Hilfsorganisation Shelter Now fest. Die Behörden bezichtigen sie illegaler christlicher Missionierung. Am 5. Dezember, nach neun Verhandlungstagen, einigt sich die Afghanistan-Konferenz der Vereinten Nationen in Bonn auf eine Übergangsregierung unter dem Paschtunenführer Hamid Karsai.

Ein mehrfach vorbestrafter Amokläufer, der sich für das Opfer einer kommunalen Verschwörung hielt, stürmt am 27. September in das Parlamentsgebäude der schweizerischen Kantonsstadt Zug, erschießt 14 Minister und Parlamentarier und anschließend sich selbst.

Der baden-württembergische Gerichtshof weist am 26. Juni die Klage einer muslimischen Lehrerin, die auf dem Recht, im Unterricht ein Kopftuch zu tragen, bestanden hatte, mit der Begründung ab, daß es sich bei dem Kleidungsstück um ein politisches Symbol handele, das mit der staatlichen Neutralitätspflicht nicht vereinbar sei.

Seit einem Parlamentsbeschluß vom 10. April ist in den Niederlanden „auf wohlerwogenes Verlangen hin" aktive Sterbehilfe durch Ärzte erlaubt, wenn Patienten schwer leiden und keine Aussicht auf Heilung besteht.

Am 23. März verglüht die russische Raumstation Mir nach über 80.000 Erdumkreisungen während eines kontrollierten Absturzes in der Atmosphäre. Nach dem Start auf Hawaii und zehnstündigem Steigflug erreicht das Solarflugzeug Helios am 15. Juli eine Höhe von 23.183 Metern.

Uri und Rachel Avnery
und die Organisation
Gush Shalom

**wurden für ihre „auch unter
schwierigen Umständen aufrecht
erhaltene unerschütterliche
Überzeugung, daß Frieden und ein
Ende des Terrorismus nur durch
Gerechtigkeit und Aussöhnung
erreicht werden können", mit dem
Alternativen Nobelpreis
ausgezeichnet.**

1993 schien die Zeit in Israel reif zu sein für eine neue Friedensbewegung, da die etablierten Gruppen in jener Zeit eher unwillig oder unfähig wirkten, die damals herrschende Regierung der Labour-Partei und ihre Politik gegenüber den Palästinensern zu kritisieren. Die Ausweisung von über 400 islamischen Aktivisten aus Israel war schließlich der Anlaß für ein Protestcamp gegenüber dem Büro des israelischen Premierministers in Jerusalem. Aus diesem heraus entstand die Gruppe Gush Shalom (Friedensblock), zwei ihrer wichtigsten Gründungsmitglieder waren Uri und Rachel Avnery.

Rachel Avnery wurde 1932 geboren und war zunächst als Lehrerin, dann als Fotografin tätig. Seit 1993 arbeitet sie ehrenamtlich als Leiterin und Organisatorin von Gush Shalom.

Uri Avnery wurde 1923 in Deutschland geboren, ging jedoch 1933 mit seiner Familie nach Palästina. Als Soldat im israelisch-palästinensischen Krieg wurde er 1948 verwundet und widmete sein Leben seitdem als Autor und Herausgeber einer Zeitschrift, als Mitglied der Knesset und als Aktivist bei zahlreichen Aktionen dem Engagement für Frieden zwischen Israel und Palästina.

Die Arbeit der Organisation Gush Shalom verfolgt drei wesentliche Ziele: Israels Rückzug aus den besetzten Gebieten, die Anerkennung der PLO als offizielle Vertretung der Palästinenser sowie die Anerkennung des Rechtes der Palästi-

---

Uri & Rachel Avnery • Gush Shalom • PO Box 3322
Tel Aviv 61033, Israel • Tel.: +972 3 522 1732
info@gush-shalom.org • www.gush-shalom.org

nenser auf ihren eigenen unabhängigen Staat mit Ostjerusalem als Hauptstadt, Seite an Seite mit Israel.

Gush Shalom ist eine Freiwilligenorganisation ohne hierarchische Struktur; sie besteht aus einem inneren Zirkel mit ungefähr hundert Aktivisten und einem weiteren, dem etwa 600 Mitglieder angehören. Dazu kommen mehrere Tausend Unterstützerinnen und Unterstützer. Seit seiner Gründung hat Gush Shalom Hunderte von Demonstrationen, Protesten und Aktionen organisiert. Dazu gehörten u.a. der Wiederaufbau zerstörter Häuser von Palästinensern oder Demonstrationen gegen die Enteignung palästinensischen Landes für die Errichtung oder Erweiterung jüdischer Siedlungen. Weitere Initiativen sind der Boykott von Produkten aus jüdischen Siedlungen auf palästinensischem Land, die symbolische Markierung aller Punkte, an denen Straßen

die Grüne Grenze zwischen Israel und den besetzten Gebieten überqueren, und die Veröffentlichung von Friedensanzeigen in der Zeitung Ha'aretz. Sehr oft wurden Gush-Shalom-Aktivisten verhaftet und mißhandelt, trotzdem werden sie als Israelis meist weit besser behandelt als Palästinenser in vergleichbaren Situationen. So trägt ihre Anwesenheit in Konfliktsituationen dazu bei, die Mißhandlung von Palästinensern zu verhindern. Gush Shalom erhält keinerlei Zuwendungen von internationalen Organisationen und finanziert sich daher völlig aus Spenden von Aktivisten und Sympathisanten im In- und Ausland.

Ellen Moxley, Angie Zelter, Ulla Røder

Die Organisation Trident Ploughshares, Großbritannien

wurde als „Modell einer prinzipientreuen, transparenten und gewaltfreien Aktionsgemeinschaft zur Befreiung der Welt von Nuklearwaffen" mit dem Alternativen Nobelpreis ausgezeichnet.

Bei der Wahl ihres Namens hat sich die britische Organisation Trident Ploughshares des Bibelzitates „Macht Schwerter zu Pflugscharen" bedient. Die „Schwerter", deren Vernichtung Trident Ploughshares fordert, sind vier mit je zwölf bis 16 Trident-Raketen bestückte U-Boote, die ihrerseits 14 und mehr einzeln steuerbare Atomsprengköpfe tragen können.

Trident Ploughshares formierte sich 1997, als die Friedensaktivistin Angie Zelter 100 Menschen aus 15 Ländern einlud, sich an einer Initiative gegen das britische Trident-Nuklearwaffensystem zu beteiligen. Offiziell begann die Arbeit der Organisation 1998 mit einem offenen Brief an Premierminister Tony Blair, in dem die Trident-Ploughshares-Vertreter von der Regierung unter anderem einen realistischen Zeitplan forderten, wie die Kernwaffen des Königreiches bis spätestens 2010 vernichtet werden könnten. Auf dem Weg dorthin erwarteten sie zudem, daß die Trident-Atom-U-Boote aus der ständigen Alarmbereitschaft genommen, sämtliche britischen Nuklearsprengköpfe von ihren Trägersystemen entfernt und getrennt gelagert würden, und daß mit den NATO-Partnern über die Abrüstung sämtlicher taktischer Kernwaffen in Europa verhandelt würde.

Die Regierung ging auf diese Forderung erwartungsgemäß nicht ein. Als Reaktion auf diese Haltung begann Trident Ploughshares mit einem Abrüstungscamp

---

Trident Ploughshare
42-46 Bethel Street • Norwich, Norfolk NR1 1NR, United Kingdom
Tel.: 0044-1259-75-3815 • Fax: 0044-1259-75-2929
davidmc@enterprise.net • www.tridentploughshares.org

im schottischen Coulport die Groß-
aktionen der Bewegung.

Die Ortschaft Coulport war dafür sehr
geeignet: Sie liegt nur einen Kilometer
von dem Depot entfernt, in dem die
Raketensprengköpfe lagern, der Hafen
Faslane, in dem die Atom-U-Boote stationiert sind, befindet sich in zwölf Kilometern Entfernung. Außer einigen Blockaden gab es in der Folgezeit weitere spektakuläre Aktionen: Im Februar 1999 en-
terten zwei Aktivistinnen ein U-Boot, und
im Juni desselben Jahres störten drei ihrer Mitstreiterinnen die Arbeit einer
Teststation für Trident-Steuerungssyste-
me empfindlich, als sie u.a. Computer
und Unterlagen ins Meer warfen.

Mittlerweile hat Trident Ploughshares 220
Mitglieder aus ca. 20 Ländern, die in kleinen Gruppen organisiert sind. Zusätzlich
helfen viele Unterstützer, die in direkte
Aktionen involviert sind oder Rechtshilfe
und Pressearbeit leisten sowie sich um
Inhaftierte kümmern.

Trident Ploughshares legitimiert seine
Aktionen gegen Atomwaffen nicht nur
moralisch, sondern auch mit juristischen
Argumenten: Der Internationale Gerichtshof hat Atomwaffen im Sommer
1996 für illegal erklärt, so daß auch die
britischen Atomwaffen jeglicher Legitimation entbehren. Immer wieder gab es
Richter, die diese Argumentation nach-
vollzogen, doch andere hielten die britischen Nuklearwaffen für sakrosankt.

Bis Februar 2005 gab es 2.190 Verhaftungen von Unterstützern und Aktivisten,
über 500 Prozesse wurden gegen sie eröffnet, insgesamt 2.184 Tage verbrachten
sie in Haft, wobei Zeiten in Polizeiarrest
nicht mitgerechnet sind. Strafbefehle und
Urteile über Schadenersatz belaufen sich
auf insgesamt 72.000 Pfund. Da diese aus
Prinzip nicht bezahlt werden, kommt es
zu immer mehr Pfändungen durch Ge-
richtsvollzieher.

Wenige Wochen vor Redaktionsschluß
dieses Buches blockierten Trident-
Ploughshare-Aktivisten mit einem über
sieben Meter langen Modell eines Tri-
dent-U-Bootes fünf Stunden lang den
Amtssitz von Premierminister Tony Blair
in der Londoner Downing Street. Für die
Zeit während des G-8-Gipfels im 60 Meilen von Faslane entfernten Gleneagles im
Juli 2005 planten sie eine erneute Blockade des U-Boot-Stützpunktes, um den Zusammenhang zwischen der Existenz von
Massenvernichtungswaffen und Armut
und Unterdrückung auf der Welt zu verdeutlichen.

Leonardo Boff

(geb. 1938 in Brasilien)

erhielt den Alternativen Nobelpreis „für seine motivierenden Erkenntnisse in der Verbindung von menschlicher Spiritualität, sozialer Gerechtigkeit und Umweltschutz sowie sein langanhaltendes Engagement für die Armen, um diese Werte in ihrem Leben und ihren Gemeinden zu verwirklichen".

Leonardo Boff ist einer der bekanntesten Vertreter der Befreiungstheologie in Südamerika. Dieser Zweig christlicher Theologie entstand in den sechziger Jahren und unterstützt den Kampf gegen die Armut, der von den Unterprivilegierten selbst geführt wird und auch bestehende Gesellschafts- und Herrschaftsstrukturen in Frage stellt. Dabei brachte seine Arbeit Boff oft in Konflikt mit der institutionalisierten Kirche. 1985 beispielsweise versuchte der Vatikan ihn aufgrund von Kritik, die er in seinem Buch *The Church, Charisma and Power* an der Führung der katholischen Kirche geübt hatte, zu disziplinieren. Sieben Jahre später entzog die Zentrale in Rom ihm schließlich das Priesteramt. Doch Leonardo Boff ließ sich dadurch nicht mundtot machen; er verließ den Franziskanerorden und verkündete, die Zukunft der Erde und der Menschheit sei wichtiger als die der Amtskirche.

Boff hat 1970 in München promoviert und anschließend 20 Jahre lang am Jesuiten-Institut für Philosophie und Theologie in Petropolis gearbeitet. Von 1993 an war er Professor an der Staatlichen Universität von Rio de Janeiro für Ethik, Philosophie, Religion und Ökologie. Leonardo Boff hat über sechzig Bücher geschrieben. In seinen neueren Arbeiten versucht er, ökologische Aspekte in die Befreiungstheologie zu integrieren, bereits in seinem Buch *Cry of the Earth, Cry of the Poor* (1995) verband er Umweltaspekte mit radikaler sozialer Kritik. Auf dem Weltsozialforum 2003 im brasilianischen Porto Alegre brachte Boff seine Hoffnung zum Ausdruck, daß mit dem Präsidenten Lula eine neue Politikära im größten südamerikanischen Staat anbricht. Sie sei von Gerechtigkeit sowie ethischen und humanistischen Beweggründen geleitet. Der Veranstaltungsort, ein Stadion, war bereits Stunden vor Beginn komplett gefüllt. Leonardo Boff und seine Mitstreiter in der Befreiungstheologie motivieren die Menschen offenkundig weiterhin.

Daß es dazu kam, ist wesentlich darauf zurückzuführen, daß Leonardo Boff sich nach dem Entzug des Priesteramtes nicht entmutigen ließ, sondern auf dem Weg, von dessen Richtigkeit er bis heute überzeugt ist, weiterging. So setzte er seine Arbeit als sogenannter Laienpriester fort und gab den Menschen aus ärmlichen Gemeinden in christlichen Basisgemeinden eine Vision von sozialer Gerechtigkeit und Gemeinschaft. Inzwischen existieren in Brasilien mehr als 1.000 christliche Graswurzelgruppen und betrachten es als ihre Aufgabe, die Lehre von Jesus Christus mit sozialen Ideen zu verbinden. Leonardo Boff zufolge sind dies die Orte, an denen Befreiungstheologie konkret gelebt wird, an denen die politische Dimension dieser Denkrichtung deutlich wird und die Armen lernen, daß ihre Armut kein naturgegebener, unabänderlicher Zustand ist.

Um ihre politische Wirksamkeit zu erhöhen, kooperieren die Gruppen mit Entscheidungsträgern in Gewerkschaften, Parteien und Kommunen. Boff selbst arbeitet u.a. eng mit der Bewegung brasilianischer Landloser (MST), die 1991 den Alternativen Nobelpreis erhielt, zusammen.

José Antonio Abreu

(geb. 1939 in Venezuela)

erhielt den Alternativen Nobelpreis „dafür, unzähligen Kindern und Gemeinschaften, gerade auch den Armen, den Spaß an und den Nutzen von Musik nähergebracht und eine Art musikalischer und kultureller Renaissance in Venezuela erreicht zu haben".

José Antonio Abreus Arbeit verbindet die Liebe zu klassischer Musik mit höchst effektivem sozialem Engagement. Inspiriert durch seine Arbeit existieren heute Kinder- und Jugendorchester in ganz Venezuela, die insbesondere Mitgliedern aus einkommensschwachen Bevölkerungsschichten offenstehen und ihnen Möglichkeiten sozialer Integration und Anerkennung bieten.

Schon bei seiner Studienwahl bewies José Antonio Abreu Vielseitigkeit: Nach erfolgreichem Abschluß seines Studiums der Erdölwirtschaft im Jahr 1961 und seiner Promotion beendete er bereits drei Jahre später ein zweites Studium als Komponist und Organist am Nationalen Musikkonservatorium. In den kommenden Jahren arbeitete er als Professor für Wirtschaftswissenschaften und Planung an verschiedenen Universitäten, war Kongreßabgeordneter, Präsident des Nationalen Rates für Kultur und fünf Jahre lang venezuelanischer Kulturminister.

Im Jahr 1975 gründete er das Orchester Simon Bolivar und das Nationale Jugendsymphonieorchester (NSYO) das unter seiner Leitung beachtliche Erfolge erzielte. Bald entstanden weitere Jugendorchester in vielen anderen Regionen Venezuelas, schließlich wurde das unter der Schirmherrschaft einer staatlichen Stiftung stehende Nationale System von Kinder- und Jugendorchestern in Venezuela

Sistema Nacional de Qrquestas • Juveniles e Infantiles des Venezuela (FESNOJIV)
Torre Oeste, piso 18, Parque Central • Caracas 1010, Venezuela
Tel.: 0058-2-12 57-6 5511 • Fax: 0058-2-12 57-4 9032
fesnojiv2@cantv.net

ins Leben gerufen. Dieses System mit seinen fast 1.000 Mitarbeitern und etwa 110.000 Mitgliedern basiert auf 75 im ganzen Land verteilten sogenannten Orchester-Zellen, von denen jede aus mindestens einem Orchester besteht.

Seit der Gründung der Stiftung im Jahr 1994 ist José Antonio Abreu deren Direktor. Insgesamt 120 Jugend- und 60 Kinderorchester sind mittlerweile Teil des nationalen Systems, ebenso Chöre und Musikerziehung, die ab einem Alter von zwei Jahren beginnt.

Die Orchester haben großen sozialen Einfluß in ihren Gemeinden, schaffen Anerkennung für ihre Mitglieder, sorgen mitunter auch für deren Lebensunterhalt und führen zu einer musikalischen und kulturellen Renaissance. Studien belegen, daß die Orchestermitglieder auch in anderen Lebensbereichen besser zurechtkommen.

Dieses einzigartige Programm musikalischen Engagements wurde 1993/94 mit dem Internationalen Musikpreis der UNESCO ausgezeichnet und 1998 vom Entwicklungsprogramm der Vereinten Nationen als ein herausragendes Beispiel für die Verminderung von Armut genannt. Auftritte der Orchester während Tourneen durch Frankreich, Italien und Deutschland Ende der 90er Jahre wurden zu gefeierten Musikereignissen. 1998 ernannte die UNESCO José Antonio Abreu zu einem „Botschafter des Friedens."

Inspiriert vom Beispiel seiner Arbeit sind ähnliche Initiativen in anderen lateinamerikanischen und karibischen Staaten entstanden.

2002

Am 3. März entscheiden sich 55 Prozent der Teilnehmer an einer Volksabstimmung in der Schweiz für den Beitritt ihres Landes zu den Vereinten Nationen.

In Afghanistan beginnt am 23. März das neue Schuljahr. Erstmals seit sechs Jahren dürfen auch Mädchen wieder lesen und schreiben lernen. Der Chef der Übergangsregierung, Hamid Karzai, wird am 13. Juni mit großer Mehrheit zum Präsidenten gewählt.

Die PKK schwört in einer Erklärung vom 16. April dem bewaffneten Kampf für einen kurdischen Staat ab und nennt sich fortan Kongreß für Freiheit und Demokratie Kurdistans.

Bundeskanzler Gerhard Schröder schließt am 3. August eine Beteiligung deutscher Soldaten an einem möglichen Krieg gegen den Irak kategorisch aus. Die CDU-Vorsitzende Angela Merkel reist in die USA, um Präsident Bush im Falle des Wahlsieges ihrer Partei jegliche Unterstützung für einen weiteren Waffengang zuzusichern. Am 12. September betont Bush, daß die USA den Irak auch ohne die Billigung der Vereinten Nationen angreifen würden. Vier Tage später erklärt die irakische Regierung sich bereit, ohne Vorbedingungen UN-Waffenkontrolleure ins Land zu lassen. Anfang Dezember übergibt der Irak den Vereinten Nationen ein 12.000 Seiten starkes Dossier über seine atomaren, biologischen und chemischen Waffen, deren Besitz Bagdad bestreitet.

Die Regierungschefs der NATO-Mitgliedsländer beschließen auf ihrer Gipfelkonferenz am 20. November in Prag, sieben osteuropäische Länder als neue Mitglieder aufzunehmen, darunter die baltischen Staaten Estland, Lettland und Litauen, die früher der Sowjetunion angehörten.

Nachdem die Vertreibung weißer Farmer von ihren Höfen den Zusammenbruch der Nahrungsmittelversorgung zur Folge hatte und 600.000 Menschen von einer Hungersnot bedroht sind, ruft der Präsident von Simbabwe, Robert Mugabe, am 30. April den Notstand aus.

Bei einem Terroranschlag auf einen Nachtclub auf der indonesischen Insel Bali sterben am 12. Oktober fast 200 Menschen. Am 23. Oktober nehmen tschetschenische Rebellen in einem Musicaltheater in Moskau Hunderte Geiseln. Sie fordern das Ende des Krieges in ihrer Heimat. Vor der Stürmung des Theaters durch Sicherheitskräfte wird ein Betäubungsgas in das Gebäude geleitet, an dessen Wirkungen auch zahlreiche Geiseln sterben.

Die Bundesregierung beschließt am 20. März die Einführung des Dosenpfandes. Ab dem 1. Mai wird auf Mallorca von Touristen eine Ökosteuer gefordert.

Anfang August kommt es in Osteuropa infolge heftiger Regenfälle zu Überschwemmungen, die mehr als 100 Menschen das Leben kosten. Mitte des Monats erreicht das Hochwasser Deutschland. Die Elbe und ihre Nebenflüsse werden zu reißenden Strömen und überfluten riesige Gebiete.

Am 19. November bricht 250 Kilometer vor der Küste Galiziens der Tanker Prestige auseinander. Das auslaufende Öl verseucht die spanische Küste auf mehreren hundert Kilometern Länge. Das Krisenmanagement durch die Regierung unter Ministerpräsident José Maria Aznar wird von Umweltschützern als Katastrophe in der Katastrophe angesehen.

Nach einem Beschluß des Bundesverfassungsgerichtes vom 15. Januar dürfen muslimische Metzger wieder nach islamischem Ritual schächten, d.h. daß sie Tiere ohne Betäubung durch Ausbluten töten dürfen.

Der EU-Ministerrat beschließt am 2. Dezember, Tabakwerbung in Zeitungen, Zeitschriften, Radio und Fernsehen sowie im Internet von Mitte 2005 an zu verbieten.

In Köln kommt Anfang März ein Spendenskandal ans Licht: Mittels verdeckter Spenden an die damals in der Domstadt regierende SPD und einzelne Sozialdemokraten wurde der Bau einer völlig überdimensionierten Müllverbrennungsanlage gefördert.

Mitte Mai löst Jürgen Möllemann, Vorsitzender der nordrhein-westfälischen FDP, mit seiner Kritik am stellvertretenden Vorsitzenden des Zentralrates der Juden in Deutschland, Michel Friedmann, eine Debatte über Antisemitismus aus.

Während eines Amoklaufs am 26. April erschießt ein 19jähriger ehemaliger Schüler des Erfurter Gutenberg-Gymnasiums 14 Lehrer, zwei Schüler und sich selbst. Bei einer Anschlagserie auf Parkplätzen und an Tankstellen in Washington werden im Frühherbst zehn Menschen erschossen.

Infolge des Absturzes eines Kampfjets während einer Flugschau am 27. Juli im ukrainischen Lwow kommen 85 Menschen ums Leben.

Mit der Ausgabe der Euro-Banknoten und -Münzen wird zu Jahresbeginn in zwölf europäischen Ländern die Währungsunion vollendet.

Das Centre Jeunes Kamenge, Burundi

wurde „für beispielhafte und unbe-zwingbare Courage, Mitgefühl sowie den Beweis, daß junge Menschen un-terschiedlicher Volksgruppen auch nach neun Jahren eines mörderi-schen Bürgerkriegs lernen können, miteinander zu leben und eine ge-meinsame Zukunft in Harmonie und Frieden aufzubauen", mit dem Alter-nativen Nobelpreis ausgezeichnet.

Nach neun Jahren Bürgerkrieg herrschte in Burundi immer noch viel Mißtrauen zwischen den Volksgruppen der Hutu und Tutsi. In Städten wie Bujumbura kommen für Städte typische Probleme, die insbesondere die Jugend betreffen, hinzu: Drogen- und Alkoholmißbrauch, Prostitution, AIDS, Arbeitslosigkeit, Kri-minalität und Hoffnungslosigkeit. Vor diesem schwierigen Hintergrund arbeitet das 1991 – kurz vor dem Bürgerkrieg – gegründete Jugendzentrum Kamenge, das in Bujumbura genau zwischen Hutu- und Tutsi-Vierteln der Stadt liegt und für junge Menschen aus allen ethnischen Volksgruppen im Alter von 16 bis etwa 30 Jahren offensteht. 1993 hatte es bereits 2.500 Mitglieder.

Claudio Marano • Centre Jeunes Kamenge
BP500 • Bujumbura, Burundi
Tel.: 00257-232 80-5 • Fax: 00257-232 80-7
cjk@bi-network.com • www.cejeka.com

Das Zentrum Kamenge entstand auf der Basis einer Idee der drei italienischen Xaverianer-Missionare Marino Bettinsoli, Victor Ghirardi und Claudio Marano. Sie wollten einen Ort schaffen, an dem Jugendliche miteinander aktiv sind und dabei lernen, einander friedlich und mit Respekt zu begegnen. Das Centre Jeunes Kamenge (CJK) bietet ihnen dafür eine Fülle von Möglichkeiten: eine Bibliothek mit 14.000 Büchern, Kurse zu Naturwissenschaften, Menschenrechten und Sprachen ebenso wie Trainingseinheiten zur Computernutzung, Buchführung und Verkehrserziehung sowie Projekte zu Themen wie AIDS, Frieden, Aussöhnung und Literatur.

Während des Bürgerkriegs kamen viele weitere Aufgaben hinzu: Tote zu begraben, Verwundeten und Obdachlosen zu helfen, Nahrung, Kleidung und Decken zu verteilen und Gesundheitsfürsorge zu leisten. Zudem wurden in einem Friedens- und Rehabilitationsprojekt Treffen zwischen den Volksgruppen organisiert, um Haß und Gewalt abzubauen. Das Zentrum wurde damals mehrfach angegriffen und geplündert, einige seiner Mitglieder wurden getötet, weitere verletzt und bedroht. Das alles hielt die Mitarbeiter und Besucher des CJK nicht davon ab, auf dem eingeschlagenen Weg weiterzugehen.

Seit 2001 dient der monatliche Newsletter *Arc-en-Ciel* (*Regenbogen*) den Jugendlichen und jungen Erwachsenen des Zentrums als Sprachrohr zur Verbreitung ihrer Ideen.

Das CJK gründete darüber hinaus gemeinsam mit zwei weiteren Nichtregierungsorganisationen ein Büro für die Zusammenarbeit der Gemeinden im nördlichen Teil des Landes, das mittlerweile etwa 300 Mitgliedsgruppen hat, von denen viele das CJK ins Leben gerufen hat. Das Büro organisiert für diese technische sowie finanzielle und andere Unterstützung für Mikroprojekte. Es arbeitet an verschiedenen Programmen zu den Themen Frieden, Aussöhnung mit der Regierung und Wiederaufbau mit lokalen Autoritäten, Kirchen und Schulen zusammen. So werden im Rahmen des Friedens- und Rehabilitationsprojektes inter-ethnische Zusammenkünfte organisiert; während Sommercamps für circa 1.000 junge Menschen stehen ebenfalls die Überwindung der Kriegsfolgen und die Bildung einer gemeinsamen Gesellschaft im Mittelpunkt.

Das CJK hat inzwischen 50 Vollzeitkräfte und zahlreiche freiwillige Helfer. Im Jahre 2001 belief sich die Zahl der Mitglieder auf 20.000, was einem Wachstum von zehn Prozent gegenüber den jeweiligen Vorjahren entspricht und zeigt, welchen Wert die jungen Menschen den CJK-Programmen beimessen.

Zur selben Zeit verfügte das Centre Jenunes Kamenge über einen Jahresetat von 470.000 US-Dollar, der zu einem wesentlichen Teil in den Wiederaufbau der vom Krieg zerstörten Niederlassung im Norden sowie der Zentrale in Bujumbura investiert wurde. Zu den Geldgebern gehörten neben der italienischen Bischofskonferenz die nationalen Misereor- und Caritas-Sektionen Italiens, die EU, Organisationen aus Belgien, Kanada und Österreich sowie die US-amerikanische Botschaft in Burundi.

Kerstin Grebäck und Anne Liden

Die Organisation Kvinna till Kvinna, Schweden

wurde „für ihren bemerkenswerten Erfolg, die durch Haß zwischen ethnischen Gruppen und Krieg verursachten Wunden zu heilen, indem sie Frauen, oftmals die vorrangigen Opfer des Krieges, dabei hilft, Vorreiter auf dem Weg zu Aussöhnung und Friedensbildung zu werden", mit dem Alternativen Nobelpreis ausgezeichnet.

Die Stiftung Kvinna till Kvinna (Frauen für Frauen, KtK) wurde 1993 als Reaktion auf den Krieg auf dem Balkan und die dort gegen Frauen verübten Greueltaten gegründet. Sie hat seither den Aufbau zahlreicher Frauenorganisationen unterstützt, diese mit Geld unterstützt und ihnen Erfahrungsaustausch innerhalb von Netzwerken ermöglicht. Letzterer reicht über die Grenzen ehemaliger oder aktueller Gegner in kriegerischen Konflikten hinaus.

Die Kooperation zwischen KtK und einer Frauenorganisation dauert solange, bis die betreffende Gruppe sich ausreichend entwickelt und andere Finanzquellen gefunden hat, oder sie sich auflöst, weil die öffentliche Hand ihre Aufgaben über-

Kerstin Grebäck • Kvinna till Kvinna
Kristinebergs Slottväg 8 • 112 52 Stockholm, Sweden
Tel.: 0046-8-702 98 20 • Fax: 0046-8-643 23 60
info@iktk.se • www.iktk.se

nommen hat. Die Frauen von Kvinna till Kvinna konzentrieren sich statt dessen auf die Unterstützung der Gründung und des Aufbaus neuer Gruppen.

Voraussetzung für eine Unterstützung durch KtK ist die Bereitschaft, sich für Frauen ungeachtet ethnischer Unterschiede einzusetzen. Circa 80 Projekte werden in Kooperation mit ungefähr 60 Organisationen auf dem Balkan von KtK betreut. Kvinna till Kvinna sieht die Frauen dabei nicht allein in der Opferrolle und als zu schützende Mitglieder der Gesellschaft, sondern insbesondere in Kriegsregionen auch als starke Kräfte der Veränderung.

Eine KtK-Studie aus dem Jahr 2000 bestätigte, daß das Friedensabkommen von Dayton die Rolle der Geschlechter zu wenig berücksichtigt und den Wiederaufbau dadurch erschwert habe. Diese war Teil der offiziellen schwedischen Präsentation auf der Nachfolgetagung der Weltfrauenkonferenz von Peking in New York anno 2000 und machte Kvinna till Kvinna international bekannt. Der Bericht trug darüber hinaus zur Resolution 1325 des UN-Weltsicherheitsrates bei, in der die Mitgliedsstaaten dazu aufgefordert wurden, „eine zunehmende Beteiligung von Frauen auf allen Entscheidungsebenen in nationalen, regionalen und internationalen Institutionen und Mechanismen für die Vorbeugung sowie das Management und die Lösung von Konflikten sicherzustellen."

KtK widmet sich im wesentlichen drei Aufgaben:

- Projekte in den vom Krieg betroffenen Regionen zu initiieren, die einerseits

Selbstbewußtsein und Selbständigkeit von Frauen stärken, ihre psycho-soziale und/oder physische Gesundheit aufbauen, zum anderen den Beitrag von Frauen beim Aufbau einer demokratischen Zivilgesellschaft sichern;

- Studien und Forschungen zu unterstützen, die sich mit den Auswirkungen von Krieg und bewaffnetem Konflikt auf Frauen auseinandersetzen, und

- Fakten und Informationen über die Auswirkungen des Krieges zu publizieren, um die öffentliche Meinung dahingehend zu beeinflussen, friedliche Konfliktlösungen durch gewaltfreie Methoden zu bevorzugen.

Von KtK unterstützte Projekte auf dem Balkan boten beispielsweise Gesundheitsfürsorge, Beratung bei Rechts- und Beschäftigungsfragen, wandten sich gegen häusliche Gewalt und halfen bei der Lösung vieler weiterer Probleme, die in Konfliktsituationen und deren Folge auftreten.

Kvinna till Kvinna betreibt mittlerweile acht Büros in Bosnien-Herzegowina, im Kosovo, in Mazedonien, Kroatien, Serbien, Albanien, ebenso in Israel, Palästina und Georgien. Diese Anlaufstellen sind zumeist mit jeweils einer Frau besetzt, in der Stockholmer Zentrale arbeiten elf Frauen.

Seit 2001 unterstützt KtK auch Frauengruppen in Israel und Palästina. Im entsprechenden Jahresbericht der Stiftung hieß es, „daß ihre Partnerorganisationen mittlerweile eine wichtige Rolle beim Aufbau neuer und demokratischer Gesellschaften spielen".

Martin Almada

(geb. 1937 in Paraguay)

erhielt den Alternativen Nobelpreis „für seine außergewöhnliche Courage und seine ausdauernden Bemühungen, Folterer zu entlarven und vor Gericht zu stellen sowie sein Heimatland auf einen neuen demokratischen Kurs zu bringen, der die Wahrung der Menschenrechte und nachhaltige Entwicklung einschließt".

Als Martin Almada die geheimen Archive des Terrors entdeckte, gelang ihm damit der endgültige Beweis für zahlreiche Verbrechen des bis 1989 in Paraguay regierenden Militärregimes unter Alfredo Stroessner. Diese Archive, bestehend aus unzähligen Dokumenten, haben sich mittlerweile als die bedeutendste seit dem Zweiten Weltkrieg entdeckte Sammlung von Belegen für staatlichen Terror erwiesen. Viele der Dokumente beweisen neben Folter und Mord in Paraguay auch ein damals zwischen den Militärs südamerikanischer Staaten geschlossenes Abkommen (Operacion Condor) mit Absprachen für gemeinsame Foltermethoden und einen Austausch politischer Gefangener.

Martin Almada galt den Militärs in Paraguay schon früh als subversives Element. Beispielsweise hatte der aus armen Verhältnissen stammende Erziehungswissenschaftler – er schloß sein Studium an der Nationalen Universität in Asunción 1963 ab – in seiner Doktorarbeit *Paraguay: Ausbildung und Abhängigkeit* Verantwortliche für die Zustände im Land angeklagt und gleichzeitig Vorschläge im Zusammenhang mit den Menschenrechten unterbreitet. Dafür wurde er von den Behörden als „intellektueller Terrorist" gebrandmarkt. Gemeinsam mit seiner damaligen Ehefrau, der Professorin Celestina Perez de Almada, hatte er in seiner Heimatstadt San Lorenzo zudem das Juan Baptista Alberdi Institut gegründet. Nachdem dieses zu einer Moralinstanz und einem

Martin Almada
Avda Carlos Antonio Lopez 2273 • Asuncion, Paraguay
Tel. & Fax: 0059-5-214 253 45 • malmada@rieder.net

Zentrum für gemeinschaftliche Entwicklung geworden war, wurde es 1974 gewaltsam geschlossen, Martin Almada wurde für drei Jahre festgesetzt und in einem Konzentrationslager regelmäßig gefoltert. Seine Frau starb in dieser Zeit. Sie sei, so Almada, von der Polizei in den Tod getrieben worden.

Seine eigene damalige Geisteshaltung nannte er „kampfbereites Überleben". Aufgrund intensiver Bemühungen von Amnesty International wurde Martin Almada freigelassen und ging mit seiner Mutter und seinen drei Kindern ins Exil. Sein 1978 veröffentlichtes Buch *Paraguay: la Carcel Olvidada, el Pais Exiliado* über seine Erfahrungen im Gefängnis fand großes Interesse bei internationalen Menschenrechtsorganisationen. 1986 veröffentlichte Almada auch einen Band mit Gedichten, von denen er die meisten im Gefängnis geschrieben hatte.

In dieser Zeit ging er nach Paris zur UNESCO, wo er in der Abteilung für Umwelterziehung für ländliche Entwicklungsprojekte in Afrika und Lateinamerika zuständig war. Auch im Exil kämpfte er unablässig für Menschenrechte. So reiste er nach dem Fall der argentinischen Junta in der Folge des Falkland-Krieges mehrfach in das südamerikanische Land, um über Menschenrechte und seine Erziehungstheorien zu referieren. Nach dem Sturz Stroessners im Jahr 1989 kehrte Martin Almada nach Paraguay zurück und wurde dort zu einer führenden Figur der Demokratie- und Menschenrechtsbewegung. Er konzentrierte sich auf die Überführung der Folterer aus der Zeit der Militärdiktatur und die Entschädi-

gung der Opfer. Von 1994 an baute er in Paraquay die Sektion der Amerikanischen Juristenvereinigung auf und organisierte eine Reihe von Tribunalen gegen die führenden Verbrecher des Militärregimes. Mit Erfolg: Der ehemalige Polizeichef General Ramon Duarte Vera beispielsweise, der zu diesem Zeitpunkt als Botschafter in Bolivien lebte und allgemein als Chef-Folterer des Stroessner-Regimes galt, wurde nach einem rechtlich nicht bindenden Urteil eines dieser Tribunale von einem ordentlichen Gericht zu 16 Jahren Haft verurteilt.

Martin Almada bemühte sich zudem um die Auslieferung Stroessners aus Brasilien. 1991 veröffentlichte er sein Buch *Paraguay: Proyecto National* als Beitrag zum Entwurf einer neuen Verfassung. Gemeinsam mit seiner zweiten Frau gründete er die nach seiner ersten Ehepartnerin benannte Stiftung Fundación Celestina Perez de Almada.

Darüber hinaus war er maßgeblich am Aufbau eines Rehabilitationszentrums für Folteropfer in Zusammenarbeit mit dem RTC/IRTC Dänemark (Alternativer Nobelpreis 1988) beteiligt.

Almada wurde 1992 vom nationalen paraguayischen Fernsehsender zum Mann des Jahres erklärt und erhielt 1997 für die Enthüllung der Archive des Terrors den Menschenrechtspreis der französischen Regierung.

Martin A. Green

(geb. 1948 in Brisbane, Australien)

wurde „dafür, sich mit ganzem Einsatz und erfolgreich der größten technischen Herausforderung und moralischen Notwendigkeit unserer Zeit – der Weiterentwicklung der Nutzung der Solarenergie – gestellt zu haben", mit dem Ehrenpreis ausgezeichnet.

Martin Green, der an der Queensland- und der McMaster-Universität in Kanada studierte, arbeitet in leitenden Funktionen an der Entwicklung hocheffizienter Solarzellen, ist Professor an der Universität von New South Wales in Sydney und Direktor des dortigen Photovoltaik-Forschungszentrums, das seit den frühen 80er Jahren die effizientesten Solarzellen der Welt entwickelt. Er ist Mitglied der australischen Akademie der Wissenschaften sowie Autor von mehreren Büchern und zahlreichen Artikeln zu Themen der Solarenergie, Halbleitertechnik und Mikroelektronik.

Bereits 1983 schraubte das Photovoltaik-Forschungszentrum den Wirkungsgradrekord für eine kristalline Silizium-Solarzelle auf 18 Prozent. Das bedeutet, daß die Zelle den entsprechenden Prozentanteil der Lichtenergie, die auf ihre Oberfläche fällt, in elektrische Energie umwandelt. Seither verbesserte das Forschungszentrum diesen Rekord ständig, erreichte 1985 einen Effizienzgrad von 20, 1994 sogar von 24 Prozent.

Weltweit wurden seit 1985 durch viele Fortschritte zudem die Produktionskosten der Zellen um zwei Drittel verringert, der Umsatz auf 100 Millionen US-Dollar gesteigert; voraussichtlich im Jahr 2010 wird dieser die Marke von einer Milliarde Dollar übersteigen.

Martin Green • Centre for Photovoltaic Engineering • Electrical Engineering Building
The University of New South Wales • Sydney NSW 2052#, Australia
Tel.: 0061-2-9385 4018 • Fax: 0061-2-9662 4240
m.green@unsw.edu.au • www.pv.unsw.edu.au

Mit einer am Forschungszentrum neu entwickelten Technologie namens Crystalline Silicon on Glass (CSG), also kristalliner Dünnschicht-Module auf Glas, möchte man konkurrenzlos billige Solarzellen herstellen. Für die Vermarktung und industrielle Herstellung dieser Module wurde mit der Firma CSG Solar, ehemals Pacific Solar Pty. Ltd., eine Gesellschaft gegründet, deren Forschungsdirektor Martin A. Green ist. Mit der Produktion soll 2006 begonnen werden.

Martin A. Green und seine Mitarbeiter im Forschungszentrum beschäftigen sich darüber hinaus mit weiterer Effizienzsteigerung und Produktionskostensenkung. Green hat die Vision von „Solarzellen der dritten Generation" mit einem Wirkungsgrad von über 80 Prozent. Dazu entwickelt er mit seinen Kollegen Modelle von Solarzellen, mit denen ganz neue Wege beschritten werden; so soll mit Hilfe der Thermophotonik nicht allein Licht, sondern auch Wärme in Strom umgewandelt werden können.

Mit diesem Konzept der dritten Photovoltaik-Generation stößt der australische Solarzellenforscher allerdings unter Fachkollegen auch auf Kritik. Einige befürchten, daß seine Ansätze teils gegen fundamentale Grundsätze der Physik verstoßen könnten. Manches erscheint ihnen arg utopisch, so daß die Erwartungen zu hoch geschraubt werden könnten.

Gleichwohl sind Martin A. Green's Verdienste um die Effizienzsteigerung von Solarzellen unbestritten, so daß er dafür vielfach ausgezeichnet wurde, so zum Beispiel 1999 für außergewöhnliche Leistungen in der Energiewissenschaft und -technologie mit dem Australia Prize, den er sich mit seinem ehemaligen Studenten Professor Stuart Wenham teilt. Die von beiden entwickelte sogenannte Buried-Contact-Zelle produziert bis zu 30 Prozent mehr Energie und ist in der Herstellung um ungefähr ein Fünftel preiswerter als vergleichbare Produkte. Mit dieser Technik ausgestattete Fahrzeuge gewannen die wichtigsten Solarautorennen der Welt, außerdem versorgten Buried-Contact-Zellen die Athleten-Unterkünfte während der Olympischen Spiele 2000 in Sydney. Inzwischen ist diese Version auch in Europa eine der meistproduzierten Solarzellen.

2003

Fünfeinhalb Stunden nach Ablauf des letzten Ultimatums – am 20. März um 5.34 Uhr Ortszeit von Bagdad – beginnt die US-Luftwaffe mit 40 Marschflugkörpern und zwei Tarnkappenbombern Angriffe auf den Irak. Zwei Wochen später gehen bei der ersten weltweiten Demonstration gegen diesen Krieg in über 600 Städten in rund 50 Ländern, auch in New York, San Francisco und London, an einem Tag Millionen Menschen auf die Straßen.

Nachdem er mit einem viersitzigen Kampfflugzeug auf dem Flugzeugträger Abraham Lincoln gelandet war, erklärt US-Präsident George W. Bush am 1. Mai die „Hauptkampfhandlungen" im Irak für beendet. Doch nun beginnt im Zweistromland ein Terrorkrieg, der bald schon mehr Opfer auf Seiten der Angreifer fordert als der eigentliche Krieg. Die Zahl der irakischen Kriegsopfer ist bis dato nicht bekannt.

Seit der Besetzung des Landes werden zahlreiche Massengräber entdeckt, in denen Schergen des Diktators Saddam Hussein von ihnen ermordete politische Gegner verscharrt hatten. So werden im nordirakischen Kirkuk die Leichen von 1.500 Kurden gefunden, südlich von Bagdad 3.000 Tote. Menschenrechtsorganisationen schätzen, daß vom irakischen Regime mindestens 200.000 Menschen ermordet und in Massengräber geworfen wurden.

Am 14. Dezember wird Saddam Hussein von US-Soldaten in einem Erdloch aufgespürt und zum Kriegsgefangenen erklärt. Später übergeben die USA ihn der irakischen Justiz.

Gleichzeitig kämpfen und sterben in Afrika immer mehr Kindersoldaten.

Im September weigern sich 27 hochdekorierte israelische Kampfpiloten, darunter hochrangige Offiziere, in einem offenen Brief an die Regierung unter Ariel Scharon, „unmoralische und widerrechtliche Befehle" in Form gezielter Tötungen von palästinensischen Intifada-Führern auszuführen, weil dabei auch unbeteiligte Personen ums Leben kämen. Manche Israelis äußern Verständnis, andere sehen in den Piloten „Verräter" und „Kollaborateure Arafats", Scharon sieht gar einen „Versuch, die demokratisch gewählte Regierung zu stürzen". Sieben Piloten müssen den Dienst quittieren, weitere erhalten Disziplinarstrafen, doch die Kampfflieger bleiben bei ihrer Weigerung.

In der vorletzten Novemberwoche verüben islamistische Terroristen innerhalb von sechs Tagen zwei Doppelanschläge in Istanbul, jeweils gegen Synagogen und britische Einrichtungen. Dabei kommen 60 Menschen ums Leben, 700 werden verletzt.

Zu Jahresbeginn verseucht – zwei Monate nach dem Untergang – weiterhin aus dem in 3.800 Meter Tiefe liegenden Wrack des Tankers Prestige auslaufendes Öl spanische und französische Strände.

Nachdem die UNO in 122 Ländern die Wasserqualität getestet hat, veröffentlicht sie im März einen *Weltwasserentwicklungsbericht* und warnt vor einem Mangel bisher ungeahnten Ausmaßes: In 50 Jahren werden voraussichtlich über zwei Milliarden Menschen unter Wasserknappheit leiden.

Am 1. Mai wächst die Europäische Union durch einen Beschluß des EU-Gipfels in Athen um zehn weitere Mitgliedsstaaten vornehmlich nach Osten, aber auch nach Süden: Estland, Lettland, Litauen, Malta, Polen, die Slowakei, Slowenien, Tschechien, Ungarn und Zypern gehören künftig dazu.

Nach zehnjähriger Bauzeit wird am 1. Juni der Da Ba, die große und 185 Meter hohe Staumauer des chinesischen Drei-Schluchten-Dammes im Fluß Yangtze, geschlossen. Anderthalb Millionen Menschen aus 1.500 Ortschaften mußten dem Projekt weichen. Der auf 600 Kilometer Länge anwachsende See wird außer Wohnhäusern auch Fabriken, Altöllager, Müllkippen und Quecksilbervorkommen überfluten. Bereits vor der Fertigstellung

wurden bis zu zehn Meter lange Risse in der Mauer festgestellt. Bräche der Damm, könnten ca. 400.000 Menschen in den Fluten ertrinken.

Der Sommer beschert weiten Teilen Europas wochenlang die höchsten seit Beginn der Klimaaufzeichnungen in ihren Ländern gemessenen Temperaturen – in Deutschland von teils über 40 Grad Celsius. In Frankreich fallen der Hitze ca. 10.000 Menschen zum Opfer. Flüsse trocknen nahezu aus, Tiere verenden massenhaft, die Alpen sind nahezu frostfrei, die Nordsee erwärmt sich auf bis zu 28 Grad Celsius.

In Indien kommen bei bis zu 49 Grad Celsius 1.500 Menschen ums Leben. Auch hier gehen unzählige Tiere an der Hitze zugrunde.

Im September verursacht der Hurrikan Isabel eine Sturmflut sowie Wolkenbrüche und fegt mit Windgeschwindigkeiten von bis zu 160 Stundenkilometern über die Ostküste der USA. 17 Menschen sterben, es entsteht Sachschaden in Höhe mehrerer Milliarden Dollar.

Zwei Monate später wüten die bisher schwersten Waldbrände in der Geschichte Kaliforniens, töten mindestens 20 Menschen und zerstören ca. 3.500 Wohnhäuser. Als Ursache wird Brandstiftung vermutet.

Nach 32 Jahren Betriebsdauer wird im November mit dem Reaktor Stade das zweitälteste deutsche Atomkraftwerk vom Netz genommen. Der Abbau wird bis ins Jahr 2015 dauern und 500 Millionen Euro kosten. Für den Zeitraum von 40 Jahren wird auf dem Betriebsgelände ein atomares Zwischenlager errichtet.

Seit März treten in Südchina, Hongkong und anderen südostasiatischen Ländern immer mehr Fälle einer atypischen Lungenentzündung auf, die mit hohem Fieber und Kurzatmigkeit einher- und manchmal tödlich ausgeht. Gegen herkömmliche Antibiotika scheint der Erreger des Schweren Akuten Atemnotsyndroms, SARS, immun zu sein. Doch aufgrund internationaler Zusammenarbeit unter Führung der Weltgesundheitsorganisation WHO wird der Erreger innerhalb kurzer Zeit entdeckt und kann zügig eingedämmt werden. Die Seuche gilt seit Anfang Juli als erloschen.

Am 12. März wird in Belgrad der serbische Ministerpräsident und Hoffnungsträger Zoran Djindic erschossen. Das Attentat ist von Altkadern aus der Milosevic-Ära in Auftrag gegeben worden. Fast genau ein halbes Jahr später, am 10. September, wird die schwedische Außenministerin Anna Lindh in einem Stockholmer Kaufhaus niedergestochen und erliegt ihren Verletzungen. Mit der unbewachten, international geschätzten Politikerin stirbt auch ein wenig der Glaube an eine offene Gesellschaft in Schweden.

Während seiner Antrittsrede als EU-Ratspräsident am 2. Juli rückt der italienische Regierungschef Silvio Berlusconi den deutschen SPD-Europaabgeordneten Martin Schulz, der ihn heftig attackiert hatte, in die Nähe eines KZ-Aufsehers. Wenig später verunglimpft ein Minister aus Berlusconis Kabinett pauschal deutsche Touristen. Bundeskanzler Gerhard Schröder sagt daraufhin seinen Italienurlaub ab.

Der frühere Mister Universum und Action-Schauspieler Arnold Schwarzenegger, Kandidat der Republikaner, wird am 7. Oktober zum Gouverneur von Kalifornien gewählt.

Am 25. des Monats verhaftet ein Sonderkommando Michail Chodorkowski, den Chef des Erdölkonzerns Yukos und reichsten Mann Rußlands, auf dem Flughafen von Nowosibirsk. Ihm werden Betrug und Unterschlagung öffentlicher Mittel vorgeworfen, tatsächlich aber ging es wohl darum, einen möglichen Rivalen Präsident Putins kaltzustellen.

Völlig zerstritten mit seiner Partei, der FDP, und unter dem Verdacht illegaler Geldgeschäfte, kommt der Politiker Jürgen W. Möllemann bei einem Fallschirmsprung ums Leben. Alles deutet auf Selbstmord hin.

Am 1. Februar sterben sieben Astronauten, darunter zwei Frauen, als die US-Raumfähre Columbia beim Landeanflug in 62 Kilometern Höhe zerbricht. Beim Start umherfliegende Schaumstoffteile – ein bekanntes Problem – hatten das Raumschiff an einem Fahrwerkschacht beschädigt.

Mit Yang Liwei schießt China am 15. Oktober aus der Wüste Gobi erstmals einen sogenannten Taikonauten (von Taiko, dem chinesischen Wort für Weltall) in den Orbit. Er kehrt mit seiner Kapsel Shenzhou 5 nach 14 Erdumrundungen sicher zur Erde zurück.

Am 14. August bricht in weiten Teilen des Nordostens der USA, darunter New York, und in Teilen Kanadas die Stromversorgung zusammen. 50 Millionen Menschen sind betroffen, es ist der größte Stromausfall in der Geschichte der USA. Aufgrund dreier überlasteter Hochspannungsleitungen in Ohio schalteten sich mehrere Kraftwerke automatisch ab.

Wenig später kommt es auch in Europa zu Stromausfällen. London ist zeitweise ohne Elektrizität, ebenso ergeht es – nach einer Panne in einem Atomkraftwerk – Regionen Dänemarks und Schwedens. Aufgrund schadhafter Leitungen, die die Versorgung aus Frankreich und der Schweiz unterbrechen, sind Ende September 57 Millionen Italiener ohne Strom.

Walden Bello
(geb. 1945 in Manila, Philippinen)

und Nicanor Perlas
(geb. 1950 auf den Philippinen)

wurden „für ihre vorzüglichen Beiträge zur Aufklärung der Zivilgesellschaft über die Auswirkungen der Globalisierung und dazu, wie Alternativen dazu verwirklicht werden können", mit dem Right Livelihood Award ausgezeichnet.

Walden Bello • College of Social Sciences and Philosophy
University of the Philippines Diliman • Quezon City, Philippines

Nicanor Perlas • Center for Alternative Development Initiatives
Unit 718 Cityland Megaplaza • Garnet rd cor. ADB Avenue • Ortigas Center, Pasig City
1605 Metro Manila, Philippines
Tel.: 0063-2-687 748-1 • Fax: 0063-2-687 748-2
cadi@info.com.ph • www.cadi.ph

Walden Bello

ist einer der führenden Kritiker der Globalisierung, der die Rolle des Intellektuellen mit der des Aktivisten verbindet. Als Kämpfer für Menschenrechte und Frieden, Akademiker, Umweltschützer und Journalist sowie durch die Kombination von Zivilcourage, der außergewöhnlichen Bandbreite seiner Publikationen und seinem persönlichen Charisma hat er einen wichtigen Beitrag zur internationalen Bewegung gegen die von weltweit agierenden Unternehmen vorangetriebene Globalisierung geleistet.

Er promovierte 1972, als Ferdinand Marcos auf den Philippinen die Macht übernahm, in Princeton in Soziologie. Anschließend stürzte er sich derart in politische Aktivitäten, daß er dem Universitätsbetrieb für 20 Jahre den Rücken kehrte. In dieser Zeit wurde er zur Schlüsselfigur der internationalen Bewegung zur Wiederherstellung der Demokratie auf den Philippinen, indem er die Antikriegsgesetz-Koalition koordinierte und eine Menschenrechtslobby in Washington aufbaute.

Er wurde mehrfach verhaftet, so auch 1978 von den US-Behörden, da er die gewaltfreie Übernahme des philippinischen Konsulats in San Francisco angeführt hatte. Nach einem Hungerstreik, mit dem er auf die Menschenrechtsverletzungen in seinem Heimatland aufmerksam machen wollte, wurde er entlassen.

Während er für die Menschenrechte kämpfte, sah er, wie Weltbank und Internationaler Währungsfonds das Marcos-Regime durch Kredite stützten. Um die Rolle dieser Institutionen zu verdeutlichen, ging er das Risiko ein, in die Weltbankzentrale in Washington einzubrechen. Anschließend veröffentlichte Walden Bello 3.000 Seiten vertraulicher Dokumente. Diese beinhalteten den Stoff für sein Buch *Development Debacle* (1982), das ein Untergrundbestseller auf den Philippinen wurde und zur Ausweitung der Bürgerbewegung beitrug, die Marcos 1986 schließlich stürzte. Seine Kritik am asiatischen Wirtschaftswunder, *Dragon and Distress*, verfaßte er sechs Jahre vor der dortigen Wirtschaftskrise.

1995 war er Mitbegründer von Focus on the Global South und wurde Geschäftsführer der Organisation. Diese will Kapazitäten innerhalb der Zivilgesellschaft aufbauen, um mehr Einfluß auf regionale Entwicklung und Kapitalfluß zu nehmen. Bello argumentiert, daß „die Entwicklungsländer und die internationale Zivilgesellschaft nicht danach streben sollten, die Welthandelsorganisation (WTO) zu reformieren, sondern durch passive und aktive Maßnahmen deren Macht radikal zu beschneiden und sie einfach zu einer internationalen Institution in Koexistenz mit und kontrolliert durch andere internationale Institutionen, Verträge und regionale Gruppierungen zu machen".

Bei der WTO-Konferenz in Seattle 1999 spielte Walden Bello eine führende Rolle in Teach-ins während der Protestveranstaltungen und wurde von der Polizei verprügelt. Beim G-8-Gipfel 2001 im italienischen Genua wurde er beinahe von einem Polizeiwagen überfahren und von den Carabinieri verhaftet. Das hielt ihn nicht davon ab, wesentlich bei der Ausarbeitung einer Strategie zur Störung der WTO-Ministerkonferenz im mexikanischen Cancun im September 2003 zu helfen.

Eine führende Rolle spielte Bello auch als Umweltschützer; er war Vorsitzender von Greenpeace Südostasien. Sein Buch *A Siamese Tragedy* von 1998, das die Umweltzerstörung in Thailand beschreibt, wurde dort zum Bestseller und erhielt 2000 den Chancellor's Award der Universität der Philippinen. Er war Vorsitzender der Akbayan-Partei, einer schnell wachsenden politischen Kraft, die bald schon Abgeordnete in die Nationalversammlung entsandte, und Leiter einer Friedensdelegation asiatischer Parlamentarier und Aktivisten, die Bagdad im März 2003 besuchte, um einen letzten Versuch zur Verhinderung des Krieges gegen den Irak zu unternehmen.

Bellos Lehrtätigkeit umfaßt eine Professur für Soziologie und Verwaltung an der Universität der Philippinen sowie eine Gastprofessur für Südostasienstudien an der Universität von Kalifornien. Zu seinen Publikationen gehören *American Lake: The Nuclear Peril in the Pacific* (1984, gemeinsam mit Peter Hayes und Lyuba Zarsky), *People and Power in the Pacific* (1992), *Dark Victory: The United States and Global Poverty* (1999) und *The Future in the Balance: Essays on Globalisation and Resistance* (2001). Walden Bello gewann den Kalifornischen Medienpreis für beste internationale Berichterstattung 1998, die belgische Zeitung *Le Soir* nannte ihn „den anerkanntesten Anti-Globalisierungs-Denker Asiens".

Nicanor Perlas

Perlas schloß sein Studium der Agrarwissenschaften an der Xavier-Universität mit höchster Auszeichnung ab. Seine weitere akademische Karriere brach er ab, als er sich 1978 im Kampf gegen das von Ferdinand Marcos unterstützte Kernkraftwerk Baataan engagierte und die Philippinen verlassen mußte, weil er eine Konferenz zu den von diesem ausgehenden Gefahren organisiert hatte.

Nach Marcos Sturz kehrte er zurück und gründete das Zentrum für alternative Entwicklungsinitiativen (CADI). Er wurde Berater der Regierung unter Corazon Aquino im Zusammenhang mit dem umstrittenen Atomreaktor und trug wesentlich zu der Entscheidung bei, ihn einzumotten, obwohl er kurz vor der Fertigstellung stand und bereits 2,1 Milliarden Dollar verschlungen hatte.

Gleichzeitig engagierte Perlas sich in der Kampagne gegen den Mißbrauch von Pestiziden und gründete die Vereinigung für nachhaltige Landwirtschaft. Perlas wurde zudem Mitglied des Beratungskomitees der Regierung in Pestizid-Fragen. Dieses setzte das Verbot von 32 der schädlichsten Gifte durch und veranlaßte die Staatsführung, eine große Summe zu investieren, um über 100.000 Bauern im sogenannten Integrated Pest Management, einer natürlichen Methode zur Schädlingsbekämpfung, zu schulen. Hierfür wurde Nicanor Perlas 1994 vom UN-Umweltprogramm mit dem Global 500 Award ausgezeichnet.

Zu dieser Zeit war Perlas, der auch der Delegation seines Landes beim Umweltgipfel 1992 in Rio angehörte, zu einer Leitfigur der philippinischen Umweltbewegung geworden. U.a. wurde er in den philippinischen Rat für nachhaltige Entwicklung berufen, als Vertreter der Zivilgesellschaft auch einer von dessen Vorsitzenden. In dieser Funktion bemühte er sich um die Verwirklichung der lokalen Agenda 21 auf den Philippinen, in der er ein Gegengewicht zur Handelsliberalisierung sieht. Ein Projekt der philippinischen Agenda 21 ist die Mikrokredit-Initiative Lifebank, deren Vorstand Perlas angehört. Bisher hat diese Bank 15.000 Menschen geholfen.

Nicanor Perlas hat ein „Konzept der drei Sektoren" zur politischen Einflußnahme entwickelt und beschreibt es so: „In sozialer Dreifaltigkeit können die drei globalen Mächte – Regierung, die politische Angelegenheiten repräsentiert, Wirtschaft, die ökonomische Belange verkörpert und die Zivilgesellschaft, die kulturelle Interessen vertritt – zusammenkommen, um, wo es notwendig und durchführbar ist, wesentliche Menschheitsprobleme zu lösen." Diese Denkrichtung vertiefte Perlas in seinem im Jahr 2000 erschienenen Buch *Shaping Globalisation: Cultural Power and Threefolding*. Seine Ideen sollen zum Sturz von Präsident Ejercito Estrada im selben Jahr beigetragen haben.

In der jüngeren Vergangenheit konzentrierte Nicanor Perlas sich auf soziale Bewegungen und der ihnen innewohnenden Macht, die Welt zu verändern. Als einen seiner wichtigsten Erfolge betrachtet er es, daß er die philippinische Szene der Nichtregierungsorganisationen 1996 – gemeinsam mit Walden Bello – durch wichtige Gespräche, die Bildung von Netzwerken und eine große Konferenz der Zivilgesellschaft davon überzeugen konnte, daß es die wichtigste Aufgabe für die Zukunft der Philippinen ist, der Globalisierung mit einem eigenen Wertesystem zu begegnen. Perlas mahnt, daß die Entwicklungen, mit denen die Welt konfrontiert ist, eine tiefere, ethische und geistige Antwort erfordern, denn wir stehen ihm zufolge einer System-, nicht lediglich einer Managementkrise gegenüber.

So stellt er die Frage, wie unser Sinn für Identität und Humanismus von derzeitigen technischen Fortschritten u.a. in der Gen- und Nanotechnik und der künstlichen Intelligenz, die in näherer Zukunft zur Verbreitung von „Silicon-Wesen" – halb Mensch, halb Maschine – beitragen könnten, beeinflußt werden wird.

Soh Kyung-suk

Die Citizens' Coalition For Economic Justice (CCEJ)

erhielt den Alternativen Nobelpreis „für ihre Beharrlichkeit, ihr weitreichendes Reformprogramm, das auf sozialer Gerechtigkeit und Verantwortlichkeit beruht, zu entwickeln und zu verbreiten und dafür, daß sie ihre Möglichkeiten für eine Wiedervereinigung mit Nordkorea einsetzt".

CCEJ war die erste „erwachsene" Bürgerbewegung Koreas und gehört inzwischen zu den einflußreichsten Organisationen im Land. Gegründet wurde sie 1989, als etwa 500 Menschen unterschiedlicher gesellschaftlicher Herkunft beschlossen, sich für soziale Gerechtigkeit in Korea einzusetzen: Wirtschaftsprofessoren waren ebenso darunter wie Hausfrauen, Geschäftsleute, Studenten und Jugendliche. Mittlerweile zählt die CCEJ 35.000 Mitglieder und verfügt über 35 lokale Zweigstellen, in denen professionelle Teams arbeiten. Darüber hinaus beschäftigen sich 150 Fachleute in 17 Untergruppen des Komitees für Politische Forschung mit Themen wie Bankwesen, lokaler Autonomie, Finanzen, Steuern und Gemeinwohl. Umweltschutz, demokratische und soziale Entwicklung sowie die Wiedervereinigung des geteilten Landes sind inzwischen wichtige Ziele der CCEJ.

Die Organisation hat sich fünf Prinzipien zugrunde gelegt:

- Sie solle durch einfache Bürger geführt werden,
- legale und gewaltfreie Methoden nutzen,
- praktikable Alternativen zu vorhandenen Situationen finden,
- für die Interessen aller Menschen eintreten, unabhängig von deren sozialem Stand und
- versuchen, Gier und Egoismus auf dem Weg zu einer Gesellschaft des Teilens zu überwinden.

Citizens' Coalition for Economic Justice • Soh Kyung-suk • Pierson Bldg. 2nd Fl., 50-2 Dong Sung Dong • Jongro-gu • Seoul 110-510, Korea
Tel.: 0082-2-757 738-0 • Fax: 0082-2-757 738-2
mmm@ccej.or.kr • www.ccej.or.kr

Die CCEJ propagiert diese durch Seminare, öffentliche Anhörungen, Konferenzen, Diskussionen, Kampagnen und Unterschriftenaktionen. Auch intensive Pressearbeit gehört dazu. Die Organisation unterstützte eine Reihe von Gesetzesanträgen und -änderungen, beispielsweise Regelungen gegen ungezügelte Finanzspekulationen, für Informationsfreiheit, für eine Reform des Wahlrechtes oder für eine demokratischere transparentere Verwaltung.

Ab 1993 führte die CCJE eine Kampagne gegen Steuerbetrug mittels der damals verbreiteten Methode, bei Finanztransaktionen und der Meldung von Vermögen falsche Namen zu benutzen, durch, förderte ökologischen Landbau, das Prinzip der Nachhaltigkeit und die Stärkung lokaler demokratischer Strukturen. In den Jahren 1993/94 initiierte die CCEJ die aus 190 Initiativen bestehende Volkskoalition zum Schutz der Landwirtschaft, um Druck auf die Regierung auszuüben, die den heimischen Bauern den Vorzug gegenüber einem globalisierten Agrarprodukte-Handel geben sollte. In derselben Zeit etablierte die CCEJ die Right Farming Cooperative, ein Netzwerk biologisch-dynamisch arbeitender Landwirte, und startete die Kampagne Rettet unseren Boden und unser Wasser. Hierzu gab es unterschiedliche Publikationen und Veranstaltungen. Um die ökologische Arbeit noch effizienter zu gestalten, gliederte die CCEJ im Jahr 1999 ein Zentrum für Umwelt und Entwicklung aus dem Gesamtgefüge der Organisation aus.

Überhaupt arbeitet die CCEJ eng mit anderen Organisationen zusammen. Beispielsweise etablierte die CCEJ monatliche Treffen gleich- oder ähnlichgesinnter Initiativen mit dem Ziel, daß Forschungsergebnisse besser in die Umweltgesetzgebung einfließen. Bereits Anfang der 90er Jahre hatte die CCEJ erfolgreich bei gesellschaftlichen Auseinandersetzungen moderiert, u.a. auch zwischen Medizinern, die traditionelle Heilmethoden praktizierten, und westlich orientierten Pharmazeuten.

Die CCEJ kümmerte sich zudem als erste Initiative in Korea um die Belange eingewanderter Arbeitnehmer. Im Kampf gegen Korruption etablierte die Organisation das Antikorruptionszentrum, das Unregelmäßigkeiten in Wirtschaft, Politik und Justiz bekämpft. Bei ihren Bestrebungen hinsichtlich einer Wiedervereinigung Koreas setzt die CCEJ auf den Dialog mit dem Norden des geteilten Landes und auf humanitäre Hilfe. Sie betont, daß das Streben nach bzw. der Besitz von Atomwaffen Nordkoreas kein Kriegsgrund werden dürfe.

CCEJ International arbeitet mittlerweile weltweit für soziale Gerechtigkeit. Die Organisation veranstaltete das Asiatisch-Pazifische Forum für die Zivilgesellschaft, um damit die Lösung von Problemen der Region anzugehen und vorherrschende Entwicklungsmodelle in sozialere zu verwandeln. Im Jahr 2001 stiftete CCEJ zudem den Best Foreign Cooperation Award, mit dem seither transnationale Organisationen ausgezeichnet werden, die sich um die Überwachung von Gesetzgebung und Ethik verdient machen.

Ibrahim Abouleish
(geb. 1937 in Ägypten)

und die Organisation SEKEM

erhielten den Alternativen Nobelpreis für die Entwicklung eines „Geschäftsmodells für das 21. Jahrhundert, in dem wirtschaftlicher Erfolg in die soziale und kulturelle Entwicklung der Gesellschaft integriert ist und diese durch die ‚Wirtschaft der Liebe' fördert".

Ibrahim Abouleish begann sein Chemie- und Medizinstudium im Alter von 19 Jahren im österreichischen Graz. Er promovierte 1969 in Pharmakologie und arbeitete anschließend in führenden Positionen in der Arzneimittelforschung. Während eines Ägypten-Besuches 1977 bedrückten ihn die drängenden Probleme des Landes wie Bildungsnotstand, Überbevölkerung und Umweltverschmutzung sehr. Er kehrte noch im selben Jahr in seine Heimat zurück und gründete die Entwicklungsinitiative SEKEM.

Der Name ist eine Transkription ägyptischer Hieroglyphen und bedeutet „Lebenskraft der Sonne". SEKEM entwickelte als erste Organisation in Ägypten biodynamische Anbaumethoden und setzt sich aus drei eng miteinander verbundenen Einheiten zusammen: Die SEKEM Holding Gesellschaft, bestehend aus sechs Gesellschaften, von denen jede für einen der geschäftlichen Aspekte verantwortlich ist, die Egyptian Society for Cultural Development (SCD), verantwortlich für alle kulturellen Aspekte, und die Cooperative of SEKEM Employees (CSE), die für die Entwicklung und Weiterbildung der Mitarbeiter verantwortlich ist.

SEKEM ist seither, besonders seit Anfang der 90er Jahre, stark gewachsen und inzwischen Marktführer bei organischen Produkten und pflanzlichen Heilmitteln. Das Engagement der Organisation hinsichtlich innovativer Entwicklung hat zu

SEKEM Initiative • 3, Belbes Desert Road
POB 2834 El Horreya-Heliopolis • 11361 Cairo, Egypt
Tel.: 0020-2-656 41 2-4 • Fax: 0020-2-656 41 2-3
dr.abouleish@sekem.com • www.sekem.com

einem landesweiten Einsatz biodynamischer Methoden bei der Schädlingsbekämpfung und Verbesserung der Ernteerträge geführt. SEKEMs starker Einfluß auf die ägyptische Landwirtschaft wurde vor allem durch die Ägyptische Biodynamik-Gesellschaft (EBDA), eine 1990 gegründete Nichtregierungsorganisation, erreicht. In Zusammenarbeit mit dem Landwirtschaftsministerium hat SEKEM ein neues System des Pflanzenschutzes im Baumwollanbau entwickelt. Um 2000 war Berichten der UN und der FAO zufolge der Pestizideinsatz auf ägyptischen Baumwollfeldern um über 90 Prozent zurückgegangen, während vor dem Verbot jährlich 35.000 Tonnen chemischer Pestizide versprüht wurden. Etwa 80 Prozent der ägyptischen Baumwolle wurden organisch angebaut, wobei die durchschnittlichen Ernteerträge um fast 30 Prozent stiegen.

1990 förderte SEKEM die Gründung des Zentrums für organische Landwirtschaft in Ägypten (COAE) als regulierendes und zertifizierendes Gremium in Übereinstimmung mit den Demeter-Richtlinien und den Europäischen Regeln für organische Landwirtschaft.

Die Ägyptische Gesellschaft für kulturelle Entwicklung ist das SEKEM-Instrument, um über kommerzielle Aktivitäten hinaus das Ziel zu verfolgen, zur „umfassenden Entwicklung der ägyptischen Gesellschaft" beizutragen. Dort arbeiten ungefähr 200 Menschen in vier Hauptaktivitätsbereichen:

■ Es gibt einen Kindergarten, eine Grund- und eine Oberschule und ein Erziehungsprogramm für die Kinder der Beschäftigten sowie aus der Umgebung, das sich an deren speziellen Bedürfnissen orientiert;

■ ein Arbeits- und Erziehungsprogramm für Kinder ärmerer Familien, die ein weiteres Einkommen benötigen, ein Berufsausbildungszentrum, Lese- und Schreiblernklassen und ein Trainingsinstitut für Erwachsene;

■ ein medizinisches Zentrum, das moderne Gesundheitsversorgung, in deren Rahmen jährlich 30.000 Menschen aus der Umgebung behandelt werden, anbietet und

■ eine Akademie für angewandte Kunst und Wissenschaften, um Forschung in den Bereichen Medizin, Pharmakologie, biodynamische Landwirtschaft, nachhaltiges Wirtschaften und der Künste zu fördern.

Inzwischen arbeiten 2.000 Menschen für SEKEM. Die Einnahmen sind von 37 Millionen Ägyptischen Pfund im Jahr 2000 auf 100 Millionen im Jahr 2003 gestiegen. SEKEM ist auf der EXPO 2000 in Hannover zu einem Modell mit Vorbildcharakter für die ganze Welt, ernannt worden und versucht inzwischen verstärkt, seine Erfahrungen und das erworbene Wissen mit Organisationen in anderen Ländern, beispielsweise in Indien, Palästina, dem Senegal und der Türkei, zu teilen.

In der Wirtschaftszeitschrift *Business Today Egypt* wurde die SEKEM-Gruppe als „ein ökonomisches Kraftwerk" beschrieben.

David Lange

(geb. 1942 in Auckland)

erhielt „für seinen jahrelangen beharrlichen Kampf für eine Welt ohne Atomwaffen" den Ehrenpreis.

Der frühere Ministerpräsident von Neuseeland erregte internationales Aufsehen, als die von ihm geführte Regierung 1984 allen mit Kernwaffen ausgerüsteten bzw. atomar angetriebenen Schiffen und nuklear bestückten Flugzeugen den Zugang zum Territorium des Landes untersagte. Lange war im selben Jahr Regierungschef in Wellington geworden und blieb dies bis 1989. Er betrieb eine konsequente Anti-Atom-Politik, die bis zur Forderung nach einem nuklearfreien Südpazifik reichte. Den USA ging diese zu weit. Sie brachen sämtliche militärischen und geheimdienstlichen Beziehungen sowie hochrangige Gespräche mit Neuseeland ab und reduzierten es offiziell von einem Verbündeten zur befreundeten Nation. Der Militärpakt ANZUS, dem neben Neuseeland auch Australien und die USA angehören, setzte die Mitgliedschaft Neuseelands aus.

Die zuvor guten Beziehungen waren selbst nach fast zwei Jahrzehnten nicht völlig wiederhergestellt. Als ein Abgesandter der USA Neuseeland aufforderte, es möge im Interesse des Kampfes gegen den Terrorismus seine Häfen wieder für atomgetriebene US-Kriegsschiffe öffnen, betonte der Ex-Regierungschef: „Wahnsinn, wie manche Leute denken, es sei großartig, mit einer Atommacht verbündet zu sein. Ich kann mir nichts Dümmeres vorstellen."

David Lange ist ein Mann der klaren Worte. Über die frühere britische Regierungschefin, die „Eiserne Lady" Margaret Thatcher, sagte er einmal, sie

Rt Hon David Lange • PO Box 59120 • Mengere Bridge • Auckland, New Zealand habe ihn angeschnauzt, als wären sie auf dem „Tribunal von Nürnberg". Und unter der US-Regierung von George Bush senior, so behauptete Lange, hätten ihm manche aufgrund seiner Anti-Atom-Politik sogar nach dem Leben getrachtet.

Der Nachfahr deutscher Einwanderer verdiente sich, als er in seiner Geburtsstadt Jura studierte, seinen Lebensunterhalt in einem Schlachthof. Seine Anwaltstätigkeit nahm er zunächst in London auf, wo er seine erste Frau kennenlernte. Er wurde Vater dreier Kinder und eröffnete eine Kanzlei in einem Armenviertel Aucklands. Lange trat als methodistischer Laienprediger sowie als Redner bei Protesten gegen den Vietnamkrieg und die französischen Atomtests in Französisch Polynesien auf. Mitte der siebziger Jahre verteidigte er als Anwalt Personen, die wegen ihres Protestes gegen atomar bewaffnete oder angetriebene Schiffe in neuseeländischen Häfen verhaftet wurden. 1977 wurde David Lange erstmals für die Labour-Partei ins Parlament gewählt.

Als der französische Geheimdienst DGSE im Sommer 1985 das Flaggschiff der Umweltschutzorganisation Greenpeace, die Rainbow Warrior, die während einer Protestreise gegen die Atomwaffentests der Fünften Republik im Hafen von Auckland Station gemacht hatte, mit zwei Haftminen versenkte und dabei den Fotografen Fernando Pereira tötete, nahm David Lange auch gegenüber der Regierung in Paris eine konsequente Haltung ein und trug dazu bei, daß Frankreich sich entschuldigen und sieben Millionen Dollar Entschädigung zahlen mußte.

Innenpolitisch hatte der schwergewichtige Politiker – bevor er sich einer Magen-Bypass-Operation unterzog, brachte er bis zu 168 Kilogramm auf die Waage – weniger Erfolg. Im Streit mit seinem Finanzminister, der drastische neoliberale Reformen durchzog, trat er 1989 als Regierungschef und Parlamentarier zurück.

Danach setzte er sich in Büchern und Vorträgen, u.a. vor der UNO-Generalversammlung, für die Abschaffung der Atomrüstung ein, die er als „moralisch nicht zu verteidigen" bezeichnete. David Lange versuchte, Staatsmänner anderer Länder von der Richtigkeit der Atomwaffenfreiheit zu überzeugen. 1990 erschien sein Buch *Nuclear Free: The New Zealand Way*.

Ein Jahr später setzte er sich für eine Neuseeländerin ein, die in den USA wegen ihrer Aktionen gegen die Bombardements des Iraks vor Gericht stand. 1999 reiste er in den Irak, um über die Freilassung neuseeländischer Geiseln zu verhandeln. Einige Jahre zuvor hatte sein Einsatz wesentlich dazu beigetragen, daß der UN-Weltgerichtshof 1996 die Drohung mit oder den Einsatz von Atomwaffen für völkerrechtswidrig erklärte.

Im Jahr 2002 war David Lange so schwer krank, daß Medienberichte über seinen kurz bevorstehenden Tod auftauchten, die seine zweite Ehefrau Margaret stets dementierte. Bald schon war er wieder soweit bei Kräften, daß er Neuseelands aktuelle Premierministerin Helen Clark in ihrer Kritik am Irakkrieg vernehmlich unterstützte.

2004

Der frühere Chefentwickler des pakistanischen Kernwaffenprogramms, Abdul Qadeer Khan, wird am 26. Januar verhaftet, weil er Know-how und Atomtechnologie an Libyen, Iran und Nordkorea weitergegeben hat, wird aber bald darauf begnadigt.

Die Internationale Atomenergie-Organisation fordert am 18. September den Iran auf, seine Urananreicherung zu stoppen und sein Atomprogramm bis Ende November offenzulegen. Am 14. November lenkt die Regierung in Teheran zunächst ein, beharrt aber auf ihrem Recht, ein ziviles Nuklearprogramm betreiben zu dürfen.

US-Präsident George W. Bush räumt am 8. Februar ein, die Existenz von Massenvernichtungswaffen im Irak vor dem Krieg aufgrund von Geheimdienstberichten falsch eingeschätzt zu haben. Am 9. Juli stellt auch der US-Senat fest, daß die Begründung für den Irakkrieg auf falschen Analysen des Geheimdienstes beruhte.

Der US-Fernsehsender CBS zeigt am 28. April erste Fotos von Mißhandlungen irakischer Kriegsgefangener durch US-Soldaten.

Libyen unterzeichnet am 10. März das Zusatzprotokoll zum Kernwaffensperrvertrag, das verstärkte Atomkontrollen vorsieht.

Die NATO-Osterweiterung ist mit der Hinterlegung der Beitrittsurkunden durch die Regierungschefs von Bulgarien, Estland, Lettland und Litauen, Rumänien, Slowenien und der Slowakei in Washington am 29. März besiegelt.

Das Parlament in Rom stimmt am 29. Juli für die Abschaffung der Wehrpflicht in Italien zum Jahresbeginn 2005.

Am 11. Januar untersagt der von konservativen Geistlichen beherrschte iranische Wächterrat über 2.000 führenden Reformpolitikern die Kandidatur für die anstehenden Parlamentswahlen. Erwartungsgemäß gewinnen daraufhin die Konservativen die Parlamentswahl am 20. Februar.

Beim schwersten Anschlag seit sechs Monaten im Irak kommen am 1. Februar in der Kurdenstadt Erbil 117 Menschen ums Leben. Am gleichen Tag werden bei einer Massenpanik während einer Wallfahrt im saudi-arabischen Mekka 251 Menschen zu Tode getrampelt. Während des schiitischen Aschura-Festes am 2. März kommen in Bagdad und der Schiiten-Hochburg Kerbala bei Bombenanschlägen mindestens 271 Menschen um, fast 400 werden verletzt. Bei einem vermutlich von tschetschenischen Terroristen verübten Anschlag auf eine Moskauer U-Bahn sterben am 6. Februar 41 Menschen, über 130 werden verletzt.

In der spanischen Hauptstadt Madrid sterben am 11. März bei Bombenattentaten auf vier Züge 191 Menschen, es gibt 1.500 Verletzte. Alle Indizien weisen auf die Täterschaft des Terrornetzwerkes Al Kaida hin, doch die spanische Regierung unter José Maria Aznar schreibt die Anschläge aus wahltaktischen Gründen der baskischen Separatistenorganisation ETA zu. Die konservative Regierung wird drei Tage später abgewählt.

Palästinenserpräsident Jassir Arafat stirbt am 11. November im französischen Militärkrankenhaus Percy bei Paris. Neuer PLO-Chef wird Mahmud Abbas.

Seit Kriegsende kommt es im Irak in Abständen weniger Tage zu Anschlägen mit oftmals vielen Toten. Immer wieder werden von irakischen oder islamistischen Gruppen Ausländer als Geiseln genommen und brutal ermordet.

Mitglieder der radikal-islamischen Taliban töten am 2. Juni in der afghanischen Provinz Badghis fünf Mitarbeiter der Organisation Ärzte ohne Grenzen. Die Hilfsorganisation verläßt daraufhin Ende Juli das Land.

Im nordossetischen Beslan überfallen schwer bewaffnete Geiselnehmer am 1. September eine Schule und bringen mehr als 1.200 Menschen in ihre Gewalt. Als russische Sicherheitskräfte nach 52 Stunden zugreifen, sterben im Kugelhagel einer vorläufigen Bilanz zufolge 360 Menschen, davon 172 Kinder und 30 Terroristen. Rußlands Präsident Wladimir Putin zieht daraus die Konsequenz, das Wahlrecht und die Eigenständigkeit der russischen Regionen – angeblich zur Stärkung der inneren Sicherheit – zu beschränken.

Nach einem Treffen zwischen UN-Generalsekretär Kofi Annan und dem sudanesischen Präsidenten Omar el-Baschir am 3. Juli setzt der UN-Sicherheitsrat der Regierung in Karthum eine Frist von 30 Tagen, um die Greueltaten der Dschandschawid-Milizen in der Krisenregion Dafur zu unterbinden.

Nach einer Stichwahl um das Amt des ukrainischen Präsidenten am 21. November erklären sich sowohl der Regierungschef Viktor Janukowitsch als auch sein Gegenkandidat Viktor Juschtschenko zum Sieger. Es werden massive Wahlfälschungen zugunsten von Janukowitsch festgestellt, Hunderttausende Menschen demonstrieren während der Orangenen Revolution wochenlang bei klirrender Kälte in Kiew für einen Machtwechsel. Am 26. Dezember werden die Wahlen wiederholt, Viktor Juschtschenko, der durch einen Monate zuvor auf ihn verübten Giftanschlag schwer gezeichnet ist und einen schnellstmöglichen EU-Beitritt anstrebt, wird zum neuen Präsidenten gewählt.

Am 1. April beschließt der Bundestag eine Novelle des Gesetzes über erneuerbare Energien, das eine stärkere Förderung von Ökostrom vorsieht. Die Weltkonferenz für erneuerbare Energien endet am 4. Juni in Bonn mit der Verabschiedung eines Aktionsprogrammes für eine Energiewende hin zur Nutzung von Sonne, Wind, Wasser und Biomasse. Gleichwohl wird am 9. Juni in Garching bei München ein Forschungsreaktor seiner Bestimmung übergeben. Als weltweit größtes seiner Art geht das Solarkraftwerk in Espenhain bei Leipzig am 8. September mit einer aus dem Einsatz von 33.500 Solarmodulen erzielten Leistung von fünf Megawatt ans Netz. Beim Protest gegen einen Castor-Atommülltransport wird am 7. November im französischen Lothringen ein Demonstrant vom Zug überrollt und stirbt.

Am 26. August räumt die US-Regierung gegenüber dem Kongreß erstmals ein, daß Kohlendioxid und andere Treibhausgase die „einzig wahrscheinliche Erklärung für die globale Erwärmung" sind. Nachdem die russische Staatsduma am 22. Oktober das Klimaschutz-Abkommen von Kyoto ratifiziert hat, kann dieses auch ohne die USA in Kraft treten.

Eine am 9. November im isländischen Reykjavik vorgestellte Studie kommt zu dem Schluß, daß das arktische Eis schneller schmilzt als erwartet. Bereits zwischen 2060 und 2100 könnte der Nordpol im Sommer eisfrei sein, der Meeresspiegel würde steigen.

Der fünfte schwere Hurrikan der Saison, Jeanne, zieht vom 16. September an von den Virgin-Inseln über Puerto Rico, die Dominikanische Republik, Haiti und die Bahamas nach Florida. Allein auf Haiti sterben über 3.000 Menschen.

Die UN-Artenschutzkonferenz im Malaysia endet am 20. Februar mit einem Aktionsplan für ein weltumspannendes Naturschutznetz. Einen Tag später gründen in Rom Vertreter von Grünen-Parteien aus 32 Ländern die Europäische Grüne Partei. Am 24. Februar tritt eine UN-Konvention gegen den Handel mit gefährlichen Chemikalien und Pestiziden in Kraft. Die EU-Agrarminister einigen sich am 23. März auf Maßnahmen, die Delphine und Kleinwale vor dem Erstickungstod in Treibnetzen schützen sollen. Als erstes EU-Land verbietet Irland ab dem 28. März das Rauchen in allen öffentlichen Einrichtungen.

Die britische Regierung erlaubt am 9. März den kommerziellen Anbau von gentechnisch verändertem Mais, ab dem 11. August dürfen dort auch menschliche Embryonen zu Forschungszwecken geklont werden. In Deutschland beginnt am 6. April der bundesweit erste Freilandversuch mit genmanipuliertem Weizen. Am 26. Oktober läßt die EU eine zuvor bereits als Futtermittel angebaute genveränderte Maissorte als Lebensmittel zu.

Im November setzen die Abgeordneten des britischen Unterhauses per Sondergesetz auch gegen das House of Lords durch, daß ab Februar 2005 keine Hundemeuten mehr von reitenden Jägern auf Füchse gehetzt werden dürfen.

Die Naturschutzorganisation IUCN teilt am 17. November auf dem Welt-Naturschutzkongreß im thailändischen Bangkok mit, daß auf der Erde mindestens 15.600 Tier- und Pflanzenarten vom Aussterben bedroht sind.

Bei der Explosion eines mit Chemikalien beladenen Zuges im Bahnhof des nordkoreanischen Ortes Ryongchon sterben am 22. April mindestens 169 Menschen, über 1.300 werden verletzt. Am 30. Juli kommen durch die Explosion einer Erdgas-Fernleitung im belgischen Hennegau 21 Menschen ums Leben.

Seit Jahresbeginn werden USA-Reisenden aufgrund neuer Sicherheitsbestimmungen auf Flughäfen Fingerabdrücke abgenommen. Der deutsche Innenminister Otto Schily eröffnet am 12. Februar am Frankfurter Flughafen im Rahmen eines Modellversuchs eine vollautomatische Kontrollstelle zur Iriserkennung Flugreisender. Am 2. März erklärt das Bundesverfassungsgericht den Großen Lauschangriff, der die akustische Überwachung von Dienst- und Privaträumen auch von Journalisten, Rechtsanwälten und Geistlichen erlaubt, für weitenteils verfassungswidrig.

Der am 23. November erschienene Welt-Aidsbericht bilanziert, daß weltweit fast 40 Millionen Menschen mit dem HIV-Virus infiziert sind. Der Erreger habe sich 2004 schneller als je zuvor verbreitet.

Am 26. Dezember löst ein Seebeben mit der Stärke 9.0 auf der Richterskala, dessen Zentrum sich circa 160 Kilometer westlich des indonesischen Sumatra befand, eine Riesenwelle – einen sogenannten Tsunami – aus, der die Küstengebiete der Länder im Osten und Nordosten des Indischen Ozeans überschwemmt und im Westen noch Afrika erreicht. Viele Inseln werden komplett überspült, die Zahl der Todesopfer überschreitet 300.000.

Swami Agnivesh
(geb. 1939 in Indien)

und Asghar Ali Engineer
(geb. 1940 in Indien)

wurden „für ihren jahrelangen und wirkungsvollen Einsatz dafür, Werte wie den Willen zur Koexistenz, Toleranz und Verständnis in Indien und zwischen den südasiatischen Staaten zu stärken", mit dem Ehrenpreis ausgezeichnet.

Swami Agnivesh • Bonded Labor Liberation Front
7 Jantar Mantar Rd • New Delhi 110 001 • Bharat, India
Tel.: 0091-11-2336-6765 • Fax: 0091-11-2336-8355
agnivesh@vsnl.com • www.swamiagnivesh.com

Asghar Ali Engineer • Centre for Study of Society and Socularism (CSSS)
9B, Himalaya Apts, 1st Floor • 6th Road, TPS III, Opp. Dena Bank
Santacruz (E), Mumbai-400055, India
Tel.: 0091-22-569 8713-5 • Fax: 0091-22-569 8713-4
csss@vsnl.com • www.csss-isla.com

Swami Agnivesh

wurde als Vepa Shyam Rao im indischen Bundesstaat Chattisgarh in orthodox hinduistischem Umfeld geboren. Er studierte Jura und Wirtschaftsmanagement und war als Jurist und Lektor in Kalkutta tätig. Von 1968 an arbeitete er für die hinduistische Reformbewegung Arya Samaj. Bereits zwei Jahre später wurde er zum Sannyasin (dt.: Entsagender) und nennt sich seither Swami Agnivesh. Etwa zur selben Zeit wurde er Mitbegründer der politischen Partei Arya Sabha, deren Grundsätze auf den Prinzipien von Arya Samaj basieren. Die Partei strebt einen Weg abseits von Kapitalismus und Kommunismus an, den sie selbst soziale Spiritualität nennt. Ihre Ideen wurden in dem 1974 veröffentlichten Buch *Vaidik Samajvad* veröffentlicht.

Nach den Wahlen im Jahr 1977 wurde Swami Agnivesh im indischen Bundesstaat Haryana Bildungsminister. Doch die Möglichkeiten dieses Amtes desillusionierten ihn schnell. Er trat zurück und engagierte sich fortan in sozialen Bewegungen. In dieser Zeit begannen auch seine Aktivitäten gegen Zwangsarbeit, wodurch er weltweit bekannt wurde. 1981 gründete er die Zwangsarbeiter-Befreiungsfront Bandhua Mukti Morcha, deren Vorsitzender er immer noch ist. Ein Schwerpunkt der Organisation liegt auf der Bekämpfung von Kinderarbeit. Swami Agnivesh schätzt die Zahl der arbeitenden Kinder in Indien trotz Kampagnen dagegen noch immer auf etwa 65 Millionen. Es handelt sich dabei oft um Kinder, die von ihren verschuldeten Eltern verpfändet worden oder von selbst-

ernannten Wohltätern mit dubiosen Versprechungen geködert worden sind. Bandhua Mukti Morcha verhalf mittlerweile etwa 172.000 indischen Zwangsarbeitern zur Freiheit und unterstützte die Gründung verschiedener Gewerkschaften. Swami Agnivesh wurde zudem Vorstandsmitglied der UN-Stiftung gegen Formen gegenwärtiger Sklaverei.

Der Wunsch nach Toleranz im gesellschaftlichen Miteinander und nach Modernisierung, ohne dem Neoliberalismus zu frönen, prägt seine Arbeit. Gegen alle Widerstände ließ sein Glaube an die Kraft der Spiritualität ihn durchhalten. Dabei ist sein Weg immer noch steinig: Trotz aller Veränderungen werden in Indien Amnesty International zufolge weiterhin Minderheiten verfolgt, Kinder zu Arbeit gezwungen, Frauen unterdrückt.

1987 führte Swami Agnivesh einen 18tägigen Fußmarsch zum Protest gegen die zwar seit 1829 verbotenen, aber immer noch vorkommenden Witwenverbrennungen an. Hierfür geriet er, wie schon während eines 1975 von Indira Ghandi verhängten Ausnahmezustandes 14 Monate lang, in Haft. Mit anderen Protestveranstaltungen wandte er sich beispielsweise gegen die Kindstötung von Mädchen in einer auf die Geburt von männlichen Nachkommen fixierten Gesellschaft.

Ein Artikel von ihm in der indischen Ausgabe der *Times* hatte wesentlichen Einfluß auf die Gründung des Forums Religionen für Soziale Gerechtigkeit. 55 Führer verschiedener Religionsgruppen kamen so zusammen, um religiös motivierte Gewalt zu unterbinden. Als im Februar/März 2002 bei Überfällen von Hindu-

Extremisten auf Muslime etwa 2000 Menschen ums Leben kamen, klagte Swami Agnivesh während eines gemeinsamen fünftägigen Besuches der Schauplätze mit 72 angesehenen Personen des öffentlichen Lebens die Täter vernehmlich an.

Er engagiert sich zudem u.a. gegen den von der Welthandelsorganisation und der Weltbank gestützten Neokolonialismus und unterstützt Initiativen für einen respektvollen Umgang mit der Natur und Frauengruppen im Kampf gegen Alkohol.

Swami Agnivesh machte immer wieder in Artikeln, die er oftmals gemeinsam mit dem christlichen Reverend Valson Thampu in führenden Zeitungen veröffentlichte, auf Mißstände aufmerksam.

Asghar Ali Engineer

schloß sein Studium des Bauingenieurwesens an der Universität Vikram ab. Von 1980 an gab er die Zeitschrift *The Islamic Perspective* heraus und veröffentlichte in den Folgejahren 47 Bücher über den Islam und über Gewalt in den indischen Gemeinschaften, die seinen Forschungen zufolge auf den Unruhen und Ausschreitungen nach der Unabhängigkeit Indiens beruht. Hierzu publizierte er zahlreiche Artikel u.a. in wissenschaftlichen Zeitschriften. Er gibt die Zeitschrift *Indian Journal of Secularism* und die Monatsschrift *Islam and Modern Age* heraus.

Ein Schwerpunkt seiner Arbeit liegt auf der Förderung des Verständnisses für den Islam, aber auch in der Kritik an einigen Fehlentwicklungen in der islamischen Welt (z.B. in *Rethinking Issues in Islam*, 1998). Seine fortschrittliche Interpretation hat ihn unter großem persönlichem Risiko oft in Konflikte mit der orthodoxen Geistlichkeit gestürzt. Er selbst gehört der Glaubensgemeinschaft der Bahra-Moslems an.

Nach 2001 befaßte er sich auch mit Fragen der Globalisierung, des Terrorismus und dem Verhältnis zwischen den Atommächten Indien und Pakistan. Bereits einige Jahre zuvor, 1995, hatte er – aufgrund seiner Überlegungen nach der Zerstörung der Babri-Moschee im Jahr 1992 – den Anstoß zur Gründung des Centre for Study of Society and Secularism (CSSS), dessen Vorsitz er übernahm und das seither den Mittelpunkt seiner Arbeit bildet, gegeben. Die Ziele von CSSS sind es, den Geist von Harmonie in den Gemeinschaften zu verbessern, Probleme der Regionen zu analysieren und Dialoge zwischen den Religionen zu organisieren. Zu diesem Zweck betreibt CSSS Forschungsarbeit, organisiert Seminare, veröffentlicht Bücher und Broschüren und kooperiert bei all diesen Aktivitäten mit anderen Organisationen.

Asghar Ali Engineer hielt zahlreiche Lesungen und Workshops zur Förderung gemeinschaftlichen Verständnisses und Harmonie ab (neben einigen im Ausland die meisten in Indien, einige für die indische Polizei) und ist weiterhin auf diese Weise aktiv.

1987 erhielt er den Distinguished Service Award, den die US-amerikanische Internationale Studenten- und die US-Versammlung indischer Studenten vergeben. 1990 wurde er mit dem Dalmia Award für Gemeinschaftsharmonie ausgezeichnet und erhielt 1993 die Ehrendoktorwürde der Universität Kalkutta. 1997 kam der Nationale Preis für Gemeinschaftsharmonie und 2003 der Preis der US-amerikanischen Gesellschaft für Gemeinschaftsharmonie in Asien hinzu.

Arseny Roginsky, Elena Zhemkova und Oleg Orlov

Die Organisation Memorial, Rußland

**„zeigte unter sehr schwierigen Be-
dingungen und mit couragiertem
Einsatz ihrer Mitglieder auf, daß
Geschichte dokumentiert und verstanden werden muß und daß Menschenrechte überall respektiert werden müssen, um nachhaltige Lösungen für die Last der Vergangenheit
zu erreichen", und wurde dafür mit
dem Alternativen Nobelpreis ausgezeichnet.**

Der britische Schrift-
steller Herbert George
Wells (1866-1946, *Die
Zeitmaschine*, *Krieg der
Welten*, *Menschen Göt-
tern gleich*, *Befreite
Welt*, *Die Geschichte
unserer Zeit*, *Die offene
Verschwörung* und vie-
le andere Bücher) hat
aufgrund eines gelun-
genen kernphysikali-
schen Experimentes
1913 Atomwaffen, aus
anderen Zusammen-
hängen den Zweiten Weltkrieg, den Auf-
und Abstieg des Sowjetimperiums sowie
die Notwendigkeit einer Weltorganisation
vorausgesehen. Immer hat er betont, daß
er kein Prophet sei, sondern, daß es einfach bestmöglicher Kenntnis der Geschichte bedürfe, um die Weichen in die
Zukunft den Notwendigkeiten entsprechend zu stellen.

Die Philosophie der russischen Organisation Memorial könnte einem von Wells
Büchern entspringen. Memorial wurde
infolge einer Bewegung, die im Oktober
1988 in Moskau entstand, gegründet. Ihr
erster Führer war der Regimekritiker
Andrej Sacharow.

Memorials satzungsgemäße Ziele sind
u.a. die Weiterentwicklung der Zivilgesellschaft und gesetzlich verankerter Demokratie, um so die Rückkehr zum Totalitarismus zu verhindern und das Aufdecken

Memorial • Human Rights and Humanitarian Society
Maly Karetny per. 12 • 127051 Moscow, Russia
Tel.: 007-095-209 7883 • Fax: 007-095-973 2094 • nipc@memo.ru • www.memo.ru

der Wahrheit über die Vergangenheit sowie das Wachhalten der Erinnerung an die Opfer des Totalitarismus.

Dazu hat Memorial ein Netz von öffentlich zugänglichen Archiven aufgebaut, mit deren Hilfe die Verbrechen des Sowjetregimes erforscht und in Erinnerung gehalten werden. Die Arbeit wird vom Moskauer Scientific-Informational and Enlightenment Center Memorial, das 70.000 Dokumente und 23.000 Bücher, Bilder und Grafiken von Gulag-Gefangenen besitzt, koordiniert. Beispielsweise hat Memorial in der Nähe von Perm im Nordwest-Ural das einzige Museum über ein sowjetisches Konzentrationslager genau an dessen ehemaligem Standort realisiert. Das Memorial-Archiv enthält darüber hinaus 400.000 Briefe von im Zweiten Weltkrieg nach Deutschland verschleppten Zwangsarbeitern und hat CDs mit Schilderungen politischer Gefangener veröffentlicht. Das Hörbuch *Opfer des politischen Terrors* wurde auf der Frankfurter Buchmesse 2004 vorgestellt.

Weiterhin hat Memorial die sogenannte Stalin-Liste mit den Namen von 35.000 Menschen, die auf persönlichen Befehl des Diktators hingerichtet wurden, veröffentlicht. Darüber hinaus kämpft die Organisation für die Entschädigung der Opfer politischer Unterdrückung. So kümmern sich Memorial-Mitglieder beispielsweise um medizinische und anderweitige Versorgung von Menschen, die in Kinderheime des Geheimdienstes KGB gesteckt wurden, weil ihre Väter als angebliche Verräter erschossen und ihre Mütter in Haft gehalten wurden.

Darüber hinaus beobachtet Memorial aktuelle und aufkeimende Konflikte und Menschenrechtsverletzungen. Das Hauptaugenmerk liegt dabei seit 1994 auf Tschetschenien. Ebenso sucht Memorial juristische Unterstützung für Verschleppte in Rußland und arbeitet für die Gleichberechtigung der nationalen Minderheiten in mehreren Regionen des Landes. Die Organisation ist mit Büros in und um Tschetschenien – auch in Grosny – vertreten und veröffentlicht eine monatliche Internetdokumentation über verschwundene Personen und sogenannte ethnische Säuberungen.

Dabei ist die Mitarbeit bei der Organisation keineswegs ungefährlich. Das Büro in St. Petersburg wurde 2003 überfallen, 2004 wurde ein auf Minderheitenrechte spezialisierter Memorial-Experte in seiner Petersburger Wohnung – wahrscheinlich von einem Mitglied einer rechten Gruppe – erschossen.

Im April 2002 wurde die Organisation in Köln mit dem Lew-Kopelew-Preis für Frieden und Menschenrechte ausgezeichnet, im Juni 2003 erhielt Swetlana Gannushkina, die Koordinatorin des juristischen Netzwerks von Memorial und Rechtsberaterin für Flüchtlinge und Verschleppte, den Menschenrechtspreis der deutschen Amnesty-International-Sektion. Das Memorial-Menschenrechtszentrum wurde 2004 für die Hilfe für viele Tausend Flüchtlinge und Verschleppte mit dem Nansen Refugee Award des Hohen Flüchtlingskommissars der Vereinten Nationen geehrt.

Bianca Jagger

(geb. am 2. Mai 1950 in Managua, Nicaragua)

erhielt „für ihr langjähriges und hingebungsvolles Engagement in weiten Bereichen der Menschenrechte, sozialer Gerechtigkeit und Umweltschutz, ihren Einsatz für die Abschaffung der Todesstrafe, für Schutz von Kindern vor Mißbrauch, für die Rechte indigener Völker sowie die Verhinderung bzw. Beendigung bewaffneter Konflikte" den Alternativen Nobelpreis.

Bereits als Kind und Jugendliche erlebte die geborene Bianca Perez Morena De Macias die grausamen Machenschaften des Somoza-Militärregimes, das, gestützt durch die USA, bis 1979 ein halbes Jahrhundert lang in Nicaragua herrschte. Im Alter von 16 Jahren gewann sie ein Stipendium, das ihr ein Politologiestudium in Paris ermöglichte.

Als sie 1972 nach Managua, die Hauptstadt ihres Heimatlandes, zurückkam, um nach einem Erdbeben, bei dem 10.000 Menschen ums Leben gekommen waren, nach ihren Eltern zu suchen, erfuhr sie von der rücksichtslosen Ausbeutung der Opfer durch die Somoza-Familie, die Millionen Dollars internationaler Hilfsgelder in ihren Kanälen verschwinden ließ.

Seit 1971 war Bianca mit dem Rockstar Mick Jagger, Sänger der „Rolling Stones", verheiratet. Die Prägung durch die Umstände in ihrem Heimatland und das Wissen um die Auswirkungen, die diese auf das Leben der Menschen hatten, inspirierten sie zu ihrer Kampagne für Menschenrechte sowie soziale und wirtschaftliche Gerechtigkeit auf der ganzen Welt.

Bianca Jagger – seit 1979 ist sie von Mick Jagger geschieden – setzte dabei nicht nur ihre Prominenz ein, sondern bewies auch großen Mut. 1981 beispielsweise war sie Mitglied einer vom US-Kongreß eingesetzten Delegation, die ein UN-Flüchtlingscamp in Honduras besuchte, als eine Todesschwadron aus El Salvador die Grenze überschritt, das Camp über-

Kontakt über: Amanda Bross
Tel.: 0044-207-257 8724 • Fax: 0044-207-794 7427 • bross@artistsindependent.com

fiel und versuchte, 40 Flüchtlinge über die Grenze zu entführen. Bianca Jagger, andere Mitglieder der Delegation und Angehörige der Entführten verfolgten diese entlang eines ausgetrockneten Flusses, lediglich mit Kameras „bewaffnet". Als die Entführer ihre Gewehre auf sie richteten, riefen die Verfolger ihnen zu: „Ihr müßt uns alle umbringen, oder wir werden Euer Verbrechen der Welt zeigen." Nach einer langen Stille ließ die Todesschwadron ihre Gefangenen frei und verschwand. Dies geschah in einer Zeit, in der das Militär von El Salvador und seine Todesschwadronen durchschnittlich 500 Menschen monatlich töteten.

Während der neunziger Jahre holte Bianca Jagger 22 Kinder aus den schlimmsten Kriegsgebieten in Bosnien. Ein achtjähriger Junge lebte nach einer Herzoperation ein Jahr bei ihr in New York, bevor er zu seinen Eltern zurückkehrte. 1993 besuchte sie Ex-Jugoslawien, um bei der Dokumentation der Massenvergewaltigungen bosnischer Frauen durch serbische Soldaten im Zuge sogenannter „ethnischer Säuberungen" zu helfen. Darüber hinaus war Jagger Mitglied zahlreicher Delegationen, die vor Ort nach der Wahrheit forschten, so in Nicaragua, Guatemala, Honduras, El Salvador, Brasilien und Ecuador, Sambia, Afghanistan, Irak, Indien und Pakistan.

Sie setzte sich für die Rechte indigener Völker in Lateinamerika und den Schutz von deren Heimat, den Regenwäldern, ein, ob es um die Verhinderung einer Goldmine oder einer Abholzungsgenehmigung zugunsten von Sojabohnenanbau für den Export ging.

In Artikeln, Vorträgen und Pressekonferenzen tritt sie schon lange für die Veränderung des US-amerikanischen Justizsystems ein, das sie für unfair, von rassistischer Diskriminierung durchsetzt und willkürlich hält. Bianca Jagger ist Vertreterin sowohl der Europäischen Union als auch von Amnesty International (AI) gegen die Todesstrafe. Für AI vertritt sie zudem die Kampagnen zum Stopp von Folter und Gewalt gegen Frauen.

Seit 2003 engagiert Bianca Jagger sich zudem gegen die Ölverschmutzung des ecuadorianischen Amazonas-Gebietes durch das US-amerikanische Unternehmen Chevron Texaco. Vor der Aktionärsversammlung von Chevron Texaco 2004 fand Bianca Jagger deutliche Worte: Keine ihrer bisherigen Erfahrungen übersteige die Umweltzerstörung, die sie in Ecuador gesehen habe. Auch sei sie nicht auf die traurigen Geschichten über menschliches Leiden im Zusammenhang beispielsweise mit den deutlich erhöhten Fallzahlen von Krebs und Frühgeburten vorbereitet gewesen. Daß die Ölfirma die zum Schutz der Umwelt zur Verfügung stehende Technologie nicht anwende, habe damit zu tun, argumentierte Bianca Jagger, daß die Konzernoberen glaubten, Leben in der Dritten Welt sei nichts wert.

Für ihr Engagement überreichte Michail Gorbatschow Bianca Jagger im Juni 2004 den World Achievement Award. Beiträge von ihr erschienen in wichtigen Zeitungen, darunter in der *New York Times*, der *Washington Post* und im *Guardian*.

Raúl Montenegro
(geb. 1949 in Argentinien)

wurde „für seine hervorragende und weitreichende Arbeit mit örtlichen Gemeinschaften und indigenen Völkern zum Schutz der Umwelt und der natürlichen Ressourcen in Lateinamerika und anderswo" mit dem Alternativen Nobelpreis ausgezeichnet.

Raúl Montenegro gründete 1982 die Umweltschutzorganisation Fundacion para la defensa del ambiente (FUNAM), deren Präsident er seit 1995 ist. 1985 wurde er Professor für Evolutionsbiologie an der Universität von Cordoba.

Sein größtes Betätigungsfeld ist der Widerstand gegen die Gefahren der Nutzung der Atomenergie. Sechs Jahre dauerte beispielsweise der letztlich erfolgreiche Kampf um die Schließung der Uranminen Los Gigantos. Weiterhin engagierte Montenegro sich gegen Atommüllager-Pläne und Verschiffung radioaktiver Abfälle. Auch der Widerstand gegen eine Wiederaufbereitungsanlage und eine Kobalt-60-Bestrahlungsanlage waren erfolgreich; ebenso die Förderung des Konzeptes atomfreier Zonen in Städten und Kampagnen gegen die Privatisierung von Kernkraftwerken.

Montenegro hat zur Einrichtung von sechs Nationalparks bzw. Naturschutzgebieten beigetragen, Autorallyes durch einen Nationalpark unterbunden und für seinen Widerstand gegen den Bau eines Golfplatzes Morddrohungen erhalten. Er konnte Giftmüllverbrennungsanlagen verhindern, entdeckte Giftmülldeponien und enthüllte belastende Emissionen von Fabriken. Auf seine Initiative hin wurden Elektrosmog abstrahlende Hochspannungsleitungen in Gebiete, die entfernt von menschlichen Siedlungen liegen, verlegt.

Raúl Montenegro • FUNAM
Casilla de Correo 83, Correo Central • 5000 Cordoba, Argentina
Tel.: 0054-351-455 7710 / 0054-351-469 0282 • Fax: 0054-351-452 0260
montenegro@funam.org.ar • www.funam.org.ar

Zum Schutz der Artenvielfalt hat Raúl Montenegro die Abholzung von mindestens einer halben Million Hektar Wald verhindert und sich gegen Brandrodungen ausgesprochen.

Vier Jahre lang war er als Staatssekretär für Umwelt unabhängiges Kabinettsmitglied. In dieser Zeit hat er viele Umweltgesetze und Initiativen auf den Weg gebracht. Auch nach seiner Zeit in der Regierung wirkte er bei Entwürfen von Umweltgesetzen mit und sorgte in über 40 Fällen von Umweltzerstörung für deren behördliche Verfolgung.

Er war Vorsitzender der FUNAM-Kinderkampagne für Leben und Frieden, an der 350.000 argentinische Kinder beteiligt waren, und koordinierte die Stimme der internationalen Kinderkampagne auf dem UN-Umweltgipfel, die für 600.000 Kinder in 42 Ländern sprach.

Seit über 20 Jahren ist er eine vertraute Figur in Argentiniens Medien. Er war Projektleiter des FUNAM-Projektes *Nur eine Umwelt*, das 36 Videos über ökologische Themen zur Verbreitung in Argentinien und den Nachbarländern produzierte.

Montenegro war von 1987 bis 1991 Mitglied des Exekutivkomitees des Environment Liaison Center International (ELCI) in Nairobi und von 1987 bis 1989 Greenpeace-Vizepräsident.

2003 schloß Raúl Montenegro sich dem Kampf indigener Gruppen gegen Bergbau und Abholzung an. In einem Fall drohte der Kahlschlag, das Eingeborenen zur Verfügung stehende Land von 4.000 auf 300 Hektar zu verringern. Montenegro lebte mit ihnen, half, die Artenvielfalt der Region zu dokumentieren und unterstützt sie dabei, ihr Recht vor Gericht zu erstreiten.

Raúl Montenegro enthüllte durch die Analyse von Trinkwasser auch giftige Ablagerungen von Arsen und Schwermetallen in häuslichen Wassertanks, von denen viele seit zig Jahren weder gereinigt noch ausgewechselt worden sind. Diese einfache Entdeckung könte Tausende Menschen vor Krankheit und Tod bewahren, sofern eine offizielle Kampagne zur Reinigung von Haushalts-Wassertanks durchgeführt würde.

In einem anderen Fall hatte er schnelleren Erfolg: Er bewirkte das Ende der Wasserverschmutzung in einem von 50.000 Menschen besiedelten Gebiet, indem er einen Gerichtsbeschluß gegen staatliche und private Unternehmen präsentierte. Zwei hohe Regierungsbeamte traten zurück, 13 Orte sind nun mit sauberem Wasser versorgt.

Bei all diesen Aktivitäten verbindet Raúl Montenegro sein Expertenwissen mit seinem Geschick dafür, großes Medieninteresse zu wecken. Bereits als Student hatte er 1971 den Forschungspreis der Universität von Buenos Aires erhalten. 1996 kam der Argentina-has-examples-Preis hinzu. FUNAM erhielt 1987 die Global-500-Auszeichnung des Umweltprogramms der Vereinten Nationen. Zwei Jahre später erhielt Montenegro diese persönlich.

Aus den Dankesreden

1 Stephen F. Gaskin und Plenty International

(...) Mir war klar, daß unser Konvoi beim leisesten Verdacht auf Sozialhilfe von der Straße gefegt würde. Ich wußte auch, daß wir keine Chance hatten, solange Drogen-Dealer unter uns waren. Diese Sachen mußten wir aufgeben, um zusammenzubleiben.

(...) Auf unseren Fahrten hatten wir in Tennessee ein paar nette Farmer kennengelernt, also zogen wir dorthin zurück. Das erste Land, das wir kauften, war 1.600 Morgen groß und kostete pro Morgen 45 Dollar. Inzwischen besitzen wir etwa 700 Hektar. Von den ursprünglichen 230 Leuten sind nur noch 150 übriggeblieben, denn wir erwarten intensives Engagement. Jetzt leben 1.600 Menschen auf der Farm. In New York, Kalifornien und anderswo haben wir weitere Farmen und Stadtteilzentren.

(...) Wenn wir überhaupt mit Erfolg helfen wollten, dann mußten wir uns um die Ernährung kümmern. Wir sind Vegetarier. Nicht aus Idealismus, sondern einfach deshalb, weil man als Vegetarier demselben Stück Land zehnmal mehr Nahrung abgewinnt, als als Fleischesser. (...) Unsere Grundnahrung sind Sojabohnen. Wir stellen Sojamilch und Tofu her, einen sehr eiweißreichen Bohnenquark. Für die Kinder machen wir sogar Speiseeis daraus.

(...) Wir wußten, daß man einer Kultur nur etwas geben kann, was in sie auch wirklich hineinwächst. (...) Die Indios in Guatemala haben ihre Steine, mit denen sie Mais mahlen. Wir zeigten ihnen, daß sie damit auch Sojabohnen zermahlen konnten. Sie benutzen also ihren normalen Reibstein und bereiten dann auf gewohnte Weise, nämlich in einem Kessel über Holzfeuer, das Tofu zu. Es war nicht weiter schwierig, ihnen das beizubringen, denn sobald sie ihre Säuglinge damit fütterten, gediehen die wegen Proteinmangel halb verhungerten Kinder sichtlich, und das sahen die Mütter natürlich von Herzen gern.

(...) Dann sagte jemand von den Vereinten Nationen: „Ich will euch einen Ort nennen, wo man eure Hilfe wirklich braucht. Die UN kann da nichts machen, weil die USA reich sind, aber trotzdem braucht die Bronx in New York City dringend Hilfe." Wir gingen nach South Bronx. Man sollte es nicht glauben. Es sieht aus wie Dresden nach der Bombardierung. Kilometerweit alles in Schutt und Asche gelegt. Wer das getan hat? Schwarze Jugendliche, Versicherungsgesellschaften und Hausbesitzer. Die schwarzen Kinder aus Protest, die Versicherungsgesellschaften und Hausbesitzer aus Habgier.

Wir hatten gelernt, uns selbst ärztlich zu versorgen. In den Vereinigten Staaten kostet es schon 2.000 Dollar, ein Baby auf die Welt zu bringen. Wir konnten uns folglich keine ärztliche Versorgung leisten. Der Bundesstaat Tennessee erteilte kostenlosen Unterricht in Erster Hilfe. Das heißt, man lernt Herzmassage, Mund-zu-Mund-Beatmung, Krankenwagenfahren und dergleichen mehr. Wir besuchten diese Kurse, bis wir unsere Kenntnisse an andere weitergeben konnten. Wir zogen mit einem gebrauchten Krankenwagen in die South Bronx und richteten einen Unfallhilfedienst ein. Dann hielten wir für die Anwohner Kurse ab, in denen sie Wiederbelebungstechniken und die Ambulanz in Gang zu halten lernen konnten. Die städtischen Unfallwagen brauchten zwischen 45 Minuten und einer Stunde bis in diesen Stadtteil, eine Menge Leute starben vorher. Wir waren in sieben Minuten da.

Wir wollten auch den amerikanischen Indianern helfen, den Ureinwohnern, die von ihrem Land vertrieben wurden und ihre Sprache und Kultur verloren haben. Wir hörten, daß einige von ihnen Land kaufen wollten, weil sie in ihren Reservaten nicht ihren Bräuchen nachgehen konnten. Also sorgten wir dafür, daß ihnen ein Kanadier Land stiftete. Wir sind sehr stolz auf das Land. Die Indianer haben eine Flagge für das Land genäht und nennen es ihr Zentrum. Diese und ähnliche Projekte versuchen wir zu realisieren, und der einzige Grund, warum wir sie durchsetzen konnten, liegt in der Kraft unserer Gemeinschaft.

Wir leben von 700 Dollar pro Person und Jahr. Das sind 300 Dollar weniger als das, wovon die Navajo-Indianer leben. Wir kommen mit einem Siebtel des Einkommens aus, das in die unterste Steuerklasse fällt. Wir liegen ein gutes Stück unterhalb des offiziellen amerikanischen Existenzminimums. Aber wir sind nicht arm. Wir sind stark, weil unsere Gemeinschaft uns stark macht.

Gemeinsam haben wir auch gelernt, Geburtshilfe zu leisten. Über 1.300 Kinder haben mit unserer Hilfe das Licht der Welt erblickt, und davon waren nur etwa die Hälfte unsere eigenen. Bei den anderen kamen die Mütter aus aller Welt, um bei uns ihre Kinder zu gebären. (...) Wir können inzwischen statistisch nachweisen, daß bei uns die Entbindungen für Mutter und Kind sicherer sind als sonstwo in den Vereinigten Staaten oder in anderen Ländern.

Durch reinen Zufall hat unsere Gruppe einen sehr hohen Bildungsstand. Wir auf der Farm haben mehr akademische Grade als die Legislative unseres Staates. Zahlenmäßig könnten wir gut ein kleines College bestükken. Deshalb haben wir auch wohlfundierte Ansichten, was die Kernkraft betrifft – denn wir verstehen einiges davon. Ein paar von unseren Technikern haben ein kleines Gerät gebaut, das wir Nuke-Buster nennen. Es besteht aus Teilen eines Geigerzählers und eines Fötusherz-Monitors. Es spürt die Grundstrahlung auf und mißt sie. Es kann alles, was über die normale Grundstrahlung hinausgeht, erfassen; aber seit Madame Curie wissen wir nicht mehr so recht, was das ist, weil das ganze Uran ausgebuddelt wurde und jetzt auf der Erdoberfläche herumliegt, obwohl Gott es doch wohlweislich unter der Erde verstaut hatte, damit es niemanden belästigt. Wir haben es herausgeholt, auf seine verderblichste Form reduziert und auf die Menschheit losgelassen. Das Meßgerät stellen wir auf der Farm her. Es gehört zu der Art von Kleinindustrie, von der wir leben.

Ich bin Atomwaffen- und Kernkraftgegner, weil ich weiß, daß wir angelogen werden. Hier ist zum Beispiel eine Petroleumlampe mit Glühstrumpf. Aber Vorsicht! Der Nuke-Buster registriert eine sehr hohe Strahlung. Ist das nicht was? Da ist kein Etikett aufgeklebt, das Radioaktivität bescheinigt. Wir haben nur durch Zufall herausgefunden, daß die Lampe radioaktiv ist. Hunderte von Konsumgütern auf dem Markt sind radioaktiv verseucht. Eine sanfte Technologie ist gut für die Menschen und zerstört nicht die übrige Kultur. Dieses Instrument ist äußerst wichtig. Denn die Strahlen wirken wie Zauberei. Sie sind unsichtbar, aber durch dieses magische Instrument werden sie wahrnehmbar. (...)

Stephen Gaskin zur Bedeutung des Alternativen Nobelpreises:

Ich erinnere mich, irgendwann im Jahr 1979 auf der Farm in Summertown ans Tor gerufen worden zu sein. Es hieß, dort sei jemand, der mir einen Preis verleihen wolle. Als ich ans Tor kam, traf ich Jakob von Uexküll, der sagte, daß er einen Preis ins Leben rufen werde, der so etwas wie ein Alternativer Nobelpreis werden solle. Ich fand das schön, aber man muß wissen, daß mir viele Menschen die tollsten Sachen erzählt hatten, seit ich als Aktivist bekannt war. Ich hatte die Begegnung längst vergessen und war in Seattle unterwegs, als ich einen Anruf erhielt: Ich sollte tatsächlich nach Schweden reisen, um den ersten Right Livelihood Award entgegenzunehmen.

Es war eine beeindruckende Zeremonie; Hassan Fathy und ich erhielten jeder 25.000 Dollar. Da war ich dann sehr beeindruckt von Jakob. Und fühlte mich geehrt.

Viel später, im Jahr 1999, wurde ich zum zwanzigjährigen Jubiläum des Right Livelihood Award nach Salzburg eingeladen. Im Lauf der Feiern traf ich viele andere Preisträger. Als ich sah, von welch vorzüglicher Kompetenz die anderen Gewinner des Alternativen Nobelpreises waren, fühlte ich mich erneut geehrt und wurde demütig.

Wie exzellent von Jakob, uns zu finden und miteinander bekannt zu machen! Welch Balsam für das Herz eines Aktivisten, ernsthafte und mutige Menschen zu treffen, die ihre Leben für Frieden, Wahrheit, Gerechtigkeit, die Umwelt und alle empfindenden Wesen einsetzen. Welch ungeheure Ehre, in ihren Rang aufgenommen worden zu sein. Jakob hat seinen Platz dort ebenfalls längst.

2 Hassan Fathy

Um die Probleme Millionen armer Menschen zu lösen, brauchen wir nicht nur kostengünstigere Häuser, sondern kostenlose Häuser.

(...) Das mit Lehm gemischte Stroh zur Erntezeit zeigte dem Höhlenmenschen, wie man luftgetrocknete Lehmziegel herstellen kann, um Mauern zu bauen. Bei der Bedachung verwendeten die Menschen der Vorzeit Holz. Aber Holz war nicht immer zur Hand. Im Iran, in Ägypten, Libyen und Tunesien erfand man ein System, um Dächer nur aus Ziegelsteinen zu bauen. (...)

Einige der von uns gemachten Fehler brauchen Zeit, um offenkundig zu werden: Wenn eine Familie mit fünf Mitgliedern fünf Morgen Land bestellt und ihnen jemand einen Traktor und einen Motorpflug gibt, dann können sie 20 mal fünf Morgen bestellen. Dies wird als Fortschritt betrachtet. Aber dann haben wir 19 andere Familien „freigesetzt". Wovon sollen die dann leben? Man braucht keinen Pflugschmied mehr, keinen Dorfweber, und man braucht auch all die anderen Gewerbe nicht mehr, die im Dorf vorhanden waren. Der Traktor ernährt sich nicht vom Boden wie eine Kuh, er liefert weder Milch noch Mist, sondern nur giftige Abgase. Er benötigt Treibstoff und Ersatzteile und ändert die Ökonomie der ländlichen Gegend. Gott erschuf die Menschen in der Natur, umgeben von Tier- und Pflanzenwelt. In unseren Städten gibt es nur Asphalt, Stahl, Aluminium und Beton. Zieht man die kosmische Strahlung in Betracht, ist das beste Material, mit dem man sich umgeben kann, Holz. (...)

Wir haben uns die Arbeit allzusehr vereinfacht. Moderne Häuser sind die bezahlten Porträts ihrer Besitzer. Wenn wir für wohlhabende Leute Entwürfe machen, beachten wir ästhetische, funktionale und demographische Faktoren. Doch wenn wir für 933 Millionen Menschen planen, dann entwerfen wir ein Haus und vervielfältigen es millionenfach. So geschieht es in Europa, Afrika, Indien – und überall. Denn wir verwenden Beton, und Beton erlaubt keine individuelle Gestaltung des Raumes und keine individuelle Wirkung des Materials. Wie schön wäre es, in unsere Städte und Dörfer wieder Musik und Harmonien zu bringen. Das Auge sieht physiologisch nicht mehr als einen Punkt zu gleicher Zeit und sendet alle Punktreize nacheinander zum Gehirn. Wir hören Musik, Note für Note, und erfassen die ganze Melodie im Gehirn. Wir haben stets das ganze Bild im Gehirn. Da dies sehr schnell geschieht, glauben wir, es geschieht simultan, aber das ist nicht so. Wenn ich mich umschaue, folgen meine Augen den Linien. Sind sie harmonisch, fühle ich mich ausgeglichen. Sind sie jedoch unruhig, fühle ich Nervosität, weiß aber nicht warum.

(...) Die Paläste der Pharaonen wurden alle aus Lehmziegeln gebaut. In Neumexiko begegnen wir einer Architektur, die seit der Indianerkultur Lehmziegel verwendet. Im Iran wurde eine höchst interessante Technik angewendet: Ich sah eine Dorfschule, die aus Lehm gebaut war, bedeckt von drei Kuppeln, eine neben der anderen, um die frische Luft zu speichern. Die Spannweite betrug sechs Meter!

Wenn wir die modernen wissenschaftlichen Erkenntnisse über Lehm und Baustrukturen mit der handwerklichen Meisterschaft der Maurer kombinieren würden, könnten wir solche Gewölbe in Millionen von Häusern haben. Statt dessen benutzen wir in den heißen Zonen Wellblechdächer, die nicht hitzeisoliert sind und die uns teuer zu stehen kommen.

(...) Auf dem Gelände des Gebäudeforschungszentrums in Kairo wurden Modellgebäude errichtet. Es gab ein komplett vorgefertigtes, supermodernes Haus – und daneben ein Lehmhaus. Die Lufttemperaturen im Lehmmodell waren um sieben Grad niedriger als im Fertighaus – und das im April. Die Temperatur im Lehmziegelhaus schwankte nicht mehr als zwei Grad in 24 Stunden und lag niemals außerhalb der akzeptablen Werte. Im supermodernen Betonhaus lag die Temperatur nur für jeweils eine Stunde am Morgen und am Abend in diesem Bereich. Manchmal war es innen heißer als draußen. Dieses Haus ließ also die Ergebnisse der modernen Physik, Aerodynamik, Soziologie, Sozialpsychologie, Physiologie usw. vollkommen außer acht. Will man „modern" sein, muß man aber doch all diese Wissenschaften berücksichtigen!

3 Mike Cooley

Es scheint mir, als sei einer der Hauptwidersprüche, dem sich unsere Gesellschaften mit ihrem sogenannten technischen Fortschritt gegenübersehen, die Kluft zwischen dem, was die Technik der Gesellschaft bieten könnte und dem, was sie tatsächlich bietet.

(...) Wie verrottet das ganze Wertsystem ist, zeigt sich deutlich daran, daß in einem Land wie Großbritannien fünfzig Prozent der Wissenschaftler und Technologen ihr Leben lang an Waffensystemen arbeiten, von denen sie im innersten Herzen wissen, daß sie – wenn sie jemals eingesetzt werden – wahrscheinlich das Ende der Menschheit bedeuten.

(...) In den modernen Industriestaaten muß einem Arbeitslosen, der Familie hat, etwa sechzig Prozent des durchschnittlichen Industrielohns bezahlt werden. Ferner entsteht dem Staat ein Steuerausfall von vierzig Prozent. Man addiere beides, und schon ergeben sich etwa hundert Prozent des Durchschnittseinkommens eines Industriearbeiters. Wir sind zur damaligen Labour-Regierung gegangen und haben gefragt: „Warum können wir dieses Geld nicht bekommen und für die Gesellschaft nützliche Produkte herstellen?" Natürlich vermochten sie darauf keine Antwort zu geben, weil für gesunden Menschenverstand kein Platz in den Köpfen der Politiker ist. Daraufhin nahmen wir kostentreibende Sozialfaktoren unter die Lupe. Dazu gehören der Drogenkonsum, die Neurosen, die zwischenmenschliche Gewalt, die Krankheiten, die samt und sonders einen direkten Bezug zur Arbeitslosigkeit haben. Stellt man all das in Rechnung, erhält man eine Vorstellung von den Kosten, die der Gesellschaft insgesamt durch die Rationalisierungen und Massenentlassungen der großen Unternehmen entstehen.

Ich möchte betonen, daß Wissenschaft und Technik nicht einfach gegeben sind. Es ist keineswegs so wie mit Sonne, Mond und Sternen. Vielmehr haben Menschen wie wir sie geschaffen. Wenn sie unseren Wünschen zuwiderlaufen, haben wir das Recht und die Pflicht, sie zu verändern.

(...) Alle Menschen, mit denen ich zusammentreffe, sind außergewöhnlich. Sie haben samt und sonders alle möglichen Fertigkeiten, Fähigkeiten und Talente, nur werden diese Gaben nie richtig in Anspruch genommen, nie entwickelt und gefördert. Während wir die gradlinige Straße der Technik hinuntertreiben, müssen wir uns stets daran erinnern, daß die Zukunft nicht irgendwo in weiter Ferne liegt, wie einstmals Amerika, ehe Kolumbus es entdeckte. Die Zukunft hat keine vorherbestimmte Form und Gestalt. Die Zukunft müssen immer noch Menschen wie du und ich aufbauen, und da stehen uns echte Möglichkeiten offen. Sie kann durchaus so gestaltet werden, daß wir nicht der Massenvernichtung durch Atomwaffen entgegengehen oder Hungers sterben. Wir können wirklich eine Welt haben, deren Reichtümer wir gleichmäßig unter uns Menschen aufteilen und in der Wissenschaft und Technik dem Menschen dienen, statt umgekehrt.

23 Jahre nach Erhalt des Alternativen Nobelpreises schrieb Mike Cooley für dieses Buch:

Unser Projekt für sozial sinnvolle Technologien demonstrierte in einem kleinen praktischen Bereich einige Möglichkeiten für substantielle ökonomische Entwicklungen und Projekte, die Menschlichkeit und Umwelt berücksichtigen. Dennoch sehen wir angesichts eines ehrfurchtgebietenden Planeten, dem das Ende droht, überall die Kluft zwischen dem positiven Potential der Technologie und deren destruktiver Realität.

Unsere Spezies ist nun wissenschaftlich viel zu schlau geworden, um wesentlich länger ohne Weisheit zu überleben. Es ist eine Frage des Verstehens und der Weisheit der gewöhnlichen Menschen weltweit, daß wir uns nun einmischen müssen.

4 Patrick van Rensburg

Es gab ein Normalsystem, das heißt, das normale Bildungssystem, und wir versuchten, eine Alternative dazu zu entwickeln. Das Problem mit dem Normalsystem bestand darin, daß dieses System die knappen Mittel, die armen Ländern zur Verfügung stehen, dazu verwandte, einigen wenigen auf Kosten der großen Mehrheit eine sehr hohe Bildung zu vermitteln.

(...) Ich möchte mit allem Nachdruck deutlich machen, daß Alternativen absolut lebenswichtig für die Dritte Welt sind, für die Ausbildung der Menschen und die Schaffung von Arbeitsmöglichkeiten. Wir alle sind an eine internationale Wirtschaftsordnung gekettet, in der diejenigen, die in der industrialisierten Welt regieren, und diejenigen, die in der Dritten Welt regieren, in gewissem Sinne sowohl Komplizen als auch Rivalen sind. Aber wir in der Dritten Welt gehören dem System an, in dem Rohstoffquellen ausgebeutet werden, in dem jeweils nur ein Produkt angebaut und ausgeführt wird und das Enklaven in jedem dieser Länder schafft, nur um den Export zu gewährleisten.

(...) Die Alternative muß etwas anderes bewirken. Sie muß die Menschen zur Kreativität anregen, statt sie zur Arbeitsuche in die Enklaven zu schicken. Sie muß diese Menschen dazu befähigen, durch eigenes Können und aus eigener Kraft die landwirtschaftlichen Möglichkeiten des Landes auszubauen. Sie muß es ihnen ermöglichen, an industriellen Projekten kleinerer Größenordnung mitzuwirken, sie in die Lage versetzen, alternative Techniken anzuwenden, sowie Systeme und Entwicklungsmodelle zu erarbeiten, durch die sie auf eigenen Füßen stehen und selbstbewußt werden, damit sie zuerst einmal ihre Grundbedürfnisse befriedigen können und sich dann erst andere Wünsche erfüllen. Wir brauchen beispielsweise ein Bildungssystem, das innig mit der Gesellschaft und all ihren Aktivitäten verknüpft ist; denn Bildung ist keine Sache für sich, die nur in Schulen vermittelt wird, die sich nur auf der verbalen Ebene beweist und deren Methoden höchst abstrakt und reine Theorie sind.

(...) Die bestehende Art von Erziehungssystemen ist der Gesellschaft durch die Natur und die Erfordernisse der Sozialordnung und des Wirtschaftsgefüges aufgezwungen worden. Sobald wir diese Systeme zu verändern beginnen, setzen wir Hebel in Bewegung, die auch den sozialen Wandel in Gang bringen. Natürlich ist es sehr risikoreich, Alternativen einzuführen, denn bei dem Versuch, Veränderungen durchzusetzen, begegnet man Gefahren, macht Fehler, und muß gelegentlich auch Fehlschläge hinnehmen. Wichtig ist, sich darüber klar zu werden, daß die Veränderung der Gesellschaft ein Prozeß ist, der eine Bewußtseinsänderung einschließt. Wenn unser Handeln und unsere Alternativen im weitesten Sinne auf den sozialen Wandel ausgerichtet sind, dann erhellen sie diesen Prozeß, lenken und fördern ihn.

(...) Der Kern meiner Rede ist: Je mehr normale Menschen wir einbeziehen, die begreifen, was vorgeht, und sich in das Geschehen einschalten, desto größer ist unsere Chance, Alternativen zu schaffen, die Menschen ernähren, Menschen kleiden, Menschen ein Obdach geben und ihnen ihre Gesundheit erhalten. All diese Entwicklungsstränge, an denen sie selbst ziehen, bilden im wesentlichen den Entwicklungsprozeß.

5 Bill Mollison

(...) Auch wenn ich 1928 geboren bin, könnte es mein Dorf so auch schon im elften Jahrhundert gegeben haben. Wir hatten keine Autos. Alles, was wir brauchten, machten wir selbst. Wir bauten unsere eigenen Boote, führten Metall- und Schmiedearbeiten selbst aus, fingen Fisch, bauten Nahrung an, buken Brot. Ich kannte niemanden dort, der einen bestimmten Job gehabt hätte oder etwas, das man so nennen könnte. Jeder hatte mehrere Funktionen.

(...) In den fünfziger Jahren verschwanden auf einmal weite Teile des Systems, in dem ich lebte. Zuerst starben Fischbestände aus. Dann fiel mir auf, daß der Tang entlang der Flutlinie am Strand fort war. Große Waldstücke starben ab. Erst als all das nicht mehr existierte, merkte ich, wie sehr ich daran hing und daß ich mein Land liebte. Der Norden hier (gemeint ist Stockholm während der Preisverleihung; Anm. JS) ist im Grunde der letzte Ort, an dem ich sein möchte; ich würde viel lieber im Busch sitzen und Wallaby-Känguruhs beobachten. Aber wenn ich nicht hier stünde, gäbe es bald keinen Busch und keine Wallabys mehr.

(...) Die wenigen von euch, die einmal eine längere Zeit, das heißt, mehr als fünf Wochen, allein in den Wäldern verbracht haben, wissen, daß man dabei seine Identität als Mensch vollkommen verliert. Man kann sich dort nicht mehr von den Bäumen unterscheiden, der Unterschied zu allem anderen Lebendigen ist einfach aufgehoben. Alle Eingeborenen, alle Stammesmenschen müssen eine solche Zeit des Alleinseins in ihrer jeweiligen Umwelt durchmachen. Danach sehen sie sich niemals wieder als losgelöste Einzelwesen: Mensch hier und Baum da. Man verschmilzt einfach mit dem Leben. Die einzigen sicheren Energiesysteme sind solche, die aus Biosystemen übernommen werden. Ein Gärtner in Neuguinea geht durch die Pforte in seinen Garten, steckt eine Einheit Energie hinein und bringt siebzig mit heraus. Ein moderner Landwirt fährt mit dem Traktor durch das Tor auf sein Land, steckt tausend Energieeinheiten hinein und holt nur eine heraus. Wer ist nun der tüchtigere Landwirt?

(...) Polykulturen werden Monokulturen immer überlegen sein. Das System der Permakultur ist der wahre Weg einer sich selbst tragenden Ökologie; es ist in sich ein sicheres, dauerhaftes Energiesystem.

(...) Mein Leben lang haben wir mit der Natur auf Kriegsfuß gestanden. Ich bete nur, daß wir diesen Krieg verlieren. In diesem Kampf gibt es keine Sieger.

Bill Mollison zur Bedeutung des Alternativen Nobelpreises:

Ich habe den Alternativen Nobelpreis 1981 bekommen und ihn mit anderen geteilt. Zu jener Zeit war die Gewinnsumme nicht groß, aber ich fand die Idee exzellent. Der Preis selbst hat mir, soweit ich es beurteilen kann, nicht sehr geholfen, und nur sehr wenige Menschen wissen davon.

Preisträger-Konferenzen haben mich immer gelangweilt, weil nur sehr wenige damit beschäftigt sind, Systeme zu initialisieren. Die meisten von ihnen theoretisieren über ihr Fachgebiet, während ich draußen Gärten gestalte und Kreditgemeinschaften gründe, energiesparende Häuser entwerfe und viele praktische Dinge realisiere, so wie es auch meine Schüler und die Lehrer, die ich ausgebildet habe, tun. Ich würde es vorziehen, an einem Treffen von Farmern oder Bankern teilzunehmen. Viele der Preisträger sind einfach langweilig. Ich bin sicher, andere fühlen genauso.

Mein Freund Takao Furuno in Japan hat Tausende von Farmern im Anbau organischer, nachhaltiger Reiskulturen unterrichtet, in vielen Ländern und auf eigene Kosten. Er ist, wie ich, ein Mann der Praxis und ich glaube, diese Art von Menschen verdient einen Preis – bei Theoretikern bin ich mir da nicht so sicher. Ich wiederhole es noch einmal, ich glaube, die Idee, die hinter dem Preis steht, ist exzellent, und daß sie weiter verfolgt werden sollte. Es wäre schön, wenn Leute aus der Praxis ihn bekommen würden.

6 Petra K. Kelly

(...) Viel zu lange hat man uns weisgemacht, daß wir zur Erlangung gleicher Chancen und gleicher Möglichkeiten die gleichen Rechte und Pflichten wie die Männer akzeptieren müssen. Doch es kann nicht Emanzipation sein, in den Armeen der einzelnen Länder neben Männern zu stehen und schießen und töten zu lernen. Es kann nicht Emanzipation sein, zu lernen, einen Kernreaktor zu betreiben oder in einer Abschußrampe für Atomsprengköpfe zu sitzen und das Steuerpult zu überwachen.

(...) Die Grünen, eine gewaltfreie, ökologische und basisdemokratische Antikriegskoalition von parlamentarischen und außerparlamentarischen basisorientierten Kräften innerhalb der Bundesrepublik Deutschland, sind im Augenblick meine einzige Hoffnung, daß sich nicht nur das System struktureller und persönlicher Gewalt ändert, sondern daß auch ein Ausweg aus der Wahnsinnspolitik der atomaren Abschreckung gefunden wird. Die Grünen, für die ich mich in den vergangenen Jahren mit meiner ganzen Energie eingesetzt habe, haben sich der Basisdemokratie verschrieben, der Ökologie im weitesten Sinne des Begriffs der sozialen Gerechtigkeit und der Gewaltfreiheit.

(...) Wir müssen Mittel und Wege finden, um eine alternative Produktion aufzunehmen und für die Gesellschaft nützliche und notwendige Produkte anstelle von Rüstungsgütern herzustellen.

(...) Die Anti-Kriegs- und Anti-Atomkraftbewegung ist nicht als negativer Protest zu verstehen: Sie ist notwendigerweise für die Umwelt, für die Wälder und Felder, für die Flüsse und Meere, für die Pflanzen und Tiere, für die Sonnenenergie, für eine saubere Luft und vor allem für die Menschen. Sie steht für eine globale Vision, für einen globalen moralischen Maßstab, sie tritt für arme und hungernde Menschen ein, für Frauen, Kinder und Jugendliche, für die Behinderten, die Alten, die Amazonas-Stämme, die Ureinwohner Australiens, die Slumbewohner in den Städten, für die Minderheiten in aller Welt – hier sind wir alle gemeinsam gefordert. (...)

Im Jahre 1854 hielt der Häuptling der im Washington-Territorium beheimateten Suquamish, Chief Seattle, anläßlich der Übergabe alter indianischer Gebiete an die amerikanische Bundesregierung folgende prophetische Rede: „Dies ist gewiß: Die Erde gehört nicht dem Menschen. Der Mensch gehört der Erde, das ist gewiß. Alles ist miteinander verbunden, wie das Blut, das eine Familie verbindet. Alles ist miteinander verbunden. Was immer der Erde widerfährt, widerfährt den Söhnen der Erde. Nicht der Mensch hat das Gewebe des Lebens gewirkt. Er ist nur ein winziger Teil davon. Was immer er diesem Gewebe antut, das tut er sich selbst an." (...)

Gewaltfreiheit ist der erste Schritt gegen das bestehende System von Herrschaft und Privilegien und schenkt bewußt dem Aufbau eines alternativen Sozialgefüges mehr Aufmerksamkeit. (...)

Das heißt, während wir gegen den großen Krieg, den ABC-Krieg, ankämpfen, müssen wir gleichzeitig auch gegen die kleinen Kriege ankämpfen, gegen die Gewalttätigkeiten, die täglich auf der Straße stattfinden, wo Frauen Angst haben, nachts allein nach Hause zu gehen; die jedesmal dann stattfinden, wenn eine Frau vergewaltigt oder geschlagen wird, und die jedesmal dann stattfinden, wenn ein Kind mißhandelt wird. (...)

Für mich ist die Gewaltfreiheit im Sinne von Martin Luther King, Mahatma Gandhi und Bertha von Suttner eine ganz natürliche Sache, die statt auf Waffengewalt auf der Macht der Wahrheit beruht und die aus dem Gefühl für die grundsätzliche Einheit aller Menschen herrührt.

(...) Das Gewissen muß stärker werden als die Gewohnheit, und die Menschen müssen bereit sein, zugunsten des Gemeinwohls Risiken auf sich zu nehmen.

Was ich sehe, ist nicht nur eine Bewegung mit dem Ziel direkter Demokratie, der Selbst- und Mitbestimmung und der Gewaltfreiheit, sondern eine Bewegung, in der Politik die Macht bedeutet, lieben zu können, und die Macht, sich mit dem Raumschiff Erde vereint zu fühlen. (...)

7 Das Partizipatorische Institut für Entwicklungsalternativen (PIDA)

(Rede: Sirisena Tilakaratna)

(...) Die Armut hat weiter zugenommen, sowohl bei stagnierender als auch bei gesteigerter Produktion. (...) In dieser Situation begann ein Forscherteam, nach Alternativen zu suchen. Es studierte Makro- und Mikroprozesse in den asiatischen Ländern; erstmalig wurde praktisch darauf hingearbeitet, das kreative Potential der Menschen in den ländlich geprägten Gebieten Asiens für eine Gesamtentwicklung ihrer Lebensumstände freizusetzen und nutzbar zu machen.

(...) Unter der Schirmherrschaft der Regierung Sri Lankas und mit Mitteln aus dem Entwicklungsprogramm der Vereinten Nationen (UNDP) lief ein Aktionsforschungsprogramm an. Über einen Zeitraum von etwa 18 Monaten wurde eine Kerngruppe von Aktionsforschern geschult, die ihrerseits dörfliche Kader („Träger des Wandels") ausbildeten, von denen die neue Praxis der volksgerechten Entwicklung in die Dörfer getragen wurde. Das Projekt erwies sich als voller Erfolg.

(...) Abhängigkeitshaltungen und Uneinigkeit hindern die Armen daran, die Initiative zu ergreifen, um ihre Lebensumstände zu verbessern, und begründen ihre Unfähigkeit, neue Denkansätze zu finden, Probleme zu lösen und zu experimentieren – sie fügen sich einfach in den Status quo. Dadurch werden wiederum die asymmetrischen Abhängigkeitsverhältnisse stabilisiert oder verstärkt, so daß ein Teufelskreis von Abhängigkeit und Armut entsteht. Das erklärt, warum der selbständige ländliche Entwicklungsprozeß nur unter Schwierigkeiten oder überhaupt nicht in Gang kommt. Meistens bringt nur vermittelndes Einschreiten den Stein ins Rollen, muß bei der armen Landbevölkerung erst das Bewußtsein für gezieltes gemeinsames Handeln geweckt werden, damit sie sich eigenständig entwickeln kann.

(...) Der PIDA-Helfer untersucht und analysiert gemeinsam mit den Betroffenen die in der unmittelbaren Umgebung wirksamen Kräfte, die die Armut verursachen. Im Falle von Kleinbauern und Handwerkern konzentrieren sich die Analysen vorwiegend auf die Einkommensmenge, die infolge der Abhängigkeitsverhältnisse an Geldverleiher, Händler, Grundbesitzer und andere verlorengeht. Diese Kalkulationen enthüllen oftmals, daß der dörfliche Kleinerzeuger aufgrund bestehender Abhängigkeiten nicht einmal die Hälfte des Marktwertes für sein Produkt bekommt.

(...) Organisierte Bevölkerungsgruppen, die auf PIDA-Anregung hin entstanden sind, konnten ihre Lebensumstände bedeutend verbessern: Organisierte Kleinerzeugergruppen haben sich mit Erfolg den wirtschaftlichen Mehrwert erhalten können, den sie sonst durch Abhängigkeitsverhältnisse eingebüßt hatten. Den lokal operierenden Ausbeutern sind erhebliche Gewinne abgerungen worden.

(...) Basisinitiativen sind noch immer sehr kontrovers diskutierte Angelegenheiten in vielen Ländern der Dritten Welt. Sie werden oft mit Argwohn betrachtet und manchmal als eine Art „subversiver" Kräfte interpretiert.

Häufig besteht auch die Gefahr der Übernahme oder Unterdrückung. Darum brauchen Basisinitiativen Daseinsberechtigung und Anerkennung, wenn sie nicht länger am Rande der Gesellschaft, abseits vom Hauptstrom des sozialen Lebens, stehen sollen wie bisher. Sie müssen endlich als effektive Methode gelten, wie die arme Bevölkerung angesprochen und zur Mitbestimmung hinzugezogen wird, die ein Grundrecht des Menschen ist. Eine Regierung, die sich dazu verpflichtet, Entwicklungsalternativen und Mitbestimmungsrechte zu schaffen, könnte vieles bewirken, indem sie das nötige Klima schafft, durch das Basisinitiativen in größere gesellschaftliche Bewegungen hineinwachsen können. (...)

8 Anwar Fazal

Eines Tages vor etwa drei Jahren unterbrachen im indonesischen Dorf Banjaran Trommelschläge, die ungefähr 200 Menschen zusammenriefen, die Stille. Die Leute marschierten zu einer nahegelegenen Fabrik und brannten sie nieder. Diese Fabrik hatte ihr Wasser vergiftet, hatte ihre einst ertragreichen Felder zerstört. Sie hatte die Auflage der Lokalbehörde, das Ausströmen giftiger Abwässer einzudämmen, einfach ignoriert. Sie hatte ihr Versprechen nicht eingehalten, jeweils 1.800 Dollar Ausgleich an die Bauern zu zahlen.

Die Dorfbewohner hatten jahrelang versucht, die Fabrik dazu zu bewegen, ihre Müllbeseitigung zu verbessern. Jetzt sind die Trommeln des Dorfes Banjaran verstummt, und die Bauern mußten den Preis dafür bezahlen, daß sie sich eigenmächtig zu ihrem Recht verhalfen – sie kamen ins Gefängnis.

(...) Wir erleben allenthalben, wie das menschliche Verhalten durch die Werbe- und Verkaufsförderungsmaßnahmen, die bei manchen Unternehmen schon ans Kriminelle und Unmoralische grenzen, manipuliert wird.

(...) Die Verbraucherbewegung hat fünf wesentliche Anliegen: Erstens geht es um Menschen, die die Belange der Gesellschaft aus einer Perspektive sehen, die jeden Menschen mit einbezieht, ob Mann, Frau oder Kind. Wir sind alle Konsumenten und Käufer und verbrauchen Güter oder nehmen Dienstleistungen in Anspruch. (...) Es geht nicht nur um die Lebenshaltungskosten, sondern viel häufiger um die Lebens*erhaltungs*kosten! Es geht nicht allein um den Wert des Geldes, sondern vielmehr um den Wert, der dem Menschen beigemessen wird.

Zweitens hat die Verbraucherbewegung etwas mit Macht zu tun – mit der Macht gewöhnlicher Menschen, sich gemeinschaftlich zu einer Gegenkraft zu formieren, die eigenen Interessen zu vertreten und gemeinsam gegen diejenigen anzugehen, die für die gegen uns gerichtete Gewalt, Verschwendung und Manipulation verantwortlich sind, sowie mit der Macht, die Strukturen zu verändern, die diese zulassen.

Drittens nehmen in der Verbraucherbewegung die Menschenrechte eine zentrale Stelle ein, das Recht auf ein anständiges Leben in Würde und das Recht, uns zur Wahrung unserer Interessen zu organisieren. Insbesondere legen wir auf sieben Verbraucherrechte Wert: das Recht, unsere Grundbedürfnisse effektiv und angemessen zu befriedigen, um überleben zu können, das Recht auf Sicherheit, das Recht auf Schadenersatz und Ausgleich, das Recht, unsere Stimme in eigener Sache zu erheben, das Recht auf korrekte Information, das Recht auf Verbrauchererziehung und das Recht auf eine gesunde Umwelt.

Viertens liegt der Verbraucherbewegung auch die Umwelt am Herzen – eine Erde, um die es gut bestellt ist. Wir dürfen uns nicht nur darum kümmern, daß unserem Körper, das heißt unserer „Innenwelt", gedient und Schutz zuteil wird, wir müssen uns darüber hinaus um unsere „Außenwelt", um Mutter Erde, sorgen – eine mächtige, komplexe und doch anfällige, erschöpfbare Struktur. Diese Struktur liefert uns die Voraussetzungen für ein gutes Leben, ist jedoch leicht zu zerstören – nicht durch die Grundbedürfnisse des Menschen, sondern durch Gier, Unwissenheit und Sorglosigkeit. (...)

Fünftens ist Gerechtigkeit ein Anliegen der Verbraucherbewegung. Dabei geht es darum, politische, gesetzgebende und wirtschaftliche Systeme so zu organisieren, daß eine gerechte und vernünftige Grundlage für das Zusammenleben geschaffen wird.

(...) Kaufkraft ist eine wirkliche Kraft, und ein Boykott ist eine mächtige Waffe. Die Kaufkraft gibt einem die Möglichkeit, seine Stimme abzugeben und beispielsweise gegen Rassisten in Unterdrückerregimes anzugehen oder durch gezieltes Kaufen oder Kaufverweigerung daran mitzuwirken, daß bessere Produkte auf den Markt kommen und eine bessere Welt geschaffen wird.

(...) Fangen Sie selbst an, sich diese Leitpunkte zu eigen zu machen. Schlafen die Menschen, weckt sie auf. Haben die Menschen Angst zu handeln, dann macht ihnen Mut, indem Ihr selbst den ersten Schritt tut.

9 Sir George Trevelyan

Unser Hauptanliegen war es, Menschen für eine ganzheitliche, spirituelle Weltanschauung in der Hoffnung die Augen zu öffnen, daß sie dadurch den tieferen Sinn des Lebens erkennen und den Weg finden, dem sie persönlich folgen möchten. Viele Menschen sehnen sich danach und sind inzwischen reif für eine solche Denkrichtung. Etliche machen auch schon eine Bewußtseinsveränderung und eine tiefere Stufe intuitiven Erlebens durch – was sie anfangs oftmals beunruhigt, bis sie merken, daß ihre Erfahrungen Teil eines allgemeinen Wandels sind. (...)

Inspiriert hat mich ein Wort des Philosophen Alfred North Whitehead – „wahre Erziehung ist unmöglich ohne eine ihr eigene visionäre Vorstellung von Größe" – ein schönes Motto für die Erwachsenenbildung. (...)

Unsere Erde wird als lebendiges Geschöpf gesehen, als Organismus mit Atemfähigkeit und Blutkreislauf, mit Reaktionsfähigkeit und Intelligenz. Der Mensch ist ein wesentlicher Bestandteil der Natur und als Krone der Schöpfung auch Verwalter der Planeten.

Wir jedoch haben in unserer Dummheit und Habgier diesem herrlichen Planeten übel mitgespielt und seine Ressourcen ausgebeutet. Aber die Erde selbst ist wieder Teil eines größeren Organismus, des Sonnensystems. Die Planeten sind den endokrinen Drüsen im Körper vergleichbar. Wenn eines dieser kleinen Organe erkrankt, leidet der ganze Körper. Die Erde ist dunkel und krank geworden. Wie lange, glauben wir, wird im Bereich höherer Intelligenz diese Disharmonie noch toleriert? Die Antwort lautet: nicht länger mehr. Die Zeit ist abgelaufen. Der Erdball muß erlöst und gereinigt werden durch die Wirkung lebendiger Energieströme, die im menschlichen Bewußtsein fließen. (...)

Die nächsten Schritte im evolutionären Prozeß finden jetzt offenbar im Innern des Menschen statt in Form von selbstreflektierendem Bewußtsein. Volle Verantwortung ist dem Menschen aufgebürdet, der dazu erzogen wird, in aller Freiheit Mitschöpfer Gottes zu werden. Wir treten in das „Zeitalter des Bewußtseins" ein, indem wir uns eine ganzheitliche Weltanschauung zu eigen machen. Hier-

in liegt die große Hoffnung unserer im Aufruhr befindlichen Zeit. Wir haben den Hauptfaktor bei unserer Situation übersehen. Wir haben unsere Hauptverbündeten vergessen. Wir sind aufgerufen, die Realität einer Ebene höherer Intelligenz und die Existenz von spirituellen Welten anzuerkennen. Die wandelnde, läuternde Energie kann Liebe genannt werden, das Einströmen der Christusmacht in die Menschenseelen, die bereit sind, sie zu empfangen. Ich möchte nachdrücklich betonen, daß es sich dabei nicht um ein Dogma handelt, an das man glauben muß. Wir reden hier von den Ideen derer, die in die spirituelle Welt eindringen. Wir sind alle dazu in der Lage, solche Impulse aus dem Äther aufzunehmen. Wir greifen sie auf, weil sie schön sind, weil sie dem Leben auf Erden einen Sinn geben, aber sie entziehen sich einer Überprüfung durch den kritischen Verstand. (...)

Im September 2002 ist das Buch

Sir George Trevelyan and the spiritual renaissance of our time. A new biography by Frances Farrer

(ISBN 0-86315-377-1)

erschienen.

10 Erik Dammann
und die von ihm gegründete Bewegung „Future in our Hands"

(Die Rede wurde in Vertretung Erik Dammanns von Leif Sandholt gehalten)

(...) Unsere Arbeit entspringt in erster Linie dem Verlangen nach Gerechtigkeit. Bei vielen von uns wurzelt dieser Wunsch auch in einem Gefühl von moralischer und historischer Verantwortung für die Entwicklungen, die zu dem heutigen Ungleichgewicht geführt haben.

Einer der von der Natur am reichsten gesegneten Flecken der Erde ist Bengalen, Bangladesch. Vor über 200 Jahren jedoch nahm dort eine Entwicklung ihren Anfang, die Bangladesch zu einer der ärmsten Nationen der Welt machte. Blühender Handel hatte diese Gegend einst reich gemacht. Es gab eine Oberschicht, die in größtem Luxus lebte – aber auch die breite Mehrheit hatte damals ihr gutes Auskommen!

1757 kamen die Engländer nach Bengalen und begannen, das Land unter militärischem Druck nahezu uneingeschränkt auszubeuten. Neue Steuersysteme und Eigentumsrechte wurden eingeführt. England wollte daheim eine Textilindustrie aufbauen und griff daher massiv in die Baumwoll- und Seidenproduktion ein.

1765 hatte die Stadt Dacca noch 450.000 Einwohner, 35 Jahre später war die Zahl auf 20.000 gesunken! Können wir uns einen Begriff davon machen, welche Veränderungen in einer Gesellschaft vorgegangen sein müssen, um eine Stadt innerhalb von nur 35 Jahren auf fünf Prozent ihrer ursprünglichen Größe zu reduzieren?

Inzwischen ist Bangladesch unabhängig, dafür aber vollkommen vom Weltmarkt abhängig. Die Juteproduktion des Landes geht auf die Kolonialzeit zurück. 1974 machte die Jute 80 Prozent des gesamten Exporteinkommens aus. Fiel die Weizenernte einmal schlecht aus, zwangen die USA die Bengalen durch ein Getreideembargo, ihren Jutehandel mit Kuba einzustellen, was Hunderttausenden das Leben kostete.

(...) Die heutige Entwicklungshilfe zementiert die Hilflosigkeit der Dritten Welt. Die Weltbank beschließt Landwirtschaftsprogramme und forciert die Grüne Revolution, wodurch eine neue Abhängigkeit von kostspieliger Technik, teuren Pestiziden und Kunstdüngern entsteht, die nur den Reichen etwas nützt und viele Menschen von ihrem Grund und Boden vertreibt.

(...) Von unserem Ziel, bei all unserem Tun und Lassen nicht länger nur die materielle Rentabilität im Auge zu haben, werden auch unsere eigenen Länder profitieren.

(...) Da wir nicht glauben, daß globale Lösungen in nächster Zukunft gefunden werden, müssen wir uns darauf beschränken, die notwendigen Veränderungen in einem ganz bestimmten Gebiet einzuleiten. Dafür sind die nordischen Länder mit ihrer gemeinsamen Kultur und Tradition und ihren vielseitigen Rohstoffgrundlagen ein guter Ausgangspunkt. Um Alternativen zu den verheerenden Auswirkungen der gegenwärtigen Weltordnung realistisch diskutieren zu können, werden wir unser Augenmerk auf die Loslösung der nordischen Länder vom wettbewerbsorientierten Weltwirtschaftssystem richten und auf eine wirtschaftliche Unabhängigkeit hinarbeiten. Wenn dieses Modell auch Lösungen für den Nord-Süd-Konflikt aufzeigen soll, muß unsere Alternative eine enge gegenseitige und gleichberechtigte Zusammenarbeit mit einem oder mehreren Ländern der Dritten Welt einbeziehen, um ein Musterbeispiel für eine neue internationale Wirtschaftsordnung zu werden. (...)

Erik Dammann zur Bedeutung des Alternativen Nobelpreises:

Nach jahrelanger Arbeit gegen den Mainstream und in Opposition zur offiziellen politischen und ökonomischen Sichtweise war der berühmte und prestigereiche Alternative Nobelpreis von großer Bedeutung für die Bewegung *Future in Our Hands* wie für mich selbst. Er war eine enorme Ermutigung, und bis zu einem gewissen Grade veränderte er auch die offizielle Sichtweise auf unsere Ideen und unsere Arbeit.

11 Das Volk von Palau und High Chief Ibedul Gibbons

In alten Zeiten schleppten die Schiffe, die gewaltige Veränderungen einleiteten, Amöbenruhr und Pocken ein, wodurch die Bevölkerung der Inseln drastisch dezimiert wurde. Später, es ist noch nicht allzu lange her, brachte der Zweite Weltkrieg unvorstellbares Elend über die Menschen. Überall herrschte Zerstörung und Tod, wurden unsere unschuldigen Leute verschleppt, wütete der Hunger. Die Spuren dieser Zeit sind noch immer zu sehen, und bis heute hat sich Palau noch nicht ganz von den Auswirkungen konventioneller Kriegsführung erholt.

Als der Zweite Weltkrieg vorbei war, erwachte neue Hoffnung auf ein Ende dieses Elends „im ersten Schimmer des Morgengrauens", denn die Vereinigten Staaten übernahmen die Verwaltung der Inseln. Aber unsere Hoffnungen wurden enttäuscht. Unsere Sitten und Gebräuche verfielen, neue Konzepte und Vorstellungen wurden uns aufgezwungen. Auf einmal waren die militärstrategischen Interessen der Vereinigten Staaten maßgebend für unser Schicksal. Bei den Verhandlungen um den politischen Status von Palau rückten die USA mit Plänen heraus, in denen von der Nutzung radioaktiver und anderer schädlicher Stoffe die Rede war. Diese Pläne waren fortan unzertrennlich mit der Diskussion um unsere längst überfällige Entkolonialisierung verbunden. (...)

Die Verfassung der Republik Palau spiegelt die Geschichte des Konflikts wider, der zwischen dem Wunsch der Bevölkerung von Palau, ihre Heimat atomfrei zu halten, und den Militärinteressen der USA besteht. Die Schöpfer unserer Verfassung erinnerten sich nur zu gut an die Leiden der Vergangenheit, an das Elend, das der Krieg über die ganze Welt gebracht hatte, und waren sich auch des drohenden Holocausts der modernen Kriegführung bewußt. Es mußte also unbedingt ein Atomverbot in den 1979er Verfassungsentwurf von Palau aufgenommen werden. (...)

Wir bedauern die negative Einstellung der Vereinigten Staaten zu unserer Verfassung und insbesondere zum Atomverbot. Uns ist klar, daß diese Klausel nach Meinung der USA ihren militärischen Zielen entgegen-

steht. Aber wir haben den Vereinigten Staaten deutlich gemacht, daß Palau nicht gewillt ist, sich Atomtests oder der Anwendung von radioaktiven Stoffen auszusetzen und damit das Risiko auf sich zu nehmen, völlig vernichtet zu werden wie unsere Nachbarn vom Bikini-Atoll auf den Marshallinseln. Wir wollen weiter daran glauben, daß ein atomfreies Palau dem Interesse der Vereinigten Staaten an der Erhaltung des Weltfriedens entspricht.

Mit Blick auf die Selbstbestimmung des Volkes von Palau haben die Vereinigten Staaten der Bevölkerung von Palau die Gelegenheit gegeben, sich eine Staatsform zu schaffen, die auf den Grundsätzen von Demokratie, Freiheit und Gerechtigkeit beruht. Jetzt weigern sich die USA, unsere Wünsche im Rahmen eben dieser demokratischen Prinzipien anzuerkennen. (...)

12 Manfred Max-Neef

In einem gewissen Stadium wurde mir klar, daß Wirtschaftswissenschaftler gefährliche Leute sind. Trotz der Warnung Lord Keynes', die Wichtigkeit wirtschaftlicher Probleme solle nicht überbewertet werden, was nämlich zur Folge habe, daß ihren angeblichen Erfordernissen Dinge von größerer, bleibender Bedeutung geopfert würden, wurde die Ökonomie plötzlich die Zauberwissenschaft überhaupt, als könne nur sie Lösungen für die drängenden Probleme der Menschheit finden. Ihre Praktiker, auf einmal völlig unerwartet mit der Macht ausgestattet, ihren Einfluß bei Unternehmen, Interessengruppen und Regierungen geltend zu machen, betrachteten ihre Rolle als unantastbare, mächtige Zauberer flugs und voller Stolz als Selbstverständlichkeit. Es dauerte nicht lange, und der Wirtschaftswissenschaft, die ursprünglich ein Zweig der Moralphilosophie war, ging ein Gutteil ihrer menschlichen Dimension verloren, an deren Stelle dann ausgefallene Theorien und technische Banalitäten traten, die meist unverständlich sind und niemandem Nutzen bringen außer ihren Autoren, die manchmal Preise damit gewinnen. (...)

Durch kritische Prüfung kam ich zu dem Ergebnis, daß mir persönlich vier Dinge Sorgen bereiteten, nämlich: unsere maßlose Bewunderung für Gigantismus und Lösungen großen Maßstabs, unsere Besessenheit von abstrakten Größen und Maßeinheiten, unser mechanistischer Denkansatz zur Lösung wirtschaftlicher Probleme und unser Hang, zu sehr zu vereinfachen, der sich darin widerspiegelt, wie wir uns um angebliche „technische Objektivität" bemühen, dabei jedoch Moralgefühl, Geschichtsbewußtsein und den Sinn für komplexe soziale Zusammenhänge verlieren. (...)

Die drei Jahrzehnte, in denen ein technokratisches, mechanistisches, das Obere zuunterst kehrendes Entwicklungsmodell als das A und O galt, haben weltweit eine Krise heraufbeschworen, die in der Geschichte nicht ihresgleichen hat. Die Merkmale dieser Krise, wie sie sich in der Dritten Welt zeigen, lassen sich auf einen erschreckenden, paradoxen Nenner bringen: Die wirtschaftlichen Gewinne, die aus dem vorherrschenden Entwicklungsmodell erwachsen, müssen absurderweise wieder zur Lösung jener akuten Probleme und Widersprüche verwandt werden (und in den meisten Fällen sind sie bereits dazu verwandt worden), die eben dieses Entwicklungsmodell aufgeworfen hat. (...)

Die gesammelten Erfahrungen und Enttäuschungen haben bewirkt, daß sich ein alternatives Entwicklungsmodell herausschälen konnte, bei dem die Entwicklung „von unten nach oben" stattfindet. (...)

Die Rückkehr zum menschlichen Maß, die aktive, schöpferische Beteiligung der Öffentlichkeit, die Befriedigung der menschlichen Grundbedürfnisse, ökologische Anpassung, lokale Selbstversorgung – das sind einige der grundlegenden Ziele. Zwei wichtige Parameter sind Systemgröße (oder kritische Systemgröße) und Leistungsfähigkeit (qualitativ, nicht quantitativ). (...)

Wir, die wir nach menschlichem Vermögen auf menschliche Lösungen hinarbeiten, wo Menschen wirklich Menschen sind, bilden eine Schar, die Macht besitzt, weil es ihr an Machtgier mangelt. Es ist, wie in längst vergangenen dunklen Zeiten: Wir sind die neuen „Klöster", in denen der Reichtum unserer kulturellen Verschiedenartigkeit und Mannigfaltigkeit bewahrt werden soll, bis die barbarischen Horden mit ihrer Gleichförmigkeit, ihrem Machthunger, ihrem Blutsaugertum und ihrer Gier unter der untragbaren Last ihrer eigenen gigantischen Dummheit zusammenbrechen.

Mandred Max-Neef zur Bedeutung des Alternativen Nobelpreises:

Ich erfuhr Mitte Oktober 1983 während einer Phase extremer Armut in Süd-Ost-Mexiko, wo ich damals mit Unterstützung von UNICEF arbeitete, durch einen sehr guten schwedischen Freund, daß ich als Kandidat für den Alternativen Nobelpreis vorgeschlagen worden war. Ich befand mich damals in einer Art Selbst-Exil von der chilenischen Diktatur mit allen frustrierenden psychologischen Effekten, die eine solche Situation verursacht – u.a. war ich von meiner Familie getrennt. Und diese Neuigkeit gab mir immensen Mut für einen optimistischen Blick in die Zukunft. Später wurde mir mitgeteilt, daß die Entscheidung am 26. Oktober, meinem Geburtstag, fallen sollte. Ich interpretierte das spontan als ein sehr gutes Omen. Dennoch schlug die anfängliche Euphorie bald in einen unerträglichen Wirbel gemischter Gefühle um, verbunden mit schlaflosen Nächten und Tagen voller Rastlosigkeit. Verstärkt wurde dies zudem dadurch, daß ich mich – aus Aberglauben – nicht traute, meine Information mit irgend jemandem außer meiner Frau Gabriela, die unglücklicherweise 8.000 Kilometer weit weg war, zu teilen.

Ich hatte, um an meinem Geburtstag mit meiner Familie zusammen zu sein, eine Reise nach Chile organisiert. Ich kam am 25. Oktober an. Meine Frau und ich sprachen nicht darüber, doch waren wir ersichtlich darauf eingestellt, einen Anruf aus Stockholm zu erhalten. Der 26., 27. und 28. Oktober vergingen, doch es kam kein Anruf von dort. Das war selbstverständlich eine große Enttäuschung. Doch als ich mich auf dem Weg zurück in die Wirklichkeit wähnte, konnte ich wieder schlafen und fühlte mich überraschenderweise erleichtert und erholt.

Dann kam der 29. Oktober. Das Telefon klingelte; der Anruf kam aus Stockholm. Mir wurde mitgeteilt, daß ich mit dem Preis ausgezeichnet worden war. Die Verzögerung lag, wie ich später erfuhr, daran, daß die Jury nicht wußte, wo die Preisträger zu erreichen waren. Jedenfalls war das Glücksgefühl nicht zu beschreiben.

Dennoch geschah etwas Unglaubliches (bzw. Glaubhaftes, wenn man die Umstände kennt): In keiner chilenischen Zeitung erschien eine Meldung, bis ein sehr guter und einflußreicher Freund, der Patenonkel meiner Tochter Magdalena, eines der Blätter anrief und betonte, wie verwundert und perplex er deshalb sei. Als ich bereits nach Mexiko zurückgereist war, wurde meine Frau von einem Redakteur dieser Zeitung interviewt. So erschien die Neuigkeit am nächsten Tag auf der ersten Seite. Einen weiteren Tag später rief der Redakteur meine Frau erneut an und teilte ihr mit, daß die Regierung durch die Minister für Innen- und Außenpolitik die Wahrheit der Information bestritten hätte. – Was geschehen war, sollte offiziell also nicht geschehen sein! Mein Preis wurde daraufhin nicht mehr erwähnt, mit der Ausnahme des Kommentars, daß dieser eine Erfindung europäischer Kommunisten sei.

Sechs Monate später entschied ich mich – mit dem Wissen, daß diejenigen, die die Wahrheit verleugnet hatten, diese insgeheim kannten –, zurück nach Chile zu gehen und dort zu leben. Ich war sicher, daß der Preis mir sicheren Schutz garantierte. Dennoch wurden meine Frau, meine Tochter und ich einmal von der Polizei verhaftet. Glücklicherweise wurde dies bekannt, so daß Hunderte Protesttelegramme aus der ganzen Welt beim Innenminister eingingen. Wir wurden als Konsequenz aus dieser internationalen Schockwirkung freigelassen und nie wieder belästigt.

Ich machte mich an die Arbeit und gründete mit dem Preisgeld und der fabelhaften permanenten Unterstützung seitens der schwedischen Dag Hammarskjöld-Stiftung das Zentrum für Entwicklungsalternativen (CEPAUR). Als NGO, die sich sowohl der Forschung als auch dem Aktivismus widmete, waren wir in der Lage, einige hochqualifizierte Sozialwissenschaftler, die aufgrund der Diktatur arbeitslos waren, anzustellen. Die fruchtbaren Beziehungen zu zahlreichen ähnlichen Institutionen rund um die Welt und die gemeinsamen Anstrengungen von Wissenschaftlern mit gleichen Interessen gaben – abgesehen von vielen anderen Erkenntnissen und Beiträgen – einer Sache eine Heimat, die mittlerweile international gut bekannt ist und vielerorts praktiziert wird: die Theorie des Menschlichen Maßstabs. Die Dag Hammarskjöld-Stiftung gab spanische und englische Editionen mit enormer Wirkung speziell in Südamerika heraus. So wurden Interesse und Einfluß erzeugt, die diese Veröffentlichungen zu den am meisten fotokopierten Dokumenten machten. Es folgten seither Hunderte von Workshops, Seminaren und lokalen Projekten, bei denen die Methode des Menschlichen Maßstabs angewendet wurde. So bekam diese auch in innovativen Netzwerken und Initiativen eine Heimat, so daß diese Prinzipien unabhängig von ihren Autoren in künftige Zeiten getragen werden.

Nichts hiervon wäre ohne den Preis möglich gewesen. Er veränderte mein Leben dramatisch und trug zu einer Verbesserung der Qualität des Lebens und der Hoffnung von Tausenden von Menschen in vielen Ländern bei.

13 Amory B. und Hunter L. Lovins

(Anm. JS: Amory Lovins hielt 1983 in Stockholm in seinem und dem Namen von Hunter Lovins eine Rede über die Gefahren der Atomenergie. Ihre Aktivitäten waren eng verbunden mit der Entwicklung effizienter Methoden der Nutzung von Energie. Amory und Hunter Lovins wurden Vorreiter in der Erforschung und Verbreitung ressourcenschonenden Wirtschaftens und gehören hier zur Weltelite. Es ist daher sinnvoll, an dieser Stelle Auszüge aus Amory Lovins' knapp sechs Jahre nach Erhalt des Alternativen Nobelpreises gehaltenen Rede zur Entgegennahme des Delphi-Preises der Onassis-Stiftung zu dokumentieren.)

„Es werde Licht!" Die Einführung des Kunstlichts trug zum Fortschritt der Menschheit bei, da nun auch nach Einbruch der Dunkelheit gelesen und geschrieben werden und nicht nur Gelehrte, sondern jedermann an den Erzeugnissen schriftlicher Kultur teilhaben konnte. (...) Doch die meisten Lichtquellen sind noch immer konventionelle Glühlampen, die 95 Prozent ihrer Energie verschwenden.

Aber wir können nun dafür sorgen, daß das Licht „gut" ist, indem wir es durch kompakte Leuchtstofflampen erzeugen, die mit einem Viertel des bisherigen Energieverbrauchs mindestens dreizehnmal so lange halten, wie konventionelle Lampen. (...)

Stammt die eingesparte Energie aus einem Kohlekraftwerk, verhindert diese eine Lampe im Lauf ihres Lebens die Emission von einer Tonne Kohlendioxyd sowie von mindestens acht Kilogramm Schwefeldioxyd, welches als saurer Regen Fische und Bäume vernichtet und zur Luftverschmutzung beiträgt, die Menschen und Gebäude bedroht, sowie von Stickoxyden, Schwermetallen und anderen umweltschädigenden Substanzen. Stammt die eingesparte Energie hingegen von einem Atomkraftwerk, so verhindert diese eine Lampe im Laufe ihres Lebens den Ausstoß von einer halben Curie Strontium-90 und Caesium-137 sowie anderer radioaktiver Abfälle wie etwa 25 Milligramm Plutonium mit der Explosivkraft von 385 Kilogramm TNT und einer Radioaktivität, die bei gleichmäßiger Verteilung über 2.000 Lungenkrebsfälle

hervorrufen kann. Ist die eingesparte Energie aus Öl erzeugt, so kann eine solche Lampe etwa 200 Liter einsparen; genug Antriebsenergie für ein starkes Auto über eine Strecke von beinahe 11.000 Kilometern (...).

Da weltweit ein Viertel der Entwicklungshilfegelder in die Elektrifizierung gesteckt wird und die Verschuldung der Dritten Welt zum großen Teil mit Energieprojekten zusammenhängt, ist eine effiziente Energie- und besonders Stromversorgung erste Voraussetzung für eine solide Entwicklung – in reichen wie in armen Ländern.

Effiziente Beleuchtung macht den Bau teurer Staudämme überflüssig. (...) Diese Lampen und ähnliche Energieeinsparungen in anderen Bereichen könnten auch für mehr als eine Milliarde Menschen in entlegenen Dörfern die Solarenergie in den Bereich des wirtschaftlich Möglichen rücken. (...)

Effiziente Energie erhöht das Nettoeinkommen, welches größtenteils in der lokalen Wirtschaft zirkuliert und Arbeitsplätze und Multiplikatoren erhält. Dies ist eine der mächtigsten uns bekannten Antriebskräfte wirtschaftlicher Entwicklung. (...)

Allein in meinem Heimatland könnte die Ausstattung mit neuen effizienten Lampen mindestens ein Fünftel aller im Land verbrauchten Energie einsparen (...) und 120 riesige Kraftwerke mit Kosten von über 200 Milliarden Dollar ersetzen. (...)

Amory B. Lovins zur Bedeutung des Alternativen Nobelpreises:

Der Preis brachte Aufmerksamkeit und Respekt für unsere Arbeit insbesondere in Europa. Durch ihn wurden wir Chief Ibedul Gibbons, Manfred Max-Neef und anderen, deren Arbeit unsere eigene beeinflußt hatte, vorgestellt. Und er brachte uns exakt die richtige Geldsumme in genau dem Augenblick, in dem wir sie brauchten, um die Schreiner zu bezahlen, die Tische und Bücherregale im neu entstehenden Hauptquartier des Rocky Mountain Institutes installierten.

14 Leopold Kohr

(...) Das wahre Problem unserer Zeit ähnelt dem eines Bergsteigers im Himalaya. Das Herz sticht, die Lungen versagen, die Ohren schmerzen, die Augen erblinden, die Haut platzt auf – aber kein Spezialist für Herz, Lungen, Ohren, Augen oder Hautleiden wird ihm helfen können, denn organisch fehlt ihm nichts. Es ist die Höhenkrankheit. (...)

Mit anderen Worten, das wahre Problem unserer Zeit ist nicht materiell, sondern dimensional. Es liegt in den Größenordnungen, nicht in den Systemen, den Ideologien oder den Anführern. Und da gesellschaftliche Schwierigkeiten mit der Größe der Gesellschaft wachsen, ist es wie im Bilde von der Höhenkrankheit: Jeder Heilungsversuch setzt voraus, daß die befallene Gesellschaft zu Größenordnungen herabsteigt, die der Mensch mit seiner beschränkten Statur wieder kontrollieren kann. (...)

Die Menschheit wurde aus dem Paradies nicht deshalb vertrieben, weil Eva den Apfel aß, sondern weil die Äpfel nicht für die wachsende Bevölkerung ausreichten. Eva aß den letzten Apfel – darin lag die Sünde. Von da an mußten sich die Menschen mit einer härteren Produktionsweise ernähren – im Schweiße ihres Angesichts. (...)

Wenn also der Ursprung der Probleme in übertriebener Größe, unübersehbaren Dimensionen, krebsartigem Wachstum und Gleichgewichtsverlust liegt, so wird die einzig mögliche Lösung natürlich nicht in der Bildung noch größerer Einheiten zu finden sein, die jedes Problem – dem neuen Maßstab angepaßt – ebenfalls vergrößern würde. Sie ist vielmehr in der entgegengesetzten Richtung zu suchen. Im Kleinen. Hierdurch allein wird sich die Unzahl von Folgeproblemen lösen lassen, die dem primären historischen Faktor der exzessiven Gesellschaftsgröße zuzuschreiben sind. (...)

Warum also lösen wir nicht das eine unlösbare Problem unserer Welt, die Höhenkrankheit exzessiver Größe und unkontrollierbarer Proportionen, indem wir rechts und links meiden und zu deren Alternative zurückkehren? Zu einer Gesellschaft, die in kleine Einheiten gegliedert ist und dabei doch die Möglichkeit sowohl zu pluralistischer, globaler Zusammenarbeit als auch zu weitgehender Selbstgenügsamkeit bietet? (...)

Jeder sollte begriffen haben, daß Größenwahn, Zusammenschlüsse, gigantische Einheitsorganisationen, Absingen internationaler Hymnen und Händeschütteln bei wortreichen Konferenzen nichts bringen. An diese Rituale glauben nur diejenigen, die ihre Macht mißbrauchen, anstatt damit wirklich Nützliches zu tun und uns nicht in den atomaren Untergang zu führen, der nach Schrödingers statistischen Gesetzen innerhalb der nächsten drei Jahrzehnte unabwendbar wäre, es sei denn – wie ich immer wieder vorschlage –, man löste die zu groß dimensionierten Menschenansammlungen auf, bevor sie die kritische Masse erreichen, die spontan explodieren muß. Auch das wäre freilich eine Lösung, vielleicht sogar eine gängige der Natur, die sie stets anwendet, wenn sie ein System leid ist: Sie vernichtet es, indem sie es einfach wachsen läßt, bis es explodiert oder kollabiert, weil es die Kräfte, die es im Gleichgewicht halten würden, nicht mehr selbst aufbringen kann. (...)

Natürlich gibt es immer den Einwand, Kleinheit sei nichts als der irrationale Traum von Romantikern. Sicher ist sie romantisch; aber nur für einen Romantiker hat das Leben überhaupt einen Sinn. Das Leben beginnt mit nichts, endet mit nichts, kostet zwischendrin eine Menge Geld, und ist also nach allen Regeln der Wirtschaft und Vernunft ein durch nichts zu rechtfertigendes Verlustgeschäft. Nur der Romantiker sieht den Abglanz von Sinn in dem Regenbogen, der sich vom Nichts des Ursprungs zum Nichts des Endes spannt.

Man sagt auch, es sei im Zeitalter des Fortschritts sinnlos, einen Schritt rückwärts zu tun. Hierauf pflegte der große walisische Anthropologe Alwyn Rees zu erwidern: „Wenn man den Rand eines Abgrunds erreicht hat, ist nur eines sinnvoll: Der Schritt zurück."

15 Ela Bhatt
und die indische Self-Employed Women's Association (SEWA)

Maku ist eine Gemüsehändlerin; allmorgendlich borgt sie fünf Dollar von einem privaten Geldverleiher und zahlt abends 5,50 Dollar von ihren schmalen Einkünften zurück. So würde es wohl weitergehen, Tag für Tag, ihr ganzes Leben lang. Aber Maku hat sich mit Laxmi, Raji, Mangu und anderen zusammengetan und eine Genossenschaftsbank gegründet. Die Behörden meinten, wie denn bloß ungebildete, arme Frauen Bankgeschäfte machen könnten. Aber die Frauen haben es geschafft, 1974 ihre eigene Bank zu gründen, und zerschlugen damit den Mythos, mittellose, ungebildete Frauen könnten sich nicht im Bankgeschäft behaupten. Sie haben ihre Bank jetzt schon ein Jahrzehnt gewinnbringend geführt. (...)

Im Januar 1980 entschlossen sich die städtischen Behörden, die Verkehrsprobleme im Marktviertel durch die Entfernung aller Straßenhändler zu beheben. Die Frauen wurden daraufhin Mitlieder von SEWA und beschwerten sich beim Polizeichef sowie den zuständigen städtischen Behörden, aber ohne Erfolg. Also organisierten die Marktfrauen eine Satyagraha, stellten sich hinter ihren Obst- und Gemüsekörben auf und leisteten den Anordnungen der Polizei gewaltfreien Widerstand. – Wir halten uns ganz an das große Vorbild Mahatma Gandhis.

Sie gewannen mit ihrem Widerstand die alten Standplätze zurück. Aber das war keine Dauerlösung. Deshalb stellten die Händlerinnen mit SEWA zusammen einen schriftlichen Antrag an das Oberste Bundesgericht Indiens und ersuchten um das Recht, Handel treiben zu dürfen, das heißt, eine offizielle Lizenz zu bekommen. 1984 wurde ihnen durch Gerichtsbeschluß die Handelserlaubnis für den Manekchowk-Markt erteilt, auf dem sie bereits seit drei oder vier Generationen ihre Verkaufsstände hatten. Damit trat eine Wende in der Stadtpolitik ein. (...)

Kanku, Lali und Chandra sind Landarbeiterinnen. Sie haben höchstens fünf Monate im Jahr eine Anstellung. Ihr Kampf um höhere Löhne war erfolglos, weil sie keinen Druck ausüben konnten in ihrer Machtlosigkeit. Dann haben sie ihre Strategie geändert, neue Fertigkeiten erlernt, traditionelle Gewerbezweige wiederbelebt und Genossenschaften gebildet: Molkereigenossenschaften, Webergenossenschaften, Produktionsmittelgenossenschaften. Kanku, eine Landarbeiterin ohne Grundbesitz, sagt: „Ich habe jetzt einen Handwebstuhl, einen Büffel und ein Kalb – jetzt kann ich auch den Grundeigentümer um höheren Lohn angehen." (...)

Wir tragen die Risiken allein, die unsere Tätigkeiten mit sich bringen. Wir knacken Erdnußschalen mit unseren Zähnen (unser Land verdient ausländische Devisen mit den Kernen) und können nicht mehr essen, weil unsere Lippen, unsere Münder davon wund werden. Wenn wir Baumwolle zupfen, bluten unsere Finger. Wir zerklopfen Steine, atmen Steinstaub ein. Fegen die Straßen, verladen tagaus, tagein Zementsäcke und füllen unsere Lungen mit Staub und Zement, wir drehen Zigaretten und atmen Tabakdünste ein. Wir ziehen Karren mit 2.000 Kilogramm Fracht und verlieren unsere ungeborenen Kinder dabei. Ein solches Leben können wir unseren Töchtern nicht zumuten.

Die SEWA-Frauen haben durch ihren Zusammenschluß viele Kämpfe bestehen und viel Bitteres hinunterschlucken müssen, aber sie sind im Laufe der Zeit zu menschlicher Würde gelangt, haben an Macht gewonnen und können jetzt besser denken, handeln, reagieren sowie ihre Angelegenheiten abwickeln und leiten. (...)

Sie sind aus der jämmerlichen Passivität ausgebrochen, sich alle Ungerechtigkeiten gefallen zu lassen, und haben endlich den Mut, aufzubegehren und zu kämpfen. (...)

16 Winefreda Estanero-Geonzon und die Free Legal Assistance Volunteers Association (Free LAVA)

Als ich das Pfadfindertum in der Haftanstalt einführte und mich der Sozialarbeit widmete, haben einige meiner Kollegen sich kritisch geäußert, ich würde mich in einer Art und Weise betätigen, die nichts mehr mit meinen Aufgaben als Leiterin der Rechtshilfeabteilung zu tun hätte. Der Präsident teilte mir mit, ich solle mich lediglich um Rechtsfragen kümmern, die Sozialarbeit jedoch gefälligst dem Ministerium für Soziales und Entwicklung überlassen. Wir konnten aber nicht darauf warten, daß diese Behörde endlich die notwendigen Schritte unternahm. Wir erlebten ja, wie Menschenleben im Gefängnis vergeudet wurden, wie Männer und Frauen Tag für Tag nichts anderes taten als essen, stehen, sitzen, gehen und kahle Wände anstarren, einzig in der Erwartung, bald aus der Gefangenschaft befreit zu werden. (...)

Wir kennen Gefangene, die noch immer unter furchtbaren Schmerzen durch die Mißhandlungen leiden, die ihnen entweder während ihrer Inhaftierung oder bei Anstaltsverhören zugefügt wurden. Wenn wir von den Folterqualen der Opfer, vom Wehklagen der Witwen und Waisen hörten, stieg Zorn in uns auf, und manchmal hatten wir das Gefühl, als kämpften wir mit einem Zahnstocher gegen den Riesen Goliath an. In unserem Glauben an das Gute im Menschen und in der Hoffnung, daß Mißhandlungen und Übergriffe nicht von oben diktiert waren, suchten wir das Gespräch mit der Führungsspitze des Militärs. Wir saßen mit den ranghöchsten Militärs unserer Region, dem Ortskommandanten und seinen Offizieren am Konferenztisch und berichteten von den Übergriffen, die sich manche ihrer Männer im Dienst zuschulden kommen ließen. Wir brachten Opfer solcher Übergriffe leibhaftig mit. Wir zeigten Aufnahmen von denen, die nicht selbst kommen konnten, wir legten Unterlagen vor. Bei diesen Unterredungen machten wir dem Militär verständlich, daß ein Forum für die Opfer geschaffen werden müsse, wo ihnen Gerechtigkeit widerfahren könne, und wiesen darauf hin, welche Gefahren unserer Gesellschaft drohen, wenn solche Abscheulichkeiten keine Beachtung finden. (...)

Im Zuge eines Programms zur präventiven Verbrechensbekämpfung nehmen wir uns jetzt der Allerärmsten an, der Benachteiligten in unserer Gesellschaft, der Slum-Bewohner, Hausierer, Bauern, Hilfsarbeiter und Obdachlosen. Wir klären sie über die Menschenrechte auf. Wir machen Leute aus ihren Reihen zu Rechtshelfern und arrangieren regelmäßige Treffen mit ihnen. Wir halten diesen Menschen vor Augen, daß sie uns jederzeit um Hilfe angehen können, wenn sie schlecht behandelt oder gequält werden. Was sie bedrückt, wird durch uns den Behörden zur Kenntnis gebracht und dort diskutiert. Wir untersuchen ihre Fälle eingehend und spüren die wahren Gründe auf, aus denen sie im Gefängnis einsitzen. Hat es wirtschaftliche Ursachen, daß der Betreffende inhaftiert ist? Ist er vielleicht das Opfer eines Justizirrtums geworden, sollte seine Verurteilung nur den Anschein erwecken, Verbrechen würden aufgeklärt? Ist er womöglich drogenabhängig aus Sehnsucht nach einem Glück, das ihm seine Eltern nicht geben konnten? Oft entdeckten wir bei unserer Arbeit, daß viele Gefangene aus kaputten Elternhäusern kommen. In diesem Fall führen wir Gespräche mit den Eltern. (...)

Wir halten nichts davon, das Dunkel lediglich zu verfluchen: Es ist immer besser, ein Licht anzuzünden. Unzählige Male haben wir beweisen können, daß der Mensch von Natur aus gut ist. Uns liegt bei unserer Arbeit mehr an einer Aussöhnung als an einer Verschärfung der Fronten. (...)

17 Wangari Maathai

(...) Unser bisheriger feindseliger Umgang mit der Erde – dazu gehört das wahllose Abholzen der Wälder, Buschrodung, Begünstigung der Bodenerosion, Überweidung, Überbevölkerung und vor allem die allgemeine Gleichgültigkeit gegenüber der Umwelt – hat das wunderschöne grüne Kleid unserer Mutter Erde nicht nur in Fetzen gerissen, sondern sie mancherorts auch völlig entblößt. Wir haben ihr tiefe Wunden geschlagen, und jetzt ist sie schwach und unfruchtbar. (...)

Die Natur nimmt ihren gesetzmäßigen Lauf, und das bedeutet für uns Vernichtung und Tod. Wir müssen unsere Sünden büßen (das heißt, unser falsches Handeln korrigieren), indem wir unsere Mutter Erde, unser Heimatland, wieder in ihr ursprüngliches, vollständiges Gewand kleiden. (...)

Die meisten Leute sind Feldbauern und haben Viehbestand. Sie können folglich nicht all ihren Grund und Boden in Waldland umwandeln, weil sie ihn als Acker brauchen. Deshalb werden sie dazu angehalten, eine Gemischtwirtschaft mit Feld und Wald zu betreiben, eine Landbaumethode, der unsere Leute nachgingen, ehe europäische Landwirtschaftsmethoden eingeführt und fälschlicherweise für überlegen gehalten wurden. Inzwischen empfehlen sogar die Wissenschaftler diese Mischwirtschaft, nur muß die jetzige Generation leider erst wieder von Grund auf darin unterrichtet werden. Dazu sind gewisse Kenntnisse über die Bäume, ihre Rolle für den Erdboden und für andere Kulturpflanzen erforderlich. Die Mehrzahl der einheimischen Bäume beispielsweise ist natürlich ökologisch besser geeignet, wächst jedoch größtenteils sehr langsam und hat heutzutage keinen hohen Marktwert. Dadurch geraten diese Baumarten allmählich ins Hintertreffen, denn den Landwirten liegt mehr an exotischen, importierten Bäumen, die schnellwüchsig sind und einen guten Absatzmarkt haben, zumindest im Augenblick noch, wo sie sozusagen in jungfräulichem Boden wachsen. In ein paar hundert Jahren stellt sich vielleicht heraus, daß diese exotischen Bäume Versteppung und Zerstörung über die üppige Lebensvielfalt der tropischen Ökosysteme gebracht haben. Um das Ausplanzen importierter Bäume einzuschränken, bezahlen wir den Züchtern (zu-

meist Frauen) weniger für solche Sämlinge und mehr für einheimische Hölzer und Obstbäume, die sich besser für die Mischwirtschaft eignen. (...)

Die Brennholzkrise zieht ein weiteres Problem nach sich: Unterernährung. Eine Frau mit wenig Brennholz entscheidet sich für Speisen, die wenig Energie bei der Zubereitung verbrauchen. Wenn sie Geld hat, ernährt sie deshalb ihre Familie lieber mit Fertignahrungsmitteln wie Brot, Maismehlprodukten, Tee und anderen Getränken. Oft weiß eine Frau gar nicht so recht, was eigentlich zu einer ausgewogenen Kost gehört. Die Unwissenheit in Verbindung mit der Brennholzknappheit leistet entscheidend der Unterernährung und anderen Krankheiten Vorschub, die durch bessere Eßgewohnheiten vermieden würden. Wenn zu viele Menschen in diese Lage geraten, hat man schnell eine kranke Gesellschaft, und eine kranke Gesellschaft ist unproduktiv. Unproduktive Leute jedoch steigen allmählich zwangsläufig auf die Stufe der Unterentwicklung ab. Deshalb ist es überaus wichtig, die Energieprobleme der Armen dadurch zu lösen, daß Holz zur Verfügung gestellt wird und alternative Hausbrandmöglichkeiten gefunden werden, die den Holzverbrauch einschränken. (...)

Wir haben im Ökosystem auf unserem Erdball ein einzigartiges Erbe angetreten und tragen eine besondere Verantwortung. Wenn von denen, die mit Vernunft begabt sind, mehr erwartet werden kann, dann müssen wir bereitwillig unsere besondere Verantwortung gegenüber den „unvernünftigen" Elefanten und Schmetterlingen anerkennen. Wenn wir ihnen und ihren Nachkommen das Überleben sichern, werden wir auch das Überleben unserer eigenen Art sichern.

18 Imane Khalifeh

Sie kennen den Libanon sicher von zahllosen Bilddokumenten her – dieses Land in seiner Schönheit, seiner Liebe und seiner Friedlichkeit. Ich habe ein Buch bei mir, das die Hauptstadt des Libanons beschreibt. Beirut vor und nach dem Krieg. Beirut, die Stadt, die nicht sterben will. Die Fotos in diesem Buch zeigen eine wunderschöne Stadt, eine glückliche Stadt, eine friedliche Stadt. Ich hätte nur zu gern zahlreiche Exemplare von diesem Buch, um sie denen zu geben, die beim Namen Beirut an nichts anderes denken können als an Zerstörung und Gewalt und wie diese Stadt der Schauplatz eines gemeinen Krieges wurde, der mittlerweile neun Jahre andauert. In diesen neun Jahren hat die Welt Beirut als eine Stadt voller Angst und verzweifelter Wut kennengelernt, als Synonym für Krieg und Tod. Das eben erwähnte Buch ist während des Krieges veröffentlicht worden. Beirut war immer die kulturelle Pulsader des Mittleren Ostens und ist es trotz des Krieges auch geblieben. Diese Stadt ist der Sammelpunkt für alle geistigen Impulse aus der gesamten arabischen Welt und ein Umschlagplatz für westliche Entdeckungen und Erfindungen. Meine Generation und ich konnten uns nicht an diesem Beirut freuen, dieser lichten, friedlichen Stadt, wie sie in dem genannten Buch geschildert wird. (...)

Von der Universität aus konnte ich auf einen Spielplatz des Universitätsgeländes blicken, wo Kinder in aller Unschuld und völlig unbekümmert um die Gewalttätigkeit in ihrem Umkreis spielten. (...)

Dabei bemerkte ich, wie sie aus Angst in ihre eigene unschuldige Welt flüchteten und wieder zurück. Ich beobachtete, wie ihre Väter und Mütter zu diesem kleinen Spielplatz eilten, um ihre Kinder schützend fortzubringen, und wie sie sich nach Frieden und Sicherheit sehnten. Ich sah den unterbewußten Kampf mit an, den diese Kinder in einem kriegszerrissenen Land durchlebten, in dem sie versuchten, sich ihre Unbekümmertheit inmitten von Greueln, Gewehrgeknatter, Raketen- und Bombengetöse zu bewahren. Die Szene wiederholte sich Tag für Tag. Ich begann, nachts wachsende innere Unruhe zu verspüren, was das Schicksal wohl für diese Kinder an Gefahren bereithalten mochte, und vergaß über meiner Sorge um sie meine eigenen Zukunftsängste. Der Krieg raubte diesen Kindern ihre Kindheit, wie er mich und viele andere um die Möglichkeit brachte, Pläne für eine Zukunft zu schmieden. (...)

Der Ruf nach Frieden war ein Sprachrohr für jeden einzelnen, der seine Sehnsucht nach Liebe und Frieden zum Ausdruck bringen wollte. Dieser Aufruf und die Reaktion darauf hat die Welt zutiefst überrascht. Er hat die internationale Gemeinschaft erschüttert. Sie hatten alle vergessen, daß im Libanon ein Volk lebt – ein Volk, dessen Schrei nach Frieden vom Waffengeklirr übertönt worden ist, ein Volk, das die schweigende Mehrheit darstellt und das von einer Minderheit zugrundegerichtet wird. Ein Komitee von zwanzig Leuten wurde gegründet. Die Mitglieder kannten sich vorher nicht, aber ihr vertrauensvolles Hoffen auf den Frieden vereinte sie. (...)

Wahrer Frieden bedeutet für uns mehr als nur Verstummen von Waffenlärm, Abwesenheit von Gewalt und Beendigung des Kriegszustands. An diesen Grundsatz halten wir uns bei der Verfolgung unserer Ziele. Vor Jahrhunderten hat Spinoza einmal gesagt, Frieden sei „nicht die Abwesenheit von Krieg, sondern die Bereitschaft zu Mildtätigkeit, Wahrhaftigkeit und Gerechtigkeit." (...)

19 Cary Fowler und Pat Mooney

(Rede von Cary Fowler)

(...) Im Grunde genommen haben alle unsere heutigen Nutzpflanzen ihren Ursprung in der Dritten Welt: (...) Während der letzten 12.000 Jahre mußten sich diese Nutzpflanzen zahllosen veränderten Umweltbedingungen anpassen – an andere Bodensorten und Klimazonen, Schädlinge und Krankheiten. Gerste mußte sich zum Beispiel daran gewöhnen, nicht nur in Äthiopien zu gedeihen, sondern auch in Schweden. Das Ergebnis waren Tausende deutlich differierender Arten von Gerste, Weizen, Reis, Mais und so weiter, jede Art genetisch anders, jede an ihre jeweils besonderen Bedingungen angepaßt. (...)

Doch diese genetische Vielfalt geht verloren. Die Grundlagen der Landwirtschaft werden zunehmend zerstört. Die traditionellen Arten sterben aus, neue Varianten ersetzen sie. Es ist der gleiche Prozeß, wie er sich auch bei den Haustieren abspielt. In den USA wurden im letzten Jahrhundert 7.000 bekannte Apfelarten angebaut. Über 85 Prozent davon – mehr als 6.000 – gibt es heute nicht mehr. (...)

Der Verlust der genetischen Vielfalt begrenzt die Evolution und die Entwicklung von Agrarpflanzen. Er verringert und eliminiert Wahlmöglichkeiten für die Zukunft.

1840 wütete eine schreckliche Kartoffelkrankheit in Irland. Keine der Kartoffelsorten, die den Weg aus ihrer Heimat in den Anden nach Irland gefunden hatte, war gegenüber dieser Krankheit resistent. Die Kartoffeln starben, und mit ihnen starben über eine Million Menschen. Mehr als eine weitere Million emigrierte in die Neue Welt, darunter auch Pat Mooneys und meine Vorfahren. Glücklicherweise waren die Kartoffeln in den Anden noch resistent gegenüber dieser Krankheit, sonst könnten wir heute keine Kartoffeln mehr essen. Wir würden diese Pflanze schlicht nicht mehr kennen. (...)

In den vergangenen Jahren konnten Gerste und Reis nur gerettet werden, weil man primitive Arten fand, die die benötigten Resistenzen aufwiesen. Tomaten, Zuckerrohr und Tabak blieben nur erhalten, weil man Gene ihrer wild wachsenden Verwandten benutzte. Wir sind einer größeren Katastrophe nähergerückt. (...)

Äthiopien ist offiziell das ärmste Land der Erde. Es kann seine Bevölkerung nicht mit Nutzpflanzen ernähren, die ständige Bewässerung und teuren importierten Dünger und Pestizide benötigen. Die Verwendung dieser Sorten hat in Äthiopien schon Menschenleben gekostet. Äthiopien muß sich vielmehr auf Pflanzen verlassen, die sich an die dort herrschenden rauhen Bedingungen anpassen, und dazu ist eine Vorbedingung, daß der Reichtum des Landes an genetischen Ressourcen genutzt wird. Wenn diese Vielfalt dort verlorengeht, wird es nahezu unmöglich sein, eine ausreichende, unabhängige Landwirtschaft aufzubauen. Und damit wird die Hungersnot dort zu einer ständigen Einrichtung. (...)

Doch das Versprechen der Genbanken, die genetische Vielfalt zu bewahren, wird vielleicht nie eingelöst werden. Trotz aller Mühen und Anstrengungen der beteiligten Wissenschaftler gehen große Sammlungen immer wieder verloren. Jack Harlan sagte einmal: „Wenn wir gewillt sind, das Schicksal der Menschheit diesen Samensammlungen anzuvertrauen, leben wir in einer Illusion." (...)

Um die genetische Vielfalt zu bewahren, müssen wir sowohl im Naturschutz als auch in der Politik arbeiten. Als einzige Spezies auf diesem Planeten, die mächtig genug ist, die gesamte Evolution zu beeinflussen, tragen wir auch die Verantwortung dafür. (...)

In einer Handvoll von Tresoren für Saatgut in den Vereinigten Staaten, der Sowjetunion, in Japan, Italien und einigen weiteren Ländern lagert das wertvollste Rohmaterial der Welt.

Es handelt sich dabei allerdings um ein Rohmaterial, das sich von allen anderen in der Welt unterscheidet. Es wurde nämlich gespendet. Die Armen haben es den Reichen geschenkt. Diese Schenkung geschah mit dem noblen Gedanken, daß genetische Ressourcen Teil des gemeinsamen Erbes der Menschheit sind und daher niemandem allein gehören können. (...)

20 Janos Vargha

(...) Man kann ihre Spuren (die der Planer, Anm. JS) an der Wolga, am Nil, dem Tennessee wie auch am Aitaki in Neuseeland finden. Das hatte schwerwiegende Folgen, wie sich zum Beispiel darin zeigt, daß das Kaspische Meer in der UdSSR unaufhaltsam schrumpft, sich in Ägypten die Bilharziose ausbreitet, die Fischpopulation im Nildelta abnimmt und das Land entlang des Rheins in Baden austrocknet.

Die Arbeit der Planer und ihrer Protektoren auf oberster Ebene wird jedoch immer schwieriger: Heute stoßen sie auf Menschen an den Flüssen, die nachdrücklich die Werte ihrer Heimat verteidigen.

Doch ihre Gegenwehr bleibt gewöhnlich ergebnislos. Das hochverschuldete Brasilien hat Milliarden von Dollar beim Utaipu-Damm verschwendet, einer Talsperre, die in absehbarer Zeit versandet sein wird. Der Victoria-Damm in Sri Lanka, der mit britischer „Hilfe" errichtet wird, zerstört 7.000 Morgen fruchtbares Land für die Erzeugung von nur 210 Megawatt. Bayern hat die Fertigstellung des Rhein-Main-Donau-Kanals mit aller Macht durchgeboxt.

Auf der anderen Seite wurde die Arbeit am Chico-Damm auf den Philippinen nach massivem örtlichen Widerstand eingestellt. In der UdSSR hat Zaligin, ein russischer Schriftsteller und Ingenieur, erfolgreich eine Bewegung zur Verhinderung des Baus einer nutzlosen und schädlichen Schleuse am Unterlauf des Ob initiiert. Und österreichische Umweltschützer verteidigten die Donauwälder bei Hainburg im wahrsten Sinne mit dem eigenen Körper. (...)

Das Projekt wurde vor einigen Jahrzehnten geplant, um maximale Energie zu erzeugen und die Kapazität des Transportes auf dem Wasser drastisch zu erhöhen (selbst bei dem theoretisch maximal vorstellbaren Verkehr auf diesem Flußabschnitt würde eine derartige Kapazität kaum benötigt). Darüber hinaus wäre es das relativ teuerste Kraftwerk Ungarns. Zweimal soviel Energie könnte man zum gleichen Preis erhalten, wenn das Geld für die Rationalisierung des Energieverbrauchs ausgegeben würde. Das Projekt wur-

de reiner Unfug, da seine schädlichen ökologischen Konsequenzen nicht bedacht worden waren. Die Frage der Trinkwasserversorgung hat ungeheure Bedeutung aufgrund der allgemein schwierigen Lage in Ungarn und auch in der Slowakei.

Von den 3.500 Siedlungen Ungarns haben 1.500 keine Trinkwasserversorgung. Zweieinhalb Millionen Menschen in dieser Region erhalten ihr Trinkwasser in Plastiktüten oder von Tankwagen, wenn sie sich nicht mit unsauberem Wasser zufriedengeben wollen. (...)

Wir halten das Projekt Gabcikovo-Nagymaros sowohl aus politischen und sozialen Gründen für einen historischen Fehler als auch unter dem Aspekt der ökologischen Bedeutung, die der Donau zukommt. Die österreichische Beteiligung, durch die Österreich Energie auch unter Inkaufnahme von Umweltschäden in Nachbarländern beziehen will, halten wir für einen weiteren historischen Fehler.

Wie andere Umweltinitiativen in Ungarn hat Duna Kör seine Wurzeln im allgemeinen Aktivierungsprozeß der Gesellschaft. Verschiedene Schichten, Berufsverbände usw. streben nach größerer Autonomie. Immer mehr Menschen fordern, daß die Entscheidungen über die Gegenwart und Zukunft kleinerer und größerer Einheiten nicht hinter verschlossenen Türen getroffen werden dürfen, sondern auf politischer Partizipation basieren müssen. (...)

21 Die indische Gruppe Lokayan

(Rede von Rajni Kothari)

(...) Wir glauben an das Primat des Dialogs, da wir in einer zutiefst gespaltenen Welt mit immer weniger Kontakt und zunehmender Entfremdung zwischen den Teilen leben. Es ist eine Entfremdung, die nicht nur das Nichtwissen und den Verlust an Empathie fördert, sondern durch verkrustete Stereotype und Vorurteile einen psychischen Zustand von wachsender Abgestumpftheit, Apathie und Amnesie schafft. (...)

Daher gibt es auf diesem Planeten nicht nur zwei Welten, sondern auch zwei Indien, und innerhalb Indiens wiederum ist jede politische Einheit, jede menschliche Ansiedlung, ob städtisch oder ländlich, in zwei Hälften geteilt. Diese Spaltung untergräbt sowohl größere nationale oder subregionale Einheiten als auch das Gemeinschaftsgefühl auf unterer Ebene. (...)

Doch die moderne Ökonomie und der moderne Staat zerstören vielmehr die natürliche und kulturelle Vielfalt und produzieren damit, weit davon entfernt, sie zu integrieren, erst einen dualistischen Zentralstaat. Das moderne Projekt der Integration – sei es nun der Weltwirtschaftsmarkt, die strategische Ordnung der Welt oder der technologische Markt – hat jede Gesellschaft effektiv in zwei Hälften gespalten. Und je mehr Integration es in einem Segment gibt, um so geringer werden Fürsorge, Verständnis und Kenntnis für die andere Hälfte. (...)

Wir, die Mitglieder von Lokayan, glauben an die Parteinahme, nicht auf dogmatische oder sektiererische Weise oder innerhalb eines wasserdichten ideologischen Rahmens, sondern auf der Basis informierten Nachdenkens über die verschiedenen oder gegensätzlichen Standpunkte sowie eines Dialogs zwischen diesen. (...)

Es handelt sich um einen Prozeß, der zu einer neuen Klasse von Menschen geführt hat, die der gewissensorientierten und politisierten Mittelklasse entstammen. Diese Individuen engagieren sich in einem breiten Spektrum von Basisaktionen, bleiben jedoch auch in jenem größeren Kontakt ihrer Arbeit mit den armen und unruhigen Massen. Aus diesem Zusammentreffen der unruhigen Menschen, die sich ihrer Misere immer stärker bewußt werden, und einer gewissensorientierten und ebenso unruhigen Klasse von freiwilligen Politikern (im Unterschied zu professionellen Parteipolitikern) auf der einen Seite und betroffenen Intellektuellen auf der anderen entstehen neue Basisbewegungen, die auf die traditionellen politischen Prozesse in Indien Druck ausüben. (...)

Grundsätzlich bedeutet die Vision, die dem Basismodell von Massenpolitik zugrunde liegt (im Gegensatz zu parlamentarischen, präsidialen oder Parteimodellen von Massenpolitik), daß der Mensch wichtiger ist als der Staat. (...)

Aus diesem Grund muß die Rolle des Zentralstaates verringert werden. Der Staat wird bleiben, denn manche Funktionen müssen von einem zentralen Apparat durchgeführt werden, doch der Staat muß grundsätzlich in Übereinstimmung mit den anderen Zentren wie auch anderen institutionellen Räumen der Zivilgesellschaft handeln. Dazu muß man jedoch über das Nationalstaat-Syndrom hinausgehen. Wir müssen insbesondere das Syndrom vom „nationalen Sicherheitsstaat" überwinden, das in unserer Zeit die Quelle für Autoritarismus wie auch für Hegemonialismus geworden ist. Solange der nationale Sicherheitsstaat herrscht, können und wollen die Massen ihr Erbe nicht antreten. (...)

22 Theo van Boven

(...) In den internationalen Beziehungen wie auch innerhalb vieler Gesellschaften dominiert die Philosophie vom Überleben des Stärkeren – ihrem Wesen nach ein Anti-Menschenrechtsgedanke – und vom Diktat des Stärkeren die Forderungen nach Frieden und Gerechtigkeit für alle. Doch darf dies nicht die Tatsache überdecken, daß für viele Millionen Menschen in der Welt die unmittelbarste Bedrohung in den verschiedenen regionalen, nationalen und internationalen Konflikten besteht, denen sie sich gegenübersehen, sowie in der Nichterfüllung ihrer Grundbedürfnisse. (...)

Mir ist wohl bewußt, daß die Gesetze der Moral für jene nur wenig zählen, die das Gesetz der Macht verteidigen. Aber ich bin ebenfalls davon überzeugt, daß die Gesetze der Macht, die den Ideen von Herrschaft und Abschreckung zugrundeliegen, auf lange Sicht keinen Frieden und keine Sicherheit garantieren können, abgesehen von der Tatsache, daß sie moralisch verwerflich und ethisch ungerecht sind. (...)

Aus dieser Perspektive erkennen wir die Entwicklung dessen, was von der International Foundation for Development zutreffend als „drittes System" bezeichnet wird. Das erste und zweite System repräsentieren politische, ökonomische und militärische Kräfte; sie arbeiten oftmals Hand in Hand. Das dritte System jedoch soll den Rechten und Interessen der Individuen und Völker dienen, besonders den Unterprivilegierten, den Entrechteten, den Verfolgten, den Menschen ohne Stimme. Das dritte System kann zudem als System des richtigen Weges betrachtet werden, als System der Solidarität und Fürsorge, das sich die Errungenschaften der allgemeinen Deklaration der Menschenrechte und anderer Dokumente der Vereinten Nationen zu Herzen nimmt, in denen die Prinzipien und Programme für eine neue menschliche und soziale Ordnung auf nationaler und internationaler Ebene dargelegt werden. Im dritten System finden wir Gruppen und Organisationen, die den menschlichen Faktor verteidigen und für einen am Menschen orientierten Ansatz eintreten, statt sich auf die Beherrschung durch Macht, die Strategie der Abschreckung und die Gesetze der Gewalt zu verlassen. Dieses

dritte System hat keine festen Strukturen, vielmehr kann es eher als eine breite Bewegung betrachtet werden, die den Wurzeln der Gesellschaft entspringt. (...)

In dieser Hinsicht können die Rollen der Medien und eines aufdeckenden Journalismus kaum überschätzt werden. Das dritte System sollte jedoch nicht ausschließlich den Eindruck erwecken, daß es aus Stimmen in der Wildnis besteht – so wichtig diese Stimmen auch sind –, sondern es muß auch Mechanismen des Drucks, des Einflusses und der Zusammenarbeit mit Organisationen und Institutionen entwickeln, die Einfluß ausüben können. Das dritte System kann nicht wirksam arbeiten, wenn es sich von den Machtinteressen des ersten und des zweiten Systems völlig distanziert. (...)

Das dritte System (...) kann mit Hilfe der Vereinten Nationen Ideen vortragen, Vorschläge unterbreiten, Informationen weiterleiten, Besorgnis ausdrücken und, wenn nötig, Aktivitäten aufdecken. Die Vereinten Nationen stellen auch für den nichtoffiziellen Sektor ebenso eine Plattform und einen Kommunikationskanal dar wie ein Forum der Kooperation und des Dialogs.

Das dritte System ist mit dem offiziellen System unvereinbar, doch es handelt sich dabei um einen komplementären Mechanismus. Es ist dynamisch und schillernd, es ist menschenorientiert und von den Prinzipien der Solidarität inspiriert. (...)

Theo van Boven zur Bedeutung des Alternativen Nobelpreises:

Den Right Livelihood Award erhalten zu haben bedeutet für mich, an einer Vision und einer Bewegung beteiligt zu sein, wo

- Menschen wichtiger als Mächte sind,

- Zugehörigkeit über Ausgrenzung steht,

- Freiheit von Armut und Furcht entscheidende Werte sind.

23 Alice Stewart ...

(...) Dies alles (die Übernahme der Leitung des Institutes für Sozialmedizin in Oxford; Anm. JS) geschah zu einer Zeit, als in Europa und Nordamerika die Zahl der Todesfälle aufgrund von Leukämie in beunruhigendem Maße anstieg. Innerhalb des nächsten Jahrzehnts wuchs auch in den übrigen Teilen der Welt die niedrige Vorkriegsrate für Leukämie zu der viel höheren (wenngleich stabilen) Rate von heute an. 1951 herrschte jedoch eine beträchtliche Unruhe darüber, ob wir uns an der Schwelle zu einer Leukämie-Epidemie befänden.

(...) David Hewitt hatte gezeigt, daß vor dem Krieg eine geringe Zahl von Leukämiefällen gleichmäßig auf Säuglinge und ältere Kinder verteilt war, während nun eine deutliche Zunahme der Sterblichkeit im Alter zwischen drei und vier Jahren zu erkennen war. Diese wurde nicht durch den Typ verursacht, der Erwachsene bedroht (myeloid), vielmehr handelte es sich um den lymphatischen Typ. Daher lag die Möglichkeit nahe, daß kleine Kinder die Hauptbetroffenen eines vorgeburtlichen Ereignisses waren, das den Gynäkologen entgangen war, aber durch systematische Befragungen der Mütter eventuell herausgefunden werden konnte. (...)

Wir erhielten damals sogar einen ersten Hinweis auf das Risiko vorgeburtlicher Röntgenbestrahlung, weil wir bei der ersten Serie kompletter Fall- und Kontrollinterviews einen bedeutsamen Unterschied zwischen beiden Gruppen feststellen konnten.

(...) Wenn wir die Datensammlung bis 1971 fortsetzen konnten – dann würden alle in den Jahren 1953 bis 1955 geborenen Kinder zur Erwachsenenbevölkerung zählen –, hätten wir das Ergebnis einer großangelegten langfristigen Untersuchung (d.h. eine Untersuchung über mehr als zwei Millionen Lebendgeborene über 15 Jahre). Dies würde eine korrekte Basis für den Vergleich von geröntgten und nichtgeröntgten Fällen sowie eine ausreichende Anzahl von geröntgten Fällen liefern, um verschiedene Krebsarten zu studieren.

(...) Nach dem Umzug nach Birmingham arbeitete George Kneale kurz als Berater der Mancuso-Studie an Hanford-Arbeitern. Er nutzte die Gelegenheit, verschiedene Methoden bei der Lösung eines Problems zu testen, das er als erster erkannte. Dabei handelte es sich darum, daß ein- und dasselbe Individuum nicht nur einmal einer geringen Dosis ionisierender Strahlung ausgesetzt wird, sondern mehrere Male in verschiedenen Lebensaltern. George untersuchte dieses Problem unter verschiedenen Gesichtspunkten und stellte schließlich fest, daß die Resistenz gegenüber krebsauslösenden Strahlen mit zwanzig Jahren ungewöhnlich hoch ist, mit fünfzig aber vermutlich kaum höher als kurz nach der Geburt. (...)

(...) Dennoch sind vielleicht einige frühe Krebstode dadurch verhindert worden, daß das Immunsystem unzähliger Kinder mehrfach verstärkt wird. (...) Diese Beobachtungen legen nahe, daß es eine wichtige Periode zwischen Auslösung und Diagnose gibt, in der jede Stärkung des Immunsystems von Bedeutung ist. Daher ist es möglich, daß frühzeitige Tode aufgrund von Infektionen nicht nur die Folge der Infektion sind, sondern mit der Latenzperiode eines Krebses zusammenfallen.

Schließlich wurde auch der Grund, warum sich die spontanen und die radiogenischen Fälle bei der Oxford-Studie so ähnlich sind, allmählich klarer, nachdem wir unsere mit den Bodenstrahlungsdaten in verschiedenen Gebieten verglichen hatten. Auf diese Weise entdeckten wir die starke krebserzeugende Wirkung der Hintergrundstrahlung. (...)

Alice Stewart zur Bedeutung des Alternativen Nobelpreises:

Es war natürlich eine große Ehre, den Right Livelihood Award zu erhalten. In den vergangenen Jahren führte der Preis dazu, daß meine Karriere in einigen weiteren Büchern und Artikeln, in denen es um Träger des Preises ging, erwähnt wurde. Doch aus dem Blickwinkel meiner Arbeit machte das keinen großen Unterschied. Das Problem ist, daß viele Menschen, die Einfluß haben, die Beweise, die ich mit meiner Forschung erbracht habe, ignorieren.

23 ... und Rosalie Bertell

(...) Die von der Strahlung aus Tschernobyl, den über 1.600 Atomexplosionen und Unfällen, die sich bereits auf diesem Planeten ereignet haben, verursachten Krebsfälle stellen nur einen Bruchteil der durch Atomstrahlung ausgelösten Tragödien dar. Es wird Todesfälle von Embryonen, Föten und Säuglingen geben, angeborene Defekte und Mißbildungen und in den künftigen Generationen Genschäden verschiedener Ausprägung. (...)

In den Augen der Atomexperten aber gelten diese Probleme nicht als ernsthaft, weil es noch keine durch die Strahlung verursachten Krebstoten gegeben habe. (...)

Die menschliche Passivität hat seit 1945 zu zehn bis zwanzig Millionen Todesfällen oder ernsthaften Behinderungen aufgrund von atomaren Brennstoffen oder Waffen geführt, und in dieser Zahl sind die Opfer von Hiroshima und Nagasaki noch nicht einmal enthalten. Diese konservativen Schätzungen beinhalten ebenfalls nicht die Todesfälle und Verkrüppelungen insbesondere der Eingeborenenbevölkerung in den Entwicklungsländern. (...)

Mit diesen globalen Problemen vor Augen möchte ich den Vereinten Nationen einige Handlungsvorschläge unterbreiten:

(...) Die Internationale Atombehörde sollte ihren bisherigen Auftrag verlieren, den Ausbau der Kernenergie zu fördern. Vorübergehend könnte man sie beim weltweiten Abbau dieser Industrie einsetzen. (...) Unvoreingenommene wissenschaftliche Informationen über nichtnukleare Energieerzeugungsarten sollten den Entwicklungsnationen schnellstmöglich zugänglich gemacht werden.

Der Sicherheitsrat der Vereinten Nationen, der lediglich die dominierende Stellung der Atomstaaten in einer Situation internationaler Unordnung verstärkt, sollte baldmöglichst aufgelöst werden. Wenn wir wirklich den Status einer einzigen reifen, globalen Familie der Nationen erreichen wollen, müssen wir die Verantwortung in einer repräsentativen Versammlung wie den Vereinten Nationen auf alle Völker der Welt ausdehnen, statt Ländern mit Massenvernichtungswaffen eine unverhältnismäßig große politische Macht zu

überlassen. Wir müssen dafür sorgen, daß ein derartiges Weltparlament die Macht besitzt, internationale Verträge, Konfliktlösungsmechanismen und die Entscheidungen eines Weltgerichtshofs auch durchzusetzen.

(...) Es ist meine aufrichtige Hoffnung, daß die Verleihung der Preise der Right Livelihood Stiftung an Alice Stewart und mich den Abschluß einer Ära globaler atomarer Expansion und Täuschung über die Gefahren ionisierender Strahlung markieren wird. Ich hoffe und bete, daß es den Beginn einer Realitätstherapie darstellt, den Beginn der Heilung von Strahlenopfern, bevor wir in einem Dritten Weltkrieg alle vernichtet werden, den Beginn einer Ära der ernsthaften Bemühungen, bewußt an der Infrastruktur der sich bildenden globalen Dorfgemeinschaft zu arbeiten. (...)

Die Menschen der globalen Dorfgemeinschaft sehnen sich danach, die Erfolge des menschlichen Strebens miteinander zu teilen und nicht den Abfall, die Ganzheitlichkeit des Lebens und nicht den Tod. Es ist mein ausdrücklicher Wunsch, daß das Gute, das hier begann, wie ein Strom des Lebens, der Gerechtigkeit und der Hoffnung zu jenen Menschen fließen möge, die in unserem Dorf Erde am bedürftigsten und verzweifeltsten sind. Möge es die eindeutige Wahl für das globale Ermutigungs- und Kooperationssystem bedeuten, das hier in Schweden initiiert wurde, und damit ein Ende des Droh- und Kontrollsystems, das seit Jahrhunderten eine Pest darstellt und in weltweiter Geiselnahme für nuklearen Terror kulminiert.

Rosalie Bertell zur Bedeutung des Alternativen Nobelpreises:

Das Faszinierendste am Right Livelihood Award ist der langsame und verantwortungsvolle Aufbau eines Netzwerkes von Menschen, die passioniert, intelligent sowie kreativ sind und der Zukunft des Lebens auf diesem liebenswerten Planeten positiv gegenüberstehen. Es war eine Freude für mich, sie zu treffen und eine Blutsverwandtschaft hinsichtlich unserer Bemühungen und Hoffnungen zu spüren.

24 Helena Norberg-Hodge und die „Ladakh Ecological Development Group"

Hochgelegen im Regenschatten des großen Himalaya ist es eine Wüste von außerordentlich rauher Natur. (...) Ladakh hat nur überlebt, weil es seine Ressourcen sorgfältig nutzte und nicht mißbrauchte. Es gibt absolut keinen Abfall. Die spärlichen Bäume – Aprikosen, Weiden und Pappeln – werden nicht als Feuerholz verbraucht, trotz bis zu 40 Grad Kälte im Winter. Vielmehr werden sie sorgfältig gepflegt und ihr Holz ausschließlich für den Bau von Musikinstrumenten oder Werkzeugen verwendet. Geheizt wird mit getrocknetem Tierdung, und die menschlichen Ausscheidungen dienen als Dünger. Jedes Haus hat ein Kompost-WC, und jeder „Abfall" wird wiederverwertet.

(...) Viele Leute im Westen würden annehmen, es sei überhaupt unmöglich, unter solchen Bedingungen zu existieren. Doch die Ladakhis haben sogar eine blühende Gesellschaft geschaffen! (...)

Während der vier Sommermonate erledigen die Ladakhis alles Nowendige für ihre Nahrung, Kleidung und Behausung, ebenso die meisten Spinn- und Webearbeiten. Acht Monate herrscht dann Muße – mit Hochzeiten, die zwei Wochen dauern, Klosterfesten, Geschichtenerzählen und Musikmachen. Es muß zwar Wasser gesammelt werden und die Tiere sind zu füttern, doch das ist eigentlich schon alles. (...) Unter dem Gesichtspunkt der Lebensqualität geht es den Ladakhis also weit besser, als man es bei einer vorindustriellen Gesellschaft vermuten würde. (...)

Dramatisch dann die Veränderung: Als die Ladakhis unter den Einfluß der Strömungen von außen und Modernisierungen gerieten, entwickelten sie dieselben Zeichen von Depression, Unruhe, Ärger und Aggression, wie wir sie im Westen erleben. Die Tatsache, daß sich das Individuum unter dem Druck der neuen Technologie, Ökonomie und Erziehung änderte und mit ihm die gesamte Gesellschaft, war für mich der Beweis, daß Menschen durch sozialen Druck dramatisch beeinflußbar sind. (...)

Mit der Industrialisierung kommt auch das westliche Erziehungssystem, integraler Bestandteil der Monokultur mit undefinierbarem Ursprung und eng gekoppelt an das neue technologische und ökonomische System. Kinder kämpfen sich durch den *Kampf um Troja* und wissen nicht mehr, wie man Schuhe aus Yak-Haaren macht oder wie man ein Haus aus Ziegelsteinen baut. Wenn sie es doch lernen, dann als Ingenieur in einer Zement- und Stahlwelt. (...) Wenn sie lernen, wie man Gerste anpflanzt, dann studieren sie die Bücher des monokulturellen Systems, vergessen die lokale Vielfältigkeit der Gerste, die in 3.000 Metern Höhe wächst. Das Endresultat ist, daß ein monokulturell erzogenes Kind nicht in seinem Dorf überleben kann. Der einzige Ort, wo es überleben kann, ist in der Stadt als verstädterter Konsument. (...)

Das westliche System ist völlig unfähig, traditionelle Subsistenzwirtschaft zu würdigen – und so bezeichnet man diese als wertlos. Es unterschlägt die wichtigsten Negativpunkte der Monokultur: Entwurzelung des Menschen, Zerstörung der Umwelt, Arbeitslosigkeit mit all ihren Folgen, Verseuchung des Landes, der Luft und des Wassers.

(...) Es gibt einen Weg, den vorindustriellen Lebensstandard so zu verbessern, daß dies für die Dritte Welt, aber auch für die westliche Welt Modellcharakter hat. (...)

Helena Norberg-Hodge zur Bedeutung des Alternativen Nobelpreises:

Ich war eine der frühen Empfängerinnen des Right Livelihood Award, und mit jedem Jahr, das vergeht, fühle ich mich mehr geehrt, ein Teil dieser außergewöhnlichen Gruppe von Menschen zu sein – Menschen, die nicht nur intellektuelle Ziele formulieren, sondern aktiv daran arbeiten, die Welt zu einem besseren Ort zu machen. In allen meinen öffentlichen Reden, Schriften etc. erwähne ich stolz, daß ich einer der Träger des Alternativen Nobelpreises bin, was zur Folge hat, daß Menschen meine Arbeit in vielen Situationen mit größerem Respekt betrachten.

25 Evaristo Nugkuag Ikanan und die Gruppe AIDESEP

(...) Trotz aller Zerstörungen haben wir bis heute überlebt, auch wenn unsere Kultur geschwächt ist. Einige von uns sind ihrer traditionellen Kultur derart entfremdet, daß sie sich ihrer schämen. Sie wurden von genau dem System abhängig, das sie unterdrückt. Viele unserer Kinder haben ihre ursprüngliche Sprache vergessen und empfinden nur noch Scham und Vorurteile gegenüber unserer traditionellen Kultur. Die den westlichen Geist predigenden Missionsschulen haben nach und nach das Wissen unserer Vorväter diskriminiert. Die Einführung des Beschäftigungssystems hat unsere kollektive Lebensweise zerstört. In einer rassistischen Gesellschaft befinden wir uns auf der untersten Sprosse der Leiter.

Dies alles wirkt auf Sie vielleicht so, als sei es Vergangenheit und läge längst hinter uns. Doch diese schreckliche Geschichte der Ignoranz und Unterdrückung durch ein entmenschlichtes, westliches, kapitalistisches System ist die Geschichte von heute, denn die Missionare und Konquistadoren, die großen Handelsgesellschaften und die Touristen sind die heutigen Akteure und leben unter uns.

(...) Die Verbrechen, Grausamkeiten und Ungerechtigkeiten sind so zahlreich, daß ihre Auflistung Sie ermüden könnte. Können Sie sich die Erregung vorstellen, wenn einige dieser Fälle in Ihrem eigenen Land geschähen?

Und dennoch sind unsere Söhne und Töchter Kinder wie die Ihren, unsere Frauen und Männer sind Menschen wie alle anderen auch, unsere Nationen haben ihren Stolz, ihre Geschichte, ihre Helden, ihren Glauben, ihre Gebräuche, genau wie jede andere Nation. Sie verleihen uns heute einen Preis, weil Sie das begriffen haben. Sie können auch helfen, unsere Regierungen davon abzuhalten, unseren Völkern weiteres Leid anzutun. Mit Ihrer Hilfe unterstützen Sie uns in unserem Kampf.

Das große grüne Meer von Amazonien ist kein Paradies der Fruchtbarkeit. Wir Indianer leben in einer Umwelt, die seit Jahrhunderten ihr ökologisches Gleichgewicht beibehalten hat, weil wir unser Wissen weise anwandten, um unser Land nicht zu zerstören.

Die Länder um den Amazonas gehören zu den ärmsten der Welt und benötigen viel Fürsorge, wenn sie weiterhin fruchtbar bleiben sollen. Sie erholen sich nicht mehr, wenn sie einmal zerstört werden. Nur zwei Prozent des Bodens sind für die Landwirtschaft geeignet, und wir, die Indianer, leben seit Jahrhunderten auf diesem Boden.

Die Siedler, die Regierung und die Banken betrachten das Amazonasgebiet als Gelegenheit, schnellen Profit zu machen, ohne einen Gedanken an die langfristigen Auswirkungen ihrer Entscheidungen zu verschwenden. Für uns ist die Erde die Basis unserer Existenz, und wir brauchen sie ganz, mit all der Vielfalt der Natur. Wir können nicht einfach einen Preis aushandeln oder sie vergessen. Für uns ist die Erde nicht nur ein Produktionsfaktor.

Als der Häuptling Juaneco von den Ashaninkas uns kürzlich um Unterstützung bei der Erlangung des Landrechts für seine Gemeinschaft Tahuaniti bat, erklärten wir ihm die juristischen Schwierigkeiten bei der Erlangung großer Landgebiete. Er antwortete: „Du sagst das, weil Du uns kennst. Das ist unser Land. Leben nur Menschen dort? Nein, es gibt auch Affen, sogar Bären. Und wohin würden die Affen gehen, wenn wir nicht auch für sie um Land bäten? So ist unser Land. Das Land ist für alle: Menschen, Tiere und Pflanzen, voll von Geistern unserer Vorfahren. Es handelt sich um eine wechselseitige Beziehung. Das Land ist für uns Menschen heute und für unsere Kinder."

Wie kann uns die Regierung Land zuteilen, wenn sie erst nach uns hier in dieses Land kam?

Daher ist der Kampf um Land heute der wichtigste Kampf. Es ist ein Kampf, den zu verlieren wir uns nicht leisten können, weil unser Leben vom Ausgang dieses Kampfes abhängt.

26 Robert Jungk

(...) Durch unsere Arbeit, durch unsere Steuergelder, unseren Konsum sind wir zu unfreiwilligen Unterstützern des Systems geworden, das vorgibt, eine wunderbare Zukunft für uns zu bauen, während es in Wirklichkeit alle Hoffnung auf jegliche Zukunft zerstört. (...)

Es gibt jedoch eine weltweite Widerstandsbewegung, die uns von dieser neuen Tyrannei zu befreien versucht. Diese Bewegung wächst. Wir brauchen radikal neue Konzepte, konkrete Beispiele für menschlichere Beziehungen zwischen den Menschen und, was ebenso wichtig ist, zwischen den Menschen und ihrer Welt. (...)

Die Öffentlichkeit erfährt nicht genug über diese Samenkörner einer vernünftigeren und hoffnungsvolleren Zukunft. Vielleicht hat das mit dem Blick zu tun, den die Medien auf die Realität werfen. Für die Medien sind „gute Nachrichten keine Nachrichten". Sensationelle Ereignisse wie Krisen und Katastrophen scheinen interessanter zu sein als die Versuche, einfacher zu leben, sinnvoller zu arbeiten, einander zu helfen und geistigen Reichtum zu schaffen, statt materielle Werte anzuhäufen.

Zukunftsforschung – zumindest in ihrer ersten Phase – hörte nicht auf die schwachen Signale eines neuen Zeitgeistes. Sie hörte die Stimmen der Technokraten: mehr, schneller, stärker, höher, größer.

Die Wurzeln dieses gewalttätigen Futurismus finden sich in den „think tanks", den Denkfabriken des militärischen und industriellen Establishments in den USA. Noch vor dem Ende des Zweiten Weltkriegs wurde von der amerikanischen Luftwaffe die RAND-Corporation gegründet, um zukünftige bewaffnete Konflikte zu analysieren und sich darauf vorzubereiten. Kurz darauf entstand das Stanford Research Centre in einem Gebiet, das heute als „silicon valley" bekannt ist. Hier wurden die Pläne und Produkte für die Kontrolle künftiger Weltmärkte entwickelt.

(...) In der Tradition von Los Alamos und anderer Waffenlaboratorien entwickelte man Pläne für komplexe und extrem machtvolle Systeme. Diese unterschieden sich erheblich von den früheren Entwicklungen des Industriezeitalters: Ihre Wirkungen mußten in Dekaden, in Jahrhunderten oder sogar in Jahrtausenden berechnet werden. Noch erschreckender ist die Tatsache, daß die verursachten Schäden nicht wiedergutzumachen sind.

Wir müssen also heute mit der Möglichkeit einer von Menschen verursachten Apokalypse leben. Das unvermittelte und absolute Ende unserer Spezies wurde damit zu einer realistischen Vision. Die sinnlose Ausrottung zahlreicher Pflanzen und Tiere kündet bereits von unserem eigenen Schicksal. (...)

Wir wollten die tödliche Krise unserer Zivilisation überwinden, indem wir Überlebensstrategien entwickelten. Nicht Wettbewerb, sondern Kooperation, nicht Ausbeutung von Mensch und Natur, sondern Fürsorge und Schutz der Schöpfung und all ihrer Kreaturen sollten uns den Weg in die unbekannte Welt von morgen weisen.

(...) In Zeiten von Instabilität können schon geringe Einflüsse einer neuen Qualität die quantitative Mehrheit dramatisch verändern. In einer Epoche zunehmender Krisen haben Menschen, die Lösungsmöglichkeiten anbieten können, größere Chancen, den Ablauf der Dinge zu ändern.

Diese Problemlösungen werden in den „Zukunftswerkstätten" entwickelt, die in einer Reihe von Ländern entstanden sind, vornehmlich in der Bundesrepublik Deutschland und in Dänemark. In diesen neuen Basisgruppen finden sich besorgte Bürger zusammen und entwickeln ihre eigenen Visionen von der Zukunft. Sie wollen früh genug in die Anfangsstadien politischer Prozesse eingreifen, während neue Ideen noch im Entstehen begriffen sind. So werden sie zu Subjekten statt Objekten, Planern statt Opfern und nehmen teil an der Gestaltung ihres Schicksals.

Die Leute an der Macht sind viel schwächer, als sie scheinen, und die Bürgerbewegungen sind viel stärker, als sie selbst merken. Als Verteidiger der Ungeborenen, als Beschützer der Erde, als Pioniere für friedliche Beziehungen schaffen sie neue Anfänge inmitten der alten Strukturen. (...)

Die alternative Zukunft ist bereits angebrochen. Andere Wege sind möglich.

27 Johan Galtung

(...) Es gibt zwei – nicht gerade bescheidene – Zielsetzungen. Das erstere ist das ultimative Ziel, und es stimmt exakt mit der Friedensbewegung überein: Abschaffung des Krieges als soziale Institution. Damit mag man sich den Vorwurf der Naivität einhandeln, aber so ging es auch den Leuten, die Sklaverei als gesellschaftliche Einrichtung oder den Kolonialismus abschaffen wollten. Man sagte ihnen allen, sie arbeiteten gegen eine dunkle, mysteriöse Macht, die man Natur des Menschen nennt. Und doch kamen sie auf irgendeine Weise zum Ziel. Elemente von Sklaverei und Kolonialismus existieren zwar noch heute, aber nicht mehr als legitimierte gesellschaftliche Einrichtung, und das ist der entscheidende Punkt. Um dies zu erreichen, muß man Alternativen aufzeigen – eine sehr heikle Angelegenheit.

(...) Wir haben etwas zu unterrichten. Der nächste Schritt liegt nun auf der Hand: akademische Abschlüsse im Fach Friedensforschung an möglichst vielen Universitäten der ganzen Welt. Wir brauchen Tausende von Hochschulabsolventen mit einem Master of Peace Studies, einem Diplom als Friedensforscher! Diese müssen in internationalen Organisationen arbeiten, in unabhängigen oder regierungsnahen, transnationalen Körperschaften, die noch ein Gewissen besitzen – und die gibt es –, und in ebensolchen Regierungen mit Gewissen – die gibt es ebenfalls. Sie müssen in freiwilligen Organisationen wie zum Beispiel kirchlichen Gremien und Gewerkschaften arbeiten und vor allem in jenem inzwischen wichtigsten Aktionsfeld für den Frieden auf der Weltbühne, in den kommunalen Verwaltungen. Sollte diese Liste immer noch nicht überzeugend sein, denken Sie nur an die vielen Stellen, die geschaffen werden müßten, nur um das Fach Friedenskunde an den Grund- und weiterführenden Schulen zu unterrichten!

(...) Wenn Frieden gleichbedeutend ist mit der Reduzierung von Gewalt, vergleichbar mit der Abschaffung von Kriegen oder ähnlicher Phänomene, brauchen wir zunächst eine bessere Definition des Gewaltbegriffs, die über das Wort „Krieg" hinausgeht. Mir erscheint es sinnvoll, drei Arten von Gewalt zu unterscheiden:

- direkte Gewalt äußert sich oft in Form von militärischer Macht und ist gewöhnlich auf schnelles Töten ausgerichtet;

- strukturelle Gewalt tritt meist als wirtschaftliche Macht auf, führt zu langsamem Tod, ist aber nicht unmittelbar darauf ausgerichtet;

- kulturelle Gewalt manifestiert sich häufig als kulturelle Macht; sie legitimiert die beiden ersten Arten von Gewalt, indem sie den Machthabern das Recht, ja sogar die Pflicht zu ihrer Ausübung überantwortet – weil die Opfer direkter und/oder struktureller Macht, zum Beispiel Heiden, Wilde, Atheisten, Kulaken, Kommunisten und alles mögliche andere sind.

Ich habe die Erfahrung gemacht, daß die beiden ersten Arten relativ einfach zu behandeln sind. Es gibt Mittel und Wege, den Mißbrauch von militärischer und wirtschaftlicher Macht in großem Stil zu reduzieren.

(...) Der kulturellen Gewalt in Gestalt von alleinseligmachenden Religionen und Ideologien – deren „Auserwählte" das Recht und sogar die Pflicht haben, diesen Glauben zu verbreiten –, dieser kulturellen Gewalt ist nur schwer beizukommen. Hier rütteln wir an der Identität vieler Menschen, an Lügen sicherlich, aber wie Ibsen schon sagte: Nimm dem Durchschnittsmenschen seine Lüge und du nimmst ihm sein Glück. Wäre das an sich nicht schon Gewalt? Hier handelt es sich also um ein Schlüsselproblem in der Friedensforschung, das bestimmt nicht gelöst wird, indem man es verleugnet.

(...) Frieden appelliert an das Herz, Forschung an den Verstand. Beides brauchen wir, beides ist unverzichtbar. Aber ebenso wichtig ist ein Bindeglied zwischen Herz und Verstand. Und darum geht es, auf einen kurzen Nenner gebracht, in der Friedensforschung und der Friedenspraxis.

28 Mordechai Vanunu

Aus der Botschaft, die Mordechai Vanunu durch seinen Bruder Meir zur Verleihungszeremonie nach Stockholm übermittelte:

(...) Es gibt kein „Leben nach der Atomkatastrophe", sie ist irreparabel und irreversibel. Nur jetzt und heute haben wir eine Chance, indem wir alle Atomwaffen auf der ganzen Welt zerstören und ins voratomare Zeitalter zurückkehren. (...)

Zunächst sollten wir überall den Bürgern deutlich machen, was ihre Regierungen in bezug auf Atomwaffen tun oder verheimlichen. Wenn wir es schon nicht aufhalten können, müssen wir doch wenigstens darüber Bescheid wissen, die Menschen davor warnen, sie informieren und so die Widerstandsbewegung stärken. Nur so bleiben wir geistig rege. Wer sich weigert, die Berechtigung dieser selbstmörderischen Waffen anzuerkennen, ist geistig gesund, weil er nicht – wie Adam aus dem Garten Eden – von dieser Erde vertrieben werden will.

Eine besonders drängende Gefahr liegt darin, daß immer mehr Länder, vor allem der Dritten Welt, mittlerweile selbst Atomwaffen entwickeln. Darunter sind einige arme, unterentwickelte Länder, die von westlichen Regierungen Unterstützung erhalten. Damit wächst die Wahrscheinlichkeit, daß sie tatsächlich Atomwaffen produzieren können. Die Aussicht, daß jeder Staat der Erde Atomwaffen herstellt, ist grauenerregend. Schon jetzt gibt es genügend atomare Geschosse, um die Welt zigfach zu zerstören. Was geschieht, wenn noch mehr Länder sie besitzen? Die Gefahr für uns alle wird größer, das Risiko eines Atomkriegs wächst. Wer weiß, wozu die Führungen dieser Länder fähig sind? Und wohin die politischen Umstände in ihnen führen können? Es gibt auf der Welt viele lokale und regionale Konflikte, und wer garantiert, daß sie nicht Atomwaffen auf den Plan rufen?

Um dem ein Ende zu setzen, müssen die USA und die UdSSR atomwaffenfreie Zonen schaffen – auf der Grundlage von Vereinbarungen zwischen den betroffenen Staaten und mittels internationaler Überwachung aller Atomeinrichtungen. Der Nahe Osten könnte eine solche atomwaffenfreie Zone sein, als Schauplatz vieler Kriege und Konflikte, an denen auch die Weltmächte beteiligt sind, was wiederum die Gefahr einer atomaren Explosion vergrößert. (...)

An den defensiven Charakter von Atomwaffen zu glauben, ist illusionär. Atomwaffen sind Vernichtungswerkzeuge und können kein Land schützen – auch nicht Israel.

Ein Staat, der selbst in Furcht vor Zerstörung lebt, hat kein Recht, die ganze Welt mit Vernichtung zu bedrohen. Das Volk, das einen Holocaust erlebte, darf anderen Völkern keinen Holocaust bringen. (...)

Ich bin jetzt im Gefängnis und kann nicht so frei sprechen, wie ich es gern täte. Ich kann mich nur indirekt ausdrücken. Doch ist allgemein bekannt, was ich getan habe und was Sinn und Zweck meines Tuns war. Es war ein positiver Akt, und zum Teil hatte ich Erfolg damit.

(...) Nichts ist so sicher wie der Frieden, in dem jeder Staat das Recht des anderen respektiert und alle am Fortschritt und der Entwicklung der von ihnen bewohnten Region mitarbeiten. Das ist es, was heute im Nahen Osten nottut – echter Frieden zwischen allen seinen Staaten. Nur Frieden wird die Zukunft des Staates Israel sichern. Der Friedensschluß Israels mit Ägypten war ein guter Anfang. Ohne Frieden gibt es keine Sicherheit. Ohne Frieden werden selbst Atombomben keinem Staat von Nutzen sein.

Israel hat den Höhepunkt seiner militärischen Macht erreicht (an dieser Stelle wurden einige Worte vom Zensor durchgestrichen; Anm. JS), dennoch gibt es keinen Frieden. Es herrscht immer noch Krieg. Männer, Frauen und Kinder werden getötet. Alle militärische Macht hat kein Leben in Frieden und Sicherheit geschaffen. Also haben wir keine Alternative, als uns weiterhin verstärkt um Frieden zu bemühen. Krieg führt nur zu Krieg und noch mehr Krieg.

Nur wenige Menschen haben Gelegenheit, diesem Thema so zu begegnen wie ich. Es ist eine Frage des Gewissens, des Lauschens auf die Stimme Jesu, die uns sagt: „Jawohl, du mußt es tun – du mußt dich selbst und deine persönliche Freiheit opfern." (...)

(...) Die wahrscheinlichste Ursache für einen Atomkrieg liegt in einer Unfähigkeit militärisch-technischer Strukturen, mit politischen Krisensituationen fertig zu werden. Die Waffenarsenale von Ost und West sind wie eng verkoppelte Teile eines einzigen großen Atomreaktors, der aber im Gegensatz zu unseren sogenannten „sicheren" zivilen Atomreaktoren so konstruiert ist, daß er bei einem Störfall sich nicht automatisch abschaltet, sondern voll eskaliert.

(...) Unsere tägliche Erfahrung deutet darauf hin, daß unsere fundamentalen Lebensbedürfnisse immer mehr der Technik und den materiellen Bedingungen untergeordnet werden, anstatt daß umgekehrt die Technik und die materiellen Voraussetzungen so benutzt und entwickelt werden, daß die schwierigen und wirklich drängenden Probleme unserer Zeit einer Lösung zugeführt werden. Interessant dabei scheint mir zu sein, daß einige Leute dieser Elite – oder vielleicht schon viele – das Absurde unserer Situation und ihren verhängnisvollen Kurs wohl erkannt haben, daß sie aber wegen der inneren Sachzwänge, insbesondere wegen ihrer nationalen und internationalen Wettbewerbsfähigkeit, keine Möglichkeit sehen, aus diesem Irrenhaus ohne katastrophale Folgen für sich aussteigen zu können. Eine bloße Einsicht in das Geschehen reicht deshalb nicht aus. Wir müssen Methoden finden, die Eigendynamik dieses Geschehens aufzubrechen und zu versuchen, ihm seine Flexibilität, seine Gestaltungsfähigkeit in unserem unmittelbaren persönlichen Lebensbereich zurückzugeben. (...)

Es mag sein, daß die Lösung der drängenden Menschheitsprobleme nicht ganz so eine extreme und exotische Technik erfordern wird, wie sie sich z.B. bei der Bewältigung von Problemen in der Weltraumforschung und bei SDI andeutet. Es gibt deshalb einige Leute, die befürchten, daß diese Probleme vielleicht intellektuell nicht anspruchsvoll genug sind, um die Phantasie und die Begeisterung der Wissenschaftler und Techniker zu entfachen, und daß sie nicht genügend Leuchtkraft besitzen, um ihre Eitelkeit zu befriedigen. (...) Wir sollten jedoch nicht verkennen, daß angesichts der zunehmenden Bedrohungen und Gefahren für den Menschen und angesichts

der Geschwindigkeit, mit der wir einer Katastrophe entgegenrasen, viele Menschen – und besonders unsere jungen Leute – immer stärker den Wunsch verspüren, ihre Arbeit und ihre intellektuellen und moralischen Kräfte den eigentlichen menschlichen Bedürfnissen zu widmen. (...)

Hans-Peter Dürr zur Bedeutung des Right Livelihood Award:

Wie wohl zu erwarten war, hatte die Verleihung des Alternativen Nobelpreises keine großen Konsequenzen für meine wissenschaftliche Laufbahn im engeren Sinne. Dazu bestand auch kein Anlaß mehr, da ich gewissermaßen schon „oben" angekommen war. Von der Max-Planck-Gesellschaft (MPG) wurde der Preis einfach ignoriert. Es wurde mir von den offiziellen Organen keine Gratulation übermittelt. Erst als dies so im *Spiegel* stand, schickte mir der damalige Präsident der Gesellschaft, Heinz Staab, nachträglich einen persönlichen Glückwunsch auf privatem Briefpapier mit den zusätzlichen Anmerkungen, daß die MPG sich offiziell nur zu wissenschaftlichen Preisen äußere und daß unter meinem großen privaten Engagement nicht meine Forschung und Verpflichtungen als Direktor am Institut leiden mögen.

In internationale wissenschaftliche Gremien, die sich den friedenspolitischen, ökologischen und zukunftsorientierten wirtschaftlichen Fragen widmeten, wurde ich – wohl auch wegen des Preises – mit großem Wohlwollen aufgenommen. Ich will hier nur das Council der Pugwash Conferences on Science and World Affairs (Friedensnobelpreis 1995) im Jahr 1987, die International Foundation for the Survival and Development of Humanity 1988 in Moskau, die Organisation Economic Development of Hainan in Harmony with the Natural Environment in China 1990 sowie ein Jahr später den Club of Rome nennen.

Obgleich ich schon vor dem Alternativen Nobelpreis aufgrund meiner, in den sechziger Jahren zum Teil zusammen mit Werner Heisenberg veröffentlichten, wissenschaftlichen Arbeiten (über eine *Radikal vereinheitliche Quantenfeldtheorie der Elementarteilchen*) international, auch im Osten, bekannt geworden war, so hat die hohe Auszeichnung mir zweifellos nochmals ganz neue Kontakte auf sehr verschiedenen Gebieten weltweit ermöglicht. Hierzu trug bei, daß ich den Alternativen Nobelpreis ja für meine großen Anstrengungen, Naturwissenschaftler stärker in den Friedens- und Entwicklungsprozeß einzubinden, erhalten hatte.

Mein Preisgeld habe ich völlig in den von mir 1987 schon vor der Preisverleihung gegründeten Verein Global Challenge Network (GCN) investiert. Mit dem war beabsichtigt, ein Kommunikationsnetzwerk – lange vor, aber ähnlich dem heutigen Internet – für den aktionsbereiten Teil der Zivilgesellschaft zu installieren, um in einer gemeinsamen Anstrengung den heutigen großen Herausforderungen der Menschheit wirkungsvoll begegnen zu können. Diese Initiative war von Anfang an ost-west-grenzüberschreitend und hat dadurch wohl auch einen nicht unerheblichen Beitrag zur gewaltlosen Beendigung des Kalten Krieges leisten können. GCN konnte allerdings seine weit zu hoch gehängten Ziele und Vorstellungen, insbesondere das elektronische Netz betreffend, nicht erfüllen, was sich jetzt durch das existierende Internet auch erübrigt. Auf diese Weise kann GCN sich jetzt auch wieder seinen ursprünglichen Plänen, einer konstruktiven weltweiten Vernetzung zivilgesellschaftlicher Kräfte zur Lösung drängender Weltprobleme, mit den ihm zur Verfügung stehenden moderaten Kräften widmen.

Große Bedeutung hatte mein Alternativer Nobelpreis wohl auch bei der Bevölkerung, die mir überall mit großer Sympathie und regem Interesse begegnete und in diesem Preis eine ganz besonders hohe Auszeichnung sah. Der Preis bewährte sich dadurch als ein verläßlicher Türöffner in allen Teilen der Gesellschaft, so auch der Wirtschaft, der Politik, den Gewerkschaften, bei Künstlern, Theologen, Ärzten und letztlich auch bei Wissenschaftlern. Dies gibt mir die Möglichkeit, auch Jahre nach meiner Emeritierung und damit ohne institutionellen Rückhalt, weiterhin voll auf der Weltbühne agieren zu können.

30 Frances Moore Lappé und Food First

Jenseits der vereinfachenden und erschreckenden Klischees über das Phänomen Hunger waren wir auf einige überraschende Erkenntnisse gestoßen:

- (...) Selbst Länder, die als absolut überbevölkert gelten, haben genügend Ressourcen, um sich selbst vom Hunger zu befreien.
- (...) Trotz gesteigerter Nahrungsmittelproduktion kann es immer mehr Hungernde geben.
- Ausländische Hilfe bringt den Hungernden oft mehr Schaden als Nutzen (...).
- Die Armen in der Dritten Welt stellen für uns weder eine Last noch eine Bedrohung unserer Interessen dar.

Dennoch wird häufig noch die Überzeugung vertreten, daß Hunger aus dem Ungleichgewicht von „zu wenig Nahrung für zu viele Menschen" resultiert – eine unhaltbare These angesichts der unbestreitbaren Tatsache, daß mittlerweile die meisten Hungernden der Dritten Welt dort leben, wo die Nahrungsmittelproduktion erheblich gesteigert worden ist. In zwei Erfolgsländern der Grünen Revolution – Indien und Pakistan – verhungerten im letzten Jahr mehr Kinder als in den 46 afrikanischen Ländern südlich der Sahara zusammen.

Wir haben versucht, die wirklichen Ursachen des Hungers darzustellen – weder Mangel an Nahrungsmitteln noch Mangel an Land, sondern Mangel an Demokratie. – An Demokratie? Wie können wir so etwas behaupten?

Ganz sicher bleiben diejenigen, die nicht ausreichend ernährt werden – per definitionem – von aller Macht ausgeschlossen, weil Ernährung und Aufzucht der Nachkommen für alle Lebewesen an erster Stelle steht. Daher lautet unsere Aussage unmißverständlich: Die Existenz von Hunger ist mit einer wirklichen Demokratie nicht vereinbar.

(...) Wir könnten dabei mit der Einsicht beginnen, daß die Menschen sich selbstverständlich selbst ernähren können und wollen, wenn man sie läßt. Wenn nicht, müssen wir annehmen, daß ihnen mächtige Hindernisse im Weg stehen. Es ist nicht Aufgabe der in den Industrieländern Lebenden, sich einzumischen und „die Dinge für sie zu klären", sondern diese Hindernisse aus dem Weg zu räumen.

(...) Die Existenz gemeinsamer Interessen haben wir 1981 mit unserem bahnbrechenden Buch *Circle of Poison* ganz konkret nachgewiesen. Es machte Millionen Verbraucher auf die Gefahren des Pestizid-„Abladens" aufmerksam, indem es aufdeckte, daß mindestens ein Viertel der aus den Vereinigten Staaten exportierten Pestizide hier entweder verboten, schweren Beschränkungen unterworfen oder nie erprobt worden waren. Daß sie in der Dritten Welt auf Nahrungsmittel versprüht wurden, die wiederum von den USA importiert werden sollten, schloß den „Kreislauf des Gifts", der die Gesundheit von Anbauenden und Verbrauchern gleichermaßen bedrohte. *Circle of Poison* half, ein internationales Netz sehr engagierter Initiativen ins Leben zu rufen, die bald das „Pesticide Action Network" (PAN) gründeten, um auf ein Ende des Pestizid-„Abladens" hinzuarbeiten.

(...) Menschen können nur mit Gewalt hungrig gehalten werden. Die Armen sehen nicht weiter tatenlos zu, wie die ihnen Nahestehenden sinnlos an Hunger sterben. Sie leisten Widerstand. (...)

(...) Doch wenn wir die Gewalt gegen Menschen, die um ihre Rechte kämpfen oder in Massen frühzeitig wegen Hungers sterben, vermindern – und zugleich gegen die Gewalt angehen wollen, die revolutionäre Veränderungen begleitet –, dann gibt es einen entscheidenden Schritt, den wir als Bürger der Vereinigten Staaten tun müssen. Wir müssen der Politik unserer Regierung Einhalt gebieten, die elitäre Regierungen gegen ihre eigenen Völker unterstützt. Diese Botschaft ist von zentraler Bedeutung für unsere Arbeit.

(...) Von Jefferson über Franklin Delano Roosevelt bis zu Martin Luther King jr. haben viele große Amerikaner begriffen, daß sowohl Freiheit wie Demokratie von wirtschaftlicher Sicherheit abhängen. „Wahre individuelle Freiheit kann nicht ohne wirtschaftliche Sicherheit und Selbständigkeit existieren", sagte Roosevelt. (...) Um Amerikaner zum Überdenken ihrer Werte anzuregen, trifft darin meine Stimme auf die eines typischen Vertreters der derzeit in den USA dominierenden konservativen Haltung, welche Sicherheit und Freiheit für unvereinbar hält und Umverteilung der Güter als Wurzel des Totalitarismus betrachtet.

31 Die Chipko-Bewegung

(Rede von Suderlal Bahuguna)

In unserer Vorstellung ist der Mensch, wie alle anderen Lebewesen, ein Kind der Natur, und Gesellschaft umfaßt alles, nicht nur den Menschen. Seinen falschen Wertvorstellungen folgend wurde der Mensch zum Schlächter der Natur.

(...) Asphaltstraßen sind die Vorreiter großer Städte, sie führen die gesamte Bevölkerung an einem Punkt zusammen und fördern zentralisierte Produktion, wodurch wiederum ein Heer unproduktiver Menschen in der Gesellschaft entsteht – Manager, Banker, Broker, Werbeleute und Transportunternehmer. Die wachsende Anzahl unproduktiver Menschen ist die Ursache der Unruhe in unserer heutigen Welt.

(...) Unsere Weisen und Propheten lebten in den Wäldern in ihren Ashrams. Dort – umgeben von Bäumen – hatten sie eine Vision, und sie sahen: Alle Wesen sind von Leben erfüllt, nicht nur der Mensch, sondern auch Vögel, Insekten, wilde Tiere, Bäume, Pflanzen, Flüsse und Berge. Sie verehrten jegliche Art von Leben, und das ist auch der Grund, warum wir die Bäume, die Flüsse, die Berge verehren. Krishna sagte: „Unter den Standhaften bin ich der Himalaja, unter den Flüssen bin ich der Ganges, unter den Bäumen bin ich der Feigenbaum." (...)

Wir hatten lange diese Botschaft vergessen. Doch immer, wenn man vergißt, gibt es jemanden, der die Erinnerung wachruft. Der große Inder Rabindranath Tagore, der 1913 den Nobelpreis erhielt, war in diesem Jahrhundert der erste, der uns Inder in seinem Artikel *Tapovan* an die Botschaft von Aranya erinnerte. Einer seiner Zeitgenossen, der indische Wissenschaftler Jagadish Chandra Bose, verglich Bäume mit Menschen. Bäume atmen und sprechen, sie können traurig und glücklich sein. Mahatma Gandhi schließlich war es, der uns wieder die alten Werte der Kultur in Erinnerung rief und sie mit unserem Alltag verknüpfte. Gandhi war kein Hellseher. Er war ein Mann der Praxis, der von sich sagen konnte: „Mein Leben ist meine Botschaft." Schon 1909 sah er voraus, was uns heute beschäftigt. Wir haben Angst vor Kriegen, vor Umweltverschmutzung und Hunger.

Welche Vision hatte Gandhi von der Zukunft Indiens? Er wurde einmal gefragt, ob er sich wünsche, daß Indien sich ebenso entwickle wie Großbritannien. Gandhi antwortete darauf: „Nein, niemals. Großbritannien muß die halbe Welt unterjochen, um seinen Wohlstand zu erhalten. Wollte ein so großes Land wie Indien diesen Standard erreichen, müßten wir zuerst einige neue Welten erschaffen."

(...) Jede Art von Entwicklung sollte eine ethische Grundlage haben. Wissenschaftler sagten vor kurzem, daß innerhalb der nächsten 15 Jahre mehr als 15 Millionen Pflanzen- und Tierarten ausgerottet sein werden. Für wen? Für uns, für unsere Entwicklung. Glauben Sie, wir werden nach diesem Desaster glücklich sein? Nein. In einer Überflußgesellschaft ist jeder unzufrieden, und diese individuelle Unzufriedenheit ist Ursache von Kriegen.

Gandhi sagte, Friede sei die kollektive Manifestierung individueller Zufriedenheit. Buddha definierte Entwicklung als Zustand von Frieden, Glück und Erfüllung. Das ultimative Ziel von Chipko ist es, den Träumen von Mahatma Gandhi Gestalt zu geben. Gandhi war kein Tagträumer. Er war (...) ein perfekter Geschäftsmann, der die Dinge berechnete. Er war der Meinung, daß wirkliche Entwicklung nur möglich ist, wenn eine harmonische Beziehung zwischen Mensch und Natur besteht. Zerstört man diese Beziehung, ist Entwicklung nicht möglich.

(...) Freunde, wir sind nur aus dem einzigen Grund hier, daß Ihr uns eine Vision gebt, die uns zu einer starken weltweiten Bewegung zusammenschweißt. Dazu brauchen wir drei verschiedene Menschentypen. Erstens den humanitären Wissenschaftler, zweitens den gesellschaftlichen Aktivisten, der darauf brennt, einen Wandel herbeizuführen, und drittens den leidenschaftlichen Literaten, Künstler und Journalisten, der die Botschaft zu den Menschen trägt. (...)

32 José Lutzenberger

Natürlich sind Parks und Reservate, Genbänke und dergleichen notwendig. (...) Heute sind Parks oft die einzige Möglichkeit, bestimmte Gattungen oder Ökosysteme zu erhalten. Dennoch erscheint mir die Vorstellung obszön, daß wir Teile der Natur vor unserer eigenen Zerstörungswut retten müssen. (...)

Die moderne Industriegesellschaft hat einen Weg eingeschlagen, auf dem – wenn ihr nicht bald Einhalt geboten wird – letztendlich alle höheren Lebensformen auf der Erde vernichtet werden. Ein wichtiger Aspekt unseres falschen Umgangs mit der Welt zeigt sich im Reduktionismus, d.h. der Tendenz, nur einen Aspekt eines Themas zu betrachten und eindimensional zu denken. (...)

Sehr ernsthafte klimatische Veränderungen können sich ganz plötzlich, nicht erst in Jahrzehnten oder Jahrhunderten ergeben. (...) Diese Überraschungseffekte lernen wir erst kennen, wenn sie da sind. Dann aber ist es zu spät.

Was geschieht, wenn (...) der Golfstrom, der Europa warmhält, davon betroffen wird? Wir erinnern uns noch an den Zusammenbruch der peruanischen Fischindustrie, als plötzlich die Meeresströmungen anders verliefen. Nicht nur die Fischindustrie litt darunter, es verhungerten auch Millionen von Seevögeln.

Diese Krise (...) ist teilweise verantwortlich für die Zerstörung Amazoniens. Da Peru kein Fischmehl mehr als Viehfutter ausführen konnte – welch ein Wahnsinn, Fische an Vieh zu verfüttern! – entstand ein neuer Markt für Sojabohnen. Im südlichen Brasilien wurde der Anbau von Sojabohnen-Monokulturen massiv propagiert und subventioniert. Dies bedeutete das Ende der bis dahin noch bestehenden subtropischen Regenwälder und die Entwurzelung hunderttausender Kleinfarmer und Farmarbeiter. (...)

Nachdem die Argumentation hinsichtlich Schönheit und Vielfalt der großen Symphonie des Lebens, von der wir Menschen nur einen kleinen Teil ausmachen, die Mächtigen nicht zu beeindrucken scheint, werden vielleicht die drohenden klimatischen Gefahren, die jetzt sichtbarer sind als je zuvor, sie zum Handeln bewegen.

(...) Die Zerstörung der tropischen Regenwälder ist durch nichts wiedergutzumachen. Den unerfreulichen Konsequenzen werden wir nicht ausweichen können, aber wir können zumindest die Fortsetzung der Zerstörung verhindern. – Wir haben keine Zeit mehr, wir müssen jetzt handeln.

José Lutzenberger zur Bedeutung des Alternativen Nobelpreises:

Ich war zwar schon vor der Preisverleihung reichlich bekannt, ohne daß das je meine Absicht gewesen wäre. Aber durch den Preis gewann ich, gewann unsere Bewegung, national und international an Prestige.

Die Aufforderung des damals neuen brasilianischen Präsidenten, Fernando Collor, 1990 das Amt des Umweltministers zu übernehmen, ist bestimmt darauf zurückzuführen, da ich ja nie in der Parteipolitik tätig war. Schade, daß seine Regierung dann wegen Korruption zusammengebrochen ist.

In den zwei Jahren, in denen ich dabei war, haben wir einiges erreicht:

- das Moratorium der wirtschaftlichen Ausbeutung der Antarktis;
- das Walfang-Moratorium;
- wichtige Regelungen für den Umgang mit Agrargiften;
- die Militärs von ihren Bestrebungen, die Atombombe zu bauen, abzubringen.

Obwohl meine Zeit als Regierungsmitglied schon über ein Jahrzehnt zurückliegt, werde ich – auch, wenn ich dem keinen persönlichen Wert beimesse – immer noch als „Minister außer Dienst" behandelt, was mir meine Aktivitäten in mancher Hinsicht erleichtert. Andererseits führt dies auch zu Überlastungen.

Grundsätzlich halte ich den Alternativen Nobelpreis, als Gegenstück zu den anderen Nobelpreisen, für eine sehr gute und notwendige Sache, weil er nicht begrenztes Spezialistentum belohnt, sondern holistisches Denken und Handeln.

33 Die Organisation Sahabat Alam Malaysia-Sarawak

(Rede von M. Khor Kok Peng und S. Mohammed Idris)

Länder der Dritten Welt verbanden sich immer enger mit Welthandels-, Finanz- und Investmentsystemen, insbesondere mit internationalen Handelsgesellschaften, die Handels- und Produktionszentren in der Dritten Welt errichteten und dort ihre Produkte und Technologien verkauften. Unterstützt wurden sie dabei durch ein weitgespanntes Netz von Hilfsprogrammen – lanciert von Regierungen reicher Länder, von multilateralen Organisationen wie der Weltbank sowie von internationalen Banken, die mit Milliardenkrediten teure Projekte und die Einführung höchst kapitalintensiver Technologien finanzierten. Unterstützung erfuhren sie ebenfalls von Stiftungen und Forschungsinstituten sowie Wissenschaftlern aus reichen Ländern, deren Forschungsarbeiten zu neuen landwirtschaftlichen Technologien die Dritte Welt modernisieren, d.h. die Bedingungen schaffen sollten, unter denen die Dritte Welt hinsichtlich Technologie und Input gänzlich von internationalen Unternehmen abhängen würde. Der Import von moderner Technologie und Input forderte diesen Dritte-Welt-Ländern weitere Güterexporte ab, vor allem in Form natürlicher Rohstoffe wie Holz, Öl und anderer Mineralien, sowie Getreide, dessen Anbau einen immer größeren Anteil der gesamten Landfläche in Anspruch nahm. Die Länder der Dritten Welt wurden damit in ökonomischer, finanzieller und technologischer Hinsicht immer tiefer in den Sog des Weltwirtschaftssystems hineingezogen. Dabei verlor die Dritte Welt ihre einheimischen Produkte, Ressourcen und Fertigkeiten – oder ist noch dabei, sie zu verlieren. (...) Die ökonomischen und technologischen Systeme der Welt sind nun selbst in einer Krise. Von diesen Systemen, über die die Dritte Welt nur wenig Kontrolle hat, hängt deren Zukunft mittlerweile stark ab. (...)

In den reichen Ländern ist man auf die Risiken moderner Technologien und Produkte bereits aufmerksam geworden. (...) Infolgedessen verlagerten viele internationale Unternehmen ihre Produktionsstätten in die Dritte Welt, wo Sicherheitsvorschriften so gut wie unbekannt sind. Viele Industriebetriebe verlegen auch ihre verkaufsfördernden Maßnahmen und Absätzmärkte in die Dritte Welt, wo sie Produkte minderer Qualität oder auch ausgesprochen giftige Erzeugnisse, die in ihren Heimatländern verboten sind, dennoch verkaufen können. (...) Die Giftgastragödie von Bhopal, bei der 3.000 Menschen getötet und weitere 200.000 dauerhaft geschädigt wurden, ist ein trauriges Beispiel dafür, was passieren kann, wenn eine westliche internationale Firma nach Sicherheitsvorschriften arbeitet, die weit unter denen ihrer eigenen Länder liegen.

(...) Man schätzt z.B., daß jährlich 40.000 Menschen in der Dritten Welt an Pestizidvergiftungen sterben. Weiterhin nimmt man an, daß Millionen von Säuglingen an Unterernährung oder Krankheit aufgrund falsch verdünnter oder verseuchter Kunstmilch gestorben sind, mit der internationale Firmen auf den Markt drängten, nachdem die Mütter von den angeblichen Vorteilen der Flaschennahrung gegenüber dem Stillen überzeugt worden waren.

(...) Arbeitsintensive Verfahren, die die ganze Dorfgemeinschaft beschäftigen und im Einklang mit der Umgebung stehen, werden durch kapitalintensive moderne Verfahren ersetzt, die vielfach die Umwelt zerstören.

(...) In Malaysia, wo es Fisch – das „Fleisch der Armen" – in Hülle und Fülle gab, sind Meeresspezialitäten nun eine teure Kostbarkeit in Restaurants, weil die Bestände fast völlig ausgerottet sind.

(...) Ursprünglich waren die Wälder von Einheimischen bewohnt, deren landwirtschaftliche Methoden, entgegen anderslautender Propaganda moderner Systeme, ökologisch behutsam waren und nur minimale Bodenerosion in dem hügeligen Tropengebiet bewirkten. Dieses intakte System ist von massiven Abholzaktionen durch Unternehmen bedroht, die entweder Baumholz in reiche Länder exportieren oder aber den Primärwald in Weideland für Schlachtvieh der „Hamburger"-Industrie der Vereinigten Staaten umwandeln.

(...) Die massive Abholzung hat vielfältige ökologische und soziale Folgen, einschließlich des Verlustes von Landrechten und der traditionellen Lebensweise (oder sogar des Lebens selbst) für Millionen Eingeborene in der Dritten Welt: massive Bodenerosion nach Entfernung der schützenden Baumdecke, daraus resultierend der Verlust wertvollen Mutterbodens; stark verminderte Aufnahme von Regenwasser in Auffanggebieten, da durch die fehlende Baumdecke mehr Wasser in Flüsse abgeleitet wird; große Überschwemmungen von Land- und Stadtgebieten aufgrund übermäßiger Verschlammung der Flußnetze; schließlich klimatische Veränderungen durch erhöhten Kohlendioxydgehalt der Luft, der zuvor durch die Bäume aufgefangen wurde. Hinzu kommt der Verlust biologischer Vielfalt, denn mit diesen ältesten Wäldern der Erde verschwindet auch ihre Flora und Fauna.

(...) Zur Versorgung der großen Industrieanlagen und Infrastrukturen sind enorme Mengen Energie notwendig. Hier treten die Großprojekte des Energiesektors auf den Plan – meist in Form riesiger Staudämme und Atomkraftwerke. (...)

(...) Dies ist die größte Umwelt- und Sozialtragödie unserer Zeit: Wissenschaftliche Erkenntnisse, die, richtig angewandt, alle fundamentalen Bedürfnisse des Menschen stillen könnten, werden statt dessen mit Hilfe industrieller Technologie dazu eingesetzt, wertvolle Rohstoffe aus der Dritten Welt in die Produktion überflüssiger Waren zu stecken, während die Mehrheit der Völker in der Dritten Welt immer stärker um ihr Überleben kämpft.

(...) In vielen Ländern scheuen politische und wirtschaftliche Eliten auch nicht davor zurück, sich selbst oder ihren Unternehmen, politischen Kollegen und Freunden Konzessionen und Projekte zu genehmigen oder Bestechungsgelder bzw. illegale Provisionen für Abholzungskonzessionen zu kassieren; dies führt zu Kapitalflucht in spektakulärer Höhe – hunderte Milliarden von Dollar allein in den letzten zehn Jahren. Wie inzwischen bekannt, schaffte Ex-Präsident Marcos von den Philippinen Milliarden Dollar aus dem Land. Man kann davon ausgehen, daß in politischer Vorteilsnahme und Korruption sowie in den generell engen Beziehungen zwischen Wirtschaft und Politik der Grund für die überaus

großzügige Erteilung von Abholzungslizenzen in vielen Entwicklungsländern zu finden ist, trotz zahlreicher Warnungen vor den umwelt- und wirtschaftsbelastenden Folgen schneller Abholzung.

(...) Eine auf Erhaltung bedachte Politik würde die Gewinne einer künftigen Generation oder einer künftigen Regierung zuteil werden lassen, was einem Politiker, der seine augenblickliche Popularität möglichst auf die Spitze treiben möchte, um die nächsten Wahlen zu gewinnen, als völlig sinnlos erscheinen muß.

(...) Wir brauchen die richtigen Produkte mit den richtigen Technologien, solche, die sicher und haltbar in Bedienung und Gebrauch sind, Grundbedürfnisse des Menschen erfüllen und nicht die Umwelt und die Ressourcen belasten oder auszehren. Der vielleicht schwierigste Aspekt dieses Kampfes liegt in der Notwendigkeit, den Völkern der Dritten Welt die kulturelle Durchdringung mit Werten der westlichen Gesellschaft wieder aus dem Gehirn zu waschen, so daß Lebensstil, persönliche Motivierung und Statusfragen nicht mehr automatisch mit der Industriegesellschaft, ihren Werbekampagnen und Kulturschöpfungen in Verbindung gebracht werden. (...)

34 John F. Charlewood Turner

Vor einigen Jahren, als noch fast alle Politiker und Fachleute die von Armen selbst errichteten Siedlungen als „Slums", „Dorn im Auge" und „Krebsgeschwüre" betrachteten, standen in Peru zwei Engländer auf einem Hügel und blickten auf eine große „Barrida", eine der selbstverwalteten und rasch wachsenden illegalen Ansiedlungen außerhalb Limas. Der eine Engländer war ich, ein Architekt im Umbruch, der seine Schulweisheiten und Ausbildungsgrundsätze abstreifte, je länger er mit den Erbauern dieser Siedlungen zusammenarbeitete. Der andere war ein eigens aus Großbritannien angereister Minister, der die Siedlungen selbst sehen wollte, von denen er bisher nur gehört hatte. Die Arbeit mit den Erbauern der „Barrida" hatte mich schon viel über kommunale Wohnungsbauentwicklung gelehrt und mein Vertrauen in die ungeheuren Fähigkeiten auch der ärmsten Völker gestärkt. Naiverweise erwartete ich von dem Minister die gleiche Begeisterung angesichts dieser Menschen, die mit so geringen Mitteln so viel zuwege brachten. Doch der Minister war entsetzt. Er betrachtete die Siedlung als monströsen Slum, als Bedrohung der Zivilisation, ich dagegen sah eine kolossale Baustelle auf dem Weg zu einer eigenständigen Stadt. (...) Erst einige Zeit später begriff ich: Was wir sehen, hängt davon ab, wo wir stehen. Des einen Problem ist des anderen Lösung.

(...) Erst wenn die Regierungen Hilfe zur Selbsthilfe anbieten, kann das immense Potential zur eigenständigen Entwicklung dieser Völker realisiert werden. Zu wissen, was selbst bitterarme Menschen aus eigener Kraft bewirken – und was selbst die reichsten Staaten nicht für diejenigen bewirken, die mit den Marktpreisen nicht mithalten können –, straft Behauptungen Lügen, die uns weismachen wollen, staatliche oder marktwirtschaftliche Strategien könnten Gemeinschaftsinitiativen der Menschen selbst ersetzen.

(...) Alles Leben auf diesem bereits schwer angeschlagenen Planeten hängt davon ab, daß wir sehr viel mehr aus sehr viel weniger machen. Wenn wir sehen, wie Angehörige einkommensschwacher Schichten zuhauf ihre eigenen Gemeinden erbauen und in Schuß halten, und das zu einem Drittel oder Fünftel der Kosten von öffentlichem Wohnungsbau, dann müssen wir zugeben, daß wir von diesen Menschen und ihren Helfern einiges lernen können. Hilfe zur Selbsthilfe ist das Schlüsselwort. Weder bürokratische Massensiedlungspolitik noch freier Markt können Kommunen schaffen und Obdachlosigkeit beseitigen. Doch die Menschen können es, bei freiem Zugang zu den notwendigen Hilfsquellen und freier Verfügung über ihre eigenen, ortskundigen Fähigkeiten.

(...) Die Fallstudien zeigen deutlich, daß es bei der Wohnsiedlungsfrage nicht länger nur um die Wahl zwischen oder um die Kombination aus zwei Versorgungseinrichtungen – Markt und Staat – geht. Der konventionelle Begriff von Politik, nämlich schlicht als Konflikt und Kompromiß zwischen freiem Markt und Zentralregierung, stellt eine allzu grobe Vereinfachung der Wirklichkeit dar, die zu unverständlichen Erklärungsversuchen führt.

(...) Wie wir wohnen und leben ist eng verknüpft mit Verfall und Entwicklung in menschlicher, wirtschaftlicher und umweltpolitischer Hinsicht. Den Sektor Hausbau isoliert zu betrachten wie ein Stück Kuchen ist eine gefährliche Abstrahierung und Teil des geheimnisumwitterten „Fach-Chinesischs", das mit Erfolg eingesetzt wird, solange das dritte System Selbstverwaltung dem Staat und dem Markt das Feld überläßt und nicht endlich seine Autonomie erklärt.

(...) Einander ergänzende grundlegende Sachkenntnisse müssen zusammenwirken, um die ökonomische, ökologische und flexible Verwendung von ungefährlichen, wiederverwendbaren oder langlebigen Materialien durchzusetzen.

(...) Auf internationaler Ebene zeigt sich wachsende Bereitschaft zur Anerkennung der Tatsache, daß kommerzielle, staatliche und aus beidem gemischte Wohnungsbaupolitik gescheitert ist. Einzige Alternative ist das System der Selbstverwaltung, das von Markt- und Staatsmonopolen unterstützt und auf den Weg gebracht statt unterdrückt und zurückgehalten werden sollte. (...)

35 Inge Genefke und das Rehabilitations- und Forschungszentrum für Folteropfer (RTC/IRTC)

Folter bedeutet nicht nur

- stundenlang an Armen oder Beinen aufgehängt zu werden, spießrutenlaufen zu müssen oder am ganzen Körper an Elektroden angeschlossen zu sein. (...) Folter wirkt vor allem auf die Seele, z.B. wenn jemand gezwungen wird, Zeuge der Folterung seines Kindes oder Ehegatten, seiner Geschwister oder Eltern zu sein;
- alle Arten sexueller Folter, auch mittels Tieren, Hunden, Ratten und Mäusen;
- z.B. die ‚U-Boot-Folter‘, bei der man den Kopf in extrem verschmutztes Wasser taucht, das Exkremente, Urin oder Erbrochenes enthält. Der Kopf wird so lange heruntergedrückt, bis die Person dem Erstickungstod nahe ist, dann folgt eine kurze Atempause, das Ganze wird stundenlang wiederholt;
- Verbrennen, z.B. mittels Zigaretten oder elektrisch aufgeheizter Stäbe (...).

Meist beginnt die Folter schon zu Hause. Polizisten oder Soldaten dringen ein, verwüsten die Wohnung, schlagen die Ehefrau, vergewaltigen sie vielleicht sogar, schlagen die kleinen Kinder. (...) In unserem Zentrum gibt es Kinder, deren Lieblingstiere, Katzen oder Hunde, vor ihren Augen umgebracht worden sind. Ihr Vater ist vielleicht bis zur Bewußtlosigkeit geschlagen worden. (...)

Ein Arzt zeigte uns das Foto eines Mannes, den er selbst gesehen hatte. Ihm war ein Nagel in die linke Gehirnhälfte getrieben worden – wahrlich ein teuflisch gelungener ‚Streich‘, da die betreffende Person nunmehr rechtsseitig gelähmt war und infolgedessen weder sprechen noch Anklage erheben konnte. (...) Einem jungen Mann aus dem Irak wurden die Zunge abgeschnitten und die Augen ausgerissen. (...)

Das Ziel von Folter ist, eine Person als menschliches Wesen kaputtzumachen, ihre Identität und Seele zu zerstören.

(...) Ein ganz gewöhnliches Elektrokardiogramm hat für uns nichts zu bedeuten, doch bei jemandem, der mit Elektroden gefoltert worden ist, kann diese Untersuchung undurchführbar sein. (...) Es versteht sich von selbst, daß die gynäkologische Untersuchung einer Frau, die mehrmals vergewaltigt wurde, zur Tortur werden kann. (...)

Bei allen Untersuchungen muß dem Opfer der Folterungen mit größtem Respekt und Feingefühl begegnet werden. (...)

Heute wissen wir, daß es für die Überlebenden von Folterungen Hilfe gibt, daß man ihre Gesundheit und persönliche Stärke wiederherstellen kann. Indem wir ihnen dabei helfen, nehmen wir jenen, die für die Folterungen verantwortlich sind, ihre Waffen. Sie wollten andere Menschen zerstören. Und wir haben bewiesen, daß ihnen das nicht gelungen ist.

Inge Genefke zur Bedeutung des Alternativen Nobelpreises:

Die äußerst traurige Entwicklung im Frühjahr und Sommer 2004, als es durch westliche Soldaten und Beamte, die Befehlen hochrangiger Personen aus Staat und Militär folgten, zu Folterungen im Irak kam, zeigt, daß es eine Notwendigkeit für uns alle gibt, kontinuierlich für ein Folterverbot zu arbeiten.

Das Instrument hierzu sollte die *UN-Konvention gegen Folter* sein, der sowohl in Friedens- als auch Kriegszeiten Geltung verschafft wird. Das Abkommen besagt, daß Folter grundsätzlich verboten ist. Und es enthält Regelungen, die den Staat dazu verpflichten, seine Bediensteten angemessen auszubilden, mutmaßliche Foltertäter strafrechtlich zu verfolgen und die Opfer zu rehabilitieren.

Einen so anerkannten Preis wie den Right Livelihood Award erhalten zu haben, hilft dabei, den Horror von Folter und das Leid der Opfer weltweit deutlich zu machen. Der Right Livelihood Award ist ein Instrument, die Erde zu einem besseren Ort zu machen.

36 Die Seikatsu Club Consumers' Cooperative

(Rede gehalten von Machiko Yajima und Sumiko Yokoyama)

Seikatsu Club ist eine genossenschaftliche Verbraucherorganisation, die 1968 gegründet wurde, zu einer Zeit also, in der die Industrialisierung Japans mit großer Geschwindigkeit voranschritt. Ziel unserer Genossenschaft war die Entwicklung einer alternativen Lebensform als Gegengewicht zu Massenproduktion und Massenkonsum.

(...) Durch den Einkauf in der Genossenschaft können wir den kommerziellen Markt umgehen und direkt vom Erzeuger beziehen. Das hat nicht nur den Vorteil, daß der Preisaufschlag für den Zwischenhändler entfällt. Durch den engen Kontakt zwischen Verbrauchern und Erzeugern wächst ein kritisches Bewußtsein und die Bereitschaft zur Zusammenarbeit. Dieses System ermöglicht außerdem die Lieferung von Waren in frischem Zustand, wodurch Konservierungsstoffe und andere Zusätze entfallen. Die Bauern sind nicht auf den Einsatz von Pestiziden oder chemischen Düngern angewiesen, die unserer Gesundheit und unserer Umwelt schaden, und können organischen Landbau betreiben.

(...) Ausgehend von unseren Erfahrungen im genossenschaftlichen Einkauf entschlossen wir uns, selbständige Unternehmen zu gründen, die einem wachsenden Selbstbewußtsein japanischer Hausfrauen entgegenkommen. Frauen haben in der japanischen Wirtschaft inzwischen ebenso gute Chancen wie Männer, vorausgesetzt, sie sind unter dreißig. Für Hausfrauen ist es äußerst schwierig, eine Beschäftigung zu finden, die ihren Interessen entspricht. Durch die Gründung selbständiger Unternehmen können wir dieses Problem auflösen und unser Haushaltseinkommen erhöhen. Dabei teilen wir selbst ein, wann wir unsere Hausarbeit erledigen und wann wir für unser Unternehmen zur Verfügung stehen. Ideal ist natürlich, wenn unser Arbeitsplatz nicht weit von zu Hause entfernt ist. Mit unserem Genossenschaftssystem können wir ganz andere Arbeitsplätze anbieten als die Regierung oder große Firmen. Inzwischen gibt es die unterschiedlichsten Projekte. Ein Kollek-

tiv kocht zum Beispiel Mittagessen für Arbeiter und alte Leute. Andere helfen Schwangeren, jungen Müttern oder kranken Personen und ihren Familien. Einige Frauen betreuen Kinder von berufstätigen Frauen. Im Grunde handelt es sich dabei um eine Art Tauschsystem, das mit Hilfe von Arbeitsscheinen abgewickelt wird.

Einige Mitglieder betreiben Recycling-Läden, in denen sie gebrauchte Gegenstände wie Kühlschränke, Möbel, Kleidung, Sportartikel und anderes kaufen und verkaufen.

(...) Jedes Mitglied des Arbeiterkollektivs hält einen Anteil an „seinem" Unternehmen, der in der Relation zu seinem Arbeitseinsatz steht. Die Anteile bewegen sich zwischen 50.000 und 300.000 Yen (ca. 250 bis 1.500 Euro). Um Neugründungen zu unterstützen, vermietet die SCCC gelegentlich Räume oder Grundstücke, die gerade nicht benötigt werden, denn der SCCC-Besitz wird als Gemeinschaftseigentum betrachtet.

(...) Um unserer basisdemokratischen Bewegung zu mehr Macht zu verhelfen, organisierten wir ein politisches Netzwerk in Form einer lokalen Arbeitsgruppe mit dem Namen „Seikatsu Net Work". Unsere Hauptanliegen sind:

• Umweltschutz;

• Etablierung eines sozialen Netzes in örtlichen Gemeinschaften;

• Schaffung einer friedlichen Welt ohne Konflikte.

Unter diesen Prämissen engagieren wir uns für Themen wie „Aktion gegen Strafmilderung für die Verunreinigung von Lebensmitteln", die Ausrufung atomfreier Städte, die Kampagne gegen den Bau von Häfen für atomwaffenbestückte Kriegsschiffe und so weiter. Besonders erwähnt werden muß das Netzwerk von Zushi City, das sich gegen die Zerstörung der grünen Wälder von Ikego einsetzte. Die Waldgebiete sollten militärischen Anlagen in Ikegos Hills weichen, außerdem stand die Stationierung von Raketen zur Debatte. In diesem Fall ist eine Kampagne zur Friedenssicherung ebenso wichtig wie der Schutz von Grünflächen.

(...) Unser Motto lautet: „Laßt uns selbst unser Leben ändern!"

37 Survival International, Großbritannien

(Rede vom SI-Generaldirektor
Stephen Corry)

(...) Wenn sich viele Aktionäre gemeinsam dagegen auflehnen, daß ihre Unternehmen die Aborigines in Australien ausrotten, wenn Entwicklungshilfeorganisationen wissen, daß die Steuerzahler völkerbedrohende Projekte in Indien oder Indonesien nicht mehr einfach hinnehmen, dann kann sich etwas ändern. Die Öffentlichkeit würde heute auch nicht mehr zulassen, daß der Transport von Sklaven aus Westafrika in die Neue Welt wieder aufgenommen wird.

(...) Nach einer unserer jüngsten Aktionen im indonesischen Teil Neuguineas gab ein amerikanischer Papierhersteller seinen Plan auf, dort eine Fabrik zu errichten, die das Aus für die Umwelt und die dort lebenden Eingeborenen bedeutet hätte. Wir haben Dammbauten in Guayana und geplante Erzminen in Venezuela verhindert. Wir konnten die Weltbank, die ja einen enormen Teil der Zerstörung überall auf der Welt finanziert, dazu veranlassen, sich aus Dammbauprojekten in Indien zurückzuziehen und die Gewährung von Krediten für Brasilien aufzuschieben, weil die damit geplanten Vorhaben für die Indianer nicht fair gewesen wären. Wir haben in Indonesien die Kürzung von Mitteln für ein haarsträubendes Umsiedlungsprogramm durchgesetzt, in dessen Rahmen die Armen des Landes auf entlegene Inseln verfrachtet und auf Eingeborenenland abgeschoben werden sollten.

Es gibt auch Regierungen, die gegen Druck von außen nahezu völlig immun zu sein scheinen. In Bangladesh werden zum Beispiel Bergvölker überfallen und getötet.

(...) Eingeborene sind sehr wohl in der Lage, selbst die Argumente zu ihrer Verteidigung vorzubringen, vorausgesetzt, man gibt ihnen eine Chance. Sie können das sogar besser als jeder Mittelsmann. Was wir ihnen nur voraushaben, ist eine umfassendere Kenntnis der Welt, die sie umgibt; wir können leichter Vergleiche mit anderen Ländern anstellen, Analysen internationaler Gesetze und Gerichtsurteile beibringen und alle Einzelinitiativen, die sich eines Problems annehmen, unter einen Hut bringen – kurz: Wir können eine internationale Organisation schaffen, hinter der Tausende von Menschen stehen.

Caroline Pearce von SI zur Bedeutung des Alternativen Nobelpreises:

Survival International erhielt den Alternativen Nobelpreis, als sich unsere Kampagne für die Landrechte der brasilianischen Yanomami-Indianer auf ihrem Höhepunkt befand. Der Preis gab unserer Organisation einen großen Schub, inklusive einer Art internationaler Beachtung für Fragen, die indigene Völker betreffen, die diesen ansonsten nie zuteil wird. Doch speziell die Yanomami-Kampagne wurde durch den Preis enorm gestärkt. Deshalb haben wir auch Davi Yanomami, einen Anführer des Stammes, der Brasilien zuvor nie verlassen hatte, eingeladen, nach Europa zu kommen, um den Preis im Namen seines Stammes entgegenzunehmen. Das Ansehen des Preises schuf wirkungsvolle öffentliche Aufmerksamkeit für Davis Volk und dessen Kampf. Survival International hat keinen Zweifel daran, daß diese eine sehr bedeutende Rolle bei der Entscheidung der brasilianischen Regierung im Jahr 1992 – nach einer zwanzigjährigen Kampagne – spielte, der Forderung der Yanomami nach einem Schutzreservat in ihrem angestammten Land zuzustimmen.

Im Laufe der Jahre wurden wir immer erfolgreicher, schufen öffentliches Interesse für Naturvölker und bewegten Regierungen und Firmen, deren Rechte zu respektieren. Doch unser Erfolg hängt davon ab, die Öffentlichkeit zu motivieren, um in der Lage zu sein, Regierungen und Firmen davon zu überzeugen, daß sie diese Frage nicht ignorieren können. In diesem Sinne ist die Aufmerksamkeit, die wir durch den Alternativen Nobelpreis erhielten, von unschätzbarem Wert. Dieser stärkt unsere Position und unterstreicht unser Gewicht als einer seriösen und respektierten Organisation.

38 Melaku Worede und Seeds of Survival

(...) Die enorme genetische Vielfalt spielt langfristig eine wesentliche Rolle in der Lebensmittelversorgung Äthiopiens und der ganzen Welt, denn sie ist Voraussetzung für gute Ernten und die Entwicklung widerstandsfähiger Arten.

(...) Die Dürreperiode der vergangenen Jahre verursachte direkt oder indirekt eine enorme genetische Erosion und führte in einzelnen Fällen sogar zur Zerstörung genetischer Ressourcen in großem Umfang. Während der über Jahre andauernden Hungersnot in einigen Teilen Äthiopiens blieb den Bauern zum Überleben oft nichts anderes übrig, als ihr Saatgut zu essen oder zu verkaufen. Die Folge ist nun der Ersatz einheimischer Saatvorräte durch exotische Samen, die als Getreidelieferungen von Hilfsorganisationen für die Lebensmittelversorgung der Bevölkerung ins Land kommen.

Auf dem Höhepunkt der Dürreperiode, Mitte der siebziger Jahre, begann das Plant Genetic Resources Centre auf wissenschaftlicher Basis mit der systematischen Einlagerung bedrohter Getreidearten. Diese Genbank umfaßt inzwischen an die 48.000 einheimische Nutzpflanzen, die als Nahrungs- oder Futtermittel dienen, sowie Pflanzen für medizinische oder industrielle Verwendungszwecke.

(...) Wie in vielen anderen Entwicklungsländern spielen dabei auch in Äthiopien die Bauern eine wichtige Rolle, da der Großteil der existierenden genetischen Ressourcen in ihren Händen liegt. Wenn es die Umstände erlauben, bewahren sie immer einiges Saatgut als Sicherheitsreserve auf.

Seit 1988 arbeitet die äthiopische Genbank gemeinsam mit landwirtschaftlichen Beratern, Züchtern, engagierten Bauern und der SED Corporation an einem Programm zur Bewahrung und Förderung einheimischen Saatguts. Damit will man die wichtigsten Kulturpflanzen vor dem Aussterben bewahren, den Bauern die Pflanzenvielfalt erhalten und darüber hinaus bei jeder Ernte größere Erträge erzielen, pro Jahr um fünf Prozent mehr.

Seitdem die internationale Gemeinschaft die Bedeutung von Pflanzenkeimgut als wichtigsten Faktor für die Verbesserung jeder beliebigen Nutzpflanze begriffen hat und erkennt, daß dieses unersetzbare Gut vom Aussterben bedroht ist, wächst weltweit das Interesse, Keimgut zu bewahren und effektiver zu nutzen.

Trotz vieler Bemühungen in jüngster Zeit gibt es immer noch große Wissenslücken und zu wenige wissenschaftliche Untersuchungen über Konservierungsmethoden. Deshalb sollen neue Strategien und Konzepte entwickelt werden, um den enormen qualitativen und quantitativen Dimensionen dieser Konservierungsprobleme gerecht zu werden, die für jedes Land anders sind. Genbanken in Entwicklungsländern müssen sich mit Hilfe der fortgeschrittenen Technologie der internationalen Gemeinschaft dieses Problems annehmen.

Die Bewahrung und Entwicklung ihrer genetischen Ressourcen ist ein wichtiger Eckpfeiler in der landwirtschaftlichen Entwicklung dieser Regionen und der Welt überhaupt. Nach dem Beispiel meines Landes könnten Bauern und nationale Genbanken in allen Entwicklungsländern zusammenarbeiten und die genetische Vielfalt ihrer Pflanzenspezies zum Wohl der ganzen Menschheit erhalten und erweitern.

Pflanzengenetische Ressourcen sind in den seltensten Fällen „Rohmaterialien". Sie spiegeln den Erfahrungsschatz der Bauern wieder, die beim Aufbau der genetischen Reserven auf der Welt eine bedeutende Rolle gespielt haben. Die geistige Leistung der Bauern darf nicht länger ignoriert oder unterbewertet werden.

Die Sicherung der Lebensmittelversorgung in Afrika hängt von einem neuen Konzept in der Forschung ab, das Bauern und Wissenschaftlern, Regierungsbehörden und regierungsunabhängige Institutionen unter einen Hut bringt und sie zu gemeinsamem Handeln animiert. Afrika und die Länder der Dritten Welt waren bisher, und können es auch in Zukunft sein, die Kornkammern der Welt und nicht ihre leeren Brotkörbe.

39 Aklilu Lemma und Legesse Wolde-Yohannes

(...) Aufgrund unserer jahrelangen erfolgreichen Untersuchungen hatten wir erwartet, daß Endod in Äthiopien weithin erprobt und international anerkannt werden würde. Hierfür jedoch benötigte das Institut für Pathologie finanzielle Unterstützung und Hilfe seitens internationaler Einrichtungen wie der Weltgesundheitsorganisation (WHO). Zu unserer Überraschung verlangte die WHO trotz unserer zwanzigjährigen Forschungstätigkeit und der jahrhundertelangen traditionellen Verwendung von Endod als Waschseife weitere Untersuchungen zur Sicherheit von Endod für Mensch und Umwelt, bevor sie eine breite Anwendung genehmigte. Die WHO bestand darauf, daß unsere in Äthiopien und anderen Ländern durchgeführten wissenschaftlichen Untersuchungen unter standardisierten Bedingungen „anerkannter Laborpraxis" in international anerkannten Institutionen wiederholt werden müßten – daß hieß also, in entwickelten Ländern.

Als Voraussetzung für die praktische Erprobung verlangte die WHO außerdem, dieses biologisch abbaubare Naturprodukt denselben rigorosen toxikologischen Tests zu unterziehen, wie jedes neue synthetische Chemieerzeugnis vor seiner Registrierung als Pestizid. Dies bedeutete natürlich für uns erhebliche Mehrkosten. Die WHO aber stellte weder Geldmittel zur Verfügung noch unterstützte sie unsere Versuche, Geld für die zusätzlich von ihr verlangten Untersuchungen aufzutreiben.

(...) Bei der Anwendung von Molluskiziden (Schneckenbekämpfungsmitteln, Anm. JS) in stehenden Gewässern bringen sich dadurch aufgestörte Fische schnell in Sicherheit. Die Schnecken mit ihrer geringen Mobilität sind das Hauptangriffsziel der Molluskizide. Kleine Fische in flachen Gewässern können durch Molluskizide getötet werden, doch regenerieren sich die Fischbestände aus den nicht betroffenen Wassergebieten weiter flußaufwärts, sowie aus den Fischeiern, die von Endod nicht angegriffen werden. Da Endod biologisch abbaubar ist, zersetzt sich seine aktive Substanz zudem rasch und zerfällt binnen weniger Tage in inaktive, wirkungslose Bestandteile.

Vom Standpunkt traditioneller Akzeptanz her ist Endod ein typisches Beispiel für ein Naturprodukt, das von der Gesellschaft seit Jahrhunderten wegen seiner bedenkenlosen Verwendbarkeit als Waschmittel ausgewählt worden ist. Die Völker des äthiopischen Hochlandes pflanzen die Endod-Pflanze bis heute nahe ihren Häusern an (...).

Endods tödliche Wirkung auf Fische ist ebenfalls wohlbekannt und traditionell akzeptiert. Tatsächlich verwenden die Menschen in ländlichen Gebieten es als Betäubungsmittel, um eßbaren Fisch zu sammeln.

(...) Tatsächlich sollte jedes Produkt einer gründlichen toxikologischen Bewertung unterzogen werden, bevor es in der Praxis eingesetzt wird. Doch eine solche Bewertung sollte auch das traditionelle Wissen der Menschen über diese Produkte berücksichtigen. (...) Dies bezieht sich auch auf viele traditionelle Heilkräuter, die gewohnheitsmäßig von Millionen Menschen unserer Landbevölkerung, die kein Geld oder keinen Zugang zu moderner medizinischer Behandlung haben, verwendet werden.

Nach drei Jahrzehnten postkolonialer Kämpfe, Hoffnungen und Enttäuschungen glaube ich, der beste zukünftige Kurs für Afrika wäre, in Bemühungen zur Entwicklung der seinen Völkern selbst innewohnenden Fähigkeiten zu investieren. Dies kann geschehen, indem man Selbstwertgefühl und Selbstvertrauen stärkt und Respekt vor der Weisheit und Erfahrung der traditionellen Gesellschaften und ausgebildeten Wissenschaftler entwickelt – vielleicht durch die vereinte Anwendung von traditionellen und modernen Technologien zur Abhilfe bei lokalen Problemen. In Zukunft sollten die wachsende Anerkennung und Stärkung der bestehenden Forschungs- und Ausbildungseinrichtungen in Afrika und ihrer Wissenschaftler das vorrangige Ziel sein. Afrikas wissenschaftliches und technologisches Menschen- und Infrastrukturpotential muß vielfache Stärkung erfahren. Nur durch große Anstrengungen in dieser Richtung können wir eine solide und auf sich selbst vertrauende Entwicklung in Afrika fördern. (...)

40 Die Asociacíon de Trabajadores Campesinos del Carare (ATCC)

(Rede von Excelino Arzia,
Orlando Gaitán)

(...) Wir leben in Randzonen, isoliert und weit entfernt von den großen Städten unseres Landes. Wir sind einfache Menschen, einfache Einwohner Kolumbiens, gehören zu der großen Mehrheit von Kolumbianern, die lange Zeit unsichtbar und unhörbar geblieben ist. Dazu passend haben die Massenmedien und die Größen aus Wirtschaft und Politik, gleich ob auf nationaler oder internationaler Ebene, weder Augen noch Ohren für den Kraftakt und die Aktionen von Gesellschaften wie der unsrigen gehabt. Die Jurymitglieder des Alternativen Nobelpreises haben mit dieser Tradition gebrochen, den Weg dafür bereitet, daß unsere Stimme gehört wird, unsere Aktionen gesehen werden.

(...) Der größte Nutzen, den wir aus unserer Arbeit mit und für unsere Organisation ziehen, ist offensichtlich: Wir haben gelernt zu lernen. Unser Einsatz für Frieden und Entwicklung in unserer Region bedeutet, daß wir neue, eigenständige Ideen und Lösungen finden müssen, um gut mit den wechselnden Situationen, mit denen wir täglich konfrontiert werden, zurechtzukommen. Die Entwicklung unserer eigenen Möglichkeiten und unseres eigenen Selbstvertrauens, selbst denken und handeln zu können, hat es uns allen als Individuen und als Gemeinschaften möglich gemacht, uns selbst und andere besser zu verstehen. Dies ist die Basis, auf der unsere Organisation aufbaut.

(...) Seit Mai 1987, als unsere Organisation begann, die Lebensumstände in unserer Region durch Dialog und gegenseitiges Verstehen zu verändern, hat die Präsenz derer, die uns nicht verstanden, uns angegriffen haben, ebenso behindert wie die Abwesenheit von Individuen und Institutionen, die an unsere Arbeit glaubten und sie unterstützten. Aber auch wenn diese Bedingungen uns enorme Schwierigkeiten bereiteten, haben sie uns etwas sehr Wichtiges gelehrt: Um den von uns gesuchten Frieden und die Entwicklung zu ermöglichen, müssen wir diejenigen verstehen, die uns nicht verstehen. Heute wissen wir, dieses Unverständnis zu begreifen ist existentiell, wenn die angestrebten sozialen Veränderungen ohne Gewalt herbeigeführt werden sollen.

Der von uns initiierte Frieden und die Entwicklung waren kein Resultat von nüchternen Verhandlungen, beides entstand vielmehr durch freie Entscheidungen unserer Gemeinschaften auf der Basis einer inneren Solidarität, getragen von der Fähigkeit, andere zu verstehen, ohne sie zu verurteilen, und der Bereitschaft, eher zu sterben, als zu töten.

Diese Prinzipien wurden im vergangenen Februar mit dem Tod von Josué, Saúl, Miguel und Angel auf eine harte Probe gestellt. Doch heute kann ich mit Genugtuung sagen, wir haben diese Probe bestanden. Statt mit Anklagen und Denunzierungen gegen die Mörder unserer Führer zu reagieren, haben wir noch mehr als zuvor die Nähe derer gesucht, die sich als unsere Feinde bezeichnen, und dies unabhängig davon, wie diejenigen, die uns zerstören möchten, handeln. Das ist, wie wir uns den Frieden vorstellen, und wie wir ihn gestalten möchten.

41 Felicia Langer

(...) Meine Familie, meine Freunde und alle, die mir teuer sind, machten es mir möglich, meinen Weg, den ich 1967 eingeschlagen habe, bis zum heutigen Tage hier in Stockholm weiterzugehen: die Schutzlosen zu verteidigen und Brücken zwischen unseren beiden Völkern zu bauen.

Ich trage in mir die Toten meiner Familie, die Opfer des Faschismus und Nationalsozialismus, die niemals ein Grab hatten, und auch die Opfer der Tyrannei und der Unterdrückung aller Kontinente. Ich trage in mir den Schmerz und die Pein der Palästinenser, die aufgrund von Befehlen der Regierung meiner Heimat unterdrückt werden. Diese Regierung verrät, wie ihre Vorgängerinnen, unsere Toten.

Ich bin stolz auf die Tausende unserer Söhne und Töchter, die ihre Beteiligung an der Unterdrückung verweigern, die lieber in eine Gefängniszelle gehen, als in der Armee in den besetzten Gebieten zu dienen, die demonstrieren und sich mit den Unterdrückten solidarisieren. Sie sind das Gewissen Israels, getreu der glanzvollen Tradition des jüdischen Volkes, nicht bereit, unsere Toten zu verraten.

Der heutige Tag, der 9. Dezember 1990, ist ein höchst bedeutungsvolles Datum. Es ist der dritte Jahrestag des palästinensischen Aufstandes, der Intifada, deren politische Botschaft war und ist: Nein zur Besatzung, Ja zur Unabhängigkeit, Ja zum Frieden mit Israel durch Errichtung eines palästinensischen Staates in den besetzten Gebieten, an Israels Seite. (...)

Millionen Menschen auf der ganzen Welt unterstützen diese Botschaft des Friedens, unter ihnen Tausende von Israelis. Aber unsere Regierungen, die uns, eine wie die andere und besonders die jetzige, in eine Katastrophe führten, waren und sind entschlossen, die kriegerische Besatzung im Widerspruch zum Völkerrecht fortzuführen und die Intifada gnadenlos zu zerschlagen. Es ist ihnen nicht gelungen, weil die Intifada im palästinensischen Volkskörper wie Blut zirkuliert. Und dieser Körper wurde nicht geschont. Ihre „Leistungen" bestehen aus 800 toten Palästinensern, Zehntausenden von Verwundeten, unter ihnen Frauen und Kinder, Legionen von Verkrüppelten, die wegen des vernachlässigten und unterdrückten Gesundheitssystems ohne Hoffnung auf Rehabilitation sind, Tausenden von Verhafteten, Hunderten von zerstörten Häusern, Tausenden von entwurzelten Bäumen: ein Abgrund von Haß und Grausamkeit.

(...) Ich habe den Tod vieler in meinen Akten dokumentiert: Es gelang mir sogar, die Erlaubnis zu erhalten, einige Gräber für eine zweite Autopsie öffnen zu lassen, in dem vergeblichen Versuch, durch die Bestrafung der Mörder den Opfern Gerechtigkeit widerfahren zu lassen. Aber die Justiz der Besetzer war so heruntergekommen, daß sie nur ein zusätzliches Instrument für die Rechtfertigung der Unterdrückung war, ein Merkmal mehr unseres moralischen Verfalls, ein weiterer Beweis für den Verlust unserer Seele.

Ich verstehe die Verleihung des Preises an mich als ein Zeichen dafür, daß die palästinensische Tragödie, die jetzt auch unsere Tragödie ist, eines der bedeutendsten Themen auf der internationalen Tagesordnung ist, und daß es unerträglich ist, das menschliche Leiden eines ganzen Volkes zu ignorieren, dem in der letzten Dekade unseres Jahrhunderts die grundlegenden Menschenrechte abgesprochen werden: ein ganzes Volk ohne Schutz.

(...) Ich habe (...) ganz und gar begriffen, daß diejenigen, die sich an einem anderen Volk schuldig machen, auch die Feinde ihres eigenen Volkes sind. (...)

Felicia Langer über die Bedeutung des Right Livelihood Award:

1967 habe ich den Schwur abgelegt, die Rechte der unterdrückten Palästinenser zu verteidigen. Der Alternative Nobelpreis hat mir sehr geholfen und hilft mir weiter, diesem Schwur treu zu bleiben.

42 Alice Tepper Marlin und das Council on Economic Priorities (CEP)

Die Konsumenten mögen die Tatsache nicht, daß das Wissen über zu kaufende Produkte oftmals aus dem Fernsehapparat kommt, in dem es immer dann besonders laut tönt, wenn wieder einmal für ein neues Waschmittel geworben wird. Sie werden mißtrauisch gegenüber Jingles und Grafiken, die uns zu sagen versuchen, welches Shampoo wir kaufen, wo wir investieren und wo wir unsere Karriere machen sollen.

(...) Die Menschen sind besorgt. Strände wurden verschmutzt durch achtlos entsorgten und oftmals gefährlichen Müll. Aus Deponien gelangen Gifte in unser Trinkwasser. In vielen amerikanischen Städten wird fast die Hälfte der Kinder in Armut hineingeboren, viele von Anbeginn an abhängig von aus Kokain produziertem Crack.

(...) Wir haben ein ganzes Jahrzehnt verloren, um unsere Energieversorgung zu sichern und damit etliche, vielleicht Hunderte, Tausende von Leben am Golf zu sichern. Wenn die Vereinigten Staaten von August bis September soviel Kraft in eine effiziente Energieversorgung investiert hätten wie in die Mobilisierung von Truppen, wir hätten auf die Ölimporte aus dem Golf völlig verzichten können.

(...) 22 Jahre lang hat unser Mitarbeiterstab beim Council of Economic Priorities daran gearbeitet, umfassende Kriterien für die Bewertung der sozialen Aktivitäten von Firmen zu entwickeln und durchzusetzen, ähnlich hart wie die, mit denen deren finanzielle Erfolge gemessen werden. Diejenigen Betriebe, die Top-Bewertungen in neun unserer elf Kategorien erhalten haben, kamen auf unsere Ehrenliste des Jahres 1990.

(...) Seitdem die Firmen Revlon und Avon ihre Tierversuche für Kosmetika gestoppt haben und der Thunfisch-Boykott die Firma Heinz dazu gebracht hat, Zehntausende von Delfinen pro Jahr zu retten, denken nur noch wenige Konsumenten: „Meine Stimme zählt nicht!"

(...) Erinnern wir uns an die Worte von Abraham Lincoln: „Uns durch Schweigen zu versündigen, wo wir protestieren sollten, macht aus Männern Feiglinge." Heute würde er sagen, aus Frauen auch. Eine intelligente Betriebsführung weiß, daß auf jeden Käufer, der verärgert einen Brief schreibt und abschickt, 200 bis 500 weitere kommen, die genauso denken und allein mit ihrem Geldbeutel abstimmen.

Als das Council of Economic Priorities vor 21 Jahren seine Arbeit aufnahm, waren sich nur wenige Firmen ihrer sozialen Verantwortung bewußt und nur wenige Bürger hielten es für möglich, etwas gegen Negativrekorde von Firmen in diesem Bereich zu unternehmen. Mittlerweile haben wir damit begonnen, Konsumenten für einen positiven sozialen und ökologischen Wandel zu mobilisieren. Indem mehr und mehr Käufer informiert werden und an sozialen Kriterien orientierte Kaufentscheidungen treffen, beispielsweise Recyclingprodukte oder Produkte mit einfachen und biologisch abbaubaren Verpackungen wählen, nur noch das kaufen, was von ihnen wirklich gebraucht wird, und auf die Firmen schauen, die hinter den gekauften Produkten stehen, wandeln wir Einkaufswagen in Motoren des sozialen Wandels.

43 Bernard Lédéa Ouedraogo

Unser Prinzip „Entwicklung ohne Zerstörung" zielt auf ökonomische, soziale und kulturelle Veränderungen, ohne dabei Afrikas
kulturelle Werte zu verleugnen. (...)

Wir ermutigen die von uns unterstützten
Gruppen, gemeinsam mit uns diesen Weg zu
gehen und dabei von ihrem Selbstverständnis,
ihrem allgemeinen und technischen Wissen,
ihrer Art der Lebensführung auszugehen, immer orientiert an ihren eigenen Zielen. (...)

Der Ausgangspunkt der SIX-S Bewegung ist
eine einfache Idee: existierende dörfliche
Strukturen mit Entwicklungsschritten zu
kombinieren. Tatsächlich besteht Six-S aus
nichts anderem als einer Idee, verbunden mit
Solidarität und harter Arbeit. Der Weg der
Naam-Gruppen war schwer erklärbar, oft er-
schütterten Naturkatastrophen das Vertrauen
der Bauern in Veränderung, der Mangel an
materiellen und finanziellen Ressourcen be-
schnitt ihre Möglichkeiten. Doch trotz dieser
Umstände haben sie ihre Dörfer nicht verlassen und ihren Kampf fortgeführt.

Um die von den Gruppen initiierten Ansätze
von Entwicklung unter Berücksichtigung ihrer jeweiligen Identität zu unterstützen, wurde die Six-S gegründet. Dies ist auch der
Grund, warum die Six-S Bernard Lecomte's
Formel der flexiblen Finanzierung übernahm,
den Bauerngruppen freien Zugriff auf Fi-
nanzmittel gab, so daß sie diese Mittel nach
eigenem Gutdünken verwenden konnten. (...)

Six-S unterstützt auch den Austausch von
Ideen und Erfahrungen zwischen den einzelnen Gruppen. Die Aktivitäten von Six-S tragen konsequenterweise dazu bei, Menschen
anhand gemeinsamer Probleme und ähnlicher Werte zusammenzuführen, sie realisieren damit die Vision ihres Gründers, daß
sich durch eine gegenseitige multikulturelle
Beeinflussung Schwarze und Weiße einander
annähern, ebenso wie der Süden und der
Norden.

Der Preis, den wir heute erhalten, ist die Krö-
nung unseres Kampfes, eine Anerkennung
unserer Standpunkte, unserer Prinzipien und
Methoden der Entwicklung. Von nun an werden Millionen von Männern und Frauen davon überzeugt sein, daß es noch immer möglich ist, Armut zu überwinden. (...)

Unsere Erfahrungen sind bescheiden, sogar
zerbrechlich. Aber sie haben uns gelehrt zu
kämpfen, sie haben uns überzeugt, daß die
von uns geplanten und realisierten Ansätze
zur Entwicklung die effektivsten und befrei-
endsten sind. Das wesentliche Prinzip hinter
Naan und Six-S heißt, Armut, Entfremdung
und Unterdrückung zu bekämpfen, Faktoren,
die Gewalt aller Art verursachen. (...)

44 Edward Goldsmith

(...) Daß unsere moderne Industriegesellschaft eher anormal als normal ist, liegt daran, daß die Menschheit diesen Planeten seit mehreren Millionen Jahren bevölkert, doch erst in den vergangenen hundertfünfzig Jahren wurden Menschen zunächst in kleinen Bereichen unseres Planeten Industrielle, und erst in den letzten fünfzig Jahren wurde Industrialisierung zum weltweiten Phänomen.

Wenn unsere industrialisierte Gesellschaft eher destruktiv als vorteilhaft ist, dann, weil sie zu ständiger Expansion führt, zu wirtschaftlichem Wachstum, bei dem gleichzeitig systematisch die Biosphäre ersetzt wird, die Welt des Lebendigen, die wirkliche Welt, durch eine völlig andere Organisation der Dinge, die Technosphäre, die Welt menschlicher Artefakte oder die Ersatzwelt. Wenn aber die Technosphäre expandiert, so muß die Biosphäre weichen, und was von ihr bleibt, ist entsprechend entstellt. Wirtschaftliches Wachstum ist demnach gleichzusetzen mit einem Zurückdrängen der Biosphäre, beides sind verschiedene Seiten einer Medaille.

Es ist zwar schön, Errungenschaften wie Automobile, Fernsehapparate und Computer zu besitzen, aber wir können ohne sie leben, was wir zu etwa 99 Prozent unseres Daseins auf diesem Planeten auch getan haben. Aber wir können nicht ohne die Produkte der Biosphäre wie fruchtbaren Boden, reichlich sauberes Wasser und ein gutes und stabiles Klima leben. Und gerade, wenn wirtschaftliches Wachstum sich derart beschleunigt, werden wir dieser und ähnlicher unschätzbarer Gaben der Biosphäre, die wir brauchen, beraubt und geben, neben anderen Dingen, einer wachsenden Armut, Unterernährung und Krankheit Raum. (...)

Es scheint offensichtlich, daß unsere moderne industrielle Gesellschaft nicht dazu befähigt ist, die Probleme, die sie verursacht, auch zu lösen. (...)

Wenn eine Gesellschaft ihren natürlichen Reichtum nicht zerstört hat, dann, weil ihre politischen und wirtschaftlichen Aktivitäten auf der Ebene der Familien und der Dörfer stattfanden, die – und dies ist existenziell – auch die Grundlage für andere, genauso wichtige Aktivitäten waren, so wie die Erziehung und Bildung der Kinder, die Pflege der Alten, die Organisation wichtiger Zeremonien und religiöser Aktivitäten und die Regierungsarbeit selbst.

Als Mitglied dieser sozialen Grundeinheiten agierte der Mensch (...) als soziale Person, als Ehemann und Vater, Bruder oder Mitglied eines Clans oder Dorfes. Es liegt auch in seinen Anlagen, daß er seine politischen Aufgaben erfüllt.

Nur unter solchen Bedingungen können die politischen und wirtschaftlichen Aktivitäten, die heute völlig außer Kontrolle geraten sind, wieder systematisch sozialen, ökologischen und moralischen Regeln untergeordnet werden. Das ist erforderlich, will die Menschheit eine Zukunft auf diesem Planeten haben. Wir müssen eine solche Gesellschaft schaffen. Wir müssen sie schnell schaffen, denn uns bleibt kaum Zeit, und es sind nicht die Politiker, Industriellen oder die internationalen Bürokraten, auf die wir dabei zählen können. Nur wir können es tun.

Edward Goldsmith zur Bedeutung des Alternativen Nobelpreises:

Natürlich fühlte ich mich sehr geehrt, mit dem Alternativen Nobelpreis ausgezeichnet zu werden. Ich werde die Erinnerung an die Tage, während derer ich in Stockholm sehr außergewöhnliche Menschen kennenlernte, immer als Schatz in meiner Erinnerung halten.

Es ist zudem ein großes Privileg, Mitglied eines Clubs zu sein, der aus Menschen besteht, die auf total verschiedenen Wegen viel – nahezu alle von ihnen mehr als ich – dazu beigetragen haben, diese Welt so zu erhalten, daß sie es wert ist, in ihr zu leben und den großen Gefahren zu widerstehen. Ich fühlte dies besonders während des 20-Jahre-Jubiläumstreffens des Right Livelihood Award in Salzburg. Ich bin Jakob von Uexküll, Kerstin Bennett und Robin Sharp, deren Werk dieser Club ist, sehr dankbar.

45 Die brasilianischen Landreform-Organisationen Movimento dos Trabalhadores Rurais sem Terra (MST) und Commissão Pastoral da Terra (CPT)

MST (Rede von Fatima Ribeiro)

Ich komme aus einem relativ wohlhabenden Land. Es besitzt natürlichen Reichtum und umfangreiche Güterproduktion. Es wird jedoch von Armut und sozialer Diskriminierung regiert. (...) Die Situation im gesamten Land läßt sich als ein Desaster bezeichnen, die Situation in den ländlichen Gebieten gar als Katastrophe (Brasilien ist eine von Städten geprägte Nation, in der über 85 Prozent der Bevölkerung in Städten leben).

(...) Die Wurzel und die Ursache von all dem sind die ungerechte Landverteilung; einige privilegierte Menschen kontrollieren den größten Teil des nutzbaren Landes. (...) Wir treten für die Landreform als entscheidenden Schritt zur Lösung der ernsten Probleme im ländlichen Brasilien ein. Für eine Landreform, die den Landbesitz verteilt, den Landarbeitern das Recht zusichert, auf diesem Land zu leben und zu arbeiten.

Aus ökonomischer Sicht bringt die Landreform eine Steigerung der Nahrungsproduktion nicht allein für den Export, wie es bis jetzt geschieht. Sie würde mit Sicherheit die Zahl der Hungernden, insbesondere in den ländlichen Gebieten, mindern. Aus sozialer Sicht würde die Landverteilung zu mehr Gerechtigkeit führen, allen Brasilianern gleiche Rechte garantieren. Aus unserer Sicht ist die Landreform die Lösung für die ökonomischen, sozialen, ökologischen und politischen Probleme unseres Landes.

Wir haben jedoch eine regierende Elite, die blind, arrogant und dumm ist, und nur an den eigenen Profit und das eigene Wohlergehen denkt. Ausgehend von der bestehenden Situation und einer Regierung, die allein die Interessen von Großgrundbesitzern und Landspekulanten verteidigt, wird der Kampf um eine Landreform langwierig, schwierig, voller Behinderungen und Härten.

(...) Die Antwort, die die Arbeiter bei diesem Kampf von der Regierung bekommen haben, ist Gewalt. Während der vergangenen zehn Jahre wurden fast tausend Arbeiter durch Großgrundbesitzer, gekaufte Mörder oder die Polizei ermordet.

Neben diesen Repressalien haben wir aber auch viele Siege erlebt. In all den Jahren, in denen unsere Bewegung aktiv ist, haben wir über 600 Gebiete besetzt und in Siedlungen umgewandelt, in denen über 100.000 Familien von Landarbeitern leben. In diesen Gebieten versuchen wir, landwirtschaftliche Produktion zu entwickeln und eine Zusammenarbeit auf gemeinschaftlicher Basis aufzubauen.

Die Landreform in Brasilien ist ein derart ernstes Thema von solch großer Bedeutung, daß es Unterstützung von allen Seiten braucht. Landreform ist die Lösung für die wirtschaftlichen, sozialen, politischen und die Umweltprobleme unseres Landes. Wir kämpfen dafür auf unseren Wegen, doch wird die Landreform nicht allein durch brasilianische Arbeiter oder die brasilianische Gesellschaft erreicht werden. Landreform in Brasilien hängt ebenfalls von internationaler Solidarität ab.

(...) Heutzutage wird soviel von Modernismus, von Neoliberalismus, einer friedvollen Welt, einer globalen Gemeinschaft und Ökologie gesprochen. Für uns sind die wichtigsten Themen Hunger, Armut, soziale Ungerechtigkeit, die Ausbeutung von Arbeit. Wir benötigen eine sozial orientierte Ökologie, in der der Mensch im Einklang mit der Natur überlebt.

CPT (Rede von Jorge Marskell)

Die letzten sechzehn Jahre waren schwierige Jahre für uns, insbesondere aber für die verarmten Farmer. Diktatoren ließen sie, ihre Organisationen und alle, die sie unterstützten, drangsalieren und verfolgen.

(...) Mit Hilfe vieler, vor allem finanzieller Anreize hat das Militär das Gebiet rund um den Amazonas in die Hände nationaler und internationaler Gesellschaften gegeben, es erteilte zudem die Erlaubnis zu ausgedehnter Landwirtschaft, etwa in Form von Nutztierhaltung. Nur dem Anschein nach war das eine Modernisierung. Die wirklichen Nutznießer der für diese Modernisierung ausgegebenen Gelder waren die Großgrundbesitzer. Mit anderen Worten: Die Inbesitznahme Amazoniens durch Viehzüchter, Agrarindustrie und Bergbauunternehmen war ein Prozeß der Korruption und der Internationalisierung brasilianischen Territoriums.

(...) Sie werden wissen, daß der Kampf um Land in Brasilien auch heute noch anhält, obwohl die Diktatur beendet ist und der Prozeß der Demokratisierung mit dem – nach dreißig Jahren – ersten frei gewählten Präsidenten begonnen hat. Heute ist die Situation noch dramatischer. Gewalt und Unterdrükkung sind nach wie vor häufig gebrauchte Mittel gegen die, die für Landbesitz kämpfen. Was wurde aus dem Versprechen, ein durch und durch demokratisches System zu schaffen?

(...) Was für eine Art von Demokratie ist das, die die Initiativen von Bürgern unterdrückt, die für gleiche Rechte, Gesundheit, Bildung, einen Platz zum Arbeiten und einen gerechten Lohn kämpfen? Welchen Zwecken dienen Beziehungen zu anderen demokratischen Ländern, wenn bei uns Armut, Krankheit, Hunger und die soziale Ausgrenzung einer wachsenden Zahl der Bevölkerung herrschen, während Land, Reichtum und Macht weiter in den Händen weniger und sehr mächtiger Menschen bleiben.

(...) Wir werden für unseren Einsatz für diejenigen geehrt, die um Land, Arbeit und ihre Existenz kämpfen. Diese Ehre wird uns in einem Jahr zuteil, in dem die Vorbereitungen für die Umweltgipfelkonferenz 1992 in Rio de Janeiro laufen. Was bedeutet diese Konferenz für Millionen Armer in Brasilien?

(...) Es ist motivierend für uns, daß sich viele Menschen in den Industrieländern, getragen von einer tiefen Menschlichkeit, zur Rettung der Natur organisieren. Aber ist sich die entwickelte Welt dessen bewußt, daß sie weitgehend für das dramatische Ungleichgewicht des Ökosystems verantwortlich ist?

(...) Unsere Bauern tragen den einfachen Wunsch in sich, ihr Land zu bearbeiten, es niemals auszubeuten oder zu zerstören. Sie

bauen eine Beziehung zur Erde als „Mutter" auf, im Einklang mit Gott, dem Schöpfer. Die Umwelt durch nachhaltige Entwicklung und Landwirtschaft zu bewahren, ohne die traditionellen und aktuellen Strukturen der Landverteilung in Brasilien zu demokratisieren, würde die Armen ohne Land oder die notwendigen Konditionen für Landwirtschaft zur Agonie in einer ökologisch ausgewogenen Umwelt verdammen. (...) Werden wir dazu fähig sein, eine Demokratie mit all ihren ökonomischen, sozialen, politischen, kulturellen Ausprägungen zu schaffen, in der die Veränderungen der Regeln von Entwicklung zur Gemeinschaftssache werden, die fähig und bereit dazu ist, das volle Potential von Menschen zu integrieren?

(...) Niemand kann sagen, daß diese Welt der Ressourcen entbehrt, um menschliches Leben zu fördern und zu erhalten. Diese Ressourcen existieren! (...) Solange Reichtum und Ressourcen aber in wenigen Händen konzentriert sind, wird eine Politik unmöglich bleiben, die eine gesunde Umwelt für die kostbarste Ressource von allen garantiert: die Menschheit!

46 Die Organisation Narmada Bachao Andolan, geleitet von Medha Patkar und Baba Amte

(Rede von Medha Patkar)

(...) Frauen und Männer gingen auf die Straße für bisher für sie völlig unbekannte Protestaktionen. Anfänglich wandten sie sich aus ihren Dörfern an die Weltbank, um den vernichtenden Angriff auf ihr Leben und ihren Lebensunterhalt aufzudecken, der ohne ihr Wissen geplant worden war. Bald schon wurden sie als Gefahr für die illegalen und inhumanen Pläne und politischen Vorgaben angesehen, die nur einer Handvoll ausgesuchter Interessenten zugute kommen. Seitdem gehen die friedlich agierenden Gegner des Narmada-Projekts durch die Hölle.

(...) Die Einschätzung der ökologischen Folgen des Dammprojekts wurde niemals in akzeptabler Weise vollzogen. Wie kann das Projekt „nützlich" genannt werden, wenn die Vorbedingungen für eine Bewertung nicht gegeben wurden? (...)

Jahre- und jahrzehntelang regierten einige dominierende Staaten und eine dünne Oberschicht in den Entwicklungsländern diese Welt und beuteten die menschlichen und materiellen Ressourcen zu ihren Gunsten aus. Die Unterdrückten und Entmachteten haben mittlerweile damit begonnen, ihre Stimme auch für Anliegen zu erheben, die über direkte Hilfe und sofortigen Gewinn hinausreichen. Wir sehen dem einundzwanzigsten Jahrhundert entgegen und richten unseren Blick auf die Weltwirtschaft, leider jedoch nicht auf die hungrigen und durstigen Menschen, die Opfer dieser Art der Wirtschaft werden. Wir haben wachsende Ketten von Fünf-Sterne-Hotels und direkt um die Ecke eine Großzahl von Kindern, den Säulen unserer Zukunft, die völlig unterernährt sind.

(...) Wir müssen die Opfer der Weltentwicklung erreichen, sie mobilisieren und in politisch bedeutenden Nichtregierungsorganisationen organisieren, deren Ziel die Stärkung der Menschen und ihrer politischen Kraft ist. Wir brauchen eine neue politische Zielsetzung und neues Vertrauen: Vielleicht sollten wir das angestrebte System „Umweltorientierten demokratischen Sozialismus" nennen. (...)

47 Marie-Thérèse
und Bengt Danielsson …

(...) Es existieren zahlreiche Beweise dafür, daß es unmöglich ist, den offiziellen französischen Behauptungen, denen zufolge die Explosionen (...) total harmlos waren, irgendwelchen Glauben zu schenken. Ebenso wie in Mikronesien, wo zwischen 1946 und 1958 66 amerikanische Bomben gezündet wurden, stieg in Französisch Polynesien die Häufigkeit von Krankheiten wie Leukämie, Schilddrüsenkrebs und Hirntumor.

(...) Der enorme Bevölkerungszuwachs hatte natürlich den Aufbau einer riesigen und mächtigen Verwaltung notwendig gemacht. Ungefähr 5.000 französische Regierungsbeamte wurden angestellt. Viele dieser Bürokraten waren, ebenso wie eine beeindruckende Zahl von Offizieren, anderen Soldaten, Legionären und Seeleuten, so verzaubert von der schönen Natur und den attraktiven polynesischen Frauen, daß sie kündigten oder sich pensionieren ließen und auf Tahiti blieben, so daß die Insel noch weiter übervölkert wurde.

(...) Hierdurch können zahlreiche Familien, denen ihr angestammtes Land geraubt wurde, ihre Kinder nicht mehr auf traditionelle Weise mit Süßkartoffeln, Bananen und Brotfrüchten ernähren, sondern müssen die Lebensmittel in kommerziellen Geschäften kaufen. Die Mehrheit der Tahitianer lebt dadurch heute von Brot, Reis, Makkaroni, Bohnen, Dosengerichten und Süßigkeiten. Es ist nicht überraschend, daß Diabetes eine weit verbreitete Krankheit geworden ist.

Die psychologischen Probleme dieser Familien, die in kleinen Behausungen ohne Garten oder in von der Regierung in europäischem Stil gebauten Häusern leben, ohne Anschluß ans gesellschaftliche Geschehen zu haben, sind ebenso groß wie die materiellen. Diese Entwurzelung endet oft in Querelen und Gewalt. Seit die Menschen keinen Platz mehr haben, Eltern oder andere ältere Verwandte, die traditionell gut von ihren Söhnen und Töchtern versorgt wurden, aufzunehmen, werden diese oft sich selbst überlassen. Aus demselben Grund verlassen unzählige Teenager ihr Zuhause und schließen sich kriminellen Jugendbanden an oder werden Prostituierte.

Die von den französischen Behörden angenommene Lösung der Zukunftsprobleme für die entwurzelten und in einem kulturellen Vakuum lebenden Polynesier besteht darin, den Kindern – beginnend im Alter von zwei Jahren – französische Erziehung angedeihen zu lassen und ihnen französische Kultur zu vermitteln. Leider ist die benutzte Methode völlig unangebracht, sollen mit ihr doch polynesischen Schulkindern französische Lehrpläne in französischer Sprache vermittelt werden. Französisch ist aber eine fremde Sprache für sie, so daß es ein bis zwei Jahre dauert, bis die Schüler überhaupt begreifen, daß die Lehrer sie französische Geschichte, Literatur, Leben, Geographie, Naturgeschichte, aber nichts über ihre eigene Kultur und ihr Land lehren. Deshalb brechen viele die Schule frühzeitig ab und können dann keine Jobs finden.

(...) Doch ungeachtet hoher Summen, die Firmen und französische Behörden in Amerika, Japan und Europa investiert haben, um Französisch Polynesien als Paradies auf Erden darzustellen, ist die Zahl der Touristen in der vergangenen Dekade lediglich von 100.000 auf 140.000 jährlich gestiegen, und die Hotels sind weniger als halb voll. Der Grund hierfür ist natürlich, daß Tahiti, Moorea und Borabora längst keine unberührten Südsee-Paradiese mehr sind.

(...) Die Regierung in Paris hat volle Kontrolle über Verteidigung (womit die Errichtung von Militärbasen oder die Durchführung nuklearer Tests gemeint ist), Außenpolitik, Polizei, Justiz, Einwanderung, Geldsystem, Überseehandel, internationalen Flug- und Seeverkehr, Kommunikation, Radio und Fernsehen, Fischereirechte, Meeresressourcen, Mineralienförderung, Bildung und Wissenschaft, Kommunalverwaltungen und Staatsdienste.

Es ist daher verständlich und vollkommen gerechtfertigt, daß viele Politiker die französische Regierung drängen, ein Referendum durchzuführen, das dem polynesischen Volk erlaubt, die derzeitige Kolonialsituation abzulehnen und für Unabhängigkeit zu votieren.

47 ... Senator Jeton Anjain und das Volk von Rongelap

(Dankesrede von Senator Jeton Anjain im Namen des im Exil lebenden Volkes von Rongelap)

(...) Aufgrund dessen, daß unser Kampf noch lange weitergehen wird, bedeutet die Ehrung mit dem Right Livelihood Award für die Menschen von Rongelap eine Stärkung für die Fortsetzung unserer Bemühungen um Gerechtigkeit, Freiheit und die sichere Rückkehr unserer Kinder eines Tages.

(...) „Bravo" war die erste transportable Wasserstoffbombe, die die USA testeten, und die stärkste Nuklearladung, die sie bis heute zündeten. (...)

Sofort nach der „Bravo"-Explosion bezeichnete die Atomenergiekommission die Strahlenexposition der Marshallesen als „Unfall", der durch eine „unvorhergesehene" Änderung der Windrichtung geschehen sei. Doch in einem Dokument des Verteidigungsministeriums, das 1982 veröffentlicht wurde, wurde erstmals zugegeben, daß der Wind sich nicht in letzter Minute plötzlich verändert hatte, sondern es bekannt war, daß er in größerer Höhe direkt in Richtung Rongelap wehte!

(...) Während der Diskussion über das Fallout-Problem der Marshall-Inseln machte einer der führenden Wissenschaftler des Beratungskomitees der Atomenergiekommission (AEC) in Biologie- und Medizinfragen, Dr. Merill Eisenbud, im Januar 1956 folgende Anmerkungen:

„Wir denken, daß eine sehr interessante Studie gemacht werden kann. (...) Es wird sehr interessant sein, zurückzugehen und wichtige Umweltdaten zu erhalten, z.B. wieviel (Strahlung) pro Quadratmeile, welche Isotope vorkommen, und eine Sammlung von Nahrungsmittelbelastungen durch den Urin vieler Menschen, so daß man die Aufnahme messen kann, wenn Menschen in einer kontaminierten Umgebung leben. Bis jetzt sind Daten dieser Art nicht verfügbar. Ungeachtet dessen, daß es stimmt, daß diese Leute nicht leben, wie – ich würde sagen – westliche, zivilisierte Menschen, ist es ebenfalls richtig, daß sie uns mehr ähneln als die Maus."

(...) Es kam zu einer signifikanten Zunahme von Schilddrüsenproblemen speziell bei Kindern, einer Reihe von Krebstodesfällen und zuvor unbekannten Komplikationen bei vielen Frauen, normale Kinder auf die Welt zu bringen.

(...) Schließlich wurden den Rongelapesen 1983 die Ergebnisse einer radiologischen Untersuchung der nördlichen Marshall-Inseln, die das Energieministerium (DOE) 1978 durchgeführt hatte, präsentiert. Rongelap, unserem Hauptlebensraum seit unserer Rückkehr 1957, war die Kontaminationsstufe 3 zugewiesen, dieselbe Stufe, mit der die Inseln Bikini und Enewetak, die die ACE bzw. das DOE einst für ungeeignet für menschliche Siedlungen erklärt hatte, versehen worden waren.

Als wir bis 1985 keine Hilfe erhalten hatten und es auch keine Fortschritte hinsichtlich einer Studie gegeben hatte, gingen die Menschen von Rongelap ins Exil. (...)

Als wir gingen, waren wir verdammt, und zwar speziell von den Pentagon-Abteilungen für Verteidigungsprogramme und für Operationen in Nevada (wo die USA ebenfalls Atomwaffen testeten; Anm. JS). Zu dieser Zeit wußten wir nicht, weshalb. Wir versuchten einfach, unsere Kinder zu schützen, nicht mehr. Trotzdem wurden wir beschuldigt, uns unwissentlich zu Gehilfen von Anti-Atom-Aktivisten zu machen.

(...) Dann, Anfang 1990, erfuhren wir vom „Safeguard-C"-Programm des DOE für die Marshall-Inseln: Das DOE und zuvor die AEC hatten die Marshall-Inseln systematisch Strahlen-, Medizin- und Umweltuntersuchungen unterzogen und alle DOE-Laborprogramme einem Verteidigungsbereitschaftskonzept für den Fall der Wiederaufnahme atmosphärischer Atomwaffentests untergeordnet. (...)

Glücklicherweise hat Admiral James Watkins, DOE-Sekretär und Kongreßmitglied, angeleitet durch Senator John Glenn, das Problem erkannt und Schritte zur Korrektur unternommen. Im August 1990 wurden auf das Insistieren des Volkes von Rongelap hin die

DOE-Programme für Strahlenmedizin und Umwelt per Gesetz vom DOE-Büro für Verteidigungsprogramme dem zivilen Teil des Ministeriums, dem Büro des Staatssekretärs für Umwelt, Sicherheit und Gesundheit, übertragen.

Wir sind froh, berichten zu können, daß diese Übergabe (...) zu einer neuen Haltung der US-Regierung gegenüber der Situation von Rongelap geführt hat – zu Verantwortlichkeit und aufrichtiger Anteilnahme.

(...) Dennoch fragen wir weiter. Wir haben Unterstützung des US-Kongresses für die Finanzierung der unabhängigen radiologischen Bewertung, die wir immer gefordert haben, gewonnen.

Nur auf Grundlage eines erfolgreichen Abschlusses dieser Studie werden wir die ganze Wahrheit wissen. Erst dann werden wir wissen, ob Rongelap sicher ist, oder ob es entseucht werden muß, um sicher zu werden.

(...) Die Korrektheit einer Datenbasis ist der Schlüssel zu jeder Schlußfolgerung, die aus ihr hervorgeht. Wenn die Daten falsch sind – gleichgültig ob aufgrund von Sorglosigkeit oder Voreingenommenheit –, bringen sie arglose Analysten dazu, medizinische Journale und Bücher mit Falschinformationen zu füllen. Eine falsche Datenbasis macht all ihre Benutzer zu Agenten möglicherweise tödlicher Desinformationen. (...) Falls künftige Umweltverschmutzung auf der Basis falscher Daten erlaubt wird, kann das Ergebnis weit verbreitetes Leid zum Beispiel durch unnötige Krebserkrankungen, Hirnschäden oder Schäden am genetischen Erbe der Menschen sein. (...) Wir haben gezeigt, daß die Ergebnisse sehr viel günstiger für nukleare Belastung ausfallen, wenn die Grundregeln gebrochen statt beachtet werden.

Die normale Bevölkerung hat noch nicht klar genug erkannt, daß die derzeitige Situation der Strahlenforschung beinahe dieselbe Zuverlässigkeit besitzt, wie die, mit der die Tabakindustrie sämtliche Forschung zu den Gesundheitsauswirkungen des Rauchens zu lenken versucht. Was die Strahlenforschung betrifft, so ist beinahe jegliche Arbeit von den Regierungen gesponsert, die die Atomenergie verteidigen und fördern. (...)

Seit dem Unfall in Tschernobyl haben sich einige altbekannte Spekulationen sowohl in wissenschaftlichen als auch populären Medien breitgemacht. Sie beinhalten die Annahme, daß a) langsam erhaltene Strahlung viel ungefährlicher ist als solche, die, wie in Hiroshima und Nagasaki plötzlich empfangen wird; b) daß Strahlung unabhängig von der Höhe der Dosen ungefährlich ist, bis hin zu der Spekulation, daß zusätzliche Strahlung c) sogar gut für die Menschen sein kann.

Auch ich wünschte, Strahlung wäre harmlos. (...) Doch unglücklicherweise verlangen Beweise und Logik von mir, ernsthaft zu warnen: Ionisierende Strahlung kann sehr wohl der wichtigste Grund für Krebs, Geburtsschäden und genetische Unregelmäßigkeiten sein. Wir sollten der unvermeidlichen natürlichen Strahlung keine weitere hinzufügen.

(...) Unser nüchterner Vorschlag ist die Etablierung unabhängiger „Watchdog-Authorities" (= „Wachhund-Behörden" im Sinne offizieller Überwachungsorganisationen; Anm. JS) für sämtliche Strahlen-Datenbanken, ausgehend von der von Tschernobyl. Diese befindet sich beim International Program on the Health Effects of the Chernobyl Accident bereits im Aufbau.

(...) Wir glauben nicht, daß die meisten Strahlenforscher Schurken sind. Andererseits wären wir naiv, würden wir bestreiten, daß viele Menschen trotz hoher Prinzipien Kompromisse eingehen und sich an Vertuschungen beteiligen, um ihre Anstellungen nicht zu gefährden. (...)

Es ist nicht zu spät, die Situation zu korrigieren. Das erfordert jedoch den Druck, dies auch zu tun, und dieses Insistieren muß von der normalen Bevölkerung ausgehen, den „Graswurzeln" der Gesellschaft. (...) Ich glaube tatsächlich, daß die gewöhnlichen Menschen die einzige Quelle für Veränderungen sind, denn wir sehen so selten Gerechtigkeit, die von oben initiiert wird – gleich, zu welchem Problem. (...)

John W. Gofman zur Bedeutung des Alternativen Nobelpreises:

Der ganz besondere Wert des Alternativen Nobelpreises liegt darin, daß Menschen und ihre Arbeit geehrt werden, die danach streben, die Welt und das Leben zu verbessern, basierend auf Gerechtigkeit und Fürsorge.

Ich bin oft gefragt worden, warum ich einen Großteil meiner Arbeit speziell dem strahlenbedingten Krebs gewidmet habe. Ich möchte sagen, daß diese Ära der Forschung mit Inkonsequenzen und der offensichtlichen Verfolgung bestimmter Interessen belastet war. Ich verwendete daher große Aufmerksamkeit auf das ernsthafte Phänomen der Voreingenommenheit und war tief besorgt über die Frage, ob wir so jemals zu einem ehrlichen Ergebnis kommen könnten. Dieses Feld benötigte gute und aufrichtige Forschung – etwas, das nicht gerade im Überfluß vorhanden war. Die Situation war sehr unheimlich, wollte man wirkliche Fortschritte erzielen.

So war es eine große Stärkung meiner Bemühungen, die Auslöser für Krebs zu verstehen, als ich 1992 den Alternativen Nobelpreis erhielt. Die „blauen Flecken" und Beleidigungen, die ich mir aufgrund meiner Strahlenforschung eingehandelt hatte, waren noch größer als diejenigen während der frühen Tage, in denen ich mich mit Herzkrankheiten befaßt hatte. Ich betone, daß der Erhalt des Right Livelihood Award in einer Zeit neue Energien freisetzte, in der die Aussichten auf gute Arbeitsergebnisse nicht besonders rosig waren. Und manches änderte sich wirklich. Seit dieser Zeit konnten wir immer mehr große Fortschritte in bezug auf die Rolle von Röntgenstrahlung bei der Entstehung aller Krebsarten erzielen und den Beweis führen, daß koronare Herzkrankheiten ebenfalls oft durch Röntgenstrahlen verursacht werden.

Ich erinnere mich an die damaligen schlimmen Attacken gegen unsere Erforschung der Herzkrankheiten. Die Neinsager versuchten diese großen Fortschritte zu bestreiten. Aber wir fühlen, daß die Right Livelihood Foundation „Ja" sagt, während die Neinsager ihr „Nein" auf unglaubwürdige Art und Weise formulieren. Ich habe keinen Zweifel, daß all die wichtigen Entdeckungen, sowohl zum Krebs als auch zu den Herzkrankheiten, die Prüfung durch die Zeit bestehen werden. Wir sollten die Entdeckungen nutzen, um das durch weitere Verharmlosung verursachte Sterben zu stoppen.

Es ist eine große Sache für den Humanismus, daß es Jakob von Uexküll und seine Stiftung gibt – als Stärkung für all diejenigen, die ihren Teil dazu beitragen, der Wahrheit auf allen Feldern zum Durchbruch zu verhelfen, wo schon zu lange Ungerechtigkeit regiert. – Welch immenses Leid ist durch sie schon verhindert worden!

48 ... und Alla Yaroshinskaya

(...) Die Folgen des Unfalls von Tschernobyl sind wirklich global. Einigen Wissenschaftlern zufolge ist dabei eine Cäsium-137-Menge wie von 300 Hiroshima-Explosionen freigesetzt worden. Der bekannte russische Wissenschaftler Nikolai Worontsow sagte: „Der gesamte Globus ist in jeder Hinsicht Teil der Tschernobyl-Zone geworden." (...) Nach verschiedenen Schätzungen leben sechs bis acht Millionen Menschen in kontaminierten Regionen, 1,5 Millionen von ihnen in den am stärksten verstrahlten Gegenden. Die offiziellen medizinischen Schätzungen zeigen, daß „87 Prozent der Erwachsenen in diesen Gebieten eine radioaktive Belastung der Schilddrüse erlitten haben." 1,6 Millionen Kinder waren einer Strahlungsdosis ausgesetzt, die verschiedene Krankheiten verursachen kann. Diese traurige Wahrheit war sehr schwer – und lange Zeit überhaupt nicht – herauszufinden.

Die offizielle sowjetische Darstellung der Sicherheit des Lebens in den strahlenden Zonen basierten auf der notorisch wiederholten Formel: „35 Rem in 70 Jahren." Damit ist gemeint, daß eine Person innerhalb ihres Lebens 35 Rem (Röntgen equivalent men, ein inzwischen ungebräuchlicher Parameter der Strahlenbelastung von Menschen; Anm. JS) aufnehmen kann, ohne daß ihre Gesundheit oder Lebensqualität beeinträchtigt wird und ihre Nachkommen gefährdet sind. Experten der Obersten Sowjets der früheren UdSSR, von Rußland, der Ukraine und Weißrußland stimmen ebenso wie prominente Wissenschaftler mit diesem Konzept der „akzeptablen Opfer" nicht überein. Sie stehen, wie andere Spezialisten sowohl in meinem Land als auch im Westen, zu dem Prinzip, nach dem es keine Strahlengrenzwerte, unterhalb derer man sicher ist, gibt.

Offizielle Vertreter der Medizin, die im Parlament sprachen, strichen heraus, daß die Gesellschaft Risiko und Nutzen der Grenzwerte abwägen muß. Würden diese vermindert, wäre es notwendig, nicht nur Zehntausende, sondern Hunderttausende Menschen umzusiedeln. Das ursprüngliche Konzept war nicht auf das Recht der Menschen auf ein anständiges Leben, sondern auf die wirtschaftlichen Interessen der herrschenden Clique zugeschnitten.

Falls die Weltgemeinschaft nicht interveniert und dieses Konzept in den GUS-Staaten zur Grundlage wird, dann wird uns die Belastung mit 35 Rem während eines Lebens einer Schlußfolgerung des UN-Wissenschaftskomitees für Radioaktivität zufolge 1.750 bis 12.100 Fälle schwerer Anomalien pro einer Million neugeborener Kinder strahlenbelasteter Eltern bescheren.

(...) Ich finde, daß im Licht der neuesten Ereignisse – und ich meine nicht nur die Umsiedler aus der Region um Tschernobyl, sondern auch den fürchterlichen Hunger in Somalia, die Nationalitätskriege in Jugoslawien und der früheren Sowjetunion, alles, wo normales Leben beeinträchtigt wird – die Zeit für die Vereinten Nationen gekommen ist, den Artikel 3 ihrer Grundsatzerklärung um ein Wort zu ergänzen: „Jeder Mensch hat das Recht" nicht nur „zu leben", sondern „würdig zu leben".

(...) Ich habe einen konkreten Vorschlag, und zwar, unter der Schirmherrschaft der Vereinten Nationen ein internationales Beratungskomitee für Umweltflüchtlinge, andere zur Auswanderung gezwungene Menschen und solche, die keine andere Wahl haben, als in radioaktiv belasteten Gebieten zu leben, einzurichten. Solch ein Komitee müßte das Recht zu Nachforschungen in sämtlichen Regierungsorganisationen, inklusive der Internationalen Atomenergiebehörde IAEO, besitzen. Es müßte Empfehlungen im Rahmen der internationalen Gesetzgebung ebenso geben, wie auch deren Umsetzung seitens des Internationalen Gerichtshofes einfordern können. (...)

Alla Yaroshinskaya
über die Arbeit ihrer Stiftung:

Nachdem ich den Right Livelihood Award erhalten hatte, gründete ich meinen Yaroshinskaya-Wohltätigkeits-Fonds. Er war der erste private Ökologie-Fonds in Rußland. Eines unserer Hauptanliegen war die Hilfe für Opfer von Tschernobyl, insbesondere für die Kinder. Wir haben zwei Waisenhäuser, in denen 150 Kinder bis zu einem Alter von 14 Jahren aus kontaminierten Zonen lebten, unterstützt. Wir versorgten sie mit altersangepaßten Lebensmitteln, Medizin, Kleidung und vielem mehr. Kinder schrieben ihre

Wünsche an den Nikolaus an unsere Adresse und wir erfüllten sie als eine Art „Nikolaus-Kollektiv".

Wir unterstützten ein Kinderkrankenhaus in meiner Heimatstadt Zitomir und kinderreiche Familien im ukrainischen Distrikt Narodichi, der evakuiert war, in den aber die Hälfte der ehemals 30.000 Bewohner trotz der Kontamination zurückgekehrt ist.

Wir finanzierten Herzoperationen von Kindern, die von der Reaktorkatastrophe betroffen waren. Diese ließen wir in den besten Moskauer Kinderkliniken durchführen. Diese Kinder aus armen Familien wären andernfalls gestorben. Wir sind glücklich, daß wir ihre Leben retten konnten.

Außerdem gewährten wir jungen Leuten aus der Tschernobyl-Zone Stipendien, damit sie an Universitäten studieren konnten.

Weiterhin erforschten wir die Auswirkungen von Niedrigstrahlung, veröffentlichten ökologische Berichte und Bücher und verteilten diese kostenlos an Büchereien und Nichtregierungsorganisationen Ich bin stolz, daß der Fonds ein internationales Wissenschaftlerteam organisierte und *Nuclear Encyclopedia*, ein Werk von vier Kilogramm Gewicht, veröffentlichte. Dieses ist vom Kulturministerium in die Sammlung russischen Nationalerbes aufgenommen worden.

Wir unterstützten die Bevölkerung der russischen Stadt Kostroma in ihrem Kampf gegen das dortige Atomkraftwerk mit Informationen.

Unsere Arbeit reichte bis 1998. Dann brach das russische Geldsystem zusammen und viele NGOs inklusive unserer mußten die Arbeit einstellen. Sobald die Situation sich verbessert, werden wir anstelle eines Wohltätigkeitsfonds – es war schwierig, in dieser Organisationsform Geld zu beschaffen – ein Ökologiezentrum gründen und versuchen, als Bildungs-NGO zu arbeiten. Doch derzeit verfügen wir über kein Geld und arbeiten ehrenamtlich. Wir erstellen ökologische Berichte über Strahlenwirkungen und Atomwaffen. Diese werden in Seminaren und während Konferenzen eingesetzt. Wir arbeiten weiterhin mit zahlreichen Partnerorganisationen im Westen zusammen.

49 Helen Mack Chang

Ich komme aus einem Land, das seine Geschichte mit Blut geschrieben hat, einem Land mit einer Kultur voller irrationaler und roher Gewalt, das die sozialen Funktionen eines Staates bisher noch nicht entdeckt hat. Deshalb habe ich mich dafür eingesetzt, daß diejenigen, die den Despotismus des Staates verschleiern wollen und Verbrecher gegen die Menschenrechte schützen, nicht ungestraft bleiben.

Ein schmerzliches Ereignis hat mein Leben, das meiner Familie und vieler anderer Menschen verändert: Am 11. September 1990 wurde meine Schwester Myrna Elisabeth Mack Chang ermordet. Ihre sorgfältigen und detaillierten Recherchen und ihre Präsenz in Bereichen, die die Sicherheit des Staates betrafen, ließ sie zum Opfer eines politischen Verbrechens werden. (...) Die Ermittlungen und die strafrechtliche Verfolgung der Menschen im Hintergrund des Verbrechens machen diesen Fall zu einem Maßstab für die Funktionalität des Rechtssystems in Guatemala und für den Willen der Regierung, den generellen Schutz vor strafrechtlicher Verfolgung für das Militär zu beenden. Solange die am Tod meiner Schwester mitschuldigen Männer im Hintergrund unbestraft bleiben, werden nur wenige Menschen in Guatemala an ein aufrichtiges Bestreben der Regierung glauben, die Grundrechte ihrer Bürger zu schützen.

Einige haben mich gefragt, warum ich mich in meinem Land für wirkliche Gerechtigkeit für alle Bürger einsetze. Sie fragen mich, warum wir das Risiko auf uns nehmen, uns Terror, Einschüchterungen und Mißbrauch auszusetzen. Ich habe eine grundlegende Antwort: Wir lieben das Leben und erkennen die Würde an, die sich aus einer vollständigen Entwicklung des Lebens ergibt, ohne Zwänge, die diesen Prozeß einschränken oder Bedingungen unterwerfen. (...)

Konfrontiert mit dem Mord an meiner Schwester habe ich gelernt, daß ich so fühlen, handeln und werten sollte, wie sie es getan hätte. Heute verstehe ich dieses Prinzip als das wichtigste Vermächtnis ihres Lebens: das Ideal von Gerechtigkeit für diejenigen, die leiden, aufrechtzuerhalten. Meine Arbeit widme ich vielen Menschen: Myrna, ihrer einzigen Tochter, meinen Eltern und in erster Linie allen Opfern der Ungerechtigkeit, auch denjenigen, die sich couragiert einsetzen und die der Kampf für Menschen eint, die zum Stillschweigen verdammt sind. Meine Arbeit widme ich auch denjenigen, die Morde angeordnet oder diese Anordnungen befolgt haben. Mein Ziel ist Gerechtigkeit für alle Menschen: für diejenigen, die leiden, und diejenigen, die das zu verantworten haben. (...)

Ich habe viele Lektionen gelernt. Dieser schwierige Prozeß hat meinen Geist geformt, vieles geweckt, was zuvor durch Gewöhnliches verdrängt wurde. Das Leiden hat mir geholfen, den Haß in mir auszulöschen, und alle Menschen in Guatemala besser zu verstehen: Konnte ich mich zuvor nur in die Situation derer, die leiden, hineinversetzen, fühle ich heute auch mit denen, die die Vasallen einer offiziellen Politik des Terrors sind, den wir alle erleiden. (...)

Vor Monaten haben wir uns entschieden, auf der Basis unserer Erfahrungen die „Myrna Mack Stiftung" zu gründen, deren Aufgabe es ist, nach den Chancen für einen sozialen Zusammenhalt in einer atomisierten Gesellschaft zu suchen, sich für den Respekt einzusetzen, für die menschliche Würde und eine Gleichheit von Rechten und für die Akzeptanz der Pluralität unserer Gesellschaft.

50 Gonoshasthaya Kendra

(Rede von Zafrullah Chowdhury)

Die Gesundheitspolitik spielte nie eine besondere Rolle in den Fünfjahresplänen seit der Unabhängigkeit Bangladeshs 1971. Die nationalen Investitionen in den Gesundheitsbereich betragen nur etwa 2,5 Prozent des gesamten jährlichen Etats. (...)

Die Tatsache, daß Frauen kaum über Bargeld verfügten, hinderte sie, medizinische Versorgung in Anspruch zu nehmen. Die Unterdrückung der Frauen in einer konservativen, ländlichen Umgebung und die wachsende Unsicherheit über eine mögliche existenzsichernde Heirat brachte mehr und mehr Frauen in eine desolate Situation. Eine Institution außerhalb der Familien, an die sie sich wenden konnten, gab es nicht. GK zerbrach erfolgreich die sozialen Barrieren und bot Trainingsmaßnahmen, die unter anderem das Selbstvertrauen der Frauen steigerten. (...)

Arzneimittel können nicht wie Nahrung und Kleidung behandelt werden. Jedes Mittel hat seine Nebenwirkungen und keinen genau zu bestimmenden Nutzen und sollte deshalb mit größter Vorsicht angewendet werden. Wirtschaftliche Liberalisierung darf nicht den Abbau regulierender Rahmenbedingungen bedeuten, insbesondere nicht für öffentliche Güter. Die von der Weltbank propagierte völlige Liberalisierung des Marktes wird zum einen die lokale Arzneimittelproduktion zerstören, zum anderen die Preise in eine für die Mehrheit der Menschen unerreichbare Höhe treiben. (...)

Was jetzt benötigt wird ist nicht Deregulierung, sondern sind vielmehr klare Rahmenbedingungen, die die Transparenz in der Produktion und Verschreibung von Arzneimitteln sichern und im Gegenzug das Verständnis für das Problem der nicht immer gegebenen Unbedenklichkeit von Medikamenten, für Kosteneffizienz und die Notwendigkeit rationaler ärztlicher Anweisungen bei Konsumenten verstärken. Obwohl die Arzneimittelpolitik sehr viel erreicht hat, wenn es um bezahlbare, gute Medikamente geht, gibt das Gesundheitssystem als Ganzes ein trostloses Bild der Fahrlässigkeit, Ineffizienz und Untätigkeit ab. (...)

Die nationale Arzneimittelpolitik hat zu einem enorm steigenden Wachstum privater Unternehmen in der pharmazeutischen Produktion geführt und Konsumenten preiswerte, hochwertige Medikamente gebracht. Eine nationale Gesundheitspolitik hätte ähnlich weitreichende Folgen. (...) Eine solche Politik würde zu einem realen Wachstum privater Gesundheitsvorsorge führen und gleichzeitig die öffentliche medizinische Versorgung verbessern. (...)

Wir mußten einen hohen Preis für unsere Erfolge zahlen. Neben der alltäglichen Feindschaft, mit der unsere Mitarbeiter und die Institution ausgehend von verdeckten Interessen und sozialem Konservatismus konfrontiert werden, mußten wir Schlimmeres erdulden. 1976 wurde einer unserer Sanitäter ermordet, 1984 unsere pharmazeutische Fabrik angegriffen. Dies alles hat unsere Arbeit allerdings nicht gestoppt. (...)

Die Einführung von Produktpatenten wird den aufkeimenden Prozeß der Industrialisierung in Dritte-Welt-Ländern nachhaltig zerstören. Verfahren der Einheimischen werden ihnen unterworfen und eventuell zerstört durch technisch fortgeschrittene Nationen. Patentierung ist nicht nur ein Thema, wenn es um das wirtschaftliche Überleben von Dritte-Welt-Staaten geht, es ist auch eine Frage der Moral, ob uns Patente aufgezwungen werden können, obwohl wir durch Wissen, Pflanzen und unsere Wissenschaftler und Techniker, die im Norden arbeiten, unseren Beitrag an der Produktentwicklung leisten. (...)

51 Das Finnish Village Action Movement

(Rede von Tapio Mattlar)

Das Finish Village Action Movement begann seine Arbeit relativ spontan Mitte der siebziger Jahre, gedacht als Widerstand gegen die allgemein verbreitete Aussage, daß Dörfer keine Zukunft haben. (...) Der Glaube an die Zukunft des Dorfes wurde insbesondere während der frühen achtziger Jahre wiederbelebt, als in jedem Jahr Hunderte neuer Village Action Committees gegründet wurden.

Unsere Bewegung ist unpolitisch und unabhängig, in vielen Komitees sitzen Mitglieder aller politischen Parteien neben politisch neutralen Personen. Dennoch haben wir unsere eigene Ideologie. Wir sind nicht willens, ökonomische Werte über die Lebensqualität zu stellen. Wir glauben nicht an eine Entwicklung durch zentralisierte Strukturen der Entscheidungsfindung und der Dienstleistung. Bei vielen Entscheidungen sind Gemeindeverwaltungen viel zu groß, um die Wünsche und den Bedarf der Einwohner zu erkennen. (...)

Vorbild für die Dorfkomitees war freiwilliges Teamwork, „talkoot" genannt, eine alte von der Bewegung wiederbelebte Tradition. Viele Menschen haben Millionen von Stunden freiwillig in den finnischen Dörfern gearbeitet, um die lokalen Umweltbedingungen und die Lebensqualität zu verbessern. (...)

Die Dörfler haben das Potential, sich noch viel mehr um ihren eigenen Bedarf zu kümmern, aber das Problem ist das Verhalten der Gemeindeverwaltungen. In einigen Gebieten konnten sich die Dorfbewohner mit den lokalen Autoritäten darauf einigen, wie Dienstleistungen für die Gemeinde organisiert werden sollen. (...)

Die Schulen kleiner Dörfer zu bewahren ist eines unserer ständigen Anliegen, denn diese sind in größter Gefahr. Die Regierung und viele Vertreter der Gemeindeverwaltungen halten sie für zu teuer. Wir allerdings glauben nicht, daß Finnland so arm ist, daß es Geld auf Kosten der Kinder in den Dörfern sparen muß. (...)

Wir wären froh, wenn unsere Bewegung ein motivierendes Beispiel für die Landbevölkerung sowohl der industrialisierten wie der Entwicklungsländer abgeben könnte und zeigt, daß ein pulsierendes Dorfleben nicht unvereinbar ist mit moderner Entwicklung.

Tapio Mattlar zur Bedeutung des Alternativen Nobelpreises:

Die Auszeichnung mit dem Right Livelihood Award für das Finnish Village Action Movement war eine sehr große Überraschung für Finnland. Wir erhielten diese in einer Zeit, in der es einen heftigen Konflikt zwischen dem „urban way of life" und ländlichen Traditionen gab. Das Movement versuchte zu beweisen, daß lebendige Dörfer nicht im Widerspruch zu Entwicklung stehen und daß die Migration aus Städten aufs Land in einigen Jahren tatsächlich stärker sein würde, als anders herum.

Unglücklicherweise waren und sind die finnischen Massenmedien in den Händen von Städtern. Der Alternative Nobelpreis war in diesem Konflikt eine unangenehme Überraschung für die Medienleute, was auch der Grund dafür ist, daß sie wenig darüber berichteten. Bei einer Pressekonferenz, die wir in Helsinki organisierten, waren nur wenige Journalisten anwesend, und einige von ihnen waren uns gegenüber sehr aggressiv und behaupteten, daß in den finnischen Dörfern keine Arbeit geleistet werde, die diesen Preis wert sei. Doch in Regionalzeitungen und lokalen Radiosendern wurde der Verleihung des Preises an das Village Action Movement einige Aufmerksamkeit gewidmet.

Doch die Aktivisten in den Dörfern waren sehr froh über den Preis. Er gab ihnen die Gewißheit, daß ihre Arbeit bedeutungsvoll ist. Zudem gab er ihnen ein Gefühl der Zusammengehörigkeit mit anderen Dörfern und ermutigte sie, Organisationen für die Zusammenarbeit aufzubauen. Außerdem verlieh der Preis den finnischen Dörfern internationale Beachtung und sorgte für Kontakte zu anderen populären Bewegungen.

52 Mary und Carrie Dann

(Rede von Carrie Dann)

(...) Unsere Mutter, das Land, gibt uns alles Lebensnotwendige. Es ist unsere Wiege, ernährt uns, gibt uns Kleidung und Schutz.

Unsere indianische Situation ist heutzutage, daß wir keinen Weg finden, die Vergangenheit zu vergessen. Täten wir das, bedeutete es, die derzeitige Lage zu ignorieren, das Wissen, daß heute gerade einmal die Hälfte der Einwohner dort lebt, wo unsere Vorfahren Tausende Jahre zuvor lebten. (...)

Wir, die indigenen Völker, haben eine Welle von Ausländern, die in unser Land kamen – Spanier, Engländer, Niederländer, Franzosen und Nationalitäten aus der ganzen Welt – nach der anderen überstanden. Sie nannten unser Land „die neue Welt". Doch ungeachtet dessen war und ist diese von Indianern bewohnt, von zivilisierten Völkern, die in Harmonie mit ihrer natürlichen Umgebung lebten, mit Respekt vor jeglichem Leben. Sie hießen sogar die Spanier, die als erste kamen, willkommen in einem Paradies, wie Columbus es beschrieb. Dieses existierte so lange, bis die Spanier kleine Goldstatuen fanden, die keine Symbole des christlichen Glaubens waren. Seitdem wurden die Indianer der westlichen Hemisphäre als Wilde, Heiden, Ungläubige betitelt, als solche, die zu unseren Verwandten gehören – Wölfe und Coyoten.

Das Goldfieber ist bis heute nicht gestoppt. Heute ist das Land der Western Shoshones im Namen von Gold in Stücke gerissen. Millionen Gallonen kostbaren Wassers werden benötigt, um an mikroskopisch kleine Goldvorkommen zu gelangen. Chemikalien wie hochgefährliche Zyanide werden eingesetzt, um dieses Material zu gewinnen, das die Vernichtung zivilisierter Nationen verursacht hat und jetzt die Zerstörung unserer Mutter Erde vorantreibt. (...)

Bis zum heutigen Tag argumentieren sie (Politiker, Gerichte; Anm. JS), daß Indianer lediglich das Recht zu jagen und zu sammeln haben, so wie unser Verwandter, der Coyote, auch nur dieses Recht hat.

Die Vereinigten Staaten und Konzernmultis sind mit den verschiedensten Gründen – ob im Namen des Gesetzes, der Politik, der Suche nach Gold, Uran, Kohle, Öl usw. – in das Land indigener Völker eingedrungen und machen so weiter, bis heute. Ihre Methoden haben sich ein wenig verändert, seit sie große Massaker anrichteten, vergewaltigten und biologischen Krieg führten, indem sie Pockenkeime freisetzten etc. (...)

Es ist meine feste Überzeugung, daß die Vereinigten Staaten durch ihre Gesetze und Handlungen über viele Jahre hinweg absichtlich und systematisch Schritte unternommen haben, unseren Weg zu zerstören und uns alles zu nehmen. Wenn die USA wirklich unser Land einnehmen, die Verträge und unsere Landrechte auslöschen, dann ist dies Völkermord.

(...) Am 18. November 1992 drang die Bundespolizei gemeinsam mit einer Abteilung des Sheriffs von Eureka County, verstärkt von Durchsuchungs- und Rettungsteams, ohne gültige Erlaubnis auf mein Land vor. Mein Bruder Cliff drohte mit der Begründung, „uns unser Land wegzunehmen bedeutet, uns unser Leben und unsere Lebensweise zu nehmen", sich anzuzünden. Nachdem er sich mit Benzin übergossen hatte (...), wurde er von einem der vielen Männer angegriffen. Cliff wurde zu Boden gerungen, brutal mißhandelt, verhaftet und von der Bundespolizei an einen unbekannten Ort gebracht. (...)

Ich suche nun nationale und internationale Unterstützung. Ich habe die Clinton-Regierung und das Justizministerium aufgefordert, meinen Bruder von allen Punkten, derer er beschuldigt wird, freizusprechen, inklusive des Vorwurfs, er habe einen Polizeioffizier attackiert. Cliff ist kein Krimineller, wie der Ankläger immer wieder behauptete. Cliff ist ein demütiger Mann, der sich dem Schöpfer, dem Volk der Western Shoshone und seiner Familie hingibt. Mary und ich litten Geistesqualen angesichts der aggressiven Akte der US-Regierung, die wie ein Diktator handelt, indem sie unser Land, das unsere Mutter ist, gegen unseren Willen nimmt.

Ich habe wieder und wieder betont, daß das Western Shoshone Land – unsere Mutter Erde – nicht zu verkaufen ist!

53 Arna Mer-Khamis und Care and Learning

Ich wurde vor über sechzig Jahren in einer kleinen Gemeinde in Palästina geboren, lebte im jüdischen Moshava Rosh Pina und im arabischen Dorf Ja'ouni. (...) Seit 1948 wuchs und entwickelte sich das jüdische Rosh Pina, während das Dorf Ja'ouni vom Antlitz der Erde getilgt wurde. Seine Einwohner wurden zu dem, was wir die palästinensischen Flüchtlinge nennen, vertrieben aus ihrer Heimat und eingepfercht in Flüchtlingscamps. Ihr Land, die Quelle ihres Lebensunterhalts und Grundlage einer eigenständigen Kultur, ging in die Hände von anderen, sei es durch bloßen Raub oder durch erzwungene Vertreibung. Dies hat eine tiefe Wunde in meine Seele gerissen. Während die eine Hälfte von mir intakt ist, erträgt die andere furchtbaren Schmerz.

In diesem Land wurden Rassismus, Leid, Kriege, Tod und Schmerz gesät. Wir schauen auf eine ganze Nation, in der die Menschenrechte nicht gelten, in der Kinder umgeben von Soldaten, Gewehren und Steinen aufwachsen. (...) Ich kam zu diesen Kindern mit der Last meiner Vergangenheit, der zerbrochenen Hälfte meiner Seele. Ich versuchte, den Schleier aus Heuchelei und Verbrechen wegzureißen, der sich wie eine Decke aus Abfall auf die Straßen von Jenin und des Flüchtlingscamps gelegt hatte. Das Lager wurde vor 45 Jahren errichtet und seine Kinder und Enkelkinder wurden von ihrer Geburt an mit der israelischen Besetzung konfrontiert.

Heute, bei dieser Gelegenheit, hören wir den widerhallenden Schrei von Tausenden und Millionen von Kindern auf der ganzen Welt, insbesondere den der palästinensischen Kinder, in deren Namen ich gekommen bin. Sie rufen uns zu: Ihr habt eine Verpflichtung uns gegenüber. – Ja, wir schulden diesen Kindern, der Hoffnung für die Zukunft, etwas. Es gilt, die Heuchelei aufzudecken, die diese Kinder hilflos und verletzt auf den Schlachtfeldern zurückläßt. Ihre Wunden sind tief, auch wenn sie nicht bluten. Ihre Seelen sind verwundet, ihre Entwicklung kommt zu Schaden. Es sind Kinder, die geschlagen und angeschossen wurden, die zusehen mußten, wie ihre Eltern und Geschwister durch Soldaten erniedrigt wurden. Es sind Kinder, die lange Verhöre in Haft erdulden mußten, die nicht lernen durften, weil ihre Schulen und Kindergärten geschlossen wurden. Es sind Kinder, die die Menschen Israels nur als tötende Soldaten kennen, die sie schlagen und erniedrigen. (...)

Wir gründeten Care and Learning für die Verteidigung der in den besetzten Gebieten lebenden Kinder. (...) In den Gassen des Flüchtlingslagers, in den Straßen von Jenin und in den anliegenden Dörfern wurden große Rollen Papier abgerollt, Farben und Pinsel verteilt und man konnte Hunderte von Kindern, die zusammen ihre Gedanken und Träume, ihre Ängste und Hoffnungen in allen Farben des Regenbogens auf Papier bannten, gemeinsam rufen und lachen hören. Sie waren sechs, acht, elf Jahre alt – Kinder, für die diese Stunden die einzige Zeit der Hoffnung inmitten einer gewaltvollen Besetzung und Unterdrückung waren. (...)

Unsere Aufgabe war es, sie zu erreichen, um ihre Not ein wenig zu lindern. Und wir erfüllten sie, manchmal offen, manchmal heimlich, „bewaffnet" mit Büchern und Spielen, und wenn die Situation es erforderte, auch mit Milch und Brot. Unsere Aufgabe war nie einfach. Der Weg war nicht voller Rosen, statt dessen umgeben von Kugeln und Soldaten, besorgten Müttern und ängstlichen Kindern, deren Wunden auch heute noch heilen müssen. Wir sollten unseren Kampf für diese Kinder und all die anderen nicht aufgeben, bis ihre Träume von Frieden und Freiheit Realität werden.

54 Vandana Shiva

(...) Vier Interessen haben meine Arbeit in den letzten beiden Jahrzehnten bestimmt – die Suche nach Wissen, die Sehnsucht nach Freiheit, die Sorge um Gerechtigkeit und eine tiefe Liebe und Beziehung zur Natur. Es ist diese leidenschaftliche Suche nach Wissen und die Liebe zur Natur, die mich zur Physik brachten. Die Physik bietet nach vorherrschender Sichtweise das umfassendste Bild der natürlichen Gesetzmäßigkeiten. Aber das stimmt so nicht, deshalb wandte ich mich der Wissenschaftsphilosophie zu, um grundlegende Fragen der Quantentheorie zu klären.

Meine Arbeit mit der Chipko-Bewegung erweiterte meinen intellektuellen Horizont und führte mich zu einer mit Engagement für soziale Gerechtigkeit verknüpften Ökologie. Es waren der Drang nach freier Forschung und meine Sorge um Mensch und Natur, die mich dazu brachten, die engen Grenzen der akademischen Welt zu verlassen, in der wissenschaftliche Disziplinen voneinander getrennt werden, in der Wissen losgelöst wird vom Handeln, jedoch eng verknüpft ist mit Macht.

(...) Wir begannen unsere Arbeit nicht mit großen Büros und immensen Zuschüssen; wir starteten in einem Kuhstall in Dehra Dun, zogen später in eine Garage in Bangalore, und vertieften so unsere Beziehung zu den lokalen Gemeinden und unser Verständnis lokaler Ökosysteme.

Ich habe mehr und mehr das Gefühl, daß die Hauptgefahr für Mensch und Natur heute von zentralisierter und monopolisierter Macht ausgeht, die unvermeidlich eindimensionale Strukturen schafft und das, was ich Monokultur des Geistes nenne. Diese Einseitigkeit des Denkens behandelt Artenvielfalt wie eine Krankheit und erzeugt stringente Strukturen, die unsere biologisch und kulturell verschiedenartige Welt den herrschenden Kategorien und Konzepten einer Klasse, einer Hautfarbe, einem Geschlecht einer einzigen Art unterwerfen.

(...) Aus der Sicht dieser Monokultur des Geistes entstehen Produktivität und Gewinn, wenn Artenvielfalt ausgelöscht und durch Gleichförmigkeit ersetzt wird. Sieht man die Sache hingegen mit Konzentration auf die Artenvielfalt, so stehen Monokulturen für ein Sinken von Ertrag und Produktivität; sie bilden verarmte Systeme in qualitativer wie quantitativer Hinsicht.

(...) Für die Mächtigen sind Monokulturen ein Mittel wachsender Macht und Kontrolle, für die Machtlosen und für die Natur dagegen ein Mittel der Verarmung. Monokulturen können nur mit Hilfe intensiver Kontrolle des Menschen und höchster Zufuhr von Ressourcen existieren. Ökologisch gesehen führt das zu Erosion, zu Verschmutzung von Land, Wasser und Atmosphäre, aus politischer Sicht zu zentralisierter Kontrolle und zu autoritären Strukturen. Die grüne Revolution war Beispiel einer bedachten Zerstörung der Artenvielfalt. Die neuen Biotechnologien wiederholen und vertiefen diese Tendenzen mehr, als ihnen etwas entgegenzusetzen. (...)

Als mein Engagement in diesen Fragen zunahm, wurde gerade das Saatgut Symbol der Freiheit in einem Zeitalter der Manipulation und der Monopole im Umgang mit der Artenvielfalt. Ich dachte an Gandhis Spinnrad, das zu einem ungemein wichtigen Symbol der Freiheit wurde, nicht, weil es Größe und Stärke repräsentierte, sondern weil es klein war und so zu einem Zeichen des Widerstandes und der Kreativität in kleinsten Hütten und bei den ärmsten Familien werden konnte. In seiner geringen Größe lag seine Macht.

Saatgut ist ebenfalls klein. Es verkörpert Artenvielfalt, die Möglichkeit zu überleben. Und Saatgut ist immer noch der gemeinsame Reichtum der Kleinbauern in Indien. (...) Für uns bedeutet der Schutz des Saatguts mehr als ein Erhaltungsprogramm für Rohstoffe zum Wohl der Biotechnologie.

(...) Die Erhaltung der Artenvielfalt ist vor allem der Einsatz dafür, Alternativen in Gesellschaft und Natur zu fördern, in ökonomischen- und in Wissenssystemen. Das Bewahren und Pflegen der Artenvielfalt ist kein Luxus in der heutigen Zeit. Es ist eine Frage des Überlebens und die Vorbedingung für die Freiheit aller, der Großen wie der Kleinen.

55 Die Organisation of Rural Association for Progress (ORAP)

(Rede von Sithembiso Nyoni)

(...) Wir sind sehr froh, daß unsere Überzeugung, daß die Kultur eines Volkes ein wesentliches mobilisierendes Werkzeug für Entwicklung ist, diese internationale Anerkennung bekommen hat. Tatsächlich ist für uns dieser Bezug zu den kulturellen Wurzeln der geeignete Weg zur Entwicklung. (...) Diese Arbeitsweise gibt den Leuten Authentizität und Macht. Als die wichtigsten Experten, ihre eigene Kultur betreffend, kontrollieren sie auf diese Weise Theorie und Praxis von Entwicklung.

(...) Die ländliche Bevölkerung arbeitet am härtesten von allen Bevölkerungsschichten, trotzdem ist sie oft diejenige, die am spätesten bemerkt wird. So hat ORAP hart daran gearbeitet, die Erfahrungen dieser Menschen international zu verbreiten. (...) Was nun zu tun ist, ist Durchhaltekraft zu bekommen.

(...) Wir haben einer Viertelmillion Menschen Wasser für Felder und häuslichen Gebrauch verschafft. Die Produktion und Verteilung von Lebensmitteln hat sich um 80 Prozent verbessert. Die meisten Familien haben nun Zugang zu Lebensmitteln. Die meisten Farmen haben sich auf traditionelle und organische Anbaumethoden besonnen, die umweltfreundlich sind. Ursprüngliches Saatgut wird weiter entwickelt. Die meisten Farmer züchten jetzt kleine Kornarten, die dürreresistent und nahrhafter sind.

Während der Dürreperiode 1991/92, die die schlimmste seit Menschengedenken war, schafften es Familien, mit den aus diesen Kornarten bestehenden Ernten aus den vergangenen Jahren zu überleben, bis Lebensmittelhilfe gekommen ist. Durch unsere gut entwickelten ländlichen Netzwerke waren wir in der Lage, fast zwei Millionen Menschen zu ernähren. Dieser Aufwand verhinderte den Tod von Menschen. Während dieser Zeit begannen wir auch Ödland-Rückgewinnungsprogramme, bauten verbesserte Kornspeicher und Staudamm-Konstruktionen.

Durch traditionelle Architektur und traditionelles Design haben Familien nun bessere Wohnungen. Ländliche Küchen, erbaut meist von Frauen als hauptsächlichem Treffpunkt der Familie, sind sauberer, größer und besser belüftet. (...) All diese Bemühungen haben die Kindersterblichkeit gesenkt, die Ernährung der Familien und die allgemeine Gesundheit verbessert. (...)

Eine ländliche höhere Schule, deren Lehrplan basisnahe Entwicklung enthält, wird im Januar 1994 eröffnet. Die Idee ist es, eine Schule zu haben, die ländlichen Kindern hilft, sich stärker in Beziehung zu ihrer Umwelt zu setzen, um so ihr Interesse an der Entwicklung ihrer Gebiete zu wecken und sie nicht in die Städte abwandern zu lassen.

(...) Die größten unserer Visionen, Pläne und Aktivitäten bezüglich Entwicklung sind dabei, wahr zu werden, insbesondere da wir mit dem Wissen weitermachen, daß wir in Ihnen Freunde haben, die all dies möglich gemacht haben.

Sithembios Nyoni zur Bedeutung des Alternativen Nobelpreises:

Persönlich fühlte ich mich ermutigt und in meinem Glauben bestätigt, daß harte Arbeit und die Verpflichtung, sich auf seine Vision zu konzentrieren – gleichgültig, wie schwer die Situation ist – zum Erfolg führen. Aufgrund meines Programmes, das die Mobilisierung von Menschen gegen Hunger und für nachhaltige Entwicklung beinhaltet, gab mir der Preis große Hoffnung im Sinne von Menschlichkeit und der Zusammenarbeit für eine bessere Welt.

Ich steckte das Preisgeld in eine Kinder- und Jugend-Stiftung. Diese wächst und gedeiht und hat das Potential, in Zukunft vielen Menschen mehr zu helfen. Mit Blick auf meine eigenen Möglichkeiten hat mir der Preis geholfen, weiter nach greifbaren und konkreten (sichtbaren oder unsichtbaren) Ergebnissen zu streben. Ich versuche, so mit meiner Arbeit positiven Einfluß darauf zu nehmen, daß Entwicklung spürbar und nachhaltig wird.

56 Ken Saro-Wiwa und das Movement for the Survival of the Ogoni People (MOSOP)

Das Volk der Ogoni wurde zu einer Metapher für die Agonie und die Ausbeutung indigener Völker und nationaler Minderheiten in ganz Afrika. Ihr gewaltfreier Kampf für ihre Rechte verdient die Unterstützung der internationalen Gemeinschaft, denn ihr Erfolg wird eine Vielzahl von verzweifelten und verlorenen Menschen in Afrika auf den Weg zum Frieden bringen und die Zahl der bewaffneten Auseinandersetzungen in Schwarzafrika verringern. (...)

Der Kampf der Ogoni hat unter anderem die Frage nach dem Recht der Menschheit auf eine saubere und unberührte Umwelt aufgeworfen; nach dem Recht auf nachhaltige Entwicklung und nach den politischen und wirtschaftlichen Rechten der unterschiedlichen Völker, die die Vielvölkerstaaten Afrikas bilden, welche in erster Linie Folge europäischer Kolonisation sind und deshalb lange Zeit taub waren für die Belange ihrer Einwohner. Er hat die Frage nach Demokratie und Militärherrschaft in afrikanischen Ländern und nach der Bedeutung multinationaler Kooperation der indigenen, afrikanischen Völker aufgeworfen.

Was mich als Mann des Wortes an der Frage um die Zukunft der Ogoni besonders interessiert hat? – Wie der multinationale Konzern Shell, der 1958 Öl auf dem Land der Ogoni entdeckt hat, sich selbstzufrieden 900 Millionen Barrel mit einem zurückhaltend geschätzten Wert von 30 Milliarden US-Dollar aneignen und das Volk der Ogoni dafür in seiner Existenz bedrohen, in völlig zerstörter Umwelt zurücklassen kann, unter einfachsten Bedingungen in Drecksunterkünften lebend, ohne Wasser aus Pipelines, Elektrizität, medizinische Versorgung oder Schulen.

Ebenfalls interessant finde ich, daß das Bündnis zwischen Shell und den aufeinander folgenden Regierungen in Nigeria oftmals angeklagt wurde, das Äußerste an Unterdrückung und Brutalität gegen wehrlose, ethnische Minderheiten in Ölgebieten wie dem Ogoni-Land aktiv gefördert zu haben. Die Regierenden in Nigeria verwehrten den Ogoni gleichzeitig durch ungerechte Gesetze und Militärgewalt das Recht, ihre eigenen Angelegenheiten und die Entwicklung ihrer Kultur und Wirtschaft selbst zu regeln, verdammte sie in der Realität zu unmenschlicher Armut, Sklaverei und letztlich zum Aussterben. (...)

Um die Agonie der Ogoni zu beenden und sicherzustellen, daß sie eine Überlebenschance haben, appelliere ich an alle Menschen mit Gewissen in der westlichen Welt, eine Mission zu starten, um das Land der Ogoni zu retten, das Volk zu befreien aus Sklaverei, Völkermord, es vor dem Aussterben zu bewahren. (...)

Ich trage die Hoffnung in mir, daß die Ogoni mit der Gründung der Bewegung für ihr Überleben darin bestärkt werden, sich furcht- und gewaltlos ihrer eigenen Vergangenheit und ihren Peinigern zu stellen und daß ich, indem ich die Ogoni dazu ermutigt habe, an ihre Kraft zu glauben, die eigene sterbende Gesellschaft wiederzubeleben, etwas ins Leben gerufen habe, was auf friedvolle Weise viele Völker in Afrika befreien und eventuell zu politischen und ökonomischen Reformen und sozialem Fortschritt führen wird.

Die Probleme, die die Ogoni und ich erleben, die Bedrohungen, Arreste, Verhaftungen, sogar der Tod sind ein zweckmäßiger Preis, wenn es um das Ende eines Alptraums geht für Millionen von Menschen, die umgeben sind von erniedrigender Armut in einem Meer von Unmenschlichkeit. Ich danke Ihnen allen für ihr geduldiges Zuhören und wünsche Ihnen Gottes Segen.

57 SERVOL
(Service Volunteered for All)

Vor langer Zeit begannen wir von SERVOL mit den Augen der Armen zu schauen, denen der Benachteiligten und der Minderheiten auf dieser Welt, und wir waren entsetzt und traurig über das, was wir sahen. Wir sahen eine Welt, die das angehäufte Wissen von Ureinwohnern verachtend vernichtete und die für sich selbst nur eine Art von Entwicklung gestattete – fast ausschließlich von Gier und finanziellen Überlegungen bestimmt und von Wissenschaft und Technik geleitet. (...)

Vor zwanzig Jahren beschlossen wir, nicht dieselben Fehler zu machen und bauten die Philosophie von SERVOL auf drei grundlegenden Prinzipien auf: als erstes auf das Prinzip des Unwissens, was bedeutet, daß wir niemals davon ausgehen, die Bedürfnisse der Menschen zu kennen, denen wir helfen möchten; zweitens auf die Notwendigkeit, den Menschen aufmerksam zuzuhören und das, was sie uns sagen, zu Eckpfeilern unserer Entwicklungsprogramme zu machen; drittens darauf, nicht, wie so viele Wohltäter, mit einer von der eigenen Kultur geprägten Arroganz in das Leben der Menschen hineinzuplatzen.

(...) Es wird offensichtlich, daß die Kommunikation mit einem Kind bereits vor der Geburt beginnen sollte. Medizinische Experten sagen uns, daß all das, was in dieser Zeit mit einem Kind geschieht, für seine intellektuelle, emotionale und körperliche Entwicklung absolut wichtig ist. Es macht daher aus ökonomischer und bildungspolitischer Sicht Sinn, jedes nationale Bildungsprogramm mit Elternbildung zu beginnen, die auch deren Unterstützung bei ihren Aufgaben beinhaltet, insbesondere bei den vielen jugendlichen Eltern.

(...) Geber- und Kreditorganisationen bestehen mittlerweile darauf, einen wachsenden Prozentsatz ihrer Finanzhilfe an Nichtregierungsorganisationen zu verteilen, die oftmals viel effektiver als Bürokraten mit dem Geld arbeiten. (...)

SERVOL ist eine Organisation schwacher, zerbrechlicher, gewöhnlicher, fehlerhafter und doch hoffnungsvoller Menschen, die schwachen, zerbrechlichen, gewöhnlichen, fehlerhaften und hoffnungslosen Menschen dabei helfen möchten, auf dem Weg zu völliger menschlicher Entwicklung Agenten des sozialen Wandels und des Wandels von Einstellungen zu werden.

Schwester Ruth Montrichard zur Bedeutung des Alternativen Nobelpreises:

Die Gründer von SERVOL scheuten die Öffentlichkeit und achteten von Beginn an darauf, die Glückwünsche zu den Programmen zur frühkindlichen Erziehung und Ausbildung Jugendlicher mit einem Minimum an öffentlicher Aufmerksamkeit und ohne selbst die Fanfaren zu blasen, entgegenzunehmen.

Dennoch müssen die Nichtregierungsorganisationen, die auf finanzielle Unterstützung der Gemeinschaft angewiesen sind, das Interesse von Privatpersonen und der Öffentlichkeit insgesamt auf ihre Bemühungen und Erfolge lenken.

Die Verleihung des Alternativen Nobelpreises war die perfekte Lösung dieses Dilemmas, indem diese unüberhörbar überall auf der Welt von SERVOL und dessen Aktivitäten kündete. Und ebenso wichtig: SERVOL mußte diese Fanfare nicht selbst spielen.

Die Auswirkungen waren bedeutend. Wirklich jeder informierte sich über SERVOL und viele Menschen äußerten den Wunsch, Lebenszentren zu besuchen und sich aus erster Hand darüber zu informieren, was in den Gebäuden geschieht, an denen sie täglich auf dem Weg zur Arbeit vorbeikommen.

Sogar die Regierung war hingerissen, aus den Massenmedien, die SERVOL in Zeitungen und Fernsehprogrammen groß herausbrachten, davon zu erfahren. So wurde der Gründer von SERVOL mit dem höchsten nationalen Preis, dem Dreieinigkeitskreuz, das er im Namen der Organisation annahm, ausgezeichnet.

Ohne Zweifel war der Erhalt des Alternativen Nobelpreises das beste, was SERVOL passieren konnte, um unsere Arbeit bekannt zu machen, ohne uns selbst an die Brust zu klopfen.

58 Hannumappa Reddy Sudarshan und die Bewegung Vivekananda Girijana Kalyana Kendra (VGKK)

(...) Nach dem Ende meiner Ausbildung auf dem College stand ich vor der Wahl, für die Armen in abgelegenen Gebieten zu arbeiten, oder aber in hochtechnisierten Hospitälern; ich entschied mich für ersteres. Diese Entscheidung brachte mich schließlich zu den Stämmen der Biligiri Rangana-Hügel, wo meine Freunde und ich in den zurückliegenden Jahren gearbeitet hatten. Ich kam damals mit der Vorstellung dorthin, nur medizinischen Service anzubieten, und ich dachte, Arzneimittel wären das Patentrezept für alle Leiden der Menschen in den Stämmen, sah aber bald, daß das, was sie brauchten, auch andere Dinge waren: Bildung, Organisation und die Befreiung von Hunger, Ignoranz und Ausbeutung, im Großen wie im Kleinen.

(...) Einige Anthropologen scheinen zu glauben, daß es absolut keinen Eingriff in das Leben von traditionell lebenden Stämmen geben darf, während andere, moderne Enthusiasten glauben, daß diese Stämme ohne Übergang mit der sie umgebenden modernen Kultur verschmelzen sollten. Wir vertreten keine dieser beiden Theorien und glauben, daß die Entwicklung von Stammesvölkern ein allmählicher, leiser Prozeß ist, der überlegte Schritte verlangt und ihrer Kultur und Tradition gebührende Aufmerksamkeit schenken sollte.

(...) Mit Hilfe der Stammesmedizin können 30 bis 40 Prozent der Krankheiten erfolgreich behandelt werden, medizinische Erstversorgung kann durch sie sichergestellt werden. (...)

In dieser sich stets im Wandel befindenden und Konkurrenz fördernden Welt spielt der Mangel an Bildung eine wichtige Rolle. Aber ausgehend vom alltäglichen Leben der Stämme ist eine rein formale Bildung für deren Kinder, die an das Leben draußen gewöhnt sind, sich an den Bedingungen in den Wäldern orientieren, weder möglich noch wünschenswert. Daher vermitteln wir eine Art von Bildung, die auf fünf wesentlichen Inhalten basiert, eine, die werteorientiert ist, experimentell, ausgerichtet an der Umwelt und an sozialer Arbeit und die die Berufsbildung einschließt – immer auf der Basis der Stammeskultur. (...)

Wir haben ein Berufsbildungscenter gegründet, das die Stammesjugend, Mädchen wie Jungen, in 16 verschiedenen Handwerken ausbildet. Das Berufstrainingsprogramm hat es auch ermöglicht, der Jugend Lese- und Schreibklassen anzubieten und sie so in einer aktiven Gruppe zu organisieren. (...)

Ein anderes Programm ist der Schutz medizinisch nützlicher Pflanzen in Zusammenarbeit mit der Stiftung zur Wiederbelebung lokaler Heiltraditionen (FRLHT) und DANIDA. Es beinhaltet das Anlegen von Kräutergärten, Genparks, Kräuterzucht und ein Herbarium (wissenschaftlich geordnete Sammlung getrockneter, gepreßter, meist auf Papier befestigter Pflanzen; Anm. JS). (...)

VGKK unterstützt andere Organisationen und sieht dies als Möglichkeit, unseren Wirkungskreis zu vergrößern. Einige innovative, junge Sozialarbeiter und Doktoren, die mit uns zusammengearbeitet haben, haben inzwischen ihre eigenen Organisationen gegründet.

Hannumappa Reddy Sudarshan über die Bedeutung des Alternativen Nobelpreises:

Die finanzielle Hilfe durch den Right Livelihood Award hat das gesunde Wachstum unserer Bewegung abgesichert. Darüber hinaus erhielten wir Beachtung auf nationaler und internationaler Ebene. Inzwischen ist die Bewegung als Modell sowohl integrierter als auch ganzheitlicher Entwicklungsprogramme für die Aufwertung eingeborener und ländlicher Gesellschaften anerkannt.

Das Selbstbewußtsein der gesamten Soliga-Ureinwohner-Gemeinschaft ist durch eine erneuerte Identität gestiegen und hält ihre Traditionen aufrecht.

Ich persönlich wurde von der indischen Regierung geehrt. Zahlreiche renommierte Institutionen kamen mit Enthusiasmus auf uns zu, um uns bei unseren Bemühungen auf sehr kooperative Weise zu unterstützen.

59 Astrid Lingren

Aus gesundheitlichen Gründen hielt Astrid Lindgren anläßlich der Verleihung des Ehrenpreises zum Alternativen Nobelpreis nur eine kurze Dankesrede. Deshalb ist hier ein Text der Schriftstellerin aus dem Jahre 1976 dokumentiert, den der Autor des vorliegenden Buches in der Praxis eines Kinderarztes in Norddeutschland fand:

Jenen, die jetzt so vernehmlich nach härterer Zucht und strafferen Zügeln rufen, möchte ich das erzählen, was mir einmal eine alte Dame berichtet hat. Sie war eine junge Mutter, als ihr kleiner Sohn etwas getan hatte, wofür er ihrer Meinung nach eine Tracht Prügel verdiente, die erste in seinem Leben. Sie trug ihm auf, in den Garten zu gehen und selber nach einem Stock zu suchen, den er ihr dann bringen sollte. Der kleine Junge ging und blieb dann lange fort. Schließlich kam er weinend zurück und sagte: „Ich habe keinen Stock finden können, aber hier hast du einen Stein, den kannst du ja nach mir werfen." Da aber fing auch die Mutter an zu weinen, denn plötzlich sah sie alles mit den Augen des Kindes. Das Kind mußte gedacht haben, „meine Mutter will mir wirklich weh tun, und das kann sie ja auch mit einem Stein". Sie nahm ihren kleinen Sohn in die Arme. Dann legte sie den Stein auf ein Bord in der Küche, und dort blieb er liegen als ständige Ermahnung an das Versprechen, das sie sich in dieser Stunde selbst gegeben hatte: „NIEMALS GEWALT!"

Gegen Ende ihres Lebens war Astrid Lindgren fast blind und konnte kaum noch hören, also auch kein Statement zur Bedeutung der Verleihung des Alternativen Nobelpreises an sie mehr abgeben. Deshalb an dieser Stelle nur ein Satz, der sie charakterisiert:

„Wenn ich nur eine einzige traurige Kindheit aufgeheitert habe, dann habe ich in meinem Leben etwas vollbracht."

60 Der Serbische Zivilrat

(Rede von Mirko Pejanovic)

Ich komme aus Sarajevo, einer Stadt der Opfer und der Helden, einer Stadt, in der 12.000 Einwohner während der dreieinhalbjährigen Belagerung getötet wurden, darunter 1.600 Kinder. (...)

Unsere Organisation wurde unter den Bedingungen des Krieges mit dem Ziel gegründet, diese Bedingungen und ihre Ursachen zu bekämpfen und den einfachen Bürgern ein wirkliches Leben zu ermöglichen, unabhängig von ihrem sozialen Hintergrund, ihrer Religion, ihrer Nationalität und ihrer politischen Einstellung. Zur Zeit seiner Gründung wollte das SCC seinen Namen für die einheimische, die europäische und die Weltöffentlichkeit zum Symbol dafür machen, daß ein Großteil der Serben in Bosnien-Herzegowina die an ethnischer Teilung orientierte Politik von Radovan Karadzic nicht unterstützt und den Völkermord und die Verbrechen gegen Bosnier und Kroaten verurteilt. Zur selben Zeit wandten wir uns gegen Versuche, das gesamte Volk der Serben wegen der unakzeptablen Äußerungen und Aktionen des Pale-Regimes zu dämonisieren. (...)

Wir akzeptierten in keiner Weise ethnisch begründeten Haß, ethnische Trennung und die Vertreibung von Menschen. Der Serbische Zivilrat hat sich mit seinen Vorschlägen für ein friedliches Ende des Krieges an die Regierungen der meisten europäischen Staaten gewandt, an Rußland, die Vereinigten Staaten, die Europäische Union und verschiedene internationale Organisationen. Diese Vorschläge integrieren die Interessen aller Bürger Bosnien-Herzegowinas und der drei Volksgruppen – Serben, Kroaten und Bosnier.

(...) Jahrhundertelang haben die Volksgruppen in Eintracht und Toleranz miteinander gelebt. Die Prinzipien einer multikulturellen Gesellschaft und ethnischer Gleichheit wurden respektiert – Bosnien-Herzegowina war Paradebeispiel eines Vielvölkerstaats in Europa. Seine Zukunft liegt in Frieden, ethnischer Gleichheit, einer pluralistischen Demokratie und Menschenrechten, die internationalen Standards genügen.

(...) Mitglieder der serbischen Volksgruppe in der bosnisch-kroatischen Förderation besitzen weniger Bürgerrechte als Bosnier und Kroaten. Der Grund dafür ist allseits bekannt: Nichtserben in dem vom Pale-Regime kontrollierten serbischen Gebiet haben keinerlei Rechte, nicht einmal das Recht auf Arbeit oder das Recht, sich niederzulassen. Dies ist die Folge davon, daß Menschen mit einer nationalen oder gar nationalistischen Auslegung von Menschenrechten konfrontiert werden.

Für die Zukunft erwarten wir, daß die Hauptakteure der Politik in Europa und der Welt mehr Wert auf eine moralische und politische Stärke und eine bedeutende Rolle des Serbischen Zivilrates in der demokratischen Entwicklung Bosnien-Herzegowinas legen. (...)

Zur Bedeutung des
Right Livelihood Award:

Der Preis war ein großer Ansporn sowohl für den Friedensbildungsprozeß als auch für die Verteidigung der Menschenrechte aller Bürger von Bosnien-Herzegowina – unabhängig von religiösen und ethnischen Aspekten. Ebenso war er Ansporn für den Serbischen Zivilrat, sich für die Idee des Überwindens und der Abschaffung der ethnischen Diskriminierung von 1.500 Bürgern von Bosnien-Herzegowina einzusetzen.

Im Jahr 2000 startete der Serb Civic Council eine Initiative vor dem Verfassungsgericht Bosnien-Herzegowinas, deren Ergebnis die Entscheidung zur Einrichtung eines Wahlbezirks für die kroatische und bosnische Bevölkerung in der Serbischen Republik und für die serbische Bevölkerung im Bund von Bosnien und Herzegowina war.

Die Entscheidung des Verfassungsgerichtes Bosnien-Herzegowinas half bei der Verwirklichung von Wahlbezirken und Gleichheit aller Volksgruppen, unabhängig von dem Teil, in dem sie leben, und ermutigte darüber hinaus den Prozeß der Rückkehr von Flüchtlingen und Vertriebenen in ihre Vorkriegsheimat sowie die Wiederherstellung einer multi-ethnischen Gesellschaft in Bosnien-Herzegowina.

61 Die Hungarian Foundation for Self-Reliance und András Bíró

Als wir mit den Aktivitäten in der Hungarian Foundation for Self-Reliance begannen, taten wir dies mit dem Gedanken, daß das vordringliche Ziel der unblutigen Revolution in Ungarn, Pluralismus und der Aufbau von Strukturen des Rechts und der Demokratie, gefährdet bleiben würde, solange nicht eine starke und aktive Zivilgesellschaft den Erfolg dieser Prozesse garantiert. (...) Da die Bürger Ungarns, das Rückgrat und der Motor ungarischer, demokratischer Praxis, seit drei oder vier Generationen daran gehindert wurden, von ihren Rechten Gebrauch zu machen, mußte ihnen zunächst ihre eigene Würde und Macht vor Augen geführt werden.

Die Zivilgesellschaft als Ganzes schien uns für unsere kleine Stiftung eine zu große Aufgabe. Es galt daher, klare Ziele zu definieren. Wir einigten uns auf drei Bereiche, in denen aus unserer Sicht am schnellsten gehandelt werden mußte: die Umweltaltlasten, die die ehemalige kommunistische Regierung hinterlassen hatte, Armut und die Situation ethnischer Minderheiten. (...)

Die Gemeinschaft der Sinti und Roma, die einzige Volksgruppe, die in allen europäischen Staaten vorkommt, wird in den westlichen Ländern im besten Fall als farbenfrohe Kuriosität angesehen, im schlechtesten als Migrationsproblem. In unserem Teil der Welt existiert sie dagegen als ein umfassendes soziales Phänomen. Die bloße Anzahl von Sinti und Roma – fünf Prozent der Bevölkerung Ungarns, zehn oder mehr Prozent der Menschen in Rumänien – und ihr fast dramatisch zu nennender Ausschluß aus der Gesellschaft haben eines der größten Probleme der Übergangsphase geschaffen: Es entstehen immer mehr Streitpunkte zwischen Mehr- und Minderheiten. (...)

Anstelle von Gastarbeitern übernahmen einst ungelernte Sinti und Roma Arbeiten, die in immer größerem Umfang anfielen. In den späten 70er Jahren war Vollzeitarbeit der Männer beinahe die Regel. Aber beim geringsten Anzeichen einer ökonomischen Krise, bereits vor dem Regimewechsel, waren die Sinti und Roma die ersten, die in die Arbeitslosigkeit entlassen wurden. So zerstörte man innerhalb von zwei Generationen ihren traditionellen Lebensunterhalt und ihr soziales Gefüge vollständig und ersetzte es durch den Glauben, sie in Städten unterbringen und mit Gelegenheitsjobs versorgen zu können. (...)

Zwei zusätzliche und miteinander verbundene Phänomene verschlechterten die Situation nach 1990. Die Wiedereinführung der freien Meinungsäußerung wurde von Rassisten für ihre krankhaften Ideen mißbraucht, und der verschärfte Wettbewerb um die wenigen Arbeitsplätze für Ungelernte erzeugten eine Spannung, die sich in physischer Gewalt und sogar kleinen Pogromen gegen Sinti und Roma äußerte. Das bedrückendste Bild der heutigen Zeit ist das arbeitsloser Sinti- und Roma-Männer in den Bars der Dörfer, die jede Hoffnung auf eine Chance, Arbeit zu erhalten, aufgegeben haben.

Bald nachdem die Existenz und die Ziele unserer Stiftung den lokalen Roma- und Sinti-Organisationen bekannt wurden – auf regionaler und nationaler Ebene entstanden in letzter Zeit 240 Sektionen –, erreichten mehr und mehr Anfragen nach finanzieller Unterstützung unser Büro. Wir reagierten jeweils sehr schnell, nur unser begrenztes Budget beschränkte die Anzahl der Projekte, die wir fördern konnten. (...)

Als wir mit unseren Projekten begannen, waren selbst engste ungarische Freunde skeptisch. (...) Es scheint heute, daß unser naiver Glaube an und unser menschlicher Respekt für unsere Partner keine schlechten Investitionen waren. Es gibt ein Sprichwort in Ungarn: „Zigeuner lieben das Pflügen nicht!" Unsere über ein halbes Jahrzehnt gesammelten Erfahrungen sind anders. Nicht allein, daß die Sinti und die Roma zu pflügen gelernt haben, sie tun es manchmal mit mehr Liebe und Sorgfalt als die, die es schon immer taten.

62 Sulak Sivaraksa

Right Livelihood – im Sinne von angemessener Existenz – ist ein buddhistischer Begriff, ein Schlüsselelement des erhabenen, achtstufigen Weges, auch Mittelweg genannt, den Buddha als eine Möglichkeit lehrte, Gier, Haß und Wahn zu überwinden. Eine angemessene Existenz bedeutet eine Lebensführung, durch die man weder sich noch andere ausbeutet, und als Buddhist bin ich glücklich, als jemand angesehen zu werden, der versucht, diese Art von Leben zu führen.

In meiner Heimat betrachtet man mich als Störenfried oder Aufrührer, als einen, der die ökonomische und technologische Entwicklung behindert, die Thailand zum fünften Tiger unter den neuen, an Japan orientierten industrialisierten Staaten machen soll. Diese Gruppe der Vier umfaßt bisher Taiwan, Südkorea, Hongkong und Singapur. Deren Entwicklungsmodell hat keinerlei ethische oder spirituelle Dimension, und seine technologischen Errungenschaften bedingen eine massive ökologische Zerstörung, während der ökonomische Fortschritt den Abgrund zwischen Reich und Arm vertieft, ganze Volksgruppen einer fast unverhohlenen Gier nach Konsum unterwirft. Das Modell ignoriert alle Menschenrechte, insbesondere wirtschaftliche und soziale Rechte und das Recht, sich zu entfalten, selbst wenn es ab und an Lippenbekenntnisse zu ziviler und politischer Freiheit gibt. (...)

Die Mächtigen sind sehr verärgert über mich. Manchmal verbrennen sie meine Bücher und zeitweise bin ich gezwungen, ins Exil zu gehen, um dem Gefängnis zu entgehen. Ich bin persona non grata für sie seit 1963. Im Jahr 1976 versuchte die Militärjunta, mich zu inhaftieren, vielleicht sogar zu töten. Glücklicherweise weilte ich zu der Zeit in England, und sie konnten nur meine Arbeit zerstören. Viele meiner Zeitgenossen und Studenten wurden ermordet, verstümmelt oder verhaftet. (...)

Ich muß gestehen, daß ich manchmal wütend werde, wenn ich sinnloses Morden und die Mißachtung der Menschenrechte sehe. Aber Thich Nhat Hanh, mein buddhistischer Lehrer aus Vietnam, hat mich gelehrt, mir meines Zorns bewußt zu werden, ihm Aufmerksamkeit zu widmen. Er sagt, Zorn ist wie eine geschlossene Blume, die blühen wird, wenn das Sonnenlicht sie tief berührt. Wenn du tief durchatmest, sie mit Mitgefühl und Verständnis betrachtest, wird dein Handeln den Zorn durchbrechen und du wirst tief innen seine Wurzeln erkennen. Wenn dies geschieht, löst sich der Zorn auf. Die Blume wird blühen und ihre Blüte sich der Sonne zuwenden. (...) So lernte ich, die Militärjunta nicht zu hassen, ebensowenig die korrupten Politiker, nicht einmal die Führungskräfte der multinationalen Kapitalgesellschaften. Ich wurde mir der ungerechten sozialen, politischen und ökonomischen Strukturen als Quelle der Ungerechtigkeit und der Gewalt bewußter.

Meine aktuellen Projekte beschäftigen sich mit einer die Religionen übergreifenden Alternative zum Konsumdenken und einem Spirit in Education Movement (SEM). Bei SEM versuchen wir, Freundschaften zwischen Studenten und Dozenten zu schaffen (...); wir versuchen, voneinander und von der Umwelt zu lernen, uns in Meditation und gestalterischem Ausdruck zu üben, indigene Kulturen zu verstehen und zu respektieren, Frieden mit uns und der Welt zu säen, Schönheit, Güte und eine kritische Selbstbetrachtung zu entwickeln, im Sinne einer persönlichen Veränderung. (...)

Wir sehen das Wissen, das wir zur Zeit besitzen, nicht als unveränderlich an, so daß wir nicht an unseren Sichtweisen festhalten, offen werden für die Wahrheit, die im Leben selbst, nicht in konzeptionellem Wissen liegt.

63 Carmel Budiardjo und ihre Organisation TAPOL

Ich muß gestehen, daß ich nicht sehr intensiv gegen die Mißachtung von Menschenrechten gearbeitet habe, bevor Menschen, die mir nahe stehen, mein Ehemann, enge Freunde, Kameraden und Kollegen und schließlich ich selbst Opfer dieser Mißachtung wurden. Das war in den schwarzen Tagen des Oktobers 1965, als das Militär die Macht in Indonesien übernahm und das Land in tiefes Elend stürzte, mit Massenmorden, unzähligen Verhaftungen und einer umfassenden Verletzung der bürgerlichen Rechte von Millionen Einwohnern Indonesiens. In den ersten drei Jahren danach hatte ich keine Arbeit, war unehrenhaft entlassen, und mein Ehemann befand sich in Arrest. Im September 1968 geriet ich selbst in Haft, verbrachte drei Jahre hinter Gittern. Ich wurde niemals angeklagt, hatte keine Chance auf Bewährung oder Unterstützung durch einen Anwalt. Meine Freilassung und Ausweisung aus Indonesien gab mir die Möglichkeit, von meinem Geburtsland Großbritannien aus etwas für meinen Ehemann und für all die Frauen und Männer zu tun, die ich zurückgelassen hatte. (...)

Was mich erschreckte, war die Tatsache, daß so wenig über die Situation politischer Gefangener in Indonesien bekannt war, obwohl Amnesty International das Land der schlimmsten Verletzung von Menschenrechten bezichtigte. Dies brachte uns, eine kleine Gruppe von Verwandten und Freunden, dazu, TAPOL zu gründen, wie die britische Kampagne für die Freilassung indonesischer politischer Gefangener genannt wurde. (...)

(...) Wir konzentrieren uns insbesondere darauf, die Regierungspolitik in Indonesien zu analysieren und die wechselnden Schwerpunkte ihrer Repressalien zu bestimmen. Hier bekommt unsere regelmäßige Auswertung der indonesischen Presse große Bedeutung, die uns viel Zeit im Jahr kostet. Wir versuchen, die Solidaritätsbewegung mit allen Arten von Analysen zu versorgen, die den Gruppen den politischen Hintergrund der aktuellen Repressalien verdeutlicht, wem immer diese auch gelten mögen.

(...) In einigen Fällen funktioniert der Informationsfluß reibungslos, in anderen ist es extrem schwierig, an Informationen zu gelangen, was jedoch immens wichtig für unsere Arbeit ist. Die Einwohner Ost-Timors haben sich in den zwanzig Jahren der Besetzung ihres Landes und der Isolation vom Rest der Welt zu wahren Meistern darin entwickelt, die Menschen außerhalb über ihre Situation zu informieren. (...) Wie viele von Ihnen wahrscheinlich vermutet haben, hat das Internet unseren Zugang zu Informationen in großem Stil verbessert. (...)

Kürzlich wurden wir durch das Regime angeklagt, eine weltweite Schmähkampagne gegen Indonesien zu initiieren und die Aktivitäten von Aktivisten innerhalb des Landes zu steuern. (...) Wir sind geschmeichelt durch soviel Aufmerksamkeit und sogar dankbar für die Publicity, die wir in der indonesischen Presse bekommen, aber solche Phantasien werden dem Regime nicht helfen, der wachsenden Flut von Widerstand, mit der es konfrontiert wird, etwas entgegenzusetzen.

Carmel Budiardjo zur Bedeutung des Alternativen Nobelpreises:

Den Right Livelihood Award erhalten zu haben war eine riesige Ehre für mich und gab mir das Gefühl, daß die Arbeit, die ich seit so vielen Jahren machte, von vielen Menschen auf der ganzen Welt beachtet wurde, von Menschen, denen die Notwendigkeit, die Prinzipien der Menschenrechte aufrechtzuerhalten und begangene Tyranneien, die oftmals straffrei bleiben, bloßzustellen, klar ist.

Der Preis bescherte mir große Aufmerksamkeit und Unterstützung auf meinen Reisen, während derer ich die Einhaltung der Menschenrechte in Indonesien forderte. Darüber hinaus habe ich es außerordentlich geschätzt, daß der Preis mich mit sehr vielen außergewöhnlichen Menschen in Kontakt gebracht hat, die für die unterschiedlichsten Aktivitäten ebenfalls ausgezeichnet worden sind.

Zudem ist meine Organisation dadurch mit einer beachtlichen Geldsumme ausgestattet worden, die unsere Arbeit sehr gestärkt hat.

64 Das Komitee der Soldatenmütter Rußlands (KSMR)

(Rede von Ida Kuklina)

Das 1989 in der euphorischen Periode der Perestroika gegründete Komitee der Soldatenmütter Rußlands war die allererste Frauen-Nichtregierungsorganisation in der ehemaligen UdSSR, die sich auf einem traditionell männlichen Feld betätigte – auf militärischem Gebiet. In dieser Periode ergaben sich die ersten Möglichkeiten, hinter den die sowjetischen Machtstrukturen umgebenden „eisernen Vorhang" zu blicken. Und die Mütter, die durch die ersten Löcher in diesem Vorhang sehen konnten, waren entsetzt über das, was nach und nach für sie in Erscheinung trat. Die Muttergefühle forderten sofortiges Handeln. So wurden in vielen weiteren Republiken der ehemaligen Sowjetunion Soldatenmütter-Komitees organisiert. (...)

Ursprünglich vereinigten sich die Gründerinnen der Mütter-Komitees mit dem Ziel, für ihre Söhne das Recht durchzusetzen, ihre Ausbildungen ohne Unterbrechung durch den Wehrdienst abschließen zu können. Zu dieser Zeit mußte jeder Student nach dem ersten Studienjahr zwei Jahre seinen Wehrdienst ableisten. Die Mütter der Soldatenstudenten waren dabei sehr erfolgreich. 180.000 kehrten früher in die Hörsäle zurück. (...)

Aber die Soldatenmütter-Bewegung wurde nach diesem Sieg nicht aufgelöst. Die Frauen sahen die unbeschreiblich inhumanen Bedingungen in allen Militäreinheiten, die sie besuchten. Die Soldaten der sogenannten „legendären und unbesiegbaren" Sowjetarmee mußten um ihr physisches und psychisches Überleben kämpfen. Die Mütter erfuhren erstaunt, daß in friedlichen Zeiten jährlich im Durchschnitt etwa 5.000 junge Soldaten aufgrund von Hunger, Krankheiten, Prügeln, Selbstmorden, Morden, Traumata etc. starben. (...)

Sie verstanden, daß sie – um ihre Kinder zu schützen – den Staat und die Gesellschaft verändern mußten. Ihr Ruf nach Menschenrechten in allen militärischen Machtstrukturen war gleichzusetzen mit dem Ruf nach Demokratie. (...)

Wichtig für das Komitee ist das Problem der Vermißten. Auf der einen Seite gibt es eine große Anzahl von vermißten Soldaten in Tschetschenien, auf der anderen Seite etwa 1.500 friedliche tschetschenische Bürger, die von verschiedensten militärischen und nichtmilitärischen Gruppierungen gefangengenommen wurden und dann einfach verschwanden. Die Suche nach diesen Personen und der Austausch von ihnen gehen sehr langsam und erfolglos voran. Niemand weiß, wo sie sind; niemand weiß, ob sie leben oder tot sind. (...)

Alle Soldaten, die am Tschetschenien-Krieg teilnahmen, benötigen Rehabilitation. Sie bringen der Gesellschaft das Tschetschenien-Syndrom, das viel gefährlicher ist als die bekannten Vietnam- und Afghanistan-Syndrome. In Vietnam und Afghanistan kämpften die Soldaten auf fremdem Territorium. In Tschetschenien mußten sie die töten, die – entsprechend der offiziellen Position der Bundesbehörden – russische Bürger waren und immer noch sind, dieselbe Sprache sprechen und die gemeinsame sowjetische Vergangenheit teilen. Das normale menschliche Bewußtsein weigert sich, das zu akzeptieren. (...)

Nicht zufällig übersetzen die Soldatenmütter den Begriff Right Livelihood als „Richtiger Weg, zu überleben".

Ida Kuklina zur Bedeutung des Alternativen Nobelpreises:

Das Komitee erhielt den Alternativen Nobelpreis, als die Wunden des ersten Tschetschenienkrieges noch sehr tief und schmerzhaft waren. Die Auszeichnung war ein großes Ereignis für unsere Organisation. Die Soldatenmütter spürten, daß all diejenigen, die für Frieden und Menschenrechte eintreten, ihre Bemühungen, den verbrecherischen Krieg zu stoppen, das Leben ihrer Söhne zu retten und alle Überlebenden des Tschetschenienkrieges zu schützen, verstanden und unterstützten.

Wir waren besonders stolz, den Alternativen Nobelpreis zu erhalten, weil wir uns selbst als „alternativ" zur offiziellen Staatspolitik im Zusammenhang mit dem Tschetschenienkrieg, aber generell auch zur „militärischen Sphäre" empfinden. Faktisch verhielten wir uns „alternativ" zu Gewalt und der Verletzung der Menschenrechte und werden dies weiterhin tun.

Inzwischen gibt es so viele Soldatenmütter-Sektionen in Städten und Dörfern, daß nicht alle Mitglieder die Umstände der Verleihung des Alternativen Nobelpreises im Detail kennen. Was aber alle seitdem wissen, ist, daß ihre friedlichen Menschenrechtsaktivitäten international anerkannt sind. Dieses Wissen gab ihnen die Stärke, eine neue Friedenskampagne zu starten, als der zweite Tschetschenienkrieg ausbrach.

Für mich und meine Kolleginnen war das Jahr, in dem wir den Alternativen Nobelpreis erhielten, eines der wichtigsten und zugleich schwierigsten in unserem Leben. Nun, da wir uns im 21. Jahrhundert befinden, sind wir, die Soldatenmütter Rußlands, überzeugt, daß die Idee, einen Alternativen Nobelpreis zu verleihen, eine der fruchtbarsten und nobelsten Ideen ist, die im brutalen und blutigen 20. Jahrhundert geboren wurden.

65 Herman Daly

Das Wachstum des Bruttosozialprodukts (BSP) wird von Ökonomen derart favorisiert, daß sie es „wirtschaftliches Wachstum" nennen, und somit die Möglichkeit eines nicht-wirtschaftlichen Wachstums des BSP durch terminologischen Baptismus ausschließen. Aber es gibt a priori keinen Grund, aus dem die sozialen und ökologischen Kosten eines Wachstums des BSP nicht größer sein sollten als die Produktionsleistungen. De facto führt uns die Wirtschaftstheorie dazu, dies anzunehmen.

Das Gesetz des abnehmenden Nutzens des Einkommens sagt, daß wir unsere dringendsten Bedürfnisse zuerst befriedigen und daß jede weitere Einkommenseinheit für ein weniger dringendes Bedürfnis verwendet wird. Damit sinkt der Grenznutzen des Wachstums. Gleichzeitig sagt uns das Gesetz über die steigenden Grenzkosten, daß wir uns zuerst die produktivsten und am einfachsten zugänglichen Produktionsfaktoren – das fruchtbarste Land, die besten und am einfachsten zugänglichen Mineralvorkommen, die besten Arbeiter – nutzbar machen und weniger produktive Faktoren erst benutzen, wenn das Wachstum dies erfordert. Daher steigen die Grenzkosten des Wachstums. Solange sich steigende Grenzkosten und fallender Grenznutzen die Waage halten, haben wir das optimale BSP-Niveau erreicht, jedes weitere Wachstum wäre unökonomisch, würde die Kosten stärker steigen lassen, als den Nutzen. (...)

Die voranalytische Version der allgemeinen neo-klassischen Wirtschaft besagt, daß die Wirtschaft das absolute System ist und die Natur, sofern sie überhaupt in Betracht gezogen wird, ein Sektor der Wirtschaft ist. (...) Wenn die Produkte oder Dienstleistungen des Rohstoffsektors rar werden sollten, würde die Wirtschaft vermutlich um jene Knappheit „herumwachsen", indem sie durch Produkte andere Sektoren substituiert. Wenn Substitution schwierig sein sollte, würden neue Technologien erfunden, um dies zu vereinfachen.

(...) Die Umweltökonomie sieht den prozentualen Anteil von Rohstoffen am BSP als eine irreführende Darstellung ihrer Bedeutung. Man könnte ebenso behaupten, das Fundament eines Hauses sei unwichtig, da es nur 5

Prozent des darüber erbauten Hochhauses ausmacht. – Das BSP ist die Summe aller Wertschöpfungen, Ressourcen sind das, woraus Wert geschöpft wird, die Basis oder das Fundament, worauf das Hochhaus der Wertschöpfung aufgebaut ist. Dabei sinkt die Wichtigkeit des Fundaments nicht mit der Höhe der darauf erbauten Struktur! (...) Was nützen mehr Fischerboote, wenn die Fischpopulationen verschwunden sind?

(...) Die wirtschaftliche Logik sagt uns, daß wir in den begrenzten Faktor investieren sollen. Aber so, wie wir uns von einer „leeren" in eine „volle" Welt bewegt haben, hat sich die Rolle des limitierenden Faktors vom menschlichen Kapital zum natürlichen Kapital verschoben, beispielsweise von Fischerbooten zu Fischpopulationen im Meer, von Sägewerken zu Wäldern, (...).

(...) Wachstum war die Antwort auf alle drei Probleme: Überbevölkerung, ungerechte Verteilung und ungewollte Arbeitslosigkeit würden sämtlich durch Wachstum gelöst. Überbevölkerung würde durch einen demographischen Übergang, ausgelöst durch wirtschaftliches Wachstum, gelindert. Ungerechte Verteilung des Wohlstands würde durch Wachstum akzeptabler gemacht – so, wie die Flut alle Boote hebt. Arbeitslosigkeit würde zu einer wachsenden Nachfrage führen, welche eine Stimulation der Investitionen bewirken und Wachstum auslösen würde. – Diese altehrwürdige Tradition fortführend argumentierte der *Weltentwicklungs-Bericht 1992* der Weltbank, daß mehr Wachstum auch die Lösung des Umweltproblems sei. Aber natürlich war in allen Fällen die Annahme, daß Wachstum wirtschaftlich sei, daß es uns eher reicher als ärmer machen würde. Aber jetzt wird Wachstum unökonomisch.

Wir brauchen jetzt radikalere und direktere Lösungen (...): Geburtenkontrolle, um mit der Überbevölkerung fertig zu werden, Umverteilung, um mit der maßlosen Ungerechtigkeit fertig zu werden, und eine ökologische Steuerreform, um Rohstoff-Produktivität und Beschäftigung zu erhöhen. Dies müssen nationale politische Programme werden. Viele Nationen haben Fortschritte beim Bevölkerungswachstum, bei begrenzter nationaler Einkommensungerechtigkeit und bei der Verminderung der Arbeitslosigkeit erzielt. Sie

haben ebenso die Rohstoff-Produktivität erhöht, indem sie die ökologischen und sozialen Kosten in die Preise eingerechnet haben. (...)

Im Rahmen der Globalisierung versucht jedes Land, über die Grenzen seines eigenen Wirtschaftssystems und seines Marktes hinaus zu wachsen, indem es in den ökologischen und wirtschaftlichen Raum aller anderen Länder wächst. Die Globalisierung funktioniert mit Standard-senkendem Wettbewerb, um die Gehälter zu kürzen, Umweltkosten zu externalisieren, und soziale Kosten für öffentliche Güter zu reduzieren. (...)

Globalisierung ist das letzte Elixier, das die „Wachstum-für-immer-Alchimisten" ausgeheckt haben. Export-orientiertes Wachstum ist der neue Stein der Weisen, durch den die Alchimie des Freihandels Blei in Gold verwandelt. Mit der Wiederkehr der Alchimie gibt es eine Rückkehr der Logik des Merkantilismus: Wohlstand gleich Gold, und der Weg für Länder ohne Minen, an Gold zu kommen, ist, mehr zu exportieren als zu importieren, um sich dann die Differenz in Gold auszahlen zu lassen. Dieser Weg besteht darin, die Löhne zu reduzieren. Dieser Weg besteht wiederum darin, ein Überangebot an Arbeitskräften zu haben, was sich durch geringe Emmigration oder hohe Geburtenraten der Arbeiterklasse erreichen läßt. Die Globalisierung besagt daher: Damit eine Nation reich sein kann, muß die Mehrheit ihrer Bürger arm sein. Sie muß hinsichtlich ihrer Zahl zunehmen und in einer sich verschlechternden Umwelt leben. (...)

66 George Vithoulkas

Als ich vor 36 Jahren in Südafrika begann, Homöopathie zu praktizieren, und nachdem ich – zu meiner großen Überraschung – eine ganze Anzahl von chronisch kranken Patienten erfolgreich behandelt hatte, entschloß ich mich, herauszufinden, wo man sich in einer so effektiven therapeutischen Methode ausbilden lassen kann. Zu meiner Frustration und Enttäuschung fand ich heraus, daß dieses Fach an keiner einzigen europäischen oder amerikanischen Medizinschule gelehrt wurde. Nur die Rudimente wurden in Indien und Mexiko unterrichtet. (...)

Die Hauptregel der Homöopathie – „Gleiches wird mit Gleichem geheilt" – war bereits von Hippokrates geäußert worden. Aber erst zu Beginn des 19. Jahrhunderts baute der deutsche Arzt Christian Samuel Hahnemann auf dieser Regel eine therapeutische Methode auf. Als ich 1960 zum ersten Mal von Homöopathie hörte, war diese wichtige Methode noch im selben Zustand, in dem Hahnemann sie vor 150 Jahren hinterlassen hatte. 1963 habe ich mir geschworen, so gut ich kann, daran zu arbeiten, sie zu ihrer Gänze zu entwickeln und sie der Welt zurückzugeben. (...)

Ich behaupte, daß die Krankheiten der Menschen von der konventionellen Medizin niemals richtig in Angriff genommen worden sind. Im Gegenteil, sie sind falsch behandelt worden. Sie wurden unterdrückt, und dadurch schritten – während die Symptome verdeckt wurden – die realen Störungen darunter fort und wurden schließlich ins Innere des Organismus abgedrängt, ins zentrale und periphere Nervensystem.

(...) Das Modell läßt darauf schließen, daß all diese chronischen Krankheiten, inklusive Heuschnupfen, Asthma, Krebs und AIDS, das Resultat einer falschen Intervention im Organismus durch die konventionelle Medizin sind. Es stellt fest, daß die Immunsysteme der westlichen Bevölkerung durch starke chemische Medikamente und wiederholte Impfungen zusammengebrochen sind und den Krankheiten schließlich erlaubt haben, tiefer und tiefer in den menschlichen Organismus, einzudringen. – Kurz: Dieses Modell läßt darauf schließen, daß die konventionelle Medizin, statt Krankheiten zu heilen, tatsächlich der Grund für die Degeneration der menschlichen Art ist.

(...) Ich habe eine Menge gelernt durch das menschliche Leiden, das ich in Zehntausenden von Fällen zu sehen bekommen habe, und kann sagen, daß ich aus meinem Mitgefühl heraus den Schmerz in all seinen Manifestationen und auf allen Ebenen durch meine Patienten erfahren habe. (...)

Ich kam zu dem Schluß, daß Gesundheit am besten durch den Begriff Freiheit definiert werden kann:

- Freiheit von Schmerzen auf der physischen Ebene verbunden mit einem Gefühl von Wohlbefinden;
- Freiheit von Wut auf der emotionalen Ebene inklusive eines Gefühls kraftvoller Gelassenheit und innerer Ruhe;
- Freiheit von Selbstsucht auf der mental-spirituellen Ebene, die eine individuelle Verbindung mit der Wahrheit oder Gott beinhaltet.

Wenn die medizinischen Autoritäten der Welt sich immer noch dafür entscheiden, Hahnemanns heilsame Entdeckungen zu ignorieren, werden sie nicht nur die riesige Gelegenheit verpassen, ein Gesundheitssystem einzuführen, das eine bessere Gesundheit fördern würde, und dadurch auch ein harmonischeres und friedvolleres Leben auf unserem Planeten, sondern sie werden außerdem von kommenden Generationen der kriminellen Fahrlässigkeit und Kurzsichtigkeit angeklagt werden. (...)

Ich fühle, daß ich mich in den 36 Jahren der unnachgiebigen Anstrengungen, den Wert eines solch wunderbaren therapeutischen Systems zu beweisen, völlig verausgabt habe und ich soweit war, den ungleichen Kampf aufzugeben. Aber wenn der Alternative Nobelpreis einen Unterschied für die bisher tauben Ohren der medizinischen Autoritäten macht, dann könnte ich, wie Hahnemann, sagen, daß ich mein Leben nicht umsonst gelebt habe.

67 Die Stiftung Kerala Sastra Sahithya Parishat (KSSP)

(Rede von Prof. P. K. Ravindran)

Die Volks-Wissenschaftsbewegung startete als Organisation von Intellektuellen und Wissenschaftsautoren, die Wissenschaft sowie Kenntnisse über wissenschaftliches Vorgehen und wissenschaftliche Sichtweise unter den einfachen Menschen verbreiten wollten. In jener Zeit arbeitete das KSSP von Wohnungen seiner Mitglieder in verschiedenen Regionen unseres Staates aus. Es gab nur eine lockere Form der Koordination. Im Laufe der Zeit wurde allerdings ein höherer Organisationsgrad benötigt.

(...) Es enstanden neue Interessen und Anliegen. Die Aufmerksamkeit des KSSP wurde auf die Frage gelenkt, wie mit Wissenschaft als Werkzeug die Probleme der sozio-ökonomischen Entwicklung analysiert werden können, wie sie als Waffe im Kampf um eine bessere Gesellschaft genutzt werden kann. Seit das KSSP sich nicht mehr lediglich akademischer Arbeit abseits der drängenden Probleme der Gesamtgesellschaft widmet, konnte die Organisation Tausende von Männern und Frauen für sich gewinnen; Menschen, die nur allzu begierig sind, sich an dem einen oder anderen hoffnungsvollen Projekt zu beteiligen.

(...) Unsere Aktivisten zeigen reges Interesse an Themen wie Bildung, Gesundheit, Ökologie, ökonomischer Entwicklung, Energiefragen, Landwirtschaft, Land- und Wassermanagement, an Fragen der Beteiligung bei Projektplanungen und anderen Fragen.

Wenn wir das Wort Wissenschaft benutzen, sind wir uns sehr wohl bewußt, daß deren Erfolge wie die der Technologie von den Reichen dazu mißbraucht werden, die Armen zu berauben. Wir versuchen bewußt, Wissenschaft und Technologie zu einer Waffe in den Händen der Armen zu wandeln, zu einer Waffe in ihrem Kampf gegen weitere Verarmung.

Unsere Vision ist eine natur- und menschenfreundlich geplante Entwicklung, an der alle Menschen unmittelbar teilhaben. Unsere Vision ist ein demokratisches System, in dem jeder Bürger kreativen Anteil an allen Entscheidungen für die Gesamtgesellschaft hat. Unsere Vision ist eine von blindem Konsum befreite Gesellschaft, eine Gesellschaft, die Bedürfnisse von Gier unterscheidet. Unsere Vision ist eine Gesellschaft, die menschliche Entwicklung anhand von Begriffen der Menschlichkeit mißt, nicht anhand von Pro-Kopf-Einkommen, Pro-Kopf-Energieverbrauch oder dergleichen.

Stärkt die Menschen! Laßt sie, die Menschen am unteren Rand der Gesellschaft, den sozialen Prozeß leiten. (...) KSSP bewertet menschliche Ressourcen als das wichtigste Kapital für die Zukunft eines Landes. Menschenwürdiges Leben ist dasjenige, bei dem jedes Mitglied einer Gesellschaft über moralische Sensibilität und die Fähigkeit zur Kritik verfügt. Die KSSP glaubt, daß dies keine Waren sind, die wie Hamburger oder Cola in Shops gekauft werden können. Wir glauben fest daran, daß Schweigen schuldig macht, wenn Sprechen angebracht ist. Und das KSSP hat in den letzten drei Jahrzehnten sehr oft gesprochen!

68 Jinzaburo Takagi …

(...) Plutonium ist ein von Menschenhand geschaffenes Element. Glenn Seaborg und seine Kollegen erzeugten es 1941, und kurz nach seiner Synthese wurde entdeckt, daß Plutonium-239, das häufigste Isotop mit einer Halbwertzeit von 24.000 Jahren, in Reaktion mit Neutronen via Kernspaltung reagiert. Durch Brüten von Plutonium, so Seaborgs Annahme, könnte der Menschheit eine unerschöpfliche Energiequelle zur Verfügung stehen (...). Somit habe Plutonium das Zeug, zum Stein der Weisen der Ära der Kernenergie zu werden.

Dies wurde zur Vision vieler Menschen, selbst als Plutonium Nagasaki in einem Blitz in eine Hölle verwandelte. Nach wie vor stellt das Erbrüten von Plutonium für einige Industrien und Regierungen einen seligmachenden Glauben dar. (...)

Plutonium ist direkt waffenfähig. Sieben bis acht Kilogramm Plutonium, hergestellt in einem gewöhnlichen Reaktor, sind für den Bau von Kernwaffen des Nagasaki-Typs ausreichend. Ebenso ist die krebserzeugende Wirkung des Elements Plutonium allgemein gut bekannt. Seaborg gibt zu, daß Plutonium das „gefährlichste Gift, welches die Menschheit kennt", ist. (...)

Mitte der sechziger Jahre begann Japan mit dem Programm der vollständigen Umstellung auf Kernenergie. Protestbewegungen von Anwohnern geplanter Standorte und die Sorge der Öffentlichkeit um die Sicherheit der Kernenergie nahmen zu. (...)

Dies war ein Wendepunkt in meinem Leben als Wissenschaftler. Ich wollte die Sorgen meiner Mitbürger teilen und entschied mich, nach einer Periode der Loslösung, die Experten-Gemeinschaft zu verlassen und mit meinen Mitbürgern als Wissenschaftsbürger oder Bürgerwissenschaftler – oder wie immer Sie es nennen mögen – zusammenzuarbeiten. (...)

Seit Beginn meines sozialen Engagements wird mein Geist als Kernchemiker – angesichts der unbeschreiblichen Menge von Plutonium, die unsere Gesellschaft produziert hat und weiter produziert – von einem Gefühl der Verantwortung für die kommenden Generationen beherrscht.

(...) Ich war glücklich, daß wir so eng mit Mycle Schneiders WISE-Paris und vielen weiteren Nichtregierungsorganisationen wie Greenpeace International, dem in Washington beheimateten Nuclear Control Institute und dem deutschen Öko-Institut kooperieren konnten. Es gelang uns, ein einzigartiges, effektives und internationales Netzwerk der Zusammenarbeit aufzubauen. (...)

Jinzaburo Takagis Frau Kuniko schrieb über ihren Mann:

Jinzaburo schrieb in seinem letzten Text: „Ich hoffe und glaube fest, daß die Menschen, die nach meinem Tod weitermachen werden, ihr Wissen über Vergangenes sowie ihre Kraft nutzen werden, um tapfer für ein baldmöglichstes Ende der Atomenergie-Ära zu kämpfen, indem sie ihre Informationen zusammenführen und einsetzen werden." Bis zuletzt kritisierte er nicht nur die Nutzung der Atomenergie, sondern darüber hinaus auch den Weg, auf dem Wissenschaft und Industrie in großem Stile betrieben werden. Mit Blick auf sich selbst als Bürgerwissenschaftler ging er der Frage nach, „wie die Wissenschaft, die wir als Bevölkerung brauchen, in ‚unsere Wissenschaft' verwandelt werden kann", in Theorie und Praxis.

Er verwandte in seinen letzten Jahren selbst während der Krebsbehandlung einen großen Teil seiner Zeit für die Ausbildung seiner Schüler. Er tat dies in dem Wunsch, daß sich die nächsten Generationen hoffnungsvoll und couragiert für die Zukunft der Erde einsetzen würden.

In seinem Testament hinterließ er Anweisungen zur Schaffung eines Fonds auf der wirtschaftlichen Basis seiner Erbschaft, mit dessen Hilfe Gruppen und einzelne Personen gefördert werden sollen, die ambitioniert sind, die nächste Generation von Bürgerwissenschaftlern zu werden. So entstand der Takagi-Fonds für Bürgerwissenschaft, der seither Spenden von Menschen erhält, die mit Jinzaburos Zielen übereinstimmen. Der Fonds unterstützt solche Aktivitäten seither in Japan und anderen asiatischen Regionen.

68 ... und Mycle Schneider

Mycle Schneider hat folgende kurze Passagen aus seiner Dankesrede ausgesucht:

In den letzten 15 Jahren habe ich versucht, nicht nur Fakten zusammenzutragen und weiterzuverbreiten, sondern auch funktionierende Politikinstrumente zu erfinden und zu nutzen. (...)

Was ist nun, wenn irgendeine terroristische Vereinigung einen Plutoniumtransport entführt und eine glaubwürdige Drohung eines einzigen Atomsprengsatzes an die internationale Staatengesellschaft und deren Regierungen sendet? Glaubt irgend jemand ernsthaft, daß Organisationen, die Frauen und Kinder tausendfach mit bloßen Händen töten, die Gebäude in die Luft sprengen, die Kinderhorte beherbergen, und Wolkenkratzer bombardieren, würden das leiseste Zögern zeigen, solche Massenvernichtungsmittel einzusetzen? Diese Welt aber wäre von heute auf morgen eine andere. (...)

Mycle Schneider über die Bedeutung des Alternativen Nobelpreises:

2003 stieg ich bei WISE-Paris aus und arbeite seitdem freischaffend. Zu lange hatte ich zu nahe am Burn-out gelebt. Fragen zu Arbeitseffizienz und politischer Wirkung drängten sich auf. Es schien außerdem immer schwieriger, motivierte Mitarbeiterinnen und Mitarbeiter zu finden und zu halten. Permanente Finanzierungsprobleme stellten eine immer größere zusätzliche Belastung dar. Und ich wollte wieder mehr inhaltlich arbeiten und weniger managen.

Ich hatte gehofft, daß die Verleihung des Alternativen Nobelpreises 1997 diese Probleme, wenn nicht lösen, so doch erheblich lindern würde. Dem war nicht so. Der Preis ist in Frankreich, anders als in Deutschland, gänzlich unbekannt. Keine einzige französische Zeitung berichtete damals. (...) Das machte es natürlich weder leichter, motivierte Leute auf das Projekt aufmerksam zu machen, noch hob es dessen Status und machte es so für Stiftun-

gen und andere potentielle Partner attraktiver. Nachdem ich die sogenannte Castor-Affäre aufgedeckt hatte, schrieb das *Hamburger Abendblatt* in seiner Ausgabe vom 23. Mai 1998 treffend: „Als er 1997 den Alternativen Nobelpreis erhielt, wirbelte er nicht so viel Staub auf. Damals hatte er zwar mit einer Arbeit über die sorglose Produktion und Verarbeitung von Plutonium einen Preis und Lob des Stockholmer Umweltschützers Jakob von Uexküll bekommen, heute aber hat er die gesamte Bundesrepublik mit seinen Erkenntnissen aufgerüttelt."

Doch es gab auch kaum Kommunikation oder gar Kooperation mit anderen Preisträgern und Preisträgerinnen. Einzige Ausnahme war eine Reise nach Israel im Jahre 2000. Während der 20-Jahres-Versammlung von 58 Preisträgern in Salzburg wurde – nicht ohne Schwierigkeiten – eine von mir entworfene Resolution verabschiedet, die nicht nur die Freilassung des Preisträgers Mordechai Vanunu (1987) forderte, sondern auch die „Organisation einer Regionalkonferenz unter der Schirmherrschaft der Vereinten Nationen, um die Machbarkeit und potentiellen Vorteile des Projektes, den Mittleren Osten zur atomwaffenfreien Zone zu machen". Der Text dieser Erklärung ist im Internet ausschließlich auf der Seite von WISE-Paris zu finden, ansonsten weder auf der Seite der Stiftung des Alternativen Nobelpreises noch sonst irgendwo.

Mit diesem Text, gestärkt durch die 58 Unterschriften aller Preisträger der Salzburger Konferenz von 1999, sind wir zu dritt, mit dem großherzigen Pedro Stedile vom brasilianischen MST (RLA-Preisträger 1991) und der unerschütterlichen Schwester Rosalie Bertell (RLA-Preisträgerin 1996) nach Israel gefahren. Leider war die Reise, abgesehen von ein paar ausgesprochen eindrucksvollen Begegnungen in Jerusalem und Gaza, ein politischer Flop. Keine effiziente lokale Organisation, politische Vollzensur – die Tageszeitung *Haaretz* hatte auf der Basis von mehreren Gesprächen mit uns eine volle Seite vorbereitet, die komplett der staatlichen Zensur zum Opfer fiel –, keine alternative Kommunikationsstruktur, keine öffentliche Veranstaltung. Viel Aufwand mit wenig Effekt.

Aber es geht mir um die Kooperation mit anderen Preisträgern und Preisträgerinnen allgemein. Die Stiftung hat es bisher nicht geschafft, das ganz außergewöhnliche Potential ihrer Preisträgerinnen und Preisträger effizient zu koordinieren und sinnvoll zu mobilisieren. Nicht einmal Postadressen, Telefonnummern und E-Mail-Adressen wurden aktualisiert, und auch die Portraits der Preisträger auf der Homepage der Stiftung sind hoffnungslos veraltet. Die gesamte Pressearbeit sollte professionalisiert und die Homepage zu einer modernen interaktiven Website ausgebaut werden, die nicht nur fortlaufend über die Arbeit der Preisträger und deren Projekte berichtet, sondern auch die Aktualität „alternativ" beleuchtet. Das geballte Wissen und die kumulierte Erfahrung der Preisträgerinnen und Preisträger könnte in einen fruchtbaren „melting pot" einfließen und eine ausgesprochen einflußreiche Ideenschmiede darstellen.

Die Zusammenführung von globaler Reflexionskapazität ist nötiger denn je. Über 30 Jahre nach der Stockholmer UNO-Umweltkonferenz von 1972 – die 26 Prinzipien der damals verabschiedeten Erklärung sind noch heute lesenswert –, fast 25 Jahre nach den Berichten der Nord-Süd-Kommission und nach *Global 2000* läuft nach wie vor alles falsch.

Nie ging es Afrika so schlecht wie heute, nie hat es einen größeren Unterschied zwischen Arm und Reich gegeben (auch bei uns), nie standen die Chancen der Artenvielfalt schlechter. Gleichzeitig vermelden die fünf größten Ölkonzerne für das Jahr 2004 einen geradezu obszönen Nettogewinn von 85 Milliarden Dollar. Das reale Mitbestimmungsniveau in den parlamentarischen Demokratien hinkt hoffnungslos der Machtkonzentration in Wirtschaft und Militär hinterher. Michael Moore bekam einen Oskar, George W. Bush wurde wiedergewählt. Da werden zehn Millionen Euro mehr im Forschungsbudget für erneuerbare Energien gefeiert, während zehn Milliarden in die wahnwitzige Kernfusion fließen.

Ich darf mich zu den glücklichen Personen zählen, die meßbare Erfolge ihrer Arbeit erleben durften. Dies darf nicht darüber hinwegtäuschen, daß wir uns fragen lassen müssen, ob wir letzten Endes nicht kläglich versagt haben. Es hängt vom Anspruch ab, den

wir an uns selbst stellen. Der ist allerdings sehr hoch, wenn wir auf die schöne Urkunde des Right Livelihood Award schauen. Er wurde vergeben für „Vision und Arbeit, die einen essentiellen Beitrag leisten, um das Leben ganzheitlicher zu gestalten, unseren Planeten zu heilen und der Menschheit Aufschwung zu geben". Wenn es mich auch mit Stolz erfüllt, meinen Namen unter diesen Worten zu finden, so sehe ich in ihnen auch eine Verantwortung, der gerecht zu werden nicht einfach ist.

Schon 1979 hat der Club of Rome in dem wunderbaren Bericht *Zukunftschance Lernen* auf „die Diskrepanz zwischen der zunehmenden Komplexität aller Verhältnisse und unserer Fähigkeit, ihr wirksam zu begegnen", hingewiesen. „Visionäre und kreative Fähigkeiten" werden darin für die Überwindung des menschlichen Dilemmas gefordert. Benötigt werde innovatives Lernen, das sich besonders durch Antizipation und Partizipation auszeichnet.

Ich denke, die Menschheit ist an einem Punkt angelangt, an dem die Diskrepanz zwischen Komplexität und Lernfähigkeit erschreckende Maße angenommen hat. Wir sind nicht in der Lage, den Notwendigkeiten entsprechend zu lernen und zu lehren, und, schlimmer noch, wir sind unfähig, Erkenntnisse in die Praxis umzusetzen. Es ist schon erstaunlich: Während Energiesparlampen mittlerweile in die fünfte Generation gehen, benutzen wir vorwiegend weiterhin die Originalglühlampe, die Edison 1915 entwickelte und die glatt fünfmal soviel Strom verbraucht wie eine Standard-Sparlampe.

Die Überwindung der Diskrepanz zwischen Komplexität und Lernfähigkeit erfordert die Vernetzung und Bündelung von Ressourcen, die innovatives Lernen und das Entwickeln von Konzepten zur Politikumsetzung erst möglich machen. Der Alternative Nobelpreis kann und sollte auch dazu dienen, diese Vernetzung effizient zu unterstützen. Aufgabe der Stiftung ist es, sich in diesem Sinne zu modernisieren, wenn sie die eigene Existenz nachhaltig sichern und dem hohen Anspruch des von ihr vergebenen Preises langfristig gerecht werden will.

69 Cindy Duehring

(Rede vorgetragen von Jim Duehring)

Abgesehen von den Statistiken und Forschungsergebnissen zu von Chemikalien verursachtem Krebs, Herzkranzgefäß- und Atemwegserkrankungen, neurologischen Schäden und Auswirkungen auf das Immunsystem, Problemen bei Neugeborenen und Verminderung der Fruchtbarkeit zeigte sich ein bisher unbekannter Mangel an Sicherheitsdaten bei den über 75.000 Chemikalien, die seit dem Zweiten Weltkrieg die Gesellschaft überflutet hatten. Nachforschungen haben ergeben, daß bei 75 Prozent der am meisten kommerziell eingesetzten Chemikalien grundlegende toxikologische Untersuchungen unterlassen wurden.

Dr. Kenneth Olden, der Direktor des Nationalen Institutes für Umweltmedizin, verlieh kürzlich seiner ernsten Sorge darüber Ausdruck, daß ein „Überprüfungsstau" gerade einmal Tests von zehn der 1.500 Chemikalien, die jedes Jahr neu auf den Markt kommen, erlaube. Eine umfassende biologische Überprüfung würde für jede Substanz fünf Jahre und 2,6 Millionen Dollar in Anspruch nehmen. (...) Die Luftverschmutzung in Innenräumen fordert von der Gesellschaft sowohl ökonomisch als auch gesundheitlich einen immensen Zoll. (...)

Inmitten dieses großen Experiments mit giftigen Chemikalien an Menschen tauchte das relativ neue Phänomen MCS auf. 1962 demonstrierte Dr. Eloise Kailin mittels einer sehr geschickten Serie von Doppelblind-Studien, daß MCS eine reale Krankheit ist, die mit objektiven Untersuchungen diagnostiziert werden kann. Doch ungeachtet dessen wurde die weitere Forschung nicht finanziert und das Thema MCS in einer sinnlosen Debatte zwischen medizinischen Disziplinen auf Kosten der Patienten auf ein Nebengleis geschoben. (...)

Forschung und internationale Berichte zeigen, daß MCS Menschen – gleich, welcher sozialen Klasse sie angehören – in 36 Ländern betrifft und nicht nur in der industrialisierten Welt, sondern auch in abgelegenen Gegenden wie etwa ländlichen Gegenden in Südafrika in alarmierendem Ausmaß zunimmt. Allein ein einziges Hospital in Großbritannien hat bisher über 12.000 Patienten mit Chemikalien-Übersensibilität behandelt, 1.000 neue Fälle kommen dort jährlich hinzu. In den USA sind einem Bericht der Nationalen Akademie der Wissenschaften aus dem Jahr 1981 zufolge bis zu 15 Prozent der Bevölkerung von erhöhter Chemikalien-Sensibilität betroffen. Neuere Studien deuten darauf hin, daß es sogar ein Drittel sein könnte. (...)

Während nahezu sämtliche routinemäßigen klinischen Tests und völlig unzureichend verfaßte Protokolle die Abnormalitäten der MCS-Patienten ignorierten, wurden mittels tiefergehender Untersuchungen ernsthafte Schädigungen sämtlicher Organe bei von MCS betroffenen Personen festgestellt. (...)

Wenn die Menschen uns kontaktieren, sind die meisten durch die Krankheit behindert. Ihre beruflichen Karrieren sind zerstört, ihre Rücklagen für nutzlose Arztbesuche und Behandlungen geopfert worden und das Leben, das sie einst kannten, liegt in Trümmern. Sie suchen verzweifelt nach Hilfe zum physikalischen und finanziellen Überleben. Sie bemühen sich um soziale Sicherheit, Arbeitslosenhilfe, und kämpfen um Rechte, von denen sie sich niemals hätten träumen lassen, daß sie ihnen einst genommen würden. Manche von ihnen verklagen die Hersteller der Chemikalien, die sie vergiftet haben, doch die meisten von ihnen sind zu niedergeschlagen, dies durchzuhalten.

Doch Regierungen können der Zulassung von jährlich Hunderten neuer ungetesteter Substanzen für den weltweiten Vertrieb einen Riegel vorschieben. (...)

Viele haben die Hoffnung auf Veränderungen in großem Stil aufgegeben, weil der Abwehrkampf gegen solchen Wandel von den Lobbyisten mit heftigen Methoden betrieben wird. (...) Doch Nachhaltigkeit schließt die Gesundheit von Menschen mit ein. (...)

70 Michael Succow

Michael Succow hat die Kerngedanken seiner Dankesrede für dieses Buch selbst zusammengefaßt:

Unsere lebenserfüllte Erde altert vorzeitig. Sie altert nicht mehr natürlich, sie altert durch uns verursacht mit rasantem Tempo. Am Anfang der menschlichen Entwicklung hatte die Erde eine überreiche Natur und darin einen „armen", von ihr abhängigen Menschen. Der Mensch machte sich die Natur untertan. Dieses Werk hat er mit scheinbar überwältigendem Erfolg fast abgeschlossen. Er wurde dabei „reich" und die Natur arm.

Nun aber scheinen wir an einem Paradigmenwechsel angelangt: Arme Natur – armer Mensch. Vielleicht sogar: Ende Mensch? Höchste Zeit, den bekannten Bibelspruch umzudeuten in „Macht euch *der* Erde untertan".

Das Projekt Natur geht weiter, aber welche Zukunft hat das Projekt Mensch? Die Natur vermag sich immer wieder anzupassen. Der Mensch hingegen braucht beim heutigen Stand der Zivilisation gleichbleibende, ausgewogene Umweltbedingungen. Die aber zerstören wir systematisch und bezeichnen das noch als Fortschritt, als Sieg über die Natur.

Um kommenden Generationen noch eine Chance zu geben, müssen wir vor allem drei Dinge beachten:

1. Von der Natur lernen, wie sie es macht. Wir haben keinen Grund zur Arroganz. Die Natur kennt keinen Abfall und ist auch noch nie Pleite gegangen.

2. Bei der Nutzung der Natur Formen finden, die die unterschiedlichen Lebensräume in ihrer Funktion erhalten. Das bedeutet, Aufwachsendes abzuschöpfen, ohne Ökosysteme zu zerstören.

3. Die Weisheit haben, bewußt auf die Nutzung nicht unbedingt benötigter Naturräume zu verzichten und die Natur dort allein walten zu lassen, denn das kostet uns kein Geld, bedarf keiner Reparaturen, nur eines Bekenntnisses.

Ohne intakte Natur wird es keine intakte Wirtschaft und keine intakte Gesellschaft geben.

Michael Succow zur Bedeutung des Alternativen Nobelpreises:

Ich erfuhr die Wichtigkeit dieser Auszeichnung nicht nur bei meiner internationalen Arbeit, sondern auch beim täglichen Kampf im deutschen Umwelt- und Naturschutz gegen Entscheidungsträger in Politik und Wirtschaft. Ob es um Widerstand gegen den Ausverkauf ökologisch wertvoller Gebiete in Ostdeutschland oder gegen kurzsichtige lokale Wirtschaftspolitik geht – immer wieder werde ich von engagierten Menschen gebeten, mein Gewicht als Gewinner des Alternativen Nobelpreises in die Waagschale zu werfen.

Darüber hinaus war es mir durch die Preisverleihung möglich, 1999 eine eigene Stiftung, die Michael Succow-Stiftung zum Schutz der Natur, zu gründen, etwas, wovon ich zehn Jahre zuvor, zu Zeiten der DDR, nicht einmal zu träumen gewagt hätte. So fördern wir nun Naturschutzprojekte in osteuropäischen und asiatischen Regionen, in denen Umwelt- und Naturschutz zuvor kaum eine Lobby hatte. Die Stiftung soll ein Stück Hoffnung geben in einer Zeit großer Orientierungslosigkeit und Entwurzelung.

71 Joseph Ki-Zerbo

In Afrika leben nur 15 Prozent der Weltbevölkerung, es muß jedoch 50 Prozent der übelsten Leiden ertragen. Beispielsweise befinden sich 50 Prozent der AIDS-Opfer und 50 Prozent der Flüchtlinge dieser Welt in Afrika. Und doch, die Kultur Afrikas bittet um Frieden, wie einige Sprichwörter beweisen: „Wenn ein Konflikt irgendetwas Positives an sich hätte, die Hunde hätten es gefunden." Oder „Feuer hat keine Brüder" und „Um Blut wegzuwaschen, braucht es Wasser, nicht Blut." (...)

Afrika, das heute hinten anzustehen scheint, ist in Wahrheit die Wiege der Menschheit und hat über einen langen Zeitraum die ersten bedeutenden Erfindungen des menschlichen Geistes hervorgebracht. Es kann nicht Modelle oder Lektionen bieten, aber ursprüngliche Pfade, um unsere Spezies gegen die tödlichsten sozialen Viren zu schützen. Um dies zu erreichen, muß Afrika geholfen werden, die notwendigen Bedingungen für seine zweite Befreiung durch Demokratie und selbständige Entwicklung zu bekommen, indem die Menschen Afrikas gestärkt werden und ihnen Gelegenheit gegeben wird, für sich selbst zu sprechen. (...)

Jene Afrikaner, speziell in städtischen Bezirken, die die Geborgenheit durch ihre Traditionen verloren haben und noch nicht den sozialen und politischen Schutz erhalten, den heute reichere Länder bieten, die bisher weder eine neue Form der Zugehörigkeit erleben noch ein Ich-Bewußtsein als Mitglied einer Klasse oder Nation, sind die verletzlichsten und zerbrechlichsten Wesen dieser Welt. (...)

Afrika wird nicht allein sterben. Wenn Kinder Afrikas ihren letzten Atemzug tun, wie es durch das Fernsehen in den Wohnzimmern reicherer Länder gesehen und gehört werden kann, so stirbt damit auch ein Stück der Würde des Zuschauers. Das Prinzip, Menschen in Not beizustehen und ein Versäumnis zu ahnden, wurde über Bord geworfen, so daß das blinde Schiff dieser Welt seine Route im Dunkeln suchen muß. Die Strukturanpassungsprogramme, unterstützt durch die internationalen Finanzinstitutionen, haben die Verschlechterung der Situation nicht aufgehalten,

tatsächlich haben sie eher noch zu dieser Schädigung beigetragen, indem sie viele afrikanische Angelegenheiten wie das Bevölkerungswachstum, Demokratie, Entwicklung und Bildung in die falsche Richtung führten. (...)

Das Afrika, das die Welt braucht, ist ein Kontinent, der sich erheben kann, der auf seinen eigenen Füßen stehen kann, nicht mit Krükken, nicht auf dem Kopf, in ausdrucksloser Nachäfferei oder Flucht. Es ist ein Afrika, das sich seiner eigenen Vergangenheit bewußt ist und diese Vergangenheit für Gegenwart und Zukunft nutzt. (...)

Fast ein halbes Jahrhundert lang habe ich persönlich für dieses Ziel gekämpft, wie Afrikaner sagen würden: „Ich habe viel Wasser getrunken!", was bedeutet, ich habe eine lange Zeit gelebt. Ich habe letztendlich eine halbe Million Kilometer hinter mich gebracht, verschiedene Fahrzeuge durch die Dörfer Burkina Fasos steuernd. Dennoch – der Alternative Nobelpreis wird keine Garage für mich werden. Ich sehe diesen Preis als Servicestation, deren effektivste in der menschlichen Geschichte ist. Es wird Hoffnung genannt, Hoffnung, die alle Not überwindet, Hoffnung, die den Kampf für das Leben stärkt, weil sie uns Gründe gibt, zu leben.

Der Philosoph Hegel bezeichnete Afrika einmal als geschichtslos. Nach ihm behauptete Francis Fukuyama, daß der in Europa erfundene Nationalstaat das finale Ziel in der Kette der Historie darstellt. Nun, wir haben nicht nur nicht das Ende der Zeiten erlebt, vielmehr bewegt die Zeit sich schneller, als je zuvor. (...) Das Rennen ist noch nicht beendet. Und eines Tages wird der Beste gewinnen. Der Beste, nicht der Gewalttätigste. Afrika ist der Kontinent des Marathons und der Lauf geht weiter.

(...) Die moderne Krebsepidemie kann nicht mit steigender Lebenserwartung hinwegerklärt werden, da sowohl Häufigkeit als auch Sterblichkeitsraten in Krebsregistern entsprechend berichtigt wurden, um diesen Trend zu reflektieren. Genauso wenig kann die Epidemie allgemein Faktoren eines falschen persönlichen Lebensstils zugeschrieben werden. Während das Rauchen ganz klar der wichtigste Grund für Krebs ist, geht die Häufigkeit von Lungenkrebs zwar bei Männern, nicht aber bei Frauen, infolge der Reduktion des Rauchens zurück – wohingegen die Verbreitung eines weiten Bereichs von Krebsarten, die nichts mit dem Rauchen zu tun haben, in proportional größeren Raten wächst. (...)

Was ist dann der vorherrschende Grund für die moderne Krebsepidemie? Die Antwort basiert auf starken wissenschaftlichen Nachweisen, die die sich rasend schnell entwickelnden industriellen Technologien beschuldigen – insbesondere die petrochemischen –, deren explosives Wachstum seit 1940, in unterschiedlichem Ausmaß in verschiedenen Nationen, die Entwicklung von Infrastrukturen und Mechanismen sozialer Kontrolle überholt hat. Als Ergebnis wurde unsere gesamte Umwelt – Luft, Wasser, Konsum- und medizinische Güter und der Arbeitsplatz – mit einem breiten Spektrum oftmals langlebiger industrieller Krebserreger durchdringend kontaminiert. Als Konsequenz wurde und wird ein großer Teil der Bevölkerung unwissentlich vermeidbaren Krebserregern und somit einer Todesgefahr ausgesetzt. (...)

Die erste Verteidigungslinie gegen Risiken durch vermeidbare Krebserreger und Exposition gegenüber Giften ist das vollkommene Verbot, die Gefahr dauernder Exposition dadurch zu vergrößern, daß neue krebserregende Produkte und Prozesse genehmigt werden. (...)

Der Grundsatz der Vorsicht würde in diesem Zusammenhang bedeuten, daß die Verantwortung, die eindeutige Sicherheit jedes neuen Produktes und Prozesses nachzuweisen und so zu gewährleisten, daß sie keine potentiellen Risiken für Mensch oder Umwelt darstellen, bei der Industrie liegt. Dieses Prinzip befreit darüber hinaus Bürger und Regulierungsbehörden von der schweren Last, die Risiken als Reaktion auf das Bestreiten durch die Industrie beweisen zu müssen, und erlaubt die Verbannung verdächtiger Produkte im Falle wissenschaftlicher Unsicherheit. (...)

Es sollte betont werden, daß die Reduzierung im Gebrauch befindlicher Gifte auf dem Prinzip der Verhinderung von Risiken beruht – in scharfem Kontrast zu „Risikomanagement", Strategien, die von der Industrie und den Regulierungsbehörden stark favorisiert werden. Risikomanagement akzeptiert die Unvermeidbarkeit von Risiken infolge industrieller Produkte und Prozesse, indem es geltend macht, daß solche Risiken bis zu Ebenen gemanagt werden können, die variantenreich als „akzeptabel, belanglos/unbedeutend oder minimal" beschrieben werden. Diese Behauptungen sind zurückzuführen auf höchst dubiose, wenn nicht manipulierte, das quantitative Risiko ermittelnde mathematische Formeln, die durch bestimmte finanzielle oder regulative Interessen festgelegt werden und für sich in Anspruch nehmen, eine minimale Zahl von Todesfällen aufgrund der Exposition gegenüber bestimmten Krebserregern vorhersagen zu können. (...)

Es ist dringend notwendig, internationale Regeln zu entwickeln, um den Bereich der Geschäftsgeheimnisse auf die Bereiche zu beschränken, die unbestritten grundlegende – bestätigt betriebseigene – Informationen schützen, ausgenommen alle Gesundheitsgesichtspunkte. Alle anderen Informationen, die insbesondere Krebs- oder andere toxische Risiken eines Produktes, eines Arzneimittels oder Prozesses bergen, müssen automatisch und vollständig freigegeben und der Öffentlichkeit uneingeschränkt zugänglich gemacht werden. (...)

Per Gesetz sollten Konsumenten, Umweltschutzgruppen, Fachgruppen, Krebspräventions- und andere betroffene Nichtregierungsorganisationen uneingeschränkte Rechte erhalten, die ihnen die volle Mitwirkung bei wissenschaftlicher Bewertung gegenüber Regulierungsbehörden einräumen.

Es gibt eine überwältigende Ungleichheit zwischen der vollen Macht von Strafrecht und Strafen für Täter, die des Diebstahls, der Beschädigung von Eigentum oder physischer

Gewalt überführt wurden, und den nachsichtigen Zivilprozessen gegen Manager und Geschäftsführungen von Industrieunternehmen und deren Berater, die wissentlich Informationen bezüglich der Umwelt-, Berufs- und Konsumentenrisiken durch ihre Produkte und Prozesse manipulieren, verdrehen oder unterdrücken. Wie Ralph Nader (der Kandidat der Grünen bei den US-Präsidentschaftwahlen 2000 und 2004; Anm. JS) passend kommentiert hat, gibt es in modernen Industrienationen zwei Ebenen von Gerechtigkeit: „Gefängnis für Verbrechen auf den Straßen, aber Kaution für Verbrechen in den Suiten." (...) Weiterhin steht die offensichtliche, direkte und unmittelbare Auswirkung eines Verbrechens auf ein einzelnes Opfer grundsätzlich in einem starken Kontrast zu den industriellen Verbrechen von Tätern in Nadelstreifen, deren Auswirkungen in hohem Maße durch eine unpersönliche und indirekte Verbindung zwischen dem Straftäter und den Opfern, oft viele Tausend an der Zahl, geprägt sind, ebenso wie durch die gewöhnlich lange Inkubationszeit zwischen Verbrechen und Auswirkung. (...)

Es gibt einen dringenden und lange überfälligen Bedarf für die Einrichtung einer unabhängigen Bürgersicherheits-Agentur. Diese sollte weitgehende Befugnisse für die Überwachung der Effektivität der laufenden Gesundheits- und Sicherheitsvorschriften erhalten und als Vermittler zwischen Konsumenten, Arbeitern und deren Nichtregierungsorganisationen auf der einen und der Industrie auf der anderen Seite wirken. (...) Die Agentur sollte ein öffentlicher Wachhund sein, ein Ombudsmann mit Zähnen, direkt verantwortlich nur gegenüber dem Parlament. (...)

Samuel Epstein zur Bedeutung des Right Livelihood Award:

Als Antwort auf meine gut begründete Kritik an der auf Diagnose und Behandlung beschränkten Antikrebspolitik haben Krebseinrichtungen in den USA und anderswo versucht, meine Professionalität zu diskreditieren und meine Arbeit zu marginalisieren, was meine Effektivität in der öffentlichen Politik limitierte. Der Erhalt des Alternativen Nobelpreises jedoch steigerte meine Möglichkeiten, die öffentliche Politik weltweit zu beeinflussen, immens.

Vor diesem Hintergrund habe ich eine internationale Kampagne mit dem Ziel gestartet, Krebs zu stoppen, bevor er entsteht. Sie basiert auf einem Bericht, dessen Inhalt von circa 100 international führenden Wissenschaftlern – darunter neben Gesundheitsexperten Fachleute für Arbeit, Umwelt, Konsum und sozialverträgliches Wirtschaften – bestätigt wird. Auch Jakob von Uexküll und eine Gruppe von Trägern des Alternativen Nobelpreises gehören zu den Unterstützern dieser Kampagne.

**International Baby Food
Action Network (IBFAN)**

(Rede von Ira Puspadewi)

(...) All die Erfahrungen, die die IBFAN-Gruppen miteinander teilen, bestärken uns in dem Willen, uns in internationaler Solidarität zusammenzuschließen, um das durch Flaschenfütterung entstandene Leid aus Unterernährung, Durchfall und Atemwegserkrankungen sowie Kreislaufschwäche zu beenden. (...)

Über 40 Jahre lang wurden künstliche Babymilch und Saugflaschen unerbittlich als die westliche, moderne Art der Säuglingsfütterung propagiert. Jede Möglichkeit der Werbung wurde genutzt, um Mütter, Eltern und im Gesundheitswesen arbeitende Menschen davon zu überzeugen, daß Flaschenfütterung genauso gut oder gar besser ist als altmodisches Stillen. Die Babyflasche wurde zu einem Statussymbol, die säugende Mutter hingegen rückte in den Hintergrund. (...)

Die Promotion-Aktionen der Industrie haben über die Gesellschaft hinaus auch die Gesundheitssysteme beeinflußt. Viele Menschen, die im Gesundheitswesen tätig sind, verfügen über keinerlei Wissen über die Vorteile und Methoden des natürlichen Stillens. Ärzte und Schwestern absolvieren von der Babymilchindustrie ausgerichtete Kurse, Kongresse werden von dieser finanziert und Interessensverbände erhalten wirtschaftliche und forschungsorientierte Unterstützung; (...).

Zweifellos gibt es auf dieser Welt genug Muttermilch für die Versorgung aller Babies, aber Muttermilch ist kostenfrei verfügbar. – Man kann kein Geld damit verdienen! Babymilch, Babynahrung, Flaschen und Sauger zu vermarkten ist ein großes Geschäft. Die Profitspannen sind hoch und geben großen Anreiz für Firmen, ihren Marktanteil zu erhöhen. Große Profite warten auf die Aktionäre, das aber auf Kosten der Kinder und der Gesundheit von Müttern.

(...) Auf der internationalen Ebene befürwortet IBFAN strenge Beschlüsse des Exekutivrates der WHO, um die Gültigkeit des Kodex zu verdeutlichen, insbesondere in bezug auf Marketingmethoden, die sehr viel raffinierter

geworden sind, seitdem der Kodex im Jahr 1981 eingeführt wurde. Jedes Kind ist unsere Zukunft, jedes glückliche, gesunde Baby sorgt ein Stück mehr für eine bessere Zukunft für uns alle. Indem wir unsere Arbeit dem Wohlergehen der kleinsten und verletzlichsten Mitglieder unserer Gesellschaft widmen, bereiten wir den Weg für gesunde, verantwortungsbewußte Erwachsene. Und indem wir mit dieser Arbeit gleichzeitig die Mütter unterstützen und ihnen garantieren, daß sie die Art der Ernährung ihrer Kinder frei wählen können, befreit von kommerziellem Druck, geben wir ihnen mehr Würde. (...)

**Annelies Allain und Alison Linnecar
von IBFAN zur Bedeutung des
Alternativen Nobelpreises:**

Den Right Livelihood Award erhalten zu haben, war eine Ehre, die das Vertrauen in IBFAN, daß wir unserer Überzeugung – nämlich, daß wir in internationaler Solidarität als globales Netzwerk zusammenarbeiten müssen, um nachhaltige Verbesserung der Gesundheit von Säuglingen und Kleinkindern zu erreichen – gerecht werden, gestärkt hat.

Der Alternative Nobelpreis war nicht nur eine Anerkennung unserer Arbeit, sondern auch eine Bestätigung unserer Bestrebungen, die Babynahrungsmittel-Firmen für den Schaden verantwortlich zu machen, den ihr Marketing der Gesundheit von Kindern zufügt. Der Preis war ein sichtbares Zeichen der Zustimmung für die IBFAN-Kampagnen zum Schutz des natürlichen Stillens gegen kommerzielle Angriffe.

In allen regionalen IBFAN-Büros hängen Repliken der Urkunde des Alternativen Nobelpreises, und viele von ihnen benutzen eine E-Mail-Signatur, um jeden von uns daran zu erinnern, daß unsere Entschlossenheit – entgegen der Kritik der internationalen Unternehmen – gewürdigt worden ist.

74 Juan Pablo Orrego

Ich habe irgendwann realisiert, daß die Aufgabe, den Fluß Biobío zu verteidigen, für die Mutter Erde und Naturvölker zu sprechen, ein Privileg ist und zu einer spirituellen Reise wurde, die nicht immer nur Glück bedeutete, sondern auch eine harte, mitunter sogar schmerzvolle Aktion. (...)

Leidenschaftliche Ökologen behaupten, immer dann, wenn ein Mensch einen Wald verteidigt, einen See, einen Delphin oder einen Tiger, ist es das Ökosystem selbst bzw. das Lebendige, das eine menschliche Stimme gefunden hat. Das ist ein faszinierender Gedanke, und ich bin sicher, der Biobío fließt in all den Menschen, die diesen Fluß und die an ihm lebenden Menschen verteidigt haben. Und dies ist ein wirkliches Privileg. Als Wissenschaftler habe ich irgendwann gelernt, daß Natur und Menschheit ein Kontinuum bilden, so daß die Sorge für die Natur auch den Einsatz für Menschlichkeit bedeutet. Leider bedeutet die Geringschätzung der Natur auch, uns selbst wenig Wert beizumessen. (...)

Der an neoliberaler Ökonomie orientierte globale Markt basiert auf einer Schwächung der Umwelt, die scheinbaren Reichtum für eine kleine Minderheit, vielleicht für fünf Prozent der Menschheit, erzeugt, während sie für die meisten anderen Menschen Armut und Leid bedeutet. Ich rede bewußt von scheinbarem Reichtum, weil das Niveau des Systems mit dem des Lebens auf unterster Stufe gleichzusetzen ist. Mit anderen Worten: Eine geschwächte Umwelt und Menschlichkeit kreiert einen unglückseligen Planeten für uns alle. Reichtum schützt niemanden vor ultravioletter Strahlung oder der Gewalt, die die Menschlichkeit verdrängt. Das traurigste an dieser Sache ist, daß der größte Teil dieses Leides und dieser Zerstörung unnötig und vermeidbar ist. Ich bin sicher, es gibt genug für alle auf diesem Planeten. (...)

Stellen Sie sich einfach einmal vor, wir alle weltweit wären weise, würden teilen, wir wären demütig und großzügig, wir wären, wie wir sein könnten, wie viele waren und viele sind. Menschlichkeit könnte ein perfekter Motor für Synergie und Güte für die Biosphäre sein. (...) Das Dilemma besteht darin, daß so viele Menschen in desolaten soziokul-

turellen und ökologischen Situationen leben und es kaum anders kennen, daß viele nichts über unser herausragendes Potential wissen. Wie soll sich ein Mensch dazu motivieren, für etwas zu arbeiten, das er nicht einmal kennt? (...)

Wir können Wächter oder Zerstörer sein, abhängig von einer Bildung, die uns fördert oder aber entmachtet und verletzt. Indigene Völker wissen dies seit Generationen. (...) In diesem Zusammenhang erinnere ich mich an das, was mir 1985 ein Stammesangehöriger der Huichol-Indianer in der westlichen mexikanischen Sierra Madre sagte: Unsere Kultur ist richtig, weil sie schön ist, und sie ist schön, weil sie richtig ist. Dieses Richtigsein, diese Schönheit ist es, nach der wir augenblicklich streben sollten. In diesem Zusammenhang sehen wir unseren Kampf für den Fluß Biobío und den Kampf unserer dort lebenden Brüder und Schwestern. (...)

Wir werden mit einem globalen, den gesamten Planeten betreffenden Problem konfrontiert; einem Problem, das auf seine Weise schlimmer ist als die Entscheidung zwischen Leben oder Tod, denn unser aktuelles Dilemma läßt uns entscheiden zwischen Wohlsein oder wachsender Degeneration der Lebensbedingungen von täglich mehr Menschen, falls wir uns dem nicht mit ganzer Kraft stellen und verstehen, was mit uns geschieht. Um das zu erreichen, werden wir uns auch dem Nichtmenschlichen öffnen müssen, der absoluten gegenseitigen Abhängigkeit und Durchdringung alles Seins, aller Dinge und Phänomene, die die Biosphäre bilden.

75 Katarina Kruhonja ...

Der Beginn meines persönlichen Einsatzes für Frieden und Aussöhnung könnte der Moment gewesen sein, in dem ich mir meines Teils der Verantwortung für das, was im damaligen Kroatien vor sich ging, bewußt wurde. Es war im Sommer 1991. In diesen Tagen wurde mir klar, daß meine eigene Passivität in politischen Fragen einer von vielen Faktoren war, die zum Ausbruch des Krieges beigetragen hatten. Also begann ich, mich an Aktionen zu beteiligen, die aus meiner Sicht weiteren Krieg verhindern könnten. (...)

Wir realisierten, daß wir als Bürger oder als Mitglieder von Organisationen nicht in der Lage sind, den Krieg und seine Ursachen zu stoppen oder stark zu beeinflussen. Aber wir realisierten auch, daß wir uns dem allgemeinen Glauben widersetzen können, die beste Antwort auf Gewalt sei mehr Gewalt, und wir vergegenwärtigten uns, daß wir grundlegende Prinzipien für langfristig angelegte Versuche, eine totalitäre und durch Krieg zerrissene Gesellschaft in eine demokratische zu wandeln, bewahren und aufbauen können. Die zukünftige Gesellschaft wird auf allgemeiner Sicherheit und Vertrauen basieren, auf der Beteiligung ihrer Bürger, auf Toleranz und Menschenrechten – eine Gesellschaft, die gegen den Schrecken des Krieges eher gefeit ist und viel kreativer im Aufbau von Frieden, Gerechtigkeit und Eintracht. (...)

Mit dem Ziel der Beendigung bestehender Konflikte und der friedlichen Rückkehr Vertriebener eröffneten wir auch den Dialog mit Menschen und Organisationen aus den Regionen, die noch immer unter serbischer Kontrolle oder UN-Protektorat standen. Der Beginn dieses Dialogs war nicht einfach. Zunächst mußten wir eigene Vorbehalte überwinden und uns selbst davon überzeugen, daß auch dort Menschen und Gruppen mit Zielen, die unseren ähnlich sind, existierten, mit denen wir darüber sprechen konnten, wie weitere Gewalt verhindert werden und der existierende Konflikt friedlich gelöst werden konnte. Zusätzlich mußten wir einen Weg finden, unsere Ideen und Motive für diese Versuche den Menschen in unserer eigenen Umgebung zu erklären, ohne Wut oder gar Gewalt gegen uns zu provozieren. Nichtsdestotrotz machten uns unsere Versuche für viele Menschen, die sie nicht nur als unpatriotisch, sondern gar als Verrat betrachteten, unpopulär. Aber bei all unseren Kontakten – teilweise gar bei solchen mit Menschen, die uns feindlich gegenüberstanden – haben wir versucht, im Geist der Gewaltlosigkeit zu agieren. (...)

Wir hoffen, auf diesem Weg Menschen, die durch den Krieg verletzt wurden und Haß entwickelten, dazu zu bringen, einen Weg des Friedens zu entwickeln. Sorgsam haben wir auch persönliche und freundschaftliche Beziehungen in unserer Bewegung gefördert. Dadurch erhielten wir von vielen Menschen und Gruppen in Kroatien, Serbien, Bosnien und überall auf der Welt moralische und materielle Unterstützung. (...)

Viele Menschen sind seit dem Krieg vermißt, Kroaten kehren nur langsam in ihre Heimat zurück, viele Serben haben die Region verlassen, die Spannungen zwischen den ethnischen Gruppen sind groß. Wir alle leiden an der existentiellen Unsicherheit, verursacht durch drückende Armut, wirtschaftliche Ungerechtigkeit und politische Krisen. So stellt sich derzeit die Frage: „Sollen Bürgerschaft und Parlament durch die Geheimpolizei kontrolliert werden oder die Geheimpolizei durch die Bürgerschaft und das Parlament?" (...)

75 ... und Vesna Terselic

Als ich in die Schule kam, war es immer noch üblich, uns im Schulauditorium Filme über den Zweiten Weltkrieg zu zeigen. Der Film, an den ich mich erinnere, handelte von Kozara und zeigte Schlangen von Menschen, die aus ihren Dörfern vor der Nazioffensive flüchteten. (...) Gewiß war ich mit dem Herzen auf der Seite der Partisanen, aber irgendwie konnte ich nicht in diese an ein Fußballspiel erinnernde Begeisterung meiner Mitschüler und Mitschülerinnen einstimmen. (...) Am Anfang des Filmes wurde die schreckliche Not der Flüchtlinge dokumentiert, während der zweite Teil den erfolgreichen Kampf der Partisanen gegen einige Truppen der Deutschen zeigte. Die Rache begann. Plötzlich gab es da eine Szene mit blinden deutschen Soldaten, die durch den Wald irrten, mit blutigen Löchern anstelle der Augen. Es gab eine Welle der Aufregung im Auditorium. Die meisten der Kinder um mich herum schrien: „Ja, ja, das hast du verdient!" Ich begann zu weinen und konnte nicht aufhören. Sie mußten mich herausführen und riefen einen Psychologen. Die Bilder vorsätzlich verwundeter Soldaten waren grausam genug, weitaus mehr jedoch erschreckte mich die Reaktion der anderen Kinder. (...)

Ich glaube, in der heutigen Welt werden Kinder von einer Fülle von fiktiver und realer Gewalt beeinflußt, durch Szenen von Schlachten, die aus verschiedenen Teilen dieser Welt mittels Fernsehbildschirmen in ihre Zimmer gebracht werden. (...) Für Kinder ist Gewalt nicht etwas an sich Abstoßendes, sondern Teil der alten Gewinner/Verlierer-Geschichte. (...) Hier Sensibilität vermissen zu lassen, bedeutet die Akzeptanz grausamer Morde, von Folter und Verstümmelung als etwas Akzeptables – einfach dadurch, daß es so oft geschieht. (...)

Mit seinem Schweigen unterstützt man eine Welt, in der viel zu viele Menschen getötet werden. Scheint es auch manches Mal nutzlos, laut „Nein!" zu schreien, so ist es doch sehr viel wirkungsvoller, als in Schweigen zu verharren. (...) 1991 waren es weniger als 20 von uns, die der Einsatz für Gewaltlosigkeit einigte und die bereit, offen genug waren, zu lernen, wenngleich wir auch noch nicht wußten, wie wir der Gewalt begegnen sollten. Um Menschen zu unterstützen, die sich dem Morden verweigerten, benötigte es viel weniger an Können als an Mut. (...)

Es ist kein Zufall, daß die Frauengruppen die größte Aktivität zeigen. Meist sind es zunächst Frauen, die sich in riskante Kommunikation begeben und die es wagen, solche Dinge zu tun, um die zerbrochenen Bindungen in einer Gesellschaft zu erneuern. (...) Es ist normal, daß wir uns mitunter hilflos und überwältigt fühlen, so wie meine Mutter, die noch immer Güter für schlechte Zeiten hortet; Nahrung und Seife könnten im Falle eines erneuten Krieges benötigt werden. Meine Mutter hat Angst, so wie viele andere Menschen. Es ist Angst davor, der Gewalt ins Auge zu sehen, auch, sich andere Wege vorzustellen. (...)

Haben wir genug Energie für einen deutlicheren Beitrag auf diesem Weg und für entscheidende Aktionen? Verstehen wir, daß jetzt Geld, Energie und Zeit investiert werden müssen? Haben wir die nötige Kreativität? Haben wir die Courage und den Willen zu handeln?

76 Juan E. Garcés

(...) Das Jahrhundert, das sich nun dem Ende zuneigt, ist dasjenige, das Zeuge größten Unheils in der Geschichte war: Guernica, Shanghai, Dresden, Gulag, Auschwitz, Hiroshima sind Meilensteine auf einer langen Straße von Tragödien, in der die gesellschaftliche, technische und organisatorische Entwicklung eingesetzt wurde, um in größerem Umfang zehntausende Menschen aus ideologischen, völkischen oder ethnischen Gründen zu vernichten. (...)

Es muß erwähnt werden, daß die meisten Schwerverbrechen von Menschen verübt wurden und werden, die zu diesem Zweck zu staatlichen Mitteln und Instrumentarien griffen. Doch diese Menschen sind eingehüllt in einen Deckmantel der Straffreiheit, verwoben mit den finanziellen, politischen und militärischen Ressourcen des Staates selbst. Sie erklären sich selbst als über dem Gesetz stehend und heben ihre Verbrechen auf eine beinahe makellose Ebene, auf der sie dafür niemals bestraft werden. Sie leugnen sogar die Existenz des Verbrechens, das sie mit Ausdrücken wie „Endlösung", „ideologische Säuberung", „ethnische Säuberung", „verschwunden" etc. überdecken, und sie versuchen sogar, ihren Verbrechen Legitimität unter dem Vorwand der verschiedenen Doktrinen, deren Anwendung wir in einigen Ländern gesehen haben – wie nationale Sicherheit, nationales Interesse, Rassenidentität, Lebensraum etc. – zu verleihen.

Wenn diese Doktrinen ihre Schöpfer überleben, birgt dies eine große Gefahr. Diese Saat ist da, um zu keimen und neue Verbrechen hervorzubringen, und hängt als Damoklesschwert über ganzen Völkern. Innerer Friede und menschliche und demokratische Werte werden in Gefahr sein, solange solche Verbrechen weiterhin straffrei begangen werden und die Doktrinen, die sie rechtfertigen, fortbestehen. (...) Ein Staat oder eine staatliche Institution, deren Doktrin Straffreiheit für Verbrechen gegen die Menschlichkeit ist, tendiert dazu, diese Doktrin auf die Außenpolitik auszuweiten und auf andere Staaten einen Vorzeigeeffekt auszuüben und den Eindruck des Einvernehmens zu erwecken.

Die Generation, die 1945 die Staaten besiegte, die einige dieser Doktrinen amtlich machten, erkannte dies und proklamierte es in der Charta der Vereinten Nationen. Dies war die Generation, die erstmals in der Geschichte der Menschlichkeit eigene Rechtspersönlichkeit verlieh und sie über die Staaten selbst stellte und über die Vorschriften und Amtsgewalten, die sie regieren. (...) Seit 1945 haben gemeinsame Anstrengungen, Verbrechen gegen die Menschlichkeit zu verhindern und zu bestrafen, zu einem Gesetzeswerk geführt, das es – langsam – ermöglichte, Hindernisse und kurzfristige Interessen zu überwinden. Sie haben Verträge hervorgebracht, die feststellen, daß es die Pflicht eines jeden Staates ist, Verbrechen wie Völkermord und Folter in Friedens- wie in Kriegszeiten zu bestrafen. (...)

Geschäftsinteressen und politische Belohnungen werden häufig herangezogen, um berechtigten Tadel für Verbrechen an der Menschlichkeit zu vermeiden. Dies bedeutet, bleibende Interessen kurzfristigen zu opfern, eine Umkehrung von Prioritäten, deren Folgen offensichtlich sind: Die Verbrechensspirale hat sich weiter emporgeschraubt, und häuslicher wie internationaler Friede stehen unter beständiger Bedrohung und werden von Zeit zu Zeit gebrochen. (...)

Gemäß den internationalen Verträgen müssen die Parlamente die Aufgabe erfüllen, Gesetze zu erlassen, die ihren Gerichten die Kompetenz verleihen, diese Verbrechen auf einer universellen Grundlage zu bestrafen. Und Regierungen müssen politische und diplomatische Unterstützung der Gerichte vorsehen, welche diese besondere rechtsprechende Funktion erfüllen. (...)

Juan E. Garcés über die Bedeutung des Alternativen Nobelpreises:

Der Right Livelihood Award ist eine Ermutigung, meine Bemühungen bei der Entwicklung eines Internationalen Rechts und seiner Durchsetzung als Instrument zur Verhinderung und Bestrafung von Verbrechen gegen die Menschlichkeit fortzusetzen. Er symbolisiert gleichzeitig unsere Verantwortung, ein höheres ethisches und zivilisatorisches Niveau bei unserer Mitwirkung an gesellschaftlichen Fragen und unseren Aktivitäten zu erreichen.

77 Die Consolidation of the Amazon Region (COAMA)

Martin von Hildebrand:

Amerika ist der einzige Kontinent, der niemals entkolonialisiert wurde. Die Kreolen vertrieben zwar die Europäer, aber die Ureinwohner kämpfen immer noch um die Anerkennung ihres Rechts auf ihre eigene kulturelle Identität, das Recht auf das Land ihrer Vorfahren und darauf, ihr eigenes Leben unter Berücksichtigung ihres Wissens, ihrer eigenen Prioritäten und ihrer Träume zu verwirklichen. Diese Menschen haben Kulturen gebildet, die sich sehr eng am Waldökosystem orientieren, von dem sie ein Teil sind. Sie haben verstanden, daß die Natur etwas Größeres ist als sie selbst, und diese deshalb geehrt und bewahrt.

In der heutigen Zeit haben uns die Visionen unserer Konsumgesellschaften beinahe soweit gebracht, die lebenserhaltenden Systeme dieses Planeten, von denen der tropische Regenwald eines ist, zu zerstören. Nur wenig von diesem Wald bleibt übrig. Wir wenden uns nun Völkern mit traditionellem Wissen zu, die uns helfen können, diese Ökosysteme gegen die von unserer Kultur entfesselten Kräfte zu bewahren. Aber haben wir das Recht, so zu denken? Uns an diese indigenen Völker zu wenden, ohne bereit zu sein, all ihre Rechte anzuerkennen? Können wir an eine nachhaltige Zukunft denken, ohne all die Kulturen zu akzeptieren, die im Namen des Fortschritts verleugnet wurden?

Der Einsatz der Gruppe COAMA während des vergangenen Jahrzehnts diente der Unterstützung der indigenen Völker des Amazonas in ihrem Kampf für das, was legitim das ihre ist, diente dazu, ihre Versuche zu unterstützen, anderen begreiflich zu machen, wer sie sind, und mit ihnen alternative Wege zu suchen, die tropischen Wälder zu respektieren und zu bewahren. (...)

Die Zukunft dieses Planeten hängt von einem grundlegenden Respekt für alle Denkmodelle in dieser Welt ab. Der Westen hat das bisher nicht angenommen: Irgendwann in vergangener Zeit sind wir abgekommen vom Leben in Eintracht mit diesem Planeten und sind in kurzer Zeit an den Rand des Abgrunds gelangt. (...)

Aus unserer Sicht besteht die Bedeutung von COAMA in dem Versuch, grundlegende interkulturelle Wege zu finden, Alternativen für die Bewahrung der Natur, basierend auf neuen Wegen der Bildung, der Produktion, des Gebrauchs natürlicher Ressourcen und des Umgangs mit Land.

Pascual Letuama Tanimuka:

Wenn wir über die Territorien indigener Völker sprechen, reden wir von etwas Ganzheitlichem: Gesundheit, Bildung, Umwelt, Regierungsformen, über all das, was Teil unseres territorialen Managements ist. (...) Es sind nicht allein die Bäume, die wir schützen müssen; alles hat einen spirituellen Beschützer: die Tiere, die Fische, die Flüsse, das Wasser. All dies umfaßt das schamanische Denken und Wissen unserer Vorfahren. Das ist, was wir territoriale Selbstverwaltung nennen, und es vollzieht sich in unseren Heilungen, Gesängen, Tänzen und anderen Ritualen. (...) Es gibt natürliche Gesetze, die wir respektieren müssen, und es gibt spirituelle Plätze, die spirituelle Besitzer haben, und wenn wir diese Normen ignorieren oder verletzen, öffnen wir der Krankheit die Türen. (...)

Wir möchten unsere Territorien mit dem Wissen unserer Vorfahren verwalten. Es ist nicht Aufgabe der nationalen Gesetzgebung, uns zu sagen, wie wir sie verwalten sollen, denn der natürliche Weg, dies zu tun, existiert bereits. In der Waldregion lichten wir kleine Areale für unsere Waldgärten und ermöglichen dem Wald später, diese Areale zurückzuerobern und den Tieren, zurückzukehren. Dies ist ein kontinuierlicher Heilungsprozeß, der die natürliche Ordnung erhält. (...)

(...) Die Unterstützung von COAMA hilft uns dabei, die Arbeit, die die indigenen Gruppen betreiben, unserem Weg entsprechend zu betreiben und so Selbstbestimmung zu erreichen. (...) Dadurch wird es uns möglich, all das, was ich erwähnt habe, zu stärken, die territoriale Autonomie zu schaffen, die dem Ursprung jeder ethnischen Gruppe innewohnt. (...)

78 Die Grupo de Agricultura Organica (GAO)

(Rede von Maria del Carmen Perez)

(...) Anfang der 90er Jahre, die als eine besondere Periode in unsere Geschichte eingingen, wurde das Land mit der Notwendigkeit konfrontiert, die Nahrungsmittelproduktion zu steigern, den Energieverbrauch um mehr als die Hälfte zu reduzieren und zur selben Zeit die Produktion für den Getreideexport aufrecht zu erhalten. (...)

Bald zeigten sich Alternativen und Lösungen, es bildete sich ein neues Bewußtsein bei vielen Landarbeitern, Technikern, Forschern, Professoren und Agrarführungskräften, die allmählich von der Durchführbarkeit der Landwirtschaft mit einem anderen Ansatz überzeugt waren. Dies bedeutete, daß ergiebige Ernten ökonomisch und in Einklang mit der Umwelt und der Natur erzielt werden können, ohne Verschmutzung von Erde, Wasser und Luft, und daß gesunde Nahrungsmittel ohne übermäßigen Verbrauch von Energie und mit reduziertem Kapitalaufwand produziert werden können.

Es sollte nicht vergessen werden, daß das Land während der vier Revolutionsjahrzehnte einer grausamen Blockade durch die Regierung der Vereinigten Staaten von Amerika unterworfen wurde, die die Ausführung jeder Maßnahme im wirtschaftlichen Bereich zu verhindern suchte. Diese Blockade wurde in der letzten Dekade verschärft, indem nicht nur die Importkosten für Nahrungsmittel erhöht wurden, sondern es dem Land vielfach schwer gemacht wurde, überhaupt Lebensmittel und Medikamente zu bekommen.

Anfang der 90er Jahre wurde die kommunale Landwirtschaftsbewegung gestärkt. Sie ist eine partizipative Form, die Landwirtschaft des Volkes, die Wasser sparsam verbraucht und die Fruchtbarkeit des Bodens begünstigt.

Diese produktive Bewegung hat bis jetzt große Wirkung auf die Ernährung der Bevölkerung, indem sie die Verfügbarkeit von frischen, unbelasteten Produkten das ganze Jahr über gewährleistet. Von Anfang an hat die kommunale Landwirtschaft anhaltendes Wachstum verzeichnet, von 4.000 Tonnen, die 1994 produziert wurden, hin zu 480.000 Tonnen im Jahr 1998, während für 1999 690.000 Tonnen erwartet werden. (...)

79 Hermann Scheer

„Es gibt keine Alternative" – das ist die Herrschaftsformel und die Lüge der neoliberalistischen Moderne, der Tranquilizer für die Öffentlichkeit. Damit diese ihre demokratischen Rechte nicht mehr praktiziert – die Anordnung, das Denken einzustellen und keine Kritik mehr zu üben.

Dies geschieht in einer Zeit, die nach Alternativen schreit:

- zur Gefahr der atomaren Aufrüstung, da die Atommächte ihre vertragliche Pflicht zur vollständigen atomaren Abrüstung ignorieren;

- zur Atomenergie und zu fossilen Energien, um einen sich zuspitzenden Weltkonflikt um erschöpfliche Ressourcen und die Zerstörung der natürlichen Lebensgrundlagen zu verhindern;

- zur globalen Marktwirtschaft, die in Wahrheit zu globalen Kartellen führt und gewählte Regierungen zu Marionetten transnationaler Körperschaften macht;

- zu einer Patentierung von Leben, die es privaten Konzernen ermöglicht, das gemeinsame Erbe der Menschheit zu enteignen (...).

Konsens soll Kritiker einschläfern und zur Anpassung motivieren und ihre Alternativen ersticken. Konsens soll Konformismus erzeugen. Wer sich darauf einläßt, hat individuell bessere Karriereaussichten, während die Lebensbedingungen für immer mehr Menschen immer unkomfortabler werden und in unerträglicher Armut enden. Alternativen sind heute dringender denn je erforderlich. (...)

Ich hatte die Chance, unter vergleichsweise komfortablen Bedingungen ein für die gesamte Zukunft entscheidendes Ziel zu artikulieren und zur Praxis treiben zu helfen:

- die globale Umweltzerstörung in erster Linie als Folge der Nutzung atomarer und fossiler Energien und die globale Ungleichheit als eine Folge globaler Ressourcenabhängigkeiten und ihrer transnationalen Körperschaften zu identifizieren;

- Menschen zu motivieren, den Weg der umweltzerstörenden Fremdversorgung mit konventionellen Energien zu verlassen und den der umwelterhaltenden Selbstversorgung mit erneuerbaren Energien zu beschreiten.

Die größte Gefahr liegt in der Entkoppelung wirtschaftlicher Prozesse von ihrer geographischen, sozialen, kulturellen, verfassungsgemäßen und ökologischen Basis. Entkoppelt werden die Räume der Ressourcengewinnung von denen des Verbrauchs, die Produktion von den Märkten, die Quellen der Umweltzerstörung von den Gebieten, wo die Umwelt zerstört wird, die Unternehmen von ihren Anteilseignern, die Entscheidungsprozesse von den Menschen.

Um so dringender müssen wir neu darüber nachdenken, wie Menschen in der Einen Welt in Frieden miteinander leben können, statt gegeneinander ausgespielt zu werden. Dies geht nur durch eine Revitalisierung der regionalen Wirtschaft, damit Gesellschaften unabhängige Entfaltungschancen haben. Die Voraussetzung dafür ist die Nutzung regional vorhandener erneuerbarer Energiequellen, die von der Sonne geliefert werden: Die sichtbare Hand der Sonne anstatt der unsichtbaren Hand des globalen Ressourcenmarktes für Energie, Nahrungsmittel und Rohstoffe. Die Sonne muß in den Dienst der Menschheit gestellt werden, und Naturgesetze müssen den Vorrang vor den Gesetzen der Marktwirtschaft erhalten. (...)

Erneuerbare Energien sind unerschöpflich. Sie zerstören nicht die Umwelt. Sie sind überall verfügbar. Sie sichern den Frieden. Sie ermöglichen eine gerechtere Verteilung wirtschaftlicher Chancen. Ihre Nutzung ermöglicht Solidarität mit den kommenden Generationen. Sie sichern die Zukunft der Menschheit.

Ihre Nutzung muß zur Ablösung der atomar/fossilen Energiewirtschaft führen. Ob diese Ablösung rechtzeitig – das heißt in der ersten Hälfte des 21. Jahrhunderts – gelingt, gibt Antwort auf die Frage, ob die industrielle Revolution eine einzigartige Chance für die Menschheit zur Erleichterung ihrer Lebensverhältnisse war, oder der Beginn ihrer kollektiven Vernichtung. (...)

Damit Menschheit und Natur auf einen Nenner kommen, müssen die Menschen dieselbe Energie wie die Natur nutzen: die Energie der Sonne.

Hermann Scheer zur Bedeutung des Right Livelihood Award:

Der Alternative Nobelpreis hat für mich einen mehrfachen Stellenwert: Er wird vergeben an Personen, die nicht am Ende ihres Engagements stehen, sondern in dessen Mitte. Das ermutigt und gibt Rückenwind.

Der Preis wird nicht für einzelne wissenschaftliche Leistungen vergeben, sondern für den personifizierten Zusammenhang von Theorie und Praxis, Ideen und Taten. Solche Würdigungen der gesamten Leistungen und des Engagements einer Person gibt es sonst nicht. Damit wird der Preis zu einer lebenslangen Verpflichtung, nicht müde zu werden.

Er wird vergeben von einer internationalen Jury. Das ist gelebte Globalisierung eines humanen Menschenbildes, die damit im Kontrast zu der pervertierten Globalisierung steht, die Menschen zu bloßen Kostenfaktoren herabwürdigt. Vor allem aber: Der Preis ermutigt all diejenigen, die sich in gleicher Weise engagieren. Er ist ein Preis für den dauernden Kampf für ein besseres Leben.

80 Munir

(...) Wir wissen inzwischen, daß die Welt sich in ganz andere Richtungen entwickelt hat, als solche, die amerikanische Intellektuelle wie Francis Fukuyama und Samuel Huntington sich vorgestellt haben. Die tatsächliche menschliche Entwicklung hat uns gezeigt, daß der Kapitalismus sich nach dem Zusammenbruch des Kommunismus als zu schwach und zerbrechlich erwiesen hat, um den neuen Herausforderungen der Menschheit gewachsen zu sein.

Die neuen Krisen der Zivilisation in vielen Teilen der Welt – zum Beispiel Asien, dem Mittleren Osten, Osteuropa und Afrika – können nicht dadurch gelöst werden, daß man vom *Ende der Geschichte* oder dem *Kampf der Kulturen* redet. Der Kapitalismus mag den Kommunismus besiegt haben, doch, um ehrlich zu sein, war es ebenfalls der Kapitalismus, der rund um die Welt viele autoritäre Regime etabliert oder unterstützt hat. Faktisch zeigt die derzeitige Krise, daß der Kapitalismus sich in der post-kommunistischen Phase als zu „faul" erwiesen hat, um die Bedingungen, die für die Wiederherstellung von Gerechtigkeit und Gleichheit nötig sind, zu schaffen.

Dennoch sind wir glücklich, daß die Welt nicht lediglich von Super-Ideologien bestimmt ist. Die Menschheit entwickelt sich auf vielfältigen Wegen weiter. Heute sind – dank einer ganzen Reihe von Kämpfen für Menschenrechte und Solidarität auf der Welt – die schlimmsten Auswirkungen von Krieg, sozialen Konflikten und Armut gelindert worden. Menschenrechte sind zu einem zentralen Bestandteil für konkrete Bemühungen zur Lösung dieser Probleme geworden.

Weiterhin sind es ebenfalls die Menschenrechte im Sinne von menschlicher Solidarität, die eine universale und gleiche Sprache, die rassische, ethnische, religiöse und Geschlechterschranken zu überwinden hilft, geschaffen haben. Deshalb betrachten wir dies als eine Tür zum Dialog zwischen Menschen aller sozio-kulturellen Gruppen und aller Ideologien.

Ich habe diverse Hauptgründe dafür, diese Sichtweisen hervorzuheben. Es sind unsere speziellen Erfahrungen im täglichen Kampf, die uns zu dieser Betrachtung der Menschenrechte geführt haben. Unter den Bedingungen geteilter und voneinander entfremdeter Gesellschaften haben die Opfer viele Barrieren zu überwinden und geben sich oft gegenseitig die Schuld. Aber die Sprache der Menschenrechte erleichtert den Prozeß der Wiedergutmachung zwischen ihnen und verschafft ihren Stimmen Gehör in der gesamten Gesellschaft. Diese einzige Sprache ist sehr wichtig, um sie zu vereinen.

In Zukunft müssen wir, indem wir die Schritte von Willy Brandt nachvollziehen, die Möglichkeiten einer vereinten Welt, die auf Menschlichkeit und Solidarität basiert, beachten. Von Nationalstaaten oder im Namen von Fortschritt und Entwicklung begangene Verbrechen werden nur dann zurückzudrängen sein, wenn wir in der Lage sind, uns selbst als Teil anderer menschlicher Bestimmungen zu erkennen.

Deshalb möchte ich meine Anmerkungen damit beenden, daß ich Sie bitte, in ihre Herzen zu hören, mit Ihren Herzen bei den Menschen in Palästina, in West-Papua und Aceh sowie bei all denjenigen zu sein, denen auf ungerechteste Weise ihre Menschenrechte geraubt werden.

Aus der Stellungnahme
zum Mord an Munir:

Wir, die Unterzeichner, Träger des Alternativen Nobelpreises, der Jury und des Vorstandes der Right Livelihood Stiftung, sind geschockt und tief traurig, vom Tod unseres Preisträgers aus Indonesien, des hochgeachteten Menschenrechtsaktivisten Munir, zu erfahren. (...)

Wir möchten Munirs Frau Suciwati unserer tiefen Verbundenheit versichern und wünschen ihr die Stärke, mit diesem schrecklichen Verlust fertigzuwerden. Munirs Ermordung ist ein übles Verbrechen, das nicht nur das Opfer und seine geliebten Menschen trifft, sondern auch diejenigen, die in Indonesien um Menschenrechte kämpfen. Es ist ein Verbrechen, das Menschenrechtsaktivisten um ihre Sicherheit fürchten läßt – in der Heimat

und während Reisen außerhalb Indonesiens. Wir möchten unsere Solidarität mit und unsere Unterstützung für die Menschenrechtsbewegung in Indonesien ausdrücken und wünschen ihr die Kraft, den möglichen Gefahren, mit denen sie nun konfrontiert ist, zu widerstehen.

Der Kampf für die Menschenrechte ist von der internationalen Gesellschaft seit der Annahme der Erklärung der Allgemeinen Menschenrechte durch die Vereinten Nationen am 10. Dezember 1948 als legitimes Anliegen auf der ganzen Welt akzeptiert; nichts ist demnach erlaubt, das Menschen, die sich dieser rechtschaffenen Sache widmen, behindert.

Wir fordern die indonesische Regierung unter Präsident Susilo Bambang Yudhoyono auf, gründliche Ermittlungen zu diesem Verbrechen durchzuführen und alle Anstrengungen zu unternehmen, die Täter so schnell wie möglich vor Gericht zu bringen. Die Welt wird darauf achten, ob die indonesischen Behörden dies mit der Ernsthaftigkeit betreiben, die diese Angelegenheit erfordert.

(Unterzeichnet von 68 Personen, die entweder einzeln oder als Angehörige ihrer Organisationen mit dem Alternativen Nobelpreis ausgezeichnet wurden bzw. dem Vorstand der Right Livelihood Foundation angehören.)

81 Wes Jackson

(...) Die Botschaft ist, daß die Menschheit den Ackerbau so nachhaltig gestalten kann, wie die Natur selbst, die wir zerstört haben, einen Ackerbau, der den Bauern und das Land mehr belohnt (...). Ein Ackerbau, bei dem irreparable Erosion aufhört. Ackerbau, der nicht abhängig ist von fossilen Brennstoffen und fremden Chemikalien, Ackerbau, der die Tatsache des ökologischen Mosaiks achtet, wie er die Tatsache des kulturellen Mosaiks der Männer und Frauen der Region achtet. Obwohl es ein langer Weg werden wird, dieses Ideal zu erreichen, hat der Ackerbau, von dem ich spreche, das Potential dazu, weil er sich mehr durch die Weisheit der Natur als durch die menschliche Klugheit auszeichnet. (...)

Die Natur in Zentral-Kansas zu imitieren bedeutet, mehrjährige Pflanzen zu bevorzugen, deren Wurzeln die Leben spendende Erde halten, und sie in Mischkulturen anzubauen, die die Vegetationsstruktur der Prärie nachahmen. Das ist die eine Seite der Gleichung, die der Weisheit der Natur. Die Seite der menschlichen Klugheit besteht darin, einjährige Pflanzen zu nehmen und daraus mehrjährige zu züchten. (...)

Das letzte Prozent in der Geschichte des Ackerbaus, das 20. Jahrhundert, brachte der Menschheit den größten Zuwachs in der Nahrungsmittelproduktion. Diese Leistung wird sich nicht wiederholen. Die Spanne der Ertragssteigerung ist fast ausgeschöpft. Überdies war es ein faustisches Geschäft: Viel vom Gewinn des Getreideertrags ging auf Kosten der beschleunigten Zerstörung des Bodens durch Erosion, chemische Verseuchung und Versalzung. (...)

Wir müssen uns immer bewußt sein, daß jede Lebensmittelproduktion, die jetzt den Boden verdirbt, unseren Nachfahren schließlich die Nahrung wegnimmt. Doch es gibt Hoffnung. Mit dem Fortschritt in der Ökologie und der Entwicklungsbiologie stehen zwei Disziplinen zur Verfügung, die mit der Landwirtschaft zusammenarbeiten und bei einer wirklich nachhaltigen Nahrungsmittelproduktion helfen. Kein anderer Stoff oder industrieller Prozeß kann solch eine Hoffnung nähren. Wenn wir Nachhaltigkeit nicht zuerst in der Landwirt-schaft erreichen, wird es keine Nachhaltigkeit geben.

Der Boden ist der Schlüssel. Es ist klar, daß Landbevölkerungen vom Reichtum des Bodens abhängig sind. Ohne Boden, der den Ackerbau trägt, gäbe es keine Pyramiden, kein Pantheon, keinen Salomontempel, kein Teotihuacan, keine Verbotene Stadt, kein Chartres – kein Stockholm – keine blaue Moschee, kein Borobudur, auch keine großen Obelisken von Aksumite. Und ohne die spätere Hilfe der fossilen Brennstoffe in Kombination mit unserem Boden wäre die wissenschaftliche Revolution ausgefallen. (...)

All diese Errungenschaften der Zivilisation beruhen auf dem Erdboden, der genauso wie das Öl ein nicht erneuerbarer Grundstoff ist. Wir sind wenigstens in diesem Teil des Universums die einzige Spezies, die weiß, daß sie aus Sternenstaub gemacht ist, recycled durch eine Supernova. Dieses Bewußtsein unserer Sternenherkunft sollte uns befähigen, die Lektionen des Ökosystems unseres Planeten in uns aufzusaugen und dann auf die Landwirtschaft anzuwenden. (...)

Wenn wir anfangen, die Landwirtschaft nachhaltig zu gestalten, werden wir den ersten Schritt für die Menschheit getan haben, den Fortschritt an der Unabhängigkeit von der zerstörerischen Wirtschaft zu messen.

Carl von Linné, der Mann, der uns das binomische System der Nomenklatur gab, gab auch uns unseren Namen: homo sapiens. Sapiens heißt weise, klug oder wissend. Hatte der große Linnaeus recht damit? Das liegt an uns. (...)

Wes Jackson zur Bedeutung des Alternativen Nobelpreises:

Seit dem Erhalt des Right Livelihood Award hat die Zahl von Dokumentarfilmen, Zeitungsbeiträgen und Einladungen, hier und im Ausland Vorträge zu halten, zugenommen. In den vier Jahren seit der Preisverleihung hat unser Budget um circa 30 Prozent zugenommen. Der Right Livelihood Award hatte eine sehr positive Wirkung auf unsere Arbeit.

82 Tewolde Berhan Gebre Egziabher

(...) In meinem Geburtsjahr 1940 versuchte das Italien unter Mussolini gerade meiner bislang völlig isolierten und in sich gekehrten Heimat seine kolonialen Regeln aufzuzwingen. (...) Die örtlichen Gemeinden mußten sich der Attacken eines konfusen, zentralisierten Staates erwehren, der die so genannte Modernisierung vorantreiben wollte, sich jedoch durch die ökonomischen und politischen Interessen der Außenwelt hin- und hergerissen sah. Damals ergaben sich hinsichtlich der politischen Systeme nur zwei mögliche Optionen: Washington oder Moskau. (...)

Ein drängendes Problem unserer Zeit sehe ich generell in der Abhängigkeit der restlichen Welt von Washington. Die Vereinigten Staaten scheinen allein über Recht und Unrecht im Weltgeschehen entscheiden zu wollen. Ferner glaube ich, daß aufgrund der weltweiten Überbevölkerung das zukünftige Überleben der Menschheit nur in räumlich begrenzten Lebensgemeinschaften, ähnlich denen meiner Kindheit, möglich sein wird. Diese unabhängigen Gebiete sollten jedoch, bei aller Selbständigkeit, unbedingt miteinander kooperieren und sich keinesfalls gegenseitig isolieren. Ein Netz ausgewählter städtischer und ländlicher Organisationen sollte hierbei einen gegenseitigen Kontakt und den erforderlichen Meinungsaustausch ermöglichen, um gemeinsam agieren zu können.

(...) Im Jahr 1992 richtete sich mein Augenmerk auf die bedrohlichen Auswirkungen von genmanipulierten Lebensmitteln. Die zukünftig ohnehin fragile ökonomische Basis der Entwicklungsländer erschien mir gefährdet. Die Biotechnologie ist multinational; die betroffenen Lebensgemeinschaften sind jedoch isoliert.

Sollten etwa genetisch veränderte Lebensmittel zu Krankheiten führen, so würde die pharmazeutische Industrie beispielsweise mit Gegenmitteln für New York und Stockholm aufwarten. Derweil bliebe aber die nötige Produktion und Entwicklung von Medikamenten für die Dritte Welt (...) aus ökonomischen Gründen auf der Strecke. Kranke Menschen sterben, gesunde Neugeborene ersetzen sie. Wenn allerdings die ökonomische Basis versiegt, so sterben auch die Babies oder werden erst gar nicht geboren.

Die unterentwickelten Staaten und Regionen sind vollkommen abhängig von der biologischen Vielfalt. Daraus erwächst jedoch eine massive Bedrohung. Deshalb mußten wir uns dem Thema Bio-Sicherheit widmen.

(...) Man beauftragte mich mit der Ausarbeitung eines Entwurfs zur Artenvielfalt. Mir als Ökologen oblag es, die möglichen Risiken abzuwägen und Lösungsvorschläge zu unterbreiten. Bei dieser Arbeit stand mir ein Team, dem Rechtsanwälte sowie Molekularbiologen und andere Wissenschaftler angehörten, zur Seite. Mit finanzieller Unterstützung des Dritte-Welt-Netzwerkes konnten die verschiedenen Teilnehmer der Versammlung eine afrikanische Gruppe bilden. Unser Entwurf wurde überarbeitet und man beauftragte mich, diesen im Namen Afrikas zu unterbreiten. Umgehend erreichten uns die Reaktionen der verschiedenen Entscheidungsträger: Man könne wohl keine ernstgemeinten, detaillierten und durchdachten Konzepte von Afrika erwarten (...). Unser Anliegen war wohl zum Scheitern verurteilt.

Doch im Gegenteil unterstützten uns alle Entwicklungsländer. Ich wurde der Hauptverhandlungsführer des Südens, der „Gleichgesinnten Staaten". Wir wußten einfach, was wir wollten (...). Daraus resultiert das heutige sogenannte Cartagena-Protokoll zur Artenvielfalt. (...)

Der Kampf um eine menschliche Welt der Regionen für unsere Nachkommen geht weiter.

Tewolde Berhan Gebre Egziabher zur Bedeutung des Alternativen Nobelpreises:

Gegen all diejenigen kämpfen zu wollen, die über Macht und Wohlstand verfügen, stellt eine enorme Herausforderung dar. Die Mächtigen besitzen die Möglichkeit, einen Menschen zu zermürben und ihn zu verunsichern. Die mir zuteil gewordene Anerkennung durch die Verleihung des Right Livelihood Award vermag allerdings meine oftmals empfundene Ohnmacht ebenso zu vertreiben wie auch meine Gefühle der Verletzlichkeit. Ich bewerte den Preis als herausragende Bestätigung, meinen Kampf fortzusetzen.

Seit ich den Alternativen Nobelpreis erhalten habe, erfahre ich eine deutlich höhere Aufmerksamkeit und Akzeptanz vieler Menschen in Bezug auf meine Äußerungen und Schriften. Dies erleichtert meine Arbeit ungemein.

Als Folge der Preisverleihung verzeichne ich allerdings auch einen deutlich erhöhten Arbeits- und Zeitaufwand, der sowohl positive wie negative Auswirkungen mit sich bringt. Meine Ideen erreichen nun Kreise, die mir bislang verschlossen blieben. Es stellt sich aber ferner eine gewisse Überforderung ein, die meine Arbeit im Detail ineffizienter werden läßt.

Eine derartige Anerkennung erfahren zu haben ist in jedem Falle eines der herausragenden Ereignisse auf meinem bisherigen Lebensweg.

83 Birsel Lemke

(...) Ich danke allen meinen Freunden, die mir zuliebe ihren Goldschmuck abgelegt haben. Denn wer weiß schon, was es mit dem glänzenden und angeblich so wertvollen Gold auf sich hat? Wird Gold nicht geschürft oder gewaschen oder so etwas in der Art? – So zumindest die weitläufige Meinung. Irrtum: Gold wird hauptsächlich chemisch gelöst, und zwar mit Tonnen hochgiftigen Zyanids.

Die berühmten Klumpen gibt's nicht mehr oder sind nicht mehr zu finden. Winzigste Goldpartikel hingegen gibt's vielerorts – mit Sicherheit sogar in dem Boden, auf dem dieses Parlamentsgebäude (das historische schwedische Parlament, in dem der Alternative Nobelpreis überreicht wird; Anm. JS) gebaut ist. Der heutigen Industrie reichen jedoch solche Goldpartikel vollkommen. Mit einem chemischen Verfahren holt sie aus einer Tonne Erdraum ein bis vier Gramm Gold. (...) Doch es gibt sie, wie gesagt, fast überall. Heran kommt man allerdings nur dort, wo es politisch möglich ist, z.B. in den USA, wo, historisch bedingt, Goldproduzenten einzigartige Privilegien eingeräumt werden – sie „claimen" dort ganze Landstriche für ein paar Dollar – oder, und das in großem Umfang, in Ländern der zweiten und dritten Welt, wo Umwelt und Menschenrechte wenig Beachtung finden. Dort präsentieren sich die Minengesellschaften dann mit ihren voluminösen Projektplänen und verkaufen den Regierungen den künftigen Reichtum.

Liegen die Genehmigungen einmal vor, wird dann gewütet, Menschen werden vertrieben, Friedhöfe verlegt, Wälder werden niedergerodet, ganze Berge abgetragen und zermahlen, Unmengen kostbaren Wassers verschwendet, riesige Löcher in die Landschaft geschlagen und hektargroße Zyanidschlammbecken angelegt – und das alles nur, um letztlich Schmuck daraus zu machen. Dabei haben wir weltweit genug Gold in den Banktresoren oder alten Schmuck zu Hause, und beides können wir beliebig oft recyceln. (...)

Nach relativ kurzer Betriebsdauer, meist nach sechs bis acht Jahren, verlassen die Goldproduzenten die Mine, hinterlassen eine Mondlandschaft und überlassen die mit Schwermetallen verseuchten Halden und Zyanidschlamm-Seen der Natur. An Wiederinstandsetzung oder Rekultivierung des Minengeländes wird nicht im entferntesten gedacht. „Es rechnet sich nicht", so heißt es. Und, wie so häufig, trägt dann die Allgemeinheit die Kosten der Umweltschäden. Daß diese für ein Land um ein Zigfaches höher liegen als der volkswirtschaftliche Nutzen des Goldabbaus, dürfte nachvollziehbar sein.

Als Anfang der 90er Jahre internationale Konsortien verkündeten, man wolle die Türkei zu einem der größten Goldproduzenten machen und sage und schreibe 560 Goldminen, davon allein 72 an der Ägäisküste, zwischen dem antiken Troja und Pergamon, realisieren, gingen wir gegen diese Pläne an. Denn es war unfaßbar, wie man eine solch geschichtsträchtige Region wie die mythologischen Idaberge, die Olivenriviera, die man auch Küste des Lichts nennt, die Heimat Homers und Aristoteles ist, wie man diese reiche und schützenswerte Region mit seinen Thermalquellen, seinen Oliven und seinem Tourismus dem Raubbau durch die Goldkonzerne preisgeben konnte.

„Unser Gold sind unsere Oliven" wurde so zum Schlachtruf des Widerstandes an der Bucht von Edremit. (...) Es entwickelte sich eine landesweite Umweltbewegung, getragen auf breiter Volksebene und von Bürgermeistern – unabhängig in ihrer politischen Gesinnung –, von der Wissenschaft, von internationalen Nichtregierungsorganisationen und Politikern, von der türkischen und internationalen Presse sowie von der Justiz – eine Umweltbewegung, die sich mit Witz und Humor, mit Mythologie und Besinnung auf die anatolische Kultur, mit Esprit und kuriosen Ideen den großen Goldkonzernen entgegenstellte. (...)

Leider hat bis heute die Goldminen-Industrie die Entscheidung des Obersten Gerichtshofes nicht respektiert. Sie zieht sich nicht zurück und beabsichtigt gar, für ihre Projekte mit Hilfe neuer, unglaubwürdiger Gutachten neue Genehmigungen zu erhalten.

(...) Die Türkei ist ein schönes Land mit einer 7.000 Jahre langen Geschichte, ein riesiges Freilichtmuseum und Wiege der abendländischen, also auch Ihrer Kultur. Ich wünsche mir daher, daß auch Sie dieses Land schützen.

Birsel Lemke zur Bedeutung des Alternativen Nobelpreises:

Dem Tausende Jahre alten Mythos Gold ist es zuzuschreiben, daß die immensen Schäden des Goldabbaus mit Zyanid auch heutzutage völlig übersehen werden. Die Öffentlichkeit begreift nur schwer, daß das Gold auch heute Krieg, Leid und Ungerechtigkeit verursacht.

Der Alternative Nobelpreis 2000 hat zweifelsohne geholfen, dieses „Geheimnis" zu lüften. Keine Frage, für viele Menschen glänzt seitdem das Gold nicht mehr!

Ich persönlich erfuhr mit dem Erhalt des Alternativen Nobelpreises besonderes Vertrauen und Zuspruch von Frauen, die erkannt hatten, daß der oder die einzelne eben doch nicht machtlos ist. Jeder kann beitragen, indem man kein Gold mehr trägt – aktiver Umweltschutz kann gelebt werden, indem man nicht auf falsche Werte setzt. Noch mal: 85 Prozent des gewonnenen Goldes wird für die Schmuckherstellung verwendet. Jede einzelne Frau ist hier gefragt, jede möge nach dem Vorbild Justitias abwägen: für den Erhalt von Natur, Kultur und für den Schutz von Menschenrechten und gegen falsche Eitelkeiten, also Goldschmuck.

Der Kampf gegen die weltweite Goldgewinnung mit Zyanid gehört vor allem den Frauen!

Der Alternative Nobelpreis bedeutet mir viel, weil er mir Hoffnung gibt, daß meine Gedanken noch mehr Gehör finden, und er erfreut mich, weil er weltweit alle meine Mitkämpferinnen vereint und umarmt.

84 Uri und Rachel Avnery und die Organisation Gush Shalom

An diesem Tag, dem 7. Dezember, genau vor 53 Jahren, wurde ich von einer Maschinengewehrsalve in den Bauch getroffen. Nach vielen Monaten erbitterten Kämpfens wußte ich, daß ich nur geringe Überlebenschancen hatte. Es herrschte helles Tageslicht und ich lag in voller Sicht der feindlichen Maschinengewehr-Stellung. Dennoch rannten vier meiner Soldaten, neue Immigranten aus Marokko, zu mir und brachten mich unter heftigem Beschuß in Sicherheit. Nach einer langen und holprigen Fahrt mit einem Jeep und ohne jedes Schmerzmittel erreichte ich das Hospital, gerade noch rechtzeitig, damit mir die Ärzte mit einer Operation das Leben retten konnten.

Ich lag dort viele Tage, unfähig zu essen oder zu schlafen, verbunden mit Schläuchen und Instrumenten, umgeben von Soldaten in Agonie, manchen Sterbenden, manchen, die Gliedmaßen verloren hatten.

Schlaflos und unbeschreiblich durstig im Bett liegend beschloß ich, daß mein Leben den Zweck – und zwar den einzigen, für den es sich zu leben lohnte – haben sollte, diesen tragischen Krieg zu einem Ende zu bringen, Frieden zwischen unseren Völkern, den Israelis und Palästinensern, zu schließen. Es wurde mein Ziel, Frieden zu schaffen, Leben zu schützen und Teil eines Marsches in Richtung von Menschlichkeit in einer zivilisierten Weltordnung ohne Krieg, Hunger und Unterdrückung zu werden.

Vielen erscheint es, als ob unser Wirken eine Sisyphusarbeit sei. Tatsächlich gab es auf dem Weg viele und herzzerbrechende Enttäuschungen. Aber die erreichten Siege überwogen bei weitem.

Als wir vor über 50 Jahren begannen, gab es kaum einen Israeli, der bereit war zuzugeben, daß ein palästinensisches Volk überhaupt existierte, ganz davon abgesehen, daß es irgendwelche Rechte hätte. Vor lediglich 30 Jahren erklärte die damalige Premierministerin von Israel, Golda Meir: „Es gibt so etwas wie ein palästinensisches Volk nicht." Heute gibt es kaum einen Israeli, der die Existenz des palästinensischen Volkes abstreitet.

Wenn wir vor 40 Jahren sagten, daß ein palästinensischer Staat an der Seite Israels erforderlich sei, klang das verrückt. Heute glaubt
die überwiegende Mehrheit der Israelis, daß
es ohne einen solchen keinen Frieden geben
wird.

Wenn wir vor 30 Jahren sagten, daß wir mit
der Palästinensischen Befreiungsorganisation
verhandeln müßten, klang das wie Verrat.
Tatsächlich forderten mehrere israelische Minister, als ich während des Libanonkrieges
Yassir Arafat traf, mich wegen Hochverrats
vor Gericht zu stellen. Inzwischen stehen israelische Minister Schlange an Arafats Tür.

Als wir vor sechs Jahren den Slogan „Jerusalem – Hauptstadt zweier Staaten" kreierten,
wurden wir beschuldigt, damit den internationalen Konsens zu brechen. Doch als die israelische Delegation in Camp David vergangenes Jahr vorschlug, verschiedene arabische
Viertel in Ostjerusalem an den künftigen palästinensischen Staat zu übergeben, protestierte kaum jemand in Israel.

Vor neun Jahren nahmen Rachel und ich an
einem Protest gegen die Entscheidung der
Rabin-Regierung, 415 islamische Aktivisten
auszuweisen, teil. Wir bauten ein Zelt gegenüber des Büros des Premierministers in Jerusalem auf und lebten dort – Juden und Araber
– 45 Tage und Nächte lang miteinander. (...)
Dort entschieden wir, eine neue Friedensbewegung auf den Weg zu bringen – unabhängig, kämpferisch, unverdächtig, von Popularität korrumpiert zu werden, kompromißlos
auch dann der Wahrheit verbunden, wenn sie
mit Haß konfrontiert wird. So wurde Gush
Shalom geboren.

Rachel und ich nehmen diesen Preis in erster
Linie als Anerkennung für Hunderte Aktivisten von Gush Shalom entgegen: für die Frau-
en und Männer, alte und junge, die alles geben – Zeit, Energie, Geld und, am wichtigsten, ihren Glauben für die Sache von Frieden
und Gerechtigkeit. Die in strömendem Regen
und sengender Sonne hinausgehen, um gegen
Ungerechtigkeit und Unterdrückung zu demonstrieren und dabei Haß, Drohungen, und
Gewalt selbsternannter Patrioten trotzen. Sie
sind ihren Überzeugungen selbst dann treu
geblieben, als Verzweiflung und Resignation
die Oberhand zu gewinnen drohten, wenn um

sie herum andere Friedensgruppen zusam-
menbrachen und aufgaben. (...)

Uri Avnery zur Bedeutung des Alternativen Nobelpreises:

Der Alternative Nobelpreis war für die Organisation Gush Shalom, Rachel Avnery und
mich viel mehr als nur eine Ehrung.

Kämpfer für Frieden und Menschenrechte, in
Israel wie wohl auch anderswo, fühlen sich oft
einsam und verlassen. Wir werden als Verräter und Nestbeschmutzer, „fünfte Kolonne"
und Feindagenten beschimpft und verflucht.
Man versucht, uns als unbedeutende oder
halbwegs verrückte Randgruppe zu delegiti-
mieren. Es ist für uns daher wichtig zu wissen,
daß es in der ganzen Welt Menschen gibt, die
unsere Tätigkeit anerkennen und würdigen.
Es hebt die Moral der Aktivisten, die in dunklen Stunden manchmal in Gefahr geraten, zu
verzweifeln. Und es steigert unser Ansehen in
Israel, und daher die Wirksamkeit unserer
Aktionen.

Natürlich hat die Verleihung eines so prestige-
trächtigen Preises auch sehr praktische Folgen. Ich habe selbst einige Male erlebt, daß
die Erwähnung des Preises uns im Ausland
die Türen zu Ministern, anderen Politikern
und Diplomaten öffnete, die vorher von unseren Aktivitäten keine Ahnung hatten. Das hat
unsere Aufklärungsarbeit in der ganzen Welt
gefördert, ganz abgesehen von dem Preisgeld,
das einer armen Bewegung wie Gush Shalom
äußerst willkomen war.

Ich hoffe, daß noch viele andere Organisationen und Menschen, die für eine bessere Welt
kämpfen, mit diesem Preis gewürdigt werden.

85 Die Organisation Trident Ploughshares (Großbritannien)

(Rede von Angie Zelter)

(...) Wenige Meilen von Glasgow entfernt hat das Vereinigte Königreich in Faslane vier Trident-U-Boote stationiert, jedes davon ausgerüstet mit 192 unabhängig voneinander steuerbaren Atomsprengköpfen, die eine Sprengkraft von insgesamt 48.100 Kilotonnen (gemeint ist das Äquivalent des stärksten konventionellen Sprengstoffes, TNT; Anm. JS) in sich bergen. Jeder einzelne von ihnen ist achtmal so stark wie die Bombe von Hiroshima, die alleine 150.000 Menschen tötete. Dies ist Terrorismus in einem unvorstellbaren Maß.

1998 haben Trident-Ploughshares-Mitglieder die Forderung an Premierminister Tony Blair gerichtet, internationales Gesetz zu beachten, indem er alle britischen Atomwaffen abrüsten würde, andernfalls würden Mitglieder der Kampagne dies für ihn tun. (...)

An unserer jüngsten Massenblockade in Faslane nahmen über tausend Menschen teil; Mitglieder des schottischen, britischen und europäischen Parlaments wurden für ihre friedliche Blockade der Basis mit 170 anderen Teilnehmern verhaftet. Viele schottische Kirchenvertreter und ein hochangesehener schottischer Strafrechtsanwalt saßen ebenfalls bei uns und wurden wegen Landfriedensbruches arretiert. Diese Unterstützung zusammen mit der, die uns von sehr bekannten Autoren, Schauspielern und mehreren tausend anderen Personen zuteil wird, zeigt ein weites Spektrum an Akzeptanz, das verhindert, daß die Aktivisten an den Rand gedrängt werden.

Sie haben mehrere Arten von Entwaffnungsaktionen gewählt, die von Blockaden, dem Zerschneiden von Zäunen, Entern von U-Booten und Zerstören des Equipments über die Zerlegung eines Forschungslabors bis hin zum Stillegen von Militärfahrzeugen reichen. (...) Wir nennen all diese Zerstörungen Abrüstung und Bekämpfung atomarer Verbrechen.

Unsere Aktionen führen zu Hunderten von Gerichtsverhandlungen. Jeder Prozeß ist wichtig, da er den Staat dort herausfordert, wo er am empfindlichsten ist – in der großen Frage um Gesetz und Ordnung. Deshalb schlägt unsere Kampagne solche politischen und rechtlichen Wellen.

Es gab einige spektakuläre Aktionen. Zum Beispiel schwammen zwei Frauen in den Hafen von Barrow, kletterten an Bord der Vengeance und zerstörten eine Testeinrichtung im Kommandozentrum. Diese Aktion verzögerte die Abfahrt der Vengeance in die USA, wo sie Raketen abholen sollte, um mehrere Monate. Nach drei Gerichtsverhandlungen über zwei Jahre hinweg wurde die Klage gegen die Frauen fallengelassen, da die Instanzen sich nicht darüber einig wurden, ob sich die Frauen eines Verbrechens schuldig gemacht hatten, oder nicht. Im Juni desselben Jahres deaktivierten drei unserer Mitglieder ein Forschungsschiff namens Maytime, das die Tarnung von Trident-U-Booten unter Wasser untersuchte. Wir haben das gesamte Labor geräumt, indem wir alles ins Meer geworfen haben – die Computer und das Testequipment –, dann die Kontrollboxen für das U-Boot-Modell zerschlugen und die Verbindungen zu mehreren anderen Trident-Forschungsstationen kappten. Nach fünf Monaten im Gefängnis erklärten wir, daß wir internationaler Gesetzgebung zufolge dazu berechtigt waren.

Unser Freispruch im Gericht von Greenock, der von einem mutigen Richter entschieden wurde, verursachte politisches und juristisches Aufsehen. So bat der Lord-Staatsanwalt (vergleichbar dem deutschen Generalbundesanwalt; Anm. JS) das Oberste Gericht, die Trident-Problematik zu untersuchen, um künftige Freisprüche durch jedwede Richter zu verhindern. Dies gab uns die außergewöhnliche Gelegenheit, die Verteidigungspolitik der britischen Regierung auf höchster Ebene anzuklagen.

Die juristische Auseinandersetzung wird aufgrund der entsetzlichen und unrichtigen Ansicht des Obersten Gerichtes, das befand, daß internationales Recht nur in Kriegszeiten gelte und andeutete, daß die anhaltende Bombardierung des Iraks kein Krieg sei, fortgesetzt. (...) Wir haben beim Europäischen Gerichtshof für Menschenrechte Einspruch eingelegt und machen mit unseren Entwaffnungsaktionen weiter.

(...) Der Kern unserer Aussage ist klar und deutlich: Der Einsatz von Atomwaffen ist in erster Linie Massenmord von katastrophaler Größenordnung mit dem Potential, daß die Angriffe sich in die Tausende steigern, was ein Ende sämtlichen Lebens auf der Erde bedeuten könnte.

Recht basiert auf Ethik und wird soweit respektiert – und nur soweit –, wie es mit der menschlichen Moral übereinstimmt. (...) Das einzige, was den Soldaten vom normalen Mörder unterscheidet, ist, daß dem Soldaten die rechtliche Erlaubnis erteilt wurde, gewisse Tötungen für die Gesellschaft vorzunehmen. (...)

Es war äußerst peinlich für die britische Regierung, daß friedliche, unbewaffnete Bürger so verständlich argumentiert haben, daß diese Waffen illegal und unmoralisch sind und diese nicht hinreichend gesichert würden, indem sie gezeigt haben, wie einfach man in angeblich sichere Basen eindringen und militärische Einrichtungen zerstören kann. (...)

Wir schämen uns nicht, sondern sind stolz darauf, daß unsere Botschaft von einem Fünfjährigen verstanden werden kann. Dies ist sie: Töten ist falsch. Massenmord ist falsch. Mit Massenvernichtung zu drohen ist eine Verneinung unserer eigenen Menschlichkeit und ist selbstmörderisch. Wenn etwas falsch ist, müssen wir es stoppen. Gewaltlos, offen und verantwortlich die Maschinerie der Zerstörung zu zerlegen ist also ein Akt tätiger Liebe, an der wir uns alle beteiligen können. (...)

David Mackenzie über die Bedeutung des Alternativen Nobelpreises:

Bis zu dem Zeitpunkt, zu dem wir den Preis erhielten, waren wir auf individuelle Spenden, Unterstützung von Schwester-Organisationen zusammen mit nur geringen eigenen Mitteln für die Projekte angewiesen. Das bedeutete, daß die Geldressourcen für unsere Kampagne gerade einmal für etwas mehr als drei Monate im voraus reichten. Der Alternative Nobelpreis machte einen plötzlichen und bedeutenden Unterschied aus.

Dieser hatte zur Folge, daß Energien, die zuvor für die Geldbeschaffung benötigt wurden, nun für Aktionen bereitstanden, so auch für ambitionierte Projekte, die eine entsprechend substantielle Ausstattung erforderten.

Ebenso hat uns der Preis geholfen, innerhalb der internationalen Aktivisten-Szene an Profil und Glaubwürdigkeit zu gewinnen. Es bedeutet eine große Ermutigung, sich in so guter Gesellschaft mit den anderen Preisträgern zu befinden!

Als wir den Preis erhielten, hatten 130 Personen das Trident-Ploughshare-Versprechen zur Abrüstung der Trident-Waffen unterschrieben. Diese Zahl ist auf nun 220 gestiegen. Wir rufen Friedensaktivisten aus Europa und darüber hinaus auf, sich uns anzuschließen, um die illegale Raketenstation friedlich zu stören und letztlich zu schließen.

86 Leonardo Boff

(...) Ende der 60er Jahre wunderte sich eine ganze Generation von Christen und Theologen – und sie wundern sich immer noch: Wie können wir die Liebe und Gnade Gottes den Millionen verkünden, die verhungern und dazu verdammt sind, unter unmenschlichen Bedingungen zu leben? Können wir einen lebendigen und befreienden Gott, verbündet mit den Armen und Ausgestoßenen, verkünden, können wir, ohne Zynismus und wahrhaftig sagen: Er ist wirklich ein guter und gnädiger Gott. Die Worte aus dem Exodus wurden für unsere Generation aktualisiert: „Ich habe das Elend meines Volkes gesehen, und seine laute Klage habe ich gehört. Ich kenne sein Leid. Ich bin herabgestiegen, um es zu befreien. (...) Und jetzt geh, denn ich sende dich, mein Volk zu befreien" (Ex 3, 7-10). Diese Worte waren an jeden einzelnen von uns adressiert, an jede Kirche, an jedes Gewissen, das auch nur geringfügig ethisch und menschlich geprägt ist.

In den 70er Jahren waren die Unterdrückten die wirtschaftlich Armen, und für die minimalen Lebens- und Arbeitsbedingungen wurde im Licht des Glaubens ein Prozeß sozialer und politischer Befreiung ins Leben gerufen.

In den 80er Jahren traten die Schwarzen und die Indianer als die historisch Unterdrückten unserer Völker ins Blickfeld und wurden ermutigt, der Gegenstand ihrer eigenen Befreiung zu sein.

In den 90er Jahren lag die Betonung auf der Sonderbarkeit der Unterdrückung der Frauen, die über Jahrtausende vom Patriarchat unterdrückt und in der Gesellschaft unsichtbar gemacht worden waren. (...)

All diese Menschen schreien nach Leben und Freiheit. Wichtige Teile der historischen Kirchen haben sich organisiert, um auf den Schrei der Unterdrückten zu reagieren.

Die Betrachtung, die sich aus dieser Praxis ergeben hat, wird Theologie der Befreiung genannt. Es ist die Theologie aller Kirchen, die das Problem der Armen und Ausgeschlossenen ernstgenommen haben. Und aus diesem Grunde ist sie nicht nur in Lateinamerika, sondern auch in Afrika, Asien und in den zentralen Ländern in den Gruppen, die sich der feministischen Sachen verpflichtet haben, präsent. (...)

Ein Christ kann, weil er oder sie dies ist, ein richtiger Indeterminist sein (Indeterminismus ist die Lehre, derzufolge Zustände und Ereignisse, im Gegensatz zum Determinismus, nicht einem Kausalprinzip folgen – in der Ethik ist dies die Lehre der Willensfreiheit; Anm. JS). Wir sind Erben von jemandem, der aufgrund seiner Verkündigung und Umsetzung der Befreiung verfolgt, eingesperrt, gefoltert und gekreuzigt wurde. Seine Auferstehung bedeutet einen Aufstand gegen die bestehende Weltordnung, die Vorurteile legitimiert, Privilegien heiligt und ein gemeinsames Leben auf der Basis von Gerechtigkeit, gegenseitiger Fürsorge und Mitgefühl unmöglich macht.

Nicht nur die Armen schreien, sondern auch das Wasser, die Tiere, die Wälder, das Land, die Erde schreit als ein lebender, übergeordneter Organismus, genannt Gaia. Sie schreien, weil sie permanent attackiert werden.

(...) Wir haben vergessen, daß wir nur ein Bindeglied im gewaltigen Strom des Lebens sind und daß wir mitverantwortlich für das gemeinsame Schicksal von Menschheit und Erde sind. (...) Wir brauchen eine soziale Theologie, die die Menschen wieder dazu erziehen kann, in kooperativer und brüderlicher Verbundenheit mit der Natur zu leben. (...) Dieses Mal haben wir keine Arche Noah, um einige zu retten und andere umkommen zu lassen. Wir wollen uns gemeinsam retten.

Wir müssen Tendenzen, die auch in unserem Bewußtsein vorhanden sind, in den Vordergrund stellen: Solidarität, Mitgefühl, Sorge für einander, Gemeinschaft und Liebe. Solche Werte und inneren Kräfte können die Grundlage für ein neues Muster einer Zivilisation bilden, der Zivilisation der im Gemeinschaftshaus – auf dem Planeten Erde – wiedervereinigten Menschheit.

87 José Antonio Abreu

(...) Ein Orchester ist viel mehr als ein rein künstlerisches Gebilde. Für junge Menschen ist das gemeinsame Musizieren ein Weg zur intensiven Zusammenarbeit mit anderen. Es erfordert beachtliche Leistung sowie Disziplin in der Zusammenarbeit, Dinge wie Stimmen und Instrumente sind wechselseitig voneinander abhängig. (...)

Aus diesem Grund sind Jugend- und Kinderorchester sowie Chöre so wertvoll für die Integration junger Menschen in das soziale Leben, welches einerseits auf Solidarität basiert. Andererseits fördert ein Instrument die persönliche Verwirklichung. So wird deutlich, wie nützlich und wie wichtig Orchesterarbeit für die Gestaltung des Charakters ist; sie stimuliert den Geist und den Sinn, hilft bei der aktiven Entwicklung der persönlichen Fähigkeiten und des Ausdrucks.

Dieses System bedient sich eines speziellen Programmes von nationalem Ausmaß, (...) es nimmt eine sehr große Zahl von aufgegebenen Kindern in sich auf, was auch deren Bildung, Rehabilitation und Wiedereingliederung in ihre Familien mit sich bringt.

Auch findet eine weitere Ausbildung der jungen Menschen in einem besonderen Bereich statt, nämlich in der Herstellung sowie in der Reparatur von Musikinstrumenten, wodurch eine nationale Zusammenarbeit kleiner Musikgeschäfte für den nationalen und regionalen Markt erreicht werden soll. (...)

Mit Hilfe des Programmes Música y País werden Seminare, Konzerte und Vorträge organisiert, deren Wahlspruch „Für die Musik – gegen Drogen, Gewalt und Verbrechen" sich an die Armen richtet.

(...) Von früher Kindheit an in einem Orchester mitzuwirken, hilft dem Einzelnen, in einer gesunden Umgebung aufzuwachsen und gibt ihm unbezahlbaren Nutzen für den Intellekt sowie soziale und emotionale Erfahrungen. Es bringt ihm zudem den Wert von Geduld, Disziplin, Durchhaltevermögen, der Fähigkeit zum Kompromiß und der Bedeutung des eigenen Beitrages nahe, um alle Möglichkeiten auszuschöpfen. (...) Es ist erwiesen, daß es eine starke positive Beziehung gibt zwischen dem Erfolg in der Schule und der Beschäftigung mit Musik. (...)

Wenn das Leben mit Musik selbstverständlich wird, hört Musik auf, als Luxusgut angesehen zu werden. Wenn sie einen Teil des normalen Lebens ausmacht, kann ein Kind in seiner bescheidenen Hütte Geige spielen, ein anderes in Vaters Garage, und viele andere können an Vorträgen und Konzerten mitwirken, egal, wo sie wohnen, in einem Küstendorf oder in einer Gemeinde in den Bergen. Materielle Armut wird besiegt durch geistigen Reichtum. (...)

Das Phänomen der venezuelanischen Orchester offenbart die falsche Trennung von populärer und ernster Musik, da es beide im Repertoire der wöchentlichen Konzerte in Dörfern und Städten des ganzen Landes vereinigt.

Das Verbreiten von Jugendorchestern ist wie das Aussäen der Saat von Nationen und Völkern, wie in Argentinien und Chile, Uruguay, Brasilien, Kolumbien und Venezuela oder auf Trinidad-Tobago, Jamaika, in Ecuador, Peru, Bolivien, Kuba, Panama, El Salvador, Guatemala und Mexiko, wo die Entwicklung von Jugendorchestern als Symbol nationaler Integration angesehen wird.

Ich erkläre hiermit feierlich meine Absicht, innerhalb der nächsten Monate die Organisation und Einrichtung der Kinder- und Jugendorchester auf dem amerikanischen Kontinent zu vervollständigen. Die Basis wird die Schaffung und Vorstellung des Jugendsymphonieorchesters von Amerika im August 2002 sein, das aus einer Auswahl aus den verschiedenen nationalen Orchestersystemen aller Mitgliedstaaten der Organisation bestehen wird. (...)

Kultur birgt das Wesentliche der menschlichen Seele, unsere eigentliche Identität. (...)

88 Das Centre Jeunes Kamenge

(Rede von Claudio Marano)

Wir kommen aus einem Land, in dem die Menschen seit 40 Jahren mit Krisen, Kriegen und Massakern aus ethnischen und anderen Gründen leben und in dem wir während der neun vergangenen Jahre mit einem Bürgerkrieg fertig werden mußten, der nicht zu enden scheint. Die offiziellen Statistiken sprechen von 250.000 Toten und zwei Millionen Flüchtlingen bei einer Einwohnerzahl Burundis von 6,6 Millionen Menschen. (...)

Nachdem der Krieg begonnen hatte, folgten schreckliche Monate, in denen das Zentrum verwaist und geschlossen war, weil niemand es besuchen konnte. In den Distrikten gab es vier Monate lang rund um die Uhr Kämpfe. Um uns herum starben Tausende, und das allein in den nördlichen Distrikten. Dann wurde das Zentrum zum Feldlazarett der belgischen Sektion der Ärzte ohne Grenzen für Kriegsverwundete. Während draußen Massaker wüteten, lebten Dutzende Verwundeter zusammen innerhalb des Zentrums. Diese Situation verdeutlichte, daß der sogenannte ethnische Krieg nur eine rhetorische Erfindung war. Die Realität war eine andere. (...) Aber uns standen schreckliche Jahre bevor, Jahre mit Verhören, Terror, angesehen als Feind, Zeuge von Hunderten von Tötungen, eingetaucht in die Atmosphäre tagtäglichen Hasses. Unsere Arbeit war stets dieselbe: Allen zu zeigen, wie schön es ist, gemeinsam zu leben.

Das Zentrum wurde von manchen als zu Tutsi-freundlich angeklagt, von anderen als zu stark mit den Hutu sympathisierend. In dieser nicht sonderlich gastlichen, mitunter trotzdem ermutigenden Atmosphäre trafen sich Hunderte, ja sogar Tausende junger Menschen, um miteinander zu reden, zu diskutieren, von den Untaten des Krieges zu erzählen, und sie verloren nicht die Motivation, einen Weg aus dieser Krise zu finden.

Die Distrikte waren dermaßen polarisiert, daß die Verwaltung, die Schulen, die Gesundheitszentren, die Gesellschaften und Gemeinden und andere religiöse Gruppen in den Tutsi-Distrikten alle in den Händen der Tutsi lagen; in den Hutu-Distrikten wiederum lag die gesamte Macht in den Händen der Hutu. 1996 teilten die Regierung und die Vertreter der Distrikte uns mit, daß das Zentrum für diese Distrikte eine neue Erfahrung bedeutete. Sehr viele junge Menschen zogen aus den ethnisch getrennten Regionen in das Zentrum, um hier gemeinsam zu leben. Diese jungen Menschen wollten nicht mehr in ethnisch getrennten Distrikten leben, und sie gingen in die „feindliche" Nachbarschaft oder Downtown, um ihre Freunde zu treffen, junge Menschen aus anderen ethnischen Gruppen. Aus diesem Grund fragten uns die Offiziellen, ob wir nicht auch in den Distrikten eingreifen könnten. (...)

Das Konzept des Centre Jeunes Kamenge hat unser Anliegen bestätigt. Die jungen Menschen, die regelmäßig dorthin kommen, die Menschen, die für uns in den Distrikten arbeiten, brachten neues Engagement und viele interessante Experimente zustande:

- Es gibt junge Menschen, die nicht zur Armee oder zu den Befreiungsbewegungen möchten, weil sie an eine waffenfreie Gesellschaft glauben;

- es gibt Gesellschaften, die gegründet wurden, um für Menschenrechte in der Gesellschaft, in den Gefängnissen und in der Armee zu arbeiten;

- junge Menschen, die sich zusammenschließen, um AIDS-Kranken zu helfen;

- junge Menschen, die Regierungsstellen beitreten, um der Gesellschaft zu dienen;

- junge Menschen, die einander helfen, Arbeit zu finden oder gemeinsam Projekte für ihr Überleben initiieren.

Wir wären froh, wenn eines Tages auch die Soldaten und die Mitglieder der Befreiungsbewegungen in unser Zentrum kämen, um die neuen Generationen zu sehen, die Art, wie sie leben, um zu erfahren, was sie träumen, und wenn sie ihnen dann das Vertrauen aussprechen würden, indem sie Friedensverträge unterzeichnen. Die Menschen aus Burundi möchten nur das eine: sehr schnell Frieden!

89 Die Organisation Kvinna till Kvinna

(...) Die Zeit, schöne Reden zu schwingen und Hochtrabendes zu verkünden, ist vorbei. Wir, als globale Gemeinschaft, haben bereits alle notwendigen Instrumente, die wir brauchen: Die UN-Charta, die Erklärung der Menschenrechte – mit der Klarstellung von 1993, daß Frauen auch Menschen sind –, den Internationalen Strafgerichtshof, und vielerlei andere internationale Vereinbarungen und Empfehlungen, die uns den Weg des Zusammenlebens als gute Nachbarn weisen; als Nachbarn, die keine Waffen ergreifen, um Konflikte zu lösen.

(...) Diese Werkzeuge, zusammen mit den Erfahrungen der Menschen vor Ort und ihrem Willen, ein anständiges Leben zu führen, sind die Kräfte, mit deren Hilfe mit der gegenwärtigen Weltordnung gebrochen werden könnte – einer Weltordnung, die auf Angst und Gier aufbaut, in der immer ausgeklügeltere Waffen entwickelt werden, statt für das Gemeinwohl zu arbeiten.

„Uns hat niemand gefragt", stand auf einem Plakat, als Frauen in Belgrad den 8. März 1994 (dem Weltfrauentag; Anm. JS) feierten. Niemand hat uns gefragt, ob wir diesen Krieg wollten.

Die Idee hinter der Gründung von Kvinna till Kvinna war ganz genau das, nämlich die Frauen zu fragen: Wie möchtet ihr euer Leben leben, was benötigt ihr, um eure Zukunft und die eurer Familien aufzubauen? (...) Zudem muß gefragt werden: Was sind die größten Hindernisse, denen sich Frauen an einem bestimmten Ort und Zeitpunkt gegenübersehen? (...)

Frauen, die mit Fragen der Gesundheit, Bildung, Gewalt in engen sozialen Beziehungen und Trauma-Verarbeitung zu tun haben, erkennen die Ursachen dieser Probleme. Deshalb müssen sie in den Entscheidungsgremien eine Stimme haben. Um das zu erreichen, müssen Daten zusammengetragen, Informationen über die Rechtslage eingeholt, Gesetzgeber beeinflußt und mehr Frauen in der Politik aktiv werden. Oft sind es die Frauenorganisationen, die als erste Fragen ansprechen und in die öffentliche Debatte bringen, die vorher tabu waren – und die auch als erste Veränderungen fordern.

(...) Was uns besonders daran freut, diesen Preis bekommen zu haben, sind die vielen spontanen Reaktionen, die wir von unseren Kooperationspartnern vom Balkan, dem Nahen Osten und Georgien erhalten haben; Reaktionen, die uns zeigen, daß sie sich durch diese Auszeichnung ebenfalls geehrt fühlen:

Das Zentrum für Schutz von Frauen und Kindern in Pristina:

„Wir kamen erstmals zusammen, als Kvinna till Kvinna 1994 dabei war, seine internationalen Aktivitäten zu strukturieren. Dieses Jahr des ersten Kontakts hatte eine überragende Bedeutung für uns Frauen im Kosovo, die wir uns für Frieden einsetzten und Gewalt dokumentierten. (...) In diesen Jahren hatten wir nur eingeschränkte Bewegungsfreiheit, waren in unseren Kommunikationsmöglichkeiten mit der restlichen Welt gehindert und hatten keinen Zugang zum Internet, das erst viel später aufkam. Ihr wart es, Kvinna till Kvinna, die unsere Stimme, unser Botschafter für Frieden, ja unsere Hoffnung für die Zukunft wurdet."

Jerusalem Link:

„Nicht oft haben palästinensische und israelische Frauen die Möglichkeit, sich der ideologischen, politischen und finanziellen Unterstützung einer Organisation zu erfreuen, deren feministische Prinzipien und Visionen so nah an den unseren liegen. In unserem mühevollen Versuch, für eine gemeinsame Vision eines gerechten Friedens in unserer Region zu werben, erkennen wir auch, daß dieser Kampf ohne die Solidarität und die warme ‚Umarmung', die uns Kvinna till Kvinna zuteil werden läßt, weitaus schwieriger wäre."

(...) Selbst hier zu Hause, in Schweden, haben viele, die uns geholfen und unterstützt haben, ein ähnliches Gefühl der Solidarität mit unserer Organisation zum Ausdruck gebracht. Wir alle haben diesen Preis zusammen erhalten. Kvinna till Kvinna ist jetzt Teil einer starken Bewegung. (...)

90 Martin Almada

(...) Ich nehme den Preis als Unterstützung durch die internationale Gemeinschaft für die Überlebenden der in Argentinien, Bolivien, Brasilien, Chile, Paraguay und Uruguay von der Operation Kondor begangenen Verbrechen, einem Genozidplan, der gemäß einer Doktrin ausgeführt wurde, die für sich in Anspruch nahm, die „nationale Sicherheit" zu bewahren, an. (...)

Er gibt mir und all denen, die mit mir kämpfen, einen ermutigenden Impuls, für die Erledigung einer dringenden Aufgabe Sorge zu tragen, die nicht aufgeschoben werden kann: der Schutz der „verbotenen Erinnerung". Ich beziehe mich auf die geheimen Archive der politischen Polizei während der Militärdiktatur, die 35 Jahre andauerte. Diese Archive enthalten Dokumente in Zusammenhang mit der Operation Kondor. Mit diesem Ziel haben wir beantragt und Schritte eingeleitet, diese Dokumente zum „kulturellen Erbe" zu erklären, so daß sie Teil des Gedächtnisses der Menschheit, gefördert von der UNESCO, werden können. (...)

Die ganze unmenschliche Prosa der Ideologen, der Unterdrücker, all diese Informationen liegen nun vor, um studiert zu werden. Ein Raum für Analyse und Nachdenken, (...) ein Laboratorium, das den Ursprung und die Strategie täglicher Gewalt auf dem ganzen Kontinent zeigt.

Nach dreißig Jahren stellt diese internationale Anerkennung für mich die Verantwortung dar, den tiefen Sinn der Ethik geltend zu machen und den Kräften ins Gesicht zu sehen, die der Humanität die Logik des Krieges, der Umweltzerstörung und der Herrschaft des Großkapitalverkehrs auferlegen wollen.

Wir glauben, daß die Antwort nicht von den großen Mächten auf der Welt kommen wird, sondern von der aktiven Bevölkerung – durch Taten einer organisierten Zivilgesellschaft, welche die Regierungen und die internationalen Finanzorganisationen zwingen, dem ein Ende zu setzen, was das Verbrechen Armut (im Sinne von Verbrechen von Regierungen und Wirtschaft, die die Bevölkerung verarmen lassen; Anm. JS) in jedem unserer Dritte-Welt-Länder bewirkt.

Diese Wirklichkeit führt uns dazu, aus tiefer Überzeugung das Verlangen darzulegen, ein globales Bewußtsein für Menschenrechte zu fördern. Für uns ist offensichtlich, daß kein Volk, keine Nation, internationale Organisation und kein politischer Führer das Recht hat, die Rolle des Retters der Menschheit und des Wohltäters einzunehmen, denn dies führt uns zurück zu Zeiten in der Geschichte, in denen die Übermacht eines „einzigartigen Gedankens" zu Tod, Krieg und Zerstörung größerer Werte führte.

Menschenrechte zu verteidigen schließt mit ein, sozialen Gruppen, die von der Gesellschaft ausgeschlossen sind, auf nationaler wie auf internationaler Ebene Macht zu geben, mannigfaltige Formen des Dialogs und der Verhandlung zu entwickeln, um eine Basisdemokratie wiederzuerschaffen, die nicht nur repräsentativ ist, sondern auch die Mitwirkung der Menschen fördert. (...)

Die Zerbrechlichkeit unserer Demokratien ruft in vielen Paraguayern eine Nostalgie für die sogenannten „Zeiten der Ordnung, des Friedens, Fortschritts und der Sicherheit" hervor. Dies waren dieselben Zeiten, in denen die Operation Kondor Millionen von Menschen im Angesicht des untätigen und komplizenhaften Schweigens der Nachbarn eliminierte.

In meinem Land gibt es eine Suche nach „Erlöser-Heilanden", die ihr eigenes Rezept für eine organisierte, effiziente und erfolgreiche Welt verordnen.

Jeder soziale Konflikt, der zutage tritt, ist ein Ruf nach Aufmerksamkeit. Deshalb betone ich ständig die Notwendigkeit, den Staat des Allgemeinwohls und der Bürgergesellschaft zu festigen, um die Exzesse sowohl der politischen Kräfte als auch des Marktes durch örtliche Mitwirkung zu kontrollieren, damit unser Traum einer Entwicklung vom bevormundenden Staat zu einer Vorkämpfer-Gesellschaft und von einer repräsentativen Demokratie zu einer mitwirkenden Demokratie wahr wird. (...)

91 Martin A. Green

Ich denke, die meisten gebildeten Menschen sind sich bewußt, welch große Mengen Energie notwendig sind, um das moderne Leben in Gang zu halten. Ich denke ebenso, daß die meisten erkannt haben, welche Probleme die Abhängigkeit von diesen enormen Energiemengen in der Vergangenheit geschaffen hat und in der Gegenwart noch schafft, und welch erschreckendes Potential für neue Probleme sie beinhaltet. (...)

Mit Blick auf diese enormen Energiemengen wird es die meisten von Ihnen erstaunen, daß die Erde in nur drei Tagen mehr Energie von der Sonne erhält, als durch alle während der gesamten menschlichen Geschichte verbrannten fossilen Kraftstoffe. Australien verfügt über Kohlereserven, die für mehrere hundert Jahre genügen. Nichtsdestotrotz reichen lediglich drei Wochen Sonnenschein, um alle in der Welt bekannten fossilen Vorkommen fossiler Energieträger zu übertreffen. (...)

Die Sonne stellt immer noch all den für menschliches Leben notwendigen Energiebedarf, genauso wie sie es vor 500, 5.000 oder gar 50.000 Jahren tat. Der Unterschied ist, daß wir die zusätzliche Menge, die wir nun verbrauchen, auf nicht sehr sensible Weise produzieren.

(...) Wir müssen einen Weg finden, einen kleinen Teil der Sonnenenergie anzuzapfen, um sie derart passend umzuwandeln, daß sie den relativ kleinen zusätzlichen Anteil an notwendiger Energie für das moderne Leben liefert. Die Elektrizität ist eine solche Form.

Diese Herausforderung liegt durchaus im Bereich menschlicher technologischer Fähigkeiten und ist geradezu trivial im Vergleich zu anderen Herangehensweisen, welche mehr Unterstützung erhalten, wie beispielsweise die Kernfusion. (...)

Als ich nach meiner Promotion Mitte der 70er Jahre nach Australien zurückkam, baute ich ein kleines Forschungsteam auf, das sich mit der Verbesserung von Solarzellen beschäftigte. Zuerst kämpften wir darum, bessere Wirkung zu erzielen. (...)

Wir entwickelten eine kommerzielle Version unserer verbesserten Solarzellen, welche, größ-

tenteils durch die Anstrengungen unseres ersten Lizenznehmers, BP Solar, zu einer der erfolgreichsten kommerzialisierten neuen Technologien seither wurde. (...)

Die Periode der Reagan-Präsidentschaft in den USA war für die Photovoltaik sehr unerfreulich. Viele andere Gruppen, die auf diesem Gebiet arbeiteten, mußten sich auflösen. Da wir als eine der wenigen Gruppen übrigblieben, empfanden wir, daß dies unsere Verantwortung, uns mit den größten Problemen der Photovoltaik zu beschäftigen, erhöhte. (...)

(...) Mit der Subvention der Installation solarelektrischer Systeme auf privaten Häusern haben verschiedene lokale und föderale Regierungen auf der ganzen Welt den Photovoltaikmarkt stimuliert, mit jährlichen Wachstumsraten zwischen 30 und 40 Prozent in den vergangenen sechs Jahren.

Der deutsche Politiker Hermann Scheer, Empfänger des Right Livelihood Award 1999 und Time Magazine's Green Hero of the 20th Century, war die treibende Kraft hinter der Gesetzgebung, die das deutsche Programm auf diesem Gebiet untermauerte. Der Wahlerfolg seiner Partei vom September diesen Jahres ermöglicht es, daß das derzeitige 100.000-Dächer-Programm in Deutschland auf eine Million solcher Systeme ausgeweitet wird. Andere europäische Länder mit solchen Programmen sind Großbritannien, die Niederlande, die Schweiz, Frankreich, Italien, Spanien und Portugal. Wie Sie bemerkt haben, sind nicht alle diese Länder für ihren Sonnenschein bekannt. Außerhalb Europas ist Japan die führende Nation. Australien und eine Reihe von US-Staaten haben ähnliche Programme.

(...) Aufgrund der durch diese Programme geförderten Verbilligung der Solarzellen werden diese schneller, als es sonst möglich gewesen wäre, mit konventionellen Energiequellen konkurrieren können. Im Gegensatz zu diesen Quellen sind sie in der Lage, auch jenem Drittel der Welt Energie zur Verfügung zu stellen, das immer noch keinen Zugang zu ihr hat. (...)

92 Walden Bello ...

Die Gründung der Welthandelsorganisation (WTO) 1995 schien zu zeigen, daß Globalisierung die Welle der Zukunft war und daß diejenigen, die dagegen waren, das gleiche Schicksal erleiden würden wie die Technikgegner, die während der Industriellen Revolution gegen die Einführung von Maschinen kämpften. Globalisierung würde Reichtum bringen. Wie also konnte man gegen das Versprechen von Wohlstand für die Mehrheit sein, den die übernationalen Gesellschaften, geführt von der unsichtbaren Hand des Marktes, über die Welt bringen würden?

Aber unsere Bewegung stand fest angesichts der Verachtung seitens des Establishments in den 90er Jahren, als der Boom des mächtigsten kapitalistischen Motors der Welt, der US-Wirtschaft, dazu bestimmt schien, immer weiter seiner Richtung zu folgen. Es wurde eindeutig vorhergesagt, daß – angetrieben von der Logik der gemeinsamen Rentabilität – Liberalisierung und Deregulierung von Handel und Finanzen Krisen verursachen, Ungleichheit innerhalb und über Länder verbreiten und so die globale Armut vergrößern würden.

(...) Was könnte brutaler sein als die Tatsache, daß die Krise eine Million Menschen in Thailand und 22 Millionen in Indonesien innerhalb weniger Wochen im schicksalhaften Sommer 1997 unter die Armutsgrenze bringen würde?

Die asiatische Finanzkrise war eines dieser folgenschweren Ereignisse, die bewirkten, daß es den Leuten wie Schuppen von den Augen fiel, und die es ihnen ermöglichten, die kalte, brutale Realität zu sehen. (...) Das Jahr 2001 brachte uns nicht nur den 11. September. 2001 war auch das Jahr der Abrechnung des Fundamentalismus des freien Marktes – das Jahr, als die argentinische Wirtschaft, das Vorzeigebeispiel neoliberaler Wirtschaft, zusammenbrach, während die Vereinigten Staaten 4,6 Billionen Dollar – die Hälfte ihres Bruttosozialproduktes – im Investitionsbereich vernichteten, was zu einer Periode der Stagnation und steigender Arbeitslosigkeit führte.

Da der globale Kapitalismus von einer Krise zur anderen führte, organisierten sich Menschen auf den Straßen, an ihren Arbeitsplätzen, in der politischen Arena, um dessen destruktiver Logik entgegenzuwirken. So trafen im Dezember 1999 massive Widerstände von über 50.000 Demonstranten mit einem Aufstand der Regierungen der Entwicklungsländer im Seattle Convention Center zusammen, um die dritte WTO-Ministerkonferenz zum Scheitern zu bringen. Weiterhin untergruben Proteste überall auf der Welt – wenn auch auf weniger dramatische Weise – die Legitimität des IWF (Internationaler Währungsfonds; Anm. JS) und der Weltbank, zwei andere Eckpfeiler der globalen Wirtschafts-Regierung. Anti-neoliberale Regime kamen in Venezuela, Argentinien, Brasilien und Ecuador an die Macht. Das fünfte Ministertreffen in Cancun wurde zu „Seattle II", einem Ereignis, mit dem viele Menschen den Protestselbstmord des koreanischen Farmers Lee Kyung-Hae an den Barrikaden verbanden.

Und kürzlich erst zwang der gleiche Zusammenschluß der Zivilgesellschaft mit Regierungen der Entwicklungsländer Washington, die radikale neoliberale Handels-, Finanz- und Investmentliberalisierung zurückzunehmen, die die US-Regierung in der amerikanischen Freihandelszone durchzusetzen gedroht hatte.

Immer waren Gerechtigkeit und Gleichheit ein Schwerpunkt unserer Bewegung. Ein anderer ist der Frieden, denn wir glaubten nie an das Pro-Globalisierungs-Argument, daß beschleunigte Globalisierung die Herrschaft von „ewigem Frieden" bringen könne. Tatsächlich warnten wir davor, daß mit voranschreitender Globalisierung ihre wirtschaftlich und sozial destabilisierende Wirkung Konflikte und Instabilität vermehren würde. (...)

Die *New York Times* hat anläßlich des Einmarsches geschrieben, daß in der heutigen Welt nur zwei Supermächte verblieben sind, und zwar die Vereinigten Staaten und die globale Zivilgesellschaft. (...)

Unsere Bewegung ist im Kommen. Aber unsere Agenda ist groß, unsere Aufgaben sind schwierig. Um nur einige zu nennen: Wir müssen die Vereinigten Staaten aus dem Irak und Afghanistan treiben. Wir müssen Israel davon abhalten, weiterhin das palästinensische Volk kaputtzumachen. Wir müssen das Recht des Gesetzes gegen diejenigen durchsetzen, die keine Rechte achten, nämlich Schurkenstaaten wie die USA, Großbritannien und Israel. Aber vor allem müssen wir die Regeln der globalen Wirtschaft ändern, denn die Logik des globalen Kapitalismus ist die Quelle der Störung von Gesellschaft und Umwelt.

(...) Nennen Sie es postmodern, aber im Mittelpunkt unserer Bewegung steht die Überzeugung, daß es im Gegensatz zum Glauben an Neoliberalismus oder bürokratischen Sozialismus keinen Schuh gibt, der allen passen wird. Es ist nicht mehr länger eine Frage der Alternative, sondern der Alternativen.

(...) Zu Beginn des 20. Jahrhunderts gab die berühmte revolutionäre Denkerin Rosa Luxemburg ihren bekannten Kommentar über die Möglichkeit ab, daß die Zukunft vielleicht der Barbarei gehöre. Barbarei in Form von Faschismus hätte in den 30er und 40er Jahren beinahe gesiegt. Heute schafft die gemeinschaftlich angetriebene Globalisierung so viel von der gleichen Instabilität, Verbitterung und an Krisen, die Brutstätten von Faschisten, Fanatikern und autoritären populistischen Bewegungen sind. Globalisierung hat nicht nur ihre Glaubwürdigkeit verloren, sondern verbittert viele. Die Kräfte, die menschliche Solidarität und Gemeinschaft repräsentieren, haben keine andere Wahl, als schnell einzugreifen, um den desillusionierten Massen zu zeigen, daß – wie das Motto des Welt-Sozialforums in Porto Alegre verkündet – eine andere Welt möglich ist. Denn die Alternative ist, wie in den 30er Jahren, ein Vakuum, das sich mit Terroristen, Demagogen des religiösen und weltlichen Rechts und Händlern von Irrationalität und Nihilismus füllt. (...)

92 ... Nicanor Perlas

(...) Wir befinden uns mitten in einer elitären Globalisierung, die verspricht, die Natur zu zerstören und das meiste hinwegzuwischen, was uns traditionell lieb ist, insbesondere all die verschiedenen Identitäten auf der Welt. Statt eines gegenseitigen Verstehens der Kulturen und Identitäten haben wir ein „Aufeinanderprallen von Zivilisationen", das sich wie ein verheerender Brand in vielen Teilen der Welt ausbreitet und dem nicht endender Streit und Kampf sicher ist. Wir sehen außerdem in unserer Zeit eine radikale Änderung der Nationalstaaten und ihres Verhältnisses untereinander, einschließlich, aber nicht begrenzt auf die zunehmende Scheidelinie Atlantik zwischen den Vereinigten Staaten und Europa, wie auch der Scheidelinie zwischen diesen beiden und dem Rest der Welt. Wir sind heute weiterhin Zeuge der neu zutage tretenden US-Großmacht in Gestalt der Bush-Doktrin, die danach trachtet, sowohl die anderen Nationen der Welt als auch den Weltraum durch ihre neuen und tödlicheren Massenvernichtungswaffen zu beherrschen.

Gleichzeitig (...) bewegen sich die Revolutionen in der Nanotechnologie, der Biotechnologie, der Informationstechnologie und der kognitiven Technologie auf eine „technologische Eigenheit" zu. Dies ist der Begriff, den Wissenschaftler für die Konvergenz dieser vier Technologien gebrauchen, die darauf abzielt, das menschliche Wesen physikalisch neu zu konstruieren und über-intelligente Maschinen mit Fähigkeiten zu erschaffen, die bei weitem die normale menschliche Logik übersteigen. (...) Wenn dies innerhalb des Horizonts der meisten Leben der hier heute abend versammelten Menschen geschieht, dann wird Francis Fukuyamas größter Alptraum wahr. Wir werden das „Ende der Geschichte" erleben, nicht weil Kapitalismus und liberale Demokratie dauerhaft über den Kommunismus triumphiert haben, sondern weil es das Ende der Menschen, wie wir sie kennen, ist. Denn die menschliche Geschichte wird enden, weil herkömmliche Menschen, der homo sapiens, verschwunden sein werden, ersetzt durch menschliche Cyborgs und über-intelligente Maschinen.

Die Probleme, denen wir uns gegenüber sehen, sind komplex und außergewöhnlich. In meinem (...) Buch *Spirit or Empire; Societal Revolutions of the 21st Century* habe ich diesen Problemkomplex die „Empire-Cyborg-Matrix" genannt. Ich eröffne meine Ausführungen zu „Spirit" mit dem damaligen sozialen Aktivismus, weil die Probleme, denen wir ins Gesicht sehen, nicht mit derselben Art Verstand und Herz gelöst werden können, welche diese Probleme verursacht haben. Wir sehen uns in der Tat sehr tiefen geistigen sozialen Problemen gegenüber, die spirituelle Antworten von uns fordern. Herkömmliche, weltliche, materialistische Antworten werden nicht reichen. (...) Wenn wir an materialistische Evolutionskonzepte glauben, dann können wir wirklich keine stichhaltigen Einwände gegen das Großmachtprojekt der Vereinigten Staaten und die technologische Eigenheit der Wissenschaftler haben, die Menschen in Cyborgs verwandeln wollen. (...)

Ich möchte mit Ihnen eine sehr kurze Geschichte teilen und eine Lektion, die uns hoffnungsfroh und mutig in eine bessere Zukunft führen kann:

Im Januar 2001 hatten wir Hunderttausende von Menschen organisiert, um sich gegen die skandalträchtige, korrupte und kriminelle Regierung des philippinischen Präsidenten Ejercito Estrada zu erheben. (...) Wir trafen in der Zivilgesellschaft detaillierte Vorbereitungen in Zusammenarbeit mit den führenden Geschäftsleuten des Landes, um das gesamte Transportsystem der Philippinen zum Stillstand zu bringen. Keine Flugzeuge, keine Schiffe, keine Busse sollten sich bewegen. Unser Ziel war, die Volkswirtschaft zu lähmen. Wir waren im Begriff, diese Aktion durchzuführen, als sich unerwartet das gesamte Militär auf unsere Seite schlug, und dies signalisierte das Ende des korrupten Regimes von Estrada.

(...) Ich erkannte damals, daß im Unmöglichen das Wirkliche liegt; im Unmöglichen liegt die Zukunft, die darauf wartet, geboren zu werden. Aus Sicht der Vergangenheit und Gegenwart ist die Zukunft, die geboren werden will, „unmöglich", fern und nichts als ein Traum. Aber die Zukunft kann keine bloße Fortsetzung der Vergangenheit sein, unabhängig davon, wie vertraut und vernünftig uns diese Vergangenheit scheint. Die Zukunft wird notgedrungen im Gewand des „Unmög-

lichen" erscheinen, und nur Menschen mit einer Vision und tiefer geistiger Kreativität können dies wissen und daraufhin agieren, visionäre Individuen, von ihren Freunden oft verrückt genannt, selbst von denen, die sie lieben.

93 Die Citizens' Coalition For Economic Justice (CCEJ)

(Rede von Soh Kyung-suk)

(...) Als die CCEJ 1989 entstand, machte Korea eine sehr schwierige Zeit durch. Das Land hatte die diktatorische Regierung 1987 durch einen Volksaufstand gestürzt, die Demokratie begann erst, sich zu entfalten. Jedoch machte sich die nationale Dissidentenbewegung damals diese demokratischen Veränderungen in der Gesellschaft nicht zu eigen, sondern vertrat nach wie vor ihre radikalen Ansichten. Das hatte zur Folge, daß die Mehrheit des Mittelstandes, die den Kampf der Dissidentenbewegung für Demokratie in der Vergangenheit unterstützt hatte, diesen Kräften den Rücken kehrte und eine konservative Welle durch Korea schwappte.

Gegen diesen Rückfall formierte sich die CCEJ. Wir spürten, daß die koreanische Gesellschaft sich – wo doch so viele entscheidende Reformen zu Ende zu führen waren – Konservatismus nicht leisten konnte. Wenn eine radikale Bewegung blüht, ist es nur natürlich, daß als Gegengewicht in der Gesellschaft eher die Stimmen der Konservativen als die der Reformer erstarken. Unter diesem Aspekt dachten wir, Verbesserungen für die ganze Gesellschaft herbeizuführen, indem wir eine Bewegung ins Leben rufen, die sich auf den Mittelstand stützt.

(...) Die wirkliche Stärke der CCEJ liegt meiner Meinung nach im Geist der Organisation. Obwohl die CCEJ die Wichtigkeit von Strukturveränderungen betont, verfolgen wir grundsätzlich die Veränderung im Bewußtsein der Menschen. Wir scheuen uns nicht, das für uns Richtige zu sagen, auch wenn wir Kritik von anderen einstecken müssen, und wir sind auch bereit, öffentlich unsere Fehler zu bekennen, wenn sie vorkommen. Diese Prinzipien erhöhten auf die Dauer die Glaubwürdigkeit der CCEJ.

Wir glauben, daß die CCEJ eine Bewegung ist, die das Böse mit dem Guten bekämpft. Die CCEJ stützt sich nicht auf den Ärger der Besitzlosen gegen die Besitzenden. Die Bewegung versucht statt dessen, den guten Willen in jedermanns Sinn zu stärken und zu einer Kraft zu bündeln, die Veränderung in der Gesellschaft herbeiführt. Diese Form der Bewegung mag schwach aussehen, ist tatsächlich aber eine der stärksten, weil sie die Kraft hat, das Herz eines Menschen zu bewegen.

Die CCEJ glaubt, daß die Stärkung des guten Willens jedes Individuums der einzige Weg ist, unsere Gesellschaft zu verändern. Gewappnet mit der Kraft des guten Willens streben wir nach der Überwindung der ernsten Konfrontation der progressiven mit den konservativen Kräften, die in der heutigen koreanischen Gesellschaft existieren. Dann erst wird es möglich werden, viele vor uns liegende Aufgaben anzupacken, wie die wirtschaftliche Entwicklung voranzutreiben, Nordkoreas Atomprogramm zu entschärfen und an der Aussöhnung von Süd und Nord zu arbeiten. Als Land, das der Armut gerade vor 20 bis 30 Jahren entkommen ist, hoffen wir auch, eine aktive Rolle dabei spielen zu können, den zwei Milliarden Menschen auf der Welt zu helfen, die im Zeitalter der Globalisierung noch immer unter Armut und Hunger leiden.

Ein ausländischer Journalist sagte einmal, Demokratie in Korea zu verwirklichen sei so schwierig, wie eine Rose im Schutt zum Blühen zu bringen. Doch durch die Schlüsselfunktion der Bürgerbewegung steht diese Rose jetzt in voller Blüte. (...)

94 Ibrahim Abouleish

(...) In meinen ersten Jahren in Österreich nahm ich viel von der europäischen Kultur auf. Durch diesen kulturellen Austausch konnte ich meine eigenen Wurzeln, auch den Islam, aus einer völlig neuen Perspektive wahrnehmen. Dies entzündete die erste Flamme meiner Vision. Die trug ich im Herzen, als ich 1977 nach 21 Jahren nach Ägypten zurückkehrte und die Initiative vorbereitete. Nach vielen Erwägungen wählte ich den Namen SEKEM, weil die Ägypter, neben Licht und Wärme der Sonne, als dritte lebenspendende Kraft das Fruchtbarmachen der Erde anerkennen. Der Name SEKEM spiegelt das wieder.

Die Hoffnung, die ich mit dieser Initiative verband, war, daß sie eine Gemeinschaft verkörpert; eine Gemeinschaft, in der Leute jeden Standes, jeder Nation und Kultur, jeder Berufs- und Altersgruppe zusammenarbeiten können, einander helfen und voneinander lernen, jeder klingend als Teil einer Symphonie aus Harmonie und Frieden.

Nach einiger Zeit wurde aus den Reihen der Gemeinschaft der Zukunftsrat geboren. Dessen Ziel ist es, unsere Ausrichtung zu stärken und gleichzeitig aktuellen Bedürfnissen entsprechend zu erneuern. Um das zu erreichen, ziehen wir unsere Inspiration aus Geistes- und Naturwissenschaften, aus Religion und Kunst.

Zudem hat der Zukunftsrat ein Netzwerk, das sich auf Austausch und Zusammenarbeit zwischen SEKEM, unseren Freunden und Partnern, Mitarbeitern und Förderern genauso wie Wissenschaftlern und Künstlern aus aller Welt gründet, geschaffen.

(...) Das ökonomische Leben innerhalb der SEKEM-Gruppe beginnt auf einer praktischen Ebene mit der Heilung des Bodens durch die Anwendung von biodynamischen Anbaumethoden. Hierdurch haben wir Rohstoffe zur Verfügung und können Naturheilmittel und eine breite Palette anderer Produkte entwickeln und herstellen, wobei wir die höchstmögliche Qualität anstreben, die den wirklichen Bedürfnissen unserer Verbraucher entspricht. In Partnerschaft mit unseren engen Freunden und Kollegen in Europa und unseren örtlichen Handelspartnern wollen wir unsere Produkte auf den Markt bringen, indem wir das anwenden, was wir die Wirtschaft der Liebe nennen.

(...) Unser nächstes Ziel ist die Gründung der SEKEM-Universität. Hier ist unser Ehrgeiz, kommenden Generationen eine umfassende Bildung zu geben, die die Jugend kreativ und mutig macht und sie als Vermittler von Idealen in die Welt hinausschickt. Um das zu erreichen, will die SEKEM-Universität ein Netzwerk aus Gleichgesinnten von sich diesem anschließenden Universitäten der ganzen Welt flechten, in dem wir danach streben, die höchsten Ideale der Menschlichkeit zu erfüllen.

95 David Lange

(...) Was die neuseeländische Kampagne für nukleare Abrüstung zu einer populären Bewegung machte, war die Tatsache, daß der Südpazifik als Testgebiet für Atomwaffen benutzt wurde.

Bis 1973 wurden Kernwaffentests in der Atmosphäre über Französisch Polynesien ausgeführt. Anschließend geschah dies unterirdisch, wodurch eines der weltweit zerbrechlichsten Ökosysteme bedroht wurde. Die Besorgnis über die Verseuchung, kombiniert mit dem Ekel vor der Arroganz, die hinter den Tests stand, wendete die öffentliche Meinung in Neuseeland zunehmend gegen den Mißbrauch der Atomtechnologie.

(...) Die Verbannung (nuklear bestückter Schiffe und Flugzeuge; Anm. JS) war als eine Form von Rüstungskontrolle gemeint. Sie verdeutlichte ein Versäumnis im Konzept der nuklearen Abschreckung. Es war Neuseelands Position, daß wir nicht mit Atomwaffen verteidigt werden wollten. Wir wollten unseren Verbündeten weder um unseren Schutz durch die Stationierung von Kernwaffen noch um die Drohung mit deren Einsatz bitten. Wir wünschten nicht den Schutz unter dem, was der nukleare Schirm genannt wurde.

Die Vereinigten Staaten beharrten auf der Position, daß ihre strategische Doktrin von seinen Verbündeten die Akzeptanz jeglicher Schiffe, die es schicken würde, erfordere. Sie argumentierten, daß die Weigerung Neuseelands, nuklear bewaffnete oder angetriebene Schiffe zu dulden, eine Verletzung seiner vertraglichen Pflichten darstelle. (...)

Wir sind kein Land mit einer strengen Tradition der Neutralität. Für die meiste Zeit unserer jüngeren Geschichte hatten wir uns entschieden, uns sehr mit größeren Mächten zu identifizieren. So befanden wir uns in den letzten Jahren des Kalten Krieges, in denen andere Mitglieder des westlichen Blocks uns unser Verhalten vorwarfen und erwarteten, daß wir unseren Teil der globalen Bürde nuklearer Abschreckung tragen würden, auf uns unbekanntem Gebiet.

Die konservative Opposition in Neuseeland favorisierte die Allianz mit den USA um jeden Preis und wurde darin von unserer Außen- und Verteidigungspolitik nachdrücklich unterstützt. Daß die öffentliche Meinung dennoch zur Unterstützung unseres Status der Atomfreiheit neigte, dürfte daran gelegen haben, daß wir von unseren früheren Verbündeten schikaniert worden waren. (...)

Unser nuklearfreier Status wurde 1987 gesetzlich verankert. Das Gewicht der öffentlichen Meinung hat diesen seither, gleich unter welcher Regierung, bewahrt.

Das Ende des Kalten Krieges hat unsere Differenzen mit den USA nicht verringert. Unsere Regierungen haben unserem ehemaligen Verbündeten jeweils deutlich gemacht, daß konventionell bewaffnete und angetriebene Schiffe in unseren Häfen willkommen sind. Die USA lehnten das ab. Neuseeland hat die USA seit langer Zeit bei der Vertretung seiner Interessen in anderen Gebieten unterstützt. Doch ungeachtet dessen stellen die USA die neuseeländische Politik der Atomfreiheit weiterhin als einen Irrweg oder eine Anomalie in den Beziehungen dar. (...)

Unser Status der Atomfreiheit bedeutet, daß wir es ablehnen, uns mit der Strategie der nuklearen Abschreckung abzufinden. Wir werden dieser gegenüber nicht blind und so tun, als ob die Waffen keine Bedrohung mehr seien. Wir werden in keiner Weise Tests atomarer Waffen, deren Herstellung oder Stationierung tolerieren.

Wir können nicht aus eigener Kraft die Zahl der Kernwaffen auf der Welt verringern, aber wir tun, was getan werden muß, damit diese eines Tages überall auf der Welt vernichtet sein werden. Wir werden keine Umstände akzeptieren, die den Besitz nuklearer Waffen oder die Drohung mit ihnen rechtfertigen. Wir lehnen Heimlichtuerei und die Scheinheiligkeit, die die fortgesetzte Verfeinerung dieser Technologie umgibt, ab.

Unser Status der Atomfreiheit ist Ausdruck unserer Überzeugung, daß wir und unsere Mitmenschen eines Tages die Institutionen zur Abschaffung von Massenvernichtungswaffen bilden werden. Wir sind ein kleines Land und können nur begrenzt dazu beitragen. Doch in dieser Sache wie in vielen anderen großen Dingen müssen wir irgendwo beginnen.

96 Swami Agnivesh ...

(...) Für mich macht die Aufgabe, im Leben die eigene Menschlichkeit voll und ganz zu entwickeln, das Wesen der Spiritualität aus. Der Sinn von Religion liegt darin, Menschen zu bestärken, sich auf dieses Abenteuer eines Lebens der Würde und Ganzheitlichkeit einzulassen. Leider verfiel der spirituelle Kern aller Religionen, und die konkurrierenden Lehrsätze sich gegeneinander abgrenzender Religionen wurden zu einem krassen Widerspruch zu ihrem spirituellen Auftrag. Religionen wurden mehr Hindernis als Hilfe auf dem von allen erwünschten Weg zu Friede und Fortschritt. Sie scheinen uns eher zu hinterhältigen als zu guten Menschen zu machen, weniger sensibel für die Forderungen nach Gerechtigkeit, Mitgefühl und Menschlichkeit unserer Zeit. (...)

Ich erkannte sehr früh auf meiner spirituellen Reise, daß das Leben selbst in seinen mannigfaltigen Formen den ultimativen Wert in dieser Welt darstellt. (...) Aus spiritueller Sicht ist das Leben ein großes Fest. Freude ist die Essenz des Lebens und – in spiritueller indischer Sichtweise – auch Gottes. (..) Aber Freude ist kaum allein eine Frage materiellen Besitzes. Dieser Besitz – abgesehen von Notwendigem – scheint eher menschliche Unzufriedenheit zu stärken. Freude basiert auf der richtigen Beziehung zwischen Schöpfer und Schöpfung. Spiritualität definiert, leitet und stärkt diese Beziehung. (...)

Ich scheue mich nicht zu behaupten, die Agenda des Right Livelihood habe zwei einander ergänzende Dimensionen: Zunächst müssen wir die Menschen von Religion befreien, so wie sie heute verstanden und praktiziert wird. Zweitens sollten wir einen Paradigmenwechsel anstreben, von Religiosität hin zu einer gemeinsamen Spiritualität. (...)

Das globale Dorf bewegt sich fortschrittlich vom Antagonismus hin zu Allianzen. Daraus resultiert nicht zwangsläufig friedliche Koexistenz. Allianzen können besessen sein von widerstreitendem Geist und unsere Welt ausbluten lassen. Der Friede zwischen den Religionen ist Vorbedingung für den Frieden auf der Welt. (...) Wir dürfen nicht ruhen, bis ein ausgefülltes Leben für alle Menschen auf dieser Welt möglich wird, auf der Welt, die wir lieben und schätzen. Wir alle haben eine Rolle zu spielen, um dieses Ziel zu erreichen. (...)

Derzeit strebt die Welt nach einer Allianz für den Krieg gegen den Terror, und ein wiedergewählter, wiedergeborener Christenpräsident einer Supermacht stockt das Militärbudget auf die kolossale Summe von 400 Millionen US-Dollar auf. Können wir, die wir uns zu globalem Frieden in Gerechtigkeit bekennen, in einem solchen Klima realistisch eine zehnprozentige Minderung der weltweiten Militärausgaben fordern? Solch eine Reduktion könnte die erstaunliche Summe von 100 Milliarden US-Dollar pro Jahr ergeben; sie würde Millionen von Menschen mit allem Notwendigem ausstatten, um ein ausgefülltes, würdevolles Leben zu führen. Analphabetentum, Armut und Arbeitslosigkeit bilden oftmals den Nährboden für religiösen Fundamentalismus und eventuell auch für Terror. Eine Milliarde Dollar jährlich könnten helfen, diese Einflüsse zu verringern. Zusätzlich könnte jeder von uns, der zur Vermeidung von Ungerechtigkeit auf der Welt beitragen möchte, seinen Konsum von Alkohol, Tabak und Fleisch um zehn Prozent verringern.

Es heißt, daß die Geburt eines jeden Menschen ein Ausdruck des göttlichen Glaubens an das potentiell Gute im menschlichen Leben ist. Ich teile diesen tiefen Optimismus hinsichtlich des Lebens. Und ich bete dafür, daß das globale Dorf ein Garten des Lebens sein wird und nicht eine Wildnis voller Tod, gekennzeichnet von Feindschaft und Zerstörung. (...)

(...) Unsere einzige Inspiration sollten unsere Arbeit und die hohe der Sache innewohnende Moral sein. Als ich mit meiner Arbeit begann, war die einzige Motivation die liebenswürdige Atmosphäre eines friedlichen und würdevollen Lebens. Ich nahm meine Inspiration aus den Lehren des Islam, da mir mein Vater, der Priester war, beibrachte, daß es die Grundpflicht eines Muslims sei, Frieden auf Erden zu schaffen. Er lenkte meine Aufmerksamkeit oft auf einen Vers des Koran, demzufolge das Töten eines Menschen ohne Grund so sei, als töte man die gesamte Menschheit, und daß ein Menschenleben zu retten dem Retten der ganzen Menschheit gleichkäme.

Als ich gegen gewisse orthodoxe Praktiken und Ansichten revoltierte, sagte mein Vater – statt mich zurechtzuweisen –, ich solle das tun, was mein Gewissen mir vorschrieb, und mich nicht um die Konsequenzen kümmern. Ich werde mich meinem Vater für die liebevollen Worte, die er fand und die mich seitdem inspirieren, immer verpflichtet fühlen.

Ich war zutiefst geschockt, als ich in den Zeitungen über das Töten unschuldiger Menschen bei Ausschreitungen während meiner Studentenzeit in Indore – einer Stadt in Zentralindien – in der ich studierte, las. Ich entschied, daß ich etwas tun müsse, um diesen Wahnsinn im Namen der Religion zu stoppen. Religion konnte für mich nie Quelle der Gewalt sein. Sie war immer Quelle der Hingabe und Liebe. Also begann ich, Gründe für die Gewalt zwischen ethnischen Gruppen zu erforschen, und kam schnell zu dem Schluß, daß nicht Religion, sondern ihr Mißbrauch und ihre Politisierung die Hauptschuld daran trugen.

(...) Religion wird nur dann ein Problem, wenn sie eine Ideologie für politische Macht wird. Aber Religion als Quelle der Moral und spirituellen Reichtums stellt keinerlei Bedrohung für eine weltliche Politik dar. Indien ist politisch ein weltliches Land, aber ebenfalls Heimat vieler Religionen; die indische Kultur und Zivilisation basiert auf spirituellen Werten.

(...) Ich verstand diese tiefe spirituelle Verbindung zwischen säkularer politischer Kultur und religiösen Grundsätzen und machte es zu meiner Lebensaufgabe, das Band zwischen beiden Seiten zu stärken. (...)

Wo Politik ein Instrument für Macht und nicht für ehrliches Regieren wird, beginnen alle Probleme in unserer Gesellschaft. Gandhi, Nehru und Azad standen im modernen Indien für Politik, die auf Werten basierte. Aber unbedeutendere Politiker, die folgten, fielen auf die Machtpolitik herein und wurden zur Quelle aller Probleme.

Kommunalismus reduziert Religion auf ein mächtiges Instrument, mit dem man Macht erringt, und macht somit den eigentlichen Geist der Religion zunichte. Ein Kommunalist kann niemals eine echte religiöse Person sein, da Religion für ihn ein Instrument der Macht statt einer Quelle von Werten ist. Deswegen entschied ich mich, den Kampf gegen Kommunalismus zur Aufgabe meines Lebens zu machen. Ich war überzeugt, daß in einer pluralistischen Gesellschaft wie der indischen nur die Trennung von Staat und Religion als politischer Philosophie eine grundlegende Kraft sein kann, um Menschen verschiedener religiöser Traditionen und Kulturen zu vereinen.

Es gab ca. 14.000 kommunale Aufstände mit annähernd 15.000 Toten, seit Indien unabhängig ist. Hunderte Frauen wurden vergewaltigt und tausende Kinder zu Waisen.

(...) Die Priesterschaft hat stark autoritäre Tendenzen entwickelt und setzt in den Gemeinden eher das durch, was in ihrem eigenen Interesse ist, als die wahren Lehren der Religion, die auf fundamentalen Werten basieren. (...) Ein lebender Glaube ist nicht möglich ohne freien Willen.

Deshalb begann ich, den Islam zu interpretieren, um ihn für das zeitgenössische Leben und für Laien bedeutender zu machen. Ich habe kontinuierlich über den Islam und moderne Herausforderungen geschrieben, um den Islam zu einem lebenden und bedeutenden Glauben zu machen. Auch hilft er mir sehr im Kampf gegen kommunale Mächte und Sekten. Meine beiden Kämpfe stärken sich gegenseitig. Diese Kämpfe haben mein Leben mit einem einfachen Sinn der Erfüllung lebenswert gemacht. (...)

97 Organisation Memorial

(...) Memorial begann vor 15 Jahren als eine Organisation, die sich historischer Bildung widmete. Es war eine Gruppe von Leuten, die sich voll und ganz dem Überdenken der jungen Vergangenheit unseres Landes widmete, der Vergangenheit, die das Wort Gulag in das menschliche Bewußtsein gebracht hat. In diesen Tagen glaubten wir – und wir glauben es weiterhin – daß ohne eine ehrliche und ständige Analyse der Geschichte des sowjetischen Staatsterrors Rußland weder eine gute Gegenwart noch eine Zukunft haben wird.

(...) Wir konnten wiederholten Rückfällen in totalitäre Politik nicht gleichgültig gegenüberstehen. Deshalb begann unser Kampf gegen Menschenrechtsverletzungen, kurz nachdem unsere Organisation gegründet worden war. Prinzipiell sehen wir diese zwei Aspekte unserer Arbeit – die Dokumentation historischer Wahrheit und die Überwachung von Menschenrechten heute – als ein Ganzes. (...)

Auf der einen Seite bietet uns der Wortlaut der Gesetze eine erneute Annäherung an die Tragödien der Vergangenheit wie den stalinistischen Terror, die uns erlaubt, diesen als Teil einer Politik zu sehen, die auf die konsequente Unterdrückung der individuellen Rechte und Freiheiten abzielte. Auf der anderen Seite sehen wir die Menschenrechtsverletzungen, die in Rußland heute täglich – sogar stündlich – geschehen, als Konsequenzen aus der Geschichte, als Konsequenzen imperialistischen und totalitären Denkens, das noch nicht in die Vergangenheit gedrängt wurde.

Diese Rückfälle beinhalten die Versuche, staatliche Kontrolle über die Massenmedien, die Geschäftswelt und unabhängige politische und nicht-staatliche Einrichtungen zu erlangen. Sie beinhalten den Geheimhaltungswahn, dem schon mehrere russische Journalisten, Umweltschützer und Wissenschaftler zum Opfer gefallen sind. Und sie beinhalten die andauernde Konstruktion des politischen Mechanismus der sogenannten gemanagten Demokratie durch die Behörden. Das wichtigste jedoch, was derzeit in Rußland geschieht, ist der Tschetschenien-Krieg. (...)

Die Menschenrechte sind die Grundlage all unserer Aktivitäten. Sie sollen keine neue, universelle Religion oder Ideologie sein. Sie sind vielmehr einfach ein System, das uns allen helfen kann, unseren Weg sowohl durch die tragischen Labyrinthe der Vergangenheit als auch durch die schnelle Veränderung der gegenwärtigen Welt, die immer gefährlicher und unmenschlicher wird, zu finden. (...)

Der Geist unserer Arbeit ist der Kampf für Wahrheit und Gesetz. Versuche, die Vergangenheit zu verstehen und Antworten auf die gegenwärtigen Herausforderungen zu finden, sind unentbehrliche Elemente unseres Kampfes. Die tragische Geschichte, die wir überdenken, ist unsere gemeinsame Vergangenheit, weil die Katastrophen des zwanzigsten Jahrhunderts wie Auschwitz, Hiroshima und die Gulag-Arbeitslager im weiten Norden Rußlands, zur gesamten Welt gehören, nicht nur zu einzelnen Personen oder Ländern. Wenn wir alle sie hätten begreifen können, hätten wir vielleicht klarere Antworten auf die Herausforderungen des 21. Jahrhunderts, auf den Anschlag in New York und die Geiselnahme in der Schule in Beslan. Auch diese Herausforderungen gehen die ganze Menschheit an, nicht allein die USA und Rußland. Des weiteren betreffen sie auch die gleichen Werte: Freiheit, Würde und Unabhängigkeit der individuellen Person. (...)

Das Motto „Einheit von Vergangenheit und Gegenwart um der Zukunft willen" wird immer wichtiger für all diejenigen, die an unserer Arbeit beteiligt sind und sein werden. Die Idee einer tiefen Bindung zwischen historischer Erinnerung und gegenwärtigem Einsatz für Menschenrechte wird allen immer klarer werden.

98 Bianca Jagger

(...) Meine Eltern trennten sich, als ich zehn Jahre alt war. Dies veränderte mein Leben. Meine Mutter wurde oft wegen ihres Geschlechts und der Tatsache, daß sie geschieden war, diskriminiert. So erlebe ich sehr direkt, wie kompliziert das Leben für eine arbeitende und alleinstehende Frau war, die im Nicaragua der sechziger Jahren drei Kinder aufzuziehen hatte.

(...) Als Teenager wurde ich in Managua Zeugin eines Massakers, das Somozas Nationalgarde an Studenten verübte. Ich fühlte mich machtlos. Alles, was ich tun konnte, war, an den Demonstrationen der Studenten gegen die Brutalität meiner Regierung teilzunehmen.

So war ich entschlossen, eine Ausbildung zu finden, die mich vor dem Schicksal meiner Mutter bewahren würde und schwor mir, niemals wegen meines Geschlechtes als Mensch zweiter Klasse behandelt zu werden. (...) So verließ ich mein Land, ausgestattet mit einem Stipendium der französischen Regierung, um in Paris Politologie zu studieren.

Ich kam am 14. Juli, dem Jahrestag der Stürmung der Bastille, in Paris an. Wie treffend für eine junge Idealistin! – Freiheit und Gleichheit waren Konzepte, von denen man im Nicaragua der sechziger Jahre nur träumen konnte. In Paris entdeckte ich deren Wert – Freiheit und Demokratie, Rechtsstaatlichkeit, deren gerichtliche Überprüfung und Achtung der Menschenrechte. Für mich schien Europa ein wahres Paradies zu sein.

1971 trat ich in meine bestens bekannte Ehe ein – eine Ehe, die mein Leben radikal veränderte. Tatsächlich könnte ich lange im Sinne von Rache und Gerechtigkeit über meine Ehe reden. Aber ich spürte irgendwie, daß es wichtigere Dinge gab, um die man sich kümmern sollte.

Meine Ehe brachte mir immense öffentliche Aufmerksamkeit. Über Nacht befand ich mich im Mittelpunkt der Weltmedien. Es war eine bestürzende Erfahrung. Ich war nicht länger eine Person mit eigenen Rechten, nicht länger in der Lage, meine eigenen Gedanken zu formulieren, meine Überzeugungen zu vertreten und mein eigenes Leben zu leben.

So war ich, obwohl ich vor der Frauendiskriminierung in Nicaragua geflohen war, jetzt ironischerweise mit einer ähnlichen Situation in der aufgeklärten Welt konfrontiert.

(...) Ich hatte um meine Rechte und Identität zu kämpfen. Ich hatte mich in der öffentlichen Wahrnehmung zu etablieren und später zu lernen, mein öffentliches Image in eine Macht für Gerechtigkeit und Veränderung umzuformen.

(...) So beängstigend dieses Erlebnis (Bianca Jagger spricht hier vom Überfall einer Todesschwadron aus El Salvador auf das Flüchtlingslager in Honduras; Anm. JS) für mich auch war, es war ein Wendepunkt in meinem Leben. Die Tatsache, anwesend gewesen zu sein, als unschuldige Menschen umgebracht werden sollten, vergegenwärtigte mir, wie einfach es für die Todesschwadron gewesen wäre, die Flüchtlinge zu massakrieren, wenn keine ausländischen Beobachter dort gewesen wären. Hunderte, Tausende, Millionen starben unter ähnlichen Umständen, ohne jemanden, der sie schützte, der für sie sprach, an sie erinnerte.

(...) 1982 begannen die USA ihre Unterstützung des Contra-Krieges gegen die sandinistische Regierung. 1984 verminten sie den Hafen von Corinto, der Internationale Gerichtshof nannte dies ein Kriegsverbrechen. (...) Es war offenkundig, daß das nicaraguanische Experiment gedeihen und andere Länder diesem Vorbild folgen könnten. Und daß dies ein „schlechtes Beispiel" für weitere lateinamerikanische Staaten, in denen die USA vitale Interessen hatten, werden könnte.

(...) Die USA waren im vergangenen Jahrhundert in diesen Terror in Lateinamerika in großem Stil involviert, immer im Namen der Demokratie und im Kampf gegen den Kommunismus. Der wirkliche Grund war das Streben der USA nach Weltdominanz.

(...) Während meiner Arbeit in Lateinamerika traf ich zahllose Mütter, Väter, Töchter und Söhne, die verzweifelt nach ihren „Verschwundenen" suchten und forderten, die Täter vor Gericht zu stellen. Diese Mütter, Väter, Töchter und Söhne sind die Vergessenen, die keine Stimme haben. Ihre Schreie nach Gerechtigkeit verschallten meist ungehört. Viele der „Verschwundenen" sind durch von den USA unterstützte Regierungen oder Todesschwadronen exekutiert worden.

(...) Bosnien-Herzegowina (...) war die Übertragung der Brutalität des Naziregimes in unsere Zeit. Man kann nicht das sehen, was ich gesehen habe, ohne sich komplett zu verändern – und in Aktion zu treten. (...) Ein Situation werde ich nie vergessen: Eine Mutter schob einen Rollstuhl, in dem ihren beiden kleinen Mädchen saßen. Beiden war ein Bein amputiert worden. Von einem Medizinassistenten mit einer Metallsäge, ohne Betäubung.

(...) Dies sind Geschichten von vergessenen Menschen, die weder die Medien noch Regierungslobbyisten, Parlamentarier oder internationale Organisationen, die sich für Recht und Gerechtigkeit einsetzen, erreichen. Sie haben selten eine Stimme, sie sind Mitglieder des verletzlichsten Teils der Gesellschaft – Kinder, Frauen, Eingeborenenvölker, Opfer sexuellen Mißbrauchs, Opfer von Diskriminierung, Massenvergewaltigungen, Unterdrückung, Ungerechtigkeit, ethnischen Säuberungen.

(...) Ich werde oft gefragt, warum ich mich in so vielen Dingen engagiere und so viele Risiken auf mich nehme. Angesichts all der Probleme, mit denen wir heute konfrontiert sind, ist es für mich jedoch mehr eine Frage, ob ich es zulassen kann, mich nicht einzumischen.

(...) Falls meine Geschichten etwas lehren, dann ist es, daß wir diesen Problemen nicht machtlos gegenüberstehen müssen. Mit ein wenig Zivilcourage und Engagement kann jeder von uns etwas bewirken. Rufen Sie sich in Erinnerung, daß ein Einzelner den Verlauf der Geschichte verändern kann. (...)

Bianca Jagger über die Bedeutung des Alternativen Nobelpreises:

Am 9. Dezember 2004 hatte ich die Ehre, während einer bewegenden Zeremonie im schwedischen Parlament in Stockholm den Right Livelihood Award, bekannt als Alternativer Nobelpreis, zu erhalten. Der Preis wurde 1980 geschaffen, „um Menschen mit außergewöhnlichen Visionen und Engagement für unseren Planeten und seine Völker" zu ehren und zu unterstützen. Die Würde, nun zum Kreis der über 100 Menschen aus 48 Ländern, die diese Auszeichnung bisher erhalten haben, zu gehören, macht mich demütig.

Ich habe mein Leben der Verteidigung der Rechte der verletzlichsten Mitglieder der Gesellschaft – Kinder, Frauen, Angehörige indigener Völker und zum Tode verurteilter Gefangener – gewidmet. Ich tue dies, weil ich fest daran glaube, daß einzelne Menschen viel erreichen können, nicht, weil ich Anerkennung erwarte. Jedoch muß ich, um ehrlich zu sein, zugeben, daß der Erhalt des Right Livelihood Award eine große Sache für mich war.

Ich werde das Preisgeld nutzen, um die Bianca-Jagger-Menschenrechtsstiftung aufzubauen. Diese wird mir ermöglichen, noch effektiver für Menschenrechte und Umweltschutz zu arbeiten.

99 Raúl Montenegro

Laut den Einheimischen in Mbya, die ich in den Kuña Piru Regenwäldern traf, leben die Probleme und Lösungen in verschiedenen Ländern. Unsere Herausforderung ist, wie man beides zusammenbringt. Aus meiner Sicht hat die Menschheit naheliegende Lösungen verspielt und offensichtliche Probleme vermehrt. Warum? Eine mögliche Antwort ist unsere mangelhafte Fähigkeit, die Natur und Gesellschaft zu verstehen.

(...) Vor uns hatten die meisten Lebewesen nur Verhaltensmuster übernommen und dabei eine geringe Fähigkeit zur Verarbeitung externer Informationen. Inmitten lebender Organismen war solch ein Mangel an kultureller Abweichung äußerst günstig für das Überleben des Ökosystems. Kopierte Verhaltensmuster führten zu dem Ergebnis, daß jede Spezies ökologisch vorhersehbarer wurde. Homo Sapiens jedoch bewahrte beispiellose Informationsmengen und übermittelte diese über mehrere Generationen. So wurde unser Verhalten unvorhersehbarer – zum Pech für das Ökosystem. (...)

Für mindestens 150.000 Jahre war unser Mangel an Vorhersehbarkeit kein Problem. Kleine Populationen von Jägern und Sammlern und nur geringer Zugang zu Energiequellen hielten unseren Einfluß auf die Umwelt gering. Dennoch änderte sich vor 5.000 bis 10.000 Jahren etwas. In neuen Kulturen und an verschiedenen Plätzen erfanden wir die kurze Nahrungskette und nannten sie Landwirtschaft. Erstmals in der Menschheitsgeschichte wurden mit einer kleinen Menge körperlicher Energie, die zum Pflanzen und Ernten eingesetzt wurde, enorme Mengen an chemischer Energie und Nährstoffen produziert. Als Konsequenz auf Überschußprodukte folgte auf die erste grüne Revolution die erste urbane Revolution. Gleichzeitig lebten Hunderte Gesellschaften auf der ganzen Welt weiterhin, indem sie lange Nahrungsketten benutzten. Während der zurückliegenden 5.000 bis 10.000 Jahre stießen die beiden Strategien aufeinander. (...)

Die Strategie der kurzen Kette braucht abgeholzte Gegenden und extrem geringe Artenvielfalt. Die lange Nahrungskette verlangt den Schutz und die Erhaltung des natürlichen Ökosystems und hohe Artenvielfalt. Unglücklicherweise sind die Strategien der kurzen Kette die derzeitigen Gewinner. (...)

Die Tragödie dieser Kollision ist, daß die meisten unserer Gesellschaften – von kapitalistischen bis zu sozialistischen – sie ignorieren. Wir sind dabei, die eingeborenen Gemeinschaften und ungeborene zukünftige Generationen in aller Stille zu töten, indem wir die Strategien der kurzen Nahrungskette benutzen. Benutzer langer Nahrungsketten sehen sich ihrer eigenen Krise gegenüber, aber im Gegensatz dazu geben die Nationen der kurzen Nahrungskette ihre gegenwärtigen Umweltprobleme und Leiden an nächste Generationen weiter.

Der einzige Weg zu überleben ist, sich dieses Zusammenstoßes bewußt zu sein und darauf als Bürger, Forscher oder Präsident zu reagieren. (...) Wir zerstören unschätzbar wertvolle Ressourcen und schließen die Möglichkeit des Überlebens für zukünftige Generationen aus. Die Reichen können weggehen, wenn die Zeiten schwer sind, aber die Armen haben keine andere Perspektive, als zu bleiben, wenn das Land abgenutzt ist. Wenn das Land nicht mehr länger Früchte trägt, sind es die Armen, die sterben.

Was sind die Hauptgründe?

Kulturelle Unterschiede

Kleine Gruppen treffen Entscheidungen für große Bevölkerungen. Dabei haben ihre Entscheidungen eine hohe statistische Wahrscheinlichkeit, falsch oder gar tödlich zu sein.

Militarismus

Der bewaffnete Arm von Regierungen und privaten Mafiosi verbraucht unnötig Mittel, um alle Entscheidungen, die ihre Führer treffen, durchzusetzen, gleich, ob sie falsch oder illegal sind.

Korruption

Korruption auf Regierungs- und privater Ebene unterstützt und ermöglicht illegale Entscheidungen, nicht-demokratische Machtübernahmen und das Anhäufen von Reichtum.

Inkompetente Führer

Der Mangel an Kompetenz bei Diktatoren, Präsidenten und Gouverneuren zerstört oft Millionen von Menschenleben. Augusto Pinochet und George W. Bush sind gute Beispiele dafür.

Gemeinschaftliche Selbstsucht

Es gibt Gemeinschaften, wie die der Ölproduzenten, Tabakanbauer und Atomstrom-Produzenten, die betrügen und hintergehen, um ihre Gewinnspanne zu erhöhen.

Mangelnde Gerechtigkeit

Der Lebensstil des hohen Verbrauchs, ungleicher Zugang zum Gesundheitswesen und schlechte Güter und Dienstleistungen erhöhen Armut, Krankheit und Sterblichkeit. Während arme Landwirte im Süden 2.500 Kalorien pro Tag zu sich nehmen, verbrauchen Bürger in Industrienationen über 300.000 Kalorien pro Tag, pro Person.

Mangel an stichhaltigen Informationen

Millionen Menschen nehmen Produkte zu sich, deren Produktion sowohl die Umwelt als auch Menschenleben zerstört, einfach weil sie nicht informiert sind. Beispielsweise begünstigt der Verbrauch von Soja in China und in den Niederlanden durch Abholzung die Vernichtung einzigartiger Ökosysteme in Argentinien und Brasilien.

Mangelhafte Wissenschaft und Technik

Forschung und technische Entwicklung ignorieren oft die menschliche Würde und Rechte zukünftiger Generationen.

Was ist zu tun? Es gibt viele Ratschläge und Rezepte. (...). Jede Reise von 1.000 Meilen beginnt mit einem einzigen Schritt. Das Aufeinanderprallen kurzer und langer Nahrungskettenstrategien ist ein Hauptgrund unserer gegenwärtigen Krise. Einheimische, die auf dem Land ihrer Vorfahren leben, können den Industrieländern helfen, indem sie auf nachhaltige Weise leben. Wenn wir ihre Umwelt und ihre Gemeinschaften zerstören, werden wir die Lösungen, die sie für unsere Probleme und zum Schutz unserer gemeinsamen Zukunft haben, verlieren. Ein höchst komplexes Atomkraftwerk ist weniger wichtig als ein tropischer Baum, eine nachhaltige Lösung wertvoller als eine nationale Bibliothek.

Ich erhalte diesen Preis als eine Möglichkeit, um alte Zweifel, alte Praktiken und altes Wissen weiterzugeben. Der Right Livelihood Award verwandelt unsere kleinen Worte in große Schlagzeilen. Er ist ein Nordwind, der den Süden, seine Völker, seine Wälder und unsere Wahrheit stärkt. Laut Martin Luther King ist das Gebrüll der Diktatur nicht die einzige Tragödie der heutigen Völker, sondern auch die Stille der guten Menschen. Seit seiner Entstehung hat der Right Livelihood Award dazu beigetragen, diese Stille zu brechen. – Jetzt sind es 25 Jahre gebrochenen Schweigens.

Aussichten – Versuch eines vorläufigen Fazits

„Je mehr Bürger mit Zivilcourage ein Land hat, desto weniger Helden wird es einmal brauchen." Diese Aussage der früheren ARD-Italien-Korrespondentin Franca Magnani (1925-1996) läßt sich auf die Erde als Ganzes übertragen. Je mehr Menschen sich mutig und engagiert für Frieden, Umwelt- und Naturschutz, Menschenrechte, Gerechtigkeit im weitesten Sinne und für andere Dinge humanen Miteinanders einsetzen, um so weniger Menschen werden zu den Verlierern gehören. Um so weniger Tier- und Pflanzenarten werden dezimiert oder gar ausgerottet, in um so besserem Zustand werden die natürlichen Lebensgrundlagen auch für künftige Generationen erhalten bleiben.

Nach mehrjähriger intensiver Beschäftigung mit dem Alternativen Nobelpreis und seinen Trägern komme ich zu dem Schluß, daß letztere sämtlich zu den oben beschriebenen Menschen gehören. Wirkliche Fehlgriffe, wie beispielsweise nicht selten bei der Auszeichnung mit dem Friedensnobelpreis, sind der Jury des Right Livelihood Award nie unterlaufen. Der Friedensnobelpreis wurde mitunter dafür vergeben, daß Kriegsverbrecher irgendwann, nachdem sie Zigtausende von Toten zu verantworten hatten (z.B. Henry Kissinger im Vietnamkrieg), ihr mörderisches Treiben beendeten. Auch der israelische Politiker Shimon Peres müßte meines Erachtens nach seinen Friedensnobelpreis dringend zurückgeben. Zum Frieden zwischen seinem Land und Palästina trägt er nicht spürbar bei und leugnet weiter konsequent die Existenz israelischer Atomwaffen, mit denen seine Regierung aber faktisch Machtpolitik betreibt. Für die mutige Enthüllung der heimlichen Aufrüstung Israels mit Kernwaffen wurde – wie in diesem Buch ausführlich zu lesen – Mordechai Vanunu wegen Hochverrats 18 Jahre lang ins Gefängnis gesteckt. In dieser Zeit, 1987, ein Jahr nach seiner Entführung durch den Geheimdienst Mossad und seiner Verurteilung, erhielt er den Alternativen Nobelpreis.

Ein Vergleich der „normalen" Nobelpreise, die in den Bereichen Frieden, Chemie, Physik, Medizin, Wirtschaft und Literatur vergeben werden, und dem Right Livelihood Award, der keine Kategorien kennt, in den Jahren 1980 bis 2000 ergibt folgendes Bild: In dieser Zeit wurden 214 Nobelpreise und 94 Right Livelihood Awards vergeben; letztere viel klarer im Sinne von Alfred Nobel, demzufolge – eigentlich mit den von ihm selbst ins Leben gerufenen Preisen – Menschen ausgezeichnet werden sollten, die im jeweils „zurückliegenden Jahr der Menschheit den größten Nutzen gebracht" haben.

Die „normalen" Nobelpreise wurden im betrachteten Zeitraum zu über 50 Prozent an Nordamerikaner, an zahlreiche

Europäer und gerade einmal zu circa einem Achtel an Menschen aus anderen Regionen vergeben. Beim Right Livelihood Award erreichte die Zahl der mit dem Preis ausgezeichneten Nordamerikaner und Europäer zusammen nicht ganz 50 Prozent, der Rest entfiel auf Personen und Organisationen aus anderen Teilen der Welt. Frauen erhielten nur fünf Prozent der „offiziellen" Nobelpreise, Vertreter der südlichen Hemisphäre insgesamt nur elf Prozent. Nimmt man die Friedens- und Literaturnobelpreise für sich, so schneidet der Süden mit 21 von 50 bzw. 42 Prozent im Betrachtungszeitraum deutlich besser ab, was jedoch im Umkehrschluß bedeutet, daß lediglich drei von 159 Nobelpreisträgern in den wissenschaftlichen Kategorien aus dem Süden stammten.

Ganz anders sieht die Bilanz des Alternativen Nobelpreises aus. 44 Prozent der Auszeichnungen gingen von 1980 bis 2000 an Vertreter des Südens, im Norden übrigens neun Prozent an Menschen oder Organisationen aus der ehemaligen Sowjetunion. Frauen und von ihnen geführte Initiativen erhielten 34 Prozent der Preise. Während in diesem Zeitraum 97 Prozent der Nobelpreise an Einzelpersonen vergeben wurden, legte die Right Livelihood Foundation weitaus größeren Wert auf die Ehrung gemeinschaftlicher Aktivitäten für das Gemeinwohl, so daß circa ein Viertel der Ausgezeichneten aus solchen Gruppierungen – Nichtregierungsorganisationen – bestand.

Im Sinne von Jakob von Uexkülls Formulierung, daß der Alternative Nobelpreis dazu beitragen soll, „dem Norden dabei zu helfen, die Weisheit zu finden, sein Wissen besser anzuwenden, und dem Süden dabei, das Wissen zu finden, um seine althergebrachte Weisheit einzubringen", ist seit der ersten Verleihung des Right Livelihood Award also eine Menge erreicht und auch in die Wege geleitet worden.

Vor dem Hintergrund der Formulierung Alfred Nobels, daß mit seinem Preis Menschen ausgezeichnet werden sollten, die „im zurückliegenden Jahr der Menschheit den größten Nutzen gebracht" haben, so hält sich die Nobelpreisjury daran nicht. Sehr oft ehrt sie Menschen für ihr Lebenswerk oder erst sehr lange nach der der Preisverleihung zugrundeliegenden Leistung. Die Verleihung des Alternativen Nobelpreises erfolgt – von wenigen Ehrungen für Lebenswerke mit Vorbildcharakter abgesehen – zu dem Zeitpunkt, an dem der dadurch ausgelöste Schub an öffentlicher Aufmerksamkeit und die Preissumme besonders wichtig für die Arbeit der betreffenden Person oder Organisation ist. Außer dem Ehrenpreisträger des Jahres 1999, Hermann Scheer, betonte dies auch ein Preisträger (gemeinsam mit Jinzaburo Takagi) des Jahres 1997, Mycle Schneider: Der Zeitpunkt der jeweiligen Preisvergaben sei meist „genial" gewählt.

Ich bin inzwischen oft gefragt worden, was die beiden – wenn auch nur inoffiziell – namensverwandten Preise genau unterscheidet. Nach meiner Beschäftigung damit antworte ich darauf sinngemäß: Von der Entstehungsgeschichte und der Philosophie der Preisvergabe her verbindet sie zwar einiges, das Vorschlagsverfahren, die Auswahl der Preisträger und den weiteren Umgang mit ihnen betreffend aber kaum etwas. Die in der Einleitung bereits näher beschriebene Verleihung des Friedensnobelpreises an die Right-Livelihood-Preisträgerin von 1984, Wangari Maathai, im Jahr 2004 genau mit der Begründung, mit der Jakob von Uexküll dem Nobelpreiskomitee einst die Einrichtung eines Umweltnobelpreises nahegelegt hat, spricht hierzu Bände. Erstmals hat das Nobelpreiskomitee einen Friedensnobelpreis für eine Leistung (in diesem Fall für die Organisation der Pflanzung von zig Millionen Bäumen und allen damit verbundenen positiven Nebenwirkungen) verliehen, für die der Right Livelihood Award nunmehr seit einem Vierteljahrhundert vergeben wird, nämlich die Verbesserung der natürlichen Lebensgrundlagen. Das Nobelpreiskomitee ist in einem zentralen Punkt auf die Denkrichtung der Right Livelihood Award Foundation eingeschwenkt, die Wertigkeit der Preise hat sich dadurch auch aus Sicht des älteren „Bruders" selbst weiter auf ein gleichrangiges Niveau hin bewegt. – Eine zweifellos sehr begrüßenswerte Entwicklung.

Natürlich ist kaum etwas so gut, als daß es nicht noch besser werden könnte. Die Kritikpunkte, die mir während der Recherchen zu diesem Buch – allesamt aus berufenem Munde – angetragen wurden, waren bzw. sind durchgängig im fruchtbaren Sinne gemeint. Getreu dem Motto: Immer ging es darum, daß der Alternative Nobelpreis seinen Stellenwert behält oder noch weiter verbessert, vor allem aber darum, daß er diesen für die Zukunft sichert.

So ist der Preis in der öffentlichen Wahrnehmung noch sehr stark mit der Person von Jakob von Uexküll verbunden, obwohl ich aufgrund meiner Erfahrungen betonen kann, daß genau dies nicht sein Bestreben ist. Offensichtlich wird das u.a. an der Tatsache, daß der Preis nicht nach ihm benannt ist. An Preisen, die nach ihrem Stifter benannt sind, ließ Jakob von Uexküll mich wissen, habe er oftmals Kritik. Mitunter seien diese mehr dazu da, dem Stifter ein Denkmal zu setzen, als die Preisträger zu ehren. Bescheiden ist von Uexküll trotz seiner Lebensleistung wirklich durch und durch. Dabei könnte man auf den Gedanken kommen, daß er und die von ihm gegründete Right Livelihood Award Foundation den Friedensnobelpreis verdient hätten. Aber das erscheint als Kuriosum, vielleicht wäre es aber auch nur ein logischer Schritt.

Weiterhin ist die Finanzierung der Preise und der dahinterstehenden Organisation noch nicht optimal. Die Preissummen und sonstigen Kosten können auch nach einem Vierteljahrhundert noch nicht aus den Zinsen des Stiftungskapitals bestritten werden, es ist immer noch Zufluß aus Einzelspenden nötig. Jakob von Uexküll sagt von sich selbst, daß er kein guter Geldbeschaffer sei. Dennoch dürften viele Zuwendungen an die Right Livelihood Award Foundation gerade in der Opferbereitschaft, Gradlinigkeit und Integrität seiner Person begründet sein. Was aber wäre, wenn er – aus welchen Gründen auch immer – nicht mehr zur Verfügung stünde? Hinsichtlich der Nachhaltigkeit der Right Livelihood Award Foundation wäre vielleicht eine vorübergehende Zurückhaltung bei der Ausschüttung der

Preisgelder bei gleichzeitiger Einrichtung einer entsprechenden Stelle oder gar Abteilung sinnvoll. Mittel- bis langfristig dürfte sich dies rechnen. Die bekannteste und sicherlich wohl einflußreichste Umweltschutzorganisation der Welt, Greenpeace, konnte wirtschaftliche Klippen ebenso umschiffen wie im Bedarfsfall machtvolle Präsenz zeigen, weil ihr Fundraising jederzeit professionell organisiert war.

Aufgrund der Tatsache, daß der Bekanntheitsgrad des Alternativen Nobelpreises in verschiedenen Ländern sehr unterschiedlich ist, gibt es auch in dieser Hinsicht noch viel zu tun. In Schweden, Deutschland und England ist der Right Livelihood Award beispielsweise sehr populär, in Frankreich und den USA hingegen kaum. Verbesserungen können hier nur durch gezielte Presse- und Öffentlichkeitsarbeit, die mit entsprechenden Mitteln ausgestattet sein muß, erreicht werden.

Die Right Livelihood Foundation versteht sich und die Gesamtheit ihrer Preisträger, von denen zwischenzeitlich natürlich auch einige verstorben sind, als ein Netzwerk. Bekanntermaßen ist das Ganze mehr als die Summe seiner Teile. Jubiläumstreffen mit vielen Preisträgern und hoher Medienresonanz im Nachgang zur 10., 20. und 25. Verleihung bringen zahlreiche Ausgezeichnete untereinander und mit wichtigen anderen Mitstreitern oder anderweitig interessierten Personen bei eindrucksvollen Konferenzen zusammen. Es kommt dabei zu Begegnungen, aus denen Kooperationen und Freundschaften entstehen. Doch der Preisträger Mycle Schneider hat recht, wenn er kritisiert, daß die Right Livelihood Foundation

Kontakte zwischen den Gewinnern ihres Preises auch unabhängig von den Verleihungen und Konferenzen stärker fördern könnte, als dies bisher geschieht. Eine Möglichkeit hierzu wäre eine interaktive Homepage.

Daß es gleichwohl nicht leicht ist, zu über 100 Personen oder Organisationen auf der ganzen Welt, die derart beschäftigt sind und – nicht zuletzt durch den Alternativen Nobelpreis – sehr im Blick der Öffentlichkeit stehen, jederzeit Kontakt zu halten, ist mir während der Recherchen zu diesem Buch selbst klargeworden. Mit manchen war dies nur sehr schwierig und mit großer Zeitverzögerung möglich, mit einigen auch gar nicht.

Jakob von Uexküll arbeitet mittlerweile an der Realisierung einer weiteren Idee, an einem Weltzukunftsrat. Hierzu könnte ein Netzwerk der Preisträger des Right Livelihood Award eine hervorragende Grundlage bieten. Nahezu alle Teilnehmer an den Jubiläumskonferenzen der Right Livelihood Foundation in Salzburg betonen, daß sie die dort versammelte Kompetenz zu den drängendsten Problemen der Menschheit als tief beeindruckend empfunden haben. Gelänge es, diese auch zwischen diesen Treffen stärker zu vernetzen, wäre dies zweifellos ein guter Rat für die Zukunft der Welt. Die neuesten Kommunikationstechniken bieten hierzu viele Möglichkeiten, wobei nicht übersehen werden darf, daß die Steigerung der Quantität von Kommunikation nicht unbedingt deren Qualität verbessert. Mitunter ist gar das Gegenteil, eine, wie der Umweltchemiker Michael Braungart, Ehemann des Jurymitgliedes Monika

Griefahn, es mir gegenüber nannte, „McDonaldisierung der Kommunikation" der Fall. Vernetzung ist ein vielbenutzter Begriff, der nicht zum Selbstzweck verkommen darf. Aber die Right Livelihood Foundation hat auf der Basis der Gesamtheit ihrer Preisträger selbst beste Bedingungen hierzu geschaffen, die sie nutzen sollte. Natürlich würde eine Stärkung dieses Netzwerkgedankens weitere personelle und finanzielle Ressourcen erfordern. Die Stiftung selbst hat, wie viele ihrer Preisträger, gegen immense Widerstände anzukämpfen.

UN-Generalsekretär Kofi Annan sagte einmal: „Alles, was das Böse benötigt, ist das Schweigen der Mehrheit." Einer der Preisträger des Jahres 2004, der Argentinier Raul Montenegro, schloß seine Dankesrede so: „Laut Martin Luther King ist das Gebrüll der Diktatur nicht die einzige Tragödie der heutigen Völker, sondern auch die Stille der guten Menschen. Seit seiner Entstehung hat der Right Livelihood Award dazu beigetragen, diese Stille zu brechen. – Jetzt sind es 25 Jahre gebrochenen Schweigens."

Diese Formulierung halte ich für sehr treffend. Ihr Inhalt und viele weitere Aspekte, die ich während der Arbeit an diesem Buch kennengelernt habe, machen den Alternativen Nobelpreis in meinen Augen zu einer der wichtigsten Auszeichnungen, die weltweit vergeben werden; der Right Livelihood Award wird zudem sehr wirkungsvoll eingesetzt. Die Welt braucht Projekte der Hoffnung. Die Right Livelihood Foundation macht diese einer großen Öffentlichkeit bekannt und unterstützt sie nachdrücklich. – Ein un-

schätzbares Verdienst. Sie ist selbst ein Projekt der Hoffnung. Wie gesagt, eigentlich ein Vorschlag für den Friedensnobelpreis …

Ich danke

Jakob von Uexküll und Monika Griefahn dafür, daß sie mir dieses Buchprojekt angetragen haben. Meine Erfahrungen mit den Projekten der Hoffnung, die mit dem Alternativen Nobelpreis ausgezeichnet wurden, und den dahinterstehenden Menschen haben mich selbst in vielerlei Hinsicht ermutigt. Mir als Journalisten ist dadurch einmal mehr – und zwar sehr deutlich! – klargeworden, daß die inoffizielle Vierte Gewalt zur Verbesserung der Welt nicht allein durch Enthüllungen negativer Fälle, sondern ebenso sehr, wenn nicht vielleicht gar viel mehr, durch das Darstellen und Propagieren von Lösungen beitragen kann.

Kajsa Raab und Charlotta Beming unterstützten mich vor, während und nach meinem Besuch einer Preisverleihung und bei meiner Recherche im Archiv der Right Livelihood Foundation in Stockholm kompetent, vertrauensvoll und freundschaftlich. Der Büroleiterin Kerstin Bennett „begegnete" ich bisher nur am Telefon – dann aber ebenfalls in sehr konstruktiver Weise. Beim Pressesprecher und Rechercheur der Stiftung, Ole von Uexküll, bedanke ich mich für ausgesprochen kreative Zusammenarbeit speziell während der Schlußredaktion.

Ebenso danke ich dem früheren Rechercheur der Right Livelihood Foundation, Robin Sharp, für detaillierte Auskünfte und kollegiale Tips in der Frühphase der Entstehung dieses Buches.

Dem Journalisten Bernd Dost fühle ich mich sehr verbunden, weil er mit dem 1990 erschienenen Buch unter dem Titel *Projekte der Hoffnung* eine tolle Vorlage für die ersten zehn Preisträger-Jahrgänge (gemeinsam mit Jakob von Uexküll) herausgegeben, sich ausgesprochen kollegial verhalten und mich sehr ermutigt hat.

Nie habe ich größere Kollegialität und Hilfe in der Publizistik erfahren, als durch Ansgar Sadeghi. Er hat mich bei diesem Projekt in jeglicher Hinsicht und sehr qualifiziert unterstützt: bei Recherchen, der Vorbereitung von Preisträger-Porträts, Auswahl und Übersetzung von Redeauszügen, Kontakten zu Preisträgern und der Notwendigkeit, bei all dem den Überblick zu behalten. Außerdem stand er jederzeit als interner Kritiker und Berater zur Verfügung. Vor allem aber: Durch Ansgar Sadeghis Unterstützung habe ich erlebt, was es in Zeiten, in denen man gesundheitlich gehandicapt ist, bedeutet, einen Freund und Kollegen wie ihn zu haben. So etwas ist unbezahlbar!

Für dieses Buch mußten natürlich viele und teils komplizierte Übersetzungen angefertigt werden. Dabei hatte ich weitere sehr fleißige Helfer, die alle ihren eigenen Stil einbrachten: Marlis Körmann ein tolles Gefühl für deutschen Ausdruck englischer Formulierungen, Birgit Brömmekamp beeindruckende Präzision gerade dort, wo es besonders kompliziert wurde, Daniela Siebel eine erfrischende sprachliche Leichtigkeit, Thomas Scholl und Sascha Siegmund die vielleicht Leistungssportlern besonders eigene Direktheit, Andreas Bummel die Sicherheit des zweisprachig aufgewachsenen Menschen, Sabrina Schreiber das ihr auch als engagierter Tierschützerin eigene Engagement und mein Freund seit Kleinkindheitstagen, Georg Kranefeld, außer sprachlichem Können immense Sachkenntnis zur Kernphysik.

Seitens des *Spiegel* Verlages haben mich dessen Leiter Matthias Schmolz und Pressesprecher Hans-Ulrich Stoldt großzügig mit Archivmaterial unterstützt.

Mein Verleger Joachim Kamphausen bewies bei diesem komplexen Projekt, wie wichtig es ist, geschickt zu delegieren. Die Projektmanagerin Miriam Zaremba ist fachlich und kollegial einfach vorbildlich! Wilfried Klei hat dem Buch ein meines Erachtens nach tolles Erscheinungsbild gegeben und die Lektorin Adele Gerdes hat auf alles geachtet, worauf man nur achten kann.

Dafür bedanke ich mich ebenfalls bei meinem Kollegen Mycle Schneider, Träger des Alternativen Nobelpreises 1997, der die Entstehung dieses Buches konstruktiv-kritisch begleitet hat.

Was ist man heutzutage ohne gute Computer-Spezialisten und – im Bedarfsfall – ohne gute Ärzte? – In beiden Branchen habe ich Glückslose gezogen!

Michael „Mitch" Heeg kann in Sachen Hard- und Software wirklich alles und ist jederzeit zur Stelle. Letzteres gilt ebenso für Andreas Mück, der sich in jedes Software-Problem einarbeitet, bis es gelöst ist. Und mein Schwager Heinz-Dieter Kann, Software-Entwickler von Beruf, kommt auch zu den unmöglichsten Tageszeiten auf sehr außergewöhnliche Ideen, wie man einen auch noch so uralten Laptop wieder ans Laufen bringt, damit die Arbeit am Manuskript nicht lahmt.

Die Gewißheit, daß Gynter Mödder, Professor für Nuklearmedizin und Schriftstellerkollege, sowie seine Frau Renate Mödder-Reese jederzeit für mich da sind, um meine Schreibfähigkeit zu erhalten oder wiederherzustellen, tut unbeschreiblich gut, körperlich wie psychisch.

Die freundschaftliche Zusammenarbeit mit dem Hildener Chemielehrer Walther Enßlin, dessen Schüler wahre Umweltdetektive sind, Skandale aufgedeckt und Lösungen präsentiert haben, möchte ich nie mehr missen.

Ganz besonderer Dank gebührt meiner Lebensgefährtin Elisabeth Kann. Sie hat mir bei diesem Projekt den Rücken freigehalten, Redeauszüge ausgesucht, übersetzt, korrekturgelesen, kritisiert etc. pp. Vor allem aber hält sie hartnäckig zu mir, was oft sicher alles andere als leicht ist. In diesem Buch ist von der Gefährlichkeit des Goldschürfens für die Umwelt die Rede. Aber manche Goldstücke sind eben aus Fleisch und Blut.

Autorenvitae

Jürgen Streich

wurde 1960 in Frechen bei Köln geboren, wo er heute noch lebt. Nach freier Mitarbeit und einem Volontariat beim *Kölner Stadt-Anzeiger* Anfang der 80er Jahre folgte freiberufliche Tätigkeit in der Lobby- und Öffentlichkeitsarbeit von Greenpeace Deutschland und Greenpeace International. Seit dieser Zeit arbeitet er als freier Publizist zu Themen, die die Zukunft der Menschheit betreffen (Umwelt im allgemeinen, zivile und militärische Atomfragen sowie Medienpolitik im besonderen) und publiziert u.a. in der *ARD* und verschiedenen Fachmedien. 1994 erhielt er einen Sonderpreis zum Umweltschutzpreis des Rhein-Erftkreises. Streich ist Mitbegründer und Mitglied des geschäftsführenden Vorstandes des Komitees für eine demokratische UNO (KDUN) e.V.

Buchveröffentlichungen u.a.: *Stoppt die Atomtests! Greenpeace-Report 1*; *Global 1990. Zwischenbilanz der Umweltstudie Global 2000*; *Umweltbuch für Kinder. Tips und Tests für junge Umweltschützer*; *Dem Gesetz zuwider. Wie bundesdeutsche Behörden Umweltverbrechen zulassen*; *Die neuen Atommächte. Wer sie sind und was sie wollen*; *30 Jahre Club of Rome. Anspruch – Kritik – Zukunft.*

Ricardo Díez-Hochleitner

wurde 1928 in Bilbao geboren, war von 1991 bis 2000 Präsident des Club of Rome und ist – nun als Ehrenpräsident – Mitglied von dessen Exekutivkomitee. Der Diplom-Ingenieur und Wirtschaftswissenschaftler war Professor an den Universitäten Salamanca (Spanien) und Bogota (Kolumbien) und besitzt neun Ehrendoktortitel. Er war in leitenden Stellungen bei der Weltbank in Washington, der UNESCO in Paris (1970 – 1976 Mitglied des Exekutivausschusses) und der Organisation Amerikanischer Staaten tätig, Vizeminister für Erziehung Kolumbiens sowie Staatssekretär für Erziehung und Wissenschaft in Spanien.

Díez-Hochleitner war Vize-Präsident der Mediengruppe Timon, die u.a. die größte und einflußreiche spanische Tageszeitung *El Pais* herausgibt. Er ist Mitglied der Europäischen Akademie der Wissenschaften und Künste und leitete den internationalen Beraterstab der EXPO 2000 in Hannover.

Ricardo Díez-Hochleitner ist Mitbegründer des Weltforums der Netzwerke der Zivilgesellschaft, UBUNTU, das sich besonders bei der Reform der Vereinten Nationen engagiert. Das Hauptziel des von ihm mitbegründeten Club de Madrid ist die Etablierung von Demokratie auf der ganzen Welt.

Personen- und Organisationsregister

(zum Gebrauch siehe
Anmerkung in der *Vorbemer-
kung zu den Preisträgerporträts,
Redeauszügen, Statements und
Chroniken* auf Seite XXXI)

Abbas, Mahmud 305
Abreu, José Antonio 2001/87, 424
Abuleish, Ibrahim 2003/94, 433
Adenauer, Konrad XIX
African National Congress
 (ANC)144, 183
Aguarana and Huambis Council
 (CAH) 1986/25
Ägyptische Biodynamik-Gesellschaft
 2003/94
Ahmed, Imtiaz 1985/21
Al Kaida, 268, 305
Allain, Annelies 405
Allen, Robert 1991/44
Allende, Salvador 1983/12,1999/76
Almada, Celestina Perez de 2002/90
Almada, Martin 2002/90, 427
Altun, Cemal 65
Amery, Carl 1999/79
Amin, Idi XXXIV
Amnesty International 1984/16,
 1994/56, 2002/90, 2004/96,
 2004/97, 2004/98
Amte, Baba 1991/46, 370
Anders, Günter 1986/26
Andreotti, Giulio 249
Andropow, Jurij 53, 74
Anjain, Senator Jeton 1991/47, 372f
Annan, Kofi 213, 246, 268, 270, 305
Aquino, Corazon 94, 2002/92
Arafat, Yassir 182, 192, 269, 305
Arap Moi, Daniel 1984/17
Aristide, Jean Bertrand 157, 192
Armstrong, Neil XXXIII
Ärzte ohne Grenzen, 249
Arya Samaj 2004/96
Arzia, Excelino 363
Asghar Ali Engineer, 2004/96, 436
Asociación Cubana de Agricultura
 Orgánica (ACAO) 1999/78, 411
Asociación de Trabajadores
 Campesinos del Carare (ATCC)
 1990/40, 363
Asociación Interétnica des
 Desarrollo la Selva Peruana
 (AIDESEP) 1986/25
Aspinall, Jack 1991/44
as-Saddat, Anwar XXXVII
Avnery, Uri und Rachel 1987/28,
 2001/84, 419f
Aylwin, Patricio 132
Aznar, José Maria 281, 305

Bahuguna, Sunderlal 1987/31, 353
Bandhua Mukti Morcha 2004/96
Barajas, Miguel 1990/40
Barak, Ehud, 248
Barbie, Klaus 109
Barschel, Uwe 108
Baschir, Omar el 305
Bastian, Gert, 1982/6, 171
Beckurts, Karl-Heinz 95
Begin, Menachem XXXVII, 52
Bello, Walden 1987/30, 2003/92,
 429f
Berberovic, Ljubo 1995/60
Berlusconi, Silvio 193, 270, 292
Bertell, Rosalie 1986/23, 344
Bettinsoli, Marino 2002/88
Beust, Ole von 270
Bhatt, Ela 1984/15, 335
Bhutto, Benasir 145
Bin Laden, Osama 235, 268
Bir Bikram Schah, Birenda 156
Biró, András 1995/61, 389
Birthler, Marianne 259
Blair, Tony 222, 2001/85
Boff, Leonardo 2001/86, 423
Böhme, Ibrahim 143
Bokassa, Jean Bedel XXXV
Bonner, Elena 95
Borsselino, Paolo 169
Boutros-Ghali, Boutros 213
Boven, Theo van 1985/22, 342
Branden, Elli (eigentl. Bravo, Sara)
 1986/26
Brandt, Willy XXXIV, XXXV,
 142, 171
Braunmühl, Gerold von 95
Breschnew, Leonid 53
Breuel, Birgit 156
Brot für die Welt 1999/78
Brown, Louise XXXVII
Budiardjo, Carmel 1995/63, 391
Bulic, Zarko 1995/60
Bundesverband Deutscher
 Verbraucherzentralen e.V. 1982/8
Bush, George sr. 142, 155, 169, 182
Bush, George W. XII, X, 259, 268,
 290, 304

Cancer Prevention Coalition (CPC)
 1998/72
Cap Anamur 52
Capra, Fritjof 1982/9
Care and Learning 1993/53, 381
Carson, Rachel XXXIII
Carter, Jimmy XIV, XXXVII, 38,
 1987/28
Castro, Fidel 193
Ceausecu, Nicolae 131
CEDA (Studienzentrum für
 afrikanische Entwicklung)
 1997/71

Centre de Recherche pour le
 Dévelopment Endogène
 (CREDE) 1997/71
Centre for Study of Society and
 Secularism (CSSS) 2004/96
Centre Jeunes Kamenge 2002/88,
 425
CEPAUR (Centrum für
 Entwicklungsalternativen)
 1983/12
Chasbulatow, Ruslan 182
Chemical Injury Information
 Netwprk (CIIN) 1997/69
Chirac, Jacques 212
Chamorro, Violeta 142
Chipko-Bewegung 1987/31,
 1991/46, 1993/54, 353
Chodorkowski, Michail 292
Chowdhury, Dr. Zafrullah
 1992/50, 378
Citizens' Coalition For Economic
 Justice (CCEJ) 2003/93, 432
Citizens' Nuclear Information
 Centre (CNIC) 1997/68
Clark, Helen 2003/95
Clinton, Bill XV, 169, 202f, 236,
 247, 1999/76
Club of Rome XV, XX, XXXVI,
 1983/12, 1983/13, 1987/29,
 1989/39
Cobb, John 1996/65
Coleman, Roger Keith 169
Collins, Joseph 1987/30
Commissao Pastoral da Terra
 (CPT) 1991/45, 368f
Consolidation of the Amazon
 Region (COAMA) 1999/77,
 410
Consumer Interpol 1982/8
Consumers International 1982/8
Cooley, Mike 1981/3, 322
Coordination Group of the
 Amazon Basin (COICA) 1986/
 25
Corry, Stephen 360
Council on Economic Priorities
 (CEP) 1990/42, 365
Cuellar, Perez de 1985/22

Daly, Herman 1996/65, 393f
Dammann, Erik 1982/10, 329
Danielsson, Bengt und Marie-
 Thérèse 1991/47, 371
Dann, Mary und Carrie 1993/52,
 380
Deutsche Gesellschaft für
 Strahlenschutz 1986/23
Diana, Prinzessin 223
Díez-Hochleitner, Ricardo XI
Ditfurth, Jutta 156

Djindjic, Zoran 222, 292
Dönhoff, Marion Gräfin XVIII
Dohnanyi, Klaus von 108
Dost, Bernd XXX
Dreifuss, Ruth 236
Duarte Vera, Ramon 2002/90
Du Bois, Paul Martin 1987/30
Duehring, Cindy 1997/69, 400
Duna Kör 1985/20
Dürr, Hans-Peter 1987/29, 350f
Dutroux, Marc 213

Eccles, Sir John 1982/9
Ecological Charity Fund 1992/48
Engholm, Björn 121
Environmental Access Research
    Network (EARN) 1997/69
Environment Liaison Center
    International (ELCI) 2004/99
Eoloff, Mary und Nick 1987/28
Eppelmann, Rainere 143
Epstein, Samuel 1998/72, 403f
Estanero-Geonzon, Winefreda
    1984/16, 336
Estrada, Ejercito 2003/92
ETA (baskische Separatisten-
    organisation) 305
Eurosolar 1999/79

Falcone, Giovanni 169
FAO (UN-Food and Agriculture
    Organisation) 1982/8, 1983/12,
    1985/19, 1989/38, 1991/44
Fathy, Hassan XXIV, 1980/2, 321
Fayed, Emad „Dodi" el 223
Fazal, Anwar 1982/8, 327
Finnish Village Action Movement
    1992/51, 379
Fischer, Joschka 85
Fowler, Cary 1985/19, 339
Food First 1987/30, 1999/78
Frank, Horst 213
Free Legal Assistance Volunteers
    Association 1984/16
Friedmann, Michel 281
Fundación Celestina Perez
    de Almada 2002/90
Fundación para la defensa del
    ambiente (FUNAM) 2004/99,
    440
Future in our Hands 1982/10, 329

Gaia 1988/32
Gaitán, Orlando 363
Galilei, Galileo 1983/13
Galtung, Johan 1987/27, 348
Gandhi, Indira 74, 1987/31, 2004/96
Gandhi, Mahatma 1987/31
Gandhi, Rajiv 74, 156
Gannushkina, Swetlana 2004/97
Garcés, Juan E. 1999/76, 409
Gaskin, Stephen XXIV, 1980/1f,
    319f
Gauck, Joachim 259
Gaulle, Charles de 1991/47
Gemayel, Beschir 52

Genefke, Inge 1988/35, 358
Genscher, Hans-Dietrich 143, 171
Gere, Richard 1989/37
Ghirardi, Victor 2002/88
Gibbons, Ibedul 1983/11, 330
Global Challenges Network 1987/29
Gofman, John W. 1992/48, 374f
Goldsmith, Edward 1991/44, 367
Goldsmith, Zac 1991/44
Gonoshasthaya Kendra (GK) 1992/
    50, 378
Gonzáles, Felipe 53
Goodland, Robert 1996/65
Gorbatschow, Michail 1982/6, 84,
    94f, 108, 120, 132, 142ff, 154ff,
    1996/64, 2004/98
Gore, Al XV
Grace-Patricia-Kelly-Stiftung 1982/6
Grams, Wolfgang 183
Grass, Günter 223, 249
Greenbelt Movement XIV, XVI,
    1984/17, 337
Greenpeace XXII, 52, 65, 84, 1987/
    29, 1991/44, 1991/47, 170, 203,
    212, 1997/68, 2003/92, 2003/95,
    2004/99
Green, Martin A. 2002/91, 428
Green Spider Network 1995/61
Griefahn, Monika XXII, XXVIII f
Gromow, Boris 130
Grupo de Acción por el Biobío
    (GABB) 1998/74, 406
Grupo de Agricultura Organica
    (GAO) 1999/78, 411
Guillaume, Günter XXXV
Gush Shalom 2001/84, 419

Habibie, 235
Hackethal, Julius 75
Haider, Jörg 132, 248
Halonen, Tarja 259
Hammarskjöld, Dag XIX, 1981/4,
    1985/19
Harris, Barbara 132
Hautamäki, Lauri 1992/51
Havel, Vaclav, 131
Hawken, Paul 1983/13
Hayes, Peter 2003/92
Hayir (Nein – Bürgerinitiative gegen
    Goldbergbau-Projekte) 2000/83
Health Action International 1982/8
Heisenberg, Werner 1987/29
Hemingway, Ernest 1983/14
Herrhausen, Alfred 133
Hersh, Seymour M. 1987/28
Heß, Rudolf 109
Heyerdahl, Thor 1991/47
Hildebrand, Martin von 1999/77,
    410
Hitler, Adolf XXXII, 65
Hohloch, Nicole 52
Holmgren, David 1981/5
Honecker, Erich 130f, 143, 157,
    168, 183
Hudson, Rock 85
Human Rights Watch 235

Hume, John 235
Hungarian Foundation for Self-
    Reliance (HFSR) 1995/61, 389
Hussein, Saddam 142, 154,
    1999/76, 290

Ibrahim, Izzat 1999/76
Idris, Mohammed 355
Il-Sung, Kim 193
Institute for Food and
    Development Policy 1987/30,
    352
Internationale Akademie für
    klassische Homöopathie 1996/66
Internationale Atomenergie-
    Organisation (IAEO) 1997/68
Internationale Ärzte zur
    Verhinderung eines Atomkrieges
    (IPPNW) 1997/68
International Baby Food Action
    Network (IBFAN) 1982/8, 1998/
    73, 405
Internationale Bibliothek für
    Zukunftsfragen 1986/26
Internationale Frauenliga für
    Freiheit und Frieden 1991/47
Internationale Gesellschaft für
    ökologische Ökonomie (ISEE)
    1996/65
International Society for Ecology
    and Culture (ISEC) 1986/24
IUCN (Naturschutzorganisation)
    305

Jackson, Jesse 169
Jackson, Wes 2000/81, 415
Jagger, Bianca 2004/98, 438f
Janukowitsch, Viktor 305
Jelzin, Boris 144, 154f, 1992/48,
    182, 202, 213, 246, 249
Jenninger, Philipp 121
Jepsen, Maria 171
Johannes Paul II. 44, 237
Jong-Il, Kim 193
Juan Baptista Alberdi Institut
    2002/90
Jungk, Robert 1986/26, 347
Jungk, Max 1986/26
Juschtschenko 305

Kabila, Joseph 270
Kabila, Laurent 222, 270
Kardzic, Radovan 202, 1995/60
Karsai, Hamid 271, 280
Kelly, Petra K. 1982/6, 171, 325
Kemal, Yasar 223
Kennedy Cuomo, Kerry 1992/49
Kerala Sastra Sahithya Parishat-
    Stiftung (KSSP) 1996/67, 396
Khalifeh, Imane 1984/18, 338
Khan, Ghulam Ishak 145
Khomeini, Ajatollah XXXVII, 132
Khor Kok Peng, Martin 1988/33,
    355
Kibabi, Mwai 1984/17
Kim Dae Jung, 258

King, Rodney 169
Kinkel, Klaus 171
Kisch, Egon Erwin 1986/26
Kissinger, Henry XXXIV
Ki-Zerbo, Joseph 1997/71, 402
Klar, Christian 53
Kleiber, Günther 223
Klerk, Frederik de 144, 156
Klerk, Willem de 183
Kneale, George 1986/23
Kohl, Helmut 53, 74, 94, 143, 236, 249, 259, 270
Köhnlein, Wolfgang 1986/23
Kohr, Leopold 1983/14, 334
Komitee der Soldatenmütter Rußlands (KSMR) 1996/64, 392f
Komitee für nukleare Verantwortung 1992/48
Konferenz für Sicherheit und Zusammenarbeit in Europa (KSZE) 168
KONTRAS (Commission for Disappearances and Victims of Violence) 2000/80
Kopelew, Lew 144
Korte, Friedhelm 2000/83
Kortschnoi, Viktor 144
Kothari, Rajni 1985/21, 341
Krawtschuk, Leonid 168
Kreisky, Bruno 1990/41
Krenz, Egon 131, 223
Kroatische Antikriegs-Kampagne (ARK) 1998/75
Kruhonja, Katarina 1998/75, 407
Kuklina, Ida 392f
Künast, Renate 269
Kutschma, Leonid 212
Kvinna till Kvinna 2002/89, 426

Ladakh Ecological Development Group 1986/24, 345
Lafontaine, Oskar 145, 248
Lange, David 2003/95, 434
Langer, Felicia 1990/41, 364
Lear, John 1987/30
Lebed, Alexander 212
Lecomte, Bernard 1990/43
Le Duc Tho XXXIV
Leisler Kiep, Walther 249
Lemke, Birsel 2000/83, 418f
Lemma, Aklilu 1989/39, 362
Lennon, John 39
Letuama Tanimuka, Pascual 410
Lewerenz, Ewa XVIII
Lewerenz, Sigurd XX
Lindgren, Astrid 1994/59, 387
Lindh, Anna 292
Linnecar, Alison 405
Lokayan 1985/21, 341
Lopes, Alfonso 1999/77
Lovins, Amory B. und Hunter L. 1983/13, 333
Luschew, Pjotr 143
Lutzenberger, José 1988/32, 354

Maathai, Wangari XIII f, XVI, 1984/17, 337
Mack Chang, Helen 1992/49, 377
Mackenzie, David 422
Maizière, Lothar de 143
Major, John 145, 1994/56
Malaska, Pentti 1989/39
Mancuso, Thomas 1986/23
Mandela, Nelson 121, 144, 183
Mander, Jerry 1991/44
Mankind 2000 1986/26
Marano, Claudio 2002/88, 425
Marcos, Ferdinand 1984/16, 94, 2003/92
Marskell 368f
Maschadow, Aslan 212
Mateus, Josue 1990/40
Mattlar, Tapio 379
Max-Neef, Manfred 1983/12, 331f
Mazowiecki, Tadeusz 132
Meißner, Kardinal Joachim 121
Memorial 2004/97, 437
Merkel, Angela 259, 280,
Mer-Khamis, Arna 1993/53, 381
Mielke, Erich 131, 183
Milosevic, Slobodan 1995/60, 246, 258, 270
Mitchell, Edgar XV
Mitterand, Francois 74
Mladic, Ratko 202
Mobutu, Sese Seko 222
Modrow, Hans 131
Möllemann, Jürgen 281, 293
Mollison, Bill 1981/5, 324
Montenegro, Raúl 2004/99, 440f
Montrichard, Ruth 1994/57, 385
Mooney, Pat 1985/19, 339
Moore Lappé, Frances 1987/30, 352
Movement for the Survival of the Ogoni People (MOSOP) 1994/56, 384
Movimento dos Trabalhadores Rurais sem Terra (MST) 1991/45, 368
Mugabe, Robert 280
Munir XIII, 2000/80, 413f
Mutter Teresa XXXVII
Myrna Mack Stiftung 1992/49

Naam-Gruppen 1990/43
Nader, Ralph 1980/1
Narmada Bachoa Andolan 1991/46, 370
Naturschutzbund Deutschlands (NABU) 1997/70
Netanjahu, Benjamin 248
Ngau, Harrison 1988/33
Nixon, Richard XXXIV f, 1998/72
Nobel, Alfred X, XIV, XXI
Norberg-Hodge, Helena 1986/24, 345
Noriega, Manuel 142
Nugkuag Ikanan, Evaristo 1986/25, 346
Nyoni, Sithembiso 1993/55, 383

Öcalan, Abdullah 235, 247f
O'Leary, Hazel 1986/23
Omar, Mullah Mohammed 271
Organisation Memorial 2004/97, 437
Organisation of Rural Association for Progress (ORAP) 1993/55, 383
Orlando, Leoluca 169
Orrego, Juan Pablo 1998/74, 406
Ortega, Daniel 142
Orwell, George 1983/14
Ouedraogo, Bernard Lédéa 1990/43, 366
Oxfam Amerika 1999/78

Pahlewi, Reza XXXVII
Palme, Olof 94
Pan-Amerikanische Organisation 1983/12
Pantin, Gerard 1994/57
Patkar, Medha 1991/46, 370
Pearce, Caroline 360
Pejanovic, Mirko 1995/60, 388
Pereira, Fernando 84, 2003/95
Perfecto, Ivette 1987/30
Peres, Shimon 1987/28, 192
Perez, Maria del Carmen 411
Perlas, Nicanor 2003/92, 430f
Pesticides Action Network 1982/8
PIDA (Partizipatorisches Institut für Entwicklungsalternativen) 1982/7, 326
Pinochet, Augusto Ugarte 132, 235, 1998/74, 248, 1999/76, 259
Plenty International 1980/1f, 319
Pohlmann, Anton 213
Premadasa, Ranasinghe 182
Prodi, Romano 248
Pugwash Conference on Sience and World Affairs 1987/29, 203
Puspadewi, Ira 405
Putin, Wladimir 249, 292, 305

Qadeer Kahn, Abdul 304
Quintremán Calpán, Nicolasa 1998/74

Rabin, Yitzhak 182, 192, 202
RAFI (Rural Advancement Foundation International) 1985/19, 1989/38
Ramel, Stig XXII
Rattay, Klaus-Jürgen 45
Ravindran, Prof.P.K. 396
Rau, Johannes 1994/59, 248
Reagan, Ronald 38, 44, 52, 74, 84, 95, 108
Rehabilitations- und Forschungszentrum für Folteropfer (RTC/IRTC) 1988/35, 2002/90, 358
Rensburg, Patrick van 1981/4, 323
Research Foundation for Science, Technology and Natural Resource Policy, 1993/54
Ribeiro, Fatima 368

Robinson, Mary 145
Rochefoucauld, Francois de la XII
Rocky Mountains Institute 1983/13, 333
Rohwedder, Detlef Karsten 156
Rongelap (Bevölkerung der Insel) 1991/47, 372f
Rotblat, Joseph 1987/28, 203
Rumsfeld, Donald 268
Rushdie, Salman 132
Russell, Bertrand XIX
Rust, Matthias 108
Rutzkoj, Alexander 182
Ryle, John 1986/23

Sacharow, Andreij XXXIV, 1982/6, 95, 2004/97
SAM (Sahabat Alam Malaysia-Sarawak) 1988/33, 1989/37, 355f
Sandholt, Leif 329
Santer, Jacques 248
Sare, Günter 85
Saro-Wiwa, Ken 1994/56, 2000/80, 384
Saunders, Joe 2000/80
Schabowski, Günter 131, 223
Scharon, Ariel 258, 269, 290
Schäuble, Wolfgang 145, 259
Schleyer, Hanns-Martin XXXV
Scheer, Hermann XXXII, 1993/54, 1999/79, 412f
Schewardnadse, Eduard 145, 156
Schill, Ronald Barnabas 270
Schily, Otto 133, 305
Schmidt, Helmut XXXV, 1982/6
Schneider, Mycle 1997/68, 398f
Schöndorf, Erich 1997/69
Schönhuber, Franz 132
Schreiber, Karlheinz 249, 259
Schröder, Gerhard 236, 268, 280, 292
Schulz, Martin 292
Schumacher, Fritz 1983/14
Schüssel, Wolfgang 259
Schwarzenegger, Arnold 292
Scientific Informational and Enlightenment Center Memorial 2004/97
Seaborg, Glenn 1997/68
Seikatsu Club Consumers' Cooperative 1989/36, 359
Seiters, Rudolf 183
SEKEM, 2003/94, 433
Serafi, Salah E. 1996/65
Serbischer Zivilrat 1995/69, 388
Service Volunteered for All (SERVOL) 1994/57, 385
SEWA (Self Employed Women's Association) 1984/15, 335
Sharp, Robin XXVI f
Shiva, Vandana 1993/54, 1999/79, 382
Sivaraksa, Sulak 1995/62, 390
Six-S (Se Sevir de la Saison Seche en Savanne et au Sahel) 1990/43
Soh Kyung-suk 432

Solana, Javier 248
Solidarnosz 53
Solschenizyn, Alexander XXXIV, 144
Somoza, Anastasio 142, 2004/98
Späth, Lothar 156
Spielberg, Steven 53
Springer, Axel Cäsar XVIII
Stahl, Alexander von 183
Stark, Jürgen 39
Steilmann, Klaus XV
Steiner, Rudolf 1982/9
Stewart, Alice 1986/23, 343
Stiftung Warentest 1982/8
Stoph, Willi 131, 183
Succow, Michael 1997/70, 401
Stroessner, Alfredo 2002/90
Suciwati 2000/80
Sudarshan, Hannumappa Reddy 1994/58, 386
Suharto, General 1995/63, 235, 1999/76
Suschitzky, Ruth 1986/26
Süßmuth, Rita 121
Survival International 1989/37, 360
Swami Agnivesh 2004/96, 435

Takagi, Jinzaburo 1997/68, 397
Takagi, Kuniko 397
Tamplin, Arthur 1992/48
TAPOL 1995/63, 391
Teller, Edward 1987/29
Tepper Marlin, Alice 1990/42, 365
Terselic, Vesna 1998/75, 408
Tewolde Berhan Gebre Egziabher 2000/82, 416f
Thampu, Reverend Valson 2004/96
Thatcher, Margret 145
Thierse, Wolfgang 259
Tiedge, Hansjoachim 85
Tikear, Indu 1987/31
Tilakaratna, Sirisena 326
Töpfer, Klaus 108, 120, 182, 1997/70
Townsend, Kenneth N. 1995/65
Trimble, David 235
Tschernenko, Konstantin 74, 84
Trevelyan, Sir George 1982/9, 328
Trident Ploughshares, 2001/85, 421
Tse-tung, Mao 44
Turner, John F. Charlewood 1988/34, 357

Uexküll, Gösta von XVIII
Uexküll, Jakob von X, XIII f, XVI ff, XXVIII f, XXX
Uexküll, Jakob Johann von XVII
Uexküll, Ole von XXVI ff
Uexküll, Thure von XX
UNESCO 1997/68, 1997/70, 1997/71, 1999/76, 2001/87, 2002/90
UNICEF, 1989/39, 1998/73
UN-Entwicklungsprogramm (UNDP) 1999/78
UNO-Kommission für Menschenrechte 1985/22

Vandeneer, John 1987/30
Vanunu, Mordechai XIII, 1987/28, 349
Vavilov, Nikolai 1989/38
Vargha, Janos 1985/20, 340
Vitek, William 2000/81
Vithoulkas, George 1996/66, 395
Vivekananda Girijana Kalyana Kendra (VGKK) 1994/58
Volk von Palau 1983/11, 330

Waldheim, Kurt 95
Walesa, Lech 53, 145
Wallmann, Walter 94
Wallraff, Günter XIX, XXXV, 85
Walser, Martin 237
Weizsäcker, Ernst Ulrich von 1983/13
Wells, Herbert George 2004/97
Wenham, Stuart 2002/91
WHO (UN-Weltgesundheits-organisation) 109, 1998/73
Wilder, Douglas 132
Wiranto, General 2000/80
Wiwa, Ken-Saro XIII, 1994/56, 384
Wolde-Yohannes, Legesse 1989/39, 362
Wolf, Markus 157, 183
Women´s World Banking-Organisation 1984/15
Wong, James 1988/33
Worede, Melaku 1989/38, 361
World Information Service on Energy (WISE) 1997/68
Worldwatch Institut 1997/68
Worldwide Fund for Nature (WWF)1985/20, 1997/68
Wrekin Trust 1982/9

Yanonami, Davi 1898/37
Yaroshinskaya, Alla 1992/48, 375f

Zarsky, Lyuba 2003/92
Zelter, Angie 2001/85, 421f
Zentrum für organische Land-wirtschaft in Ägypten (COAE) 2003/94
Zilk, Helmut 183
Zimmermann, Ernst 85
Zivkovic, Rajko 1995/60